历史的足音——改革开放 40 年研究文库

中国改革发展研究论集

马传景◎著

中国言实出版社

图书在版编目（CIP）数据

中国改革发展研究论集 / 马传景著. — 北京：中国言实出版社，2018.12

ISBN 978-7-5171-2971-4

Ⅰ. ①中…　Ⅱ. ①马…　Ⅲ. ①中国经济—经济发展—文集　Ⅳ. ①F124-53

中国版本图书馆 CIP 数据核字（2018）第 263542 号

责任编辑： 张　强
责任校对： 李　颖
出版统筹： 冯素丽
责任印制： 佟贵兆
封面设计： 徐　晴

出版发行　中国言实出版社

　　地　址：北京市朝阳区北苑路 180 号加利大厦 5 号楼 105 室
　　邮　编：100101
　　编辑部：北京市海淀区北太平庄路甲 1 号
　　邮　编：100088
　　电　话：64924853（总编室）　64924716（发行部）
　　网　址：www.zgyscbs.cn
　　E-mail：zgyscbs@263.net

经　销　新华书店
印　刷　北京中科印刷有限公司
版　次　2019 年 1 月第 1 版　　2019 年 1 月第 1 次印刷
规　格　710 毫米 ×1000 毫米　1/16　　40.5 印张
字　数　573 千字
定　价　238.00 元　　ISBN 978-7-5171-2971-4

自　序

吾生有幸，赶上了中国历史上少见的"黄金时代"，见证和经历了波澜壮阔的改革开放过程。

首先，我是改革开放的受益者。

1977年中央决定恢复高考，我有幸回乡务农三年后就成为恢复高考后的第一届大学生，获得了继续受教育的宝贵机会，不像老三届们度过了差不多十年的蹉跎岁月。恢复高考既改变了我个人的命运，也使我掌握了一定的专业知识，可以更好地为国家服务。由于改革开放冲破了传统体制的桎梏，大大解放和发展了生产力，社会财富总量快速增加，国家综合实力迅速增强，人民收入水平持续提升，我个人和家庭生活也经历了从温饱到小康，再到更高水平小康的进步，物质和文化生活芝麻开花节节高。同样重要的是，党的十一届三中全会以来，实行以经济建设为中心和改革开放，不再以"阶级斗争为纲"，不再搞"无产阶级专政下的继续革命"，国家政治生活逐步走向民主、法制、公开、透明。历史和实践证明，改革开放是大势所趋、民心所向，是改变中国命运和中国人民命运的正确的根本性选择。只有毫不动摇地坚持改革开放，中国才能进一步走向复兴和强大，人民才能更加富裕和幸福。

其次，我也是改革开放的参与者。

历史是伟大人物和普通大众共同创造的。伟大人物是"英雄造时势"。他们能够站在历史和时代的制高点上，洞察和顺应时代发展大趋势，发现并抓住历史机遇，引领国家和社会跟上历史和时代前进的步伐，或者走在历史潮流的前列，造福国家与人民。20世纪下半叶，以邓小平同志为主要代表的中国共产党人作出了改革开放的历史性决策，缔造了新时期以来一波几十年狂飙突进式的发展，改变了中国人民的命运和国家的面貌。正如恩格斯评价马克思时所说，如果不是马克思，我们可能至今还在黑暗中摸索。如果不是邓小平那一代革命家、政治家作出了改革开放的关键性抉择，今天的中国也可能还在黑暗中摸索。

毫无疑问，在改革开放中邓小平等杰出政治家发挥了关键作用。同样毫无疑问，改革开放是千千万万人的伟大实践活动。没有广大干部群众的衷心拥护、坚决支持和积极参与，就没有改革开放的成功和今天经济发展的成绩。由于改革开放开创了百舸争流、千帆竞发、万马奔腾的大好局面，无数有志之士有了用武之地，能够做出或大或小的成绩。此所谓"时势造英雄"。作为一个普通人，我参与改革开放和经济建设的方式是进行经济理论探索和经济政策研究。2001年以前，我在党中央理论宣传部门工作，主要任务是宣传党的改革开放和经济建设主张，为改革发展提供经济理论支持，业余时间也对感兴趣的经济理论问题进行了独立研究。2001年以后的十几年间，从事政策咨询和研究工作，除了为国务院领导起草各种文稿，同时参与了一些经济政策研究制定和重大课题研究工作。这两个时期，我都留下了一些研究成果。前一个时期主要是经济理论研究成果，后一个时期主要是政策研究成果。这些研究成果或在社会上产生了一定影响，或对政策制定发挥了一定作用。我深知，草木之人，人微言轻，能起的作用是有限的。但是，作为一个学习经济学和研究经济问题的人，能够学以致用，所学所思和研究成果能够对国家决策产生一定影响，所谓求仁得仁，求义得义，夫复何求！正如契诃夫所说：世界上有大狗也有小狗。小狗不要因为大狗的存在而沉默。就按上帝给你的嗓子去叫好了。职责所在和良知驱使，我做了自己应该做和能够做的事情，感觉没有虚度此生，问心无愧，也没有辜负这个伟大的时代。

诺贝尔经济学奖获得者弗里德里希·哈耶克说，在一些重要原则问题上经常出现反复，这是经济学的不幸。尽管如此，今天人们对于经济体制改革和经济发展的认识已经大大深化，对一些重大经济理论问题还是达成了比较一致的看法。关于经济改革，今天人们已经能够认识到，社会主义与市场经济不矛盾，市场应该在资源配置中发挥决定性作用，政府对经济活动的干预应该有明确边界；关于经济发展，应该走科学发展道路，重视提高经济发展质量，不能一味靠增加资源投入来实现经济增长，而要使经济发展立足于技术创新、产品创新、组织创新、市场创新、商业模式创新。得出这些重要结论和认识，是经济理论界和经济工作界长期艰苦探索的结果，经历了曲折与反复，实践中也付出了巨大代价。用今天的认识高度看本书中的一些文章，一些观点就显得比较幼稚、浅陋甚至是不正确的。这次结集出版，我没有对文章进行修改，基本保留了文章原貌。这样做，一方面是尊重个人经济理论和政策研究的历史，同时一叶知秋，也可以依稀看出我国经济理论和经济政策研究的发展历程。

这部文集收入了1987年到2015年近30年间我写的文章，都是我60岁以前的研究成果。书中文章大部分在报刊上公开发表过，小部分是第一次公开出版。西谚云：人生从 60 岁开始。我的学术生涯还没有结束，60 岁左右出文集似乎还有点年轻。中国言实出版社决定把我这部文集列入"历史的足音——改革开放 40 年研究文库"，使我喜出望外、激动不已。这是编辑部对我的极大鼓励和鞭策。衷心感谢中国言实出版社对我的信任，衷心感谢编辑同志们的辛勤劳动和高质量工作。

此次结集出版的文章涉及多个方面，为了读者阅读方便，我归集为四个部分：（一）综合理论篇；（二）改革开放篇；（三）经济社会发展篇；（四）调查研究篇。每一部分编排又以文章发表或形成时间为序。

我国改革开放还处于进行时，经济社会发展进入了关键时期，许多理论和实践中的难题等待人们去求解。作为知识分子，"士不可以不弘毅，任重而道远"，有生之年，我将竭尽驽钝，坚持对改革发展的上下求索，继续为国家的现代化事业贡献绵薄力量。

热忱欢迎读者批评指正。

马传景

2018 年 10 月

目　录

综合理论篇

改革开放篇

经济社会发展篇

调查研究篇

综合理论篇

供略大于求：宏观控制的理想目标 [1]

（1988 年 5 月）

为保证社会主义经济有序运行，必须对社会供给和社会需求进行总量控制。那么，社会供给与社会需求之间应该保持一种什么样的关系才有利于社会主义经济的发展？我认为在社会主义宏观控制的过程中，应该把供略大于求作为宏观控制的目标。

两种不平衡的利弊比较

在商品经济条件下，社会总供给和总需求的绝对平衡是不可能实现的，而不平衡则是不可避免的。社会总供给与总需求失衡的表现形式有两种：一是供大于求，一是求大于供。哪一种形式更有利于社会主义经济健康发展呢？这需要进行认真的比较。

在需求大于供给的情况下，资源可以得到充分利用，获得较高速度的经济增长，但却容易产生以下严重的弊病：由于需求大于供给，资源普遍短缺，强制替代现象司空见惯，生产者就无法对资源进行选择，实行最佳组合，因此产出效益不高；由于卖方市场的存在，产品不愁销不出去，因而生产者之间缺乏竞争压力，不会努力进行技术革新，降低产品成本，提高产品质量，开发新的产品，增加新的品种。这些，一方面不利于社会生产力的发展，影响社会主义优越性的发挥；另一方面不利于增进消费者的利益，提高人民生活水平，有悖于社会主义生产目的。在传统社会主义经济中，需求大大超过供给，经济生

---

[1] 本文原载《三不月刊》1988 年第 5 期。

活中"短缺现象"普遍存在。实践证明，这是不利于经济效益提高和社会主义经济健康发展的。在供给大于需求的情况下，会发生资源的部分闲置，制约了经济较高速度的增长。但是却具有以下优越性：由于供给比较充裕，可以避免发生强制替代，因而易于实现资源的合理组合，取得较高的经济效益；由于买方市场的存在，供给市场的竞争压力迫使生产者千方百计进行技术革新，采用新技术、新设备，加强管理，以降低产品成本，提高产品质量，积极试制新产品，增加花色品种，以适应复杂多变的市场需求。这些，一方面有利于生产技术水平的提高，另一方面有利于消费者利益的增进和生活质量的提高。尤其需要指出的是，我国目前正在进行经济体制改革，要从产品经济模式向商品经济模式转换，就要求有一个比较宽松的经济环境，即供给大于需求。因为只有在供给大于需求的情况下，才有条件逐渐改变不合理的价格体系，改革价格管理体制，才能建立比较完善的市场体系，为企业进行商品经营和平等竞争创造一个必要的外部环境。

供给略大于需求是最优供求关系比例

供给大于需求与需求大于供给相比较，更有利于社会主义经济的合理运行，这是通过对供求不平衡的两种存在形式进行一般性的分析得出的结论。经济科学是一门精确的科学，除了要进行定性分析，还要作出数量限定。如果我们引进数量的观点来分析供求不平衡的两种存在形式，那么笼统地说供大于求优于求大于供就未必科学。比如说，当供给大大超过需求，生产严重过剩时，对经济发展的危害性就超过了有利于经济发展的一面，同时对经济发展的不利影响也超过了需求略大于供给时的情况。因为社会再生产要进行下去，生产过程中的物质消耗要得到补偿，生产出的产品必须卖出去，消费掉。而在供给大大超过需求的情况下，许多产品卖不出，必然导致社会再生产过程的中断，发生生产过剩的经济危机。这时，不但不能实现资源（包括物质资源和劳动资源）的合理配置和充分利用，而且会出现大量闲置和浪费，社会经济增长和效益提高完全落空。由于需求不足，企业就不愿意继续投资，去革新技术，更新设备，就无从促进技术进步。社会主义生产目的是满足人民群众日益增长的物质文化生活的需要。这就要求我们大力发展生产，充分利用现有资源，创造丰富的物质产品。何况我国正处在社会主义初级阶段，当务之急是摆脱贫困，更需要保持一定的经济增长速度。可见，能够导致生产严重过剩、资源大量闲置、经济增长萎缩的那种供给大大超过需求的状况，是违背社会主义生产目的的，也脱离了社会主义初级阶段的实际情况。因此，我们说供大于求有利于社会主义经济发展是有条件的，即供给略大于需求，供求之间的不平衡必须是适度的。

将数量限度精确一步，就可以更接近于社会供求关系的最优态势，即供给略大于需求。它比供给大大超过需求更有利于经济发展，既能消除"短缺经济"所造成的国民经济"紧运行"困难局面，为发展商品生产、满足社会需要，推动改革前进创造良好条件，又能避免严重生产过剩所造成的经济萧条和生产衰退，保持经济活力不减。所以应该把供给略大于需求作为社会主义宏观经济控制的理想目标。

关于供略大于求的限度确定问题

确定供略大于求的合理数量界限是一项复杂浩繁的社会统计、计划工程，需要在长期的实践过程中不断摸索总结，现在还不可能拿出详尽而又完善的具体办法。因此，本文在此只能谈点原则性看法。

第一，在经济发展的不同阶段，供给大于需求的限度有不同的标准。由于迄今为止的社会主义都是在经济比较落后的国家建成的，因而在刚刚建立社会主义经济制度的初期，最紧迫的任务是迅速建立比较完整的国民经济体系，要求经济增长保持比较高的速度，资源的充分利用显得特别重要。这时为了保证经济的高速增长建立在经济效益不断提高的基础上，虽然也需要供给大于需求，但超过的数量只能很小，以免影响建设速度。而当经过一个时期经济的高速增长，国民经济体系基本形成后，经济建设的重点转到内含扩大再生产和提高经济效益上，这时就要使供给超过需求的幅度大一些，以保证资源的合理组合，促进技术进步和产品质量提高。

第二，对以往的统计资料进行分析，总结历史经验，看看供求保持在什么样的水平上经济发展速度高、效益好，从而得出经验性的结论。当然，为了确定供求状况对经济的影响，要运用抽象法进行分析，要排除其他因素的作用。

第三，根据消费者生活水平和生活质量的变化情况，来间接判断供大于求的幅度是否合理。在供给大于需求的幅度比较合理时，当产品质量不断提高，新产品、新品种不断增加，生产者为消费者提供优良服务，消费者的生活质量得到迅速提高；反之，生产发展保持一定的速度时，说明供求关系正常合理，处于供给略大于需求的状态。如果消费者生活质量得到了保证与提高，但生产发展乏力，则说明供给超过需求的幅度太大，需要调整。

第四，可以通过考察企业行为来判断供大于求的幅度是否合理。在供大于求比较适度时，企业一方面比较注意改进产品质量，增加新产品、新品种，降低产品成本，提高企业信誉，同时也积极投资，扩大生产。如果企业普遍出现投资热情减退，投资增长缓慢，则说明供大于求的幅度太大，应该进行调整。

对经济指导思想的两点思考 ①

（1989 年 7 月）

回头看十年，我国经济建设既取得了巨大成就，也出现了严重失误。寻找造成失误的具体原因固然很重要，但是，探索经济指导思想上的原因也许更加重要。

一、正确认识改革的作用

从整体上说，社会主义国家生产力发展的状况是不能令人满意的，没有达到应该达到的水平。究其原因，主要是传统的社会主义经济体制与生产力发展的要求不相适应，阻碍了生产力的发展。这是社会主义国家在各自的探索中形成的共同认识。因此，虽然从根本上说是生产力决定生产关系，但是，具体到社会主义国家，尤其是中国的现实情况，变革生产关系的某些方面，即实行经济体制改革，便成为能否使生产力健康发展的关键。从这个意义上说，把改革放在统揽全局的地位无疑是完全正确的。问题在于，如果过分夸大改革的作用，以为搞了改革，一切经济问题都会自然而然地解决，生产力就能够健康发展，则失之片面。用这种思想去指导实践则不利于经济的发展。因为，生产力能否迅速发展，不仅取决于生产关系是否与之相适应，同时更重要的还取决于生产力自身的状况，其中包括劳动者的素质、教育与技术水平，生产资料的数量与质量，生产力各要素之间的结合方式与组织形式，科学技术的发展及其在生产中的应用状况，等等。因此，

---

① 本文原载《内部文稿》1989 年 7 月 10 日。

仅仅注重生产关系的变革，只是把精力放在改革上，忽视生产力要素数量的增加、质量的改进，忽视生产力要素之间结合方式、组织形式的改善以及科学技术的发展应用，仍然达不到使生产力迅速发展的目。另外，还应该认识到，中国的经济体制改革，就其目标模式而言，具有革命的性质；而就其具体过程而言，必然采取改良的、渐进的形式。因此，要形成一种与社会主义初级阶段生产力水平相适应，符合商品经济发展要求的经济体制，必然要经历一个相当长的时期。这就进一步告诉我们，要使中国生产力水平有一个大的提高，在近期内尤其不能把全部希望寄托在改革上，而必须在推进改革的同时，研究生产力自身发展、运动的规律，从上文所述的几个方面，采取各种措施，推动生产力的发展。

回顾改革以来10年中所走过的路程，应该承认，在某些时期我们在经济指导思想上有着过分强调改革的作用，忽视从生产力内部或自身寻求使之迅速发展的途径的倾向。其具体表现是很多的，我们择其要者列举如下：（1）农村联产承包制调动了农民的生产积极性，我国农业生产连续几年获得了大丰收。但是与此同时，我们忽视了对农田水利设施、耕地的保护，以致造成了1981—1987年我国耕地面积连续7年年平均减少700多万亩以及农田水利设施失修、破坏严重，抵御自然灾害的能力下降；对农业生产资料的生产与供应重视不够，农业生产急需的生产资料如化肥、农药、塑料薄膜频频告急；对农业的投入不足，使农业生产缺乏充足的后劲。我国1985年以来农业生产始终未能走出徘徊的困境，与上面所讲情况恐怕有一定的关系。（2）拿工业生产来说，与企业改革相比较，我们放松了企业管理工作，尤其是对企业管理的基础工作重视不够。目前采取的一些推动企业管理工作的措施，如产品评优、企业上等级、评选全国最大企业等，不少企业反映是表面文章。由于企业管理水平上不去，企业中人力、物力浪费现象严重，导致企业经济效益持平甚至严重下降。（3）在生产力诸要素中，生产者是最活跃、最重要的因素。但是，10年来我们恰恰对教育的重视不够。这样，由于民族的素质严重下降，中国以后经济发展的前景将是不容乐观的。

综上所述，笔者认为，为了推进社会生产力的发展，必须确立这样的经济指导思想：在积极推进经济体制改革的同时，应该遵循生产力发展的规律，注意从生产力自身寻求生产力发展的途径，即加强教育，提高劳动者的文化、道德、科学技术水平；优化产业结构；改善企业管理和企业组织形式；重视科学技术发展及其在生产中的应用；改善原材料性能，提高机器设备的技术性及其水平等等。

二、发展生产力的内容是什么

10年来，我们在经济指导上的第二个失误，是把发展生产力或者说生产力水平的提高理解为社会总产品的增加或者国民收入、净收入的增长。用朴素的语言表达就是：凡是能够带来产值增长、收入增加的做法都是合理的、可行的。

生产力水平的提高，必然带来社会总产品的增长，但是社会总产品的增长并不意味着生产力水平的提高，甚至可能与生产力的破坏相联系。有这样几种情形：（1）社会总产品的增长可能是由于以前蓄积起来的生产能力没有充分发挥作用，现在采取了某种措施，使生产力的潜力得以发挥的结果。但是生产的技术水平和生产能力均未得到提高，一旦生产力的既有潜力完全释放，社会总产品的增长即告停止。（2）社会总产品的增长是由于占有未来资源的结果。这种寅吃卯粮带来的收入增加，与生产能力的扩大无关，更不意味着生产力的发展。一些石油输出国人均国民收入水平居于世界前列，但是没有人认为他们的生产力水平也居于世界前列。（3）对生产力资源的掠夺性使用，也可以带来社会总产品的增长，如让工人加班加点，机器超负荷运转，对土地实行掠夺性经营等。这时社会总产品的增长，并不意味着生产力的发展，反而意味着生产力的破坏。

违背生产力发展的本来意义，用生产力发展就是社会总产品增长的观点去指导实践，就必然会产生不利于生产力真正发展的短期行为和错误决策。对此，我们可以做一些具体分析。比如：第一，教育的功能是提高民族素质，其中包括道德修养与文化水平两个方面。教育事业的繁荣与发展，意味着劳动者文化水平、技术水平以及劳动自觉性的提高，从而意味着生产力水平的提高。但是，教育的发展不会带来立竿见影的经济效益，它只能通过间接的、潜移默化的、与教育投资有较大时滞的形式带来社会总产品的增长。当人们持生产力发展等于经济效益增加的观点进行决策时，当然不会把教育摆在重要的地位。第二，为了追求当前的经济效益，要求科研机构、医院、学校等单位承包、创收。虽然从表面上看增加了收入，但却影响了正常的科研活动，也不利于教学质量的提高。第三，由于产业结构调整、优化对经济发展的影响也是需要一段时间才能看出来的。一般来说，发展基础产业投资量大，周期长，利润率低，而发展加工工业则可以在短期内取得较好的效益，这几年加工工业急剧增长，基础产业严重滞后，形成了产业结构严重失调的局面，仅仅因为缺电，1987年一年全国损失产值4000亿元，国家利税收入因此减少500亿元。

所以，为了使我国生产力真正得到发展，减少经济工作中的失误，必须对发展生产力的真正内容这一基本理论问题进行重新认识，摒弃把生产力发展等同于社会总产品或当前收入增加的观点，把生产能力的提高或扩大作为决策的依据。

略论社会主义公平与社会分配不公问题的解决 [①]

（1990 年 4 月）

对"公平"的认识

人们在谈到公平时，赋予它的有经济、权力、社会地位等方面的内容。其中，人们最关心的是公平的经济内容，即社会成员之间的收入对比状况，这也是公平的主要涵义。

从经济内容看，衡量公平与否的标准有两条：一是收入分配要有利于效率的提高和生产力的发展。因为只有生产力水平不断得到提高，社会物质财富不断丰富，全体社会成员的物质利益才能不断增进，收入水平的提高才有物质基础，才能向按需分配的共产主义分配制度前进。二是要与现实的生产力水平相适应。因为生产力水平既决定着可以分配的物质财富总量，也决定着采取什么样的收入分配方式才能有利于生产力的发展。比如在原始经济条件下，所谓公平，就是把生产成果在氏族成员之间平均分配，以保证全体氏族成员都可以维持生存。因为，那时生产力水平非常低，生产成果除了满足人们最低限度的生存需要以外，没有剩余。只有平均分配，才能保证一部分人不死于冻馁。原始的生产资料只不过是经过简单加工的石块、棍棒，几乎不构成生产力资源的内容。因此人就是生产力资源的全部内容。维持住人的生存，就有了生产力进步的基础，有利于全体氏族成员生命维系的分配方式，就是有利于生产力进步的分配方式，因而是公平的。

根据以上对公平概念及其标准的认识，讨论社会主义公平问题，

---

① 本文原载《学习与研究》1990 年第 4 期。

必须充分考虑到生产力水平以及收入分配制度的性质。社会主义是有计划的商品经济，因此公平的内容应该包含商品经济的公平原则。我理解，商品经济条件下公平的内容就是以平等竞争为前提，人们的收入与通过市场实现的、凝结为商品价值的劳动相一致，其重要特点是社会成员之间收入水平的差别性。这种收入分配方式之所以是公平的，有这样几条理由：（1）生产力水平的提高，使得物质资料的生产除了满足人们维持生存的需要之外，还有剩余，允许一部分人的收入高于另一部分人的收入。（2）只有在公平竞争的前提下，允许人们在收入方面存在差别，才可以促使人们改善生产与经营，提高劳动技能，努力工作。（3）价值是由生产商品的社会必要劳动时间决定的。当个别劳动时间低于社会必要劳动时间时，生产者的收入就大于其劳动支出；反之，劳动支出则得不到补偿，就会破产。这样，为了生存与发展，商品生产者之间便形成了一种竞争，大家都竞相采用更先进的技术和生产手段，以降低劳动消耗，提高劳动生产率，使个别劳动时间低于社会必要劳动时间。显然，这种竞争有利于效率的增进和生产力的进步，造成这种竞争机制的分配方式是公平的。

但是，商品经济是人类经济发展进程中一个大的历史阶段。在商品经济发展的不同阶段，与不同的生产关系相联系，商品经济的公平原则在内容上必然有重大的区别。

资本主义公平的内容可以概括为：在承认财产私有制的基础上，人们的收入等于自己的商品与他人的商品等价交换所取得的收入。这在形式上完全符合商品经济的公平原则。资本主义在短短几百年时间里，把社会生产力推进到一个空前的高度，与采取了商品经济的公平原则不无关系。不过，在资本主义公平原则的背后存在着违背商品经济公平原则的不公平内容，这就是马克思指出的流通领域里的公平掩盖着生产领域的不公平。在资本主义社会，资本家占有全部生产资料，工人除了劳动力以外，没有任何生产手段，只能将劳动力出卖给资本家，得到劳动力的价值或价格。劳动力商品是一种特殊商品，它的使用价值的消耗过程，即劳动过程，可以创造出大于劳动力自身价值的价值——剩余价值。剩余价值被资本家无偿占有。这样，由于财产占有状况的不平等，造成了资本家和工人收入水平上的极大悬殊。这种收入状况的不平等，不是机会均等条件下竞争的结果。

社会主义有计划商品经济条件下的公平，一方面要符合商品经济的公平原则，另一方面又必须摒弃资本主义公平原则的不公平内容。具体内容包括两点：第一，劳动者的收入应该与个人劳动的凝结，即价值实现量做了必要的社会扣除以后的价值量相符合，其本质是按劳分配。不过，由于劳动者一般不是独立的商品生产者，作为商品生产者出现的是企业，劳动者的劳动只有通过共同劳动的结果——企业产品在市场实现才能得到间接评价。然后，在企业内部按劳动者劳动的质量、数量进行分配。这是社会主义条件下公平的主要内容，也是与资本主义公平的主要区别。第二，除了实行按劳分配，从社会主义初级阶段的实际出发，还应该允许在一定范围内实行按资产分配。包括股票收入（股息和红利）；个体和私营经济的资产收入；中外合资、独资企业中外商的资产收入；居民存款的利息收入等。

收入分配不公的原因分析

与社会主义公平内容相对照，可以发现我国收入分配中存在许多不公平现象。其中比较突出的有以下几种：第一，论资排辈，工资收入水平与劳动能力和贡献脱钩；第二，严重的平均主义倾向；第三，相当一部分脑力劳动者收入水平低于体力劳动者；第四，流通利润高于生产利润；第五，一部分人钻改革空子大发横财；第六，为公家干的不如为私人干的收入高。为了发展社会主义生产力，必须解决收入分配不公平问题。首先要弄清产生收入分配不公平的原因。我认为，产生上述种种不公平现象的根本原因，是延续三十几年至今仍未根本改变的产品经济体制，以及商品经济发展不平衡，市场不完善，竞争不充分。对此，我们可以拿几种最突出的收入不公平现象为例进行一下简略的分析。

首先，收入分配方面的平均主义之所以延续了三十几年，就是因为在产品经济体制下，产品不表现为商品，人们的劳动不形成价值，因而缺乏一个正确的评价体系，不同劳动者劳动贡献上的差别难以衡量。在这种情况下，是无法实行按劳分配，拉开收入差距的，只有实行平均分配，才可以为人们接受。

其次，在我国长期存在的脑体收入持平，甚至倒挂的不公平现象，其根本原因是由于企业不具有商品生产者的身份和独立的经济利益。到目前为止，企业仍不能完全实行自负盈亏，企业的产品还不是真正的商品，生产者的劳动也还不能完全通过市场得到正确评价，知识分子的劳动看不出比工人更重要，因此没有理由收入水平高于工人。另外，产品经济体制造成了人才积压、用非所学等严重的人才浪费；平均主义严重挫伤了知识分子的积极性，这一切都使他们的知识与技术不能充分发挥作用。知识分子事实上可以作出的贡献大大小于他们潜在的能力，这就在事实上造成了复杂劳动创造的价值并不比简单劳动大多少，因此知识分子与工人在收入水平上拉平更具有一种表面上的合理性。

再次，当前搞生产不如搞流通，"官倒""私倒"大发横财，原因主要有以下两点：一是需求大于供给，为流通领域反复加价创造了条件；二是价格"双轨制"的存在，为某些人利用权力，倒卖紧缺商品，计划价进，市场价出，大发横财提供了可能。最后，为公家干不如为私人干的收入水平高，则由于个体、私营或合资企业要自负盈亏，有充分的经营自主权，因而企业运行机制和管理制度有利于提高经济效益。而国营企业没有充分的自主权，运行机制不合理，再加上国家对个体、私营、合资企业实行减免税等优惠，国营企业在竞争中处于不利地位。

如何缓解收入分配不公

通过以上分析可以看出，要从根本上解决收入分配不公平问题，必须进一步深化改革，建立健全商品生产机制，消除收入分配不公平的经济基础。

具体说来，第一，要深化企业改革，使企业成为真正的商品生产者，产品成为真正的商品，使市场成为人们劳动的评价体系，使不同劳动者在生产中所发挥的作用表面化，这样实行按劳分配就有了依据；同时，只要企业成了真正的商品生产者，为了在竞争中取胜，就必须实行按劳分配，以调动劳动者的积极性。总之，企业改革是解决平均主义、脑体倒挂、论资排辈等不公平现象的关键所在。企业中种种收入不公平现象得到解决，机关、学校、科研机构等单位不合理的收入分配制度就不能继续存在，必然推动这些单位改革的深入，教师、科研机构的科技人员收入过低的问题也可以得到解决。因为，一旦知识、技术对企业生存发展的重要性为企业所认识，传道授业的教师的劳动就会得到社会承认，收入水平提高就成为情理中事。新技术就会受到企业的欢迎，科研机构通过技术转让，也可以解决科研人员收入过低的问题。

第二，要建立完善的市场体系，理顺价格，逐步取消价格"双轨制"，堵塞一些人利用权力和"双轨制"倒买倒卖、大发横财的路子，从而解决搞生产不如搞流通的问题。在"双轨制"一时不能取消的情况下，目前要努力缓和供求矛盾，压缩基建规模，控制消费基金的不正常增长，从而改善市场环境；整顿公司，减少流通环节，对那些专事倒买倒卖，对搞活流通、促进生产没有任何益处的公司和中间环节要坚决取缔；国营商业部门和物资部门要发挥主渠道作用，在平抑市场物价、促进生产流通方面发挥应有的作用。

第三，要创造一个平等竞争的环境，实现收入分配起点上的平等。这一方面包括取消各种差别性政策和垄断性行为，使企业之间可以平等地开展竞争，以解决不同企业之间因为不平等竞争造成的收入分配不公平现象；另一方面要打破人才的地区，部门、单位所有制，建立人才市场，使人们可以根据自己的需要选择职业，使企业可以根据自己的需要选择职工。这样，拉开收入差距，就可以为人们接受。事实上，人们对目前收入分配状况的不满，与其说是对收入水平差别的不满，不如说是对机会不均等的不满。

第四，建立健全税收制度和有关法律法规，严厉打击各种非法牟利活动。要建立和完善个人所得收入申报、所得税交纳制度，教育人民群众自觉申报收入，自觉缴纳所得税，对隐瞒收入，拒缴所得税者，要给予处罚。轻者罚款、重者追究刑事责任，以维护税法的严肃性。目前要特别加强对个体经营者和名演员、名歌手等所得税的征收工作。前一段清查偷税漏税工作反映出的情况表明，漏洞是相当大的，应该继续深入地查下去，把该收的都收上来。对于利用职权谋取非法收入的，一旦发现，首先要没收全部非法收入，同时要撤职查办，必要时给以刑事处分；对于贿赂国家工作人员，以谋取非法收入的，也要把非法收入全部没收，同时要依法处罚，或罚款，或没收家产，更严重的，要给以刑事处分。总之，在我们国家里，要为人们劳动致富创造条件，不允许以非法手段致富的人逍遥法外。

论政府短期行为 [①]

（1990 年 9 月）

政府短期行为不是中国特有的现象，其他社会主义国家在不同的历史时期也不同程度地存在着；政府短期行为也不是近年来才出现的，而是由来已久的。由于政府在社会主义经济体系中所处的重要地位，政府行为短期化所造成的危害，是企业行为短期化所无法比拟的。遗憾的是，说到短期行为，板子一齐打在企业屁股上，对政府短期行为，则很少有人涉及。本文试图对这一问题作些探讨。

政府短期行为的表现及其危害

政府短期行为表现在许多方面，与经济改革、经济发展有关的择其要者列举如下：第一，重经济增长速度，轻经济效益。党的十一届三中全会以前，我国走的是一条重速度、轻效益的经济建设道路。这几年虽然提出了要以提高经济效益为中心，对速度与效益的认识有了提高，但是在实际工作中二者的关系并没有摆正，表现为当经济出现问题时，比较注意提高经济效益，抑制过快增长，一旦经济情况好转，又热衷于追求高速度。重速度、轻效益的做法，给我国经济发展造成了极大危害。首先，追求高速度的结果，使我国经济增长屡屡出现过热，导致总需求超过总供给，出现物价上涨，通货膨胀，因而不得不放慢步子，进行调整。几十年来我国经济始终未能摆脱"增长过热—经济调整—增长过热"的循环，与重速度、轻效益的做法有着内在的

---

① 本文原载《三不月刊》1990 年第 9 期。

16

联系。经济增长速度的一高一低，基建投资规模的一上一下，不仅造成了经济增长的大幅度波动，而且造成了资源的巨大浪费：一方面未完成的半拉子工程占用了大量资源，不能发挥任何作用；另一方面当这些项目重新上马时，进行开工的准备工作，又要耗费大量资源。其次，经济增长速度高低，取决于积累的大小。在经济效益较低的情况下，要维持经济增长的高速度，只有采取压消费保积累的办法。这样必然造成积累与消费比例失调，破坏了社会再生产正常进行所要求的比例关系，同时挫伤了人民群众的劳动积极性。在这种情况下，经济增长不可能正常进行，高速度也不可能持久。

第二，重视当前的、局部的经济效益，忽视产业结构的合理化。经济增长速度一方面取决于资源投入总量，另一方面取决于资源的配置是否合理。如果产业结构合理，同样的资源投入，可以获得较大的产出。这几年的行政性分权、财政分灶吃饭等措施，使得地方政府的财政实力增长，权力扩大。在这种情况下，有些地方政府为了局部的、当前的经济效益，争前恐后上加工工业项目，根本不考虑如何发挥自己的优势以及原材料、能源的供给能力和市场需求变化情况等。这样做的结果，首先导致各地产业结构趋同，不能发挥各自的优势。资源省大上加工工业，耗费了大量原材料，生产出的产品质量低劣；加工省虽然技术力量强，工艺水平高，但是由于原材料、能源缺乏，大量生产能力闲置。其次，各个省市同时上相同的项目，造成生产能力分散，不能实行合理批量生产，获得规模经济效益。举例来说，全国大大小小的汽车制造厂有几百家，真正达到合理批量的只有"一汽""二汽"等少数几家，有的汽车制造厂年产量只有几千辆，甚至只有几百辆。再次，导致短线产品更短缺，长线产品和生产能力剩余、闲置更加严重。据统计，1986年全国缺电600亿—700亿度，至少有20%—30%的生产能力得不到正常发挥，每年因此损失产值约1500亿元以上；钢材自给率，"五五"时期为81.5%，"六五"时期则降为78.3%，进口用汇居第一位；与此同时，卷烟、自行车、缝纫机的生产能力以及机床加工能力过剩率分别达到40%、20%、50%、50%。

第三，在经济体制改革过程中，重视对策研究，忽视基础理论探索。在决定哪些改革措施先出台时，主要看是否简单易行，马上带来效果，而不是看对经济体制改革的目标的实现有什么影响。这样的改革，只能是走一步，说一步，改革措施朝令夕改，经济政策前后矛盾。从1984年以来，单就企业改革来说，一会儿是扩权让利，一会儿是两步利改税，接着是承包制、租赁制、资产经营责任制，还有人鼓吹股份制。哪一种改革形式也没有时间充分显示其长处与短处，更没有时间进行总结。关于改革的中心，一会儿是以价格改革为中心，一会儿又是以企业改革为中心。这样做的直接结果，必然拖延整个改革的进程，走许多不该走的弯路，付出不必要的代价。另外，政策多变，会造成人们的不安定感和对政策的不信任。由于怕政策变，机关、团体、企业、地方政府、居民在决策时，不做长远打算，行为短期化：居民抢购、挤兑；企业千方百计多发工资、奖金、实物，不关心企业技术改造与扩大再生产；地方政府、机关团体突击花钱，扩大集团消费。

第四，在对外贸易方面，只考虑当前换汇需要，大量出口燃料如原油、煤炭等初级产品，并且在外贸经营体制方面，实行简单放开，引起国内"羊毛大战""蚕茧大战"等，在国内抬价收购，在国外竞相压价销售，"肥水流入外人田"。原油、煤炭是不可再生性资源，用一点、少一点，出售原油、煤炭以换取外汇，固然容易，但我们要为子孙后代着想，今天这样做是寅吃卯粮，是吃子孙的饭。中国人有前人种树，后人乘凉的遗训，如果在我们这一代把石油、煤炭开采净尽，何以对后人？

第五，从经济发展战略来看，说是以科技、教育总揽全局，实际上仍然是只重视当前经济增长速度，忽视科技与教育的发展。表现为科技、教育投资严重不足，尤其是中小学教学条件差，教师待遇低。另外，知识分子的劳动得不到应有的报酬，脑力劳动者与体力劳动者收入倒挂现象严重。这种状况导致新的"读书无用论"的抬头，前几年形成的全民族学科学、学文化的热潮冷了下来。科学技术是生产力，中国的振兴从根本上说要靠科学技术。目前的状况继续下去，10年至多20年以后，以往教育形成的人才老本吃完，中国的经济发展状况是可想而知的。

政府短期行为的根源

政府短期行为之所以产生，既有认识上的原因，也有制度上的原因，同时还有历史的根源。

第一，认识上的原因。首先，是我们对生产力根本内容的理解有严重的偏颇。马克思主义经典作家认为，生产力是人类征服自然、改造自然的能力，具体说来就是由生产力资源的质量（科学技术物化的结果，表现为劳动者的文化素质、技术水平和生产工具的现代化水平等）、数量及其联系形式（产业结构、企业组织结构、技术结构）所决定的生产能力。而我们则把生产力理解为一定时期社会产品总量，把社会总产品数量的增长理解为生产力水平的提高。以这两种认识分别去指导实践，会作出不同的经济决策。生产能力和社会产品总量之间既有密切的联系，又有明显的区别。一般来说，生产能力的提高必然导致社会总产品的增长。但是必须明确，二者之间并不是一种简单的线性函数关系，社会总产品的增长并不一定是生产能力提高的结果，并不必然标志着生产力水平的提高。有时候，社会总产品的短期增长完全可能是在生产能力没有提高的情况下实现的，甚至社会总产品的增长有可能是以生产能力的破坏为代价的。因为：（1）社会总产品的增长可以是由于以前所积蓄起来的生产能力没有充分发挥作用，现在通过变革生产关系等手段使生产力的潜力得以释放的结果。但是生产的技术水平和生产能力并没有得到提高，一旦生产能力的潜力完全释放，社会总产品的增长就会停止。拿我国农业情况为例，1978年前的近30年，我国农村进行了大规模的农田水利基本建设，科学种田、种子改良以及农业机械化、化学化也取得了较大进步，只是由于农业生产关系不合理，已经形成的农业生产力未能充分发挥作用。所以，当农村实行了联产承包责任制以后，近30年积累起来的生产力真正发挥了作用，农业总产量连续几年迅速增长。但是由于几年来农业投入减少等原因，农业生产技术水平和生产能力未得到提高，有些农业生产设施还受到了严重的破坏。所以，一旦生产力潜力充分释放，就出现了1985年以来农业生产连续四年的停滞徘徊局面。（2）社会总产品的增长也可以是占有了未来资源造成的，这种寅吃卯粮引起的物质财富增长，更不是生产能力提高的结果，不意味着生产力水平的提高。（3）对生产力资源的掠夺性使用，也可以引起社会总产品的增长。这种社会总产品的增长，不仅不能标志着生产力水平的提高，反而意味着生产能力降低，生产力水平的下降。比如工业拼设备以增加产量，农业中对土地实行掠夺性经营或用耕地制作砖瓦，便是这方面的例子。由于把生产力的提高理解为社会总产品的增长，在决策过程中就必然产生有碍生产力发展的短期行为，而决策者自己还认为是有利于生产力发展的有效措施。比如，既然科技、教育不会立竿见影地促进生产增长，因此就重视生产投资，忽视科技、教育发展，表现为表面喊科技、教育立国，实际上不愿意增加科技、教育投资，不采取切实措施解决脑体收入持平甚至倒挂问题。再如，在改革中追求"短、平、快"，重视对策研究，轻视基础理论探索，重视当前的、局部的经济效益，忽视产业结构合理化的要求，等等。其次，导致政府短期行为的第二个认识方面的错误，是我们对社会主义生产目的的重要性认识不足。最大限度地满足人民群众日益增长的物质文化生活的需要，是社会主义的生产目的，是社会主义与资本主义的本质区别之一。但是，事实上我们并没有把社会主义生产目的摆在应有的位置上，作为决策的最高准则，由此产生了一系列政府短期行为。如，不是扎扎实实抓效益，随着生产的增长，给人民带来真正的实惠，而是为生产而生产，热衷于高速度，不是根据人民需求结构的变化，及时调整产业结构，增加有效供给，而是只顾眼前赚钱，导致产业结构同构化；把人民群众的物质需求狭隘地理解为需求的全部内容，因而只重视生产的发展，而忽视教育、科学、文化的发展。

第二，制度方面的原因。对产生政府短期行为的制度方面的原因，可以从两个方面进行分析。第一方面，在我国，产品经济体制延续了近30年，虽然经过了10年改革，目前我国的经济体制仍然是一种混合经济，产品经济机制在相当程度上仍然支配着经济生活。在产品经济条件下，政府行为短期化是不可避免的。首先，与商品经济不同，产品经济条件下，衡量经济运动的成果主要不是利用价值指标，而是利用实物指标；主要不是看投入—产出比例，而是看产出增长了多少；另外，由于产品经济条件下产品的实现是依靠计划分配，而不是经过竞争在市场上实现的，价格也是由计划统一规定的，收入要上缴财政。因此生产者不必关心成本高低，利润大小。这一切都导致经济活动主体重速度，而不关心效益。其次，产品经济条件下，产品不是商品，无须通过市场实现，生产中耗费的劳动不表现为价值。各种劳动对生产的贡献，缺乏一个统一的尺度来衡量。因此，复杂劳动与简单劳动在生产中所发挥的不同作用被掩盖了。这就导致决策者只关心当前生产，不关心科学技术与教育事业的发展，缺乏一种实在的压力促使他们解决知识分子的待遇与生活问题。第二方面，我国现行干部考核、任用制度助长了政府短期行为。迄今为止，我国考核、任用干部主要看他们在任期内，使产值增长了多少，即所谓"产值增，书记升"。近年来实际上又加了一条标准，看干部在任期内实行了哪些改革。这种干部制度必然导致各级干部只关心生产增长速度，不管理论准备是否充分，条件是否具备，追求抢先一步，超前改革。至于科学技术与教育事业的发展，经济效益的好坏，产业结构是否合理，反正与自己的提升没有多大关系，也就不去关心了。

第三，历史条件方面的原因。同其他社会主义国家一样，我国是在生产力水平较低的情况下获得革命胜利并开始社会主义建设的。生产力水平问题是关系社会主义生死存亡的关键。因此对我国来说，始终存在着一个赶超发达国家发展水平的艰巨任务。在赶超的良好愿望驱使下，非常容易产生重视经济增长速度、轻视经济效益的短期行为。这个问题，在所有社会主义国家是具有普遍性的。

防止政府短期行为的有关措施

根据对政府短期行为产生原因的分析，要防止政府短期行为应该从以下几个方面着手：

第一，正确认识发展生产力的内容。1978年真理标准的大讨论，起到了解放思想、拨乱反正的作用，为10年改革和经济发展清除了思想障碍。为了防止政府短期行为，真正做到按客观规律办事，有必要就生产力内容这个马克思主义的 ABC 问题，展开讨论与教育，摒弃把社会总产品增长等同于生产力水平提高的观点，树立生产能力提高才是生产力水平的真正提高的观点。只有这样，才能纠正重速度、轻效益，重当前生产增长、忽视产业结构合理化，只重视生产发展、忽视科技教育发展的短期行为。

第二，加快改革步伐，真正建立有计划商品经济的运行机制，消除重速度、忽视效益，重生产、轻科技教育等短期行为的经济制度基础。

第三，加深对经济运动规律的认识。中国经济发展水平还比较低，我们确实面临着赶超的艰巨任务。但是必须认识到，用主观愿望代替客观规律，一味追求高速度，忽视效益的提高，忽视科技、教育事业的发展以及产业结构的合理化，结果会适得其反。如果生产发展速度很高，但效益很低，那就不能给人民带来实惠，就会挫伤人民群众的积极性，高速度就会变成低速度，甚至负速度。

第四，真正提高对理论重要性的认识。我们党历来有重视理论的传统。民主革命时期，以毛泽东同志为主要代表的中国共产党人创立了新民主主义革命理论，完成了新民主主义革命。我们今天所进行的改革，同样是前无古人的事业，需要有一套关于改革与发展的理论作指导，才能取胜。否则，不重视理论，在没有理论指导的前提下，贸然改革，不但这种改革不会成功，而且会给今后的改革造成更大的困难。因为经济运动有一种惯性。一种改革措施出台，就会对经济运行机制产生影响。当发现改革措施是不合理的，再去纠正，为了克服经济运行的惯性，就要付出更大的努力和代价。所以，经济体制改革不能走一步，看一步，而必须在理论指导下，进行有计划、有步骤的配套改革。只有真正认识到了这一点，才能避免改革中的短期行为。

第五，改革目前的干部制度。首先，要改变目前考核干部只看任期内产值增长了多少，进行了多少项改革的做法，建立综合性的指标体系。比如起码应把经济效益指标、教育与科技发展的指标、产业结构改善等纳入对干部的考核指标体系内。其次，要改变目前干部的任免基本上是上级说了算的做法，要让群众参与。应该说干部所在部门、单位、地区的群众最了解他的工作情况，最有权作出评价、选择。只要我们把民主制度真正引入干部任免工作中去，干部就不会完全唯上行事，而会对错误的东西进行抵制；才会真正把改善人民生活挂在心上，重视经济效益，不片面追求速度；才会为了给人民造福，既重视生产，也重视教育、科技事业的发展；才不会去进行那种给经济建设带来损失，却可以向上邀功的不成熟的改革。

对公平的内容及其实现条件的重新理解 [1]

（1990 年 10 月）

如何认识和处理公平与效率的关系已经成为当前我国经济理论研究的一大难题。因为，要实现我国经济的高效率，就必须进一步改革，建立商品经济秩序，打破原来的收入分配格局，使人们在收入水平上拉开距离。而按人们目前对公平的理解，它似乎是一个道德范畴，公平就是平均分配或大致平均分配。这就产生了一个矛盾：要追求效率，就要改革，就会破坏公平；要追求公平，就要以牺牲效率为代价，放弃进一步改革。这是一个必须正确认识和处理的重大理论问题和实践问题。

公平与效率矛盾吗?

公平与效率问题之所以成为一个二难的问题，根本原因在于把公平当作道德范畴，因而把平均分配等同于公平。事实上，当把公平与效率联系起来时，它只能是一个经济范畴，而不是道德范畴。

首先，科学研究要求范畴之间具有同质性，可以用同样的语言和指标体系进行描述、度量。效率是一个经济范畴，可以用时间与成果、投入与产出等对比关系来描述、度量。如果把公平看作道德范畴，则只能用人道、正义一类非量化标准来表述。显然二者之间不存在通用语言，缺乏由此及彼的桥梁。

其次，人们在谈到公平时，赋予它的主要内容是经济的内容即社

---

① 本文原载《探索与求是》1990 年第 8 期。

会成员之间的收入对比状况。当然还有权力、社会地位等方面的内容，但人们最关心的是经济方面的内容。

再次，马克思主义者在研究社会经济问题时，应该坚持从经济自身发展规律出发，而不能受道德观念或感情的左右。马克思、恩格斯得出资本主义必然灭亡的历史结论，并不是以道德观念为依据，而是通过对资本主义经济运动规律的科学研究，发现生产的社会化与资本主义私人占有制的矛盾运动的结果，必然导致资本主义为社会主义所代替。

最后，在研究经济问题时，要考虑政治、文化、道德等因素的影响，但是这并不等于把政治、文化、道德等方面的要求等同于经济发展的客观要求，把这些领域的规律等同于经济规律。对公平也应作如是观。比如从人道主义出发，对灾民、对失去劳动能力的人实行救济，是公平的；从国防安全需要出发，对军烈属实行优待、抚恤，也是公平的。但这不等于把这种与劳动脱钩的分配形式引入经济领域，并当作主要的分配方式。所以，我们主张把道德意义上的公平与经济意义上的公平区别开来。在谈到与效率的关系时，只能把公平当作经济范畴。

既然公平是经济范畴，衡量公平与否的标准就只能是经济的，而不能是道德的。我认为衡量公平与否的标准有两条：一是收入分配只有有利于效率的提高和生产力的发展，才是公平的。因为只有生产力水平不断得到提高，社会物质财富不断丰富，全体社会成员的物质利益才能不断增进，收入水平的提高才有物质基础，才能向按需分配的共产主义分配制度前进。二是收入的分配只有与付出的劳动相适应，与现实的生产力水平相适应，才是公平的。因为生产力水平既决定着可以分配的物质财富总量，也决定着采取什么样的收入分配方式才能有利于生产力的发展。

如果以上对公平的理解是成立的，那么公平与效率之间就是既对立又统一的，不存在要公平就必须牺牲效率，要效率就要损害公平，"鱼和熊掌不可兼得"的问题。相反，只有做到了公平，才有高效率。

为社会主义公平正名

以往人们把社会主义公平等同于平均或大致平均分配。其实，平均分配只有在原始经济条件下才是公平的。今天我国已进入社会主义社会，公平的内容已发生了变化，与原始条件下的公平在内容上有了根本的不同。

社会主义是有计划的商品经济，因此公平的内容应该与商品经济的公平原则基本相符合。我理解，商品经济条件下公平的内容就是以平等竞争为前提，人们的收入与通过市场实现的、凝结为商品价值的劳动相一致，其重要特点是社会成员之间收入水平的差别性。这种收入分配方式之所以是公平的，有这样几条理由：（1）生产力水平的提高，使得物质资料的生产除了满足人们维持生存的需要之外，还有剩余，允许一部分人的收入高于另一部分人的收入。（2）只有在公平竞争的前提下，允许人们在收入方面存在差别，才可以促使人们改善生产与经营，提高劳动技能，努力工作，这是有利于生产力发展的。（3）价值是由生产商品的社会必要劳动时间决定的，当个别劳动时间低于社会必要劳动时间时，生产者的收入就大于其劳动支出；反之，劳动支出则得不到补偿，就会破产。这样，为了生存与发展，商品生产者之间便形成了一种竞争，大家都竞相采用更先进的技术和生产手段，以降低劳动消耗，提高劳动生产率，使个别劳动时间低于社会必要劳动时间。显然，这种竞争有利于效率的增进和生产力的进步，造成这种竞争机制的分配方式是公平的。

但是，由于各自生产力水平和生产关系性质的不同，社会主义有计划的商品经济条件下的公平与资本主义商品经济条件下的公平在内容上必然有所区别。资本主义公平的内容可以概括为：在承认财产私有制的基础上，人们的收入等于自己的商品与他人的商品等价交换所取得的收入。这在形式上完全符合商品经济的公平原则。不过，在资本主义公平原则的背后存在着违背商品经济公平原则的不公平内容，这就是马克思指出的流通领域里的公平掩盖着生产领域的不公平，即资本家对雇佣工人剩余劳动的无偿占有。而且由于财产占有状况的不平等，造成资本家和工人收入水平上的极大悬殊。

社会主义条件下的公平一方面要符合商品经济的公平原则，另一方面又必须摒弃资本主义公平原则的不公平内容。具体内容包括两点：第一，劳动者的收入应该与个人劳动的凝结，即价值实现量做了必要的社会扣除以后的价值量相符合，其本质是按劳分配。不过，由于劳动者一般不是独立的商品生产者，作为商品生产者出现的是企业，劳动者的劳动只有通过共同劳动的结果——企业产品在市场实现才能得到间接评价。然后，在企业内部按劳动者劳动的质量、数量进行分配。这是社会主义条件下公平的主要内容，也是与资本主义公平的主要区别。第二，除了实行按劳分配，从社会主义初级阶段的实际出发，还应该允许在一定范围内实行按资产分配，包括股票收入（股息和红利）、个体和私营经济的资产收入、居民存款的利息收入等。

完善商品经济机制是实现公平的根本前提

与社会主义公平内容相对照，可以发现我国收入分配中存在许多不公平现象。其中比较突出的有以下几种：第一，论资排辈，工资收入水平与劳动能力和贡献脱钩；第二，严重的平均主义倾向；第三，相当一部分脑力劳动者收入水平低于体力劳动者；第四，流通利润高于生产利润；第五，一部分人钻改革空子大发横财；第六，为公家干的不如为私人干的收入高。产生上述种种不公平现象的根本原因，是延续三十几年至今仍未根本改变的产品经济体制，以及商品经济发展不平衡，市场不完善，竞争不充分。要从根本上解决收入分配不公平问题，必须进一步深化改革，建立健全商品生产机制。消除收入分配不公平的经济基础，具体说来，第一，要深化企业改革。通过改革使企业成为真正的商品生产者，产品成为真正的商品，使市场成为人们劳动的评价体系，使不同劳动者在生产中所发挥的作用表面化，这样实行按劳分配就有了依据；同时，只要企业成了真正的商品生产者，为了在竞争中取胜，就必须实行按劳分配，以调动劳动者的积极性。企业中种种收入不公平现象得到解决，机关、学校、科研机构等单位不合理的收入分配制度就不能继续存在，教师、科研机构的科技人员收入过低的问题也可得到解决。因为，一旦知识、技术对企业生存、发展的重要性为企业所认识，传道授业的教师的劳动就会得到社会承认，收入水平提高就成为情理中事。新技术受到企业的欢迎，科研机构通过技术转让，也可以解决科研人员收入过低的问题。第二，要建立完善的市场体系。逐步理顺价格，取消价格"双轨制"，堵塞一些人利用权力和"双轨制"倒买倒卖，大发横财的路子，从而解决搞生产不如搞流通的问题。在"双轨制"一时不能取消的情况下，目前要努力缓和供求矛盾，压缩基建规模，控制消费基金的不正常增长，从而改善市场环境；整顿公司，减少流通环节，对那些专事倒买倒卖，对搞活流通、促进生产没有任何益处的官倒、私倒要坚决取缔；国营商业部门和物资部门要发挥主渠道作用，在平抑市场物价，促进生产流通方面发挥应有的作用。与此同时，要努力实行政府经济管理职能的转变，由低层次的具体的经济管理转变到高层次的宏观管理。这样就可能从体制上杜绝一些人以权力做后盾，在流通领域兴风作浪，牟取暴利。第三，要创造一个平等竞争的环境，实现收入分配起点上的平等。这一方面包括取消各种差别性政策和垄断性行为，使企业之间可以平等地开展竞争，以解决不同企业之间因为不平等竞争造成的收入分配不公平现象。另一方面要打破人才的地区、部门、单位所有制，建立人才市场。人们要得到理想的工作，要经过公开竞争；不满意自己的工作，可以辞职，到劳动力市场上去寻找新的工作。这样，可以人尽其才，机会均等，就易于为人们接受。

关于社会主义市场经济的几个问题 ①

（1992 年 12 月）

党的十四大报告明确指出："我国经济体制改革的目标是建立社会主义市场经济体制"。这不仅为我国今后的经济体制改革指明了方向，而且也标志着我们党对社会主义的认识尤其是对社会主义经济规律的认识有了一个重大突破，体现了中国共产党人彻底的唯物主义精神。鉴于一部分党员、干部对市场经济特别是社会主义市场经济比较陌生，这里对有关问题做一点分析。

一、什么是市场经济

市场经济是商品经济的一种比较充分发展的现象形态。商品经济发展到一定阶段、一定高度，就需要一个统一的市场在全社会范围内进行资源配置，这就形成了市场经济。因此，市场经济就是指以市场为资源配置的主要方式的商品经济，即主要以市场机制来组织和分配生产要素以及社会收入的那种经济。

经济学认为，一个社会或一个国家可以用来进行生产的资源的数量都是有限的，用经济学的语言说是稀缺的。如何使有限的资源得到合理利用，是经济学研究的根本问题之一。使具有稀缺性特征的资源得到最有效利用，关键是要有一种合理的资源配置方式。近代世界经济发展的经验，特别是我国 14 年改革实践充分证明，市场是资源配置的比较有效的方式。市场机制能够通过供求变化、价格信号和竞争功

---

① 本文原载《理论学习》1992 年第 12 期。

能，促使资源从效率较低的地方、部门和企业流向效率较高的地方、部门和企业。在市场调节的情况下，随着供求情况的变化，价格也必然发生相应的变化。生产者为了使自己的产品可以卖出去，并且使生产中劳动耗费得到补偿，必须根据市场价格的变化，调整生产方向和生产规模。这样，资源就可以按照社会需要和利益最大化原则在不同行业、企业间流进、流出，从而得到有效配置。另外，在市场机制发挥主要调节作用的情况下，只有当个别劳动时间和个别价值等于或低于社会必要劳动时间和社会价值时，商品生产者才可以使生产中的耗费得到补偿甚至获得额外收益。因此，他们必然千方百计地采用新技术、新设备，改善经营管理，以提高劳动生产率。市场竞争条件下的这种企业行为，毫无疑问是有利于提高整个社会资源的使用效益的。

市场经济与商品经济有联系也有区别。首先，市场经济也是商品经济，不过它是商品经济高度发达时的形态。只有商品生产成为占支配地位、统治地位的生产方式，商品交换关系成为普遍的、每时每处都发生的经济关系，市场机制成为配置资源的主要方式时，市场经济才发展起来并最后形成。据考证，商品经济产生与存在已经有几千年的历史，而市场经济只发展了200多年。其次，市场经济与商品经济是从不同的角度来界定一种经济的性质的。具体说，商品经济是指社会生产采取价值生产形式，特征是劳动转化为价值，产品用以买卖，生产者为交换而生产；与其相对应的是"自然经济""产品经济"。市场经济是指社会生产中资源配置的方式，特征在于用市场机制来组织、分配生产要素及社会收入；与此相对应的是"命令经济""统制经济""计划经济"以及"行政协调经济"等。

市场经济具有哪些基本特征呢？第一，市场是覆盖全社会的，一切经济关系和经济活动都直接间接地处于市场关系中，以此作为资源配置、促进生产要素流动的基本方式和手段。第二，市场的主体是能够自主经营、自负盈亏、自我发展、自我约束的法人实体，是真正独立的商品生产者。第三，有完善、健全的市场体系和科学、严密、完整的市场法规体系。第四，政府通过各种政策和经济手段对市场实行调控，并通过市场调节企业行为和活动。第五，市场经济本性是开放的，它要求打破一切阻碍商品流动的地区障碍，汇成全国统一市场，并要求冲破国家的界限，汇成世界市场，如此等等。

二、社会主义市场经济理论提出的意义

1984 年，党的十二届三中全会提出社会主义经济是公有制基础上有计划的商品经济。考虑到马、恩等经典作家曾设想未来的社会主义社会中将不再有商品生产，以及几十年来社会主义实践中长期排斥市场这样一个历史背景，这一关于社会主义有计划商品经济的新论断，可以说是具有划时代意义的，是社会主义经济理论的一个重大突破。1987 年党的十三大又把有计划商品经济体制进一步定义为计划与市场内在统一的体制。正是由于理论观念上的这些突破和发展，80 年代我国在所有制结构（和企业机制）改革、市场机制的培育和改革以及宏观管理体制改革三个方面有了比较大的进展。有计划商品经济理论对于我国市场取向改革的推动作用，是毋庸置疑的。

但这一理论提出之后，对于什么是"有计划的商品经济"，人们的理解，包括经济理论界的认识，还是很不一致的。有的同志强调"商品经济"的一面，认为商品经济是社会主义经济的本质特征；有的同志则强调"有计划的"一面，继续认为计划经济是社会主义的本质特征。虽然大家都同意计划与市场要结合，但有的人认为计划是主要的，市场是补充的；有的人则强调市场调节是第一性的，计划调节是第二性的。实践中因形势变化而有时偏重于市场，有时则强调计划。由于担心市场搞多了会引向资本主义，所以对改革的市场取向往往发生疑虑，致使改革迈不开大步。这种情况，同我们过去设想的改革目标模式中没有明确展示计划与市场何者是资源配置的基础性和主导性方式，很有关系。而"有计划的商品经济"的概念，解决不了这个有争论的问题。

社会主义市场经济理论的提出，明确了经济体制改革的目标就是建立以市场为资源配置主要方式的经济体制，从而结束了上述争论。这标志着我们党彻底摆脱了计划经济等于社会主义，市场经济等于资

本主义的陈腐教条，使不同层次的经济关系得以区分。事实上，计划经济与市场经济属于经济运行机制这个层次的问题，计划与市场都是资源配置的方式与手段，资本主义有计划，社会主义有市场，不是它们而是所有制关系、分配制度等因素才真正决定经济制度的基本性质。这些观点的提出，对马克思主义政治经济学是新的发展。同时，党的十四大提出社会主义市场经济理论，充分体现了我们党彻底的唯物主义精神。我国经济体制改革的目的不是别的，而是通过改革促进经济的发展。判断的标准是看它是否有利于生产力的发展，是否有利于人民生活水平的提高。当中外经济发展的对比以及我国改革前后经济发展的对比证明市场是资源配置的较好形式时，我们党就大胆提出要搞社会主义市场经济，这比那种从本本、教条出发来规定改革的目标和方向，无疑更符合马克思主义。

应当指出，发展社会主义市场经济不是对发展有计划商品经济的否定，而恰恰是发展社会主义商品经济的逻辑引申。众所周知，市场是商品经济的伴生物，哪里有商品生产和交换，哪里就有市场。当商品经济发展到一定阶段、一定高度，就必然形成市场经济。我国有计划的商品经济，不能始终停留在政企不分、条块分割、信号扭曲、又难以同国际市场灵活对接的商品经济发展的初级阶段上。而通过经济体制改革，向着形成统一的开放的国内市场，并适应国际市场通行做法的社会主义市场经济的新体制方向迈进，是一个合乎逻辑的自然发展过程。所以，那种认为可以搞商品经济而不可以搞市场经济的观点，是很难成立的。

三、为什么要建立社会主义市场经济

资源配置机制有两种：计划与市场。那么，为什么不可以把计划而必须以市场作为资源配置的主要方式或手段呢？

改革以前，计划是我国配置资源的主要方式。这种方式虽然有利于集中力量办大事，但近30年的实践证明，它不是配置资源的理想方式。其根本原因是，在社会化大生产条件下，人们的需求多种多样，且不断变化。社会生产体系是极其复杂的。对此实行计划控制，每一种产品的生产都靠计划来分配资源，要做到科学、合理是不可能的。苏联有一个材料说，在供求情况不变的前提下，如果针对苏联一年的全部经济活动制定一个建立在科学计算、综合平衡基础上的计划，全苏所有有工作能力的人要工作一年。试想，这样制定计划有什么意义呢？如果再把供求等变化的因素考虑进去，结果又该如何呢？由此不难看出，以前我们的计划主观随意性有多么严重，其执行结果也便可想而知。20世纪30年代关于社会主义的大论战中，波兰经济学家奥斯卡·兰格提出，在计算机技术不断发展的情况下，社会主义国家可以通过计算机模拟市场，制定出科学的计划，代替市场的自发调节。对此，曾有人做过认真论证，认为是根本不可能的。因此，兰格的这种设想被称为"电子计算机乌托邦"。

计划机制配置资源难以达到理想的结果，从信息论的角度可以找到根据。第一，在社会化大生产的条件下，经济信息量是非常大的，而在传统的计划体制下，信息是逐级纵向传递的，传输距离长，信息通道狭窄，容量小，传输速度慢，决策机构不可能及时收到反映供求变化的信息。这些迟到的信息到达决策机构以后，由于信息处理能力的限制，变成可用的信息又要经过一段漫长的时间，如基层的一份材料在上级机关一压就是半年、一年，就是证明。这样，决策往往落后于变化，不能及时调整资源流向，使资源得到合理利用。第二，在这种长距离的纵向传输过程中，信息要经过许多次筛选、处理，才能到达决策者手中，因此信息的失真几乎是不可避免的。如果作为决策依据的信息本身就是不准确的，那么决策的科学性当然是谈不上的。所以，由这种决策或计划所决定的资源分配必然是不合理的。

市场配置资源的情形就不同了。在这里，商品生产者是根据反映供求变化的价格信号而决定资源的流向的。当社会上对某种产品的需求减少时，或者生产能力趋于与需求平衡甚至超过需求时，这种产品的价格就会下降，生产收益也会随之下降，直至不能抵偿其劳动耗费。为此，商品生产者就会把资金、人力等生产要素转移到其他产业部门。因此，市场调节机制能够通过价值规律这只"看不见的手"，使各种产品的供求达到平衡。这种平衡，就意味着资源在各部门、各产业之间的配置是比较合理的。改革以来的实践证明，哪一个地区、部门和企业的市场取向程度越大，同市场联系越紧密，其活力也就越大，经济效益也就越高，发展就越快。为什么十多年来我国东南沿海地区发展得比全国快，而沿海地区的广东又比其他地区如上海发展得快？主要原因就在于此。相反，我国经济运行中存在的一些深层次问题，如经济结构难以调整、经济效益低下、资源浪费严重等，比如目前我国彩电、冰箱等生产能力闲置将近一半，工业企业资金利润率平均只有15%左右，远远低于资本主义国家，如此等等，又都同企业、劳动力等不能完全进入市场、市场机制作用力度不够息息相关。所以，党的十四大决定加快以市场为取向的改革，以市场作为资源配置的主要方式和手段，建立社会主义市场经济新体制，是十分及时、非常必要的。

当然，市场自身也具有自发性、盲目性和调节的滞后性等缺陷，以及由此带来的诸多弊端。因此，政府的宏观调控和计划指导是必不可少的，不但不能忽视，而且还要通过改革来加强。然而，这已不是那种传统计划经济体制下以行政命令、指标切块下达为主的指令性计划，而是一种导向性、政策性计划，是政府利用价值规律，通过对市场的调节，以市场为中介对经济进行引导的手段。当然对少数自然垄断性和公益性较强的环节还要保留直接的行政管理。但总的来说，政府对于经济的计划调控是以市场作为资源配置的基础性方式为前提的。

四、加快改革步伐，建立社会主义条件下的市场经济新体制

建立社会主义市场经济新体制，前提是要正确认识社会主义市场经济同资本主义市场经济的联系与区别。这里，首先必须摆脱传统的包括西方的那种认为市场经济是资本主义特有的东西，计划经济才是社会主义经济的基本特征的观念束缚。日本有的经济学著作明确提出，市场经济有三条原则：一是私有财产不可侵犯；二是契约自由原则；三是自我负责原则。显然，以此衡量，市场经济就是资本主义经济。联合国在经济上也是把资本主义国家叫作市场经济国家，把社会主义

国家叫作中央计划国家。我们则是把市场经济定义为以市场为配置资源的基本方式的经济。以此为前提，市场经济不等于资本主义，社会主义也有市场。由于社会主义市场经济与资本主义市场经济都是市场经济，所以二者都具有上文所述的那些作为市场经济的一般的基本特征。由于两种市场经济所处的社会制度条件不同，所以二者也存在差异。我国社会主义市场经济要体现社会主义制度的特征和我国的国情特色，其最明显者是：在政治制度上是共产党的领导，其根本宗旨是为人民服务；在基本经济制度上，所有制结构以公有制为主体，非公有制成分为补充，不同所有制形式可以用不同方式组合经营，多种经济成分和经营形式的企业都进入市场，平等竞争，共同发展；在分配制度上以按劳分配为主体，按其他生产要素分配为补充，兼顾效率与公平，运用市场机制，合理拉开差别以刺激效率提高，同时运用各种调节手段，缓解分配不公，逐步实现共同富裕。由于以上三点，社会主义条件下的市场经济有可能自觉地从社会整体利益与局部利益相结合出发，在处理计划与市场的关系、微观放活与宏观协调的关系，以及刺激经济效率与实现社会公正的关系等方面，应当而且能够比资本主义条件下的市场经济做得更好、更有成效。可以说，社会主义市场经济是在充分吸收计划与市场二者长处的基础上，对传统计划经济和资本主义市场经济的一种扬弃。

围绕建立社会主义市场经济体制，当前要认真抓好几个相互联系的环节。

一是抓好企业特别是国有大中型企业经营机制的转换。这是建立社会主义市场经济体制的中心环节。通过理顺产权关系，实行政企分开，把企业推向市场，使企业真正成为自主经营、自负盈亏、自我发展、自我约束的法人实体和市场竞争主体，并承担国有资产保值增值的责任。进一步完善经营承包制，有步骤有秩序地发展股份制，鼓励有条件的企业建立企业集团，国有小型企业有些可以出租或出售给集体或个人经营。

二是下大力气培育市场，健全市场体系。不仅要发展消费品和生产资料市场，而且要培育资金、劳务、技术、信息、房地产等要素市场。要坚决打破条条块块的分割、封锁和垄断，尽快形成全国统一的开放的市场体系。特别要加快价格改革步伐，尽快建立能够灵敏反映资源稀缺程度和正确反映资源配置导向的，以市场形成价格为主体的价格信号系统。还要建立一套规范而科学的市场规则和管理制度。

三是改革宏观管理体制。建立适应市场经济要求的、行之有效的宏观经济调控机制，关键在于行政管理体制和机构改革，根本途径是政企分开，切实转变政府管理经济的职能。政府不能干预国家法令规定属于企业行使的职权，不得截留下放给企业的权利。政府对企业的直接干预要改变为通过市场运用经济和政策杠杆进行间接调控，并重点做好规划、协调、服务和监督工作。要进一步强化中央银行的独立性，并扩大其在实施货币政策和调节信用的自主权，继续推进专业银行企业化，稳定发展各类金融市场。在财政体制改革方面，要进一步完善复式预算制度，深化分税制改革，建立符合兼顾财政收入和经济调控的科学的税收制度。还要更新计划观念，改革计划体制和投资体制，真正形成以产业政策为指导，以企业投资为主体的多元化投资格局。同时强化审计和经济监督，健全科学的宏观管理体制与方法，合理划分中央与地方的经济管理权限。

另外，建立和健全社会保障制度，制定和完善加强宏观经济管理、规范微观经济行为的法律和法规，都是推进市场取向的改革和建立社会主义市场经济体制所必不可少的，必须抓紧进行。总之，建立社会主义市场经济体制是一项复杂艰巨的社会系统工程，需要我们做好总体规划，分步实施，进行长期的艰苦细致的工作。我们相信，社会主义市场经济体制的逐步形成，必将大大提高我国资源配置和整个经济工作的效率，从而加快我国现代化战略目标的实现。

社会主义市场经济与竞争①

（1993 年 2 月）

竞争是指商品经济中，商品生产者为追求经济利益以及取得有利的产销条件而进行的相互斗争。市场经济是发达的商品经济。在市场经济条件下，价格的形成过程，资源的配置过程，同时也是竞争的过程。所以，竞争机制是基本的市场机制，有效的竞争是市场经济的基本特征之一。要了解社会主义市场经济，就必须了解竞争，要建立社会主义市场经济，就必须为有效竞争的开展，为竞争机制的发挥作用创造各种条件。

市场经济中竞争的作用

在市场经济条件下，竞争是一种普遍现象。竞争的形式，主要有部门内部的竞争，部门之间的竞争和价格形成过程中的竞争。部门内部的竞争促使企业积极采用先进技术，认真经营，加强管理，降低消耗，努力开发新产品。部门之间的竞争和价格形成过程中的竞争，能够促进资源在不同生产部门之间合理配置，使供需达到大体平衡。

竞争，过去我们是把它当作资本主义特有的东西来看待的。实践证明这完全是一种误解。的确，竞争除了具有上面描述的积极作用以外，还有一些消极作用。但是，这里有几个问题要搞清楚。第一，社会主义经济是市场经济，就不可能不存在竞争。过去我们不承认社会主义制度下商品与货币的存在，是错误的。党的十一届三中全会以来，

---

① 本文原载《市场纵横》1993 年第 2 期。

我们逐渐加深了对社会主义经济制度的认识，认识到社会主义在其发展过程中不可能逾越商品经济这一发展阶段，社会主义经济是商品经济。党的十四大进一步指出，社会主义经济是市场经济，即以市场为主要的资源配置方式的商品经济。既然社会主义经济是市场经济，作为重要的市场机制的竞争机制就必须发挥重要的作用。没有竞争，就没有资源的合理配置与有效利用，就没有合理的价格的形成。因此，否认了市场竞争，就否认了市场机制，也就否认了市场经济。所以，既然承认了社会主义经济是市场经济，就必须首先承认竞争的存在，然后再采取措施发挥其积极作用，限制其消极作用。第二，竞争在市场经济中的积极作用是主要的，还是消极作用是主要的。竞争的积极作用已如上述。这里要分析的是其消极作用。我认为，过去我们所说的竞争的消极作用并非完全是消极的。比如说竞争是无政府状态的，这只是从表面看才是对的。因为，竞争是有规律可循的，从根本上说是有序的：资源在部门间的转移是受供求规律支配的，也受第二种含义的社会必要劳动时间的支配；资源从价格低的产品生产转向价格高的产品生产，实际上是价值规律在背后起着作用。再比如竞争引起两极分化，使生产不断集中。撇开伦理方面的评判，没有部分企业的破产，资源存量就无法流动，生产结构就不能迅速适应需求结构的变化；没有生产的集中，就不能实行规模生产，获得规模效益，许多现代大工业根本就发展不起来。由此看来，竞争的所谓消极作用，从另一侧面看，恰恰是积极作用。这样分析以后，显然竞争的积极作用是主要的。第三，竞争机制是有缺陷的，问题是与计划经济条件下的行政手段比，哪个更优越？社会主义的经济实践告诉我们，尽管计划手段也有其优越性，但是社会经济的复杂性决定了计划不可能真正地反映供求的变化。竞争机制尽管不完善，但是比起那些主观随意性很强的计划来，更能合理地使资源得到配置、利用。

综上所述，为了使资源得到合理配置与利用，促进社会主义经济发展，必须大胆地利用竞争机制，广泛地开展市场竞争。

社会主义条件下对竞争的调节与管理

竞争发挥积极的作用并产生积极的效果是有条件的。

首先，竞争必须是公平的。所谓竞争是公平的，是指参加竞争的商品生产者除了具有对各自商品的所有权以外，不允许任何人享有其他特权。在商品经济条件下，人们只能通过提高劳动生产率，降低自己产品的个别价值，从而击败对手。不允许有人享有用低价购买生产资料的权力，不允许有人拥有强迫消费者购买自己的商品的权力，也不允许有人拥有独占某种产品的市场、不许他人进入的权力。如果不是这样，他们就可以轻而易举地取得丰厚的利润并击败对手，就不会努力去采用先进技术与设备，改善管理。这种竞争就不会带来全社会科学技术的进步和劳动生产率的提高，就起不到促进生产力发展的作用。

其次，竞争只能采用经济手段，而不能使用政治的、暴力的等非经济手段。市场竞争是一种经济活动。如果在竞争中运用政治的、暴力的等非经济手段，支配竞争的经济规律就失去了作用，竞争促进劳动生产率提高、合理配置与有效地利用资源、形成供求平衡基础上的价格等积极作用就无法发挥出来。比如企业与政府官员勾结，对其他竞争对手千方百计实行刁难，阻挠生产经营的正常进行，就可以很容易地击败竞争对手。再如，有的商品生产者利用新闻媒介制造假新闻，对竞争对手的产品质量、技术水平实行贬低，破坏其他竞争对手的产品形象，也属于不正当的竞争手段。在资本主义早期发展阶段，甚至有人动用暴力手段，如暗杀竞争对手，炸毁他人厂房、设备，袭击他人的运输车辆、销售网点等。随着资本主义的发展，法律的不断健全，这些竞争手段的使用逐渐少了，但仍时有发生。在社会主义市场竞争中，必须防止这种现象的发生。从一开始就要制定严格的法律，对这种犯罪活动实行坚决打击。

第三，采取坚决的措施，反对垄断，以保护竞争。在竞争的过程中，必然有一部分商品生产者由于产品的个别价值高于社会价值或者产品不符合社会需要而亏本、破产，被市场竞争的胜利者吞并。这样，竞争的结果必然是生产集中，当生产集中发展到一定阶段，就会产生垄断，妨碍竞争的正常进行。因为当垄断产生后，少数几个大公司控制着一个部门的绝大部分生产。他们之间进行竞争，只会弄得两败俱伤，于是他们就会达成一种协议，规定各自的市场份额，划定势力范围，议定价格，限定产量，共同排斥与扼杀其他小的竞争对手，竞争就走向了自己的反面。在垄断条件下，垄断大公司通过制定垄断价格，限制产品产量，就可以获得垄断利润，因此他们根本不愿意采用新技术，推出新产品。不仅如此，还阻挠别人采用新技术，通过购买技术专利，将之束之高阁的办法，阻止新技术在生产中的应用。显然，由于垄断对竞争的阻碍，也就阻碍了生产力的发展，使社会经济发展失去了活力。我国既然要发展社会主义市场经济，鼓励竞争，也会发生生产的集中，生产集中的结果也有走向垄断的趋势。我们要学习国外反对垄断、保护竞争的成熟做法，采取有效措施，防止垄断的产生。

深化改革，为有效竞争创造条件

市场经济不能没有竞争，社会主义市场经济也不能例外。从目前情况看，我国开展有效的市场竞争的许多重要条件尚不具备，其原因主要是体制方面的。因此，当前与今后一个时期，必须继续改革，为有效竞争创造条件。

第一，不同的经济单位、不同的地区之间竞争的条件不平等。主要表现在这样几个方面：（1）价格实行"双轨制"，有的企业可以得到价格较低的计划内原材料，有的企业只能拿到价格较高的计划外原材料；有的企业生产的产品属于计划内的，或计划内产品占的比重较大，卖价较低，而有的企业的产品则是计划外的，或计划内产品占的比重较小，卖价较高。在这种情况下，根本无法进行竞争。因此，要真正使竞争开展起来，必须尽快取消价格"双轨制"，实行由市场自发定价。（2）不同企业的机制不同、政策不同。"三资"企业、乡镇企业拥有商品生产者所需要的各种权力，可以灵活决策、自主经营，而大多数国有企业没有自主权，无法实行自主经营、自我发展。同时，国家对"三资"企业、乡镇企业实行减税、免税政策，而国有企业的税收及其他负担不断加重，这都使得国有企业无法与"三资"企业、乡镇企业竞争。（3）不同地区之间机制不同、政策不同。原来的工业发达省份每年上交中央财政的任务非常重，如上海，每年要交 100 亿元左右，而广东每年上交中央财政只有十几个亿。另外，允许东部沿海地区在改革开放上先行一步，而要求其他地区基本保留原有体制。这样，不同地区经济发展的条件非常不平等。

第二，市场体系不健全。在资金市场、劳动力市场、生产资料市场不健全的条件下，即使某种产品在市场上供不应求，价格较高，生产这种产品特别有利可图，但生产者无法通过各种市场取得扩大生产所需要的各种生产要素，或从其他产品生产转向这种产品的生产，那么原有的企业仍然可以较长时间地以较高价格出售产品，获得丰厚利润，这种产品的市场就在事实上具有垄断性质，不存在真正的竞争。因此，尽快建立完善的市场体系，是有效竞争的前提条件。

第三，国有企业尚未成为独立的商品生产者与经营者。在企业还没有成为真正的商品生产者以前，他们是不会有压力和动力去与其他企业竞争的。即便他们有了一定独立利益，愿意去竞争，在不能自主作出投资决策，没有生产经营自主权、不能处置企业财产和决定增加或解雇职工的情况下，也无法进行有效的竞争。为了竞争的充分展开，我国当前的一个重要任务是加快企业改革步伐，努力培育市场主体，使企业真正成为自主经营、自负盈亏、自我发展、自我约束的商品生产者与经营者。

第四，价格体制，尤其是价格形成机制不合理。在市场经济中，除了少数产品和劳务的价格实行计划价格以外，大部分产品和劳务价格要由市场自发形成与调节，使之真正反映价值规律和供求规律的要求，为市场竞争创造必要的条件。

社会主义市场经济中的价格 [①]

（1993 年 4 月）

社会主义市场经济是以市场为资源配置和收入分配的主要方式的经济。在市场的多种作用中，价格机制是核心，收入分配的调节，资源在各生产部门间的分配主要是通过价格机制实现的。因此，价格与价格机制是社会主义市场经济的重要内容与基本范畴。

市场经济条件下价格的形成与决定

众所周知，价格是商品价值的货币表现。除去价值对价格有着决定的作用以外，市场上的供求关系对价格水平的高低也有着重要的影响。供给与需求之间一定程度的不平衡的发生，是不难理解的。这是由于需求运动与供给运动具有不同特点。我们知道，社会的需求水平、需求结构及其变化取决于许多因素，如收入水平的提高与降低，社会风尚的变化，人们对市场供给与需求情况的预测，民族文化与风俗特点以及其他偶然性因素等等。由于这些因素是经常变化的，因而导致需求结构具有多变性与易变性的特点。与需求结构的易变性与多变性不同，供求结构的变化则具有相对稳定性特点。需求的易变性、多变性与供给的相对稳定性之间的不对称，造成了供给变化滞后于需求，使二者之间不平衡：要么供给小于需求，要么供给大于需求。经济运动是一种动态过程，因而需求与供给就处于这种不断的矛盾运动过程，不断地由平衡走向不平衡，再由不平衡向平衡逼近，价格与价值的偏

---

① 本文原载《经济纵横》1993 年第 4 期。

离就成为一种经常的状态。在市场经济条件下，市场价格的形成过程同时又是一种竞争的过程。由于买者之间，卖者之间，买者与卖者之间的不断竞争使价格向着买卖双方利益最大化的水平逼近。这是市场经济中价格运动的规律。

价格是市场经济条件下资源配置的核心机制

在市场经济条件下，各种生产资源在不同产品、不同部门之间的配置，社会总收入在不同主体之间的分配，都是由市场自发完成的。在各种市场机制中，价格机制发挥着资源配置、收入分配的主要的、核心的作用。

先从供给方面来分析。社会生产的最终目的是满足社会需求。建立在公有制基础之上的社会主义经济制度，其生产目的只能是最大限度地满足人民群众日益增长的物质文化生活的需求。但是，一个社会或者一个国家，可用来进行生产以及提供各种服务的资源是有限的，用经济学的语言来说，资源是稀缺的。如何在各个产业部门、产品的生产之间合理分配、使用，使有限的资源生产出尽可能大的社会效益，以最大限度地满足社会需求，是一个社会要解决的最重要的问题之一，也是经济学研究的核心内容。在市场经济条件下，这一问题是靠价格机制的调节来解决的。

在市场经济条件下，当对某种商品的需求量大于供给量时，这种商品的价格就高于价值，生产这种商品特别有利可图。商品生产者为了追求利益最大化，根据价格信号的指向，纷纷把资金（资本）、劳动力等资源用于增加这种商品的生产。当供给与需求大致平衡时，价格就会停止上涨，趋于稳定，资源流入就会停止。如果某种商品的供给量超过了需求量，这种商品的价格就低于价值，生产这种商品就无利可图，甚至亏损。商品生产者于是把资源从这种商品的生产转移到其他商品的生产，导致这种商品的供给量减少。当价格的作用使得供给与需求达到大体平衡时，价格就趋于稳定。由于商品生产者受利益动机的驱使，对价格的反应较灵敏而及时，所以不会造成供给与需求之间长时期大幅度的不平衡，避免了资源的严重浪费。通过价格的自发调节，可以形成合理的生产比例关系。

再从需求方面来看。在需求与价格之间存在着一种函数关系。对于需求弹性较大的产品来说，当价格上升时，需求量相应地就会减少；当价格下降了，需求就会增加。需求随着价格的变化而变化，对于那些需求弹性不大或没有需求弹性的商品，价格的这种作用则要相对小得多。我们知道，需求弹性小的商品一般是人们生活所需的，属于生存资料。需求弹性大的商品是更高的消费层次所需要的，一般属于发展资料或享受资料。因而消费者对这种商品的需求有较大的伸缩性。收入水平提高，价格较低时可以多购买；收入水平降低，价格提高时可以少购买。由于价格水平的升降与高低差别，以及不同商品之间自发形成的比价，调节着社会收入在不同需求间的分配，形成与一定收入水平相适应的需求结构。从而使人们在收入一定的情况下，合理地安排支出，得到最大的满足，获得较好的消费效果。

价格机制除了具有合理配置资源的功能以外，还具有一种促使商品生产者等千方百计提高资源利用效益的积极作用。商品生产者为了在竞争中取得胜利，必须千方百计地利用先进技术，采用先进设备，加强与改善企业管理，以提高劳动生产率，降低物质消耗，使单位产品的劳动时间缩短，单位产品的个别价值降低。商品生产者的这种做法，必然促进科学技术的发展及其与生产的结合，使全社会的生产管理水平不断提高。毫无疑问，这会使整个社会的资源利用效益提高。

建立与社会主义市场经济相适应的价格形成机制

价格要发挥资源配置和调节收入分配的作用，有两个前提条件：一是价格要以价值为基础；二是要反映供求的变化。在传统的经济体制下，我国的价格体系与价格形成机制均不合理，产品的价格既不反映价值，也不反映供求关系，根本起不到调节资源与收入分配的作用。当然，在传统的经济体制下也根本不要求价格发挥什么作用。经济改革以来，为了发挥价格这种经济杠杆的作用，我们对不合理的价格体系进行了调整，试图理顺价格结构。但是，由于价格是商品价值的货币表现，是在市场交换过程中自发形成的，以前的价格体系之所以不合理，就是因为影响价格形成的因素纷繁复杂和不断变化，商品种类、规格、花色成千上万，各种商品的价格本应由市场自发形成，而我们却靠行政手段去硬性规定价格。现在再运用行政手段调整价格，就难免"面多了加水，水多了加面"，顾此失彼，轮番涨价，水涨船高，或者调价幅度过大过小，或者调价时机过早过迟。总之，靠政府调价，价格总是理不顺。有鉴于此，我国也对过度集中的价格管理体制实行了改革，扩大市场自发定价的范围，力图实现价格形成机制的转变。1991年与1978年相比，在社会商品零售总额中，政府直接定价的比重由97%减少到20.9%，市场价格的比重由3%上升到68.8%，其余10.3%实行政府指导价；在农产品收购总额中，政府直接定价的比重由92.6%减少到22.2%，市场价格的比重由5.6%上升到57.8%，其余20%实行政府指导价；在工业生产资料出口价格总额中，政府直接定价的比重由几乎100%减少到36%，市场价格的比重达45.7%，其余18.3%实行政府指导价；在进口商品用汇总额中，价格放开，实行代理作价的已达95%以上。尽管这样，目前价格体制上不合理的问题仍然存在。一是计划价的范围在某些领域仍然偏大，部分适宜放开的价格尚未放开；二是计划价格仍然比较僵硬，尚未形成能够及时反映生产条件和供求变化的合理机制；三是生产资料价格双轨制依然存在，其弊端依然非常突出；四是企业价格行为尚不规范，一些比较重要的大宗商品价格暴涨暴跌的情况屡有发生。

因此，要建立与社会主义市场经济相适应的价格机制，还必须进一步进行价格体制改革。改革的目标是逐步形成由市场竞争与市场交换自发决定价格的价格形成机制。按照这个目标，除去那些垄断性较强的商品与劳务，资源约束相对较大，供给弹性较小的商品和劳务以及关系国计民生的最重要的商品继续由国家定价，实行计划价格以外，大多数一般商品和劳务价格要放开，由市场调节。这种价格形成机制的主要特征是：企业是价格决策的主体、竞争是价格形成的基本途径、供求是价格水平的决定性因素。需求增加→供不应求→价格上涨→企业利润增加→生产要素流入→供给增加→供大于求→价格回落→企业利润率降低→生产要素流出→供给减少→供不应求……如此循环往复，是价格形成的基本机理。

在这种价格体制中，由于商品的直接生产者、经营者有了定价权，因此市场价格的形成与政府定价比，能够比较直接、及时地反映生产成本、市场供求、消费心理等因素的变化。在市场价格的形成过程中，供求—价格—供求形成一个自我调节的回路，使市场价格不断离开原有的供求均衡点，又不断向新的供求均衡点逼近，从而成为一种内在的，而不是外在的使价格趋向合理的自动调节机制。这种高度灵活、自动调节的价格形成机制，能够较好地适应复杂多变的社会生产和社会需求。充分利用这种价格形成机制的优点，有利于及时地对商品生产者、经营者及消费者提供正确的价格信号，促使生产结构与消费结构、供给结构与需求结构相适应，以达到合理配置资源、按比例分配社会总劳动的目的。

要保证上述价格形成机制的形成，必须实现以下转换：一是实现价格决策主体的转换。即由政府定价为主转换为企业定价为主，除少数商品和劳务由政府定价外，绝大多数商品和劳务由商品生产者和经营者自主定价。二是实现价格形式的转换。即由计划价格为主转换为市场价格为主。除少数商品和劳务实行计划价格外，绝大多数商品价格放开，由市场调节，实行市场价格。三是实现价格形成途径的转换。即由通过行政程序制定价格为主转换为通过市场竞争形成价格为主。四是实现价格形成机理的转换。价值规律、供求规律在价格形成中应起支配作用，不仅市场价格的形成要服从价值规律和供求规律，而且计划价格的制订也要建立在价值规律的基础之上，充分反映市场供求的状况。五是要实现价格调控方式的转换。即由依靠行政手段直接控制价格为主转变为依靠法律手段、经济手段间接调控价格为主。

市场价格形成机制的正常运行和有效发挥作用，还必须具备一定的条件。价格放开了并不等于价格形成机制的转化就完成了。政府放开价格，只是意味着解除了对价格的直接的行政约束，实现了定价决策主体的转换，为在市场上形成价格创造了条件。然而其形成机制是否健全，还取决于是否有合格的市场主体和完善的市场体系。市场价格形成机制的正常运行，要求市场活动的主体——企业，必须是真正自负盈亏，自主经营，自我发展，自我约束的商品生产者和经营者。只有自负盈亏，价格的涨落才与企业自身利益直接相关，从而使企业对价格信息作出灵敏反应；只有自主经营，企业有了财产处置、投资决策、用工等自主权，才可能根据价格变动作出灵敏的反应。这是市场价格形成机制正常运行的微观基础。市场价格形成机制的正常运行还要求有一个完善的市场体系。如果只是价格放开了，没有一个完备的生产要素市场，那么，价格信号变动了，而资金、劳动力、物资、技术等要素却不能自由流动，市场价格形成过程中的"供求—价格—供求"的自动调节机制就会失灵，也不可能形成合理的市场价格。如果只是把价格放开了，而没有公平竞争的市场和健全的市场运行规则，那么或者某些企业定价会变成垄断定价，或者价格竞争会陷入无约束、无秩序的混乱状态，也不可能形成合理的市场价格。单纯放开价格相对来说是一件比较容易的事情，而培育合格的市场主体和健全的市场体系，则是更困难的事情。所以，以转换价格形成机制为核心的价格改革，必须与企业改革和培育市场体系的工作配套进行，互相促进。

共同富裕三题 [①]

（1995 年 5 月）

共同富裕是邓小平建设有中国特色社会主义理论的重要组成部分。概括地说，邓小平关于共同富裕的思想主要包括这样两个方面：第一，共同富裕是社会主义的根本原则之一，社会主义的目的是共同富裕，而不是两极分化；第二，在强调共同富裕的同时，允许并鼓励一部分地区、一部分人先富裕起来。邓小平同志关于共同富裕的论述非常简约，但是内涵博大精深，牵涉到许多重大理论问题。本文拟结合我国经济生活的实际，就共同富裕的几个问题谈谈自己的看法。

"共同富裕"与"一部分人先富"是否矛盾?

邓小平同志指出："社会主义的目的就是要全国人民共同富裕，而不是两极分化。""农村、城市都要允许一部分人先富裕起来。勤劳致富是正当的。"人们也许会产生这样的疑问：既强调共同富裕是社会主义的根本原则与根本目的，又允许一部分人先富裕起来，这是不是有点相互矛盾？我认为，问题的关键在于如何理解"共同富裕"。

如果把共同富裕理解为收入水平的绝对平均，那么"共同富裕"与"一部分人先富"确实是不相容的。然而事实上，人们之间在收入水平上绝对均等，在社会主义尤其是初级阶段是不可能的。这是由生产力的发展水平及其进一步发展的需要所决定的。

---

① 本文原载《东岳论丛》1995 年第 3 期。

在社会主义初级阶段，生产力水平还不够高，社会物质财富还远没有达到极大丰富的程度，没有条件实行按需分配，劳动还是人们的谋生手段，而不是人们的第一需要。在这种条件下，收入分配还必须实行差别性原则，即实行按劳动分配。实行按劳分配原则，就意味着承认人们之间劳动能力的差别是"天赋特权"，承认人们由于经济负担不同而造成的收入水平差别是合理的。因此，从社会主义的本质规定性来考察，社会主义条件下人们的收入水平、富裕程度就是有差别的，而不是收入水平、生活水平的绝对均等。不过，由于在社会主义制度下，人们之间的收入差别主要取决于人们劳动能力的差别、所负担的人口的差别，因而这种收入差别不会太大，不会出现两极分化的状况。

还必须指出，社会主义经济在一个相当长的历史时期内是商品经济，或者说是市场经济。在市场经济条件下，人们之间的劳动交换关系采取商品交换的形式。只有生产出的产品能够卖出去，人们的劳动才形成价值，生产商品时耗费的劳动才能够得到补偿。人们付出了同样的劳动，由于劳动生产率不同，形成的价值量不同，得到的报酬量也不同。显然，由于商品生产、价值规律的假手其间，使人们的劳动与收入之间并不是一种简单的直接因果关系，按劳分配采取了一种较为曲折的形式，有时候劳动与收入之间并不一致。在这种情况下，人们之间收入水平的差别更加不可避免。

与此同时，社会主义经济发展同样会遇到资源稀缺的问题，尤其是会受到资金短缺的限制，因此有必要动员与鼓励人们把资金投入到再生产过程。当人们把资金用于生产而不是用于消费，这些资金就会带来社会财富的增长，投资者就应该根据投资的多少与效益，获得一定的收入。这样，在社会主义社会，除了实行按劳分配，在一定范围内、一定程度上实行按资产分配仍然是必要的。人们之间由于占有资产的状况不同，收入水平也会出现差别。

综上所述，由于社会主义生产力发展状况及其所决定的收入分配原则，社会主义社会的共同富裕绝不是收入水平的绝对平均。在时间上，人们之间有先富与后富之别，不是同步的；在空间上，城乡之间、不同地区之间在收入上会有一定差别；在富裕程度上，有大富小富之别。因此，我们只有这样理解社会主义的共同富裕才是正确的：随着社会生产力的发展、财富的增加，全体人民的生活水平都在不断提高，不断走向富裕。但是富裕的程度是有差别的，富裕的时间是有先有后的。这样理解共同富裕，它与一部分人先富起来就不是矛盾的，而是统一的。

不仅如此，做进一步的考察，我们还会发现，让一部分人先富起来，恰恰是共同富裕的前提条件。在社会主义制度下使全体人民的生活水平不断提高，前提条件是使生产力水平迅速提高，社会物质财富迅速增加。要做到这一点，就必须使现有资源得到最有效的利用。打破平均主义的分配制度，实行以按劳分配为主的多种分配形式，使那些劳动贡献大，牺牲当前消费、把资金用于社会再生产的人们获得较高的收入，先别人一步富裕起来，可以提高现有资源的使用效率，用同样的资源生产出更多的物质财富。这表现在两个方面：第一，由于允许一部分人先富起来，多付出劳动或者提高工作效率就可以多得报酬，就促使全体劳动者充分发挥自己的聪明才智，勤勤恳恳地工作，这样就使劳动力资源得到最有效的利用，这无疑会促使财富生产量的增加。同时，由于人们的收入与劳动贡献挂起钩来，而劳动贡献的大小与人们的文化水平、技术水平、工作能力密切相关，劳动者必然会努力学习文化、学习技术。这样，劳动者的素质就会大大提高，劳动力资源的质量就会得到大大改善。而劳动力资源的质量的提高与劳动力资源数量的增加一样，同样会带来社会生产力的发展和财富的扩大。第二，劳动者积极性和素质的提高必然使其他资源得到更有效的利用，扩大社会财富量。事实上，改革开放十几年来，我国经济之所以获得了巨大发展，一个重要的原因，是从经济体制的动力系统入手，改革了收入分配制度，打破了平均主义大锅饭，允许一部分人先富起来。一部分人先富起来的结果，促进了生产力的发展，使全体人民的收入水平也得到了巨大提高。

让什么人靠什么先富起来?

对这个问题,邓小平同志明确地给予了回答:"农村、城市都要允许一部分人先富裕起来。勤劳致富是正当的。"以上论述包含了这样三方面的思想:第一,任何人都可以先富裕起来,机会应当是均等的,不是哪一部分人的特权;第二,一部分先富起来的原因,是因为他们是勤劳致富,是他们对社会的贡献大,主要是劳动贡献大,再加上我们前面提到过的延缓当前消费,把一部分收入投入再生产过程所获得的正当收入;第三,一部分人先富起来,应能对其他人起示范作用,带动作用,这意味着他们的致富手段别人是可以学习的,这种致富行为是有利于生产力发展,从而是有利于全体人民共同富裕的。

这十几年来首先富起来的是什么人?可以说各行各业的都有。主要是什么人先富了起来?由于改革开放以来地下经济发展较快,许多人获得的"灰色收入"与"黑色收入",根本无法纳入国民经济统计,很难得到这方面的准确数字。然而,通过观察人们的消费状况,大体可以看出,目前富起来的主要是以下几类人:个体业主和私营企业主;国有或集体企业的承包人;一部分歌星、影星、笑星、电视节目主持人及其他文艺界"大腕";一部分电视台、报纸的记者和编辑;一部分掌握人、财、物大权的官员。国务院某研究机构 20 世纪 90 年代初对一个地区做过调查,先富起来的人们按所有制分,全民单位的约占 0.4%,集体单位的约占 3%—4%,个体和私营经济的约占 96%;从劳动方式看,体力劳动者占 91%,脑力劳动者只占 9%[1]。

从以上数字,我们可以发现某种不合理的东西。我们党提倡并鼓励一部分人先富起来,是鼓励并允许人们由于对社会的劳动贡献大先富起来。那么,个体劳动者就一定比全民或集体企业的职工贡献大吗?据统计,国家财政收入的 60%—70% 来自于全民经济。即使个体劳动者劳动时间长、强度大,但真的像他们的收入那样超过全民或集体企业职工十几倍、几十倍吗?脑力劳动是复杂劳动。根据马克思的

---

[1] 朱元珍:《先富政策的思考》,《北京师范大学学报(社会科学版)》,1992 年第 1 期。

劳动价值论，复杂劳动是简单劳动的倍加，可以创造出比体力劳动更大的价值。因此，我们的科学家、教授、医生、工程师等脑力劳动者应该比普通体力劳动者收入水平高。然而，人们听说过几个科学家或教授安心教学、科研而富了起来？相反，人们耳熟能详的是："搞导弹的不如卖茶叶蛋的"，"手术刀不如剃头刀"，"八等公民是教授，光吃豆腐不吃肉"。这正常吗？因此，我们必须承认：在今日社会，有一部分人应该富而没有富，有一部分人不该富而富了起来。这就难怪近年来为数不少的教师离开讲台，另谋出路；大批年轻科技人才或出国不归，或改行"下海"；不少大学生厌学，不认真读书，一部分变成"搓"（麻将）派，一部分变成"托"派（考"托福"出国）。这种现象的危害性已经引起了人们的关注，如果任其继续长期存在发展，从长远的观点看，对我国生产力发展和全体人民的共同富裕带来的消极影响，则更令人不寒而栗。

诚然，不应该仅仅从所有制成分以及人们的职业来判断什么人应该富，什么人不应该富，而应该看人们是如何富起来的，以及一部分人先富起来，是否同时促进了生产力的发展和社会财富的增长，有利于共同富裕的实现。从我国目前的情况来看，大部分是靠劳动致富的，但也有一部分人并不是由于劳动贡献大才富起来的，他们的收入水平与他们付出的劳动之间严格说来没有什么相关关系，这正是人们最为不满的。大致说来，目前我们社会上有一些先富起来的人们是靠以下几种方式致富的。

第一，有的人是靠政府的种种优惠政策与特殊照顾，用经济学的术语说，是因为处于某种垄断地位而致富的。比如"三资"企业可以得到免税、减税、优先得到贷款、自营出口等优惠；试点企业可以享受低息得到银行贷款、冲减债务、税前还贷、降低承包基数等优惠；有些先进典型可以得到低价生产资料、贷款扶助等各种照顾；如此等等。

第二，有一部分人是靠权力"寻租"致富的。我国实行改革开放以来，政府职能还没有实现彻底转变，政府官员手中仍掌握着重要的人事权和财权、物权、项目审批权，企业或个人从事经济活动，还需要得到政府的批准与帮助，这就给一部分政府官员以权谋私提供了方便。他们或者向企业和个人索取贿赂，作为向企业或个人提供方便的条件；或者利用权力将进出口许可证、平价原材料等紧缺物资、低息贷款批给自己的亲属、家人、朋友、部下、战友、同学，由他们转手牟取暴利，自己坐地分赃。

第三，有一部分人是钻政策空子或违法富起来的。到目前，我国尚处在由传统计划经济向社会主义市场经济体制的转换过程中，各种法规、政策尚不健全，市场秩序还没有建立起来，有许多漏洞。在这种情况下，有一部分人利用这种机会，大发横财。如有些人大印盗版书，一下就赚几十万、几百万；有人利用我国金融秩序混乱之机，搞非法集资，趁机诈骗。

一部分人靠以上所述种种手段富了起来，并不能对其他人起到"示范作用"，使其他人向他们学习，都富起来。首先，并不是每个人都拥有权力或受到特殊照顾。如果人人都处在垄断地位，就不存在什么垄断了。其次，并不是每个人都有钻政策空子的"精明"与知法犯法的"勇气"。相反，大多数人只想通过辛勤劳动，在提高个人收入的同时，也为社会作出贡献。实际上，一部分人靠不正当手段致富，不会把"蛋糕"做大，只是从"蛋糕"上多切了一块给自己。这样的行为不仅不能调动人们的劳动积极性，反而使广大劳动者失去了靠勤劳致富的信心，丧失了劳动热情。由此看来，允许一部分人先富起来的政策与思想是正确的，但是在如何使一部分人先富方面，还大有工作可做，还需要进一步完善。简单说来，就是要通过进一步深化改革，建立起完善的社会主义市场经济体制，转变政府职能，使生产经营活动更多地依赖市场，而不是依赖政府机关。同时，完善法规、政策，创造平等的竞争环境；严肃法制，堵塞违法致富的漏洞，使人们只有通过辛勤劳动，多做贡献，才能富起来。这样，一部分人先富起来才能起到示范作用、带头作用，才会调动全体劳动者的积极性，走向共同富裕。

一部分人先富起来以后怎么办？

　　如前所述，现在确实有一部分人先富起来了，而且先富起来的和没有富起来的收入水平的差别已经达到相当大的程度。一方面年收入10万元以上的户全国有100多万，另一方面还有8000万人没有解决温饱问题；城乡居民之间的收入差距在80年代中期曾一度缩小，现在又重新拉大了。1978年，农民人均纯收入为133.6元，城镇居民人均纯收入为316元，二者比例为1∶2.4。1984年这个比例降低到1∶1.7。到1993年，农民人均纯收入提高到921元，城镇居民人均收入为2337元，二者比例又扩大到1∶2.6；在沿海与内地之间，收入差距也变得明显起来。

　　即使这种收入水平的差别完全是按劳分配的结果是否就应该让这种差距继续扩大下去，而完全无所作为呢？邓小平同志指出："我们坚持走社会主义道路，根本目标是实现共同富裕"，"如果我们的政策导致两极分化，我们就失败了"。这清楚地告诉我们，共产党人搞社会主义，根本目标是使全体人民共同富裕起来。邓小平同志之所以提出允许和鼓励一部分人通过辛勤劳动先富起来，是因为这样有利于调动劳动者的积极性，有利于生产力发展与物质财富的增加，为共同富裕创造条件，因而是有利于共同富裕的。然而，如果人们之间的贫富差别过大，则是不利于生产力发展的。社会总产品的全部实现，最终要取决于最终需求的大小。所以，社会主义制度下的收入差距过大，也将导致生产过剩，从而使生产要素发生闲置，不能在资源供给既定的情况下，实现产出的最大化，影响整个社会平均收入水平的提高。有鉴于此，为了使社会主义条件下生产力得到迅速发展，资源充分得到利用，必须把收入差距控制在一定限度内。

　　我们在前面指出过，共同富裕的前提条件是生产力的迅速发展，财富的迅速增加。我们之所以说让一部分人先富起来的政策是正确的，就是因为它有利于促进生产力水平的提高，资源的有效利用，财富的增加，因而有利于共同富裕。那么，当我们研究多大的收入差别才是合理的，根本的原则也只能是：这种收入差别是有利于生产力发展，有利于资源的有效利用，有利于财富增长的。具体地说这种收入差别多大才是合理的，则是比较困难的。虽然具体确定合理的收入差别是困难的，我们还是可以做一些原则性描述：第一，从静态的观点看，当人们的收入水平普遍较高时，人们可以容忍的收入差别较大；反之，则否；第二，从动态观点看，当人们的收入水平普遍提高较快时，人们可以容忍的收入差别较大；反之，则否。第三，当传统的平均主义刚破除时，人们可以容忍的收入差别较小；而当人们对商品生产的分配原则和按劳分配原则心理上逐渐适应时，可以容忍的收入差别就可能大一些。

解决收入水平差距悬殊的问题要从两头着手。一是通过改革的办法，严肃法纪，完善政策、法规体系，堵塞一些人靠权力、关系、钻政策空子、违法犯法迅速暴富的途径，给人们提供一个公平竞争的环境，使人们只能通过辛勤劳动才能致富，再加上对较高的收入征收税率较高的税收，可以避免一些人轻易暴富，缩小收入差别。事实上，只要一部分人是通过勤劳致富的，第一，收入水平高一点，但实际收入水平也比一般劳动者高不了多少。比如个体企业主、出租汽车司机、大饭店的雇员、外资企业工作人员收入水平是高一点，平均月收入在2000—5000元左右，但是他们端的不是"铁饭碗"（收入本来就应该与风险相联系），没有人分给住房，不享受公费医疗等福利待遇，没有退休金。把这些因素考虑在内，也许他们的收入并不比国有企事业单位的干部、职工的平均水平高。即使实际收入高出社会平均水平，由于他们付出了艰苦的劳动，人们也可以承受，可以理解。第二，如果人们的收入真正与其劳动挂起钩来，不会出现一部分人收入畸高的现象。据计算，在我国税制改革前，一个月营业额为1万元的个体工商户，如果依法纳税，每月收入只有400—500元，但实际每月平均收入却可以达到2000—3000元，原因是偷漏了税款。二是设法提高低收入者的收入水平和社会平均收入水平。要做到这一点，还是要创造条件，实行公平竞争和按劳分配。目前发生的收入差别悬殊，主要还是由于按劳分配没有得到贯彻，人们作出的劳动贡献没有获得相应的劳动报酬。另外，要提高较为贫困的那一部分人的收入水平，还需要国家在政策上以及其他方面给予扶持，或者由政府给予经济上的救济。最后一点，就是邓小平同志所谈的，"先富裕起来的地区帮助落后的地区更好地发展"，"提倡人民中有一部分人先富裕起来，也是同样的道理"。

按邓小平同志的说法，先富帮后富，是先富起来的地区的一种义务，也是先富起来的个人的一种义务，这无疑是正确的。但是怎么个帮法却是大可以研究的。第一，不要采取行政的办法把先富起来的地区挖得太苦，简单地把各地区之间的收入水平拉平，那样就是新的平均主义。要保证先富起来的地区有充足的积累，继续发展。另外，先富起来的地区帮落后地区，不一定只采取先进地区多拿钱这一种办法，而是要多采取与落后地区合作发展，互助互利的方式，帮助落后地区建立和改造骨干企业、产业，实行技术扶贫、生产扶贫。第二，从先富起来的个人这方面说，应该帮助那些生活水平较低的人，但是国家必须从政策上、法律上保护先富起来的人们的利益，不允许随便要求他们摊派捐款、赞助，随便吃大户。这方面的政策一定要掌握好。不然，人们会对政策的稳定性产生怀疑，不敢把积累投入生产与经营，而用来进行高额消费，铺张消费。必须指出，先富带后富的主要形式，应该是发挥先富者的示范作用，把他们的技术、经营诀窍传授给周围的人们。另外，要敢于起用有本事的能人做基层领导，使他们带领一批人致富，使他们的技术、才能、经验由为一个人致富，变成为大家致富的本领。

关于时间的经济学思考 [①]

（1996 年第 4 月）

自从古典政治经济学产生以来，经济学的许多代表人物均对时间的经济学意义给予高度重视。亚当·斯密在研究财富的性质和源泉时，断言劳动时间是财富与价值的源泉。马克思继承了斯密的传统，极其重视时间的经济重要性，曾指出"一切节约，都是时间的节约"。这实际上在终极意义上把时间看作是唯一的资源。在坚持劳动创造价值、社会必要劳动时间决定价值量的前提下，马克思分析了必要劳动时间和剩余劳动时间的关系，揭示了剩余价值生产的秘密，从而揭示了资本主义制度人剥削人的本质。新古典学派代表人物马歇尔在《经济学原理》一书中写道，"时间这个要素几乎是每一个经济学问题中的主要困难的核心"。因此，回避时间因素的经济学，根本就不是真正的经济学，更不是好的经济学。

鉴于时间的重要经济意义，本文拟结合我国现实经济生活，对时间经济问题作以下几方面的探讨。

关于时间向资源的转化

在终极意义上，资源的稀缺，实际上是时间的稀缺；财富的贫乏，是由于时间的不足。然而，与我国目前的现实生活相对照，以上论断似乎不能成立。在我国人们的时间是很富裕的，人们对待时间的态度也很大方甚至是近乎奢侈的。在有的农村地区，农民一年中有 1/3 以

---

① 本文原载《发展论坛》1996 年第 4 期。

上的时间不从事生产活动；在国有企业 8 小时工作时间中，真正的劳动时间平均不到 5 小时。但是，我国与发达国家比，经济发展是落后的，人均占有的物质财富是贫乏的。这怎样解释？这只能说明，在我国大量的时间没有变成财富生产的要素，成为经济资源。或者说，大量的时间资源没有用于创造财富的活动，而被白白浪费了。这也恰恰是我国经济落后的一个重要原因。而要使我国经济发展水平和人民生活水平得到提高，一个重要的方面是必须使时间这种宝贵的资源得到利用，不能任其白白流失。

同其他实体性资源（煤炭、钢材、机器等）一样，时间既可以是现实资源，又可以是潜在性资源。只有在一定的条件下，把时间用来进行生产时，它才是财富生产的要素，才是现实的经济资源。时间与实体性资源又存在不同之处，有它自己的特点。第一，大部分实体性资源暂时不利用，以后还可以利用，并不丧失资源属性。比如矿产资源现在不开采，以后还可以开采，用于生产或生活；机器现在闲置，以后还可以开动。而时间由于其一维性，"来者犹可谏，往者不可追"，一旦流失，永远不可追回，不再有成为资源的可能。第二，时间由潜在资源变成现实资源，即由自然时间变成劳动时间所要求的条件远没有其他一些资源那样苛刻和严格。在技术设备水平较高、投资较大、人员素质较高的情况下可以进行生产活动，时间可以成为现实资源；在相反的条件下，也可以进行生产，时间也可以变成经济资源。只不过在两种情况下，同样的时间所生产的财富的质和量不同罢了。而其他一些资源由潜在资源变为现实资源则有较严格的条件约束。

从我国目前的情况来考察，造成大量时间不能转变为现实资源的原因主要有：

第一，相对于劳动力的供给，生产资料的供给严重不足，因而部分劳动者不能与生产资料结合，进入生产过程，导致大量时间资源的浪费。比如，在我国农村，由于人均占有耕地面积少，存在着约 1 亿—2 亿剩余劳动力；在城镇，由于建设资金不足，不能保证充分就业，有数百万人待业；在国有企业中，劳动力配置实际上超过了生产过程的需要，约有 1/3 的职工是多余的，人数约 3000 万—4000 万，他们的工作时间中大量的并不是劳动时间，因而不是现实资源。

第二，市场经济不发达。市场经济发达与否，从两个方面影响着时间由潜在资源向现实资源的转化。首先，在自然经济条件下，生产者自给自足，生产量以满足自己及家庭成员的需要为限。一旦满足了这种需求，生产者就不再进行生产，他们的剩余时间就不会变成劳动时间，变成现实的资源。而在交换发达的市场经济条件下，人们是为市场生产的，生产不再受个人及家庭需要的限制，就会把全部可能的时间变成生产时间，变成经济资源。其次，在自然经济条件下，人们的需求规模狭小，变动慢。这种特点使得人们极易满足，没有多付出劳动，以增加生产，提高生活水平的欲望。在交换发达的情况下，市场为人们提供着超出一般人购买力的商品，刺激着人们的消费欲望，这就驱使人们为了满足不断增长的需求而尽可能把更多的时间用来生产，把更多的时间变成现实的经济资源。

第三，利益机制不合理。比如在国有企事业单位中，尽管经过十几年改革，人们的物质利益与其劳动状况有了一定联系，但是收入分配中的平均主义问题仍然非常突出，严重影响了人们的劳动积极性，人们没有在单位时间中创造尽可能多的财富的冲动，工作时间中真正有效的劳动时间只占一部分，相当部分的时间不创造财富，不构成经济资源。

根据以上对时间资源浪费的原因分析，要实现时间由潜在资源到现实资源的转化，应采取以下各项措施：

第一，为了解决生产资料供给相对于劳动力供给不足的矛盾，必须从中国实际出发，调整产业结构，以便用较少的生产资料吸收较多的劳动力，使时间资源得到利用。在城镇，在发展技术密集、资金密集产业的同时，不忘我国存在大量城镇待业人口的实际，大力发展劳动密集型产业，尽可能多地吸收就业人口，使时间资源得到利用。在农村，应大力发展劳动密集型非农产业，克服土地不足对农村就业的限制，把农村剩余劳动力吸收进生产过程。第二，为市场经济发展创造条件，进一步扩大商品交换。在这方面，有许多工作可做。比如打破地区割据局面，促进全国统一市场的形成；扩大城乡交流，密切城乡联系；建设市场，为商品交换提供更多、更便利的场所和更多的信息；做好商品交换的组织和服务工作，帮助广大农民解决商品销路和运输问题；向农民提供信息、技术指导、资金支持，引导他们进行商品性生产等等。第三，通过改革，形成合理的利益机制。在这方面，当前的重点是打破平均主义，使人们的利益与劳动情况联系起来，使多劳者多得，以鼓励人们在工作时间中多创造财富，提高劳动时间在工作时间中的比例。

关于时间利用的节约

就其自然性质而言，时间是一个不变的量，不会长，也不会短，在时间面前，人们是绝对平等的。然而，同样的时间却可以有不同的经济效果，即同样的时间创造的财富量可以有很大差别。因此，经济学研究时间时所关心的问题是：如何用同样的时间生产更多的资源，以实现时间的节约。

促进时间资源节约的第一个因素是分工。在经济学说史上，亚当·斯密在《国富论》中第一次详尽研究了分工在时间节约中的作用。他不仅天才地指出分工可以节约时间这一事实，并以制针工场中分工带来了时间节约做例证，分析了分工何以引起时间的节约。斯密指出了分工的发展取决于市场的扩大。只有当市场与交换发展到较高程度时，市场容量才允许人们专门从事一种产品的生产而又可以将产品全部卖出去。所以，市场交换越发达，分工就越细。对斯密的上述分析，马克思给予了肯定。目前我国时间资源利用效益还比较低，具体表现为劳动生产率水平低。造成这种状况的重要原因之一，是我国分工不发达，专业化水平低。不仅不少工厂是"大而全""小而全"的全能工厂，地区经济也呈现自给自足、万事不求人的倾向，导致地区间产业结构相似，产品雷同。从纯经济角度去分析，这种违犯经济规律的怪事之所以会发生，关键还在于我国市场经济不够发达。所以，要促进分工和专业化的发展，以提高时间资源的产出效益，关键在于通过改革，建立起完善的市场体系，形成统一市场，用促进市场发展和扩大的办法，实现分工、专业化水平的提高和时间资源的节约。

科学技术进步及其在生产中的应用，是促进时间资源有效利用的巨大推动力。科学技术进步及其在生产中的应用，可以突破人的生理的局限性，使人类体力、智力得以延伸，导致劳动生产率以难以想象的速度提高，使单位时间内财富生产量成倍、成几十倍地增长。近200年来，人类投入财富生产的时间固然也在增长，但是财富的增长量比时间资源的增长量不知要大多少倍，原因就在于其间科技革命使生产方式发生了一次次革命，人类进行财富生产的技术和手段发生了质的飞跃，大大提高了时间资源的利用效率。对科学技术的这种作用，马克思在谈到决定劳动生产率的诸因素时，曾给予了肯定。邓小平同志更多次强调科学技术的重要作用，提出"科技是第一生产力"的论断。针对我国经济发展的实际，党中央在1995年召开的全国科学大会上又提出把"科教兴国"作为基本国策。如果通过一段时间的努力，能够使我国的科技、教育水平有较大的提高，那么，我国时间资源的利用效率就会大大提高，我国经济发展水平和人民生活水平也会相应地跨上一个新台阶。

决定时间资源利用效益的第三个要素是劳动者在生产过程中的积极性。如果劳动者有积极性，在技术不变的条件下，会争分夺秒，保持时间的劳动密度，使同样时间内产生较大产出。同时劳动者还会千方百计进行技术革新和生产组织形式、管理形式的创新，提高劳动生产率，更节约地利用时间资源。否则，就会是另外一种情形。劳动者有无积极性，第一取决于制度安排是否使劳动者既有外在的压力，又有内在的冲动；第二取决于劳动者是否有一种自觉的道德约束。从目前情况来看，我国劳动者尤其是国有企业职工生产积极性问题还没有彻底解决。究其原因，既有"铁饭碗"尚未打破，因而对职工缺乏外在强制的问题，又有利益机制不合理，职工内在冲动不足的问题。同时还由于道德约束不力。改革开放以来，我们对与社会主义市场经济相适应的道德建设没有给予足够的重视，使一部分人形成了一种错误的观念，似乎在市场经济条件下，为了发财致富，什么手段都可以用，唯独不用艰苦的劳动。于是投机取巧、好逸恶劳之风蔓延，人们笑贫而不笑娼。因此，为了使劳动者有高涨的劳动热情，提高时间资源的利用效益，今后除了要打破"铁饭碗"，建立破产失业机制，以对劳动者形成外部压力；建立合理的利益机制，使劳动者有强烈的内在冲动；还要把市场经济条件下的道德建设当作大事来抓，教育人们要致富，在市场经济条件下必须通过辛勤劳动，要诚实敬业。这种"思想政治工作"同制度改革一样，也是可以产生经济效益的。

实现时间资源的有效配置

时间资源的配置状况如何，直接影响着时间利用的效益。首先，如果时间资源的供给结构与社会的需求结构相适应，即时间在社会生产各部门、各种产品生产之间的分配是合理的，社会总产品就可以得到实现，完成由商品到货币的跳跃，时间资源就得到了有效利用；反之，如果时间资源的供给结构与社会的需求结构不相适应，有的部门或产品的生产分配到的时间过多，一部分产品就会出现过剩，在这部分产品生产中耗费的劳动时间就不形成价值，这部分时间资源就白白浪费了。其次，由于生产的技术水平、装备水平不同，单位时间内的物质财富生产量也不同，时间资源在不同技术水平、装备水平的部门之间的不同配置状况，必然会导致时间资源总量的利用效益产生很大差别。如果技术进步快、水平高的部门可以得到充足的时间资源供给，在时间资源总量既定的条件下，可以生产较多的物质财富。相反，如果技术进步慢、水平低的部门占用了大量时间资源，在时间资源总量既定的条件下，只能生产较少的物质财富。

时间资源的配置效果如何，与时间资源的配置方式直接相关。迄今为止，人类对包括时间资源在内的资源配置方式进行了探索，并分别采取了两种资源配置方式（二战以后，有的国家同时采取两种资源配置方式，但必有一种发挥基础作用）：一种是通过统一的经济计划在各部门之间分配时间资源；一种是通过市场机制自发地在各部门之间分配时间资源。对计划经济几十年以来的实践进行考察，并将其与市场经济的实践结果进行对比，我们认识到，根据市场信息由人们分散决策的资源配置机制实际上优于由少数人集中决策的计划配置机制。因为仅从决策论的角度去考察，我们可以发现，在计划配置资源的情况下，决策机构和决策者需要掌握的知识不仅包括关于现有经济关系的知识，而且包括关于经济关系变化的知识。显然，这超过了人们的认识能力。因此可以断言，决策者对于决策所需要的知识的了解永远是不完备的，他们所做决策的及时性、科学性，进而资源配置的合理性是难以保证的。而在市场配置资源、分散决策过程中，要求各个决策者所必须掌握的知识极其有限，那就是与自己的决策有关的那部分产品价格的变化。而获得这种知识，对每个人并不困难。人们只需根据了解到的价格信号作出分析，即可有针对性地作出资源投入或转移的决策。全体经济活动当事人的这种活动的结果是使资源配置的不合理重新向合理逼近。市场机制配置资源的优越性也在于此。

人民的利益高于一切 ①

——论邓小平经济理论的价值基础

（1998 年 4 月）

一

社会分工赋予经济学的任务决定了它不专门研究伦理道德问题。但是，任何经济理论体系又必然以一定的价值判断作为前提。经济学是关于人类利益增进的学问，它研究的是如何用有限的资源最大限度地满足人们无限的需求。这样，人们在进行经济分析时，首先要作出以下价值判断：应该增进哪些人的利益？人们之间出现利益差别是否合理？多大差别才是合理的？一部分人利益增进的结果损害了另一部分人的利益怎么办？另外，抽象法是经济学特殊的研究方法。经济研究一般只就影响经济运动过程及其结果的部分因素进行分析，而事先把一些因素假定掉。那么，哪些因素是重要的，哪些因素是不重要的？为什么把一些因素假定掉，不予考虑，却专门分析另外一些因素？这取决于研究者的价值判断。而分析因素的取舍，决定着经济分析的结果。对于同一个问题，分析的重点不同，纳入分析过程的因素不同，可能会得出完全相反的结论。所以，经济理论虽然不专门研究伦理价值问题，但却不能没有价值选择。

事实上，任何一种经济理论体系都包含一定的价值判断，都有一定的伦理前提。比如今天依然在西方经济学中占主流地位的新古典经

---

① 本文原载《求是》1998 年第 10 期。

济学，是以所谓纯经济分析为特点的。但是它的整个一套理论体系首先就以这样的价值判断为前提：当资源在所有的用途上边际成本和边际收益都相等时，资源利用效益最高，资源配置处在最优状态。由于在所有的制度安排中，只有自由竞争的资本主义制度，才能使资源配置达到这种最优状态，因而只有自由竞争的资本主义制度才是最合理的经济制度。再比如，虽然马克思在《资本论》第一卷第一版序言中郑重声明："我决不用玫瑰色描绘资本家和地主的面貌"，即在对资本主义经济关系的研究中，决不用感情代替理智，不因伦理价值判断影响研究的客观性与科学性，但是，我们仍然可以看出，马克思的经济分析是以工人阶级作为价值主体和价值评价主体的，对资本主义社会里工人阶级的悲惨状况给予了无限的同情，对资本家对工人的残酷剥削、资本主义社会的严重不公平以及由资本主义制度和分工、专业化造成的人与劳动的异化进行了强烈的谴责。可以说，正因为马克思采取了这一基本立场，才能揭示资本主义经济关系的本质和资本主义的根本经济规律，才有科学的马克思主义经济理论体系的建立。

以上分析告诉我们，基本价值判断的确立是一种经济理论产生、建立的前提和关键，因而也是理解、掌握一种经济理论的钥匙。邓小平经济理论是建设有中国特色社会主义理论的重要组成部分，是中国改革开放和经济建设的根本指南。要把社会主义改革开放和经济建设事业不断推向前进，把我国建设成为现代化的社会主义强国，就必须高举邓小平建设有中国特色社会主义理论的旗帜，全面领会、掌握与运用邓小平经济理论。要真正做到这一点，前提是必须首先了解这一理论的伦理价值基础是什么，学习邓小平同志分析、研究经济问题的立场。

二

邓小平经济理论的价值基础到底是什么？概括起来就是一句话：人民的利益高于一切。即判断一种经济理论是否正确，一种经济政策是否可行，要看是否符合最广大人民的利益，人民是否拥护与赞成。需要指出的是，人民的利益高于一切，也是邓小平建设有中国特色社会主义理论的价值基础。在这里，我们只是就它与邓小平经济理论的关系，以及对于我们理解、掌握与运用邓小平经济理论的重要意义进行论述。

对邓小平经济理论的价值基础我们可以从两个方面来把握：一是以人民作为价值主体。哲学意义上的价值，是指客体对主体的实际效益、效果、影响。那么这种实际效益、效果、影响是指对谁的效益、效果、影响？这就是价值主体问题。通过学习邓小平同志的经济著作，我们可以发现邓小平经济理论是以人民为价值主体的。他一贯坚持从人民的利益出发，"我们要想一想，我们给人民究竟做了多少事情呢？我们一定要根据现在的有利条件加速发展生产力，使人民的物质生活好一点，使人民的文化生活、精神面貌好一些。""社会主义经济政策对不对，归根到底要看生产力是否发展，人民收入是否增加。"1992年初，在南方谈话中，邓小平同志更加明确地提出，判断改革和各方面工作是非得失的标准，"应该主要看是否有利于发展社会主义社会的生产力，是否有利于增强社会主义国家的综合实力，是否有利于提高人民的生活水平。""三个有利于"标准是一个完整的价值评价体系。从马克思主义经典作家的一系列论述和邓小平同志的一贯思想来考察，我们可以看出，在衡量改革与各项工作是非得失的三个根本标准中，是否有利于提高人民的生活水平，亦即有利于人民利益的增进，更加具有根本性的意义，是最高的价值标准。马克思曾指出："如果我把人当作生产力来对待，那么我就是用别的主体代替了真正的主体。""在共产主义社会里，已经积累起来的劳动只是扩大、丰富和提高工人的生活的一种手段。"马克思从来也不认为发展生产力是最终目的，而是坚持"人是人的最高本质"。我们共产党人之所以重视发展生产力，是因为只有发展生产力，才能提高人民的物质与文化生活水平。只有生产力高度发达，社会物质财富极大丰富，人民才能过上富裕的生活，才能实现人的全面发展。邓小平同志也明确指出过，"社会主义发展生产力，成果是属于人民的"，是为了提高人民的生活水平。从这个意义上说，发展生产力只是手段，提高人民生活水平才是目的。增强国家整体实力，有利于维护国家的主权和独立，有利于国家从全体人民利益出发调节收入分配、集中力量办大事、加强宏观调控，这一切，归根结底，还是为了保证经济的健康发展，为了人民生活的安定和幸福，目的也是为了增进人民的利益。

二是以人民为价值评价主体。客体对主体的实际效益、效果、影响如何由谁来评价？这就是价值评价主体问题。不同的价值评价主体对同一个经济理论、经济政策及其产生的效果会作出完全不同的价值评价。比如由于邓小平同志提出和制定的包括改革开放在内的一系列经济政策带来了我国生产力的巨大发展和人民生活的明显改善，我国广大人民对党的改革开放以来的政策是完全拥护与赞成的。而国外一些人则从他们的"国家安全"出发，对中国实行改革开放以来经济的迅速发展，国家的日益强盛感到寝食不安，提出了所谓"中国威胁论"。在邓小平经济理论中，价值主体与价值评价主体是一致的，人民既是价值主体，又是价值评价主体。江泽民同志在《用邓小平建设有中国特色社会主义理论武装全党》一文中，对此作了精辟的概括："他尊重群众，热爱人民，总是时刻关注最广大人民的利益和愿望，把'人民拥护不拥护'、'人民赞成不赞成'、'人民高兴不高兴'、'人民答应不答应'作为制定各项方针政策的出发点和归宿。"邓小平同志反复强调，解决社会主义现代化建设中的各种新问题，要"紧紧地依靠群众，密切地联系群众，随时听取群众的呼声，了解群众的情绪，代表群众的利益"。邓小平同志提出的一些重要经济观点、经济政策，都是他在深入调查研究，了解群众的反映，总结群众经验的基础上提出与制定出来的。因此这些观点和政策都充分反映了群众的意愿和要求，得到了群众的拥护与赞成。他一再指出，他的经济理论观点和政策主张是从群众中来的，是群众的创造，也是群众意愿的反映。比如他指出："农村改革中的好东西，都是基层创造出来，我们把它拿来加工提高作为全国的指导。"改革开放中许许多多的东西，都是由群众在实践中提出来的。……我的功劳是把这些新事物概括起来，加以提倡。"

邓小平经济理论从根本上解决了如何建设有中国特色社会主义经济这一重大问题。这一理论中有许多观点是对马克思主义、列宁主义、毛泽东思想的重大创新与发展。比如发展生产力是社会主义的根本任务，解放生产力，发展生产力是社会主义本质特征的观点；以公有制为主体，多种经济成分共同发展的观点；计划和市场都是手段，要建立社会主义市场经济体制的观点；要坚定不移地实行对外开放，学习资本主义先进的技术和管理经验的观点等等。这些观点都深刻地揭示了社会主义经济发展的客观规律，是对社会主义经济关系的科学认识。然而，长期以来，我们对这些重大问题的认识是不很清楚的，往往在这些问题上犯错误，给我们的事业造成重大损失。邓小平同志为什么能够突破传统经济理论的框框，排除各种干扰，纠正各种错误认识，举重若轻地廓清重大经济理论问题上长期笼罩着的迷雾，提出这些在马克思主义经济理论发展史上具有开创性意义的观点，从而使邓小平经济理论成为马克思主义政治经济学发展的崭新阶段呢？最根本的原因是邓小平同志彻底地坚持了人民是社会历史活动的主体这一历史唯物主义的基本观点，考虑一切经济问题都是从人民利益出发，坚持人民的利益高于一切的原则。邓小平同志那些发展了马克思主义经济学的重要经济理论观点，不过是人民利益高于一切这一基本价值前提的必然的逻辑结论：只有大力发展生产力，才能使社会主义国家的物质财富丰富起来，才能不断地提高人民的物质与文化生活水平，才符合最广大人民的根本利益；要发挥社会主义制度的优越性，使社会生产力比资本主义社会里发展更快，就必须通过改革束缚生产力发展的传统经济体制，建立社会主义市场经济体制，使市场机制在资源配置过程中发挥基础性作用，合理有效地利用资源，充分调动广大劳动者的生产积极性，解放生产力，促进生产力发展；我们现在还处在社会主义初级阶段，生产力的多层次，决定了所有制必须与之相适应，必须在公有制占主体地位的前提下，发展多种经济成分。超越生产力发展的阶段，建立纯而又纯的公有制，只会阻碍生产力的发展，是不利于增进人民利益的；实践证明，闭关锁国不利于生产力的发展，阻碍了人民文化生活的改善，因此，必须适应世界经济发展的趋势，实行对外开放，利用境外资本，学习国外先进的技术和管理经验，发挥我国的比较优势，开拓国际市场。

三

了解邓小平经济理论的伦理价值基础，像邓小平同志那样坚持人民利益高于一切的根本立场，具有重要的认识意义和实践意义。

首先，只有真正理解邓小平经济理论的价值基础，坚持人民的利益高于一切的根本立场，我们才能真正理解与掌握邓小平经济理论。

人民的利益高于一切，是马克思主义一贯的、根本的立场与观点。马克思、恩格斯在《共产党宣言》中指出，共产党人"没有任何同整个无产阶级的利益不同的利益"。毛泽东同志也反复教导全党，必须全心全意为广大人民谋利益，指出："共产党人的一切言论行动，必须以合乎最广大人民群众的最大利益，为最广大人民群众所拥护为最高标准。"为占人口大多数的劳动人民谋利益，是共产党人的根本宗旨，是我们一切工作的根本出发点，这一点一开始就写进了党的章程，是每个共产党员都了解的基本常识。然而，在理论探讨和实际工作中真正做到一切从人民的利益出发，并不是每个人都能始终做到的。这里首先有一个认识水平的问题。经济运动、经济关系的复杂性使得经济理论、方针、政策与其执行结果之间的关系呈现出一种复杂的情况，需要透过许多中间环节才能看清楚它们的最终结果，才能真正把握理论、方针、政策与执行结果之间的真正联系。有的时候，表面上看起来是对人民有利的经济理论或经济政策，实际上却可能是对人民的根本利益有害的；有的时候可能短期内对增进人民利益是有利的，但却损害了人民的长远利益；如此等等。因此，人们完全有可能做出自以为是对人民有利而实际上是不利于人民利益的事情；坚持自以为有利于人民利益而实际上是不利于人民利益的理论观点。

除了认识水平方面的原因以外，由于经济理论或经济政策经常涉及社会不同利益集团和个人之间的经济利益的调整，而物质利益是利益体系中最根本的利益，因而人们总是会自觉、不自觉地维护自己或自己所代表的利益集团的利益，拥护那些能够使自己或自己所属的利益集团利益增进的政策和理论主张，反对那些可能不利于自己或自己所属的利益集团利益的政策主张和理论观点。认识到这一点，就不难看出，有些同志对改革开放以来党的经济政策不理解，有的人对邓小平经济理论怀疑甚至反对，归根结底可能是因为这些经济政策和理论对他们的个人利益或者集团的利益是不利的。尽管这些同志声明他们坚持这样的观点是为了捍卫马克思主义，是为了维护人民的利益，但是无论他们愿意不愿意承认，自觉的还是不自觉的，这些观点背后可能还是有着个人或集团利益的影子。需要指出的是，邓小平经济理论的价值基础是人民的利益高于一切，这里的人民是指的占人口大多数的劳动人民。邓小平经济理论中的一些重大观点可能不符合一小部分人的利益要求，在邓小平经济理论指导下制定的改革开放等一系列经济政策也可能会对少数人的利益有不利影响，但是对大多数人的经济利益是有利的。我们不能因为少部分人的反对，或者因为一些人从短期利益出发不赞成，对邓小平经济理论产生怀疑，对改革开放和三中全会以来党的路线、方针、政策发生怀疑和动摇。

改革开放以来，在邓小平经济理论指导下，我国经济获得了巨大发展，人民的生活水平得到了大幅度提高，实践已经证明了邓小平经济理论是中国经济发展规律的客观反映，是当代中国的马克思主义政治经济学。如果坚持实践是检验真理的唯一标准的观点，就不会继续对邓小平经济理论产生怀疑。然而事实却不是这样。原因还是在于人们看问题的出发点不同。实践是检验真理的标准，但是从不同的立场出发，对同样的实践和事实，人们可以作出不同判断，得出不同结论。比如，如果只是以经济发展速度的高低来衡量一种经济体制是否合理，那么在计划经济体制下，我国经济的发展速度并不低，就没有必要进行经济体制改革。但是，如果从人民的利益出发，把最终是否有利于提高人民的生活水平作为衡量一种经济体制优劣的标准，那么就会看到，在计划经济体制下，虽然经济发展速度并不低，但是一方面资源利用效益低，另一方面人民不能从经济的发展中得到实惠，几十年里人民的生活水平没有得到应有的提高，因此必须改革传统的经济体制。对改革开放以来我国经济的发展，从不同的立场出发，也会得出不同的结论。如果从大多数人民的利益出发看问题，那么人们就不会无视改革开放政策带来的经济巨大发展，就会对党的改革开放政策拍手称庆；如果从本本出发或从个人或小集团的利益出发，则可能得出另外的结论。这说明，用实践标准检验一种经济理论，也有一个价值前提的选择问题。我们要真正理解邓小平经济理论，必须首先树立一切从人民利益出发的立场。树立人民利益高于一切的伦理价值观念，就必须摒弃从个人和集团利益出发的立场，否则，我们就不能够自觉地坚持与运用邓小平经济理论，为社会主义现代化建设和改革开放事业努力奋斗。

其次，只有像邓小平同志那样，始终坚持一切从人民利益出发进行经济理论探讨、处理经济问题、制定经济政策，才能科学地解释与处理社会主义现代化建设和改革开放中出现的新的理论问题、实践问题，把现代化建设和改革开放的伟大事业推向前进，才能对马克思主义经济学的发展作出新的贡献。

虽然我国的改革开放已经取得了重大的进展，改革开放以来我国经济也获得了巨大发展，但是，在中国建立社会主义市场经济体制，实现社会主义现代化，仍然是一项极其艰难的事业，在前进的道路上仍然会遇到许多困难与问题。我们要在今后的实践中针对各种问题制定正确的经济政策，解决各种疑难问题，对改革开放和现代化建设中出现的新问题、新现象从经济理论上作出科学的解释，就必须坚持一切从人民的利益出发，把有利于增进人民利益、人民是否拥护与赞成作为最高标准。如果我们坚持了这个基本立场和观点，一些问题就不难认识和解决。比如关于放开搞活国有小企业问题。在这个问题上，理论界存在着激烈的争论。有的同志认为，采取包括把部分国有小型企业出售给其他所有制的企业或个人的措施，会削弱公有制的主导地位，造成国有资产的流失，与社会主义的原则是矛盾的。如果我们从人民的利益出发，而不是从抽象的原则和本本出发，就会认识到，对一部分实在不容易搞好、搞活，又不是处在国民经济命脉的有关产业的国有中小型企业实行更加灵活的政策，采取租赁、承包、股份合作制、出售给集体或私营企业、个人等措施，不仅有利于这些企业转换经营机制，重新出现生机，也可以在减轻国家负担的同时，收回大量的货币资产，重新投资于经济效益较好的企业，或者用来发展那些短线产业，对国家的经济发展是有利的，从而是有利于广大人民利益的，是好事而不是坏事，应该支持而不应该反对。这样，党中央关于放开搞活国有小型企业的决策就会得到更好的贯彻，目前困难的状况就会得到缓解。再如经济结构调整问题。我国经济中存在的严重重复建设、重复投资，小而全、大而全，地区经济结构严重趋同，是近年来我国整体经济效益不高，国有企业生产经营困难的重要原因。对这个问题，中央早就提出过批评，要求各地区、各部门以及企业要从全局利益出发，合理地调整投资方向和生产经营方向。但是，时至今日，经济结构不合理的问题并没有得到彻底解决，有些方面甚至越来越严重。问题的根子在哪里？关键还是我们的一些领导人在进行经济决策时，不是从广大人民的利益出发，而是从局部利益、短期利益和个人利益出发。比如为了在短期内出政绩，得到上级的提拔，有的领导人就不顾国家产业结构的状况，千方百计追求本地区、本部门生产规模的扩大，目前生产什么产品赚钱，就上什么样的项目，结果造成了某些部门生产能力的过剩，有些项目投产之时，就是停产之日，不仅浪费了大量宝贵的资源，使产业结构不合理状况更加严重，而且给当地的经济发展造成了严重困难，影响了该地区人民生活的改善。所以，要使经济结构调整真正取得成效，就要求我们的各级领导同志真正像邓小平同志那样，一切从人民利益出发，把人民利益作为最高标准，既对本地区人民的利益负责，也对全体人民的利益负责去处理经济问题，进行经济决策。从全国产业结构的现状出发，努力形成地方经济特色，只要全国目前的生产能力已经可以满足需求，即使赚钱，也不能再搞重复建设项目，同时坚决地把那些重复建设项目停下来，对那些已经出现过度竞争，生产过剩的行业进行调整，把一批企业转产、关闭，把资源转移到其他产业或企业中去，使经济结构调整真正见成效。

市场经济与市场社会

（2000 年 10 月）

市场经济是一个含义很广的概念。它不仅表现为人们必须通过等价交换来获得自己所需要的一切，资源通过市场来配置，建立起了有形的和无形的市场体系和一系列交易规则，而且包括建立起了一套与市场经济相适应的法律、道德伦理体系和行为规范。没有后者，市场经济规则将得不到贯彻，市场经济就不可能存在与发展。所以，市场经济不可能离开市场社会而存在，市场经济的建立必然同时是市场社会的建立。对这个道理，我们明白得越早越好。

一

由于资源的稀缺性与需求的无限性之间的矛盾，为了满足各自的需求人们之间一直存在着激烈的竞争。在人类社会发展的过程中，这种竞争一度采取了弱肉强食的形式，通行的是"丛林法则"。但是，随着人类文明程度的提高，人们逐渐认识到这种强取豪夺的竞争方式不利于资源的充分利用，从而不利于整个人类生活的改善和需求的满足，做出了既竞争又合作的选择。一方面，人们在社会经济活动中分工合作，每个人固定地从事一种产品的生产（分工的发展使一个人实际上只能专门负责产品生产的某一环节）或者固定地提供一种服务；另一方面，人们之间的竞争采取了市场竞争的形式。从根本上说，市场经济就是分工和市场竞争的结合。市场经济的产生以分工的一定发展为必要前提，市场经济关系的扩大以分工的扩大为基础，同时市场关系的扩大又促进着分工的不断发展（亚当·斯密认为市场的范围决定着分工的发展）。由于分工，我们把生活链条上的某些环节割下来，委托给别人。分工越发展，分工的链条越长，就意味着我们越来越不能控制我们的生活，我们的生活越来越依赖于别人，越具有不确定性，风险越大。这时要保证社会经济活动的正常进行和人类的生存发展，要求人们必须相互尊重别人的利益，信守诺言，讲究信用，履行自己在社会分工体系中承担的责任。在市场竞争规则建立起来的情况下，市场竞争本身会对人们的行为形成一定的约束，促使人们自觉地遵守契约，信守诺言。因为如果一个人在交易过程中经常地不守信用，欺骗交易对象，在市场上就不是适宜的交易伙伴，就没有人愿意再和他发生交易。正如亚伯拉罕·林肯所说："一个人可以在某些时候欺骗所有的人，也可以在所有的时候欺骗某些人，但不可能在所有的时候欺骗所有的人。"考虑到不遵守契约，不信守诺言是有成本的，人们面临着违反交易规则还是遵守交易规则的选择，一般会选择遵守交易规则。但是，如同任何经济制度一样，市场也是不完备的。尽管从长远的观点看，遵守市场规则可以给人们带来利益，但是它不能保证在任何时候、任何场合都能够给人们带来利益。市场不能保证所有违反市场交易规则的行为都受到惩罚。这是由于交易对象数量和交易范围的扩大，人们在交易之前不可能对交易对象的信誉了解得清清楚楚，从理论上说某些人总是有新交易对象可以欺骗。比如北京王府井、前门这样的商业场所，每天成千上万的外地人来购物、用餐，商家根本不需要挣回头客的钱。他们可以大胆地坑骗顾客，而不必担心没有顾客。正因为如此，大卫·休谟指出，虽然一个人为了他在社会里的生存必须讲信誉，但是信誉的建立不能单纯依靠个人利益的最大化。他的观点是，个人利益是多变的。当今天这个人对他有用处时，他就同这个人讲信誉。明天这个人对他没有用处了，从个人利益出发，有什么必要同这个人讲信誉呢？所以，信誉、正义、契约这些规则的建立，是不能单纯依靠个人利益的，必须用超越个人利益关系的规则来制约那些低一层次的行为规范，这就是法制。哈耶克所说的"扩展秩序"，也是指通过建立法律规范，克服狭隘的个人和小团体的道德观念，尊重他人和其他小团体的产权，才能扩展分工和交易的范围。只有通过社会法律的强制，使遵守市场交易规则的行为得到保护，违反规则的行为得到惩罚，才能使必要的市场秩序得到维护。正是在这个意义上，人们说市场经济同时也是法制经济。

如同市场是不完备的一样，世界上也不存在百无一疏的法律体系。面对复杂的市场关系，政府司法部门所掌握的信息是远远不完备的，它不可能把所有可能的违反市场交易规则的行为都考虑到，防范每一种可能的违约行为的发生，只要发生了，就可以根据法律给予处罚。人们常说，有一百条法律，就有一百零一个空子可钻。如果人们缺乏道德意识，没有对他人权利和利益的尊重，在订立合约时，就存心要违反合约，因而埋下违约的伏笔，那么法律是不可能对所有违约行为予以惩罚的。事实上，由于交易双方在信息占有上的不对等，比如卖方对商品信息的掌握远远比买方完备，极有可能订立不利于买方利益的契约，使交易的结果损害了买方的利益，而买方对自己利益的损失则根本没有发觉，即使发觉了也没有办法从法律上讨回公道。所以，即使在一个法律体系比较完备的社会里，并不是所有违反市场规则的行为都会受到法律的惩罚，不是所有蓄意损害交易对象利益的行为都必然要付出代价。

进一步说，即使一个社会制定了比较完备的法律，对每一种违反市场交易规则的行为都可以按律处罚，但是，如果一个社会的大多数公民都缺乏道德约束，没有自觉遵守法律的意识，那么法律的意义不过是一纸空文。因为法律的真正作用是它的威慑功能，而不是惩罚功能。法不治众，此之谓也。在这种情况下，仍然不能保证使违反市场交易规则的行为受到惩罚，促使人们自觉地履行契约规定的义务，社会就必然处于无序状态。另外，如果一个实行市场经济制度的社会，公民道德水平普遍低下，社会就必须花费大量的人力、物力来监督契约的履行，监督交易的成本就会变得很高，就会影响社会物质财富的生产，市场经济制度就显得没有效率，与计划经济制度相比就没有什么优越性，就失去了存在的依据，我们今天进行的以市场为取向的改革就变得毫无意义。事实上，成熟而成功的市场制度，除了包括法律在内的有字的合约，还包括法律意识、道德约束等无字的规则。人们往往看到的是有字的合约的作用，而看不到无字的规则的作用。因为后者的作用是无形的，是司空见惯的。这些无字的规则包括合作的诚意，对信用的珍视，敬业精神等。正是由于这些规则的存在，保证了契约得以履行。

由此看来，市场经济的存在与发展，离不开一定的道德基础。亚当·斯密在《道德情操论》和《国富论》中反复论述了这个道理。他曾经说：我实在不能确定到底是自利心还是同情心构成了市场经济的前提。道格拉斯·诺斯也论述过这个道理。他认为，在信息高度不完全的条件下，契约的监督只有靠个人的道德自律，即"第一方监督"。如果人们缺乏道德自律，交易的确是有很大风险的，这就是诺斯所说的交易的"道德风险"。这样看来，市场经济制度本质上是很脆弱的，它的有效和正常运转在很大程度上取决于一个个社会成员的道德自觉。到目前为止，凡是运转良好的市场经济制度，在很大程度上是因为大多数市场交易的参与者建立起了道德自律意识，能够自觉地遵守市场交易规则。如前所述，市场经济制度不能保证在任何情况下都能使遵守市场规则的行为得益。那么，所谓市场经济所需要的道德精神，就是为了遵循和捍卫具有更高价值的规则，而不惜牺牲自己暂时经济利益的精神力量。不仅在市场经济规则有利于个人利益时遵守它，在不利于个人利益时也始终坚持遵守。所以，不能简单地把市场经济与物欲横流、唯利是图、良心丧尽画等号。

二

近 20 年来，以市场经济为取向的改革有了比较显著的进展，市场经济的制度建设迈出了重大步伐，在许多领域，市场机制已经取代计划机制而发挥作用。然而，下面的分析表明，与市场经济相对应的法律制度建设及法律意识的建立、道德基础的建设则远远滞后，我们离市场社会还有相当远的距离。既然市场经济不可能在市场社会以外存在，那么市场机制不能发挥应有的作用就是毫不奇怪的，我们当前所处的经济形态就还远远不是市场经济。

（一）法律和法律意识建设状况。改革开放以来，我国法律和法制意识建设存在着两个方面的问题。第一，虽然随着改革的深化，我国与市场经济相适应的法律建设步伐逐渐加快，但是，必须承认，目前规范市场经济条件下人们行为的法律制度还不健全，这表现在一些不适应市场经济发展的法律制度仍然具有效力，新的法律规范还没有建立；随着新的经济领域和经济行为的出现和发生，还没有相应的法律去规范，存在着法律的真空。比如随着市场经济的发展，大批律师事务所、会计师事务所、审计事务所等社会中介机构建立起来，对这些社会中介机构的行为和运转，我国还缺乏具体和完备的法律规范，强有力的监督没有跟上。如此等等。第二，对法律在市场经济条件下的作用人们还缺乏足够的重视，对法律的严肃性也缺乏正确的认识，即缺乏应有的法律意识，导致了以下情况的出现：人们不重视对法律的学习和掌握，包括许多领导干部连基本的法律知识都不具备，犯了许多低级错误，或者违反了法律而受到惩罚，或者因为不懂法而吃了大亏；一些领导干部至今还没有摆正权力与法律的关系，习惯于凌驾于法律之上，干扰法律的实施，而一般老百姓对这种做法并不感觉不正常，普通公民对法律也缺乏起码的尊重，在经济活动中公然违反法律规定，不履行契约的事情经常发生；人们在经济活动中合法权益受到了侵害，也不知道运用法律保护自己的利益。这些情况使得本来就不完备的法律的作用又大大打了折扣。在法律不健全和国民法律意识薄弱的情况下，违反市场交易规则的行为就难以得到惩罚，人们的正当权益得不到保护，市场经济所需要的秩序就难以建立起来，那么已经建立起来的市场经济机制显然不能充分发挥它促进资源有效配置的作用，竞争的积极作用也不可能发挥出来。

（二）与市场机制的建立相对应的道德建设的滞后状况。与市场经济相适应的经济伦理道德内容非常广泛。但是最基本和最重要的内容是职业道德和重诺守信。职业道德是责任感的具体体现，即对自己一切行为的后果负责任，尊重别人的利益就像尊重自己的利益一样。具体说来，在市场经济条件下，人家付了钱，不管是否存在着外部强制，都要自觉地、无条件地提供优良的产品或服务。经济信用，就是信守诺言，对在契约中承诺的责任一定要履行，即使因为履行了契约中的责任会使自己的经济利益受到损害也毫不犹豫。这是一种视荣誉比个人经济利益更重要，超越了个人经济利益最大化考虑的道德追求。恪守信用是市场经济得以存在和正常运转不可或缺的道德基础。如果人们缺乏恪守信用的道德伦理，契约的履行失去保证，以货币为媒介的商品交换就会倒退到只限于小范围内熟人之间，亲戚、朋友之间的以物易物。这样的交易活动是自然经济或者是简单商品经济的特征。市场经济或者说发达的商品经济条件下的交易，是交易双方根据交易契约是否符合双方的利益，是否有利于双方经济利益的最大化，在全国甚至更大的范围内选择交易对象，不受地域和亲疏关系的限制。正因为市场经济条件下的交易只需要考虑经济利益这一个因素，所以这种交易促进了资源的有效配置，有利于人们经济利益的最大化。尤其需要强调的是，没有讲究信用的道德基础，资本商品的交易也不会存在，专门经营资本商品、在资本所有者和使用者之间调节资本余缺为专业的现代金融业也不会存在。因为金融就是信用，借钱可以不还，银行可以拒绝储户取款的要求，金融关系一天也不能存在。没有现代金融业和资本的营运，最宝贵的经济资源资本不能得到有效的利用，就没有经济的高效率。可以说，没有不存在现代金融的市场经济。

弗里德里希·哈耶克曾指出，制度的变迁不是人为设计的结果，而是制度知识积累到一定程度，全体社会成员的一种自发的选择。因此，与市场经济相适应的道德基础，不可能随着一种新的经济体制的建立马上自然而然地形成，而要看我们从以往的制度中继承了什么样的道德遗产。

与改革前的社会经济制度相适应，我国社会道德体系中占主流的主要有两类道德意识：一类是来自于长期历史中形成的传统道德观念；另一种是多年计划经济体制下形成的道德观念。这两种道德与市场经济均不能适应。先看传统道德与市场经济的关系。梁启超在《新民论》第五节"论公德"中说："吾中国道德之发达，不可谓不早，虽然偏于私德，而公德殆缺如。""若中国之五伦，则惟于家族伦理稍为完整，至社会、国家伦理，不备诸多。"按费孝通先生20世纪40年代对中国传统社会的分析，中国是一个乡土社会，在以自给自足为特点的自然经济条件下，人民生活在一个相对封闭、狭小、固定的圈子里，与之发生经济社会关系的都是亲戚、朋友、乡亲，彼此之间世代相处，相互依赖，形成了错综复杂的社会联系。由于经济关系的固定化，人们相互之间必须以诚相待，彼此守信用，任何违背这种伦理道德的行为不仅会使当事者经济上遭受损失，而且会使他们在固定的社会圈子里名誉扫地，失去原有的社会地位。这就是梁任公所说的中国社会里私德比较健全的含义。新中国成立以后，虽然社会经济制度发生了变化，生产的社会化水平也有了较大提高，但是，计划经济割断了企业之间、企业与个人之间以及个人之间的内在经济联系，人们仍然在本质上生活在传统社会里，因而在道德观念上，人们仍然是有"私德"而无"公德"，熟人之间、亲戚朋友之间讲信誉、讲职业道德，而陌生人之间的关系非常冷淡，没有人认为应该对陌生人承担什么义务和责任。在市场经济体制下，人们要追求经济利益的最大化，就必须以效率为依据建立经济关系，选择交易对象，突破地域和亲缘关系的限制，实现资源在一切可能的范围内的优化配置。在这样的情况下，中国传统的伦理道德只对熟人、亲戚、朋友负责，只对固定圈子里的人讲信誉、讲道德的准则，就必然与市场经济的要求发生矛盾和冲突，就不能适应市场经济的发展。我们不可能从传统道德观念中直接继承市场经济需要的道德遗产。

再看计划经济条件下形成的道德观念与市场经济的关系。计划经济体制下实行资源的集中统一配置，分配上实行平均主义，人们的收入与贡献脱钩。在这样的经济体制下，为了保证计划得到贯彻执行，并使人们保持一定的劳动和工作热情，在道德观念上必然极力提倡和强调人们之间利益的一致性，强调集体主义，不承认个人利益的合理性和经济利益的多元性，视关注个人利益为不道德。事实上，在资源稀缺、人们的需求与需求的满足之间存在着矛盾的情况下，计划经济及其所提倡的集体主义道德观念，并不能使人们追求个人利益的欲望完全消除。在积极劳动和工作不能获得应有的报酬时，人们作出的一般反应是消极怠工、出工不出力。当我国开始进行以市场为取向的改革，承认利益的多元化，人们追求个人利益不再被视为不道德行为，并且鼓励企业和个人在公平竞争的前提下，为了实现利益最大化，实现资源的合理配置，提高劳动生产率，增强竞争能力，达到推动社会经济活动效率的提高，在资源稀缺的条件下达到更好地满足社会需求的目的的情况下，原有的计划经济的道德观念就不能再调整人们之间的经济关系。而在市场经济条件下，如何调整企业与个人之间的经济关系，怎样规范人们的经济行为，需要人们具备什么样的经济伦理，还是一个需要研究的新问题。

由于改革和市场机制逐渐发挥着越来越大的作用，人们的社会经济关系发生了巨大的变化：从与亲戚、朋友、熟人、乡亲发生经济关系，到更多的是与完全陌生的人发生经济关系；从经济关系与地缘关系、血亲关系交织在一起，到更多的是纯粹的经济交易关系；从企业和个人独立利益受到鄙视，到受到尊重和承认。随着经济上的这些变化，人们无法从原有道德遗产中找到行为规范，而道德观念一般是比较稳定的，道德变化总是滞后于经济制度的变化，所以新的观念还一时难以建立，出现了所谓道德真空。但是，众所周知，资源稀缺使得人们必然追求个人利益最大化，即使在计划经济条件下，这种欲望同样存在，只不过采取了另外一种表现形式。在缺乏新的道德规范的情况下，人们似乎认为只要有利于个人利益的事情都可以干，可以不受任何限制。于是，八九十年代以来，我国不仅出现了职业道德危机，而且在经济活动中，一些人连起码的经济信用观念都没有。

我国职业道德危机的典型表现形式有两种。一种是生产企业大量制售假冒伪劣商品。几十元一双旅游鞋，穿不到一天，鞋底和鞋帮就分了家；许多产品一出名，马上就出现了各种仿制品，这些假名牌质量低劣，价格便宜，真正的名牌产品反而卖不出去，一些生产名牌产品的企业被挤垮。这就是经济学上所说的"劣币驱逐良币"的典型事例。在我国市场上见到最多的是各种冒牌名酒、各种用料差、制作粗劣的所谓名牌服装。更为严重的是，一些人为了牟取暴利，达到了丧心病狂的地步。如有的人居然用甲醇勾兑假酒，造成饮用者死亡的恶性事件；有的企业大批量制造假药，给消费者造成严重的身心危害。据《中国消费者报》公布的一项调查数据，有95%的消费者购买过假冒伪劣产品。[①]另一种是服务行业和提供公共产品的部门违反起码的职业道德，到了不顾廉耻的地步。如有的外科医生做手术还要患者塞红包，有的学校公开地或以各种名目向学生收费，有的出租汽车司机合适的活就接受，路程短、乘客多，就拒载，交通警察不把主要精力用来维持交通秩序，疏导交通堵塞，只关心是否完成了罚款指标，东西被盗，不交办案费公安部门就不予受理。如此等等，不一而足。1996年，全国工商企业纷纷兴起了"承诺制"。承诺的都是什么内容呢？政府管理部门承诺正确行使行政权力，不乱收费、不卡拿吃要、不收受礼品；有些企业承诺不销售假冒伪劣商品、不缺斤短两，保证产品没有质量问题，出了问题保证上门修理，保证服务态度良好；公交部门承诺不夹不甩、停车靠站等等。这些难道不是他们起码应该做到的吗？这些应该承担的最基本的义务和责任还需要作为承诺的内容，被视为精神文明建设的成果大张旗鼓地宣传，可见在我国职业道德败坏已经到了何等严重的地步。

随着市场经济关系的扩大，人们的诚实守信的道德观念还没有相应地建立起来。订立了合同就应该履约，这本来是不容置疑的。然而，据有的报纸调查，90年代中期，我国合同履约率竟然不到50%。为了避免上当，在一些地方和行业，出现了由现代交易方式向以货易货或一手交钱、一手交货的交易方式的倒退，合同交易只占整个交易额的30%。[②]货到款付，本来是生意场上基本的道德准则。然而，在我国有些企业在签订合同时一切都满口答应，但是收到货物以后，任货主怎样催促却迟迟不付款，打乱了正常的信用链条，使得一些本来准备按时付款的企业也无法及时付款，结果企业与企业之间形成了解不开的"三角债"。到了1991年，"三角债"总额达到了3000亿元，引起了政府的关注，由国家出资500多亿元清理"三角债"。虽然当年共清理了约2200亿元，但是问题并没有从根本上得到解决，到1994年，全国

---

① 何清涟：《现代化的陷阱》，今日中国出版社，1998年，第179页。
② 见《中华工商时报》1996年12月4日。

"三角债"比 1991 年又多了 1600 亿元，1995 年总额已经达到了 7000
亿元。[①] 问题严重到政府不出面帮助解决，正常的生产就难维持的地
步。由于政府也无力解决企业之间相互拖欠债务问题，一个新生事
物——讨债公司在全国许多地方应运而生，成为一个日渐兴旺的行业。
有的企业收到了货款，却不及时发货，影响了买方企业的正常生产经
营；有些企业在向银行贷款时，说尽好话，一旦从银行贷到了钱，孙
子就变成了老子，债权人要看着债务人的脸色说话。这种状况把银行
逼到非常尴尬的境地：银行明明知道在缺乏信用观念的社会里，银行
资金贷出去将有很大的风险，但是银行资金必须运转起来，才能付给
储户利息，银行才有赢利。于是，许多银行都存在着资产结构不合理，
不良资产占了很大的比重。如果把一些银行的资产负债情况公之于众，
到底会出现什么样的局面，真是不敢想象。

三

目前，中国的大多数经济学家主张研究经济问题不言道德。他们
认为，经济学家在研究问题时，是把道德状况作为一种既定前提，对
于经济改革与发展，道德因素是一种外生变量，而不是内生变量。如
果经济学家谈论道德问题，他就已经不是以经济学家的身份来发言，
而是作为道德哲学家在发言。我认为，如果我们是研究其他经济问题，
我们可以说道德因素只是一种既定前提，可以在研究中把它抽象掉。
但是，由我们以上的分析中可以看出，市场经济不可能外在于市场社
会而存在和发展，因此，对于市场经济来说，法律及法制意识、道德
意识建设就不是外在因素，不是外生变量，而是内生变量。所以，研
究经济体制改革，经济学家不谈道德未必是科学的态度。相反，要使
研究符合改革的实际，经济学界、法学界和哲学界有必要联合起来，
对改革进行系统、全面的研究。我们在建立市场经济体制的过程中，
除了要加快经济体制改革步伐，同时要加快法律制度建设，采取切实

---

① 见《金融早报》1995 年 12 月 20 日。

措施，加强法制意识、道德意识教育，在国民中形成与市场经济相适应的法律和道德意识。

（一）加强法律和法制意识建设。从市场经济存在与发展的要求看，我国目前的法律制度既存在无法可依的问题，也存在有法不依，执法不严的问题。问题更严重的是后者。因此，中国要建立与市场经济相适应的法律制度，使广大公民建立自觉的法制意识，关键是在不断完善法律体系的同时，解决有法不依的问题。要解决这个问题，我认为关键是维护法律的权威性、严肃性。出现了违法行为，一定要按照法律规定给予严肃的惩罚。只要各种违法行为都会得到法律制裁，人们才能养成遵守法律、法规、按法律办事的自觉性。而要使法律的严肃性得到保证，要在进行经济体制改革的同时，进行政治体制改革，真正解决权和法到底哪个大的问题。不论是哪一级党的领导或者政府官员，只要犯了法就一定要给予惩罚。决不允许"刑不上大夫，礼不下庶人"继续存在。同时，要加强执法部门的独立性，任何一级党政领导干部都不能干预正常法律行为，不许说情，不许给执法人员施加压力，影响审判和法律执行结果。只有当权者违法也真正受到惩罚，只有法律的公正性得到保证，普通公民才能真正认识到法律的严肃性，提高学习和遵守法律的自觉性，形成法制意识。

（二）关于市场经济道德意识建设的思考。与市场经济相适应的道德意识的形成，既依赖于法律机制的保证，又取决于对全体公民进行市场经济道德意识教育。为了尽快在全社会建立市场经济的道德意识，我们要对以往的舆论引导和宣传工作进行反思。我们在宣传中强调的是集体主义、社会主义、共产主义、爱国主义、无私奉献的教育，而很少进行市场经济的道德教育。毫无疑问，进行社会主义、共产主义道德伦理的教育是非常必要的。因为我们的生活不仅包括经济生活，而且包括家庭生活、政治生活、文化生活等等。人绝不只是"经济人"，还是"社会人"，不但要有经济道德，还要有社会道德；不仅要追求经济利益，还要有更高的道德追求，追求道德完善，我们才不会在人生的道路上迷失方向。但是，必须指出，道德建设是分层次的。首先，一个社会的道德伦理体系中，必有一些最基本的道德要求，其他道德都必须建立在这些最基本的道德基础之上。例如集体主义、社会主义、共产主义道德意识，只有在具备了市场经济的基本道德修养的基础上才能建立起来。如果人们在经济交往中连起码的职业道德都没有，根本不遵守诺言，缺乏基本的信誉，这就表明他们连别人的基本利益都不尊重，只追求个人利益的最大化，丝毫不考虑别人的利益，或者以损害别人的利益为代价使自己的利益最大化，这些人怎么可能尊重集体利益和国家利益，并且把集体利益、全社会利益放在个人利益之上，为了集体利益和社会利益牺牲个人利益呢，甚至以身殉国，舍生取义呢？其次，在一个社会中，由于人们出身、生活的环境、所受教育程度不同等各种复杂的原因，不同的人所达到的道德修养水平不会整齐划一。因此，并不是所有的人都能达到所有的道德要求。事实上，保证一个社会有序运行的总是那些最基本的道德要求，只要社会大多数成员都能遵守基本的道德规范，就可以保证一种经济制度的应有效率，保证社会经济政治秩序。而那些比较高层次的道德要求，只有少数人才能做到。一个社会不能要求所有人都达到比较高级的道德自律。社会舆论所谴责的也只是那些违反社会基本道德要求的行为。如果一个社会对人们的道德要求过于苛刻，要求每一个普通人都成为圣人，必然迫使人们都准备两副面孔，这个社会必然是虚伪的社会，出现何怀宏先生批评的伪善的社会风气。比如，在市场经济制度下，人们首先必须讲究职业道德，必须诚实守信，尊重他人的权利和利益。至于公而忘私、只讲奉献、不讲索取等社会主义、共产主义道德，只能要求一部分社会精英分子做到，比如说较高级别的党和政府官员、社会名流。因为他们在社会中所处的地位比较显要，是公众人物，社会要求他们成为社会的楷模和表率，既然要成为这样的人物，就要有这样的思想准备。事实上，西方国家里，社会地位越高，社会对他们的道德要求和约束就越高，而社会地位越低的人们，社会对他们的道德要求和约束越低、越少。

鉴于以上观点，我们的舆论宣传应该首先花费更大的精力、采取更加有说服力的语言和理论，进行关于市场经济基础道德观念的教育，向人们讲清楚遵守这些基本道德规范，对保证市场经济秩序的重要性，同时只有大家都遵守这些基本的道德准则，各种交易契约才能得到履行，才能保证经济活动的安全，才能使人们在市场交易中经济利益不受损害，既利人，也利己。应该教育人们，在一个分工的社会里，每一个人的生活和生产活动都离不开别人的协助，人们之间实际上唇齿相依、相互依赖的关系，不讲职业道德，缺乏起码的敬业精神，损害别人的利益的行为成为社会的普遍行为，那么任何一个人都不能生存一天。同时，在分工的社会里，一个人只能生产一个产品的一个部件，或从事一个工序的生产。如果不恪守职责，对自己的生产质量不负责任，最终出现在市场上的产品很可能卖给本人，既害人又害己。在社会建立起基本的道德规范的前提下，我们还要进行更高一个层次的道德教育，引导人们向着更高的道德追求提升，使人生更加高尚，更加完美。

改革开放篇

实行两权分离与两权统一相结合 [1]

（1988 年 1 月）

　　承包经营责任制是搞活大中型企业的有效形式，但还需要逐渐完善。完善的重要原则，是实行两权分离与两权统一相结合。

　　目前推行的承包经营责任制，不能真正解决企业行为短期化问题。按照现行承包合同的规定，企业会尽量把留利用在改善职工生活上，而不愿用在扩大企业固定资产上。因为，第一，对企业留利的用途国家做了严格规定，随着技术水平的提高和企业留利的增加，职工生活水平并不能同步提高；第二，技术改造工程越大，投资越多，工期就越长，更新改造工程刚开始发挥效益，承包合同也要到期了。因此，对企业来说，搞大的投资改造项目，未必合算。

　　为了解决这个问题，在推行承包过程中，要实行两权分离和两权统一相结合。对企业现有资产实行两权分离，而对企业新增资产实行两权结合。具体来说，企业用留利进行更新改造所增加的固定资产，应该视不同情况或部分归企业所有，或全部归企业所有，并且参加企业利润分配。这样，就从经营机制上解决了企业自觉地进行更新改造、增加资产的动力问题，企业行为短期化的痼疾就会得到医治。企业就会形成留利增加，投资增加，技术水平提高，经济效益提高的良性循环。实行所有权与经营权的部分统一，还有两个积极作用：第一，由于企业有了自己的财产，才会对企业的生死存亡真正关心，企业才真正有产可破，《破产法》才有实施的条件，破产的威胁才真正会起到推动企业改善经营、励精图治的约束作用。第二，由于企业投资的结果

――――――――――
　　[1]　本文原载《光明日报》1988 年 1 月 30 日。

使自有资产增加，企业就会自觉地进行更新改造，提高技术水平。这样，技术改造的投资就可以由完全靠国家转变为主要靠企业，国家就可以从产业结构、行业规划出发，有重点、有选择地投资，从而有利于合理的产业结构、产品结构和产业组织的形成。

实行所有权与经营权在企业中的部分结合，随着企业财产的增加，会不会使企业拥有的固定资产全部变成企业所有？从个别企业来看，这是有可能的。但是从宏观来看，则是不可能的。因为企业实现的利润大部分要上交国家财政，国家财政收入中有很大部分是用来对企业重新投资的，随着企业所有的资产增加，国家所有的资产也是不断增加的。当然由于国家对不同企业投资的数量不同，在企业中国有资产与企业资产的增加情况会出现较为复杂的状况。毋庸讳言，在有的企业中，如果国家不再投资，资产最终会全部变成企业集体所有。对此也不必大惊小怪。因为这样的企业毕竟是一小部分，同时在社会主义初级阶段，多种所有制形式并存，是有利于生产力发展的。

经济改革"成本说"

（1990 年 7 月）

目前，在中国明确反对改革的人不多。但是，原则上拥护改革，而到了动真格的，尤其是改革将触动自己的切身利益时而犹豫、观望甚至反对的人还是有的。他们要求，在改革过程中最好不出现任何问题，不造成任何损失。一句话，要改革，但不要有代价。这实际上是不要改革。因为改革不是免费的午餐，是要付出一定经济代价的。用经济学的语言说，改革是有成本的。

经济体制改革不是"免费的午餐"

首先，中国经济体制改革的目标是要建立起一种崭新的、有计划的商品经济体制，因此是一个打破原来的经济系统及其运行机制，建立新系统、新机制的过程。由于经济系统的有序运行需要各个子系统和各种经济机制之间相互协调、相互配合，在旧的系统和机制已被打破，新的系统和机制尚未建立、健全的这段时间内，就会出现经济系统部分失控或者整个经济系统由有序陷入混乱的状况。其表现可能是社会生产力一定程度的破坏，经济生活秩序被暂时破坏，产生一些不合理的社会现象等等。与此同时，经济上的相对无序，也有可能引起政治上的局部或较大范围内的动荡。这些在我国经济体制改革过程中程度不同地发生过。如由于在地方、企业自主权扩大的同时，价格改革没有跟上，产业政策没有及时出台，导致近年来我国产业结构轻型化，地区产业结构趋同化，造成了资源配置失当和严重浪费以及经济效益的下降。再如，在实行价格双轨制并把市场机制引入经济生活的同时，政府部门职能却没有什么根本转变，仍然在人、财、物等方面支配着企业，因此成为前几年"官倒"活动猖獗、政府工作人员"寻租"的制度基础。

其次，中国进行的经济体制改革是前无古人的。有计划的商品经济到底是什么样子，通过什么样的措施与步骤达到改革的目标，都没有现成的答案，需要用"试错法"去摸索。在试验与探索的过程中，采取了错误的政策措施，或者对各种政策之间的关系没有看清楚，因而改革措施不配套，或者改革措施出台的时机不合适，都可能造成生产力的破坏或其他经济上的损失。比如，1988年进行的价格改革闯关时机没有选准，引发了波及全国的抢购风潮，导致价格过快上涨和恶性通货膨胀，使正常的经济生活秩序遭到破坏，工业生产和人民生活都受到了影响。再比如，工业企业实行承包制，虽然对生产发展起到了一定推动作用，制止了当时经济效益的滑坡，但是由于办法不完善、措施不配套，使企业出现了严重的短期行为，导致国有资产严重流失，收入向个人严重倾斜，企业发展后劲没有保障。

第三，经济体制改革过程中，传统体制与新体制的摩擦，也会产生改革成本。在机械运动中，为了改变物体原来的运动状态，必须有外来的力对物体做功。与此相类似，一种经济体制一旦形成，就存在着一种按自己固有的机制运行的趋势，我们称之为经济体制的惯性。要克服这种惯性，就要付出一定代价，形成改革的成本。借用社会学的语言，这种惯性作用有两种表现：角色适应和角色抵触。所谓"角色适应"，是指这样一种现象：经济活动的主体，包括政府职能部门、企业、劳动者习惯了传统体制下自己充当的角色，现在虽然体制变了，但是却不能在短期内实现角色转换，仍然不自觉地发挥着原来角色的作用。比如，有计划的商品经济体制要求政府职能部门一般不要直接干预企业的生产经营活动，而应把主要精力用于制定产业政策并保证使其得到贯彻执行，为企业进行正常的生产经营活动和企业间进行平等的竞争创造外部环境等宏观调控活动上。但是，到目前为止，我国政府职能部门还没有很好地完成这种角色转变，表现为：把应该给企

业的权力截留下来，使企业处处受到牵制，无法根据市场情况自主地
进行生产经营决策；原来权力没有了，便不知道该干什么，无所作为，
使某些领域成了宏观调控的"真空地带"；不能对企业生产经营活动
进行直接干预了，就变出新的花样，对企业进行控制，如前几年大肆
泛滥的检查、评比，就属于这种情况。这样做不仅增加了企业不必要
的支出，又干扰了企业正常的生产经营活动。这几种做法尽管方式不
同，但都会给生产发展带来危害。所谓"角色抵触"，是指上述经济活
动主体对自己在新体制中的角色的一种自觉的抵触。这主要是因为新
体制的建立意味着他们在传统体制中拥有的权力、利益的丧失，他们
所习惯的利益机制、生活方式将要改变。比如，随着改革的深入，政
府职能部门原有的对企业物资、资金、人事的直接支配权将不复存在，
"寻租"行为将受到限制，因此对转变政府职能的改革，有的人就可能
千方百计地反对。再比如，在传统经济体制下，全民所有制企业干部、
职工端的是"铁饭碗"、吃的是"大锅饭"。随着改革深入，"三铁"将
被打破，有一部分企业干部和劳动者就会想不通，影响生产积极性，
从而可能使生产发展受到影响。

两种"成本"的比较

既然改革是肯定要付出代价的，那么不改革不行吗？问题在于，
不改革也要在经济上付出代价，也是有成本的。到目前为止，我国传
统经济体制的主要弊病还没有消除，阻碍着生产力的发展。比如，政
府与企业的关系仍然没有理顺，企业缺乏改善经营、提高质量、改进
技术的外在压力和内在动力的问题尚未得到解决；企业内部铁饭碗、
铁工资、铁交椅、大锅饭问题仍然存在，严重抑制了干部、职工的生
产积极性，阻碍着生产力的发展。近年来工业企业经济效益逐年下降，
就是上述问题的突出反映。

改革要付出代价，不改革也要付出代价，要不要改革就取决于两
种"成本"的比较。如果改革的成本小于继续保留旧体制所造成的损
失，或者说改革所带来的收益大于改革所带来的损失，就要坚决地把

改革进行到底；反之，改革就应该停止或暂缓。而经过比较会得出什么样的结论，则取决于如何去比较。我认为，在进行两种成本的比较时，应该坚持以下几点原则。

第一，要看远期成本，而不能从近期成本出发。如同前面所述，在改革过程中，当新体制尚未完善、旧体制又被打破的情况下，有可能出现经济系统的暂时紊乱，因而生产发展速度和人民生活的提高可能放慢。因此，如果只看短期成本，就可能得出改革还不如不改革的结论。但是，如果从长期成本看，一旦新的体制趋于完善，就会大大解放生产力，使我国国民经济获得长期较快发展。我们就会发现，改革是划算的。

第二，从多数人的利益出发，而不是从少数人的利益出发。经济体制改革的一个重要内容是经济利益的调整。因此，一部分人可能因为改革损害了自己某方面的利益而对改革不满，这就要求我们在进行成本比较时，必须从多数人的利益出发。只要改革有利于大多数人的利益增进，有利于调动大多数人的积极性，就会促进生产力的发展，就必须坚持改革。至于由于改革伤害了少数既得利益者的利益，影响了他们的积极性，产生了一定消极作用，那要区别情况区别对待。如果有些人原来的利益本来就是不合理的，那么通过改革取消他们不应得的好处，是完全正常的；如果一部分人的利益确实受到了不应有的损害，则要想办法予以补偿。不管是哪种情况，只要改革措施有利于增进大多数人的利益，就不能因为少数人的反对而放弃改革。因为只要大多数人有了积极性，改革对于经济发展的推动作用就是主要的，而消极作用只是次要的，改革的收益就大于改革的成本。

第三，要坚持实践标准。应该承认，改革 10 年来，由于改革措施不配套，改革不到位等原因，我国经济生活中的确出现了一些问题。但是，我们更应该看到的是，改革 10 年来我国经济的巨大发展，人民生活水平的显著提高。因此，如果我们坚持实践标准，而不是从个人好恶或概念、书本出发，那么就必须承认坚持改革比坚持传统经济体制更符合最广大人民的长远利益。与此同时，对这 10 年经济发展中出现的问题，也不能不加分析地全部记在改革的账上。恰恰相反，有些问题之所以发生，就是由于没有及时进行改革，或改革不彻底造成的。因此，解决这些问题的根本途径，就是加快改革步伐，把改革引向深入。

改革成本说的实践意义

明白了改革是有成本的，在实践上起码有以下两方面的作用。

第一，有利于客观地、全面地认识改革，从而有利于坚定改革的决心。改革成本说告诉我们，那种又要改革，又不愿付出任何代价、冒任何风险的想法，是不切合实际的幻想。如果这样要求改革，改革永远只能是纸上谈兵。事实上，这种思想已经成为改革的障碍。认识到改革是有成本的，我们就不必因为担心改革会带来一些问题而缩手缩脚。只要改革的成本小于不改革的成本，就要毫不犹豫地坚持深化改革。这样我们才不会犹豫彷徨，延误改革，错过历史赐予我们的发展时机，才能使中国经济走上健康发展的轨道。与此同时，有了改革是有成本的思想准备，当改革过程中出现了一些问题时，就不会惊慌失措，草草收兵，中止改革，使改革半途而废。由此看来，用改革成本说来武装大家，对促进改革是有积极作用的。

第二，了解改革是有成本的，可以通过有效的工作自觉地降低改革成本。改革是有成本的，这是一种必然现象。但这并不意味着每一项改革都要付出代价，同时改革成本的大小与人们的主观努力是有关的。如果对改革必然要付出一定代价有思想准备，就可以通过周密的调查研究、制定可行的方案、开展有效的工作，使改革成本趋于最小。相反，如果不承认改革是有成本的，要么不敢改革，要么充满了盲目性，根本不进行主观努力以降低改革成本，就会造成不必要的浪费。

那么，哪些主观因素可以影响改革成本的大小呢？我认为有以下几点。一是改革时机的选择。如果改革条件不成熟，就贸然进行改革，要么改革进行不下去，要么即使改革成功了，也会造成不必要的损失；如果在改革条件成熟时不及时改革，延误了时机，阻碍了经济发展，改革成本也会高于正常成本。二是与是否进行了周密的调查研究、方案是否可行、措施是否得力、组织工作是否严谨有关。三是一般地说，改革越是及早地进行，成本越低，反之则否。这是因为一种经济体制运行的时间越长，其惯性越大，克服体制惯性付出的代价越大。当然，这是就一般情况而言的，具体到每一项改革，还是有一个时机选择问题。四是群众对改革的理解程度和支持程度。如果群众把改革看成是自己的事情，就会与政府主动配合，对改革作出积极反应，不因改革暂时损害了个人利益而影响自己的劳动积极性。反之，失去了群众对改革的理解与支持，改革的成本就会变大。而能否获得群众对改革的理解与支持，又取决于干群关系、党群关系、党风及社会风气如何。因此，深入宣传改革的必要性与重要性，求得群众对改革的理解与支持，努力改善干群关系，实现党风、社会风气的根本好转，便成为以最小的代价取得改革成功的重要前提。

商品经济与"官倒"①

（1989 年 2 月）

对于"官倒"的本质和作用，目前有两种似乎完全对立的看法：有些人认为，"官倒"是商品经济发展的必然产物，是改革带来的社会病灶。因此，要消除"官倒"，唯有向后转，重新回到产品经济的旧体制；有些人则认为，"官倒"是商品经济中的正常现象，是改革的产物。所以，否定与限制"官倒"，就是否定商品经济，否定改革。其实，这两种看法的认识论根源是同一的：一方面把"官倒"与正常的流通活动混为一谈；另一方面对商品经济的性质及其要求缺乏正确的理解。看来有必要从"官倒"和商品经济的关系出发，对"官倒"的本质和作用进行一番认真的分析。

"官倒"速写

要对"官倒"的本质及其作用有一个正确的把握，必须首先了解什么是"官倒"，从而把它与正常的流通活动区别开来。应该明确，"官倒"是一种非法经营活动。让我们给"官倒"画一幅"速写"，指出它的主要特征。第一，从采取的主要手段来看，"官倒"不是以提高经营管理水平，提供优质服务为竞争手段，而是凭借权力这种超经济手段，实行垄断性经营。由于有权力做后盾，"官倒爷"手眼通天，纵横捭阖，举凡各种紧缺商品，甚至许可证、批文都得来全不费功夫，转手一倒，大把的钞票就流进了腰包。这是那些进行正常商品买

---

① 本文原载《求是》1989 年第 2 期。

卖的企业不可企及的。第二，从活动领域来看，"官倒"主要从事紧缺商品的倒买倒卖。马克思说由商品转化为货币是惊险的一跃。但是，在我国紧俏商品的市场特征是卖方支配买方，流通过程的主要困难不是商品卖不出去，而是拿钱买不到。因此"官倒"所起的作用，不是加速商品的流通，催化由商品到货币，由货币到商品的价值形式的蜕变，而是增加了流通环节，延长了流通时间，阻碍社会再生产正常进行。第三，与正常的流通行为不同，其利润的多少并不完全取决于垫付资金的数量，在很大程度上，取决于掌握多大权力。因此，说到"官倒"，使用利润的范畴，是不太确切的。与此相联系，"官倒"的第四个特征是，既然其收入并不完全取决于垫付资金的多少，因此要扩大收入，追加垫付资金并不是唯一的、主要的手段。这就决定了"官倒爷"所获得的收入比一般的商业企业更多地变成消费基金。

根据以上对"官倒"特征的描述，对什么是"官倒"，什么是正常的流通活动，我们便比较了然了。那些政企不分，一套人马，两块牌子，专事囤积居奇、转手倒卖的官办公司，属于"官倒"之列，自不待言。那些表面上不是"官"，但却有"官"做后台的倒爷们，如一些干部子女、亲属办的公司，离退休干部开办的公司，怕也不是正常的流通实体。相反，一些政企不分的行政性公司，只要是按照商品经济发展的需要，从事正常的批发业务、中转供应和调剂余缺，虽然是官办的，则不能一股脑地呼之曰"官倒"。

把"官倒"与正常的商品流通区别开来，就有可能进一步分析它与商品经济之间到底是一种什么关系。

是商品经济的新事物，还是历史的倒退

商品经济是以社会分工的一定发展为前提的，其本质特征之一是生产者不是为自己生产，而是为市场生产。因此，商品经济的发展和商品生产的扩大，意味着分工的扩大与发展，意味着市场的扩大和流通的发展。从这个意义上说，流通的繁荣是社会进步的标志。现在的

问题是，"官倒"作为一种流通活动，与商品经济的性质是否符合？

第一，商品经济的根本原则是等价交换，平等竞争。它除了承认商品生产者对自己财产和产品的所有权，不承认其他任何特权。商品生产者的商品能否卖出去，取得货币存在形态，一方面取决于这种商品是否为社会所需要，另一方面取决于质量是否过硬，至于商品生产者能否通过出售产品使劳动耗费得到补偿或获得超额收入，则要看生产商品的个别劳动时间是否与社会必要劳动时间相一致或是否低于社会必要劳动时间。所以，商品生产者的兴衰，完全取决于他们在市场上的竞争能力。而"官倒"之所以兴旺发达，并不是靠采用先进技术、设备和经营手段来提高劳动生产率，也不是靠优良的服务在流通领域的竞争中取得有利地位，而主要是依靠权力这种超经济手段，实行垄断性经营，因而带有浓厚的封建经济色彩。

第二，马克思在《资本论》第三卷中表述了这样的思想：当商品经济在社会经济关系中处于支配地位时，一个重要特征就是生产支配流通。"在资本主义以前的社会里，商业支配着产业，在现代社会里，情况恰恰相反。""在商人资本占优势的地方，过时的状态占着统治地位。"资本主义是商品经济占支配地位的社会经济形态，在这里处处可见生产对流通的支配。比如：（1）商品的市场价格围绕生产价格而波动，而生产价格就是由生产成本加平均利润构成的。当某种商品出现求大于供时，首先表现为生产者价格提高，从而有利于社会资源的合理转移，使供求趋向于平衡。商业部门只能根据社会平均利润率，实行合理加价，而不能随意决定商品价格。（2）流通的职能是为生产服务，一方面要有利于由商品转化为货币，同时有利于由货币转化为商品，从而使社会再生产更顺利、更迅速地进行。（3）价值是生产过程创造的，因此产业利润、商业利润的多寡取决于生产过程中创造的剩余价值。商业利润率只能与产业利润率大体相当，而不能高于产业利润率。如果我们分析一下"官倒"现象，就会发现它的重要特征之一是流通对生产的强烈支配。试举几种：（1）"官倒"在某种程度上支配着市场价格。由于我国某些商品严重短缺，"官倒"利用权力搞到平价物资后，层层转卖、反复加价，直到经手的倒爷们都有厚利可图，才肯出手，此时价格已经抬高到令人咋舌的程度。如1公斤羊毛，牧民交售价格为3.5元，经过"官倒"们上下其手，涨到了1公斤10元；一台18英寸彩电牌价为1800元，"官倒爷"们可以抬高到3000元以上。所以，人们说，现在价格既不是由生产企业决定的，也不完全是市场自发决定的，也不是国家说了算，而是"官倒"决定的。（2）如前所述，"官倒"的利润是与权力紧密联系的，权力可以直接转化成金钱，因而其利润率大大高于工业企业。"官倒"利用权力倒腾一批物资，出卖一个许可证、批件，或一个电话，一张纸条，举手之劳，几万、几十万的票子就可以到手。我们在调查中听到这样一个事例，一个只有3个人的公司，通过倒买倒卖纺织原材料，从1987年7月到1988年7月，共获纯利润396万元。据有关部门的同志反映，他们查的一些"官倒"公司，利润率都在25%到30%之间。而工业企业的利润率一般都不超过15%。群众编的一句顺口溜很能反映这种情况："辛辛苦苦干一年，不如'官倒'拨下电话盘"。（3）利用手中掌握的原材料，对生产企业进行控制、勒索。在商品经济的正常状态下，对于商人来说，用户是上帝。他们总是通过不断改善服务来占领和扩大市场。"官倒"利用我国某些生产资料的短缺，囤积大量生产资料，待价而沽。企业要想维持生产，就必须组织大量人员，追踪"官倒"，并忍受盘剥。有一个经营纺织工业原材料的公司，以供给平价原材料为条件，除要求企业按销售收入的2%—5%分成外，还要求按销售收入的0.7%—2.2%提取技术咨询费。就这样，这个编制60人的公司，从1987年1月到1988年8月，仅此一项"业务"共收入返还利润340万元，收取技术咨询费92万元。

以上分析说明，"官倒"是"资本主义以前的社会"，或者说"过时的状态"中的经济现象，是一种历史的倒退。

是商品生产的催化剂，还是商品生产的赘瘤

马克思有句名言：商品爱货币，但真爱情的道路绝不是平坦的。对商品生产者来说，由商品转化为货币，是最困难的事情。随着商品

生产的扩大以及商品交换关系的普遍化，社会分工越来越细，需求越来越具有多样化、易变性特点，商品的买卖活动越来越复杂和困难。当商品生产发展到一定程度，就要求把商品买卖活动变成一部分人的专门职能，商业便成为一个独立的经济部门。商业活动的专门化，对商品生产的发展有着巨大的积极作用。首先，可以使生产部门集中精力从事生产经营，把更多的注意力放在改善管理、提高技术水平上。其次，一部分人专门从事商品买卖，可以使他们积累起更多关于商品流通的经验与知识，成为这方面的行家，及时掌握需求变化的信息；另外，商业成为独立的经济部门，有利于形成一套完善的、高效率的运输、贮存及销售服务系统。这一切都有利于流通时间的缩短，意味着生产时间在社会再生产全过程中所占比例的扩大，使更多的资金在生产领域中活动，这将有助于社会再生产和财富总量的扩大。再次，与生产者直接从事商品销售相比，流通活动的专门化，可以节约大量的运输、贮存、商品买卖等流通费用。

让我们分析一下"官倒"对商品生产的正常进行到底有什么作用。首先，在社会总需求大于社会总供给，尤其是重要生产资料严重短缺的情况下，流通中的真正困难不在于商品卖不出去，而在于有钱买不到商品。"官倒"主要是从事紧缺商品的倒买倒卖，真正销售有困难的商品，他们又不去经营。因此，可以说，"官倒"既无助于由商品转化为货币，也无助于由货币转化为商品，完全是生长在社会合理分工体系上的寄生物，不但对社会再生产没有任何贡献，而且像肿瘤一样，从社会再生产过程不断吸取营养成分。其次，"官倒"为了牟取暴利，利用某些商品的紧缺，反复倒手，层层加价，本来只需要经过一两个环节就可到达用户手中的商品现在要经过五六道，甚至十几道倒腾才能从流通过程进入生产或消费领域，造成"商品大旅游，价格滚雪球"。这种反复倒手，再加上为了待价而沽而囤积居奇，使流通过程中积压了大量紧缺商品，给社会再生产造成了直接危害。第一，生产资料更加紧缺，且价格高得吓人，企业无法承受，使得正常生产难以为继。第二，增加了流通环节，延长了流通时间，使更多的资金滞留于流通领域。在社会总资源既定的前提下，就意味着生产时间的减少，生产领域中发挥作用的资源减少，社会再生产只能以萎缩的规模进行。马克思主义经济学认为，产品和价值是生产过程创造的，流通时间、流通费用（包括生产性流通费用）是对社会总产品的扣除。因此，"官倒"的一个直接危害，就是使社会财富生产的规模缩小，降低社会财富积累和增长的速度。

由此看来，与正常的流通行为相比较，"官倒"不是商品生产的催化剂，而是商品生产的赘瘤。

经济体制改革的严重障碍

中国经济体制改革的目标是要打破产品经济体制，建立充满生机与活力的商品经济运行机制。那么，"官倒"对我国经济体制改革及其继续深入进行，到底会产生什么影响？

首先，商品经济的根本原则之一是平等竞争。只有在平等竞争的情况下，价值规律才可以正常地发挥作用，才能促使人们努力改善经营，采用先进技术和设备，提高经济效益，才会使我国经济充满活力。而"官倒"则以权力为手段，进行垄断性经营，完全破坏了平等竞争的原则，这与我国改革的要求是根本相违背的。

其次，"官倒"活动是我国价格水平猛烈上涨的原因之一，破坏了改革的外部环境。我国这几年价格大幅度上涨有诸多因素，其中原材料等生产资料价格猛烈上涨所引起的成本推动，是重要原因之一，而"官倒"则对生产资料价格上涨起了重要的推波助澜的作用。由于"官倒"活动猖獗，1987年底一吨电解铜价格为6000元，1988年年中已涨到17000元，1吨锌由3000元涨到6000元，一吨镍由7万元涨到13万元。如果不坚决制止"官倒"，任价格上涨，一旦超过社会承受能力，改革就会因失去人民群众的支持而夭折。

第三，使我国企业改革难以继续和深入。（1）由于"官倒"介入生产资料流通，使得大量生产资料滞留在流通领域，导致本来就紧缺的生产资料更加紧缺，使企业难以进行正常的生产。近一个时期，报纸上经常出现企业停产待料的消息，说明问题已比较严重了。同时，由于"官倒"的翻云覆雨，生产资料价格涨到了企业难以承受的程度。1988年9月3日《解放日报》报道，上海一家工厂每年生产所需电解铜为2万吨，由于电解铜价格由1987年的1吨6000元上涨到17000元，企业要减少利润2亿多元，大大高于1987年1.6亿元的上缴利税额。很显然，在这种情况下，企业是无法完成合同所规定的承包任务的。如果因此而修改承包合同，承包就失去了意义与作用，更谈不上在承包的基础上进一步深化企业改革。（2）在价格不断上涨，企业经营的外部环境变化不定的情况下，容易导致企业行为的不合理。一部分企业会以价格上涨太快，企业无法消化为借口，向主管部门讨价还价，要求降低承包指标，给予减税、免税等照顾，以改变企业的困境，而不把主要精力放在改善企业经营，提高生产技术水平上；一部分企业还会把提高产品价格作为保护本企业利益的手段，而不去努力改善经营管理水平和技术水平；有的生产紧缺产品的企业会千方百计少交或拖交计划任务，通过多卖议价产品获得更多的利润。这一切都不利于企业学会在商品经济的海洋中游泳，严重影响企业素质的提高。作为商品生产的主体，如果企业本身的商品生产者素质不能得到很好的发育，不能适应市场环境，中国就永远不具备建立真正的商品经济机制的条件，只能在商品经济的入口处徘徊。

"官倒"不仅是商品经济发展和改革的严重障碍，而且还严重毒化了党风和社会风气，败坏了党和政府以及改革的声誉，加剧了收入分配不公状况等等，因此必须采取坚决措施，予以制止，这是不容动摇的。问题是怎样来解决"官倒"问题。有人把"官倒"的产生记在商品经济的账上，要治理"官倒"就必须取消改革，回到产品经济的旧体制。这种看法是不能成立的。我认为，商品经济有其既定的经济内容，如建立起了比较完善的市场体系；企业成为真正的商品生产者；经济调控手段与经济法制比较健全；政府经济管理职能和手段适应商品经济发展的要求等。因此，当经济生活中仅仅出现了某些商品经济因素，这时出现的经济问题，也不能不加分析地归因于商品经济。我国现阶段的经济体制，既有商品经济因素，又有产品经济因素，从而形成了一种既非商品经济，也不是产品经济的混合经济机制体系。因此，只有进一步深化改革，建立商品经济体制，才是根本的出路。当然，改革是长期的，商品经济体制短期内难以建立，所以，采取整顿公司，严肃党纪、政纪、法纪，禁止党政干部经商，加强经济监督等有力措施，也是完全必要与行之有效的。

国际产业结构调整和我国的对策^①

（1990 年 2 月）

从静悄悄的革命到世界性潮流

国际产业结构调整是进入 20 世纪 70 年代以后，在美国、日本等发达国家开始的。开始时只是不为人们注意的"静悄悄的革命"，70 年代中期以后，逐渐扩展到其他发达国家，到了 80 年代，则成为一个波及发达国家和发展中国家的世界性潮流。

这次国际产业结构调整是产业革命以来的第三次。第一次国际产业结构调整的结果，是轻纺工业取代了农业，成为主导产业；第二次国际产业结构调整，使得发达国家实现了产业结构的重工业化和化学化。与前两次国际产业结构调整不同，这次国际产业结构调整的主要内容是：以"厚、重、长、大"为特征的传统产业如钢铁、汽车制造、机械制造、煤炭等产业日趋衰落，而新兴高技术产业如微电子工业、电子计算机工业、新材料、新能源工业、航天工业、遗传工程、海洋生物工程等则先后建立并获得了迅速发展，有取代传统产业部门成为国民经济主导产业之趋势。国内外一些研究机构提供的资料，证明了以上的判断。

从各产业的增长速度来看，80 年代以来世界微型电子计算机生产正以年 30% 的速度增长，集成电路生产的增长速度为 20% 以上，机器人的增长速度为 20%—40%，光导纤维的国际市场销售量每年增长 40%—50%；70—80 年代，美国高技术企业生产年平均增长 7%，在 10

---

① 本文原载《中央财政金融学院学报》1990 年第 1 期。

103

个增长最快的行业中，有 9 个是尖端技术行业。与此同时，传统产业生产下降，生产能力闲置现象非常严重。以美国为例，1973 年粗钢产量为 1.37 亿吨，1986 年急剧减少为 0.74 亿吨，下降幅度为 40%；1973 年美国汽车产量为 1200 万辆，到 1980 年则降到 700 万辆，下降幅度也超过了 40%。

从设备投资的增长情况来看，1973—1980 年美国新兴工业投资率年增长 8.8%，比各部门平均增长率高 2 倍多；1986 年日本制造业设备投资下降了 7.4%，1987 年下降了 6.7%，下降的部门 1986 年为 9 个，1987 年为 13 个，即几乎所有的制造业部门设备投资率都在下降。而非制造业部门的设备投资率，1986 年增加了 12.1%，1987 年增加了 7.1%。

从就业结构的变化来看，传统产业部门的就业人数急剧下降，新兴产业部门就业人数则迅速增加。1982 年，美国汽车制造工业 19% 的蓝领工人约 21.1 万人无限期失业；钢铁工业开工率仅 42%，有 11.9 万工人无事可干。据美国的一个研究机构估计，到 90 年代，这两个行业占总就业人口的比例将由 1982 年的 22% 降为 8%。而新兴产业如电子工业的就业人数以 10%—20% 的速度增长，80 年代初，信息产业就业人口占总就业人口的比重，美国已达到 51%，日本也达到 38%，到 90 年代，将有 75% 的工作要与计算机有关。

尽管目前新兴产业在国民生产总值中所占的比重并不大，但是，根据目前的发展趋势推断，到 21 世纪头 10 年或 20 年代，国际产业结构将发生根本性变化，从而引起世界经济面貌的显著改变。

国际产业结构调整的原因

显而易见，这次国际产业结构调整的实质是主导产业由资金密集型向知识技术密集型的转换，它意味着，经济增长对资金、传统人力资本、传统能源、原材料的依赖逐渐削弱，对知识技术的依赖程度日益提高。

导致国际产业结构发生这种变化的原因究竟是什么？

首先，这次国际产业结构调整是新技术革命的直接结果。根据产业经济学的原理，一国一定时期内社会产品总量的多少，不仅取决于资源投入的数量，而且取决于资源的配置状况。那些生产技术水平较高的产业部门，劳动生产率高于社会平均水平，投入—产出效益较好。如果根据各产业之间技术水平对比的变化及时调整产业结构，优先并充分满足技术水平较高的产业对资源的需求，减少技术落后产业对资源的占用，同样的资源总投入就会产生比以往更多的产出。经济发展与科学技术进步之间的这种相关程度呈现出日益提高的趋势。据计算，20世纪初工业劳动生产率的提高，只有5%—20%是科学技术进步引起的，而目前60%—80%是靠采用新技术取得的。所以，能否适应科学技术的发展，及时调整产业结构，优先发展新兴产业，抢先占领新的科技制高点，便成为一国经济能否持续、迅速、高效益增长的关键。在发达国家经济发展的历史进程中，每一次科技革命都引起了产业结构的根本性变化。18世纪70年代开始的第一次科技革命，使西方主要资本主义国家的产业结构经历了由农业占主导地位到轻纺工业占主导地位的变化。19世纪70年代发生的第二次科技革命，使发达国家原有的采煤、钢铁工业加速发展，同时由于电力的运用和新的电机制造、造船、汽车、飞机制造业等一系列重工业部门的建立，第一次世界大战前后，这些国家重化工业比重超过了轻纺工业，实现了产业结构的重化工业化。第二次世界大战以后，第三次科技革命开始，电子技术、生物技术、航天技术、新能源、新原料开发制造、海洋开发等领域，科学技术获得了突破性进展，使一系列新兴高技术产业建立起来。在这种情况下，谁抓住机会，率先把新兴产业引入产业结构体系，谁就可以获得新的经济飞跃，在国际竞争中处于优势地位。对这次科技革命，美、日率先作出了反应。西欧虽晚了一步，但到了80年代，则有了积极行动，不但加强了各自对新兴产业的投资，而且采取了联合行动。不少发展中的新兴工业国家也采取了对策。

其次，传统能源、原材料供给的有限性和供给条件的变化，是国际产业结构调整的又一重要原因。传统工业增长所使用的能源、原材料主要是不可再生性资源，如煤炭、石油、钢铁、有色金属等，用一点，少一点，最终也有枯竭的时候。如不摆脱对传统能源、原材料的依赖，经济发展最后会走到山穷水尽的境地。罗马俱乐部梅多斯等人的研究报告《增长的极限》中指出，按照目前的资源消耗速度，许多种资源很快要消耗殆尽。因此，为了避免世界经济免于崩溃，梅多斯等人建议，从1975年开始停止人口增长，1990年停止工业投资，以达到增长为"零"的全球性均衡。这种"世界末日论"固然太悲观，但是世界资源供给日益紧张却是事实。1973—1974年第一次石油危机爆发，石油价格由每桶3.11美元一下子涨到11.65美元；1979—1980年第二次石油冲击，石油基准价一度达到每桶34美元，市场价格每桶甚至高达45美元，严重冲击了西方经济。在这种情况下，各国要保持经济稳定增长，必须改变对传统能源、原材料高度依赖的局面。这就要求对产业结构从两个方面进行调整：一是开发新能源、建立新材料工业；二是发展高技术产业，或者完全摆脱对传统能源、原材料的依赖，或者降低单位产值的能耗和原材料消耗。

第三，需求的变化要求国际产业结构相应的发生变化。（1）消费需求的变化。二次大战以后，西方经济处于比较稳定发展的时期，经济发展水平有了明显提高。与此相适应，居民消费水平大大提高，消费进入了追求多样化、高档化、高质量的阶段。这就要求新材料工业建立，为居民生产出全新的产品；要求发展生物合成，开发海洋，满足人们新的需求；要求发展微电子工业，实现生产自动化，减轻劳动强度，以及实现家务劳动电脑化；要求光导通讯迅速发展，以满足社会交往的要求；如此等等，都成为产业结构调整的动力。（2）生产需求的变化。现代生产过程越来越复杂，技术水平越来越高，靠人工实行经验管理，靠手工操作已难以胜任，要求实行自动化的操作与管理，这必然导致微电子、计算机工业的兴起；现代生产的社会化程度越来越高，内部、外部的信息传输反馈对生产过程的进行越来越重要，这就要求有先进的通信手段和信息传输、处理系统，要求光导通讯、计算机工业迅速发展。

第四，后起国家经济的发展、壮大，迫使发达国家调整产业结构。第二次世界大战后，发展中国家的民族经济获得了较大发展。许多国家利用西方国家经济衰退的机会，利用本国丰富的资源、便宜的劳动力以及其他有利条件，大力发展自己的工业，在传统工业方面缩小了与发达国家之间的距离，打破了发达国家对国际市场的垄断局面，成为发达国家强有力的竞争者。尤其是一些新兴工业化国家近十几年迅速崛起，传统工业产品不仅可以自给，而且形成了优势，占领了发达国家的国内市场。巴西1970年汽车产量就超过了100万辆大关，其中30%出口。南朝鲜在70年代兴建浦项钢厂时，日本的新日铁已是世界独一无二的钢铁企业。然而到了1986年，浦项钢厂的年人均粗钢产量达到600吨，超过新日铁人均520吨的水平。由于浦项钢厂的工资水平只相当于新日铁的1/6—1/7，迫使新日铁让5座高炉停火，并且到1990年要裁减19000名工人。后起国家经济崛起，迫使发达国家发展新兴产业，调整产业结构，从而保证国内经济的发展并占据国际经济中的优势地位。

是挑战，也是机会

法国总统密特朗在几年前发表的《告法国人民书》中指出："当前世界经济宛如一个战场，倒下者必定死亡，不会收容俘虏"。这场竞赛"关系到国家的命运"，"如果为过时的结构与思维方法拖累，觉醒得晚了，在适应新观念和现实的变化，将科学技术成果应用于实际并使生产满足新需求等方面行动迟缓，便将被淘汰出竞赛——这就叫作危机"。新技术革命以及由此引发的国际产业结构调整对法国这样的发达国家尚且是严重的挑战，如果我国对此不作出迅速、正确的反应，又会对未来中国经济产生什么样的影响？

首先，发达国家产业结构调整一旦完成，我国在对外贸易中将处于更为不利的地位。因为：第一，中国目前的产业结构决定了出口商品只能以初级产品为主体。随着国际产业结构的转换，国际市场上知识技术密集型产品的交易量将大大增加，而初级产品的交易量则会相对于绝对地减少。这样中国面临的市场条件将更加恶化。第二，国际产业结构的调整，意味着未来国际市场上的竞争是高技术产品之间的竞争，或者说是科学技术水平的竞争。因此我国目前具有的劳动力价格低廉的优势将会丧失，无法与其他国家竞争，在国际市场上更没有地位。

其次，我国与发达国家在经济发展水平上的差距将会进一步拉大。这是因为：第一，发达国家完成了产业结构调整，意味着高技术产业在经济中占据主导地位，劳动生产率和资源利用效益进一步提高，经济以较快速度增长。经济发展史表明，每一次科技革命和产业结构的根本性变化，都会给那些率先作出反应的国家带来经济的迅速增长。第二，产业结构调整完成，发达国家经济增长对传统能源、原材料、资金、劳动力的依赖将削弱，而主要依赖于科学技术。我们知道，能源、原材料、资金和劳动力这些资源的增长是有限度的，因此，以这些资源的利用为基础的经济增长也是有限度的。而科学技术是一种非实体性资源，是取之不尽，用之不竭的。因此，发达国家未来的经济增长将具有更广阔的余地。所以，如果我国不相应地调整产业结构，在经济增长速度上会落后于发达国家，或者虽然速度高于发达国家，但由于发达国家经济增长基数大，我国与发达国家在人均占有国民生产总值上的距离会越来越大。

由此观之，我国目前面临着严峻的挑战，必须对国际产业结构作出及时、正确的反应。现在已经晚了一步，不容许再彷徨与观望。

历史从不厚此薄彼。这次国际产业结构也为我国产业结构调整提供了一次机遇。如果我们能够抓住机会，使我国产业结构水平有一个大的提高，将使我国经济有一个跃进，缩短与发达国家之间的距离。这种可能性有两个方面。第一，以往两次科技革命都是在一个领域取得了技术上的重要突破，新兴产业部门都是以这项新技术为支撑点形成的，各主导产业间具有紧密的单向链条关系。如棉纺织业与纺织机械制造业，铁路业、造船业、汽车制造业与钢铁工业。在这种情况下，主导产业的选择没有什么余地，在建立新兴产业过程中，竞争非常集中和激烈。这次科技革命不同。它是在许多领域取得了重大技术突破，导致了新兴产业群的出现，使新兴产业呈现多维平行发展状态。这些新兴产业将来都有可能发展成主导产业，成为带动经济发展的"火车头"。在这种情况下，任何国家都不可能在所有领域都占领先地位，而只可能在一两个领域占据优势。因此，在进入新兴产业的过程中，就不像前两次科技革命那样，竞争那么集中与激烈。这就为发展中国家把新兴高技术产业引入产业结构提供了可能。发展中国家可以集中力量，发挥已有技术优势，发展一种或两种新兴产业，并以此为中心形成新的产业结构体系，实现产业结构高级化，推动经济的迅速发展。第二，发达国家产业结构调整过程的实质，就是逐步缩小传统工业生产规模，建立与壮大新兴高技术产业。在这个过程中，发达国家必然让出一部分传统产品市场。同时，为了集中力量发展新兴高技术产业，必然发生传统工业由发达国家向发展中国家的转移，其中伴随着资金与技术的转移与转化。这些条件，对我国改造传统产业，提高我国技术结构水平非常有利。目前我国工业化任务还没有最后完成，传统工业产品具有不断扩大的国内市场，需要继续发展。如果我们利用上述条件，使我国传统产业技术水平大为提高，传统工业大大发展，对解决"二元结构"，增强我国经济实力具有不可估量的积极意义。

几点对策

为了迎接国际产业结构调整的挑战，我国应该采取以下几项对策：

第一，明确在国际产业结构调整的背景下，我国产业结构调整的主要任务不是在现有产业结构水平上填平补齐，而是产业结构水平的提高。与许多发展中国家一样，我国目前的产业结构调整只不过是协调现有各个产业部门之间的比例关系，如扩大能源、原材料等基础产业的生产、供给能力，压缩加工工业规模，解决基础产业与加工工业之间的供求矛盾，这种调整的结果，只是现有产业结构水平上的合理化。而国际产业结构调整的结果则是建立另一类型的产业结构，是产业结构水平的提高，其主要标志是主导产业的根本转换。所以，可以说我国产业结构调整基本上是与国际产业结构调整相脱离的。这种状况必须迅速改变，必须把我国产业结构调整与国际产业结构调整"对接"起来，把产业结构水平的提高作为今后中国产业结构调整的主要任务。

第二，要实行我国产业结构调整与国际产业结构调整之间的对接，必须抓紧新兴高技术产业的培育、开发，力争在一两个领域居优势地位，一方面满足国内市场需要，另一方面争取部分出口。我国在某些高技术领域目前有一定优势，如已研制出每秒运算 10 亿次的巨型计算机，卫星发射与回收技术比较成熟，可以为国外提供商业性服务；北京电子中心研制的正负电子对撞机属于国际一流水平，已有国外客户要求订购元器件。这说明，只要我们有决心，有正确的政策和措施做保证，中国发展新兴高技术产业是有可能的。为了发展我国的高技术产业，要做到以下几点：一是要集中人力、物力、财力发展一两个高技术部门，统一计划、统一指挥、统一安排，像 60 年代搞原子弹、氢弹那样。产业结构转换有关经济发展的全局与长远利益，必须发挥计划的作用，而不能单纯依靠市场的自发调节。二是要高度重视高技术的应用，把新技术迅速变成生产技术。在这方面要认真学习日本的经验。三是要把扶持、发展新兴产业作为长期政策，稳定不变，不受国民经济波动以及其他政策变动的影响。四是在新技术产业发展初期，要实行一定的保护政策，待发展到一定规模和水平再放开。我国在新技术产业建立方面起步较晚，实行保护政策，尤其必要。

第三，加紧进行传统产业的技术改造，解决产业结构虚高度化问题。我国所处的发展阶段与发达国家不同，传统产业仍有广阔的发展前景。我国传统产业就生产能力而言，在世界上居于前列，就重化工业所占的比重而言，我国产业结构水平并不低，问题在于技术水平低，因而产品质量差，生产效益低。因此，要利用发达国家让出部分传统产品市场、转让技术、转移资金的机会，加紧改造我国传统产业，如发展数控机床，以节约原材料，提高产品水平和质量；用计算机系统控制与管理生产过程，提高生产效率与经济效益。如果传统产业技术改造完成，不仅使我国产业的技术结构水平提高，同时由于原料、能源利用率的提高，我国目前产业结构失衡，基础产业落后于加工工业的问题也可以得到解决。

第四，要提高我国产业结构水平，关键是要提高国民的文化、技术素质。无论是发展新兴高技术产业，还是提高传统产业技术水平，如果劳动者素质不能相应地提高，都是空话。举例来说，我国已经有了数控机床的生产技术，但是数控机床却难以推广。其中原因之一是我国劳动者素质低，不能操作，尤其是不会维修。因此，发展我国教育事业，提高全民族科学文化水平，便成为刻不容缓的任务。然而目前某些政策，不仅无助于劳动者素质提高，而且挫伤了人们学文化、学科学技术的积极性，这是必须予以重视和纠正的。

中国产业结构调整和资源配置机制的选择 ①

（1991 年 3 月）

我国产业结构不合理一直是一个严重的问题。造成我国产业结构不合理以及产业结构调整步履艰难的原因是多方面的，其中资源配置机制的不合理是一个非常重要的因素。

一

资源配置机制有两种：市场机制和计划机制。

从产业结构运动的角度评判一种资源配置机制的优劣，主要标准有三个：一是能否保证产业结构调整目标的迅速实现，即效率标准；二是是否具有自动纠正产业结构失衡的功能，即功能标准；三是使产业结构由不合理到合理付出的代价的大小，即成本标准。

先分析市场机制。应该指出，在具备了市场机制发挥作用所需要的基本条件时，市场机制具有自动纠正产业结构失衡的功能。我们知道，使产业结构变化成为必要的原因不外乎两种：一是供给方面的变化，这是由各产业间技术水平对比的变化等原因引起的；二是需求方面的变化，即需求结构的变化。市场机制对这两种变化均可自动作出反应，使产业结构由不合理走向合理。

但是用成本标准和效率标准来衡量，我们会发现市场机制有着严重的缺陷。首先，通过市场调节，使产业结构由不合理到合理要付出巨大的代价。这表现在两个方面：（1）市场机制纠正产业结构失衡的功能，

① 本文原载《改革时报》1991 年 3 月 30 日。

112

只是在市场价格发生较大的波动的情况下才可以启动，而价格的大幅度波动则意味着现有产业结构已经严重不合理，资源利用发生了严重的浪费和配置失当。(2) 市场调节引起产业结构的变化，是分散的生产者对价格信号变化作出反应的结果。由于受到一些短期和偶然因素的影响，根据市场价格信号所作出的资源转移的决策，未必与产业结构合理化的要求相一致。其次，通过市场调节调整产业结构效率也是比较低的。这是因为：(1) 只有当产业结构的不合理引起了市场价格的较大变化时，市场机制纠正产业结构失衡的功能方始启动。(2) 由于资源分散在众多的厂商手中，而各个分散的商品生产者对市场价格信号的敏感程度与反应能力有很大差别，不可能在短时间内形成统一的行动，因而产业结构由不合理到合理的变化过程是缓慢的、低效率的。

再来分析计划机制。首先，计划调节机制同样具有纠正产业结构失衡的作用。这是因为经济变量之间是相互制约、相互联系的，这种必然的联系是可以被认识的。比如，引起产业结构变化的一个重要因素是需求结构的变化，导致需求结构变化的主要因素之一，则是收入水平的变化，而收入水平的变化是可以根据资源投入量的增减、技术进步的情况以及经济增长的速度等因素，比较精确地预测的。所以，只要认识与掌握了经济运动的规律，使计划调节措施与经济规律的要求一致起来，采取计划调节的办法可以纠正产业结构偏差，使之不断地由不合理向合理逼近。其次，由于国家掌握着全局的、宏观的信息，可以事先预测产业结构变化的方向，或及时发现产业结构方面存在的问题，从而主动采取措施，避免产业结构出现严重失衡，造成巨大的资源浪费。所以，通过计划调节实现产业结构合理化的成本是比较低的。还有，计划调节以国家掌握相当大部分资源的分配权为前提，一旦发现产业结构失衡，可以迅速进行大规模的、集中的资源调整予以纠正。所以计划调节又具有效率高的特征。

但是，单纯依靠计划调节，也有可能出现产业结构调整低效率、高成本的现象。我们知道，计划统一分配资源通常是与财政的统收统支相联系的。在这种体制下，产业结构调整和企业利益没有直接联系，企业缺乏自觉适应市场需要变化，调整生产方向的动力和能力。产业结构调整的效率和成本的高低完全取决于有关经济职能部门能否及时作出合理的产业结构调整决策。这样，在信息的准确性、全面性难以保证的情况下，决策部门就可能作出错误的决策，造成资源浪费，使产业结构调整的成本甚至高于市场调节情况下的成本。另外，由于经济信息要自下而上层层上报，往往会因环节过多延误较长时间。这样，决策部门就难以及时得到所需要的信息，迅速、及时地作出产业结构调整的决策。作出决策后，又要通过逐级传达文件、布置任务的方式使决策传递到基层，耗费较长的时间。

二

通过以上分析可以看出，要实现产业结构的合理运动，理想的资源配置机制是使计划调节与市场调节结合起来，充分发挥两种机制各自的长处。

根据这个观点，我认为在当前和今后一个时期内，主要依靠市场机制来实行产业结构调整是不可行的，而应该主要发挥计划机制的作用。这是因为：第一，我国经过 10 年改革，商品经济虽然获得了很大发展，然而市场正常发挥作用的条件目前仍然是不具备的。比如产品比价和价格形成机制还不够合理；市场体系还不健全；地方部门分割，企业不能展开正常竞争；企业还不能自负盈亏，离相对独立的商品生产者距离还相当远；如此等等。在这种情况下，贸然削弱计划调节机制的作用，过分依赖市场机制来配置资源，只会使我国产业结构从一种不合理走向另一种不合理，甚至更加恶化。1984 年以后，我国采取了放权让利措施，使地方与企业的经济实力增强，投资权限扩大，但是不合理的产品比价并没有得到相应的改变。地方和企业投资的绝大部分投入加工工业，导致加工工业的高速发展。与此同时，由于中央财政实力的相对下降，拿不出足够的资金用来扩大基础工业的供给能力，结果基础工业发展严重滞后，产业结构状况恶化，影响了我国经济的持续、稳定、协调发展。1984—1988 年，我国加工工业年平均增长率在 20% 以上，而能源工业、采掘工业、原材料工业年平均增长速度只有 7%—10%，造成了能源、原材料短缺的进一步恶化，由此导致每年有 1/3 以上的生产能力闲置。我们应该接受前几年的教训，在市场机制发挥作用的经济条件没有形成之前，决不能对主要依靠市场调节来完成产业结构调整抱有幻想。

第二，市场机制发挥正常作用的经济条件在我国的形成不是短时间内可以完成的。这是因为市场机制发挥作用所需各项条件的形成是一个客观的过程，主要取决于商品经济和市场交换的发达程度。传统经济体制的巨大的惯性给新体制的建立带来了巨大的阻力，再加上在 11 亿人口的大国进行经济体制改革，是一项前所未有的事业，主要靠我们在实践中探索。这一切决定了中国经济体制改革将是一个长期的过程，因而市场机制发挥作用所需要的各项条件也不是短期内可以形成的。所以，在今后一个时期内，主要靠市场机制调节来实现产业结构合理化也是难以做到的。

三

在我国当前的情况下，强调发挥计划机制的作用，会不会产生产业结构调整低效率与高成本现象？

在计划配置资源的情况下，产业结构调整的成本与效率的高低取决于两个因素：一是能否及时作出正确的产业结构调整决策；二是作出正确的决策后，能否迅速、有效地落实。从决策这个环节来看，在计划调节情况下之所以会出现产业结构调整的高成本、低效率，主要是因为有时决策部门掌握的信息是片面的、错误的，或由于不能及时得到有关产业结构状况的信息。但目前，我国产业结构存在的主要问题已经非常清楚，矛盾已经非常突出，这就是：加工工业发展过快，交通运输、邮电通讯、能源、原材料等基础产业发展严重滞后，农业生产处于徘徊状态。这种产业结构不合理的状况，已经影响了我国经济的持续、稳定、协调发展，造成了重大的经济损失。仅仅由于能源、原材料供给不足，我国每年约有 1/3 的生产能力闲置，造成的产值损失约 4000 亿元，国家因此少收利税 500 亿元。所以，对于决策部门来说，目前进行产业结构调整决策所需要的信息是充分与准确的。产业结构调整的主要任务也是非常清楚的，这就是适当放慢加工工业的发展，加快基础产业的发展，迅速扩大其供给能力与服务能力，同时想方设法促进农业的发展。事实上，党中央、国务院正是这样决策的，这就从决策这个环节上避免了产业结构调整的高成本、低效率。

从决策的落实与贯彻这个角度来看，采用计划调节机制可以有效地制止投资继续盲目地向加工工业投入，集中资源加强基础产业。避免资源的进一步浪费，迅速改善产业结构，使闲置的资源得到有效利用。相反，在价格体系不合理、市场机制不健全的情况下，如果让市场机制来配置资源，各种投资会继续大量盲目进入加工工业，产业结构会进一步恶化。所以，发挥计划调节的作用，是有利于避免产业结构调整的高成本、低效率的。

必须指出，要充分运用计划调节的机制来落实中央关于产业结构调整的决策，目前还存在一些障碍。主要有：第一，计划调节机制的作用大大削弱了。由于计划对生产的调节范围缩小，中央财政实力相对来说大削弱，国家有计划地安排投资和生产，通过调整投资结构和生产结构调整产业结构的能力大大降低了。这种状况不改变，发挥计划机制的作用迅速改变产业结构的不合理状况，是难以做到的。第二，计划的权威性降低了。近年来有些地方和部门的全局观念和纪律观念淡薄了。当中央的决策与本地区、本部门的利益发生暂时矛盾时，往往首先考虑局部利益，千方百计找借口顶着不办，或者搞所谓"变通"。这种状况不改变，必然影响中央决策的贯彻落实，拖延我国产业结构调整的步伐。

由此看来，要避免产业结构调整的高成本、低效率，不是不要计划调节，而是要适当加强集中和计划性，维护计划的权威性，从而运用计划调节机制，对产业结构进行有效的、及时的调整。至于计划调节发挥多大的作用，采取哪些具体措施，如何与市场机制结合起来，则是需要专门研究的。

反弹琵琶说开放 ①

（1994 年 7 月）

一个国家要走向现代化，关起门来搞建设是不行的，必须实行对外开放。这已为国内外经济发展的历史和我国对外开放的实践所证明。因此，今后我们必须继续坚定不移地实行对外开放，进一步扩大对外开放。为了把这方面的工作做得更好，我们应当在总结经验的同时，就对外开放过程中的一些问题认真地进行研究与探讨。

眼睛向外与眼睛向内

我国经济建设所面临的一个严重困难是资金不足。通过对外开放吸引一部分外资，无疑是弥补我国建设资金不足的有效途径。我们知道，资本的本质规定性是实现自身增殖。作为资本人格化的资本家，必然是哪里的资本利润率高，就把资本投到哪里。发展中国家工资水平低、地价低、原材料、动力便宜，资本利润率较高，对外国资本是有吸引力的。第二次世界大战后，一些后起的工业化国家积极利用外国资本，在不长的时间内，实现了经济的起飞。由于种种客观与主观原因，我国在 1978 年前的几十年中没有利用多少外国资本。现在有了党的改革开放政策，国际环境又发生了巨大变化，我们必须想方设法吸引与利用外国资本，以促进我国经济发展。据估计，目前全世界一年的游资大约为 3 万亿美元，这个数字是巨大的，说明在利用外资方面是大有可为的。然而，这笔资金中究竟有多少可以为我们吸引与利

---

① 本文原载《求是》1994 年第 13 期。

用，则需要做冷静的客观分析，以避免实际工作中的盲目性。

目前我国已具备一些有利条件，对外资有一定吸引力。比如中国国内市场需求量大，市场前景非常广阔；随着体制改革的不断深入，政府机关的办事效率日益提高，越来越注意按国际惯例办事；企业活力也日益增强；中国劳动力成本低，对华投资有较高的回报率；近年来，中央政府、地方政府投入大量资金进行基础设施建设，投资环境日益改善；中央政府、地方政府对外商投资实行了各种优惠政策；中国国内政局稳定，投资的政治风险较小；等等。与此同时，也必须认识到，目前围绕争夺国际资本，各国之间存在着激烈的竞争，有一些于我不利的因素，增加了我国利用外资的难度，限制了我国利用外资的数量。

首先，与第二次世界大战前相比，战后国际资金流向发生了重大的变化。二次大战以前，发达国家的资本输出主要流向发展中国家。大战后，发达国家的资本则主要输入到发达国家，特别是美国。一些较富裕的发展中国家如中东的石油输出国的闲置资本也大量流入发达国家。这是因为，发展中国家的资本投资回报率虽然比较高，但不少国家政局动荡不安，投资环境差，有的还相继把跨国公司收归国有，因而投资风险较大，对国际资本的吸引力反而不如发达国家，致使国际资本的相当大一部分流入发达国家。世界银行 1993 年底出版的《世界债务报告》披露：1992 年发展中国家引进外资净额达到创纪录的 1570 亿美元，1993 年又增加到 1770 亿美元（1994 年 1 月 8 日《经济日报》）。这个数字表明，尽管这两年发展中国家利用外资有大幅度增长，但在国际金融市场可利用资本总额中所占比重只不过是 7%—8%。中国是发展中国家，国际资本流向不发生根本的变化，我国利用外资额就要受到限制，近期内不会有太大增长。

其次，前几年苏联的解体，东欧国家社会制度的改变，使两大对立阵营不复存在，冷战结束，西方发达国家与苏联及东欧国家的政治、经济关系发生了重大变化，开始了正常的经济往来。再加上西方国家为了帮助苏东国家的市场化，给予了这些国家经济上的支持，估计以后这种经济上的支持还会继续下去。这一切使得苏东国家成为国际资本投资的重要场所，吸引了一部分国际资本，可能会一定程度地缩小我国资金来源，增加我国利用外资的难度。

第三，资金短缺是大多数发展中国家都面临的难题，均有利用外资以弥补国内资金不足的要求。近年来，不少发展中国家采取了各种吸引外资的积极措施。在这些发展中国家中，有的以前是西方发达国家的殖民地或半殖民地，与发达国家有着历史上的经济联系，有的国家还是发达国家传统的投资场所。因此，在争夺国际市场资本的竞争中，这些发展中国家占有一定的天然优势。

由此可见，国际上确实有一大笔游资可供利用，然而不同的国家与地区各有其优势，围绕着争夺国际游资，世界各国之间的竞争是非常激烈的。如果我们期望把国际上很大一部分游资吸引到中国来，从根本上解决我国资金短缺的问题，显然是一厢情愿，未免天真。事实就是如此。1979—1993 年的 14 年间，我国实际利用外资总额为 1356 亿美元。实际利用外资平均每年只有 96.86 亿美元，相对于我国一年的社会投资总额（1992 年为 8000 亿元，1993 年为 12000 亿元）数量并不大。如果再考虑到外资的实际到位情况，那么我们每年实际利用外资还远远达不到这个数字。据有关方面调查，我国"三资"企业外资实际资金到位率高的年份为百分之三十几，一般年份只有百分之十几。考虑到这种情况，我国每年平均实际利用外资最多只有约 30 亿美元，相对于我国对建设资金的需求，可说是杯水车薪。

我国实际利用的外国资本，并不是在中国各省份之间平均分配的。中国是一个大国，不同地区经济发展水平、投资条件差异很大。有的地区交通方便、投资条件好、海外华侨多，引进外资就容易些，利用外资可能多一点。而有的地区尽管也有一定的资源优势，但由于交通不便、通讯不灵、人员素质低，对外资没有多少吸引力，而且这种状况短期内不会有根本改变，不可能利用多少外资。实行对外开放十几年来，我国所利用的外资大部分集中在沿海地区，而内地省份尤其是西部各省区利用外资数量很小。根据《中国统计年鉴》1984—1992 年各卷的数字计算，1983 年到 1991 年各年中，沿海地区实际利用外资占全国实际利用外资总额的比例均在 86% 以上，而内陆地区各年实际利用外资占全国实际利用外资的比重均低于14%。这说明，对于内陆地区来说，应努力做工作，尽可能多地利用外资，但由于客观条件的限制，实际利用外资额是有限的，解决不了多大问题。

以上分析说明，无论对于中国，还是对于中国的某一地区尤其是西部省份，利用外资固然可以推动经济发展，但是对利用外资可以产生多大的作用，必须有一个清醒的估计与判断，不可无限夸大，抱有不切实际的希望。事实上，有些地区就没有处理好利用外资与搞好其他各项工作的关系。他们把一个地区经济发展的希望押在利用外资上，把主要精力用来吸引外资，一天到晚忙着谈项目，却忽视了企业技术改造与管理的改善，没有很好地解决农业生产中出现的一系列问题，抓好教育、提高人的素质等工作也没有得到应有的重视。结果外资没有利用多少，其他工作也丢掉了，影响了经济的发展，这是非常不明智的。所以，正确的态度应该是：立足中国的实际与国际资金市场的实际，认识到中国这样一个大国搞建设，所需资金额是巨大的，不可能像一些小国那样，主要靠国际资金来满足。还是那句老话：千方百计争取多利用外资，同时把立足点放在自力更生上。在做好对外开放工作的同时，努力做好其他各项工作，以实现我国经济全面发展。对于内陆地区来说，做到这一点尤为重要。

优惠政策的利与弊

改革开放以来，我们放眼世界，发现自己在经济上、技术上和发达国家比已经大大落后了，必须奋起直追。这就要求我们积极引进发达国家的先进技术和先进的管理方法，尽可能多地利用外国资本来发展我国经济。然而，在刚刚实行对外开放时，我国的投资环境是比较差的，投资环境的改善又不是一朝一夕的事情。在这种情况下，对外商投资采取一定的优惠政策，以保证外商投资有一定利润，对于引进、利用发达国家的先进技术与资本是完全有必要的。这样做似乎我们吃了亏，但是一方面这是不得不付出的代价，另一方面，算总账是合算的。实行对外开放十几年来，我们所采取的各种优惠政策在吸引外国资本，引进国外技术方面确实发挥了重大作用，必须予以肯定。但是，如果把优惠政策的作用过分夸大，单纯依靠优惠政策而忽视投资环境的根本改善，也是不对的。因为一方面优惠政策的作用是有限的，另一方面也有一定的消极作用。

首先，优惠政策对外资的吸引力是有限的。我们知道，一个国家对外国资本有无吸引力，关键要看在这个国家投资利润是否有保证。而一个国家投资效果的好坏，关键又取决于投资环境如何。比如交通运输条件是否可以保证产品运得出去，原材料运得进来；通信条件是否可以保证及时得到有用的信息，方便与外界的联系；劳动者的素质是否可以保证按要求生产出合格产品；政府是否有较高的办事效率，以保证"三资"企业经济活动的高效率以及外商的申请及时得到答复，遇到的问题及时得到解决；如此等等。如果投资环境好，外商在中国投资有较高的利润率，交税后所得收入仍然是丰厚的，即使不免税，外国人也会踊跃到中国投资；如果投资环境不好，外商投资根本不可能有利润，资本投进来就收不回去，即使免税，外商也不会来投资。因此，要吸引外商到中国投资，关键是下力气改善投资环境，而不是只靠优惠政策。实际上，改善投资环境是一件长期的、较艰难的工作，而实行优惠政策则较容易做到，并且在短期内有可能产生作用。从这个意义上说，不努力去改善投资环境，而是争先恐后、逐渐加码地实行优惠政策，是一种避难就易的做法，是一种政府短期行为。

其次，实行优惠政策有严重的消极作用。党的十四大明确提出，中国经济体制改革的目标是建立社会主义市场经济体制。竞争是市场机制的核心，没有竞争，就没有资源的合理配置，就没有技术的进步和产品质量的提高，也不会实现较高的经济效益。竞争的开展要求有一个基本的前提：竞争必须是公平的。给外商各种各样的优惠待遇，从根本上说是违背市场经济内在要求的，妨碍了竞争的正常进行，实际产生的消极后果也是严重的。由于"三资"企业享受各种优惠，如免减所得税，较容易得到银行贷款，以较低的价格得到土地的使用权等，使他们在竞争中具有国有企业所不具备的优势，因而不必采用什么先进技术，也可以把国有企业打败。认真观察一下，改革开放以来外资独资企业和合资企业生产的产品，没有多少是采用的国际上最先进的技术，大都是在发达国家已经落后或过时的技术，并且我们引进的技术多是消费品工业的技术，在代表国际上高技术的领域，我们没有引进和掌握多少新技术。因此，通过利用外资所取得的技术水平的提高，与我们的期望是有相当大距离的。由于"三资"企业进口原材料可以免税，有权只招收需要的雇员且不承担住房、医疗、离退休人员工资，因而同样的技术水平和管理水平，产品成本可以大大低于国有企业，因而可以以低于国有企业的价格出售产品。同时，由于"三资"企业享受免税、减税待遇，在与国有企业产品成本相同时，以低于国有企业产品的价格出售产品，照样能获得丰厚的利润。这样，由于竞争的条件不平等，竞争还没有开始，国有企业就处于下风。这也是近年来一部分国有企业效益不如"三资"企业好，处境艰难的原因之一。这就难怪近年来出现了一种怪现象：相当多的合资企业是假的，外商根本不投资。不仅如此，有的企业还把自己的外汇汇到境外企业的账户上，由外资作为资本再投到这个企业。这些企业的领导当然很清楚，这样做会损害国家利益，让外商坐收渔利，是和外国人联手算计国家，但"三资"企业的牌子给企业带来的好处实在太大了，这就难怪企业胳膊肘向外拐了。所以，国内出现一批假合资企业，有企业的责任，也是优惠政策的一种负作用。

研究一下韩国、东南亚国家以及我国台湾经济现代化的过程可以发现，他们在经济起飞阶段，并没有像我们那样实行那么多的优惠政策，以吸引外国资本，而是把重点放在扎扎实实改善投资环境上。另外，不管是国外资本，还是国内资本，只要是真正投资于国家鼓励发展的产业或产品，政府都给予奖励与支持。结果不但吸引了大量外资，也动员了国内闲散资金用来投资，促进了经济发展。这对我们是很有启发的。

由以上分析，我们可以得出以下两个结论：第一，对外商投资实行优惠政策，是吸引外资的一种办法，但不是最好的办法。因此，我们还是应该把主要精力用在改善投资环境上。第二，在承认实行优惠政策有一定作用的同时，还必须通过有力的措施，消除它的消极影响。

市场的开放与保护

中国是一个有近 12 亿人口的大国，有一个巨大的市场。这是中国对国外投资有强大吸引力的重要原因。中国要通过吸引外资、引进国外先进技术，以缩短与发达国家在经济发展水平和技术水平上的差距，必然要开放一部分市场。与此同时，市场开放从来都是相互的，中国的产品要打入外国市场，也必须允许别国的产品进入中国市场。然而，中国要不要在一定程度上保护自己的市场，以及我们在多大程度上开放国内市场，却是一个值得研究的问题。

不同的国家由于经济发展水平与生产技术水平不同，对开放国内市场的态度是不同的。当一个国家产品的生产技术水平和质量水平较高，产品成本较低，即产品竞争力较强时，一般主张国家间要相互放开市场，实行自由贸易。如在 18 世纪至 19 世纪，英国在当时的世界上处于经济技术领先地位，古典经济学派的代表人物亚当·斯密和大卫·李嘉图就提出了自由贸易的学说。当一国产品生产技术水平和质量水平较低，产品成本较高，产品的竞争力较差时，一般倾向于保护国内市场，以保护幼稚产业与民族工业的发展，待民族工业成长起来以后，再放开国内市场。因为对于一个经济技术水平落后的国家来说，放开国内市场，固然可以通过与外国企业及其产品的竞争，促使本国企业改善技术，提高产品质量，降低产品成本，但是由于自己的生产技术水平与国外有较大差距，根本不具备与外国企业竞争的能力，很可能一开始就被外国的产品挤垮，国内市场完全被外国产品占领，民族工业从此一蹶不振，发展不起来，整个国家成为外国产品的装配工场和销售市场，从而在经济上处于被别国支配的地位。1841 年德国历史学派的先驱李斯特提出了"生产力"学说，主张经济落后国家应该保护国内市场，从而保护民族工业的发展。由于这种政策主张是从经济落后国家的实际出发的，有利于经济落后国家独立发展，不仅为当时的德国所采纳，而且也为大多数经济落后国家所奉行。

其实，并不是只有经济落后国家才注意保护国内市场，即使是经济发达国家也在不遗余力地保护本国市场。在国际贸易中，他们奉行的始终是如下政策：尽可能占领别国更大的市场，同时千方百计排挤别国产品进入本国市场。发达国家之间围绕市场问题始终在进行明争暗斗，有时还表现为激烈的冲突。如 20 世纪 80 年代以来美日关系几度非常紧张，主要原因是双方在贸易问题上，为了各自利益发生了严重摩擦。美国强烈要求日本对美国产品开放市场，而日本则想方设法拖延、敷衍，导致两国矛盾激化。关贸总协定乌拉圭回合谈判一拖好几年，原因也主要是各国在市场问题上难以取得一致意见。就是对发展中国家，发达国家采取的也是这种态度。美国近年来一次次对中国纺织品、服装进口加以限制，对中国食品进口进行近乎刁难的卫生检查，便是最明显不过的例子。这一切说明，世界上无论是发展中国家，还是发达国家，没有一个国家会自觉自愿地让出国内市场。

回过头来看看我国的情况，不禁令人产生以下疑问：我国市场的大门是否把得太松了？市场的大门是否开得太大了？在中国大城市的大街上放眼望去，仿佛正在开万国汽车博览会。在电器商店里，触目尽是"松下""三洋""东芝""日立""JVC"，不多的几件国货，也大都是与国外合资生产的，大部分零部件都是国外进口的，我们的某些工厂不过是外国产品的组装工场，钱不仅大部分被外国人赚去了，而且使外国企业绕过了我们的关税保护，非常容易地进入了中国市场。我们的碳酸饮料市场，基本上成了"可口可乐""百事可乐"的天下，真正的国货只有"健力宝"等少数几种在苦苦支撑着。总之，只要留心一下周围，我们会发现，已经有不少产品市场为外国产品所占领了。中国"复关"在即，按规定将有更多的产品市场要开放，那么将有更多的国货的市场受到冲击。在新的情况下，如何保护本国市场，为民族工业的发展留下一定的空间，确实应该引起各方面的注意了。

与市场有关的另一个问题是：中国固然要努力使自己的产品走出国门，占领国际市场，但是根据中国目前的生产技术水平，究竟我国的生产基本上应该是内需型的，还是出口型的，却是值得认真研究的。毫无疑问，在可能的情况下，要尽可能使更多的产品占领国际市场，这样中国经济发展的空间会更广阔，经济会更具有活力。然而，就中国目前的生产技术水平来看，与发达国家相比是有较大差距的，要使我国大多数企业、大多数产品到国际市场上与别人竞争是不现实的。如果我们能首先通过技术改造，确实使产品的水平与质量有较大提高，稳定地占有国内市场，由于中国市场巨大，经济发展的空间就是广阔的。然后第二步，进一步提高生产技术水平和产品质量，使一部分产品参与国际市场竞争。必须看到，中国人的需求层次较低，因而大多数企业还是应该针对国内市场组织生产，以满足国内需求为目的。少数技术先进的企业则以外向型为主，这是比较现实的。然而，近年来有的地方不顾自己的实际情况，试图把企业都搞成外向型的，结果由于技术水平与国外差别太大，除了极少数产品打入了国际市场，大部分产品既出不了国门，也不适合国内需要，不仅高技术产品的国际市场占领不了，反而把技术要求并不高的产品的国内市场也丢掉了。这显然是失算的。比如方便食品、服装并不需要多高的技术水平，但近年来这些产品的一部分市场却被外国或港台产品占领了。

中国对外开放中所遇到的问题告诉我们：在对外开放的过程中，制定政策、作出决策都必须从中国实际和国际上的实际出发，切勿走极端，这样才能使党的对外开放政策得到正确贯彻，促进我国经济的持续、快速、健康发展。

论"地方保护主义" ①

（1996 年 8 月）

什么是"地方保护主义"

地方保护主义是指不惜以损害全局利益和长远利益为代价，一味追求地方利益的做法。在目前，地方保护主义主要有以下几种表现：

不顾宏观供求平衡的需要，拼命抢项目、铺摊子、上速度。近年来，中央一再强调要根据经济健康发展的需要和实际的可能确定发展速度，不要追求不切实际的高速度，并且制定了实事求是的速度指标。然而，一些地方总是考虑自己发展的需要，力求超过全国平均的发展速度，向下分解指标时，层层加码，成为我国经济增长速度居高不下的重要原因。甚至在全国出现经济过热和严重通货膨胀、中央三令五申要求控制投资规模和增长速度的情况下，有的地方仍然拼命抢项目、铺摊子、争速度。他们总是强调自己情况的特殊性，为追求不切实际的高速度寻找"根据"。经济比较落后的地区强调自己的基础差，应该加速发展，否则就会更落后；经济发达的地区则强调他们发展有条件，应该能发展多快就发展多快，不要人为地加以限制。他们唯恐自己限制了发展速度，别的地区却没有放慢发展，因而吃亏。他们并不是不了解保持宏观平衡的重要性，但是都希望别人放慢速度，为保持宏观供求平衡做出牺牲，以保证自己的高速度。至于大家都这样做，会不会导致宏观过热，他们是不考虑的。实际上，正是这种地区之间的"博弈"，造成了我国经济发展经常出现过热，不得不经常进行调整，

---

① 本文原载《求是》1996 年第 16 期。

126

使经济发展处于一种此起彼伏的波动状态,严重影响了国民经济整体效益的提高。

无视产业结构合理化的要求,争上短平快、价高利大的项目。20世纪80年代中期以来,我国产业结构已经呈现出加工工业发展过快,基础工业和基础设施发展滞后的特点,影响了资源的有效利用,不仅限制了经济发展的速度,而且也对经济效益的提高产生了消极影响。然而,近年来,有的地区不顾我国产业结构的现状和产业结构合理化的要求,仍然只是从地方利益出发,不管这种产品的生产是否已经过剩,也不管有没有资金、技术、市场条件,是否能形成合理规模,只要是价高利大的项目,就盲目大上,使产业结构不合理的状况难以彻底扭转。前些年各地争上的热门项目是彩电、冰箱、洗衣机、纺织厂,近年来热门项目变成聚乙烯等石油化工项目。据说目前已经上马的聚乙烯项目建成后生产量已经大于需求量,但是各地目前仍然在拼命争着上。这些做法已经造成了严重后果。如我国目前汽车年产量只有150万辆,不及国外一家大公司的产量,全国却有汽车生产与装配厂家140多家,几乎每个省市都有几家汽车厂,平均一个企业汽车年产量只有1000辆。而按规模经济的要求,一家汽车厂起码要达到年产30万辆小轿车或10万辆中型车的生产规模;再比如,由于农业生产尤其是种粮的比较收益低,有的地方就只注意发展工业,大量占用农田搞开发区、房地产,或者干脆让土地撂荒,导致粮食生产大幅度下降,昔日的鱼米之乡,今天却变成了粮食调入省。

违背市场经济规律的要求,大搞地区封锁、地区割据。有的地区打着保护当地经济发展的旗号,阻碍正常的商品流通。本地能够生产的产品,就采取各种措施防止外地的产品进来;看到搞加工业有利可图,就不许本地资源性产品出去,宁愿自己搞技术档次、质量档次低的加工项目。至于这样做是否会降低资源的整体利用效益,一概不予考虑。为了禁止外地产品进来、本地资源出去,有的地方层层设卡,处处收费,如临大敌;为了争夺资源,各地展开了一轮又一轮羊毛大战、蚕茧大战、棉花大战,烽烟四起。此情此景,令人联想到春秋混战、七国争雄,真个是"商场如战场"了。

对可以给本地带来经济利益的行为不加区别地一概给予"父爱主义"的保护。可以说，这些年来有的地方为了本地利益，对当地企业的保护已经到了毫无原则、利令智昏的地步。比如有的地方对制售假冒伪劣的活动也给予保护。前不久，四川某县还公然由执法部门出面，把省里来查禁假冒产品的技术监督局的人员扣留，并声称要对技术监督局公开起诉。有的地方政府还怂恿银行帮助当地企业赖外地企业的账，指示当地法院违反法律规定，袒护当地政府和企业的违约行为。牵涉到当地的经济利益，不管案情如何，总是当地企业或其他当事人胜诉。

"地方保护主义"有哪些危害

从纯经济的角度来分析，"地方保护主义"有两大方面的危害。一是影响了全国经济的健康发展和整体经济效益的提高，损害了全局利益；二是从长远看，也会影响地方的经济发展，损害了局部利益。让我们对这两个方面做一个简要的分析。"地方保护主义"对宏观经济的不利影响主要表现在以下几个方面：

第一，破坏了总量平衡。中国是一个发展中国家，为了壮大国家的经济实力，提高人民生活水平，体现社会主义制度的优越性，应该尽可能保持经济的较快增长。但是，经济增长速度并不是由人们的主观意志决定的，而是由现实的物质、技术基础和供给能力决定的。如果一味追求不切实际的高速度，使总需求大于总供给，就会引发严重的通货膨胀，影响人民生活，导致经济秩序混乱，同时也会影响投资效益和现有企业的经济效益。所以，经济健康发展的一个重要前提条件是要保持总供求之间的大体平衡。各地只从地方利益出发，都拼命争项目、铺摊子、上速度，势必造成总需求大于总供给，出现经济过热，通货膨胀，从而迫使国家进行经济调整，使我国经济处于一种大起大落的状态。而在经济经常处于波动的状况下，不可能有好的宏观经济效益。因为在出现严重通货膨胀的情况下，正常的经济秩序不复存在，企业不能预知投资的前景如何，改善经营管理的努力也会被价格的无序波动所抵消。因此这时企业的行为特点是既不愿意扩大投资，也不愿意改善管理，而是千方百计依靠价格投机获利。企业都这样做，整个国家的经济效益当然好不到哪里去。另外，经济出现过热，不得不压缩投资规模时，一部分项目就必须停下来，已经投在这些项目上的投资就不能在预定的期限内发挥效益；在建项目停下来以后再重新上马，必然使建设费用大大增加；在经济过热，投资规模过大的情况下，新建项目占用过多的资金，必然挤占简单再生产所需要的资金和其他生产要素，使现有生产能力不能发挥。以上所述一切的综合作用，必然使整体经济效益降低。

第二，不利于产业结构和生产力布局的合理化。现代经济学认为，经济结构是否合理，对一国经济发展和经济效益有着关键的影响。合理的产业结构应该具有以下特点：生产结构与需求结构相适应，高技术、高附加值的产品和产业占有较高的比重，地区之间在产业发展上各有重点，能发挥各自的优势。"地方保护主义"只从地方利益出发，只注意发展价高利大的短平快加工项目，忽视农业及基础产业、基础设施的发展，必然造成如下后果：一是农业发展滞后，而在农业基础薄弱的条件下，整个经济的快速、持续、健康发展是不可能的。二是重复建设、重复生产现象严重，短线产品无人生产，大量长线产品生产出来以后却卖不出去，生产能力严重闲置。同时由于投资都集中到价高利大的部门，而任何一种产品的市场容量都是有限的，因而必然形成生产分散、规模狭小的局面，大家都不能获得规模经济效益。如前几年小钢厂、小纺织厂遍地开花，远远达不到合理规模，生产成本高出大中型企业若干倍甚至几十倍，大大降低了资源的整体利用效益。三是造成地区之间产业结构雷同，不能形成地区之间的合理分工，发挥各自的经济优势，也是我国整体经济效益不理想的重要原因。

第三，阻碍了社会主义市场经济体制的建立。社会主义市场经济的重要标志是形成了全国统一市场，从而形成真正的市场竞争，使企业在优胜劣汰的压力下，不断改善经营管理，提高生产的技术水平和产品的质量水平，努力降低成本，提高效益，宏观经济效益才能不断提高。"地方保护主义"造成了市场分割、地方割据，形成了某种垄断，保护了落后，排挤了先进，使竞争根本无法真正展开。这种状况仍然带有浓厚的自然经济和产品经济的色彩，与我们的改革目标是背道而驰的。

如果只看短期效果，"地方保护主义"确实可以给地方带来好处。比如不听中央统一部署，尽可能多上项目，扩大投资规模，短期内可能会使地方经济发展速度加快，收入水平提高，比那些按照中央部署办事的地方占了便宜；不考虑全国产业结构状况，什么项目投资少、见效快、获利多就上什么项目，在短期内有可能加快地方产值、利税的增长；禁止外地产品进来，短期内也可以收到保护当地企业的产品市场、保证当地经济发展的效果；如此等等。但是，"地方保护主义"是一把双刃剑，若从长远观点看，对地方经济的发展是有严重消极影响的。首先，由于"地方保护主义"导致或加剧了宏观经济情况的恶化，会反过来影响地方经济的发展。因为一个地区的经济发展状况毕竟要以宏观经济的良性运转为前提。比如当产业结构严重不合理时，加工工业超前发展，地方经济发展所需要的能源、原材料、基础设施服务就得不到满足，一部分生产能力就要闲置，资源就会被浪费，地方经济发展速度就不可能上去，利税收入也不会快速增长。再比如，当宏观经济发展出现过热的情况时，必然伴随着全面的资金、生产资料供给紧张，地方的建设项目中会有一批得不到足够的投资而停建；同时，简单再生产所需要的资金等生产要素也会得不到满足，这些都会使经济发展的结果与决策者的愿望相去甚远，不仅发展速度上不去，经济效益水平也会下降。其次，"地方保护主义"还会直接给地方经济的发展带来严重危害。比如地方政府默许、支持企业制售假冒伪劣商品、银行帮助当地企业赖账、在经济纠纷中袒护当地企业等行为，都会严重损害这些地方的声誉与信誉，人们就不愿意到这些地方投资，企业和消费者就再也不敢买这些地方生产的产品，这无疑会使这些地方的经济发展遭到严重损失，经济繁荣根本无从谈起。打个比方，前些年某地区制售假药在全国出了名。尽管现在这里不再造假药、卖假药了，但是，当人们知道某种产品是这个地区生产的，是不是仍然会敬而远之？再比如，一些地方不顾宏观产业结构状况如何，为了本地区产值、利税的增长，一味争着上价高利大的项目，结果必然和其他地区的产业结构雷同，使同类产品生产能力超过市场容量，该地区一些企业的生产能力就要闲置，有些企业甚至不得不关门，已经投入的资源就得不到应有的回报。这样的蠢事干多了，地方经济就要大伤元气。由此可见，即使站在地方利益的角度看问题，"地方保护主义"也是一种因小失大、目光短浅的做法。

为什么会产生"地方保护主义"

不能否认，"地方保护主义"的存在，部分地是因为某些领导人觉悟不高，不能摆正全局利益与局部利益的关系。但是，如果一种经济现象较为普遍地存在着，如果中央反复讲明利害得失、强调纪律，这种现象依然不能消除，那么这种现象产生的原因就绝不仅仅是一个认识问题，必有深刻的经济原因隐藏在背后。只有找到这些经济原因，并从经济上消灭产生"地方保护主义"的前提条件，才能有效地抑制这种现象的蔓延与发展。

社会主义国家的地方政府通常具有两重身份：利益主体和管理主体。作为利益主体，它以本地区财富总量的增加、就业的扩大、人均收入水平的提高为目标；作为管理主体，它的主要职能是受国家委托，按照中央政府的意图，管好用好本地区的国有资产，增进全局利益、完成宏观经济目标。以前，地方政府没有多少独立权力和利益，管理主体是它的主要角色。改革开放以来，一系列放权让利措施使地方政府具有了较为独立的经济利益，利益主体的身份越来越明确。作为利益主体，为了扩大本地区的财富总量，提高本地区的就业水平、收入水平，争取多上些项目，使经济发展得快一点，对本地的企业予以一定的支持，是地方政府的必然选择，也是无可非议的。并且，地方发展经济的这种积极性，确实在某种程度上推动了地区经济的发展，同时也促进了全国经济的发展。

问题是地方政府追求地方利益最大化的行为为什么发展成了"地方保护主义"？我以为可以从三个方面去分析。第一，我国经济发展的不平衡和价格体系的不合理是"地方保护主义"产生的经济基础。由于历史和地理的原因，我国不同地区的工业发展水平不同，不同地区的企业之间在生产技术、管理水平、人员素质方面存在着较大差别，因而工业基础好的地区产品和企业具有较强的竞争力，而工业基础差的地区产品和企业的竞争力则差一些。为了本地区的利益，工业基础差的地区就要利用行政权力保护本地企业，防止外地产品进来。又由于我国资源类产品价格较低，而加工类产品价格较高，资源丰富而加工水平低的地区为了增进地方利益，就会千方百计禁止资源外流，自己搞加工、制造；加工水平高而资源贫乏的地区则不得不想方设法去搞能源、原材料。这就是地区封锁、资源大战的经济原因。第二，我国考核、任用干部的标准不合理助长了"地方保护主义"。应该指出，作为地方官员，他们追求的利益目标是双重的。一方面，他们要努力实现本地区全体社会成员利益的最大化，同时也有追求个人利益最大化的动机，其中最重要的是谋求个人职务的提升。遗憾的是，到目前为止，我们任用、考核干部的标准仍然是以数量指标、短期指标为主，而不是以质量指标、长远目标为主，所谓"产值增，书记升"，"数字产生干部，干部产生数字"，就是对这种情况的朴素概括。在这种利益导向下，一些全局观念差，党性观念淡薄的地方官员，就会不惜以牺牲全局利益、地方利益为代价，采取诸如单纯追求产值增长、盲目扩大生产规模、大上重复项目、实行地方封锁、保护落后企业以及不法经济行为的地方保护主义做法。第三，政企不分，企业还不是真正的商品生产者，没有投资决策权，是"地方保护主义"产生的体制基础。一方面，各级政府仍然是最重要的投资主体与决策主体，同时却不必对投资决策的后果负真正的责任。在这样的体制下，再加上以产值等数量指标论英雄、定升降的干部政策，追求产值增长和短期利益，争投资、争项目、争速度、铺摊子，保护本地市场和企业等，就成为地方政府官员很容易作出的选择。而在企业成为真正的商品生产者和经营者，投资等经济决策由企业作出，并且形成了真正的竞争环境的情况下，企业决不会明明知道供给已经能够满足需求甚至超过了需求，还去上那类投产之日就是停产之日的项目；也不会干欠债不还、制售假冒伪劣产品等使企业名誉扫地的事情；也不会在自己的投资能力、技术能力均不具备条件，达不到合理规模的情况下，还去拼命上力所不及的项目。所以，说到底，"地方保护主义"仍然是产品经济或计划经济的行为，而不是市场经济行为，是市场经济不发达、不健全的结果。

怎样克服"地方保护主义"

显然，为了克服"地方保护主义"，可以采取回到旧体制的办法。因为在计划经济体制下，地方政府的主要角色是管理主体，没有什么独立利益，也就不会产生"地方保护主义"。但是这样做，虽然可以消除"地方保护主义"，同时也会使我国经济重新陷入僵死状态。这是一种消极的做法，是不可行的。要达到既克服了"地方保护主义"，又使我国经济更加充满活力的目的，则必须进一步深化经济体制改革，尽快建立社会主义市场经济体制，同时采取其他一些有力的措施。

从改革的角度看，一是要形成合理的价格形成机制，建立合理的价格体系，实现各种产品尤其是初级产品与加工产品之间比价关系的合理化。这样，经济结构类型不同地区的利益都得到了保证，就不会发生各地区之间争资源、互相封锁的情况。二是推进企业改革、政企关系改革，使企业成为自主经营、自负盈亏、自我发展、自我约束的商品生产者和经营者，真正实行政企分开，使企业成为最重要的投资主体、决策主体。这样，企业就会根据自身的长远利益、宏观经济关系、企业的技术条件、资金条件进行经营决策，"地方保护主义"就失去了体制基础，盲目上项目、重复建设、重复生产等现象就不可能大量发生。

另外，要从根本上解决"地方保护主义"问题，还要努力缩小地区之间生产技术条件方面的差别，实现地区之间的平衡协调发展，形成各具优势的生产力布局。这样，各地区之间各有分工、各有优势，在经济上互相依赖、互相补充，根据比较成本原理，通过交换可以增进相互的利益，必然要求扩大商品交换和经济往来，市场割据就失去了存在的经济依据。

以上所述都不是短期内可以完全做到的。为了抑制"地方保护主义",还必须采取一些有针对性的措施。第一,在价格体系不合理,尤其是原材料、能源价格难以提高到合理水平的情况下,可以考虑实行加工省区向资源省区的价格返还,或者由中央政府通过转移支付,给资源省区以一定补偿,资源省区则不得用行政手段阻碍能源、原材料的正常流出。第二,在考核、任用干部时,彻底改变以产值论英雄、定升迁的做法。考察干部的政绩时,不仅要有数量指标,还要有质量指标,如效益指标;不仅有短期指标,也要有长期指标;不仅要看干部在本地区做出了什么成绩,对该地区经济发展做出了哪些贡献,还要看他们对全国经济发展、对全局利益做出了哪些贡献。这样,地方官员即使为个人升迁计,也必须在进行经济决策时,考虑对宏观经济可能造成的影响,只重视地方利益,不顾宏观平衡需要,盲目建设、重复生产、保护落后和不法经济行为的做法就会有所收敛。第三,要在全党进行大局观念的教育。中国是一个大国,各地经济发展的条件有很大差别,因此地方应该发挥自己的积极性、主动性,可以有自己独立的利益。当地区局部利益与国家全局利益存在矛盾时,就要求地方各级党政领导用党性原则要求自己,用地方利益服从全局利益,用当前利益服从长远利益,而不能把关系颠倒过来。有的地方领导说得好,地方领导要讲带地方口音的"北京话",而不能只讲"地方话"。在这方面,江西省的同志作出了很好的榜样。如在有的地方放松农业尤其是粮食生产的情况下,江西省的领导从全局出发,始终不忘抓住农业这个根本,从 1989 年到 1995 年,江西省农业连续 7 年获得丰收,农业总产值年均递增 7%。

邓小平经济改革思想和我国经济体制改革 ①

（1998 年 4 月）

　　在邓小平同志逝世一周年的时候，缅怀他的丰功伟绩，我们首先想到的是在他的领导下，在邓小平理论指导下，中国经济体制改革所取得的巨大成功，以及改革所带来的中国生产力的解放和迅速发展、人民生活的巨大改善、国家综合实力的大大增强。

　　我国经济体制改革取得举世瞩目成功的一个重要原因，是我们在邓小平经济体制改革策略思想指导下，采取了正确、符合改革规律和中国国情的改革方式和措施。目前，我国经济体制改革进入了关键阶段。认真学习与把握邓小平经济改革策略思想，在邓小平经济改革策略思想指导下，继续采取正确的改革策略，是赢得今后经济体制改革成功，把建设有中国特色社会主义的经济推向 21 世纪的重要保证。

　　经济体制改革要获得成功，离不开正确的经济体制改革理论的指导。关于中国经济体制改革的目标与方向，邓小平同志明确地指出，中国经济体制改革，是社会主义制度的自我完善，是实行社会主义基本经济制度和市场经济机制的有机结合，即建立社会主义市场经济体制。关于中国经济体制改革的策略，邓小平同志多次指出，改革的原则是："胆子要大，步子要稳"，"决心要坚定，步骤要稳妥，还要及时总结经验，改正不正确的方案和步骤，不使小的错误发展成大的错误。"

　　邓小平经济体制改革思想不是一种主观愿望，而是对中国客观实际和改革规律的科学反映。在中国经济体制改革过程中采取先易后难、

---

① 本文原载《江南论坛》1998 年第 4 期。

稳步推进、逐渐深化的改革策略，符合改革的规律，也符合中国的特殊国情。在中国，只有在邓小平经济体制改革思想指导下，并按照这一思想确定改革的方式、方法，才能使改革顺利进行，达到既定的改革目标。

第一，经济体制改革本身的规律要求必须实行稳步推进的改革策略。一种经济体制一旦形成，具有一种巨大的社会惯性。这种惯性之所以产生，是由于一种经济体制的长期存在，形成了一种稳定的经济利益格局，人们也形成了一定的行为方式和价值观念，社会付出了一定的资源和成本代价。要克服这种惯性，改变传统的经济利益格局和人们的行为方式、价值观念，同样必须付出一定的代价和成本。改革的动作越大，需要付出的成本越大。这就要考虑在一定时期内社会和个人的承受能力。如果在一定时期内需要人们付出的成本过大，甚至大于改革所能带来的收益，人们就会对改革持反对态度，就会发生剧烈的社会动荡，改革就无法继续下去。经济体制的惯性决定了改革只能逐步推进，从而使改变旧体制的成本分摊在一个较长的时期内，使人们可以承受，而不能采取过于激烈的方式，使社会在一个很短的时间内支付改革的全部成本。实践也已经证明，一些国家采取激进式的改革策略，是不成功的。

第二，中国经济体制改革存在着一些不可协商的约束性前提。只有这些前提得到满足，在不违反这些前提条件的情况下，才谈得上改革及改革的成功。这些约束性前提包括：（1）经济体制改革不能打断经济增长的连续性，不能引起人民生活水平哪怕是暂时的下降。经济体制改革实质上是对现行经济利益格局进行调整，有可能使一部分人的利益受到影响；同时，经济体制改革又是打破原有经济运行机制，建立新的经济运行机制的过程。在体制转换过程中，有可能出现一个旧体制已打破、新体制尚未建立、经济秩序比较紊乱的时期。这些都有可能导致经济的暂时衰退和人民生活水平的暂时降低。然而，在中国这种情况是不允许出现的。改革只能带来经济的更快增长和人民生活水平的不断提高，否则，改革就得不到人民的支持，就会中途夭折。（2）经济体制改革不能引起社会的不安定。经济体制改革在很大程度上是对现有经济利益格局的调整。要打破现行利益格局，一部分人的利益有可能受到暂时损害。我国原有的国有经济体制虽然不合理，但是在这种体制下，人们也得到了一些既得利益，如铁饭碗、大锅饭，以及一系列的福利保障等等。如果在国有经济占统治地位的情况下实行国有经济体制的改革，使人们失去传统体制下的既得利益，又不可能因为其他所有制经济的发展而得到补偿，就会引起人们的不满，导致社会不安定。然而，在改革初期，哪怕是由于改革引起了暂时的社会不稳定，也是不允许的。如果因为经济体制改革导致了社会的不稳定，即使这种不稳定只是暂时的，人们也不能接受，因而会反对改革。而改革得不到广大人民的支持，是不可能获得成功的。这样，中国的经济体制改革，只能首先从农村、非公有制经济和集体经济开始，等到农村经济、非公有制经济和集体经济得到了一定发展，可以对国有经济改革提供一定的支持时，才能开始国有经济的改革。

第三，不同经济成分改革的成本——收益比较，决定了改革只能按照先农村、后城市，先集体、后国有，先非公有制经济、后公有制经济的顺序进行。人们对改革所持态度，取决于人们对改革的收益与成本的对比。如果改革给人们带来的收益大于因为改革而付出的成本，人们就会支持改革；反之，就会对改革持反对态度。在传统体制下，农民没有获得多少既得利益，进行农村经济体制改革，变人民公社体制为家庭联产承包责任制，农民可以按照农业生产的规律进行生产，同时使自己的经济利益取决于自己的生产成果，就会使农村生产力得到发展，提高自己的收入水平。因此，对于农民来说，改革只会给他们带来利益，而不会失去什么，他们当然会支持改革，积极参与改革。事实上，农村经济体制改革是农民的自觉行动，国家只不过对他们的做法予以认可与支持，就获得了改革的巨大成功。对于城市私有、个体经济和集体经济来说，改革带来的收益也是大于成本支出的，因而，从他们的经济利益来考虑，也是支持与拥护改革的，改革不会遇到什么阻力，可以比较容易地取得成功。而对于生活在城市里尤其国有经济单位的人们来说，原来的经济体制使他们获得了许多的既得利益，如果对国有经济体制进行改革，就会丧失掉这些利益。虽然从长期的观点来看，改革可以给他们带来更大的收益，但是他们总是更加看重当前可以得到的利益，而对未来可能得到的利益的评价则往往低于实际情况。由此可以看出，国有企业的改革使人们支付的成本要大大高于非公有制和集体经济所要支付的成本，因而国有企业改革可能遇到的阻力要大于非公有制和集体所有制经济的改革。显然，改革按照先易后难的顺序进行，比较容易取得成功。采取先农村、后城市，先非公有制、集体所有制，后国有制顺序进行，就是一种正确的选择。

经过十几年稳步推进与逐步深入的改革，我国经济体制已经发生了深刻的变化。与社会主义市场经济发展相适应的价格形成机制、金融体制和运行机制、宏观调控机制和体系都已经初步建成或形成了大致的轮廓；社会保障制度改革正在进行；企业的运行机制也发生了较大变化。与此同时，由于采取了大胆的改革措施，非公有制经济如私营、个体经济、"三资"企业获得了巨大发展，集体所有制经济尤其是乡镇企业发展迅猛，已经在国民经济中占据了半壁江山。这一切，为中国经济体制改革的进一步深化创造了条件，尤其是为国有经济的改革提供了基础。价格体制、金融体制、宏观调控体系、社会保障体制的改革，为国有企业真正面向市场，成为市场主体，创造了外部条件和环境；非公有制经济和集体所有制经济的发展，为国有企业的改革提供了支持与援助。比如，非公有制经济和集体经济的发展，可以吸收一部分国有企业改革过程中剥离出的富余职工重新就业；非公有制企业和集体所有制企业提供的财政收入，为社会保障制度改革提供了经济支持，而社会保障制度改革的完成则有助于解决国有企业社会负担过重、企业办社会等问题；其他所有制经济的改革和经营机制的转换，经济实力的不断壮大，使国有企业的改革成为迫在眉睫的事情。如果国有企业的经营机制再不转变，就会在与其他所有制经济的竞争中处于不利地位，国有经济的发展和主导地位就面临着严重的威胁。以上分析说明，经过十几年稳步推进的改革，现在已经到了攻坚阶段，即触动传统经济体制的核心——国有企业的体制，使国有企业成为真正的市场主体，面向市场，参与竞争，为社会主义市场经济体制的建立奠定微观基础。同时，国有企业改革深化的时机和条件也已经成熟，不能再犹豫彷徨，贻误时机。党的十四届三中全会已经作出了深化国有企业改革，在国有企业中建立现代企业制度的决策。党的十五大又提出要在 3 年内，在国有大中型骨干企业中初步建立现代企业制度的具体目标。我们要按照中央的这些战略部署，加快国有企业改革的步伐，为实现两个根本性转变而努力。

必须指出，在今后的国有企业改革过程中，要同样贯彻与体现邓小平同志的经济体制改革策略思想。一方面，国有企业改革的决心要大，步子要快，同时要稳步推进，逐渐深入，这是取得国有企业改革攻坚阶段胜利的保证。首先，要把主要精力用在国有大中型骨干企业的改革上，按照现代企业制度的要求，进行产权改革和机制转换，争取在这些企业首先建立现代企业制度。其次，要采取先通过试点取得经验再全面铺开的做法，进行国有企业的公司制改革和改造。再次，国有企业改革不能一哄而起，片面追求改革的速度，不能搞一刀切，要求所有企业在一夜之内都完成改革。第四，国有企业改革要考虑社会和国有企业职工的承受能力，逐步推进，以免发生社会动荡，影响改革所需要的稳定的社会环境。

党的十五大在所有制理论上的创新与发展 [①]

（1998 年 6 月）

党的十五大报告对马克思主义经济理论的创新与发展，集中地体现在科学地回答了所有制方面的一系列理论问题，为我们进一步解放思想，深化与加快经济体制改革指明了方向。那么，报告在哪些方面创新与发展了所有制理论？对这些新的观点应该如何理解？本文准备从五个方面谈谈看法。

一、把公有制为主体、多种所有制经济共同发展确立为社会主义初级阶段的一项基本经济制度

邓小平同志对社会主义初级阶段实行以公有制为主体、多种经济成分共同发展的重要性有过多次明确的论述。改革开放以来，坚持以公有制为主体、多种所有制成分共同发展，一直是我们党的一项基本经济政策。但是，把公有制为主体、多种所有制经济共同发展作为一项基本经济制度，是十五大报告明确确定下来的，这对我们今后坚持党的这一重要经济政策，推动我国经济的发展有着非常重要的意义。首先，既然坚持公有制为主体、多种所有制经济共同发展是一项基本经济制度，那就要长期坚持，不是权宜之计。这样，这一重要的经济政策就不会因为来自"左"的和右的方面的干扰而被改变，被动摇。对试图超越阶段，实行所有制的盲目升级，以及动摇公有制的主导地位，实行私有化的倾向，我们就有了更有力的理论与政策依据，就可

---

① 本文原载《初级阶段十人谈》，广西人民出版社，1998 年。

以保证在整个社会主义初级阶段，使不同的所有制与生产力的不同水平相对应，使生产关系与生产力相适应，促进生产力的发展。其次，以前谈到非公有制经济的地位与作用时，流行的提法是：非公有制经济是公有制经济的补充。这就意味着非公有制经济的发展是有限度的，发展到一定程度就要对它的发展加以限制；把非公有制经济的性质确定为公有制经济的补充，实际上是把它视为公有制经济以外的一种异己力量，是所谓"体制外"的东西，人们就会自觉不自觉地对它采取歧视性的政策，使非公有制经济不能公平地参加市场竞争，不能获得更快的发展。这样规定非公有制经济的地位和作用，容易使个体和私营生产者对党的发展个体与私营经济政策的稳定性产生怀疑，担心说不定哪一天，又会"打土豪，分田地"，剥夺他们的财产，因此不敢放开手脚扩大经营，增加积累。一些个体和私营工商业者中存在的畸形消费现象，不能说与这种对政策的不放心没有关系。这些都不利于非公有制经济的发展，从而不利于我们在社会主义初级阶段充分利用各种资源，调动各方面的积极性，影响生产力的发展、就业的扩大和人民生活水平的提高。把公有制为主体、多种所有制经济共同发展作为一项基本的经济制度，并且把非公有制经济作为社会主义市场经济的组成部分，非公有制经济就由异己力量变成了发展经济所必须予以鼓励与支持的力量，它的发展就成了社会主义市场经济发展的重要内容。这样，就解除了人们思想上的障碍，促使人们公平地对待个体和私营经济，个体和私营经济业主也不必再心存疑虑，可以放心大胆地扩大积累，扩大生产和经营。这无疑有助于非公有制经济的健康发展。

二、关于公有制主体地位和国有经济的主导作用

党的十五大报告科学地分析了公有制主体地位和国有经济主导作用的含义，论述了如何保证公有制的主体地位和发挥国有经济的主导作用。报告指出，公有制占主体地位就是公有制资产在社会总资产中占优势；国有经济控制国民经济命脉，对经济发展起主导作用。公有资产占优势，不仅要有量的优势，更要注重质的提高。这里有三点值

得注意和认真领会：

第一，保证公有制主体地位，必须提高公有资产的质量。公有资产质量表现为资产在部门与行业之间的分布，在不同的技术与设备上的分布，资产运营效率和效益的高低等等。公有资产质量低，就意味着公有资产滞留在生产过度和技术落后行业与部门的数量过大，大量公有资产变成了水平落后的机器设备，运营效率与效益非常低。这样，公有资产尽管数量较大，但却不能为社会提供应有的产品和服务，促进人民生活水平的提高，使人民尽快走向共同富裕，不能引导经济发展的方向，公有制经济的主体地位就不能得到保证。事实上，我国目前恰恰存在着公有资产质量不高的严重情况。据统计，目前经营亏损的国有企业及下岗职工还在增加，产成品积压依然非常严重，1997年6月底，产成品资金占用已经达到5789亿元，许多行业生产能力闲置问题严重，化工、机械、冶金、家电等行业许多产品的生产能力利用率都只有一半。造成公有资产质量不高的原因当然非常复杂，但其中一个重要原因，就是在一部分同志的观念中，确实存在着只是重视公有资产的数量，而忽视公有资产质量提高的倾向。十五大提出要重视公有资产质量的提高，就为我们提出了改善公有资产的分布状况，提高运营效率与效益的任务。如果我们按照中央的决策，通过各种努力使公有制经济的资产质量得到显著的提高，必然更加有利于发挥公有资产的作用，保证公有制的主体地位。

第二，正确看待公有制经济和国有经济的比重。报告指出，从总体上来说，公有制经济要占主体地位，但是，对于个别地区和行业来说，情况应该允许有差别。这样的政策是符合实事求是、一切从实际出发的马克思主义原则的。这首先是因为，由于历史的原因，公有制经济在我国不同地区的发展情况是有很大差别的。有些地区以前是国防前线或者因为其他的原因，国家投资建设的项目很少，公有制经济尤其是国有制经济没有得到充分的发展。改革开放以后，主要是由于个体、私营经济、三资企业的发展，使这些地区的经济实力迅速壮大起来。在这些地区，目前公有制经济所占的比重小于非公有制经济，占优势比重的是非公有制经济。如果千篇一律地要求所有地区公有制经济都必须占优势比重，那就意味着这些地区的非公有制经济不能继续发展，甚至要关掉一些非公有制企业，那就意味着不允许这些地区经济继续发展。这样做显然是不利于这些地区的经济发展和人民生活水平提高的，对全国经济的发展也是不利的，是不符合"三个有利于"的标准的。因此，对这些地区，就不能要求公有制也占优势比重。其次，有些行业由于其特殊的生产工艺特点，不适合进行大规模生产，生产的社会化程度也不高，可以也应该以个体或私营企业为主，公有制经济不一定占主体地位。如一些修理业、服务业、工艺品制造与生产等等。

报告还指出，只要公有制经济占主体地位，国有经济控制了国民经济的命脉，国有经济的控制力与竞争力得到了增强，国有经济的比重减少一些，也不会改变我国的社会主义性质。提出这样的论断，首先是因为引进了公有资产质量的概念。质量提高了，少量的资产可以发挥重大的作用，产生重大的影响力。其次，包含着对国有经济作用的再认识。在市场经济条件下，国有经济的作用主要是向社会提供社会生产和人民生活所需要的最重要的产品，保证那些社会效益高，微观效益差的行业和部门得到充足的资源供应，生产出足够的产品，提供良好的服务，以保证人民生活的基本需要得到满足，保证整体经济的稳定发展。只要能够做到这一点，国有经济就完成了自己的主要任务。只要国有经济所占的比重的减少不超过这个界限，能够保证完成这样的任务，我国的社会主义性质就不会改变。

第三，提高国有经济控制力的概念及其含义。报告指出，国有经济的主导作用主要体现在控制力上。那么什么是国有经济的控制力和控制力提高？我认为包括以下几个方面的内容。一是国有经济掌握了国民经济的命脉。所谓国民经济的命脉，是指那些为社会生产正常进行提供基本生产资料和服务、为人民生活提供基本的生活资料和服务的部门。这些部门的生产和经营状况如何，对社会生产和人民生活影响巨大，直接影响着整体经济发展的稳定和人民生活的质量。和控制一般部门相比，控制了这些部门，国有经济的控制力要大得多，对社会经济发展和人民生活的影响也是不可同日而语的。二是控制了占有垄断地位，因而可以获得垄断利润的部门。控制了这些部门，与控制一般部门，获得的收益区别很大，有利于扩大国家财政收入，增强国家的宏观调控能力。三是通过股份制的形式，尤其是多级控股的方法，用少量的资本控制大量的资本，使大量的资本按照整体经济发展和人民生活水平提高的需要运行。四是国有资本质量的提高。即国有资本在部门与行业之间的分布合理化，国有资本更多地物化为先进的设备，用来生产技术、质量档次都比较高的产品。这样，同样数量的国有资本就可以生产出更多的产品，提供更多的服务。这一切都可以使同样数量的国有资本发挥更大的作用，就意味着国有资本控制力的提高与增强。

三、全面认识公有制经济的含义

公有制经济的含义，包含内涵与外延两个方面。公有制的内涵是非常丰富的，包括所有权、占有权、支配权、使用权等方面的内容。但是，公有制最根本、最重要的内涵是：全体劳动者或者部分劳动者拥有对生产资料的所有权，并根据这种所有权获得收益，承担相应的风险，实行按劳分配。这样的内涵决定了不仅国有经济和集体经济是公有制经济，混合所有制中的国有和集体成分也是公有制经济。全面认识公有制经济的含义，有着重要的理论意义与实践意义。首先，全面认识公有制经济的含义，有利于寻找能够极大促进生产力发展的公有制实现形式。在现实经济生活中，有的同志坚持只有完整的产权才是公有的，才算是公有制经济的观点，不承认混合所有制经济的公有成分是公有制经济，把股份制企业的公有股当成私有经济，因此把股份制笼统地说成是私有制，反对对国有企业实行股份制改造。还有的同志虽然在理论上承认集体经济是公有制经济，但是总认为公有制程度越高越好，越公越好，在政策上对国有经济和集体经济区别对待，歧视集体经济，妨碍了集体经济的发展。这种认识上的问题不解决，必然会延缓国有企业的改革，不利于公有制经济的全面发展。只有全面认识公有制经济的含义，才能使我们的思想得到解放，努力寻找能够促进生产发展的公有制实现形式；才能把公有制经济搞好、搞活。其次，只有全面认识公有制经济的含义，才能对所有制结构作出正确的判断，正确认识我国社会的性质，实行正确的经济政策。有的同志由于对公有制经济的含义认识不清，把股份制企业中的公有股也当作私有制经济成分，就必然低估公有制在社会总资产中所占的比重，就必然对我国当前的所有制结构作出错误的估计，从而认为公有制经济的主体地位已经受到了威胁，提出限制非公有制经济发展的主张。有的同志在说到公有制的主体地位时，往往是指国有经济要占主体地位。在判断目前所有制结构状况时，忽视集体经济迅速壮大的事实，明明国有经济与集体经济仍然在国民经济中占有主导地位，却认为公有制经济的主体地位已经被动摇，要保持公有制经济的主体地位，就必须限制其他经济成分的发展。这些认识的产生，都是因为对公有制的含义认识模糊造成的，对发展以公有制为主体、多种所有制经济共同发展为所有制基础的社会主义市场经济是极其不利的，应该予以纠正。

四、关于公有制的实现形式

公有制是生产资料为劳动者共同所有、占有、支配、使用的所有制关系。由全体劳动者还是由部分劳动者共同所有、占有、支配、使用生产资料，所有权、占有权、支配权、使用权是如何实现的，它们之间是如何结合的，就形成了公有制的不同实现形式。在社会主义市场经济条件下，作为社会主义经济制度的基础，公有制的性质不能改变。但是，由于生产力水平的多层次，由于公有制的范围不同，以及公有制所包含的各种权力的实现形式与结合方式不同，公有制的实现形式必然是多种多样的。只有积极探寻能够极大促进生产力发展的公有制实现形式，形成合理的所有制结构，才能与我国生产力发展不平衡的状况相适应，促进生产力的健康发展。

具体说来，在现阶段，公有制的实现形式有国有制、集体所有制、股份制、股份合作制、租赁制、承包制等等。由于股份制与股份合作制在我国还是新事物，需要对它们的作用与性质有正确认识。

与业主制、合伙制等企业组织形式相比，股份制是一种能够在更大范围内集中社会闲置资本的资本运营和企业组织形式，利用这种形式能够使企业和投资者比较容易地获得所需要的资本，迅速扩大企业的生产和经营规模，进行大规模工程项目的建设。另外，股份制这种企业组织形式既能保证经营者有充分的经营权与决策权，同时又能保证所有者对经营者的有效监督，使所有者的权益不受侵害。在股份制情况下，股东只对企业债务负有限责任，降低了投资风险，尤其是二级股票市场的建立，大大提高了股票的流动性，当股东发现他们持股的企业经营状况不好或者有其他效益更好的企业，他们可以通过二级市场把原来的股票卖出，购进新的股票，进一步降低了投资风险。投资风险的降低，意味着企业筹资成本的降低，使社会化大生产所需要的数额巨大的资本的获得更加容易与便宜。股份合作制是劳动者的资本联合与劳动联合而形成的企业组织形式。在股份合作制企业中，劳动者既根据在企业持有的股份获得收入，又根据自己的劳动贡献获得收入。在股份制企业中，股东是一股一票，股份越大，发言权越大；在股份合作制企业中，是一人一票，企业成员享有同样的发言权。由于股份合作制企业筹集资本的范围只限于本企业，企业规模和生产扩大就受到了一定限制；同时，股份合作制企业的股票不能在市场上流动，投资者承担的风险相应地也比较大。因此与股份制企业比，这只能算是现代企业制度的一种初级形式。应该指出，股份制在一定程度上实现了资本利用的社会化，缓和了资本主义社会生产社会化与生产资料资本主义私人所有制的矛盾，这是资本主义社会生产力依然在比较迅速地发展的重要原因。在资本主义经济发展的历史上，股份制企业的发展，使资本可以迅速集中，现代经济发展所必需的铁路、矿山、大型钢铁厂等大型工程和企业得以建立，促进了经济的发展。股份合作制是基层干部和群众根据我国的实际情况创造出来，比较适合中小企业的实际情况，有利于提高企业职工对企业资产增值和生产经营情况的关切度，调动职工参与企业生产经营决策和管理的积极性，加强对管理者的监督，也有利于调动劳动者的生产积极性，在搞活中小型企业方面发挥了积极的作用。所以，股份制和股份合作制都是公有制的有效的实现形式。

需要指出的是，目前人们对股份制的性质的认识并不是很清楚的。严格来说，股份制不是一种独立的所有制形式，只是一种资本和企业组织形式。如果一定要把股份制归入某种所有制类型，那么它属于一种混合所有制经济。在股份制企业中，构成股份制企业资产的、所有制性质不同的投资，不会因为股份制企业的建立而发生所有制性质的任何变化，私有制股份仍然是私有制，公有制股份仍然是公有制。必须指出的是，股份制企业的所有制性质不取决于掌握控股权的资本的性质，不会因为公有制经济掌握了控股权，就带有公有性，非公有制经济掌握了控股权，就带有私有性。比如在国有资本掌握了控股权的情况下，发生变化的只是国有资本支配的资本数量扩大了，少量的国有资本可以影响较大数量资本的使用方向和运营，而不会发生所有制的性质变化。决定企业所有制性质的是所有权性质，所有权的性质只有通过其具体实现才能体现出来。马克思曾说过，得不到实现的所有权是没有意义的。让我们分析一下国有资本占控股权的情况下，所有权的实现是否发生了变化。第一，如果因为国有资本控制了控股权，就改变企业的分配原则，国有资本获得的利润在利润分配中获得大于其持股的比重，就侵害了其他股东的合法权益，其他股东是决不会答应的，况且这种做法也是公司法所不允许的；第二，如果因为国有资本控制了控股权，股份制企业把弥补市场机制的缺陷，专门生产提供赢利水平较低或干脆不赢利的、一般生产者不愿意生产提供的公共物品作为主要任务（这是国有企业在市场经济条件下存在与发展的一个重要的理由），换句话说，以社会效益作为企业的经营目标，而不是以企业赢利作为首要目标，其他股东就有权力提出抗议，要求董事会修改经营方针。如果这种要求遭到拒绝，用手投票不起作用，他们就会用脚投票，把持有的这个企业的股票卖掉，结果企业剩下的只有国有资本，股份制企业就不存在了。

为了使股份制改革健康进行，要注意克服两种倾向：一是把股份制作为搞活国有企业的唯一办法与形式，不管条件成熟不成熟，对股份制的内容了解不了解，盲目地一哄而上，搞一刀切，用行政办法强制推行股份制。这样做，不仅会造成国有资产的流失，更重要的是把股份制改革煮成一锅夹生饭，不能使企业真正按股份制的经营机制运行，建立起现代企业制度，达到搞活国有企业的目的，也会影响改革的声誉，为一些人反对改革提供了口实。二是搞股份制就是搞私有制。这样认识股份制，在实践中必然会出现两种做法：或者把属于全体社会成员的国有资产分给职工个人，把实行股份制的过程变成瓜分国有资产的过程，损害国家和全体人民的利益；或者以坚持公有制为理由，反对国有企业的股份制改造，延误改革时机，无法完成中央提出的到2000年在国有大中型骨干企业里初步建立现代企业制度，使国有企业的生产经营状况明显好转的任务。

五、非公有制经济是社会主义市场经济的重要组成部分

对这个问题可以从这样几个方面来认识。

第一，在社会主义初级阶段，我国要建立社会主义市场经济体制，发展社会主义市场经济，是邓小平理论的重要内容，而市场经济的存在与发展，首先必须以不同的市场主体存在与发展为前提，市场经济就是不同的市场主体之间按照等价交换原则相互竞争的经济制度。党的十五大报告指出，由于在社会主义初级阶段非公有制经济的存在与发展有利于我国生产力发展、国家综合实力增强和人民生活水平的提高，公有制为主体、多种所有制经济共同发展是社会主义初级阶段的一项基本经济制度。这就表明，在整个社会主义初级阶段，非公有制经济的存在与发展都是受到鼓励与允许的，非公有制经济作为市场主体之一是得到承认的，是社会主义市场经济体制的重要微观基础。从这个意义上说，非公有制经济当然是社会主义市场经济的重要组成部分。

第二，马克思说，市场是天生的平等派。市场除了承认商品生产者对各自商品的所有权以外，不承认任何特权。既然非公有制经济作为具有同等权力的市场主体参与市场竞争和各种生产经营活动，那么它就与公有制经济一样，是社会主义市场经济的重要组成部分。如果

我们不承认非公有制经济是社会主义市场经济的组成部分，那么就可能出现两种情况：要么非公有制经济成分享有某种特权，可以轻易地获得某种垄断利润；要么这种经济成分在生产经营活动中处处受到歧视和不公平待遇，无法与公有制经济成分进行平等的竞争。这些都是违背市场经济的基本原则的，也是与社会主义市场经济的原则相违背的。实际上，平等竞争是市场经济的灵魂，没有平等竞争，就不成其为市场经济。

第三，根据十五大精神，在社会主义初级阶段，所有制经济结构不是只存在着纯粹的公有制，是公有制经济与其他所有制经济共同存在、共同发展。这种多种所有制并存的情况，并不影响我国社会制度的社会主义性质。为基本经济制度所决定，与基本经济制度又有所区别的经济体制，当然也并不要求只存在公有制经济这一种利益主体，而是要求多种利益主体并存。这同样不会改变社会主义市场经济的性质。

第四，我们有些同志对把非公有制经济当作社会主义市场经济的重要组成部分之所以不理解，主要是混淆了社会主义经济成分与社会主义市场经济组成部分之间的区别。只有生产资料由全体劳动者或者部分劳动者共同所有，生产的剩余为劳动者共同占有和分享，实行按劳动贡献分配，才算是社会主义经济成分。而社会主义市场经济的组成部分，则包括所有在社会主义市场经济条件下，按照市场经济原则参与市场竞争的不同所有制经济成分，不只是包括公有制这种社会主义经济成分。从这个观点出发，非公有制经济成分虽然不是社会主义经济成分，但是，毫无疑问却是社会主义市场经济的重要组成部分。

任务·困难·对策 ①

——国有企业改革新阶段考察

（1999 年 7 月）

党的十五大以来，国有企业改革又进入了一个新的关键阶段。本文拟以邓小平理论为指导，对国有企业改革新阶段的特点与任务、问题与困难、对策与措施几个方面谈一点认识。

特点与任务

第一，以明确产权关系，实行制度创新，建立现代企业制度为改革的主要内容。

随着现代市场经济制度的建立与发展，人们也在不断地对企业制度进行着探索。经过长时间的比较与选择，现代企业制度的基本形式逐步确立了。现代企业制度的基本形式是股份有限公司和有限责任公司。

对国有企业进行公司制改造，在国有企业中建立现代企业制度，可以有效地解决至今依然严重存在的政企不分、企业机制不合理和所有者利益无法得到保障，"内部人控制"日益严重的问题。在股份有限公司或有限责任公司中，国家作为所有者之一，投入了资本，有权对企业的生产经营实行监督，有权获得资产收益，根据自己在企业中的资产数量，对企业债务负有限责任。但是，国家投入企业的资本，是

---

① 本文原载《东岳论丛》1999 年第 4 期。

企业法人财产的一部分，不能随意抽回，国家也只能以一般股东的身份对企业的生产经营决策进行监督和提出意见，或者把企业股票出卖，但不能对企业经营决策随意干预。这样，就可以有效地解决政企不分问题，使企业享有充分的生产经营自主权，企业就必须而且才有能力对企业盈亏负责任。在企业真正自负盈亏并拥有完整的生产经营权的情况下，再也不能依赖政府，遇到困难，只能找市场，而不能找市长，就必须彻底转变企业经营机制，根据市场需求情况的变化及时调整生产结构，改善管理，提高技术水平，降低成本，提高效益。在公司制条件下，所有者直接进入企业，通过股东大会和选举董事会对企业的经营管理进行监督，能够及时发现企业生产经营中的问题，纠正那种有损所有者利益的行为和决策。同时，在公司制情况下，相应地建立了企业家市场，在这个市场上，企业家之间存在着激烈的竞争。如果经营者不能维护所有者的利益，就会被解雇，在企业家市场上的身价就会大大降低，作为个人，就意味着他的事业的终结，就无法实现个人价值。这些都对经营者形成了强有力的约束，可以有效地避免"内部人控制"现象的发生与恶化。

第二，建立社会保障体系，为国有企业参与平等竞争创造条件。

改革以来，国有企业生产经营遇到了许多困难，发展速度远远低于非国有制经济，经济效益状况也不理想。这当然与国有企业经营机制不合理有关系。但是，国有企业长期存在的人员过剩，企业办社会、从摇篮到墓地的福利制度，干部、职工的生老病死一切都由企业包下来，使国有企业负担过重，在与其他所有制企业的竞争中处于非常不利的地位，也是一个重要的原因。党的十四届三中全会在提出建立现代企业制度的同时，也提出要加快各项配套改革的步伐，特别是要加快建立社会保障制度的步伐，以解决这些长期困扰国有企业的问题。几年来，医疗保险制度、职工养老保险制度、工伤保险制度、生育保险制度等方面的改革已经起步，在部分城市进行了试点后，已经在较大的范围内推行。党的十五大以来，这方面的改革步伐进一步加快，尤其是在解决国有企业人员过多问题上，国家决心很大，召开了专门会议，把"下岗分流，减人增效，实施再就业工程"作为国有企业改革的重要内容和搞好、搞活国有企业的一项重要措施提到了日程上。目前，这项工作已经全面铺开，通过开办第三产业，实行后勤和服务的社会化，相当数量的国有企业职工从企业生产主体分离出来，对提高企业的生产经营效率和经济效益发生了积极影响。如果这些问题能够在不太长的时间内解决好，将会有力地提高国有企业的竞争能力，促进国有企业的改革。

第三，真正精简政府机构和人员，转变政府职能。

多年来，虽然人们认识到了转变政府职能和精简政府机构、人员对国有企业改革的重要影响，但是，这方面的改革进展却不大，与整个改革的进程严重脱节。改革十几年以来，虽然多次进行政府机构改革，但正如人们描述的那样，这种改革是"五年改一次，一次改五年"，政府机构不但没有减少，而且各种机构反而增加了，人员从80年代到目前几乎膨胀了一倍。随着国有企业改革和整个经济体制改革的逐步深入，政府职能转变滞后和机构庞大、臃肿的状况与整个改革的要求更加不相适应，转变政府职能及机构、人员的精简成为当务之急和整个改革能否成功的关键。

首先，到目前为止，我国经济体制的各个方面的改革均取得了重大进展，政府职能再不转变，机构和人员不大幅度精简，难以与整个改革的形势相适应，已经到了不改不行的地步。比如，我国产品价格和生产由市场调节的部分已经占90%以上，由国家计划直接调节的部分所占比重很小，政府管理经济的工作量大大减少，不需要以前那样庞大的行政机构和人员。继续保持这样庞大的行政机构和人员，不仅国家财政负担不起，而且有庙就要有神，有神就要有香火，他们总会通过各种途径对经济活动进行干预，影响经济按照市场机制正常运行；我国银行体制改革已经有了重大进展，要求银行实行企业化经营。政府职能不转变，仍然通过行政命令，要求银行把资金贷给一些长期亏损、扭亏无望的企业或低水平重复建设项目，必然降低整个社会资源的利用效益，加大金融风险；国有企业改革进入了制度创新阶段，一些企业由原来的国家独资企业变成了多元投资主体共同拥有所有权的股份制企业或有限责任公司。政府职能不转变，仍然对这些企业的生产经营横加干预，仍然由党委组织部门向企业委派董事长、总经理，直接侵害了其他所有者的权益，与《公司法》也是严重抵触的，必须尽快改变。

其次，政府机构改革和职能转变也具备了一定的条件。比如经过近20年的改革，人们的观念正在逐渐地发生变化，政府部门的干部在一定程度上认识到政府机构改革和职能转变是大势所趋，而且一些政府机关工作人员到企业工作或下海经商，经济收入并不比在行政部门时差多少的现实，告诉人们除了做官，还有其他的选择，减小了政府职能转变和政府机构改革的阻力。随着政府机关干部队伍的年轻化和知识化，政府官员的适应能力比以前大大增强，使他们有可能在离开政府部门以后，重新从事新的工作，另辟新的天地。

问题与困难

不难看出，国有企业改革新阶段所要解决的问题均系传统体制的深层次问题，啃的都是硬骨头，在改革过程中必然会遇到一系列困难和阻碍。到目前为止，在改革中已经暴露出一些问题和困难，需要我们认真地分析和对待。

第一，在对国有企业实行股份制改造，建立现代企业制度过程中出现的问题。

这方面的问题主要有以下几种：一是一哄而起，刮起了一股股份制的风；二是股份制改革走样，表现为或者是换一个牌子，原来的企业就变成了股份制企业或有限责任公司，改革就算是万事大吉，企业经营机制根本没有发生什么变化；或者是根本没有建立起规范的公司治理结构，董事长和总经理一身而二任，监事会形同虚设，所有者即股东的权益得不到保证，无法有效地监督经营者；三是在股份制改造过程中国有资产大量流失。

根据我的研究，这些问题之所以发生主要是因为：第一，现在的国有企业改革基本上是政府行为，而不是企业行为和市场行为。国有企业的财产为国家所有，国有企业由各级政府机构分级管理，在国有企业改革中政府当然要发挥积极的推动作用，对国有企业改革给予指导。但是，在当前的改革过程中，一些地方的和部门的领导把国有企业改革完全当成政府的事情，由政府确定企业应该采取那种企业形式，应该什么时候完成改革。党的十五大提出股份制是现代企业的资本组织形式和企业组织形式，有许多优越性，资本主义可以用，社会主义也可以用，可以成为公有制的实现形式，于是，我们的政府官员认为国有企业改革只能采取股份制的形式，要求自己管辖地区的企业都要搞股份制改造，并限定在一定时间内完成多少企业的股份制改造。这样，在全国就刮起了一股"股份制风"。这种用搞运动的方式，进行国有企业改革的做法，不可能有足够的时间对国有资产进行细致、认真的评估，必然出现低估国有资产的问题。有的地方的政府为了加快国有企业的股份制改造步伐，表明自己的改革业绩，甚至故意低估企业价值，以便用低于实际价值的价格吸引投资者入股，完成股份制改造。这些做法都必然导致国有资产的流失。第二，政府官员和企业家缺乏现代企业制度的知识准备。制度经济学认为，制度知识是长期历史积累的结果。在西方市场经济国家，股份制企业存在了一二百年，股份制企业到底是什么样子，是人们的常识。而在我国，人们长期习惯于计划经济条件下企业的组织和运行方式，对股份制企业是非常陌生的。中央政府提出要建立现代企业制度，对国有企业实行股份制改造，各级政府就要求大部分国有大中型企业在短时间内都改造成股份制企业，人们根本没有时间了解股份制的产权结构、内部治理结构和运行机制，这时搞起来的股份制企业，与本来的股份制企业南辕北辙，没有什么难以理解的。第三，产权交易市场的建设、市场中介机构的建立滞后和政府官员的腐败。对国有企业进行大面积的股份制改造，要求建立产权交易市场和资产评估机构，由市场中介机构确定资产价值，通过产权交易市场上买主的相互竞争确定资产价格。然而，在中国，这些机构和市场在有些地方还没有建立起来，管理和规范这些机构和市场的法规还没有制定和施行，而是由政府部门来确定资产价值，确定购买对象。这样做，就难免使实际上的交易价格与市场价格相脱离，使国家遭受严重损失。再加上有些政府官员利用权力，企图在国有企业股份制改造中趁机捞一把，或者先内定企业股份的购买者，再向企业施加压力，迫使企业低估资产价值；或者把标底透露给买主，使投标、竞标过程缺乏竞争，只是走形式，实际上压低了企业资产价格，导致国有资产流失。

第二，在建立社会保障体系，解决国有企业负担过重和人员过剩问题的过程中，遇到了资金不足、失业人口急剧增加的难题。

中国政府决心通过建立社会保障制度，减少企业富余人员，使国有企业能够与其他所有制企业处于同一竞争起点上，从而为国有企业成为真正的市场主体创造条件，这个改革思路无疑是正确的，抓住了国有改革的一个关键。但是，在改革过程中，建立社会保障制度所需要的资金的筹措却遇到了困难。许多国有企业效益低下，连正常的生产经营都难以维持，根本没有能力上交企业应该承担的医疗保险、养老保险、住房保险等基金，这些企业的职工也没有能力拿出一笔钱交纳各种社会保障费用。所以，虽然早在 1993 年中央政府就提出建立社会保障制度的要求，实际上这方面的改革进展不大。目前中国官方公布的失业率只有 3% 左右，但如果按西方国家对失业的定义，目前中国国有企业的失业率至少超过 5%，可能在 7% 左右。这样高的失业率已经比较危险了，如果不能在较短的时间内解决，则会引起一系列社会问题，成为社会不稳定因素。我认为目前社会保障基金筹集困难、大量国有企业职工下岗失业的一个重要原因，是中国经济经过改革开放以来近 20 年的高速发展，在现有的经济结构水平上，供给已经超过了需求，市场供求关系明显地呈现出买方市场特征。一方面现有的生产与供给结构不能满足人们的需求；另一方面，在现有的供给结构下，人们的需求已经得到了满足，不可能继续拉动经济发生快速增长。所以中国经济已经达到了一个转折点，即必须通过大力调整经济结构，形成新的供给与需求结构，使中国经济发展达到一个新的水平。在这个经济结构大调整的阶段，如果企业行动较早，经济实力比较雄厚，就可以比较顺利地渡过难关，继续发展。如果企业觉悟较迟，并且没有一定的经济实力，比如缺乏资金进行产品结构调整和技术结构水平的提高，则可能陷入严重的困境。社会保障制度改革和国有企业减员增效正是在这样的大背景下进行的，遇到困难是必然的。还要指出的是，由于推行社会保障制度改革，国有企业实行减人增效，使得国有企业的职工深感今后再也不会像过去那样没有失业之虞，房子单位分配，看病单位报销，退休以后工资有保证，因而把本来准备用作近期消费的收入改作储蓄。居民对改革所作出的这种反应，反过来又影响了需求的增长，甚至使需求下降，使经济增长速度减缓。在经济增长仍然具有明显速度效益型特征的情况下，经济增长速度的降低，必然使国有企业更没有能力支付社会保障费用，同时，国有企业下岗职工的再就业在一个时期内变得更加困难。

第三，政治体制改革与经济体制之间不协调，政府职能转变和机构、人员精简阻力重重。

目前政治体制改革与整个经济体制改革的进程不协调影响了国有企业改革的推进。首先，目前的国有企业改革涉及产权改革，如果政府机关人员仍然掌握着企业的生杀大权，决定企业如何改造，资产如何评估，股票应该卖给谁等重大问题的决策权，那么，就很难保证国有企业的股份制改造过程不变成一些政府官员趁机发财的机会。其次，企业在改造成股份制企业以后，国家只是多元投资主体中的一方，应该与其他所有者享有同样的权力。但是，现在许多股份制企业仍然由党委组织部门委派董事长和总经理，这种做法与公司法是相抵触的，已经影响了外资进入，影响了国有企业的股份制改造，而且当中国人逐渐了解了公司制的真正内涵，对这种做法就不会默认和允许，改革就更难以进行下去。

目前中央政府机构改革和人员精简正在进行，决定撤销的部门已经停止运转，决定保留的部门也大都完成了"三定"。但是，到了省市一级和县乡政府的机构改革和人员精简，是否也能够像中央政府的改革这样按照计划进行，还很难说。我认为，对今后政府职能转变和机构改革的困难宁愿估计得严重一些，而不要过于盲目乐观。否则，当政府机构改革与人员精简各个层次全面展开时，必然措手不及。

对策与措施

面对国有企业改革新阶段遇到的问题与困难，有必要从经济学的角度对各种政策手段、改革思路以及日程安排等认真进行分析与选择，以利于改革目标的实现。

第一，实行改革过程的市场化。

针对国有企业改革新阶段出现的"股份化"以及改革过程中国有资产严重流失的问题，我认为应该对政府包办国有企业改革的做法进行反思。必须清醒地认识到，既然过去几十年的实践证明，政府直接干预企业的生产经营，不能把国有企业搞好、搞活，那么，有什么理由可以让人们相信，由政府包办国有企业的改革，代替所有国有企业选择具体的资本组织形式和管理形式，制订企业改革的日程，一定能够使所有的国有企业都找到一种适合自己情况的企业形式，建立起现代企业制度，转换经营机制，从而达到搞好、搞活的目的？从政府管理企业的实践，我们应该得到启发，承认由政府包办国有企业改革的思路其实是很值得研究的，政府在国有企业改革中能够发挥的作用也是有限的。国有企业的情况千差万别，国有企业的改革不应该只能采取一种形式或几种主要形式，也不可能同时进行，同时完成。从根本上说，既然国有企业改革是市场取向改革，就应该是一种市场行为，是一个市场选择的过程，即由企业根据自己的特殊情况选择一定的企业改革形式，确定改革的日程表。国家在改革过程中应把主要精力用在制订和规范产权转让、交易的法律、法规，尽快制订一部完善的《公司法》，致力于各种市场中介机构的建立，并制订出对市场中介的管理办法，加强对国有企业改革过程中的产权转让和产权交易的监督，保证所有者权益不受侵害。这样我们的国有企业改革才可能逐步、有序地推进，避免当前改革中出现的问题。我们相信，让市场去选择，众多国有企业一定能够找到更有利于自己企业转换机制和发展的改革形式。

第二，积极筹集改革成本，合理安排改革进程。

建立新型社会保障体制，分离国有企业的富余人员，对于国有企

157

业改革，搞好、搞活国有企业毫无疑问是必要的。但是从经济学的观点看问题，不能只考虑必要性，而且要考虑可能性。具体到我们研究的问题，就必须问：进行这些改革的成本已经筹集充足了吗？如果在改革成本筹集充足之前盲目进行改革，必然引起社会不安定，失去改革和发展必需的基本条件，这样的改革就可能变成灾难。所以，为了使改革顺利进行，不至于变成灾难，有两个方面的问题要加以考虑。一是如何筹集改革的成本，换句话说就是从哪里搞到一笔钱来进行改革。二是改革进程的确定。关于第一个问题，我认为解决的途径除了现有企业和职工尽可能承担一部分改革成本之外，还有两个办法。第一是从中央到地方，都要以少上一批基本建设项目为代价，拿出一部分钱用来进行改革。暂时少上一批建设项目，经济增长速度可能会受到一定的影响，但是却有利于改革和长远发展，为了前进，暂时的退是必要的，合算的。第二是出卖一定数量的国有资产，比如将一批企业转让，变换出现钱，用来支持改革。我国过去支付给职工干部的工资中，不包含各种社会保障费用，这一笔资金被用来进行经济建设，变成了国有资产，现在为了进行改革，把这一批国有资产再变成资金，用来支持改革，实际上是把本来就应该属于国有企业职工的财产还给他们，于情于理都没有问题。关于第二个问题，我认为，在改革成本没有筹集充足之前，改革的步子要放慢，要逐步解决国有企业的人员过剩问题。有多大的财力，解决多大的问题，而且不要把企业人员分流和机构改革的问题集中在一起解决。总之，不能因为改革引起社会的不安定，否则改革就是失败的。由此看来，在这个问题上我们面临着两个选择：加快筹集改革成本，从而加快改革进程；由于各种原因，无法筹集到足够的改革成本，那就只能放慢改革步伐。二者之外，没有所谓"第三条道路"。

第三，在政府机构改革中采取实事求是的态度。

为了保证政府机构改革顺利进行，必须首先承认政府官员也是有独立经济利益的"经济人"，不能只靠进行思想政治工作，不能只要求政府官员做奉献。中央政府在制订改革方案时，不仅要保证改革能够使政府官员中觉悟较高者、大公无私者接受，而且要保证他们中的所谓觉悟较低者也可以接受。这样，我们就应该在一定程度上承认政府官员的既得利益，采取"赎买"的办法，给予一定的经济补偿，花一定代价把他们原来掌握的权力买下来，交给企业，或者交给市场。这样，政府机构改革可能遇到的阻力就会大大减小。事实上，我国进行废除领导干部职务终身制改革时，也是采取了赎买的办法。比如1949年以前参加革命的干部待遇不变，离开领导职务前增发一年工资，离休后工资比工作时高一个月等。采取这些措施，使改革比较顺利地推行，实现了中国干部制度上一次重大变革，对以后的改革开放和经济发展产生了深远的影响。现在中国国有企业改革到了关键的时候，政府机构改革能否成功，是改革成功的保证。在改革中，我们同样要有这种实事求是的态度。

塑造改革动力主体是国企改革成功的关键

（2000 年 2 月）

在国有企业中建立现代企业制度，使国有企业成为真正的市场主体，是建立社会主义市场经济体制的前提和基础。通过改革使国有企业焕发生机和活力，是 21 世纪中国经济持续快速健康发展，实现"十五"计划目标和"三步走"第三步战略目标的根本保证。党的十五大和十五届四中全会已经明确指出了国有企业改革的目标与方向，现代企业制度和规范的公司治理结构能否建立，国有企业改革能否取得成功，目前关键是要深入研究国有企业改革的动力问题，塑造国有企业改革的动力主体，形成改革的合力，保证国有企业改革顺利推进。

"经济人"假设，即各种经济活动主体都有趋利避害，实现自己利益最大化的行为倾向，并能够理智地作出有利于自己利益最大化的选择，是经济分析的基础与前提，也是我们分析国有企业改革中各种经济利益主体行为的基本前提。国有企业改革的过程，是一个经济利益格局调整的过程，国有企业改革的结果，是形成一种新的利益格局和分配机制。对于国有企业改革，有关的经济利益主体必然要进行成本与收益的对比分析，并依此决定对国有企业改革的态度。如果国有企业改革的结果使他们从中获得的收益大于所必须付出的成本，他们就有改革的动力，就会积极参与和支持国有企业改革。反之，就会对改革持反对与消极态度，或者上有政策，下有对策，把改革引向对自己有利的方向，使国有企业改革走样。我认为，只有满足以下三种条件的其中一种，国有企业改革才有足够的动力。一是国有企业改革使得各个利益主体获得的收益都大于付出，这是最理想的状态；次优结果是"帕累托改进",即一部分人因改革而受益,另一部分人的利益则不增不减;可以接受的底线是一部分人因改革受益,一部分人则因改革而利益受损,但受益集团的力量大于受损集团的力量。当然在三种不同情况下,改革的难度会有所区别,但改革都可以按预定目标进行下去。如果可以预想的改革的结果是三种情况以外的情况,就会出现改革动力不足的问题,国有企业改革就很难顺利进行,并取得最后的成功。

国有企业改革导致的利益格局调整将主要影响三部分人的利益:国有企业职工、国有企业经营者和政府官员。所以当前和今后一个时期,国有企业改革成功的关键,是使这三大利益主体具有改革的充足动力,积极地支持和参与改革。如何保证使这些利益主体成为国有企业改革的动力,则是国有企业改革领导、设计和研究工作的重点。从长远的观点看,在国有企业中建立现代企业制度,形成规范的公司治理结构,有利于国有企业的发展壮大,有利于我国生产力发展、综合国力增强和人民生活水平提高,上述三大利益主体都必然因为国有企业改革而受益,因而会成为改革的动力主体,拥护和支持国有企业改革。但是,在短期内和国有企业改革的具体过程中,情况则比较复杂。改革的具体步骤、措施不一定都能够保证他们得到的收益大于付出,从而得到他们的支持与拥护。所以,在改革过程中,必须精心设计,采取具体措施,保证三大利益主体具有改革的充足动力,支持和拥护国有企业改革。

国有企业的职工是企业改革的主力,国有企业改革离不开他们的积极参与和支持。我们党作为中国最广大人民群众根本利益的忠实代表,具体到国有企业的改革,必须做到广大职工群众由于改革而受益,也只有这样,才能动员广大职工积极支持改革,参与改革,成为改革的重要动力。从目前的情况看,一些国有企业改制后,企业经济效益没有得到提高,职工的生活并没有得到改善,改革并没有给他们带来利益。一些国有企业改革的结果反而使职工利益受到了损失。比如,一些国有企业因为实行减员增效,一些国有企业改制后首先裁减人员,都导致相当一批职工下岗待业;实行社会保障制度改革,国有企业不再全部负担职工的医疗、养老、住房等费用，但是新的社会保障制度又没有及时建立与完善起来，职工由过去的企业保障反而倒退到家庭保障甚至没有保障。这样的改革，显然不会得到国有企业职工的支持与积极参与。为了保证国有企业职工成为改革的动力，有必要采取以下措施：第一，要通过改革，使企业真正转换经营机制，促进企业的发展壮大和经济效益的提高，随着企业发展和经济效益的提高，使职工收入水平不断得到提高。第二，社会保障制度改革要加快，尽快建立、健全新的社会保障体系，使下岗职工和退休职工的基本生活有保障，通过培训和再教育，使下岗职工尽快实现再就业，职工有病能够得到妥善的治疗，保证身体健康。总之，新的社会保障制度的建立与完善，事关广大职工的切身利益，事关改革的成败，必须引起高度重视，无论有多大困难，都应该摆在优先地位予以解决。第三，在改革中避免行政命令，注意听取职工的意见，尊重广大职工的选择，在职工参与下选择企业改革的形式和进程。这样既能保证改革符合企业的实际，取得较好的改革效果，保证企业发展和经济效益提高，使职工由于改革经济利益得到增进，同时由于改革措施和形式是职工自己作出的选择，即使企业改革需要职工作出一定的牺牲，也能够得到他们的理解和支持。第四，在可能的情况下，要积极吸收职工在企业入股，使职工成为实实在在的所有者，从个人利益出发真正关心企业的长远发展。当为了企业长远发展需要进行改革，并要求他们付出时，就能够从所有者的角度考虑问题，对改革给予理解和支持。

国有企业的经营者在改革中的角色非常重要。他们要参与改革方案的设计，参与改革方案的实施。由于信息不对称，真正掌握企业实际情况的是企业经营者，具体实施企业改革方案的，也是他们，而不是政府官员。如果他们对改革不积极主动，不配合，第一，制定的企业改革方案很可能不符合企业实际，因而不能取得预期效果；第二，即使改革方案是符合实际的，正确的，也可能由于他们的不配合和阻挠而流产。已经实行改制的一些国有企业，虽然由过去的工厂改成了股份公司或有限责任公司，原来的国有企业经营者也随之由厂长变成了董事长、总经理，但他们的政治地位并没有相应地得到提高，年薪制、股权、期权制只是在很小的范围内试点，在许多地方阻力还相当大，他们的经济收入与其贡献仍然不相称。所以，改革与否，对他们没有影响，谈不上有积极性和内在动力。要调动国有企业经营者对改革的积极性，我认为应该采取如下措施：一是要真正认识到企业家在市场经济条件下的作用，以及在我国企业家资源的严重稀缺，提高国有企业经营者的社会政治地位，并扩大年薪制和股权、期权制的试点面，在取得经验后，迅速推开，使他们的价值在经济上也得到承认。其实，在市场经济国家，年薪制，尤其是股权、期权制近年来已经比较普遍实行，实践证明比较有利于调动企业家的积极性，同时对他们又形成了强有力的约束，是委托—代理情况下一种比较可行的激励约束机制，我们不要再瞻前顾后，犹豫不决。否则，不但难以调动国有企业经营者的改革积极性，也难以抑制国有企业管理人员向私营、乡镇和"三资"企业流失的势头，使国有企业本来就存在的经营管理人才短缺的问题更加恶化。二是对改制后国有企业经营者的选拔任用过程中，要实行党委组织部门把关、推荐与市场选择相结合的办法，并以市场选择为主。只有在保证企业家的政治素质的前提下，根据企业经营者的经营管理实绩来确定对他们的任用与否，才能把真正有企业家才能的人才选拔到企业领导岗位上来，并使他们的收入与贡献相对称，才能使真正的企业家感到自己的价值得到了承认，真心拥护改革，积极参与改革。

我国国有企业改革是由政府发动的自上而下的改革，因而政府官员的作用至关重要。以建立现代企业制度和规范公司治理结构为目标的国有企业改革，实际上对政府官员的利益有着直接和间接的影响。因为如果国有企业建立了现代企业制度，成为真正的市场主体，实行自主经营、自负盈亏、自我约束、自我发展，政府管理部门及其官员就会丧失部分权力，而对于一些官员来说，权力的丧失就意味着物质利益的损失，同时许多政府管理部门就会变得多余，同国有企业职工一样，一部分政府官员也面临着下岗问题。因此，如果从纯经济的角度分析，由于国有企业改革而直接"受害"的是政府官员。要解决政府官员的改革动力问题，一方面，"关键的问题是教育官员"，要求政府官员不能混同于普通老百姓，要从国家和人民利益出发，坚决支持和拥护改革；另一方面，随着国有企业改革的深化，对那些必须精简的党政干部，要给予妥善的安排，或送去学习深造，为他们转到新的工作岗位创造条件，或根据情况安排到企业去工作，或以贷款、拨款等方式，给他们提供一定的创业基金，使他们重新开辟新的事业。总之，党政干部也有经济利益，在设计改革方案时，要采取实事求是的态度，尽可能对他们的利益损失给予一定的补偿。国有企业改革是实实在在的经济工作，浪漫主义要不得。

中国加入 WTO 与民族工业发展 ①

（2002 年 8 月）

中国加入世贸组织，标志着我国对外开放进入了一个新阶段，将给我国经济社会生活带来全面、深刻的影响。具体到我国民族工业，加入世贸组织不仅带来了振兴与发展的机遇，同时也意味着严峻的挑战和考验。深入分析加入世贸组织给我国民族工业发展带来的机遇和挑战，提出应对之策，努力化挑战为机遇，促进我国民族工业跨越式发展和新的振兴，是当前和今后一个时期一项重大的研究课题。

加入 WTO 给我国民族工业发展带来的机遇

20 世纪 90 年代以来，全球范围内的市场竞争变得空前激烈，经济全球化趋势更加明显。我国加入 WTO，是面对经济全球化的必然选择，是主动应对这种时代潮流的积极而明智的举措。具体说来，加入 WTO，在以下几个方面有利于我国民族工业的发展与振兴。

第一，有利于我国工业产品增加出口和我国工业企业"走出去"，扩大我国工业发展的市场空间。我国加入 WTO 后将享有所有成员之间相互提供的最惠国待遇和国民待遇，各成员将逐步取消对我国的歧视性贸易限制。我国可以在最惠国待遇原则下进行国际贸易，享受其他国家（地区）开放市场的好处，开拓国际市场，扩大产品出口。我国工业产品在进入各成员市场时，享受与所在国（地区）货物和产品相同的待遇，有利于发挥我国的比较优势，更好地实施"走出去"战

---

① 本文原载《内部文稿》2002 年第 8 期。

略，发展国际经贸往来与合作。

第二，有利于我国工业更多地利用外资，促进我国工业更快发展。WTO 规则规定，各成员加入世贸组织后，必须按照加入世贸组织的承诺，给予外国投资者国民待遇。政府必须减少对企业经济活动的干预，对现行的法律、法规进行清理、修订，与国际通行规则接轨。这样，加入 WTO 以后，我国的市场经济秩序和环境将进一步改善，境外投资者的权益可以得到更有效的保障，消除某些境外投资者来我国投资的疑虑。因此，在我国加入 WTO 后，外商在我国工业领域的投资有望快速增长，推动我国工业更快发展。

第三，有利于我国工业更多地利用国外先进技术，提高我国工业生产技术水平，促进工业产业升级。在加入 WTO 以后，发达国家必须在技术贸易中一视同仁，不得对我国实行歧视性政策。只要我国企业按照市场竞争原则进行投标和交易，就可以在公平交易原则下得到需要的技术专利和知识产权。我国工业生产技术水平落后，关键是我国技术和产品开发能力与发达国家存在着较大差距。加入 WTO 后，无疑更有利于我国引进国外先进技术，促进我国工业生产技术水平提高和整个工业的产业升级。

第四，有利于促进我国工业管理体制改革和企业经营机制转换，提高工业企业的竞争力。经过十几年的改革，我国工业管理体制仍然不合理，企业经营机制还没有发生根本性的转变。这个问题大家都认识到了，但近年来这方面的改革进展不明显。深层次原因是我国的改革是自上而下的改革，改革的推动者是政府和政府官员。进一步深化工业管理体制改革，真正转变企业经营机制，就意味着政府和政府官员部分重要权力的丧失，因此他们缺乏改革的动力和积极性。加入 WTO 以后，一方面是面临着跨国公司强有力的竞争，不加快我国工业管理体制改革，使企业经营机制实现根本性转变，我国就不能应对外国企业的竞争，我国工业的发展和工业企业的生存就成了问题。这就迫使政府拿出实际行动，深化工业管理体制改革。另一方面，在国外企业强大的竞争压力下，企业对加快工业管理体制改革，转变企业经营机制的要求会更加强烈。以前企业经营者面临的是企业发展快慢的问题，现在面临的是企业的生死存亡问题。这种来自下面的压力也迫使政府加快改革步伐。我们可以肯定，工业管理体制和企业经营机制的进一步转变，必将带来我国工业新的更大发展。

加入 WTO 后中国民族工业面临的挑战

根据我国加入世贸组织的承诺，我国将在 5 年内，将关税逐步降低到发展中国家的平均水平，即由 2000 年的 15.6% 降低到 2005 年的 10% 左右。其中工业品关税税率平均将降到 9.1% 左右，个别产品可延长到 2008 年，主要有 34 项化工制成品和新闻纸。同时，我们要遵守非歧视性原则，对进入我国市场的货物包括工业品给予国民待遇，取消配额、许可证、特定招标等非关税措施。由于关税水平大幅度降低和非关税措施的逐渐取消，将使我国大部分工业品失去保护，必将对我国工业造成一定的冲击。

由于我国不同工业行业和产品的技术水平及竞争力不同，加入世贸组织后，各类产品所受到的冲击程度是有区别的，需要做具体的分析。根据我国纺织、轻工、煤炭、冶金、石化、机械、汽车、建材、有色金属、丝绸、医药等十几个行业的竞争力强弱不同，以及将受到的冲击程度不同，可分为三大类。

第一类是具有比较优势的行业。主要包括纺织、轻工、煤炭、建材、有色金属等。这类行业一般具有以下特点：（1）生产能力居世界前列。如我国服装、棉纺织、毛纺织、丝绸、化纤、煤炭、水泥等生产能力均居世界第一。缝纫机占世界总产量的 50%，空调器、洗衣机、电冰箱分别占世界总产量的 30%、24% 和 16%。（2）出口比重较大，占有较大的市场份额。纺织品、服装、一般机电产品、鞋类、旅行用品及箱包、玩具、塑料制品几类产品，1999 年出口额达 1412 亿美元，占我国出口总额的 72.4%。（3）拥有一批优势企业和部分知名品牌。国产大家电企业生产的产品已占据了 80% 的国内市场，涌现了海尔、科龙、春兰、格力、小天鹅、长虹、TCL 等一批生产集中度高的企业和知名品牌。（4）具有明显的劳动力成本和资源优势。据有关资料分析，在 58 个国家和地区的纺织业中，我国工资在成本中所占的比例较低，列第 52 位。这些行业由于具有比较优势，再加上前些年我国已经自动大幅度降低关税，经受了考验，入世后受到的冲击不大。

第二类是具有较好的物质技术基础，但与国际先进水平尚有一定差距的行业。主要包括冶金、石化和机械行业，比较典型的产品有钢材、成品油、合成材料、化肥、农药、轮胎、重大技术装备、机电一体化设备、农业机械和造纸等。这些行业总体规模已居世界前列，经过 20 年的技术引进和消化吸收，已经具备了较好的技术装备基础，尤其是行业中的骨干企业，与世界先进水平差距不大。机械行业一些制造技术达到了较高水平，研制重大、精密产品和配套设备的能力不断提高，我国电力工业、矿山采掘、冶金工业、石油工业、交通运输等所需技术装备多数可以立足国内生产。但是，就整体水平而言，还有较大差距。主要是生产集中度低，先进工艺与设备占的比重不高，产品结构不合理，劳动生产率低。一方面部分中低档产品结构性过剩，另一方面高档产品需要大量进口。冷轧薄板、不锈钢板、模具钢、冷轧硅钢片及石油专用管等高档次钢材，每年进口达 700 万—800 万吨。我国主要机械产品中达到 20 世纪 90 年代世界先进水平的不到 5%，至今还不能成套制造大型石油化工设备。加入 WTO 后，国外高中档产品将大量进入我国市场，对这类行业造成较大冲击。

第三类是基础薄弱，缺乏竞争力，需要进行大的调整的行业。这类行业主要是汽车工业，尤其是轿车工业，竞争力与国外存在较大差距。我国的汽车工业产业集中度低，规模效益差，劳动生产率低，技术水平落后，缺乏自主开发能力。在加入世贸组织以后，我国汽车工业面临的形势非常严峻。汽车工业是一国工业水平的综合体现，产业关联度高，对经济的带动作用极大。目前我国汽车工业有 5000 亿元总资产，年工业产值 3000 亿元，相关工业产值 2000 亿元，除自身有200 万职工外，还影响到相关产业近千万人的就业。入世后我国要确立新的发展思路，实现跨越式发展，尽快缩短与发达国家的差距，发挥汽车工业带动经济发展、增加就业的巨大作用。

化挑战为机遇，实现民族工业振兴

为了抓住加入 WTO 带来的机遇，迎接挑战，振兴我国民族工业，我们应该加紧研究对策，做好工作。我认为，现在人们常说的加入世贸组织，挑战与机遇共存，利与弊同在，未必正确。依我看，机遇与挑战，利与弊，并不必然共存。应对得当，利大于弊，弊变成利；应对不当，弊大于利，有弊无利。关键要看我们的工作做得如何。对加入 WTO 后的中国经济是如此，对我国的民族工业也是如此。

第一，要利用入世过渡期，提高我国工业的核心竞争力。这是在加入 WTO 的新形势下，振兴我国民族工业的关键所在。作为发展中国家加入世贸组织，我国享有 5 年的过渡期。我们要充分利用好这一段宝贵的时间，采取切实措施，提高我国工业的竞争力。一是加快改革步伐，真正实行政企分开，使企业成为真正的市场主体，具有自我发展的动力、能力和压力。政府要真正为企业发展提供良好的外部环境，不再干预企业的生产经营，也不再对企业尤其是对国有企业实行"父爱主义"的保护。政府干预企业生产经营，企业就难以按照市场需求的变化，调整生产结构和方向，进行技术改造和创新；政府对企业实行保护政策，就像孩子抱在怀里，永远也长不大，无法面对和参与严酷而激烈的竞争。况且，WTO 的规则也不允许对国内企业实行保护，否则就违背了平等竞争和国民待遇的原则。要使工业企业竞争力增强，政府要早撒手，让企业自己经受锻炼，增强竞争力。二是要加大对工业领域的科技投入，增强我国工业企业的科技创新能力和产品开发能力，提高技术水平和装备水平。三是要加大结构调整步伐，加速传统产业的改造和升级，进一步发挥劳动密集型产业的比较优势。同时加快发展高新技术产业，力争在一些领域实现重点突破和跨越式发展。积极推进国民经济信息化进程，以信息化带动工业化，提高我国工业化水平。

第二，要充分利用 WTO 赋予我国的权力，千方百计扩大工业品出口，支持工业企业"走出去"，开拓我国工业发展的市场空间。据有关部门统计，2000 年我国经济对外依存度已经达到 43.9%。加入 WTO 以后，我国工业要获得更大发展，必须继续扩大出口，并鼓励和支持更多的工业企业到境外投资办厂，带动国内工业生产发展。事实上，我国扩大出口潜力很大。国外有的研究机构分析，目前中国人均出口额只有 200 美元，大大低于发达国家平均水平。在未来的 10 年内，中国出口额完全有可能增长 5 倍，达到 1 万亿美元。需要指出的是，我国加入 WTO 后，各国仍然会采取各种各样的办法和手段，阻止我国工业产品的进口。为不断扩大我国工业品出口，还有许多工作要做。包括：继续实行市场多元化战略，在巩固扩大欧美、日本等原有市场的同时，开拓俄罗斯、印度等新市场；尽快提高我国产品的技术水平和质量，调整和优化产品结构，以更加适应国际市场的需要；欢迎国外企业特别是跨国公司参与国有工业企业的改组、改造，通过国外企业的市场渠道，扩大我国产品的出口；抓紧培养熟悉 WTO 规则和精通国际经贸的专业人才，当发生外国政府或企业采取不正当手段限制我国产品出口时，及时提出交涉和控诉，或提交 WTO 的仲裁机构予以裁定，保证我国企业的合法权益，促进工业品出口的进一步扩大。

第三，要利用 WTO 的规则，采取措施尽可能对民族工业加以保护和支持。我国工业发展时间短，现有水平与先进国家相比，还有相当大的差距，一些行业近期内马上与国外跨国公司公平竞争，就如同业余拳击手与专业拳击手比赛，这种竞争本身就是不平等的。因此，我国要按照 WTO 规则赋予我国的权力，对国内工业实行保护和扶持。这里要澄清一个问题，纠正一个错误认识。要澄清的一个问题是，对行业实行保护与对企业实行保护，不是一个性质的问题。保护企业，不利于企业的成长。保护行业，则是"幼稚产业"成长的必要条件，历史上各个国家都是这样做的。要纠正的一个错误认识是，世界贸易组织毕竟不同于欧洲共同体，不是一个一体化市场，并没有消除国家之间的一切贸易、非贸易壁垒。加入 WTO，并不意味着我国市场是大门洞开的，国外企业和产品就可以长驱直入，不受任何限制。事实上，发达国家也总在想方设法保护他们的国内市场，保护本国的工业。比如美国和欧洲国家近年来越来越多地运用反倾销手段，阻止我国工业品的进口。他们还通过制定各种技术标准，把我国产品挡在他们的国门之外。我们也要采取符合世贸组织规则的措施，保护我国民族工业的发展。其一，是要抓紧制定和完善保护我国工业发展的法律法规。如要抓紧完善《反倾销补贴条例》，防止国外企业的不正当竞争；制定《保障措施条例》，防止过量进口冲击国内工业；抓紧制定《反垄断法》，防止国外一些大公司利用技术、资金优势垄断我国市场等等。其二，是按照《技术性贸易壁垒协定》，制定和修改技术法规、标准、合格评定程序等，以起到保护我国工业的目的。其三，是要通过生产许可、销售许可、产品包装、使用原产地说明等措施，抑制国外产品的进口。

关于解决重复建设问题的深层思考 [1]

（2003 年 5 月）

防止重复建设，是调整优化产业结构，提高经济增长质量和效益的关键环节。党中央、国务院对解决重复建设问题高度重视，十届全国人大一次会议审议通过的《政府工作报告》，又提出了明确要求。本文就解决重复建设问题谈几点看法。

对重复建设的再认识

研究重复建设问题，首先要回答什么是重复建设。人们一般认为，当某些行业供给已经能够满足社会需求，仍然有新的资源不断投入，结果造成生产和服务能力过剩，就是发生了重复建设。我认为，仅从量的方面认识重复建设，不可能把握住这一经济现象的本质。在市场调节资源配置的情况下，由于市场存在一定的盲目性，某些产品和服务的供大于求和供不应求是难以完全避免的，是市场经济的常态。如果把重复建设等同于某些行业的供给能力过剩，那么重复建设几乎是难以避免的。进一步说，供大于求的经常发生，固然造成了社会资源的一定浪费，但这是市场机制调节经济活动必须付出的社会成本。另外还要看到，只有在存在一定过剩的情况下，才会有竞争，才能促使企业致力于技术创新和产品创新，加强和改善企业管理，从而提高整体经济效益，促进社会生产力水平提高。就整个社会来说，因为正常的、可以接受的供给能力过剩所付出的成本往往低于竞争带来的收益。

---

① 本文原载《求是》2003 年第 10 期。

我认为，只有从定性和定量两个方面，才能真正把握重复建设的本质。从定量的方面看，重复建设是指生产能力大大超过社会需要，造成了资源严重浪费时的情况；从定性的方面看，重复建设是指由于投资主体权力和责任的不平衡，缺乏投资约束机制和供给过剩的自动纠正机制，从而使供给能力严重过剩长期化、固定化的情况。把定性、定量两个方面联系起来看，供给能力的长期严重过剩，一定是由于缺乏投资约束机制和要素退出机制造成的；缺乏投资约束机制和要素退出机制，一定会导致供给能力严重过剩的状况长期化、固定化。

其次要回答判断重复建设的标准是什么。这个问题又有两个方面。一是如何判断一个行业内部哪一部分生产能力是重复建设；二是如何判断一个行业是否出现了重复建设。目前人们所说的重复建设，从产业内部看是那一部分落后生产能力，从产业之间看是加工工业，而技术、质量水平较高的生产能力不是重复建设，高新技术产业和基础设施领域不会发生重复建设。这实际上是把技术质量标准作为判断重复建设的标准，值得商榷。我认为判断是否有重复建设问题，关键是要根据市场需求进行分析，只能采用市场需求标准。由于收入水平的差别，市场需求是有层次的，生产技术、质量较低的产品，不一定没有市场需求。比如农民建房，盖猪圈、羊栏不一定要用高标号水泥、浮法玻璃等高档建筑材料；中低收入群体的存在，使粗纺织品和低档服装仍然有较大的市场。在经济发展水平和发展不平衡的情况下，我国传统产业仍然有发展的市场空间，如果高新技术产业发展和基础设施建设超越我国经济发展阶段，也可能出现供给能力严重过剩。只有采取正确的判断标准，防止重复建设的政策措施，才能具有针对性、有效性。

当前重复建设的新特点

改革开放以来尤其是在过去的五年中，党中央、国务院高度重视解决重复建设问题，采取了一系列政策措施。如制定和实施正确的产业政策，积极支持基础设施建设，支持优质高效农业、高新技术产业和服务业发展。从 1998 年到 2002 年，共发行 6600 亿元长期建设国债，带动 3.28 万亿元银行贷款和其他社会投资，主要用于基础设施建设。再如，综合运用经济、法律和必要的行政手段，关闭了一大批产品质量低劣、浪费资源、污染环境和不具备安全生产条件的企业，淘汰了一大批落后设备、技术和工艺，压缩了部分过剩生产能力。到 2001 年底，纺织行业累计压缩淘汰棉纺锭、毛纺锭 979 万锭；煤炭行业关闭各类小煤矿 5.8 万处，产量压减 3 亿吨；关停 85 户小钢厂，淘汰落后生产能力 394 万吨；取缔 6000 余座土炼油厂，关闭 111 户小炼油厂，压缩原油一次加工能力 1100 万吨；关闭淘汰小水泥厂 3894 户，压缩生产能力 9450 万吨；关闭淘汰小玻璃生产线 238 条，压减生产能力 2855 万重量箱。采取这些政策措施，取得了明显成效，是近年来我国经济增长效益和质量不断提高的重要原因。

必须指出的是，尽管这几年在防止重复建设方面下了很大力气，但是重复建设问题并没有从部分根本上得到解决。目前，重复建设问题依然很严重，并呈现出以下新的特点。

一是部分行业重复建设回潮。近年来，一些地方不顾国家禁令和市场供求情况，新建了一批钢铁、水泥、玻璃、铁合金、电解铝等项目。国家花费很大力气关掉的小煤矿、小钢铁、小水泥、小玻璃等企业也死灰复燃，一部分已被淘汰压缩的过剩生产能力重新投入生产。这一切，使一些行业重复建设的矛盾重新变得尖锐起来。如 1999 年以来新建和筹建的浮法玻璃生产线 39 条，总计生产能力 8788 万吨，扣除改进落后工艺替代原有的 1900 万重量箱，新增生产能力为已压减生产能力 2855 万重量箱的 2 倍多；再如我国现有电解铝生产能力 400 万吨，正在实施和拟建的 45 个新项目还将增加生产能力 400 万吨，使生产能力总计达到 800 万吨，而我国到 2005 年电解铝需求量只有 500 万 — 550 万吨；预计到 2005 年，我国对水泥的需求量大约是 6 亿吨左右，目前生产能力已经达到 7 亿吨。在这种情况下，一些落后的立窑又在发展，一些已经关闭的小水泥也已恢复生产。

二是高新技术产业主要是信息产业出现了重复建设问题。据了解，现在北京、上海、深圳等城市都已经或计划投资上百亿元生产制造计算机芯片的半导体材料。这些项目建成后，生产能力将大超过目前国内市场需求量和可能出口的数量。我国尤其是东部地区光缆建设也出现了严重重复建设，国家公用通信网资源大量闲置。各主要电信运营商均花费巨资建立本系统的光缆传输网，教育、广电、交通等系统也在建设自己的光缆网。有时几家电信公司的光缆网基本同路由甚至同沟同缆埋设。

三是基础设施的重复、超前建设。基础设施建设一般要有所超前。但脱离本地经济社会发展水平过分超前，用市场需求标准衡量，就是出现了重复建设。近年来，我国有些省市违背机场布局的一般要求，都花巨资建设自己的国际机场，使得一些地区机场布点过于稠密，机场建成后不能得到充分利用。沿海、沿江新建、扩建大型深水泊位码头成风，吞吐能力严重闲置。一些经济还比较落后的地方花费巨额资金修建了高速公路，路上却没有几辆车，今后一个较长时期内也不会得到充分利用。

四是过剩和落后生产能力向西部转移。虽然中央明令不许把东部已淘汰的落后工业设备、污染企业和过剩生产能力向西部转移，但是东部一些地区为了自身利益，西部一些地方为了出政绩，还是造成了东部落后和过剩生产能力向西部的转移。

重复建设顽症的根本病因

重复建设一边治理一边又在不断发展，是多种因素共同作用的结果。如一些地方从局部利益出发，实行地方保护主义，保护落后，使得落后和过剩生产企业仍然能够维持生产和经营；有的地方默许甚至鼓励重复建设，违反国家审批管理规定，为重复建设大开方便之门等等。但是，重复建设的深层次原因在于经济体制方面的问题。

一是国有投资决策主体权力和责任不对称，缺乏投资约束机制。在我国，各级政府和国有企业仍然是最重要的投资主体。2002《统计年鉴》的数据表明，2001 年全社会固定资产投资完成 36898.4 亿元，其中国有经济投资为 17607 亿元，个体私营经济投资仅为 5308.1 亿元。国有经济固定资产投资占全社会固定资产投资的比重约为 48%，而个体私营经济所占比重只有 10%。在目前的体制下，政府部门和国有企业的领导人掌握着投资决策权，但不承担投资的最终经济责任，投资决策失误，承担损失的仍然是国家。正是由于投资决策者不承担决策风险，权力和责任之间严重不对称，政府部门或者国有企业领导人在进行投资决策时，缺乏足够的动力和约束，对市场供求状况、项目投资收益前景进行深入的调查和充分的论证，使投资决策具有很大的盲目性。由于存在"数字出干部，干部出数字"的不正常情况，有的领导人为了出政绩，即使一些行业已经出现生产能力过剩，仍然决定继续投资。这样的投资决策机制，必然导致大量的投资决策失误，使供给脱离市场需求，造成巨大的资源浪费。如果进行一下调查，就会发现，我们身边大一点的重复建设项目，大多是政府投资项目和国有企业投资项目。

二是国有投资建成项目后缺乏资源退出机制，导致生产过剩固定化。重复建设问题的长期存在，不仅因为现行投资体制下容易发生投资决策失误，还由于在项目运营环节上，缺乏生产过剩的纠正机制，项目一旦建成资源就沉淀下来，使生产过剩的格局长期化。首先是投资决策者不愿意纠正投资决策的失误。因为只要企业还在生产和运转，就有产值，有成绩。如果企业关闭破产，就说明政府或企业领导作出的投资决策是错误的。既然投资决策者不对项目运营情况负责，他们宁愿亏损也不会作出关闭企业的选择，并且不惜投入更多的资源使企业活下去。其次，在现行体制下，经营者也不会因为某行业出现生产能力过剩，作出主动关闭企业的选择。经营者不是投资决策人，项目投产后产品没有销路，企业发生亏损，责任不能由他们负。经济效益不好，可以通过政府的各种优惠政策和投入，来继续维持企业的生存。而且国有企业的经营者通常也没有关闭企业，从某一行业主动退出的权力。更为重要的是，不管经济效益如何，企业搞得越大，企业经营者地位越高。而一旦企业关闭破产，企业经营者就会失去原来权力和利益。

需要指出的是，由于民间投资主体权力和责任是对称的，进行投资决策时比较谨慎，往往是进行深入充分的论证之后才作出投资决策。但是，投资预期与实际的市场需求之间毕竟是有差距的，民间投资决策也会失误，形成过剩生产能力。与政府和国有经济投资不同的是，民间投资主体对投资后果负最终责任，一旦发现投资决策是错误的，企业继续经营将会造成更大的损失，投资者就会果断地把资源从生产过剩行业转移到有市场、有效益的行业或产品生产上去。因此，在民间投资的情况下，存在生产过剩的自动纠正机制，一般不会发生重复建设。

三是存在经济垄断。各级政府除了直接掌握投资资源，还掌握较大的经济权力和经济政策资源。这些权力和政策资源运用不当，就会形成经济垄断，成为重复建设形成和加剧的重要诱因。比如，虽然一些行业生产能力已经出现过剩，但是一些地方为了地方利益，可以利用手中的权力，防止外地企业和产品进来，保护当地市场和企业，使当地企业仍然可以赢利，从而保护了重复建设。再如，一些地方的政府为了保证当地投资项目成功，利用掌握的政策资源，给投资项目提供低于市场价格的土地，对新建项目减免税收等。通过向新建项目让渡一部分利益，造成事实上的不平等竞争，使得过剩生产能力仍然得以维持下去甚至赢利。这无疑也会助长重复建设的发生和发展。

防止重复建设要标本兼治

根据上述分析，现阶段防止重复建设，要标本兼治，重在治本。一方面要深化经济体制改革，铲除重复建设的制度性土壤；另一方面，要加强管理，发挥政策导向作用。

第一，深化对重复建设问题的认识，全面防止重复建设。目前，我国不仅大量产品质量低劣、技术水平低、浪费资源、污染环境和不具备安全生产条件的小企业形成的生产能力，属于重复建设，一些技术水平较高的大型企业的生产也属于重复建设；不仅在传统生产领域存在重复建设，在高新技术产业也存在重复建设；不仅加工工业存在重复建设，基础设施也存在重复建设。解决重复建设问题，仅仅关闭"五小"远远不够。那些大型项目投资额动辄几亿、几十亿元，一旦建成就会形成巨大的生产能力，更要引起高度注意。要根据市场供求情况，严格审批程序，切实把好关。高新技术产业项目和基础设施建设，投资额一般也很大，也要采取有力措施，防止脱离实际的过度发展和超前建设。

第二，深化投资体制改革，实现投资主体转变。防止重复建设，根本之策是使投资决策者对投资经营后果负最终责任。为此，要努力扩大民间投资规模，实现投资主体多元化。一是要扩大民间投资。在民间投资的情况下，投资者要承担投资后果，在投资决策过程中会进行比较周密的论证，可以减少投资盲目性。即使投资决策失误，导致生产过剩，由于存在资源退出机制，不会造成生产过剩的长期化、固定化。所以，扩大民间投资，将对防止重复建设起到重要作用。有人担心放开民间投资，会造成过度竞争和盲目发展的局面，使重复建设问题更严重。这种担心是不必要的。只要创造公平竞争的环境，就不要怕投资主体多元化。中国家电业经过竞争，已经从原来诸侯割据的"春秋"时期，进入了群雄争霸的"战国时期"，重复建设问题大大缓解，形成了比较合理的格局。据统计，六大家电公司的销售额已经占到全部市场份额的60%—70%。当前重要的是逐步减少对民间投资进入的种种限制，扩大民间投资开放领域。二是尽量减少政府投资。在社会主义市场经济体制下，政府的主要职能是经济调节、市场监管、社会管理和公共服务。政府要把这些该管的事情管好，政府在竞争性领域不要投资，而由民间资本投资。基础设施建设也要尽可能吸收社会资金和外资参与，形成投资决策约束，避免盲目超前和重复建设。近年来，上海、浙江等地利用吸收民间资本和外资进行基础设施和城市公共设施建设，取得了较好的效果，应该在总结经验的基础上逐步推广。三是通过规范的公司制改革，实现国有企业产权主体多元化。除了极少数必须由国家垄断经营的企业外，竞争性领域中的国有大中型企业尤其是优势企业，要通过规范上市、中外合资和企业相互参股等形式，改组为股份制企业。一般国有企业可以改造为有限责任公司。尽快完善公司法人治理结构，形成相互制衡、运转灵活的企业机制，加强投资的利益约束。

第三，贯彻国家产业政策，制定行业标准，加强对投资的引导和管理。在社会主义市场经济体制下，解决重复建设问题，主要应该运用经济手段予以引导，同时采取必要的行政手段，加强企业准入管理。国家已制定和发布了一系列产业政策，关键是要真正贯彻落实。对国家鼓励发展的产业，要在税收、资金等方面给予支持。对已经出现严重生产过剩的产业，则要提高进入门槛，严格限制投资继续流入。要参照国际标准，制定统一的行业准入技术质量标准、环境标准和安全生产标准。有关管理部门要严格执行国家标准，不符合标准的投资项目一个也不批。同时，对已关闭企业要按照国家标准认真审核，达不到标准的一律不许恢复生产。

企业家人力资本与企业制度创新 [①]

（2004 年 9 月）

　　我国国有企业改革已经取得了重要进展，从以分权让利为主要内容的改革进入了以制度创新为主的新阶段。但总的看，国有企业的体制、机制与社会主义市场经济体制微观基础的要求还有一定的差距，企业制度创新的任务依然艰巨。研究国有企业改革，可以采取不同的角度。20 世纪 30 年代及 60 年代开始兴起的现代企业理论和人力资本理论，20 世纪末期以来新技术革命以及新经济的蓬勃发展，为我们研究国有企业改革提供了新的理论工具和研究背景，启发我们从企业家人力资本与企业制度创新之间的关系入手，用新的视角展开研究。

　　本文研究企业制度创新，以科斯以来的现代企业理论为重要的理论出发点。现代企业理论认为，企业制度的核心是企业剩余权利（包括剩余收益和剩余控制权）的归属与分配状况。以企业剩余权利结构变化情况为主线进行考察，可以发现，从真正意义的企业建立以来，占主导地位的企业制度形式经历了由业主制、合伙制等古典企业到现代公司制企业的变化。企业制度的不断创新，有着深刻的经济根源。分析表明，社会生产力的发展和企业规模的不断扩大、分工的扩展与深化、市场体系的建立完善、市场不确定性的增强、人们提高经济绩效和降低风险的动机以及企业家人力资本在企业发展中作用的变化，是推动企业制度变迁的主要因素。深入考察企业制度创新的过程还可以发现，企业制度的演变过程是有规律的，主

---

　　① 本文是作者的博士学位论文的主要内容。

要表现为所有权主体多元化、企业制度形式的多样化、企业制度创新的否定之否定、企业家人力资本在企业制度创新中的作用不断增强等趋势。

从根本上说，构成企业的基本要素是人力资本与非人力资本。研究企业制度性质和企业制度创新，必须对企业中人力资本特别是最重要的人力资本——企业家人力资本的性质和作用进行深入的分析。与非人力资本不同，人力资本是活的人体所拥有的体力、健康、经验、知识和技能及其他精神存量的总称，因而具有以下特征：个体性或私人性，即其所有权不能转让、赠予和继承；主动性和伸缩性，即人力资本的发挥很大程度上取决于人力资本所有者的积极性；社会性或合作性，即只有在与其他社会成员的协作中才能得到充分发挥，才能产生"协作生产力"；智力性和创造性，即人力资本的功能规定性主要表现在其在社会生产活动中所发挥的精神创造力，而不是主要靠体力等自然力；人力资本的存量和资本发挥程度都具有难以计量性。

企业家人力资本是人力资本的组成部分，因而必然具有人力资本的一般作用与性质。同时，它又是一种特殊的、最重要的人力资本，与一般人力资本有着重要区别。对企业家人力资本的作用或基本内涵，可以从以下几个方面来把握：企业家人力资本的作用在于不断创新，它是对市场不确定性作出预测和决策的能力，是一种组合资源的能力，还是一种协调组织能力。企业家人力资本的几种作用和内涵之间，存在着一种内在的联系：面对激烈的市场竞争，企业家只有大胆创新，独辟蹊径，才能在竞争中取胜，引领企业不断发展。企业家的各种创新活动，必须以对市场不确定性的预测能力、把握能力为基础，要求企业家必须具有判断性决策能力。企业家作出决策后，还需要具有个人魅力和社会信誉，能够从社会上筹集到足够的资金，调动企业各个层级员工的积极性，使自己的决策和计划得到不折不扣的实施。企业家人力资本的作用和内涵，决定了企业家人力资本与一般人力资本的不同性质，即企业家人力资本更具有稀缺性、私人性，更难以量化和考核，其发挥和积累具有市场性。同时，更重要的，企业家人力资本是资本增殖的重要源泉。

科斯以来的企业理论认为，企业是一个市场中的特殊合约。这个合约的特殊性在于：一般市场契约事先总是要把交易双方的权利规定清楚，而在企业合约中，一些事项和权利的归属事先没有也无法规定与写明，因而产生了剩余权利。企业合约的这种特殊性来自企业人力资本特别是企业家人力资本的特殊性质与作用。因为人力资本特别是企业家人力资本的存量和作用的发挥，是无法事前测量和规定的。现代企业理论认为，企业所有权即企业剩余权利的归属，决定着企业制度的性质，是企业制度的核心。因而企业制度的变迁，就是企业剩余权利归属和配置结构的变化。传统的企业理论认为只有企业非人力资本所有者才应该拥有企业剩余权利。而根据我们的分析，企业人力资本也具有资本的性质，因而有权与非人力资本一样参与企业剩余权利分享。特别需要指出的是，面对不断增强的市场不确定性，企业家的创新和判断性决策能力，在资本增殖和企业发展中起着决定性的作用，更应该分享企业剩余权利。这样，我们就可以得出一个重要的判断：企业剩余权利的分配亦即企业制度性质，取决于企业人力资本特别是企业家人力资本与企业非人力资本的力量对比，企业制度变迁的根源就是企业里人力资本特别是企业家人力资本与非人力资本之间力量对比和谈判地位的此消彼长，企业制度的变迁过程就是企业人力资本特别是企业家人力资本与非人力资本之间连续谈判和博弈的过程。

在传统计划经济体制下，国有企业不是一个市场中的契约，企业非人力资本和人力资本包括企业家人力资本的所有权、配置权都属于国家，经济体制、经济机制的激励强度和有效性都无法与市场经济中的企业相比，因而不具有竞争优势。经过改革，国有企业的体制机制发生了重大转变，但离真正市场主体的要求还有很大差距。实证地看，国有企业的现行制度具有以下重要特征：国家或政府拥有对企业法律上的支配权，而企业家在不同程度上拥有对企业事实上的控制权，即"企业内部人控制"。这种企业制度状况，导致了效率损失和国有资产流失等弊病。因此，要从企业是非人力资本所有者与企业家人力资本所有者的一个市场中的合约角度，创新国有企业改革的思路和路径，包括政府在企业制度创新过程中的部分退出、把企业家人力资本当作资本增殖的重要源泉来对待、按照企业剩余权利分享制的思路构造新的企业治理结构、通过国有企业的股份制改造解决国有资产委托人缺位问题等。同时，要深化国有资产管理体制改革，实现从经营企业、经营资产到经营资本的转变，建立和完善企业家市场，建立健全资本市场，为发挥企业家人力资本在企业制度创新中的作用创造体制和制度环境。

近年来在我国兴起的MBO（管理者收购），是企业家人力资本作用增强和社会主义市场经济发展的必然结果，具有重要的制度创新意义。当前，需要加快完善经济制度和法律制度，加强对MBO的监管和规范，为MBO的推行创造条件，发挥其促进国有企业改革的作用。

第一章　引言：国有企业改革研究的新视角

第一节　问题的提出

一、我国国有企业改革进入了新的阶段

中国经济体制改革的目标是建立社会主义市场经济体制，为经济社会发展注入强大动力和活力，大大解放与发展生产力。培育和形成千千万万独立的市场主体，使企业自主经营、参与竞争、优胜劣汰，是社会主义市场经济的微观基础和顺利运行的基本前提条件。这就决定了中国经济体制改革的中心环节是国有企业改革。1984年我国开始全面经济体制改革以后的一个时期，尽管理论界围绕到底是价格改革先行还是企业改革先行，是价格改革为主还是企业改革为主，曾经进行过激烈的争论，但是国有企业改革从来没有停止过，始终是改革的焦点和重点。

我国国有企业改革是一个在理论上不断深化、在实践中不断推

进的过程。1992 年以前，国有企业改革主要是政策调整、放权让利，承认企业利益和个人利益，扩大了企业生产经营自主权，以调动企业和职工积极性，改变企业吃国家"大锅饭"、职工吃企业"大锅饭"的状况。与此相适应，采取了经营承包制、租赁制、资产经营责任制等形式，有的地方还进行了股份制试点。实行"包字进城"、放权让利，大大激发了企业和职工扩大生产、加强管理、改进技术、增加利润的积极性，企业效益和职工收入得到大幅度提高，国家财政收入状况也得到了明显改善。但是，由于承包制等改革措施没有实现企业经营机制的根本转变，对企业经营成果和国有资产保值增值责任仍然无人最终负责，出现了企业负盈不负亏、行为短期化等问题。1992 年 10 月，党的十四大召开，提出中国经济体制改革的目标是建立社会主义市场经济体制。1993 年 4 月召开了党的十四届三中全会，作出了《中共中央关于建立社会主义市场经济体制若干重要问题的决定》，明确国有企业改革的目标是建立现代企业制度。从此，国有企业改革由政策调整、放权让利为主要内容转到以制度创新和转机建制为主的新阶段。2003 年 11 月召开的党的十六届三中全会，作出了《中共中央关于完善社会主义市场经济体制若干问题的决定》，进一步明确提出，要积极推行公有制的多种有效实现形式，实现投资主体多元化，大力发展混合所有制经济，使股份制成为公有制的主要实现形式。这样就从完善企业内部所有权结构的角度，为建立现代企业制度进一步指明了方向。

现代企业制度的主要特点是"产权清晰、政企分开、权责明确、管理科学"。建立现代企业制度，必须通过产权制度改革，对国有企业实行股份制改造，在企业内部实现投资主体和利益主体的多元化，国有资产成为企业财产的组成部分，各级国有资产监督管理机构或授权投资机构代表国家拥有股权，以法定方式派代表进入企业，行使所有者权益；企业拥有包括股东投入资本和借贷形成的企业财产，实行所有权和经营权分离，成为自主经营、自负盈亏、自我约束、自我发展的独立市场主体，对出资者承担保值增值责任，国家不再干预企业的生产经营。同时，在企业内部建立规范的法人治理结构，形成股东会、董事会和管理层之间灵活运转、又相互制衡的关系。这样，就既可以保证国家的国有资本所有者权益，又实现了政企分开，形成企业优胜劣汰、管理者能上能下、人员能进能出、收入能增能减、技术不断创新、国有资产保值增值等机制，真正实现企业经营机制的转变。毫无疑问，中央确定的改革目标是正确的。但是，到目前为止，国有企业的制度现状与建立现代制度的要求还相差甚远。许多国有企业改制后并没有发生机制和体制的根本变化，生产经营状况没有发生明显扭转，所谓有限责任公司和股份有限公司不过是徒有虚名而已。

实现企业制度创新和转机建制既是当前和今后一个时期国有企业改革的重点，也是国有企业改革乃至整个经济体制改革的难点；既是经济体制改革新阶段攻坚的主要方向，也是经济学理论创新的难点。要真正使国有企业成为具有竞争力的市场主体，仅仅确定正确的改革目标是远远不够的，还必须选择正确的改革路径和方法。经济学作为一种实践性很强的学科，要为我国经济体制改革特别是国有企业改革服务，必须加强企业制度及其创新的研究，尤其是加强企业制度创新的路径研究，从而把国有企业改革的研究推向深入。科学研究是一种特殊的精神活动，不仅需要吃苦耐劳，还需要创新思维方式，拓宽研究思路，采取新的研究方法，借鉴新的研究成果。

当前，无论是世界经济科技发展的大趋势，还是经济学理论的新发展，都为实现企业制度研究方面的理论创新提供了有利条件。

二、当今世界发展的大趋势

当今世界发展出现了三大趋势：一是全球化，二是网络化，三是知识化。正是由于信息技术、网络技术和经济全球化的发展，把人类带入了一个崭新的时代。有人称这个时代为知识经济时代，有人称为新经济时代，有人称为信息时代，有人称为网络时代、高科技时代，等等。但是，世界权威研究机构和越来越多的人认为，当今时代的特征是知识经济的兴起，我们这个时代之所以新，归根结底就新在知识创新和应用在经济增长中的作用空前提高。美国20世纪八九十年代出现了连续十几年低通货膨胀、低失业率和高经济增长速度现象。对这种新经济现象如何解释？人们发现，美国在信息技术、网络技术、生物工程等高科技领域的知识创新和技术创新，自20世纪90年代以来远远走在了其他发达国家的前面。同时，值得引起注意的是，美国的企业制度创新和管理创新，在最近10多年也走在了其他国家前面。这些创新活动，本质上是知识的生产和创造活动，是使美国传统产业和新兴企业获得新的生命力、竞争力的根本原因，也是美国出现"两低一高"等经济现象的根本原因。美国阿斯朋研究所（The Aspen Institute）出版的1993—1994年报告，以《知识经济：21世纪信息时代的本质》为总标题，明确指出新的经济形态就是知识经济，并认为："信息知识正在取代资本和能源而成为能创造财富的主要资产，正如资本和能源在200年前取代土地和劳动力的地位一样。而且，20世纪技术的发展，使劳动由体力变为智力"。1996年，经济合作与发展组织发表了《以知识为基础的经济》，对知识经济的内涵和知识的含义进了明确界定，指出知识经济是"建立在知识和信息生产、分配和使用之上的经济"，并把知识分为四大形态，即事实知识（Know-what）、原理知识（Know-why）、技能知识（Know-how）和人际知识（Know-who）。人们认为，在农业时代，土地是财富的象征；在工业时代，资本是财富的象征；而在知识经济时代，知识是财富的主要象征。如果说农业经济和工业经济属于财富源于物质资源的时代，那么知识经济就是财富源于人力资本的时代。在知识经济时代，限制经济增长的不再是土地和资本，而是生产和消费知识的人力资本。人力资本是经济增长的主要推动力，各国之间的竞争也主要来自于对作为人力资本载体的人才的争夺。美国前总统克林顿在2000年元旦发表的演讲中说，21世纪对美国的真正挑战来自于中国和印度，原因是这两个大国具有丰富的人力资本。

这就是我国当前经济体制改革的时代背景。我们研究国有企业改革特别是企业制度创新，必须高度关注改革所处的国际环境和时代特点，要根据时代和环境的变化，调整和选择正确的改革思路。其中应该引起我们高度关注的，是当今人力资本在经济发展中作用的增强，同时也要深入研究人力资本对社会经济制度变迁的巨大影响。我们以后的分析将显示，在人力资本中，企业家人力资本是各种人力资本中最重要的。那么，人力资本除了对经济发展产生了重大影响以外，在企业制度创新中发挥着什么样的作用？如果企业家人力资本是一种重要的企业制度要素，对企业制度创新确实是有影响的，那么，在新的时代背景下，这种作用发生了哪些重要变化？认真研究和思考这些问题，将有助于企业制度研究和国有企业改革理论研究的进一步深化。

三、人力资本理论和现代企业理论的兴起：
本文研究的理论起点

上溯 20 世纪 50 年代特别是 60 年代，一批西方经济学家通过实证研究，分析了人力资本的特点、形成和在经济增长中的作用，建立了人力资本与经济增长之间的联系，指出人力资本作用的发挥是经济增长的重要源泉，提出了提高人力资本素质、知识和技能，促进经济增长的见解等。比人力资本理论的兴起更早，20 世纪 30 年代以来，以科斯、威廉姆森、德姆塞茨、张五常等为代表的新制度经济学家，通过对企业更深入的研究，使原有的企业理论得到了革命性的发展，提出关于企业产生（企业是市场的替代物）和企业边界决定的新看法。这个时期，一些经济学家运用产权理论、团队理论、委托—代理理论、信息不完全和不对称理论等，主张为了避免机会主义和降低监督成本等目的，要求把企业剩余索取权和剩余控制权集中分布于非人力资本所有者手中。

尽管现代人力资本理论和现代企业理论都还有待发展完善，但是我认为这些理论提出的概念、研究问题的角度和思维逻辑，对我们进行国有企业改革研究，具有巨大的借鉴意义。这些新理论可以启发我们从新的角度、用新的方法开展对企业制度和中国国有企业改革的研究。循着这些理论的逻辑深入下去，我们有可能发现国有企业改革的新的有效路径。应该指出，国内经济学界在介绍这些理论并用来分析

研究中国的实际情况方面已经做了大量工作，但把这两种理论综合起来，进行企业制度创新研究和企业改革研究，目前中国的经济学家做得还很不够，甚至大多数经济学家还没有意识到这种可能性。这就是本文研究的理论背景和逻辑起点。

四、研究国有企业改革及企业制度创新的新视角

企业是社会经济活动的细胞，是各种复杂经济关系的交汇点。决定企业制度性质、导致企业制度变化的因素也是复杂多样的。但企业最基本的功能，是通过人力资本与非人力资本的结合，或从事物质生产，提供社会需要的产品；或从事销售活动，实现由商品到货币的"惊险一跃"；或专门从事服务活动，向社会提供各种生产与生活服务。因而，企业最基本的经济关系是人与物之间的关系和人与人之间的关系。西方人力资本理论和现代企业理论启发我们，现代世界经济发展的新特点也昭示我们，把技术和其他生产力方面的因素抽象掉，决定企业制度性质的是物质生产资料的所有制性质和人力资本的性质，导致企业制度变化、创新的是生产资料所有制结构的变化与人力资本特点和作用的变化。研究企业制度创新，除了考虑技术、分工等生产力方面的因素外，在生产关系方面，既要深入考察物质资料所有权关系及结构的变迁对企业制度性质和变化的影响，也要高度关注人力资本性质、地位、作用的发展与变化，以及在企业制度性质决定和发展创新中的作用。在人力资本中，企业家人力资本最重要、最稀缺。随着生产社会化、经济现代化和竞争国际化的发展，特别是在全球化、信息化、网络化、知识化成为当今世界发展的大趋势，知识经济迅速兴起和发展，人力资本越来越成为经济增长的决定力量的时代，作为稀缺资源的企业家人力资本在社会经济发展和企业发展中的作用变得越来越重要。作为一种资本，与非人力资本一样，企业家人力资本也必然在企业制度性质决定和企业制度创新过程中发挥着重要作用。这是上述分析的逻辑必然结论。

分析至此，本文的研究任务就比较清晰了。这就是，根据时代发展的大趋势，运用20世纪八九十年代以来被介绍到我国的西方人力资

本理论和现代企业理论，在国内外人力资本理论和企业理论已有研究成果基础上，把企业家人力资本与企业制度创新联系起来，考察企业家人力资本在决定企业性质和导致企业制度变迁方面的作用，同时根据研究得出的结论考察我国国有企业制度创新中的问题，从企业家人力资本与企业制度创新的角度，建立国有企业制度创新的新理论，提出进一步深化国有企业改革的政策建议。

第二节　国内外研究现状和本文研究目标

一、人力资本理论和现代企业理论：
国内外研究现状和文献评述

20 世纪 50 年代末 60 年代初以来人力资本理论的兴起、30 年代以来企业理论的繁荣发展，是经济学领域影响深远的大事件。由于人力资本理论和现代企业理论对现实的较强的解释力和对经济政策产生的重要影响，这两个理论领域研究的开创者和杰出学者，都先后获得了诺贝尔经济学奖。

（一）人力资本理论评介。以雅各布·明塞尔 1957 年在博士论文《人力资本投资与个人收入分配》中把人力投资的概念和人力资本分析方法正式引入经济学理论之中为滥觞 a，以后在芝加哥大学任教的西奥多·W. 舒尔茨、加里·贝克尔等人 60 年代发表了一系列重要论文，人力资本理论体系逐渐趋于成熟和系统化，成为一个重要的经济学分支。这些经济学家通过对经济增长过程的因素分析，发现人力资本的贡献是经济增长的重要原因之一。因此，在研究经济增长问题时，有必要扩大传统的资本概念，把人力资本包括进来，而不应该仅仅只考虑有形的物质资本和货币资本。人力资本与非人力资本都有资本的属

---

①　由于舒尔茨和贝克尔都获得了诺贝尔经济学奖，人们一般把舒氏当作人力资本理论最早的创立者。而严格地按时间而论，明塞尔则是现代人力资本理论的最早开拓者。参见马克·布劳格:《20 世纪的百名经济学巨匠》中译本，中国经济出版社 1992 年版，第 201 页。

性，但又具有不同的特点。人力资本的形成也有成本，也可以进行投入—产出的经济学计算。努力提高人力资本的素质，激发人力资本的积极性，就可以大大促进经济增长，而且人力资本的投资收益率要大大高于非人力资本。根据对人力资本性质、特点的分析，这些经济学家提出，由于在某种意义上决定人类前途的并不是空间、土地和其他自然资源，而是人口的素质、技能和技术水平，只要人的素质和积极性不断提高和得到充分发挥，经济增长就具有无限空间，人类的前景是乐观的。可以看出，人力资本理论对经济增长的动力和因素作出了更加接近现代经济增长现实的全新解释，深化了经济增长理论，拓宽了人们的视野。这种理论诞生后，直接影响了经济生活实践。20世纪下半叶以来，许多西方发达国家对经济政策进行了重大调整，更加重视人力资源的开发，更加重视人口素质、知识、技能的培养和提高。可以说，人力资本理论是经济增长理论的重要革命，不仅使越来越被人们冷落的传统经济增长理论获得了新生，而且使经济增长乃至人类前景具有了一种新的可能。

可以看出，国外对人力资本的研究，主要是通过实证研究，分析了人力资本的特点、形成，建立了人力资本与经济增长之间的联系，指出人力资本作用的发挥是经济增长的重要源泉，提出了提高人力资本素质、知识和技能，促进经济增长的见解等。但是，西方人力资本学家还没有意识到人力资本特别是企业家人力资本对企业制度的影响，因而也不可能建立企业家人力资本与企业制度之间的关系。而国内对人力资本的研究基本上仍然是介绍西方理论观点，并进行了教育与人力资本形成和人力资本投入—产出关系的研究，有的学者还指出了人力资本特别是企业家人力资本的特点和定价问题，但他们也没有就人力资本以及企业家人力资本与企业制度的关系展开探索。

（二）企业理论评介。马克思在分析资本主义经济关系时，曾经对企业是什么、企业因何出现、企业规模如何确定、企业内部所有权结构及控制权结构怎样决定等问题进行了深入的研究。比如，马克思指出，在企业内部资本家占有全部生产资料，而雇佣工人则一无所有；

资本家具有对企业和工人的绝对控制权，工人则完全处在被榨取、被奴役、被管理和监督的地位。在《资本论》中，马克思这样写道：一离开简单流通领域或商品交换领域，到了企业中，"原来的货币所有者变成了资本家，昂首前行；劳动力所有者变成了他的工人，尾随于后。一个笑容满面，雄心勃勃；一个战战兢兢，畏缩不前，像在市场上出卖了自己的皮一样，只有一个前途——让人家来鞣"。按照经济学界对企业理论的理解，我认为马克思已经形成了他的比较完整的企业理论。然而，传统西方经济学认为在科斯之前，经济学没有企业理论。这可能是因为经济学界对马克思的企业理论缺乏研究和了解，也可能是因为马克思创立的企业理论不符合所谓的经济学"规范"，更明确地说，马克思的企业理论，不是西方世界"需要"的企业理论。比如 G. C. 阿奇博尔德在《新帕尔格雷夫经济学大辞典》中介绍企业理论的发展时，就这样写道："马克思总是例外的，但是在这里没有篇幅来讨论马克思。"

但是，对于传统西方经济学而言，经济学理论体系中没有完整的企业理论，这却是事实。自马歇尔以后，作为西方经济学正统和主流的新古典微观经济学，无论是局部均衡理论，还是一般均衡理论，都是研究市场交易的理论，其主题是价格在平衡供求关系中的作用。为了这一目的，企业被简化为一个假定，即"使利润最大化"，正如消费者使效用最大化一样。在这种研究传统下，企业本身是一个"黑匣子"。通过阅读新古典经济学的著作，我们关于企业所知甚少。诚然，为了研究价格的作用，对企业做这种简化是必要的。并且，"使利润最大化"这一假定在某种程度上也比较符合市场经济的实际。但是，观察一下现实经济活动，我们会发现，市场交易及其价格调节只是人类经济组织的一种形式。即使在市场经济中，也有相当大部分的交易活动是在企业内完成的。因此，打开企业这只"黑匣子"，对我们认识多种形态的经济组织形式，有重要意义。

20 世纪 30 年代，事情开始发生了变化。1937 年，芝加哥大学法学院教授罗纳德·科斯发表了题为《企业的性质》的著名论文，之后阿尔钦、德姆塞茨、威廉姆森、阿罗、张五常等发表了一系列重要文章，或者沿着科斯的研究路径继续深入，或对科斯的观点进行诘问，或者独辟蹊径另立新说，并分别运用产权、交易费用、市场失灵、团队理论、信息不完全理论等令人眼花缭乱的理论概念和分析工具，分析了企业的产生和本质、企业的边界、企业内部的等级制、企业的资本结构、企业内部所有权和控制权结构等问题，形成了今天蔚为大观的企业理论。企业理论的兴起，使我们对企业的认识由原来的一个简单假定变得丰富深入，企业由"黑箱"变成了"白箱"，人们主动地在市场和企业之间选择交易方式的行为获得了理论上的说明，人们也可以依据现代企业理论，顺应现代经济进程的演进，自觉地在市场和企业之间作出选择，调整企业内部所有权结构和控制权结构，促进企业效率和整个经济体系效率的提高。这就无怪乎现代企业理论引起了经济学界的高度关注，吸引了越来越多的学者进行这方面的研究，成为20世纪直到今天最热门的经济学理论分支。

由以上分析可以发现，国外对企业制度方面的研究，主要是根据交易费用理论，主张企业是市场的替代物并提出企业边界决定的看法。运用产权理论、团队理论、委托—代理理论、信息不完全和不对称理论等，提出为了避免机会主义和降低监督成本等目的，要求把企业剩余索取权和控制权集中分布于非人力资本所有者手中。而国内对企业制度问题的研究，主要偏重于介绍交易费用理论和产权理论，并借鉴西方企业理论，提出国有企业改革的关键是进行产权制度改革的重要思路。有的学者分析了企业内部人力资本与非人力资本合约的性质，指出了企业家人力资本在企业发展中的重要作用及我国企业制度的缺陷。有的考察了现代企业内部所有权结构的变化，提出企业共同治理的概念和分类改革的思路。有的学者还初步指出了企业家人力资本是一个重要的企业制度要素，并分析了企业家人力资本对企业产权和治理结构的影响，但他们的这种分析还是很简单、不够深入的，并且对企业家人力资本如何决定和影响着企业制度的性质及变迁没有进行进一步的探讨。

在本文写作过程中，主要收集和利用了国内外人力资本理论、产权经济学、新制度经济学、企业理论方面的文献。文献来源主要是中国国家图书馆关于这些问题的中英文书籍、期刊，《经济研究》《中国社会科学》《人大报刊复印资料》《中国工业经济》《经济学动态》《管理世界》《改革》《经济社会体制比较》等国内重要刊物上全部相关文章，党中央、国务院文件、中央领导报告和讲话，政府部门部分内部研究资料。力求从各个渠道了解信息，启发思想，不拘泥于符合主流经济学规范研究要求的研究成果。

二、本文研究目标和难点

本文试图通过分析企业家人力资本在企业制度创新中的作用，对企业制度创新给出一个新的理论解释，证明企业制度变迁过程同时是企业人力资本发挥更大作用的过程。根据这些理论观点，对我国国有企业改革提出新的政策建议和制度设计，力求在学术上有所创新，并使本文提出的观点和建议对我国国有企业改革实践具有一定的政策参考价值。

本文研究中的难点主要是如何从传统的所有权视角转到企业家人力资本所有权和非人力资本所有权结构的研究；对企业制度创新过程特别是企业家人力资本在企业制度创新中的作用，作出新的理论说明；如何用新的方法分析国有企业制度结构并提出改革思路。

第三节 本文的研究方法、基本框架和基本结论

一、本文的主要研究方法

首先，本文将运用实证分析为主，实证分析与规范分析相结合的方法。我将通过对企业制度变迁和经济增长过程的考察，客观地描述企业家人力资本在企业制度创新中所发挥的重要作用，解决企业制度创新过程是什么的问题。由于本论文研究的目的是为中国国有企业改革特别是企业制度创新提供一种可供选择的路径与思路，我将运用实证研究得出的结论，针对中国国有企业制度创新中存在的问题，提出

我国应该选择怎样的国有企业改革思路，解决应该怎样进行企业制度创新的问题。

其次，在研究中本文将采用定性研究为主，定性与定量研究相结合的方法。经济社会研究与物理学、化学等自然科学研究不同，无法排除若干因素的影响，在给定条件下采取实验方法进行。大多数场合下，只能采取历史过程观察、逻辑分析的研究方法。当然，就经济关系研究而言，可以采取马克思所说的抽象法，即暂时舍弃掉一些因素，只考察某一种或几种因素的影响。但是，这里就存在一个抽象是不是合理的问题，即是否把不应该排除的因素排除了。如果把不应该排除的因素排除了，虽然得出的结论是暂时成立的，但是当研究进入由抽象到具体的阶段时，把已经抽象掉的因素再放进去，研究结论与经济现实就会风马牛不相及，甚至南辕北辙。企业制度是一个复杂的经济问题，其中涉及所有制关系、生产力发展水平、分工以及技术因素、人文传统、法律等诸多经济社会因素，试图建立各种复杂经济社会因素之间的数量关系非常困难。这对于像我这样在"文化大革命"期间读完小学、中学，经常停课闹革命、批判封资修，所受教育残缺不全的一代知识分子，则尤其困难。同时，由于所研究问题的特殊性质，即使建立起某种模型，也很难说有多大价值。我们从新古典经济学以及国内某些研究者的论著中可以看出，虽然他们建立的一些模型在数学意义上很精致，几乎无懈可击，但是致命的问题是抽象掉了许多不应该排除的因素，结果这种看似玄妙的公式及模型，实际上没有多大现实意义，不过是一种只有经济学圈内人士自我欣赏的高级智力游戏罢了。对这种越来越远离亚当·斯密传统的研究方法，国内外经济学家都进行了批评。所以，我在研究企业家人力资本与企业制度创新的关系时，宁愿遵从古典经济学传统，主要采取定性的分析方法。尽管这样做已不时髦，不能进入所谓经济学的主流。当然，在必要和可能时，我也会进行一些数量分析，尽可能用模型说话。总之，方法要服从于研究目的，而不是服从时尚。

再次，我的研究方法建立在对传统因果关系分析方法的批判之上。对此，我要做一些说明与解释。以往许多经济学问题的研究，实际上是建立在一种哲学方法之上，即一种结果必然有一种原因存在。18世纪英国著名哲学家、经济学家、历史学家大卫·休谟，是一个对英国哲学甚至对整个西方思想界产生过巨大影响的人物。他在写于1739—1740年间的哲学著作《人性论》中，对传统的因果论认识进行了批评。他认为，原因和结果之间的必然联系既不存在，也不可知。人们所认为的原因和结果之间的联系，通常是"接近、接续和恒常结合的一种哲学的关系"①，并且"我们之所以根据一个对象的出现推断另一个对象的存在，并不是凭着其他的原则，而只是凭着作用于想象上的习惯"②。也就是说，我们通常认为的所谓原因与结果的联系，不过是两种特征比较相似和接近、在时间上先后继起、根据我们的习惯和经验而推断的关系。剔除不可知论因素，休谟这一观点还是发人深省的。以往经济学研究中言之凿凿的一些结论，也许根本不是原因和结果之间的关系，而只不过是一些接近、继起或根据我们的习惯所作出的推断。同时，一种现象的发生，并不必然有一种原因，也许是多种原因共同作用的结果。因此，在我的研究中，只是试图说明企业家人力资本是影响企业制度创新的重要因素，但单凭企业家人力资本的作用也许并不必然引起企业制度创新，这里研究的不是一种一一对应的因果关系；影响企业制度创新的要素非常复杂，我在研究中选择的只是其中的一个因素。如果一些经济学家研究经济问题的方法论用函数关系表示是 $F=f(a)$，我的研究思路的方法论基础则是 $F=f(a，b，c\cdots)$。这样，或许我就可以面对学术界的诘问：为什么不从所有制、分工、产权制度、治理结构等或许更加重要的角度出发研究企业制度变迁，而从企业家人力资本的角度来考察企业制度创新。

最后，我在研究中还采取了马克思从抽象到具体（或从一般到特殊）、历史与逻辑统一的研究方法。比如，我将先分析企业制度变化的一般情况，再具体分析中国企业制度的现状和创新问题；先从古典企业制度分析起，再分析现代企业制度。我在进行企业制度分析时，感

---

① 休谟：《人性论》上，商务印书馆，1980年，第111页。

② 休谟：《人性论》上，商务印书馆，1980年，第123页。

觉这些方法没有过时，对我的研究仍然具有重要的指导意义。

二、本文的基本框架

本文包括两大部分，计六章。第一章是导论，主要说明研究企业家人力资本与企业制度创新问题的必要性、可能性，提出研究任物和研究方法。第二章、第三章和第四章是第一大部分，是本文的基本理论部分。第二章主要分析迄今为止企业制度的演变过程，透过企业制度演变过程，探索企业制度创新的原因和一般规律。第三章通过人力资本与企业家人力资本的比较，分析企业家人力资本的基本特征及其在经济发展和企业发展中的作用。第四章在前两章研究基础上，把企业家人力资本与企业制度创新联系起来，从一个新的角度分析了企业制度演变创新的机理，并分析了企业家人力资本在企业制度创新过程中作用不断增强的原因，得出企业家人力资本在谈判中地位日益提高、在企业制度创新中发挥着越来越大作用的结论。第五、第六两章为第二大部分，是本文的应用研究部分。在第一大部分理论研究的基础上，第五章依据企业契约论的基本观点，分析了我国国有企业制度的现状和问题，从企业家人力资本理论角度，提出了国有企业改革的设想，以及为发挥企业家人力资本在企业制度创新中的作用，必须进行配套改革的有关建议。第六章实际上是一个典型案例研究。在这一章中，对近年来我国出现的国有企业管理者收购问题进行了分析，从企业家人力资本的角度，指出其在企业制度创新方面的意义、目前在具体实施过程中存在的问题，对今后实施管理者收购的有关政策建议。最后，是一个简单的结束语，概括了本文研究得出的几点主要结论，说明了本文所进行的研究在理论与实践上的创新意义。

第二章 企业制度及其创新

第一节 企业及企业制度演变

一、企业及企业制度

（一）企业的定义。按照《辞海》的解释，企业是从事生产、流通或服务性活动的独立核算经济单位 a。显然，这个定义带有明显计划经济时代的色彩，与今天的现实已不符合。李普西（Richard G. 1ipsey）和斯坦纳（Peter O. Steiner）在《经济学》第六版中将企业定义为：所谓企业，是运用生产要素生产商品，并将商品出售给个人、企业或政府的单位。罗伯特·霍尔（Robert E. Hall）和马克·利伯曼（Marc Lieberman）在《经济学——原理和应用》中给企业下的定义则是：企业是由私人所有并运作、专门从事生产的组织。他们还对企业的定义做了比较详尽的解释：虽然我们绝大部分产品是由企业生产的，但是也有许多产品不是企业生产的。比如，邮局提供了邮件投递服务，警察局提供了执法服务，但他们是政府部门，不是企业。因为他们不是私人所有的。当你做家务时，是运用各类投入进行有价值的产出，但是你是作为个人进行生产，而不是作为专门从事生产的组织在进行生产，也不是企业。虽然，霍尔和利伯曼所定义的企业是资本主义私有制条件下的企业，在他们的视野中不存在公有制企业。遗憾的是，在国内外认为更具有权威性的《新帕尔格雷夫经济学大辞典》和保罗·萨缪尔森《经济学》的各种版本中，我们却没有看到关于企业的明确定义。综合上述几种定义，我认为企业可以定义为：为私人或国家、集体所有的专门从事生产、流通、服务性活动，并将商品和服务出售给个人、企业或政府的生产组织。

（二）企业制度的含义。企业制度是企业各项具体制度相互有机结合而形成的系统。一般来说，企业制度包括企业所有权、企业财产所有权、企业的治理结构、企业的管理制度以及企业的非正式制度等。

---

① 《辞海》经济分册，上海辞书出版社，1980 年，第 322 页。

在西方经济学文献中，所有权既指对某项财产的所有权，也指对企业的所有权。本文在说到所有权时，指的是财产所有权，说到企业所有权时，指的是企业剩余索取权和剩余控制权。所谓剩余索取权，是指对企业剩余收益（即企业总收益减去固定合同支付）的要求权，企业的剩余收益是无法用合同事前明确规定如何在不同团体之间进行分配的那一部分，而剩余控制权则是指无法用合同事前规定归属的权力。企业财产所有权与产权是等价的概念，是指对财产的占有权、使用权、收益权和处置权。企业的所有权制度和企业财产所有权制度就是剩余索取权、剩余控制权和企业产权如何在参与企业的相关利益主体之间配置的制度安排。需要指出的是，由于研究对象的性质和保证逻辑上连续性的考虑，我这里所使用的所有权概念的定义和内涵，是西方现代企业理论所赋予的，与马克思主义经济学运用的概念有所不同。在马克思看来，所有权主要是生产资料的所有权，企业所有权是对企业生产资料的所有权，而在我这篇论文中，所有权有两种含义，既指生产资料所有权，也指企业所有权——企业剩余索取权和剩余控制权。马克思运用企业所有权的概念，是通过企业所有权制度的分析，为说明社会经济制度的财产关系基础服务的，而西方现代企业理论的企业所有权概念，则抽去了阶级属性，是为说明参与企业的各要素所有者之间关系服务的。由于研究的目的不同，各有其适用性。

企业的治理结构则有狭义与广义之分。狭义地讲，治理结构是有关股东（所有者）、董事会（决策者）和总经理（经营者）之间权力以及董事会的功能、结构的制度安排；从广义上讲，治理结构是指公司剩余索取权和剩余控制权分配的一整套法律、法规和制度性安排。这些安排决定公司的目标、受谁控制、在什么状态下实施控制、如何控制、风险和收益如何在不同企业成员之间分配等问题。因此，广义的治理结构与企业所有权安排几乎是等价的概念。

企业的管理制度是实现企业任务目标的手段。任何企业都必须具备一定的管理功能来落实组织的任务目标，并通过一定的制度设计来使这些功能得到执行。企业管理制度通常包括生产管理制度、财务制度、生产经营决策程序和执行程序等等。

企业的非正式制度是指一系列非正式契约，即由文化、社会习惯等形成的行为规范。这些规范没有在正式合同中写明，从而不具有法律效力，但实际上对企业全体人员行为产生着很强约束力，实实在在地起着作用。

在构成企业制度体系的各项制度中，企业的所有权制度、企业财产所有权制度和治理结构应该是企业理论研究的核心。而企业的产权制度和治理结构实质上决定着在企业各种相关人员中，谁享有企业剩余索取权和剩余控制权。在本文嗣后考察企业制度演变时，我将主要考察正式制度。在考察正式制度时，将集中研究企业所有权、产权制度和治理结构，特别是剩余索取权和剩余控制权分配的变化。

二、企业制度的演变

（一）企业发展的历史过程。在分析企业制度演变之前，让我们先考察一下企业发展的历史过程。

古典经济学家认为，分工与协作带来的生产效率的提高，市场范围的扩大以及技术的进步，是企业产生与不断发展的原因。作为一种初级形式的企业，建立于15世纪以前。从1450年到1650年这两个世纪里，发生了两件具有划时代意义的大事。一是世界范围内的探险、开发和贸易；二是世界与欧洲连成一片，世界经济结构发生了转换。市场范围在全世界的扩展，为商业发展提供了前所未有的机会，资本市场也随之繁荣，促进了企业组织形式的不断发展。早期的企业主实际上是手工作坊主。在斯密眼里，早期的企业主是一些面包师、裁缝和木匠等。劳动分工的发展，促进了生产和技术的进步。而生产和技术的进步，反过来又促进了分工的发展。分工和生产技术的发展，促进了生产组织的精密化、规模化。首先是手工作坊发展到工场手工业。工场手工业又有初级形态和高级形态。混成的工场手工业是初级形式，其制品是由各个独立的局部产品纯粹机械地组合而成的。这种工场手工业生产分为许多性质完全不同的过程，使人们不可能使用共同劳动资料，不利于提高劳动效率。威廉·配第曾经分析过的钟表手工业工场就是典型的例子。随着分工和生产技术的发展，混成的工场手工业进化到有机的工场手工业。在这种工场手工业中，不同的生产阶段独立起来，制品按顺序经过一系列相互联系的生产阶段被生产出来，半成品从一个阶段转移到另一个阶段所需的时间减少了，劳动过程变成了不间断的、在时间和空间上并存的过程，更加充分地发挥了分工协作的作用，提高了生产效率，节约了劳动。但是，这种分工也造成了协调费用。如果一个生产过程向另一个生产过程转移的时间间断，便会增加费用。这样，生产力发展的内在逻辑，就要求有机的工场手工业向以机器为主的古典企业转化。以机器大生产为主的古典企业，专业化分工更加精细，可以按照生产的客观逻辑来组织生产，因而大大提高了劳动生产率。古典企业也在按照自身的逻辑不断发展。由于分工的发展、技术的进步和市场的扩大，要扩大生产规模必须有足够的资本，而仅靠个人积累不仅缓慢而且数量小，不能筹集大量资本，于是借贷市场应运而生，以克服个人资本积累局限为目的，几个亲友共同出资、共同管理的合伙制企业也出现了。在企业的组织形式上，1820年以前的英国企业主要是分料到户的分包制，以后逐渐为中心车间和更为专业化的一体化企业所代替。

尽管合伙制企业为生产规模的扩大提供了可能，但是融资范围毕竟有限，企业生产规模的扩大也遇到了不可逾越的局限。随着生产力和技术的发展，市场的扩大，现代大企业逐渐成为企业的主要形式。所谓现代企业，即有限责任公司和股份有限公司，突破了业主制和合伙制企业的局限，可以在全社会筹集资金，使企业可以在短期内筹集到大量资金，迅速实现生产规模的扩张。如英国、美国早期运河航路开辟和铁路建设等，就是采取了股份公司形式。马克思在《资本论》中对股份公司的作用给予了高度肯定。他说，股份企业"是发展现代社会生产力的强大杠杆"，"他们对国民经济的迅速增长的影响恐怕估价再高也不为过的"。

现代大企业的出现，主要是1840年以后的事情。企业由业主制到合伙制，再到现代大公司的演变和发展在美国最为典型，而在众多考察企业发展史的学者中，以美国哈佛大学商学院的阿尔弗雷德·D.钱德勒教授所做的研究最为系统，作出的贡献最大。这里对现代大企业发展历史过程的描述，主要根据钱德勒教授的著作《看得见的手——美国企业的管理革命》一书提供的资料，并以美国的情况为考察对象。

19世纪40年代以前，当时美国的交通工具落后，机动车尚未使用，主要能源是风力或畜力，消息的传递缓慢，而且美国地广人稀，市场规模不大。在这种情况下，一个工商单位在一定时期内所能处理的交易次数和规模都是极其有限的。狭小的营业规模决定了家庭式小企业的广泛存在。这些企业通常"只掌管一种经济职能，经营单一的产品系列，且仅在一个地区内经营"，因此钱德勒称之为"单一单位的企业"[①]。1840年的美国商界，通行的企业组织形式还是传统的合伙制。这种合伙制通常由二三名亲友构成，一个人可能同时参加几个合伙制企业。在生产领域，1840年前的美国经济主体还是农业，城镇中主要的工业活动是房屋建造、修船、铁木工匠等，制造业企业多为手艺人的作坊，使用传统能源，很少用机械，产量很小。随着需求的扩大，主要通过若干简易办法扩大生产规模，如招收更多的学徒与帮工、使用家庭分包的办法利用邻里劳力、采用简单可行的机械等。这种状况限制了企业规模的扩大。就是当时最发达的纺织业，虽然出现了若干近代意义的企业，但是其规模和职能至多相当于今天的公司制大企业最下一层机构。

19世纪50年代至80年代，铁路、电报、电话及邮政服务等基础结构相继发明与采用。铁路提供了速度、正常性运输以及批量运输的可能，使得大规模行销与生产有了空间保证；电报、电话及邮政服务的改善，则为在更大范围内传递信息、进行协调和控制提供了技术前提。与此同时，新式动力、能够连续操作的机器设备被发明采用，统一国内市场基本形成。在这种情况下，大规模行销与生产的工商企业很快就应运而生了。在商业领域，诞生了一大批批发

---

① 钱德勒：《看得见的手——美国企业的管理革命》，商务印书馆1994年中译本，第2页。

企业和零售企业。如在零售行业，既出现了面向都市的百货商店，梅西（Macy）、布卢明代尔（Bloomingdale）等名店均出自这一时期；也有面向乡村的邮购企业，如后来转为连锁商店的西尔斯（Sears）与蒙哥马利·沃德（Montgomery Ward）便是这个时期从事乡村邮购的主要角色；还有主要分布在城郊、小镇的连锁商店。在工业领域，匹兹堡钢铁厂、福特汽车公司等后来世界闻名的大企业也诞生于这一时期。从企业的组织结构的角度看，现代公司经历了 U 型结构到 M 型结构的演变。所谓 U 型结构，即生产、销售、财务金融筹资、研究开发等部门实现了职能分工，这些平行的层级机构分别由总经理控制。这种公司易于控制，但由于管理跨度大，平行机构多，增加了组织管理费用。为了克服 U 型结构的弊病，21 世纪初杜邦公司、通用汽车公司、标准石油公司等企业实行了 M 型结构，其特点是：经营决策由独立的分部各自作出；总部有一个总参谋部，控制各分部；总部负责战略决策或长期规划，只关心总体的绩效；追求总的利润最大化；每个分部相当于一个 U 型企业。这样就综合吸收了 U 型和 M 型企业的优点，又弥补了各自的缺陷。根据钱德勒的研究，以 1875 年为转折点，现代公司制企业迅速发展，到第二次世界大战后，现代公司制企业在各种企业形式和社会经济生活中开始占了主导地位。[1]

（二）企业制度演变分析。从企业所有权制度、企业财产所有权制度和治理结构的角度看，迄今为止出现了古典企业、现代公司制企业、工厂制企业、伊利里亚即劳动自治企业（南斯拉夫社会主义联盟分裂解体前，实行所谓社会所有制，企业主要采取这种形式）、股份合作制企业等企业制度，在现代公司制企业中又可分为一般股份制企业、分享制企业、管理层收购企业等形式。由于工厂制企业、劳动自治企业、股份合作制企业或者是传统计划经济制度下的企业形式，或者在市场经济体制下不具有代表性，我将只对古典企业、现代公司制企业包括一般股份制企业、分享制企业、管理者收购几

---

① 史正富：《现代企业的结构与管理》，上海人民出版社，1993 年，第 15—65 页。

种企业制度进行考察。

与一般经济学者的分析不同，我在分析企业制度变化时，引入了企业家人力资本这一企业制度因素。现代契约论和现代企业理论认为，企业是人力资本特别是企业家人力资本与非人力资本的结合，企业收益是人力资本与非人力资本共同作用的结果。从理论上说，既然同为资本所有者，企业所有权即企业剩余索取权和剩余控制权就应该在非人力资本所有者与人力资本所有者之间分配。在人力资本中，企业家人力资本具有特殊的作用，当然也应该参与企业所有权分配。至于企业所有权如何分配，则是随着人力资本与非人力资本作用在企业契约谈判中的地位变化而变化的。这一点，在第四章分析企业性质和企业制度演变机理时，我将展开论述。

1. 古典企业。古典企业又有单一业主制企业和合伙制企业两种。单一业主制企业是由个体独资经营的企业，或称为独资企业。它可由投资者一个人经营，也可由投资者家庭经营，其财产归一个人或一个家庭所有。这种企业，在法律上称为自然人企业。按照有关法律规定，单一业主制企业的投资者对企业债务负无限责任，即投资者应以企业的全部财产和投资者的其他私人财产来承担清偿债务的责任。合伙制企业是由两个或两个以上的出资者共同投资兴办和联合经营的企业，其财产为合伙人的共有财产，由合伙人统一管理和使用。合伙制企业的投资者对企业债务负连带无限责任，债权人有权对合伙人中的一名直至全体同时或先后行使债权，要求其偿还全部的债务。在合伙制企业中有一种有限合伙企业，与一般合伙制企业略有不同。它是指由一个以上的无限责任合伙人和一个以上的有限责任合伙人共同组成的企业。无限合伙人为企业债务负无限的甚至连带的清偿责任，而有限合伙人则限于其出资额并按出资比例对企业债务承担有限的责任，但同时也无权参与企业的管理。在这种合伙制企业中，由于有限合伙人只分取利润，不参与企业管理，因而存在着一定程度的所有权与经营权的分离。同时，无限合伙人由于承担风险更大，相对于有限合伙人享有更大的剩余索取权和剩余控制权。

无论是单一业主制企业，还是合伙制企业，企业所有权和经营管理权都统一集中于企业主或合伙人身上。他们承担全部风险，享受企业全部收益（支付工资等固定费用以后的收益），对企业财产具有占有、处置、使用等权利，自己或合伙人共同管理企业。事实上，正是由于公司制企业的产生与发展，才有了关于企业所有权、企业财产所有权的划分以及企业治理结构的概念。

这里需要指出的是，古典企业的业主和合伙人之所以享有企业全部剩余索取权和剩余控制权，部分地是因为他们也是人力资本特别是企业家人力资本的所有者。只不过在古典企业情况下，企业规模较小、产品和经营单一，管理相对容易，使业主和合伙人的非人力资本所有者身份与管理者身份合而为一，他们的权利似乎全部是由非人力资本所有者身份带来的，企业家人力资本还没有独立出来。在现代企业制度中，企业家人力资本与剩余索取权及剩余控制权的关系就会突出出来。

2. 现代公司制企业。公司制企业是指由两个或两个以上出资者集资，依法定的条件和程序而设立的、具有独立人格的法人企业。公司制企业主要包括有限责任公司和股份有限公司两种。有限责任公司与股份有限公司的区别是：前者是私募设立，其股份全部或近乎全部由建立公司的少数几个人所占有，股份只能在公司内部转让，不能在市场上公开交易；后者是公募设立，由一定人数的发起人组织并在社会上公开发行股票，股票可以在证券交易所或其他证券市场上公开挂牌进行交易转让，在西方又称作公众企业。公司制企业的主要特点是责任有限性和财产独立性。所谓责任有限性，是指不论是有限责任公司，还是股份有限公司，其股东均以出资额为限对公司承担责任，公司以其全部资产对公司的债务承担责任。所谓财产独立性，是指公司制企业具有独立的法人地位，拥有自己独立支配的法人财产，可以以自己的名义独立从事生产经营活动，独自享有民事权利和承担民事责任。

与古典企业不同，在公司制企业中发生了一系列权利的分离。首先是初始或终极所有权（法律意义上的财产所有权）和法人财产权的分离。在公司制企业中，股东一旦入股，把自己的非人力资本变成某公司的股份，便丧失了从公司资本中抽回本金的权利，而只能通过股份转让从其他股东手中换得现金。这种股份转让只会改变公司所有权结构，不会影响公司财产的完整性。企业的出资者不再是企业资产的占有者，只对公司资产拥有终极所有权，即对入股资金的所有权及基于股份的收益权和处置权等权利，却失去了对公司的资产实际占有的权利。他不能直接对公司财产进行处置，而只能处置他个人拥有的作为出资凭证的股票或其他股权证书。真正对公司资产拥有直接实物占有权利的是独立法人实体——公司。其次是以公司法人为中介的法人财产权与经营权的分离，亦即对公司财产支配权（集中于董事会的战略决策权）与日常经营管理权（由专业经理人员行使的管理决策权）的分离，它导致了一个以专门从事经营管理活动力职业的支薪经理阶层的形成，后者被钱德勒称为"经理革命"。由此可以看出，在现代公司制企业中，先是所有权与经营权的分离，即所有权与法人财产权的分离，这是公司制度的关键，然后才是企业内部财产支配权与日常经营权的分离。

由于非人力资本所有权与经营权的分离，在公司制企业内部形成了两层委托代理关系：公司全体股东与董事会之间存在着资产授权关系，即股东把直接经营管理公司的权力委托给董事会，由董事会作为受托人接受股东会的委托负责统管公司的法人财产。董事会则委托经理人员为之代理公司日常经营管理事务。这样，在公司内部就需要建立一整套制度，规定股东、董事会和经理应该享有的权利，用以约束各个利益主体的行为，使董事会能够从股东利益出发，制定战略决策，使经理层能够切实贯彻董事会的决策，既使各方的利益得到保证，又能使公司高效运行。这被称为公司的治理结构。对现代公司制企业的治理结构，可以大致描述如下：

股东会。在公司制企业中，股东会拥有对入股资金的所有权及基于股份的收益权和处置权，以及在公司解体时或破产清算时对剩余财产的按股分割权，通称为"自益权"。除此之外，公司制企业的非人力资本所有者还享有参加股东大会通过投票表决选举董事会和监事会成员的权力，对公司经营方针、投资计划、企业分立合并事件作出决定的权力，对公司财务方案、分配方案审议批准的权力，对公司经营活动监察的权力，以及对玩忽职守、未能尽到委托责任的董事提出诉讼的权力等等，统称力"公益权"。

董事会。作为承担股东财产受托经营的职能机关和实际的最高决策机构，拥有支配公司法人财产的权力。这种权力体现在：召集股东大会，并向股东大会报告工作，执行股东大会的决议、决定等；决定公司的战略经营计划，拟订投资方案，对公司的经营活动进行全面而连续的检查评价；提出公司利润分配方案及弥补亏损方案；制定公司财务预决算方案，以及公司增减注册资本和发行公司债券的方案；拟订公司的合并分立和解散方案；聘任或解聘公司经理，根据经理提名聘任或解聘公司的副经理、财务负责人，并决定他们的报酬和奖惩；决定公司内部管理机构的设置及制定公司基本的管理制度等。

经理层。经理班子作为董事会决策的执行机构，拥有以下权力：主持公司的生产经营管理工作，组织实施董事会决议；组织实施公司年度经营计划和投资方案；制定公司内部管理机构设置方案；拟订公司的基本管理制度；制定公司的具体规章；提请聘任或解聘公司副总经理和财务负责人等。总经理作为董事会的意定代理人，对外负责处理法律诉讼、签订合同或其他业务往来事宜，对内负责统管企业的生产经营管理。与董事会内部各董事之间是平等关系不同，总经理与副总经理等管理人员之间的关系是一种领导被领导、上级与下级、首长与助手的关系，经理班子成员必须服从总经理的领导和指挥。

监督机构。在现代公司治理结构中，股东大会名义上是公司的最高权力机构，但因为它不是常设机构，很难对经营者有悖所有者利益的行为及时予以纠正。为此，现代公司通常设立监事会，对公司经营者的行为进行经常性的监督，以避免他们从事违反公司法和公司章程的活动，防止董事会与经理人员相互勾结，滥用职权，弄虚作假，损害股东及职工的利益。监事会可以在以下方面行使职权：派监事列席董事会会议，了解会议情况；检查公司经营和财务状况，随时审阅和审查公司账册文件，并有权要求董事会、经理向其提供情况汇报；对董事、经理执行公司职务时违反纪律、法规或者公司章程的行为进行监督；当董事和经理的行为损害公司的利益时，要求董事和经理予以纠正；提议召开临时股东会，审核董事会编制的提交给股东大会的各种报表，并把审核意见向股东大会报告；当董事为本人或他人与公司发生交涉或诉讼关系时，可以充当公司代表；在自身需要有人协助监督工作时，可以代表公司选用律师、会计师或监督法人，并委托其对公司经营和财务状况进行审计。

在公司制企业中，非人力资本所有者与经营管理者不再集于一身，而是实现了二者分离。传统企业理论认为，资本所有者拥有全部剩余索取权和剩余控制权，而最近的一部分企业理论研究者则认为，企业家及经营管理者也拥有部分剩余索取权和剩余控制权。我比较倾向于后者。但是，我持这一观点的根据，仍然是只有资本所有者才享有剩余索取权和剩余控制权。企业家享有一定剩余索取权和剩余控制权不仅因为在公司制企业中对企业家的监督成本过高，因此不得不给予他们一定的剩余索取权和剩余控制权，更因为企业家人力资本也是资本的一种形态，而且在企业利润创造中发挥着越来越大的作用，决定着企业的兴衰存亡。

随着社会经济关系的变化，近年来出现了一些不同于传统意义上公司制企业的"另类"现代公司制企业形式。这里主要介绍分享制和利益相关者企业、企业管理者收购。

分享制和利益相关者企业。近年来，公司由持有该公司股票的个人或机构所有的"所有者的公司"模式受到了分享制和利益相关者公司的挑战。分享制和利益相关者模式提倡者认为，公司的利益相关团体不仅应包括公司的所有者，还包括债权人、供应商、顾客、经理人员和一般雇员，公司的经营要追求股东利益和其他利益相关者的平衡。实际上，利益相关者企业不过是分享制企业"分享"范围的扩大。在实践中，日本企业的分享色彩相当浓厚。20世纪80年代至90年代中期，美国已有29个州修改了公司法，明确要求公司经理为公司的相关利益者服务，而不仅为股东服务。也就是说，股东只是利益相关者中的一部分，经营管理者、劳动者、债权人等则是另一部分利益相关者。

与传统公司制度企业相比，分享制与利益相关者企业在制度上发生了显著变化。从剩余索取权和剩余控制权来看，管理人员、劳动者和其他利益相关者，都有一部分剩余权利。青木昌彦指出，日本企业的特征是契约的不完全程度较高，而且剩余控制权也不完全归雇主一方，它具有在从业人员中广泛分散、分享的倾向。如在作业现场发生的问题，往往被职工分散处理，在车间层次上也存在着分散协调。与此相适应，剩余索取权也在股东和员工之间分享。股东作为非人力资本的提供者，对企业利润并不享有完全的和终极的索取权，从业人员也参与利润分配，并且努力使从业人员的平均收入最大化。在日本实行分享制的企业中，员工分享额占公司利润的比重一般在 42%—76% 之间，雇佣 30 个员工以上的日本企业中，有 97% 的企业每年给固定职工发放两次奖金。

从公司治理结构看，最大的变化是董事会的组成和提名及选举过程。从董事会组成看，传统公司制企业董事一般必须是持有一定数量股份的股东，现在许多公司董事会成员不仅包括股东，而且包括债权人、从持有股份的职工选举产生的董事，以及与公司毫无利益关系的独立董事。从董事会成员的提名和选举来看，过去公司制企业董事主要由占有一定股份的股东和董事长提名，而目前美国大公司多半倾向于成立一个专门的"提名委员会"。该委员会由公司的在任董事和外部董事组成，其中大多数为外部董事。该委员会的主要职责是确定公司最需要增补哪些类型的董事，并考察和提出董事候选人名单，这意味着董事候选人的提名权基本落在外部董事手里。至于所推选董事候选人的正式任命，在英美国家，法律规定由股东会独自享有最终的董事任免权，在其他一些欧洲国家，一般由监事会直接任命董事甚至董事长，监事会实际上部分发挥着类似英美公司股东会的作用。

管理层收购（MBO）。在西方，管理层收购（ManagementBuyout）是杠杆收购（LeverageBuy-out）的一种。是由英国经济学家麦克·莱特发现并进行规范化定义的企业收购方式。它是指目标公司的管理层以自有资产和外部融资获得目标公司的股份或资产，从而改变本公司的股权结构，达到控制该公司并获得预期收益目的的收购行为。在 20 世纪 80 年代中期，MBO 首先在英美国家兴起，80 年代末 MBO 有所降温，进入 90 年代重新活跃起来。我国在 2001 年到 2003 年年初，MBO 一度非常流行，后由于交易、融资等法规不健全，MBO 行为很不规范，而被有关管理部门叫停。2003 年下半年国家有关部门颁布了国有企业改制的有关规定，MBO 又在一些地方开始启动。

实行 MBO 后的企业改变了公司制企业的制度结构。非上市公司由许多股东共同拥有所有权的企业变成经营管理者拥有控制权的企业，上市公司由股份有限公司转变成有限责任公司。实施 MBO 的公司中，管理者实现了由单纯人力资本所有者到人力资本所有者和非人力资本所有者身份的统一。这类企业仍然设立股东会，但实际上管理层集所有者和经营者于一身，享有对企业的剩余索取权和剩余控制权。

第二节　企业制度演变的主要原因

企业制度的演变，既有企业外部原因，也有企业内部原因。从根本上说，企业制度演变的主要动因是社会生产力的发展以及生产力和生产关系的矛盾运动。具体可作如下分析。

一、社会生产力的发展和企业规模的不断扩大

马克思主义认为，生产力决定生产关系。研究经济制度包括企业制度演变，首先要从生产力发展方面进行分析。市场经济制度确立后，特别是工业革命以后，社会生产力得到解放，实现了快速发展。马克思在《共产党宣言》里曾指出，资本主义生产方式确立后的一百多年

时间里，创造了比过去以往所有时代总和还要大得多的社会财富。社会生产力的发展，从几个方面促进着生产规模的扩大。一是生产技术的创新和应用以加速度进行，只有进行大规模生产才符合机器大生产的技术要求，才能实现企业利益最大化。能源供给方式的革命、生产加工设备的大型化、生产过程的自动化也为生产规模的迅速扩大提供了技术上的可能性。二是生产力水平的迅速提高，使得社会需求不断扩大，只有进行大规模生产，才能满足社会生产和消费的需要。三是市场规模空前扩大，形成了全国统一市场，甚至形成了世界市场。马克思在《资本论》第三卷中曾指出，世界市场的形成既是资本主义生产方式的前提，也是资本主义生产方式的结果。市场规模的扩大特别是世界市场的形成，保证了大规模生产条件下商品价值形态的转换，即实现由商品到货币的转变。

社会生产力的进步和企业生产规模的不断扩大，要求企业制度必须与此相适应发生革命。一方面，企业要根据市场需求和生产技术的要求，迅速扩大生产规模，进行现代大规模生产，必须能够在较短时期内迅速筹集所需要的资本。满足现代企业扩大生产对资本的需求，仅仅依靠企业自身积累做不到，靠亲朋好友合伙筹资也做不到，必须在全社会范围内筹集资本，实行企业制度创新。于是，单一业主制和合伙制企业制度被突破，出现了股份有限责任公司这种新的企业制度。在股份制企业制度下，企业可以向全社会发行股票，而且股东一旦购买了企业股票，就形成了可以独立运用的公司法人财产，不能把资本从企业抽回。这样公司就能够在短时期内集中起社会资本，扩大生产规模。过去许多看来不可能的事情，如修建铁路、开凿运河等巨大工程，在很短时间内就完成了。

另一方面，现代化、大规模生产的经营管理极其复杂，成为一种只有专家才能胜任的事情，拥有非人力资本不一定具有管理能力，要求实行非人力资本所有权与经营管理权的分离。这就必须改变业主制及合伙制企业的制度模式，使经营管理权集中在少数股东手中，并进而集中在不拥有非人力资本但拥有企业家人力资本的职业企业家手中。股份有限公司就是这样一种制度安排。在股份制企业中，建立起公司治理结构，股东会、董事会和管理层之间形成了一种相互制衡又灵活有效的制度约束，即使经营管理者拥有必要的权利，又受到来自股东、市场等方面的制约；既能提高公司资产的利用效率和效益，又能保证非人力资本所有者的权利，降低出资者承担的风险。

二、分工的扩大与深化

分工有力地促进着社会生产力的发展，社会生产力的发展反过来又促进了分工的进一步深化和扩大。马克思、恩格斯高度重视分工与经济制度之间的联系。"分工发展的各个不同阶段，同时也就是所有制的各种不同形式。"① 分工分为社会分工与企业内部分工。二者相互联系、相互促进，共同推动着企业制度的演变与创新。

先看社会分工对企业制度演变的作用。科学技术与市场经济的发展使得社会分工越来越深化和扩大。在社会分工高度发达的情况下，对每一个社会成员来说，固定从事一种职业更有利于充分发挥自己的职业专长，获得更高的收益；对于社会来说，社会成员之间分工越细致，越有利于提高社会生产力。在历史上，发生过三次社会大分工。迄今为止，不仅发生了生产、流通、科研、教育、文化、艺术等领域的分工，而且发生了非人力资本所有者和经营管理者之间社会职能的分工。现代社会的大部分成员获得收入、扣除生活消费后的剩余，不是自己进行投资经营，而是通过存入银行或购买企业股票来获得收益；而一部分经营管理专家凭借自己的企业家人力资本，专门从事生产经营管理，靠替别人经营管理资产，并使资产增值以获得自己的收入。这种社会分工的发展，就使得建立现代公司制企业、实行非人力资本所有权与经营管理权的分离成为可能和现实。

再看企业内部分工对企业制度演变的影响。马克思在《资本论》中曾经说，进行资本主义机器大生产的企业如同一支交响乐队，必须

---

① 马克思、恩格斯：《马克思恩格斯选集》第一卷，人民出版社1972年，第26页。

听从一个指挥的调动和协调，这个指挥就是专门从事经营管理的企业家。由于生产技术和生产社会化的进一步发展，马克思所处时代企业内部的分工状况与今天相比，已经不可同日而语。现在企业内部不仅生产工序更加复杂，而且企业质量管理、资金管理、技术开发、营销和市场推广等经营管理环节及领域之间的分工更加精细。经营管理这样复杂、庞大的系统，只有具有丰富的、专门的经营管理知识，并经过长期的企业经营管理实践才能胜任，一般资本所有者是无能为力的。这就使现代公司制度不断发展和完善，使非人力资本所有者与经营管理者之间的分工，从而使非人力资本所有权与经营管理权之间的分离成为一种必然趋势。

三、市场体系的建立完善和市场不确定性的不断增强

企业制度演变和创新还取决于市场状况。我们这里主要分析完善的市场体系建立和市场不确定性增强对企业制度演变的影响。

首先分析市场体系完善状况对企业制度创新的影响。企业制度由业主制和合伙制向现代公司制度的演变，第一个前提条件是资本市场的规范和建立。在现代公司制度比较流行的国家里，金融体系和资本市场非常发达和健全，资本所有者可以比较方便地实行银行存款、债券、股票投资之间的转换，可以从证券市场上方便地购买到企业股票。而且由于建立了完善的资本市场监管体系及一系列制度，证券市场规范、透明，人们可以了解到企业的真实经营状况和财务状况，跟踪公司生产经营状况的变化，从而能够在诸多公司之间作出比较正确与合理的投资选择，并根据对企业生产经营状况变化的了解，选择继续持有某公司的股票或者及时退出，从而保证资本投入有可靠、较高的回报。更为重要的是，由于资本市场的健全，资本所有者可以方便地从某一公司直至资本市场退出，及时规避投资风险。第二个前提条件是企业家市场的建立和健全。在市场经济发达国家里，几百年市场经济实践过程中，形成了一套有利于企业家成长的良好的教育、文化和市场环境，在市场上有着充足的企业家资源供应，只要具有了所需要的资本，就可以找到各种类型公司所需要的企业家。同时，人们通过企

业家市场，可以了解到不同企业家的品质、经营管理经历和业绩状况，通过选择企业家选择资本投入的方向。再加上资本市场、产品市场、法律、道德伦理，特别是企业家市场对经营者的监督、约束，企业经营管理者必须对资本所有者负责，为了资本所有者的利益努力工作，这就使资本所有者可以放心地把自己的资本交给职业企业家去经营管理。由此可以看出，没有市场体系的建立和完善，就不可能有企业制度的演变和创新。这就给了我们一个重要的启示，中国国有企业的改革，不仅是一个企业制度变革的问题，而且还包括建立健全市场体系的艰巨任务。这一点我们在讨论中国国有企业改革时，将会进行深入的论证。

其次分析市场竞争状况对企业制度创新的影响。在业主制和合伙制企业占统治地位的时代，企业面对的市场是社区市场或相对较小的地区市场，生产的产品也具有专用性和不可替代性，因而面临的竞争只是来自区域内企业的竞争，市场的发展趋势是比较容易把握的，市场风险是比较容易控制和规避的。随着全国市场和世界市场的形成，以及生产的越来越通用化，一般大公司面对的是全国市场甚至是世界市场，面临的竞争是来自全国企业甚至全球企业的竞争。我们知道，在现代社会，需求千变万化，不同的生产者和消费者有着不同的需求偏好，新的需求不断产生，基本需求所占比重越来越小，需求的选择性、替代性增强，企业面临的市场不确定性空前增加。这一切，使得经营管理现代企业非职业企业家不能胜任，促使现代公司制度建立，实现非人力资本所有权和经营管理权的分离。

四、追求利益最大化和降低风险的动机

新古典经济学把企业假设为追求利益最大化的市场主体。这个假设虽然过于简单，但对于理解企业制度的演变还是有帮助的。正是出于提高企业绩效，降低各种成本和分散、减少风险的动机，驱使企业内部各种利益主体不断实行企业制度创新。比如通过从古典企业制度到现代公司制度的创新，最大限度地获得分工带来的利益，更大范围

地运用社会资金扩大生产经营，实现责任有限化，以追求收益最大化和最大限度地分散、降低风险。

德姆塞茨在《关于产权的理论》一文中，运用产权理论和社会成本理论，就如何通过企业制度安排实现社会成本或者说外部成本内部化进行了研究，从而给出了一个关于企业制度演变的经典分析。[①] 德姆塞茨认为，假如有一块狩猎地，属共同体所有，每个成员都享有土地狩猎的权利。由于每一个人都不能具有私有权，大家都以个人价值最大化为原则，就导致了"过度狩猎"的现象，将成本带给其他人。这类似于合伙制企业的状况。为了获得更大利益，在客观上出现了将社会成本内部化的要求。但由于谈判成本太高，在共同体内部达成一个约束单个个人行为的协议几乎是不可能的。如果使每一个人都有狩猎权，都建立一块专有区域则是有可能的。这样，就发生了使每一块土地都有一个所有者的制度创新。由于每一个狩猎者都在进行成本和收益分析，有可能产生有效狩猎的激励机制。但是，分散化的产权制度难以集中利用资源进行规模化的生产，新的矛盾又产生了。为了克服这个矛盾，要求把分散化的产权联合起来，就要对分散化的产权进行合理定价，以给其所有者合理的利益。这样，就产生了对联合产权的制度创新。要想平等地联合，每一个人都要有相同的决策权，那么由于彼此协调成本趋于无穷大，联合效益非常低，决策成本太高，在经济上是不划算的。为了获得最大收益，就必须将经营权转移到一小部分人手中。但其他产权所有者也要保证自己的经济利益，将财产交给他人经营以后，如何避免经营者拿别人的财产来冒险的情况发生呢？这就要求给股东一个紧急出口，可以在未得到其他股东允许的情况下退出公司。

上述制度演变过程的结果，是按专业化分工原则来分配权利，将决策权交给一小部分人，既克服了每个股东都有决策权时产生的外部性，也克服了谈判成本过高问题，有利于公司进行规模经

[①] 见罗纳德·H.科斯：《财产权利与制度变迁》，上海三联书店，1991年，第96—113页。

营，获得规模效益。这可以看作是关于现代企业制度的"第一次法律修正"。

当完成了每个股东决策社会成本的内部化以后，如果一小部分人因为经营不善而使每一位股东承担由此带来的成本，拿自己的全部财产作抵押，承担全部债务，那么就没有多少人愿意加入公司。因此，就必须对企业制度进行创新，使股东即出资者只按自己的入股财产作抵押，负所入股金的有限责任。这样，股东实质上是资本出借者，而不是所有者，股东只拥有自己的股份而不是公司，公司则获得了永久的法人地位。这是"第二次法律修改"。

但是公司决策人仍有可能损害出资人的利益。当股份公司的控制者不按出资者的意志办事时，出资人仍有可能承受经营决策者的决策后果。这样股份公司又创立了用脚投票的制度，在不影响公司运营的情况下，可以自由进出。这是证券市场的大发展和公司制度交互作用的结果。证券市场的存在和发展，导致了监督经营决策者成本的降低。这是公司法律的"第三次修正"，即企业制度的进一步创新。

从德姆塞茨的分析可以看出，正是企业中各种利益主体追求利益最大化的动机，促使他们不断创新企业制度，以降低外部成本、内部成本和种种风险。而企业制度不断创新的结果，事实上带来了企业绩效的提高，导致了企业的不断发展，使参与企业的要素所有者获得了更大收益。与此同时，企业各利益相关主体承担的风险得到了分散和降低。

五、企业家人力资本作用的变化

企业制度变化的一个重要原因，是企业内部各类资本要素所有者力量对比的变化。古典经济学的先驱威廉·配第有一句名言："土地是财富之母，劳动是财富之父。"作为一种创造性劳动，企业家的劳动也是企业财富增长的一个重要来源。科斯以来的主流企业理论认为，企业尤其是现代企业，是非人力资本所有者与人力资本所有者之间的一个不完全合约。因此，我们在前面分析不同企业制度下的所有权结构时，曾经指出过经营管理者也应该分享企业剩余索取权和剩余控制权，不是凭借别的，而是因为企业家人力资本同非人力资本一样，也具有资本的属性。只不过在业主制和合伙制企业制度下，企业家人力资本的作用还没有凸显出来，因而业主和合伙人获得的企业利润似乎是全部来源于非人力资本。与企业家人力资本没有关系。但是，随着市场竞争愈演愈烈和企业家决策能力及组织协调企业资源能力在企业发展中的作用越来越重要，企业家就会从幕后走向前台，引起企业制度发生相应的变化。

在业主制和合伙制企业中，无需专门的经营管理者替非人力资本所有者管理企业，因而业主和合伙人同时也是经营管理者，这时不存在剩余索取权和剩余控制权的分割，剩余索取权和剩余控制权呈现集中配置状态。当企业规模不断扩大、社会分工继续深化、市场竞争日趋激烈、企业面临的市场不确定性增强时，各种经营决策特别是判断性决策和企业创新对企业的生死存亡发挥着举足轻重的作用，即企业家才能对企业的命运影响越来越大。但是，非人力资本与人力资本的配置不一定均衡，非人力资本所有者不一定都具有企业家决策能力和经营管理能力，具有企业家能力的人不一定拥有非人力资本。双方为了实现各自收益最大化，非人力资本的所有者宁愿把资本委托给企业家经营管理，自己退到幕后对资本实施一定的控制而不直接干预企业经营活动，企业家则凭借自己的决策能力和经营管理技术，代非人力资本所有者决策和经营管理企业，实现资本增殖，从而得到较为优厚的待遇并占有一定的剩余利润，同时也使自己的价值得到实现。这就是典型的现代公司制度。至于企业家人力资本和非人力资本所有者如何分配企业的剩余索取权和剩余控制权，在第四章从企业家人力资本的角度考察企业制度演变机理时，我们将作深入的分析与研究。这里只是从企业制度演变原因的角度，先破一下题。

第三节 企业制度演变的几个重要趋势

从以上关于企业制度创新原因的探讨中可以发现，企业制度创新根源于生产力发展水平的提高和生产力、生产关系的矛盾运动，是社会经济运动发展变化内在的、必然的逻辑。生产力发展以及生产力和生产关系矛盾运动是有规律的，企业制度演变和创新也不是偶然的、随机的，必然呈现出某种规律性。这一节，我们就要探究在企业制度创新过程中的主要规律或趋势。

一、所有权主体多元化趋势

对这一趋势可以从以下几个方面来认识。第一，企业财产所有权越来越分散。观察企业制度演变过程可以发现，企业财产的分布状况呈现出愈来愈分散的状态。在业主制企业中，企业全部财产归业主所有；在合伙制企业中，企业财产归有限的几个合伙人所有；而在股份制企业中，企业财产则归众多股东所有。而且随着生产技术的进步和市场规模的扩大，企业规模日益扩大，企业创立所要求的初始资本数量越来越大，企业股权越来越分散。在早期股份制企业中，通常需要掌握企业50%以上的股权，才能实施对企业的控制，而在今天典型的西方大公司中，往往只需控制全部股权的5%左右甚至更少，即可对公司实施实质上的控制。事实上，现在的大公司，已经很难说是属于谁的企业了。

第二，广义所有权从集中配置到分散配置。在经济学文献中，所有权有广义和狭义之分。狭义所有权表现为单纯的财产归属和所有者基于财产归属关系而产生的收益权；而广义所有权是以对财产的所有权（狭义）为核心，由所有权及其派生的占有权、使用权、处置权和收益权所构成。所有权的各项权能可以合一，也可以分离。在单一业主制和合伙制企业制度中，业主和合伙人集所有者和经营者于一身，广义所有权的各项权能相应地集中配置于企业主和合伙人。随着现代公司制企业的诞生与发展，形成了企业独立法人财产，广义所有权权能发生了分离，狭义所有权即财产归属权和由此产生的收益权仍然归非人力资本所有者，而财产的占有权、使用权、处置权则属于股份公司。不仅如此，在发生经理革命的情况下，受所有者委托经营管理企业财产的董事会又把部分财产使用权、处置权交给了总经理。更进一步分析，在现实生活中，其实企业更下一级管理人员和具体负责生产活动的工人也对企业财产具有一定的使用权。

第三，剩余索取权和剩余控制权由独占到共享。现代企业理论认为，能够事前用合同明确规定的利益和权力，归属是明确的。各种生产要素所有者得到相应的利益和权力，这是在组成企业之前就要明确的事情，是不同生产要素组成企业的必要前提。现代企业理论更加重视的、真正能够体现企业所有权的是企业建立以后，那些没有办法或由于明确归属的成本太高不能事先明确的权利的最终归属。因此，现代企业理论把企业所有权理解为剩余索取权和剩余控制权。在古典企业中，财产所有者同时也是企业的经营管理者，既是非人力资本所有者，也是企业家人力资本的所有者。根据风险、责任和利益、权力对称原则，古典企业中的业主和合伙人理论上拥有全部剩余索取权和剩余控制权。在现代企业中，发生了财产所有者与经营管理者的分离，与此相适应，非人力资本与企业家人力资本不再统一。这时，财产所有者和企业家人力资本所有者共同承担风险和责任，因此，财产所有者根据对非人力资本的所有权享有一部分剩余索取权和剩余控制权，企业家人力资本所有者根据对人力资本的所有权也享有一部分剩余索取权和剩余控制权。不仅如此，根据企业共同治理理论，在利益相关者企业里，债权人、企业职工等，都享有一部分剩余索取权和剩余控制权。90年代中期以来，美国有29个州对公司法进行了修改，确定企业经营管理者不仅要对所有者负责，也要对所有者、企业家、银行、债权人、企业职工等所有利益相关者负责，从法律上肯定了剩余索取权和剩余控制权由独占到共享的合法性。

二、企业制度形式的多样化趋势

关心国有企业改革和企业理论发展的人们都知道，关于企业制度形式，在我国经济理论界存在着两种完全相反的意见：一种意见认为企业制度应该是劳动雇佣资本，另一种意见认为企业制度应该是资本雇佣劳动（比较有代表性的意见见张维迎的有关文章和著作及方竹兰、朱德生等人的论文）。其实，劳动雇佣资本和资本雇佣劳动只是企业制度形式的两种极端情况，是对企业制度形式的高度抽象，现实经济生活中大量企业采取的是介于劳动雇佣资本和资本雇佣劳动之间的制度形式。只不过有的企业制度更接近于劳动雇佣资本，有的企业制度更接近于资本雇佣劳动而已。从不同企业之间的关系看，在现代化、社会化大生产占统治地位的今天，虽然现代公司制企业在国民经济中所占比重和重要性绝非其他企业制度形式可以比拟，但是它既没有取代更没有消灭其他企业制度形式。目前，业主制企业、合伙制企业依然存在。除此之外，近二十几年还产生了股份合作制、分享制、管理层收购等新的企业制度形式。从同一企业看，更普遍的情况是，剩余索取权和剩余控制权也是由非人力资本所有者和人力资本所有者特别是企业家人力资本所有者共享的。只不过在有的企业，非人力资本所有者拥有的权力更大一些，在另一些企业，人力资本尤其是企业家人力资本所有者拥有的权力更大一些。

这样看问题，还只是从现象层次上观察得出的结论。其实，在企业制度演变和创新过程中，企业制度形式越来越呈现出多样化的趋势，这是企业制度演变的又一重要规律。对此，可以主要从两个方面来分析。

第一，这是由企业制度形式自身的特点和性质决定的。从本质上说，企业制度形式没有高下优劣之分。只要符合企业利益最大化和降低风险的要求，这种企业制度形式就是最优的、有效的和合理的，具有理性的各种企业利益主体就会自动选择这种企业制度形式。而企业制度形式是否符合企业利益最大化的要求，又取决于是否与生产技术要求、企业规模、市场范围、满足社会需求的需要相一致。比如，当生产技术特点适合小规模生产，如采取手工方式进行生产或为某种产品配套生产某种零部件，或者生产只是为了满足某种特殊需要、针对相对狭小的地区市场时，这时企业的生产规模比较小，企业内部分工也不是很复杂，面对的市场风险是可预见和可规避的，具有一般企业经营管理知识和才能的人就可以胜任企业的经营管理工作，不需要把企业经营管理职能委托给专家，支付委托—代理成本。于是，就有了业主企业、合伙企业等古典企业制度形式。而当生产技术特点、社会需求规模和市场范围要求进行集中大规模生产时，古典企业制度不仅不能筹集所需要的巨大数额的资本，而且一般非人力资本所有者也没有能力把握越来越大的市场不确定性，无法胜任专业化分工程度很高、生产过程越来越复杂的企业经营管理。这时，非人力资本所有者出于个人利益最大化的考虑，就会把企业的经营管理权委托给经营管理专家。虽然这要付出代理成本，但是由于专家经营管理企业带来的收益要大大超过代理成本，对于企业非人力资本所有者来说在经济上是划算的，符合利益最大化的要求。于是就有了现代公司制企业，就发生了所谓"经理革命"。

第二，这是由生产力水平和市场需求发展状况决定的。亚当·斯密时代，生产技术主要是以手工为主，产品市场范围不超过一个社区或地区，那时的企业主要是手工作坊，所谓企业主主要是面包师、木匠和裁缝等。工业革命发生后，进入了机器大生产时代，社会分工和企业内部分工进一步发展，进入了工场手工业时代，但企业规模也不过十几个或几十个工人，业主仍然可以胜任企业的经营管理。1840年以后，生产技术进一步发展，分工进一步扩大和细化，全国市场和世界市场形成，社会对某种产品的需求规模数量巨大，要求企业进行大规模生产，就产生了现代公司制企业。需要指出的是，生产技术和分工的发展，一方面产生了大规模生产的需要，形成了全国市场和世界市场，同时也没有消灭小规模生产的需要，在某些领域甚至手工生产更具有合理性。与此同时，生产力的发展和社会成员收入水平的提高，使社会需求呈现出多样化、个性化趋势，需要进行个性化、单件生产。这样，不仅大规模、批量化，针对全国和世界市场进行生产是必要的，小规模、单件化，针对个人、社区和某一阶层的生产仍然有其经济合理性，仍然是有市场的，适合由小企业来生产。于是，现代公司制企业和古典企业制度形式的并存就成为必然的事情，呈现出企业制度形式多样化的状况。

可以发现，根据不同的标准、从不同角度出发，对企业制度形式的可以进行不同的划分。在这一小节，我们是依据劳动雇佣资本还是资本雇佣劳动的标准对企业制度形式进行划分，前面在分析企业制度演变时则是按照企业所有权制度和企业治理结构等标准进行划分的。实际上，这两种划分是可以统一的。比如，古典企业可以看作是资本雇佣劳动的企业制度形式，而典型的股份有限公司则是劳动雇佣资本的企业制度形式，而其他如分享制和利益相关者企业、管理者收购等企业制度形式，可以说是资本雇佣劳动和劳动雇佣资本的中间形态。

三、企业制度创新的否定之否定趋势

与社会化、现代化大生产相适应，企业制度演变总的趋势是非人力资本所有权与经营管理权分离。对于当代的大企业来说，现代公司制是主要的企业制度形式。但是，与所谓标准的现代公司制企业制度相比较，企业制度也在两个方面出现了向古典企业制度的回归。一是在有些国家特别是美国企业中，公司治理结构呈现出决策层与执行管理层的统一。比如现在许多美国大公司实行了首席执行官制。首席执行官既具有总经理的权力，也拥有一部分董事长的权力。二是在有些企业出现了非人力资本所有权与企业人力资本所有权统一的倾向。首先是在有些国家的企业中，经营管理者一般都必须是企业的股东，并拥有较大份额的股权。这种情况在日本、德国比较突出。在日本，董事一般是企业的大股东，而所有执行董事都担任企业的经理职务。其次是从 20 世纪 80 年代开始，欧美国家许多企业实施了 MBO。其中不仅有中小企业，也有大企业甚至上市公司。远在 20 世纪 90 年代，MBO 就在我国广东、浙江等地不事声张地进行，21 世纪初的前两年甚至出现了 MBO 的高潮。实行 MBO 的企业，通过管理层收购企业股权

（上市公司或有限责任公司）或收购企业财产（非上市公司），非人力资本所有权与经营管理权由分离又实现了统一，资本所有者与经营管理者重新集于一身。对上述两种现象进行深入考察，我们会发现这并不是企业制度的简单"复辟"，而是一个否定之否定过程。这种否定之否定，符合事物波浪式前进、螺旋式上升的发展规律，有其经济上的合理性和客观必然性。

应该看到，不同的企业制度不仅相对于不同的企业规模和企业经济技术特点各有其适应性与优越性，而且各种企业制度本身也各有其优越性和缺陷。古典企业制度固然限制了企业规模的迅速扩大，但是却具有非人力资本所有者与企业家人力资本所有者利益统一、节约委托—代理成本的固有优势。而股份制企业固然可以迅速、大规模筹集资本，发挥经营管理专家的作用，但是也存在着非人力资本所有者与经营管理者之间追求目标不一致、委托—代理成本比较高的缺陷。亚当·斯密当年就很担心在资本所有权与经营管理权分离的企业制度中，企业经营管理者会滥用权力，侵害所有者的利益。他说：很少有领薪的管理者会像管理自己的钱财那样来管理别人的钱财。这样，在企业制度演变过程中，一方面生产力的发展和分工、市场需求的扩大，必然导致现代企业制度替代古典企业制度成为现代大企业的主要制度形式；另一方面，当公司制企业中非人力资本所有者与经营管理者的利益冲突变得非常尖锐时，决策效率很低，人们就会在现代企业制度中加进一些古典企业的制度要素，或实行决策权与经营权的相对集中，或试图使非人力资本所有权与经营管理权重新统一起来。比如，当资本所有者与经营者利益不可调和，所有者对经营管理者限制过多，企业家人力资本作用发挥受到严重限制，而企业又具有很大的管理和效益空间时，一些经营管理者就可能动用个人资产或通过杠杆收购的办法，掌握企业的控股权，集非人力资本与人力资本所有者于一身，以便更有效地实施自己的经营管理决策，得到更大的利益，证明企业家人力资本所具有的价值。在非人力资本相对充裕、企业家人力资本相对稀缺的现代社会，银行等金融机构也愿意对企业家能力投资，以谋取更高的利润回报。但是，应该看到，无论是决策权与执行权的统一，还是通过实行 MBO 等方式实行所有权与经营权的集中配置，绝不是简单的"复辟"，而是包含了古典企业制度和现代公司制的某些特点，是企业制度的否定之否定和创新。同时，通过 MBO 等方法实现所有权与经营权统一，只可能在个别企业中发生，不可能取代公司制成为占主流地位的企业制度形式。

四、企业家人力资本作用不断增强的趋势

把握企业制度演变和创新的规律，有一条重要的线索不可忽视，这就是企业家人力资本在企业制度变革中作用的不断强化和凸显。在古典企业时代，由于决策和经营管理相对比较容易和简单，相对于社会生产和企业追求最大利益的需要，各种非人力资本是决定性要素，资本家与企业家一身二任，企业家只能隐身于资本家身后。到了社会化大生产时代，生产规模扩大，市场的不确定性增强，决策正确与否和有效的管理成为规避风险、提高企业效益的关键因素，企业家从幕后走到台前，发生了资本家与企业家的分离。随着经济全球化和国际竞争的更加激烈，企业家才能成为最为稀缺的资本，而非人力资本则相对比较充裕。在这种情况下，当非人力资本所有权限制了企业家人力资本作用的发挥，企业家就有可能通过实施 MBO，用杠杆收购的方法取得企业非人力资本所有权，使自己同时成为资本家。在传统企业制度中，是非人力资本雇佣企业家人力资本，在现代一些企业中，则是企业家人力资本雇佣非人力资本。或者可以换句话说，在原来的企业中，是非人力资本占据主动和主导地位，在现在一些企业中，是企业家人力资本占据主动和主导地位。正由于企业家人力资本在企业发展中的作用不断增强，他们就要求通过企业制度的变革，对企业所有权结构进行调整，使自己的作用和地位得到承认。并且由于他们在企业合约谈判中的地位提高，非人力资本所有者从个人利益出发，也不得不同意对企业合约作出一定的修订。总之，企业制度创新过程，也是一个企业家人力资本发挥越来越积极作用的过程。

第三章　人力资本与企业家人力资本

在本章中，我将在与一般人力资本的比较中，研究考察企业家人力资本的性质、特点及作用，从而为下面研究企业家人力资本在企业制度创新中的作用做准备。

第一节　关于人力资本的认识

一、关于资本的概念

现代经济学体系尽管学派林立，内容繁复，但所讨论的基本问题仍然没有超出古典经济学研究的范围，都是建立在古典经济学的基本框架之上的。这使我们惊叹于经济学先驱所建立的理论体系的普适性和包容性，对他们不能不产生深深的敬意。

比如我们正要讨论的资本概念。资本问题向来是古典经济学的基础。经济学的鼻祖亚当·斯密曾天才地意识到资本不仅包括物质资本，也包括人力资本，即劳动者学到的"有用才能"。斯密在其代表作《国民财富的性质和原因的研究》中，作出了流动资本和固定资本的划分。不过，斯密的所谓固定资本不仅包括机器、建筑物和改良的土地，而且包括"社会上一切人民学到的有用才能"。斯密说："这些才能，对于他个人自然是财产的一部分，对于他所属的社会，也是财产的一部分。工人增进的熟练程度，可以和便利劳动、节省劳动的机器和工具同样看作是社会上的固定资本。学习的时候，固然要花一笔费用，但这种费用，可以得到偿还，赚取利润。"[1] 斯密所说的这种有用才能，实际上就是人们后来所说的"人力资本"。在以后的岁月中，只有少数人触及人力资本的概念，如19世纪40年代德国经济学家弗里德里希·李斯特区分了物质资本与精神资本这两个概念，并强调教育、科学对经济发展的促进作用；1890年，英国

经济学家阿尔弗雷德·马歇尔曾观察到"所有资本中最有价值的是对人本身的投资"。

但是,大多数经济学家则遗忘了亚当·斯密的人力资本概念和思想,经济学家心目中的资本就是物质资本。1906 年,被称为"美国大经济学家"的欧文·费雪(舒尔茨语),提出了"完整的资本概念"。在费雪看来,所谓资本是现在和将来收入流的源泉,凡是可能产生未来收入的资源都是资产,其中当然包括人的劳动能力和知识存量,而资本不过是资产的市场价值。[①] 可惜费雪关于资本概念的深刻见解在半个世纪内也没有引起经济学家的足够重视。直到 20 世纪 60 年代,同样是美国人的西奥多·舒尔茨从费雪的思想中得到了启发,批评了传统经济学关于资本的概念。他说:人们一般把作为生产要素之一的劳动力看作是"无资本的","而且,人们照例把资本限于实物形态","我发现古典学派的土地、劳动力和资本观念是不全面的"[②]。他发掘了过去一直被忽视的人力资源在经济增长中的巨大作用,提出了人力资本的概念,并令人信服地解释了第二次世界大战后经济增长的实际。但是,新的资本概念被接受并不是容易的事。尽管舒尔茨因在农业经济学和发展经济学领域的贡献而享有盛誉,并于 1960 年担任美国经济学会主席,但仍然感到让人们接受人力资本从而接受完整的资本概念是困难的。"只要一提起向人力投资,就会使我们中间的某些人感到不快。除非奴隶社会,我们的价值观和信念便总不允许把人类看作资本物品和我们所憎恶的东西","把人类看作是通过投资便可得以增加的财富,是与根深蒂固的价值观念相违背的。这样做似乎是再一次把人贬为一种纯粹的物质要素,贬为类似财产的某种东西"[③]。值得庆幸的是,舒尔茨等经济学家发现并接受了费雪的"完整的资本概念",并且由于人力资本理论具有对现代经济增长的强大解释力,大多数经济学家也逐渐认识到了科学的资本概念对于经济学分析的重要意义,我们今天才有可能正确认识

---

① 转引自周其仁:《产权与制度变迁》,社会科学文献出版社,2002 年,序言第 6 页。

② 舒尔茨:《论人力资本投资》,北京经济学院出版社,1992 年,第 6、8 页。

③ 同上,第 2 页。

人力资本对于经济增长的重要作用以及人力资本投资对于经济持续增长的重要意义。

当然，说到资本的概念，是不能忘记马克思的，因为他有一部影响了整个人类进程、以"资本"命名的皇皇巨著。恩格斯曾指出，马克思经济学的特点是，在资产阶级经济学家只看到物的关系的地方，马克思看到的是人与人的关系。在马克思经济学中，资本是能够带来剩余价值的价值，体现的是资本主义社会资本家对雇佣工人的剥削关系，而不是商品生产与流通的一般关系。"有了商品流通和货币流通，决不就具备了资本存在的条件。只有当生产资料和生活资料的所有者在市场上找到出卖自己劳动力的自由工人的时候，资本才产生。"[①] 如果我们的研究任务是分析资本主义社会的经济关系，就不能离开马克思的资本概念。就我在本文中研究的问题而言，是要发现企业家人力资本对企业制度创新的影响，因而要循着费雪和人力资本理论关于资本的定义来进行分析，但这不影响马克思关于资本论述的重要的历史性意义。提到资本概念，就必须把他关于资本的概念交代清楚，否则我们有关资本的认识就是不全面的。

二、人力资本理论兴起的背景及主要内容

人力资本理论的兴起，发轫于明塞尔 20 世纪 50 年代的博士论文，因 60 年代以后芝加哥大学一批经济学家的工作而逐步发展与成熟。在这个时期人力资本问题引起经济学界重视，不是偶然的。第二次世界大战后，特别是 50—60 年代科学技术的进步，导致产业结构和劳动力结构发生巨大变化。如果不相应地提高劳动力素质，就不能保证经济的持续高效发展。同时，战后的近 20 年中，遭受战争巨大破坏的德国、日本等国奇迹般地迅速恢复和发展起来，而另一些资源条件很差的国家或地区如丹麦、瑞士和亚洲"四小龙"也同样在经济发展方面取得了巨大的成功。面对战后世界经济的新发展，传统的资本理论根本无法解释以下三个基本事实：一是根据传统理论，资本—收入比率

---

① 马克思：《资本论》（第一卷），人民出版社，1972 年，第 193 页。

将随着经济的增长而提高，但统计资料表明这个比率是不断下降的；二是根据传统理论，国民收入的增长与资源消耗的增长将是同步的，但统计资料显示的结果表明，国民收入远远大于所投入的土地、物质资本和劳动资源总量；三是第二次世界大战以后工人工资大幅度增长，它反映的内容是传统经济理论所无法解释的。正是在这样的背景下，1960 年舒尔茨发表了题为《人力资本的投资》的著名演说，对人力资本作了系统的论述。舒尔茨从费雪的"完整的资本"概念出发，把资本划分为人力资本和常规资本（或物质资本），并通过分析说明，一国人力资本存量越大，素质越高，将导致人均产出或劳动生产率的提高；人力资本本身具有收益递增的重要特点；人力资本还会导致其他物质资本生产效率的改善。根据这样的理论，可以对上述三个事实作出令人信服的解释：人力资本的增长不仅比物质资本而且比收入增长都快，因而资本—收入比率是下降的；投入与产出间的增长速度之差：一部分是由于规模效益，另一部分是由于人力资本带来的技术进步的结果；战后工人工资的增长正是来自于人力资本。舒尔茨关于人力资本的阐述，有力地证明了人力资本在经济增长中所发挥的决定性作用，开阔了人们的视野，引起了经济学界的重视。20 世纪 60 年代，由于舒尔茨、贝克尔、阿罗的开创性工作（在更早的 50 年代末期，明塞尔的博士论文触及了人力资本理论的基本问题），基本上形成了以劳动要素分析为中心的一般人力资本理论；20 世纪 80 年代中期以来，主要是由于罗默、卢卡斯的工作，建立了以构建技术内生化增长模型为中心的人力资本理论，人称新经济增长理论；20 世纪 90 年代以来，加尔布雷恩、埃德文森、沙利文、斯图尔特、斯维比等悄然改变了研究思路，主要从分析知识资本结构的角度来阐释人力资本理论，从而形成了知识资本理论，推动了人力资本理论的进一步发展。概括说来，迄今为止的人力资本理论主要包括以下内容。

第一，提出了人力资本的概念。舒尔茨明确指出人力资本就是体现在人身上的技能和生产知识的存量。他说："我们之所以称这种资本为人力的，是由于它已经成为人的一部分，又因为它可以带来未来的满足或者收入，所以称其为资本。"①

第二，明确概括了人力资本投资的范围。舒尔茨曾将人力资本投资的范围和内容概括为五个方面：医疗和保健，它包括影响一个人的寿命、力量、耐力、精力等方面的所有费用；在职人员训练；学校教育，它包括初等、中等和高等教育，教育成本则是指学习者直接用于教育的费用和上学期间所放弃的收入；企业以外的组织为成年人举办的学习项目；个人和家庭为适应就业机会的变化而进行的迁移活动。关于人力资本的形成，阿罗于1962年发表了《边干边学的经济学含义》一文，提出了著名的"边干边学"理论，指出工作过程也是人力资本形成的重要途径。

第三，阐述了人力资本的知识效应。人力资本的知识效应包括知识的需求效应、收入效应和替代效应。知识的需求效应，要求采用新的生产资料，更新和完善劳动者技能，从而提高劳动生产率；知识的收入效应是指受过教育、培训而具有更多知识与能力的劳动者，会有更高的生产力；知识的替代效应则指知识可以替代自然资源和物质形式的资本，成为经济增长的要素和源泉。由于知识的替代效应，人类社会可以克服经济发展中自然资源、物质资本的限制，保持经济的持续增长。

第四，分析了人力资本促进经济增长的机理。随着人力资本理论的发展，经济学家把知识分为一般知识和专业知识。一般知识会产生外部效应，使所有企业都能获得规模收益。而专业化知识则会产生内部效应，产生要素的递增效益，给企业带来垄断利益。专业化知识与一般知识结合，不仅使知识、技术、人力资本自身产生递增的收益，而且也使其他追加的生产要素如资本、劳动的收益递增，从而产生溢出效应。这些效应的共同作用，使经济增长的速度大大高于投资或其他物质资本的增长比率，成为经济增长的重要源泉。

第五，论述了人力资本价值实现的条件。虽然人力资本的使用权可以转让，但人力资本的所有权属于个人。人力资本的使用者必须尊

---

① 舒尔茨:《论人力资本投资》，北京经济学院出版社，1992年，第92页。

重其所有者，否则其价值会严重贬值甚至荡然无存。因此，人力资本价值的实现，必须有相应的外部环境支持，即必须通过制度安排和组织安排来促进人力资本的积累和价值的实现。

三、人力资本的基本特征和性质

人力资本是活的人体所拥有的体力、健康、经验、知识和技能及其他精神存量的总称。它可以在未来特定的经济活动中给人力资本所有者带来收益。因此，人力资本的基本特征有两个方面：它是凝结在人身上的人力；它是可以作为获利手段使用的资本。具体说来，可以从以下方面把握人力资本的特征和性质。

第一，人力资本具有个体性或私人性。我们知道，任何其他经济资源包括非人力资本和土地的所有权，既可以属于个人，也可以属于家庭、社区、其他共同体或国家，还可以不属于任何人或人的群体。但是，人的健康、体力、经验、生产知识、技能和其他精神存量的所有权只能不可分地属于其载体。这个载体不但必须是人，而且必须是活生生的个人。这就是说，人力资本与其载体具有天然不可分性，因而天然具有私人性。人力资本的使用权可以为别人和组织占有，但其所有权却不能转让、赠予或继承。在古典经济学家里，马克思注意到了人的能力只能属于个人所有。在他设想的社会主义社会里，一切非人力资本都属于全社会公有，市场交换也已经消灭。但即使如此，还要"默认不同等的个人天赋，因而也就默认不同等的工作能力是天然特权"，还必须保留按照劳动者实际提供的劳动数量和质量来分配消费资料的"资产阶级法权"。[①] 现代新劳动力经济学的代表人物罗森曾指出，在自由社会里，人力资本的"所有权限于体现它的人"。[②] 但是，1977 年巴泽尔在一篇关于奴隶制经济分析的论文中则进一步发现，即使在非"自由社会"里，比如在奴隶制度下，人力资本也只能属于奴隶个人。巴泽尔分析到，在奴隶制下，奴隶在法律上属于奴隶主，是

① 见马克思、恩格斯：《马克思恩格斯选集》（第 3 卷），人民出版社，1972 年，第 12 页。

② 转引自周其仁：《产权与制度变迁》，社会科学文献出版社，2002 年，第 84 页。

其主人财产的一部分。因此奴隶主可以全权支配奴隶的劳动并拿走其全部劳动成果。但是，为什么在美国南部和西印度群岛的奴隶社会中，偶尔也有奴隶通过赎买而使自己变成自由民的呢？这是因为，奴隶事实上控制着自己的劳动努力的供给。奴隶主固然有权强制奴隶劳动，但由于奴隶劳动不同于其他非人力财产，奴隶主要强制调度奴隶的体力和劳动努力，即使支付高昂的监控成本和管制成本，也不能保证奴隶全力以赴。为了节约奴隶制的运转成本，一部分奴隶主只好实行定额制，允许奴隶将超额部分归自己。于是一部分能干的奴隶因此拥有自己的私有财产，直到积累起来的私人财富足以赎买自己的自由。① 在我们今天的社会，个体人力资本的形成主要是个人或家庭长期投资的结果，因而是个人在创造社会财富的前提下，获取个人利益的依据。因此，对人力资本的私人性权利，必须给予尊重。否定这种私人权利，就否定了个人生存与发展的权利，就会抑制个体的积极性、创造性，社会财富之源就会被堵塞，最终牺牲的是社会利益。

第二，人力资本具有主动性和伸缩性。人力资本是主动财产，非人力资本是被动财产。只有当人力资本所有者将自身的劳动作用于非人力资本，才能创造社会财富。人力资本这种"主动财产"天然属于个人，并且只能由天然的所有者控制这种资产的启动、利用和开发。张五常对此分析得很透彻。"劳动和知识都是资产。每个人都有头脑，会做自行选择，自作决定。跟这些资产混在一身的人可以奋发图强，自食其力，自行发展或运用，也可以不听使唤，或反命令而行，或宁死不从。"② 因此，当人力资本发生产权"残缺"时，（德姆塞茨语）即人力资本产权的一部分或全部被限制或删除时，根本无法被集中到其他主体的手里而进行开发利用，而是会自动关闭或贬值，这部分资源就会被白白浪费掉，体现在劳动者的工作态度和能力上，或者"又懒又笨"，或者宁死不从。而当人力资本产权得到实现和保证

---

① 参见 An Economic Analysis of Slavery，Journal of Law and Economics，20（1977），No.1：87—100。

② 张五常：《卖桔者言》，四川人民出版社，1988 年，第 181 页。

时，他就会发奋图强，充满创造力和劳动热情。由此可以启发我们，虽然一个社会或国家拥有丰富的人力资本，如果没有合理的制度保证人力资本所有者的权利，激发人力资本所有者的积极性，那么，这个社会或国家就会成为事实上的人力资源贫乏的社会或国家，经济增长就失去了最重要的源泉和动力。

第三，人力资本具有社会性或合作性。人力资本的载体是活生生的人，而人是社会关系的产物。随着科学技术和知识总量的扩大，以及社会分工的不断深化，人力资本越来越具有专用性和特殊性，任何人也不可能成为全知全能的万事通，人们只能从事社会生产和财富创造过程中的一部分活动，人力资本只有在分工协作中才能充分发挥作用。因此，从人力资本的存在形态看，必然具有社会性和合作性。虽然在自然形态上，人力资本具有个体性，但是在实际的社会生产和其他经济技术活动中，人力资本具有群体性。群体人力资本不是个体人力资本的简单相加，从个体人力资本到群体人力资本的形成过程中产生的协作力，使群体人力资本产生倍增效应，创造的社会财富大大超过个体人力资本简单相加而创造的财富总和。这部分群体剩余就是群体的协作力带来的。人力资本的合作之所以会带来财富倍增，来源于组织的规模效应、信息沟通效应、分工效应和知识互补效应等。我国经济制度和文化制度的最大问题，是用集权等级制度代替了社会组织内部人与人之间的沟通、合作、谈判、自律，社会自组织、自协调功能衰减，因而处处存在着严重内耗，使集体运作的成本偏高，效益和效率降低。破坏了人力资本之间的合作，使群体人力资本的协作为没有得到有效发挥，这是资源的最大浪费，也使我国人力资本资源丰富的优势不能得到充分利用，从而降低了整个社会资源的效率。以上分析告诉我们，在现代化建设过程中，应该适应人力资本的社会性、合作性特点，通过制度创新，创造一种更加有利于使个体人力资本转化成群体人力资本的环境，通过获得人力资本协作效应，促进我国经济社会快速持续发展。

第四，人力资本具有智力性和创造性。人力资本的功能规定性主要表现在其在社会生产活动中所发挥的精神创造力。从人与自然的关系来看，人作为物质或精神财富的生产者所拥有的人力资本，与其说是作为物质实体存在的自然力，毋宁说是以自然力为基础的智能人力。且不说精神生产，单就物质生产而言，作为自然人力，正如庞巴维克所说："人在生产中的作用是极其有限的"，"人的力量是具有双重缺陷的：比起所要降伏的物质体积来人是太渺小了，比起物质的结构来人是太粗糙了"。人之所以"能使自然力按照人的意志在何时、何地以及按照何种方法进行活动"，全在于人类的智慧，"在自然界的宝库中我们找到了使自然自相对抗和自然力自相矛盾的手段"。[①] 事实上，不仅不同的劳动者在智力、知识、技能方面存在着巨大的差别，因而在创造社会财富方面发挥的作用不同，即使是从事简单劳动的操作者也主要不是靠体力进行工作，而主要是依靠教育、培训以及长期实践中积累起来的知识和技能来完成工作任务，并且使劳动效率不断提高。因此，一个社会要充分发挥人力资本的作用，增加社会财富的生产，关键是在培育人力资本的智力方面下功夫，增加投入，采取有效措施，提高全民族的教育水平和综合素质，增强人力资本的创造力。

第五，人力资本具有难以计量性。人力资本是一种无形资产，它隐含于人的劳动或经营管理过程中，只有通过观察劳动者或管理者的表现，才能对其人力资本状况有一个大致的了解。因此，人力资本具有难以计量的特点。首先，从人力资本的存量计量来看，虽然有一些直接信息可供观察利用，如受教育程度、工作经历与业绩、健康状况等，但相对而言，观察一个人的能力较之于观察他的个人财富，要困难得多，其成本也高得多。而且随着人力资本内容越来越丰富、复杂，其计量也就越困难，成本也越高。如智能、技术、管理形式的人力资本，要比单纯体力形式的人力资本更难计量。一般而言，人力资本所有者对自己人力资本大小所掌握的信息要多于其他人，这就产生了针对其人力资本大小的信息不对称问题。当人力资本所有者与企业签订合同时，由于存在着信息不对称，他就有

---

① 见庞巴维克：《资本实证论》，商务印书馆，1964年，第49、52—53页。

可能隐藏自己的私有信息，提供不真实的信息以增加自己的福利和待遇，这是一种隐蔽信息型机会主义，有可能给企业带来损失。其次，人力资本作用的发挥和运用程度更加难以计量。由于人力资本是主动资产，具有天然的私有性，人力资本所有者事实上控制着人力资本的发挥和运用程度，加上人力资本还具有很大的伸缩性，就使得在技术上对其发挥程度进行测量与监督是不可能的，即使在技术上可能，也会由于成本过高而在经济上不合算。这样，只有人力资本所有者才更清楚他的人力资本的发挥程度，知道他是在勤奋工作，还是在偷奸耍滑。别人很难观察到，即使观察到，也难以为第三者证实。这种信息不对称，容易造成道德危机，它是一种隐蔽的行动型机会主义。要解决这个问题，就必须在设计企业制度时着重激励机制的设计和使用。

第二节　企业家人力资本的特殊性质

企业家人力资本是人力资本的组成部分，因而必然具有人力资本的一般作用与性质。同时，它又是一种特殊的、最重要的人力资本。那么，企业家人力资本的特殊性与重要性究竟体现在哪些方面？在这一节，我们主要从企业家人力资本的作用和内涵两个方面、从与一般人力资本的对比中，来把握企业家人力资本的基本性质。

一、企业家人力资本的作用或基本内涵

第一，企业家人力资本的作用在于不断创新。美籍奥地利经济学家熊彼特在《经济发展理论——对于利润、资本、信贷、利息和经济周期的考察》一书中，对企业家的特点和功能进行了经典分析。指出正是企业家的创新活动，产生了企业利润，并推动了经济的不断发展。按照熊彼特的观点，创新就是建立一种新的生产函数，也就是说，把一种从来没有过的关于生产要素和生产条件的"新组合"引入生产体系。作为资本主义灵魂的企业家，其职能就是实现创新，引进"新组

合"。"创新""新组合"或经济发展，通常包括五种情况：一是"采用一种新的产品——也就是消费者还不熟悉的产品——或一种产品的一种新的特性"；二是"采用一种新的生产方法"；三是"开辟一个新的市场，也就是有关国家的某一制造部门以前不曾进入的市场"；四是"掠取或控制原材料或半成品的一种新的供应来源"；五是"实现一种新的工业组织，比如造成一种垄断地位，或打破一种垄断地位"。他说，"我们把新组合的实现称为企业；把职能是实现新组合的人们称为企业家"①。

熊彼特关于企业家的职能就是实现"新组合"即创新，并通过不断创新促进经济发展的观点，在经济学界产生了重大影响，确立了他在经济学说史上的重要地位。循着熊彼特关于企业家功能及对经济发展的促进作用的思路，我们可以将这种认识做进一步的深化。一是在经济发展周期的复苏和繁荣阶段，企业家通过创新活动，或通过采用新技术提高劳动生产率，或开发新产品、开辟新市场，加快经济复苏过程，促进繁荣的到来并延长繁荣过程；二是在经济发展周期的萧条或危机阶段，为了摆脱困境，企业家通过开发新的产品，用新的供给创造新的需求，形成新的生产和消费市场，从而使社会总需求不断回升，使经济逐渐走出萧条和危机，转入复苏和繁荣阶段。应该看到，企业家创新活动对企业和整个经济发展的作用，在经济不景气时表现得更为突出，在这种情况下企业家提供的供给，对经济走出不景气发挥着关键的作用。以往经济学对企业家的这种作用的考察和认识是很不够的。

第二，企业家人力资本是对市场不确定性作出预测和决策的能力。讨论企业家人力资本的作用，总是以市场经济为假设条件的。事实上，只有在市场经济条件下，企业家人力资本才能显示出其价值，企业家人力资本，只有在市场经济条件下才能逐步形成并积累成为一笔数量越来越大、质量越来越高的社会资源。关于后一点，我在后面的章节中还将加以详细分析。在市场经济条件下，企业家所面对的商业世界

---

① 熊彼特：《经济发展理论——对于利润、资本、信贷、利息和经济周期的考察》，商务印书馆，1990 年，第 73—74，82—83 页。

没有多少确定性的东西。如果说人不能两次踏入同一条河流，那么商业世界里已经发生过的事情，基本上不会重复发生。奈特认为，市场经济的本质特点不是风险而是其不确定性。所谓风险，是一件事情未来是否发生不完全知道，但有一个或然率。人们可以根据这个事件发生的概率，大体推断出其未来发生的概率。这样的事件就是风险事件，对于风险事件，是经验概率可以应付的，只要设一个保险系数就可以了。保险机制、保险生意做的就是某一事件未来实际发生的频率与所估算频率之间的差额，即对事件未来发生的可能性，根据经验估算一个值，然后收取一个保费。而不确定性是经验概率没有办法应付的[1]，比如尽管企业家事先对市场进行了调查和可行性研究，但仍无法预测市场到底会发生哪种变化，无法确定一项投资到底具有多大的风险，并采取一定技术和经济手段来规避。

市场为什么具有极大的不确定性，而且市场经济越发达，不确定性越大？这可以从消费需求和生产供给两个方面来分析。

先看消费需求。在消费市场上，消费者的消费有很大不确定性。消费者将买什么，买多少，没有办法用经验概率来推断。当人均国民收入水平很低时，人们把大部分收入用来购买食品，以满足最基本的热量需求，这时的消费需求比较确定。但是，当人均收入水平越高，消费者离开最低收入水平越远，消费可选择性越强，市场的规模越大，消费的不确定性就表现得越显著。因为谁也难以确切地推知千百万人分散决策的潮流究竟指向哪里。

再看供给方面。市场经济越发达，消费需求的种类和规模越大，参与市场竞争的厂商数量越大。千千万万生产和服务商分散决策的结果，到底会形成一种什么样的供给结构，产生什么样的供求格局，个别厂商是难以预知的。这不仅因为相互保守商业机密，人们不可能得到需要的全部供给和需求信息，即使人们不保密，任何厂商也没有能力处理如此数量巨大的信息。生活在市场经济的环境下，我们就必然生活在一种不确定性之中。

---

① 转引自周其仁:《真实世界的经济学》，中国发展出版社，2002年，第82—83页。

面对市场的不确定性，企业家需要具备一种预测和判断能力，作出生产什么、生产多少的决策。经济学家把这种能力称作决策性判断能力。决策性判断不是进行运算，即通过对各种数据的分析就可以得出的判断，而是对事先不能完全搞清楚的问题进行分析、判断、决策。这种能力不是所有人都具备的，既需要长期的经验积累，又需要一定的天赋、灵感和直觉。企业家就是能够作出决策性判断，并作出正确决策的人，企业家人力资本就是决策性判断能力。这是企业家人力资本与其他人力资本的根本区别。

第三，企业家人力资本是一种组合资源的能力。企业家根据对市场的预测和判断并作出决策后，要使这种决策付诸实施，需要投入各种资源，首先是要筹集足够数量的资金。正如周其仁先生所说，"企业家是钱财不够用之辈"。据考证，1775 年法国人坎蒂仑（Cantillon）最早创造出"企业家"（entrepreneur）一词。在法语中，企业家的意思首先就是一个"事业家"。弗里德曼也曾经说过，世界上的人可分为两种类型：一种人"工作是为了活着"（work to live），另一种人"活着是为了工作"（live to work）。企业家当属于后一类。与他们的雄心壮志相比较，仅靠企业自我积累起来的资金是远远不够用的，必须借用别人的钱来实现。这样，企业家就必须有本事说服别人把钱放心地交给他们使用。这一方面需要企业家具有足够的个人魅力，并能够令人信服地向别人说明自己决策的可行性，使别人对他的计划充满信心，肯把钱借给他；另一方面，要靠企业家个人的无形资产，即看企业家过去的经营业绩和社会信誉。如果一个企业家有过骄人的经营业绩和良好的社会信誉，手中掌握着资金的人，就会很乐意地把钱交给他运用。像李·艾柯卡由于在福特公司的成功经历，克莱斯勒公司才愿意出高薪聘用他，金融机构才愿意借钱给克莱斯勒汽车公司，帮助公司渡过难关。

第四，企业家人力资本还是一种协调组织能力。企业家不仅要作出判断性决策，而且还要靠企业管理者和广大职工的努力来实施。企业家虽然不需要做具体的生产经营管理工作，但是却需要调动企业各个层级的人员的积极性，把每一个员工的智慧都利用起来，这不是具体经营管理人员所能够做到的。相对而言，从资本市场上借用资金，组合资源，还是比较容易的，而把员工的积极性和智慧发挥出来更困难。因为，正如我们在分析人力资本的特点时指出的，人力资本天然地具有私人性，是充分发挥还是自动关闭，取决于人力资本所有者的利益和需求之间是否达到了可接受的均衡状态。这里面也存在着巨大的不确定性。而人的需求是多种多样的，既有物质方面的需求，也有精神方面的需求。如何满足人力资本所有者的需求，是一门深奥的学问。这就需要企业家具有特殊的素质，要对人性有深刻的理解，还要具有个人人格魅力和感召力。这种素质不是一般人所具备的。比如，李·艾科卡到克莱斯勒公司任职时，公司经营面临着巨大的困难，其中最大的危机是企业人心涣散，对公司失去了信心和信任。艾柯卡到任后，首先着力于建立员工对企业的信任和信心，表示自己愿意与公司共命运，号召全体员工破釜沉舟，奋力一搏，并把自己的年薪定为一美元，从而激起了全体员工的斗志，使自己的有关决策在公司中得到很好的贯彻，时间不长就使公司摆脱了困境，保持了美国汽车工业三足鼎立的局面。

以上分析的企业家人力资本的几种作用和内涵之间，存在着一种内在的联系：面对激烈的市场竞争，企业家只有大胆创新，独辟蹊径，才能在竞争中取胜，引领企业不断发展。企业家的各种创新活动，必须以对市场不确定性的预测能力、把握能力为根据，要求企业家必须具有决策性判断能力。企业家作出决策后，还需要具有个人魅力和社会信誉。能够从社会上筹集到足够的资金，调动企业各个层级员工的积极性，使自己的决策和计划得到不折不扣的实施。总的说，企业家人力资本的作用和内涵，是一个整体，是一个说不清、道不明的系统，只可意会，不可言传，"此中妙处，难与君说"。我们这里所能做的，只能是抽出干巴巴的几条，远远不能穷尽其中的丰富性、生动性、多样性。

二、企业家人力资本与一般人力资本的不同性质

了解了企业家人力资本的作用和内涵，我们就可以大致指出它的基本性质，从而把企业家人力资本与一般人力资本区别开来。

第一，企业家人力资本更具有稀缺性。我们知道，在企业里，从

事一般操作性工作的劳动能力，只要进行一定时间的培训和生产实践，就可以获得。刘易斯的经济发展理论指出，发展中国家在经济增长过程中劳动力供给是无限的。这种可以无限供给的劳动力实际上是我们这里分析的一般从事操作性工作的劳动力。不仅如此，根据马克思的分析，由于资本有机构成的不断提高，总是有一部分劳动力处于失业状态，从而在资本主义国家存在着产业后备军。而企业家人力资本的主要作用和功能是创新和作出决策性判断，是对市场不确定性和企业人力资本作用发挥不确定性的预测及把握能力。这种能力不仅需要通过教育、培训和长期实践来培养，更重要的是它可能是一种天赋，是一种直觉，是一种个人风格和魅力。因而企业家人力资本不能用工业化、产业化的方式进行大批量生产和再生产，与一般人力资本相比，必然是稀缺的。另外，随着市场经济的发展，市场规模不断扩大，需求的种类不断增加和变化，市场的不确定性增强，使得对企业家人力资本的需求日益增加。因此，企业家人力资本供给与对企业家人力资本的需求之间是不均衡的，在企业里最稀缺的人力资本是企业家人力资本。正是由于企业家人力资本的稀缺，成为一个国家经济发展的重要制约因素。在美国经济陷入困境的年代，著名企业家李·艾柯卡曾经说过，只要有 50 个真正的企业家，就可以拯救美国经济。

要了解企业家人力资本的稀缺性，我们还必须把企业家人力资本的作用与一般管理活动区别开来。可以看出，企业家人力资本的作用与具体的经营管理职能的根本区别在于，一般经营管理活动是一种技术性活动，针对的对象是具有确定性或者是经验概率可以把握的事物。这种能力既是可以通过试错方式逐步获得的，也是可以用工业化的方式加以"批量生产"的。比如现在世界各国大学都设立了商学院，在批量培养 MBA。而企业家人力资本所有者面对的是具有不确定性的事物，包括市场的不确定性和人力资本作用发挥的不确定性。这种不确定性不是通过数据计算可以把握的，面对不确定性作出决策性判断的能力不是仅仅通过多次失败的经验就能够获得的，企业家人力资本也是不能通过商学院培养、用工业化的方式批量生产的。所以，相对于一般体力或操作性劳动来说，一般管理性人才是比较稀缺的，而相对于企业家人力资本来说，它的供给又是比较充足的。在市场经济越来越发达的情况下，人力资本中真正稀缺的是企业家人力资本。

第二，企业家人力资本更具有私人性。人力资本由于与个人的不可分割性，天然具有私人性。企业家人力资本更是如此。一般人力资本在产权残缺，即一部分产权得不到实现时，虽然采用强制和监督的办法，劳动者可能变得又懒又笨，人力资本不能完全发挥作用。但是，一般人力资本毕竟更多地属于体力劳动和一般性智力劳动，通过强制和监督，再加上劳动力市场上供求关系的约束，总是可以部分地使其得到利用与发挥。而企业家人力资本是一种创新能力和判断性决策能力，属于纯智力和天赋才能，如果缺乏有效的激励机制，则可以完全关闭，根本无法用强制和监督的办法使其发挥出来。而且人们也无法认定企业家人力资本是否发挥出来。如果你说他的人力资本没有发挥出来，那么他会说，你发挥一个给他看看。同时，对于企业家人力资本，也不能采取计件工资这种标准化、统一的方式来激励，因为企业家才能本身就是个性化的东西，无法用一个标准来衡量和激励。所以，要发挥企业家人力资本的作用，必须承认它的绝对私人性，绝不能用强制和监督的方式，只能通过合理的制度设计，通过激励的方式，使其有动力自我启动。

第三，企业家人力资本更难以量化和考核。我们在分析人力资本的特点时指出过，由于人的健康、体力、干劲、知识、才能和其他一切具有经济意义的精神能量，与活生生的人联系在一起，无法独立于个人，因而很难量化和考核。企业家人力资本的这一特点更加突出。一般人力资本虽然难以度量，但长期的经验仍然可以使人们对某一行业的人力资本含量有一个大概的把握，当然这种人力资本是通过工资货币化的形式体现的。但是，对于企业家人力资本，却无法通过经验数据作出哪怕是大体的把握。因为，企业家人力资本的作用主要是创新和作出决策性判断，这种创新和决策不是常规性、经常性的，而是随机性的，是因为形势变化或某种压力来临时而激发出来的，是长期积累和灵光一现的结果。对此，无论如何是没有办法测量的。因此，谁也不能要求企业家定期作出判断性决策或实现某种创新，也不能根据他作出的决策或创新的数量来考核他的工作业绩。

第四，企业家人力资本发挥和积累的市场性。我们把企业家人力资本定义为面对市场不确定性而作出决策性判断的能力，那么，"沧海横流，方显出英雄本色"，只有在市场经济条件下，企业家人力资本才能充分发挥作用，显示其价值。在计划经济条件下，企业按计划进行生产，生产所需资金由财政拨付，生产要素由固定企业按计划供给，产品生产出来以后按计划分配，企业利润全部上交国家，企业不存在真正意义上的经营管理，因而不存在不确定性，也不需要有人作出判断性决策。由于在计划经济条件下不存在真正的企业，因而也不存在真正的企业家，需要的只是懂得进行生产技术经济管理的人才，也不会有企业家人力资本的积累。在计划经济与市场经济并存的经济体制下，企业的生存与发展部分地取决于在竞争中的表现，企业经营管理者有时要面对市场，面对不确定性，需要具有决策性判断能力。这时就有了一个人救活一个企业的传奇故事。但必须指出，在双轨制情况下，企业生产经营状况与其说取决于经营者的决策性判断能力，不如说取决于他与政府部门的关系，取决于他能不能从政府那里争取到更多的资源和优惠政策，因此这时迅速发展和积累起来的是搞政府公关的能力，而不是真正的企业家人力资本。只有在市场经济体制占了主导地位时，企业家面对着变幻莫测的市场需求和众多竞争者之间的博弈，才有压力促使他们发挥创新和决策性判断才能，把企业家人力资本发挥出来。经过不断的市场竞争和应对市场不确定性的实践，才会有越来越多的企业家成长起来，一个社会才会逐渐积累起丰富的企业家人力资本。中国目前缺少足够的企业家人力资本，根本原因是我国市场经济的历史还比较短，以及存在着计划配置资源的情况，企业家面对的不是完全竞争的市场或垄断竞争性质的市场，而不是中国人骨子里不具有企业家气质。许多中国人到国外去，一开始开一个饭馆、洗衣房，很快就积累起一笔资金，进而办起企业，到第二代就可以进入主流社会，进商学院学习，变成当地的商界中坚。在东南亚，如马来西亚、泰国、新加坡等国，华人都是当年流落南洋的劳工。我相信，只要我国沿着社会主义市场经济的路子走下去，进一步深化改革，完善社会主义经济体制，形成真正的市场和竞争，假以时日，中国也会成长起越来越多的企业家和企业家人力资本，中国和发达国家的差距就会逐渐缩小。

三、企业家人力资本是资本增殖的重要源泉

为了讨论问题的方便，需要先对利润概念进行界定和分析。马克思主义经济学认为，利润的本质是剩余价值，是雇佣工人剩余劳动的结晶。但是，由于利润是剩余价值与全部资本的比率，在现象形态上表现为是资本带来的，而不是来源于工人的剩余劳动，从而掩盖了资本主义经济制度的剥削性质。马克思在《资本论》中还指出，由于竞争，存在着平均利润率规律，不同行业的资本家同样的资本投入只能获得平均利润。只有那些采用了先进技术或其他能够提高劳动生产率的方法的资本家，才能获得超过社会平均利润的超额利润。在剩余价值的分配中，地主获得地租、资本所有者获得利息、资本家获得利润和超额利润（如果有超额利润的话）。在西方经济学中，关于利润的来源和分配，美国经济学家克拉克的生产力理论很有代表性。克拉克认为，在资本主义生产中，企业的参与者由于各自的贡献而获得相应收入，工人因为付出了劳动获得工资收入，地主凭借土地所有权获得地租收入，资本所有者借出资金获得了利息收入，资本家由于从事企业管理活动而获得利润，因而在资本主义生产方式中不存在剥削。在现代西方经济学中，马克思主义经济学中的利润，被认为是对资本家管理劳动的报酬，利润则被认为是指超过平均利润的超额利润。

下面，我们对这一小节标题提出的重大的经济理论问题，从两个层次加以分析。

第一，人力资本是资本增殖的源泉。要深刻认识这个问题，我们就必须重温一下马克思的资本理论和剩余价值理论。在《资本论》第一卷中，马克思从商品的两重性和劳动的两重性开始分析，进而分析了劳动力的买卖和资本主义的生产过程，揭示了剩余价值产生及资本增殖的秘密。马克思认为，资本增殖的秘密在于劳动力商品的买卖和使用。马克思把资本区分为不变资本与可变资本。不变资本包括机器、设备、原材料等，在生产过程中只是转移自身的价值，不会发生价值

变化。而可变资本即用来购买劳动力的货币资本，则会发生价值的变化。资本家用一部分货币资本在劳动力市场上购买到劳动力商品，并付给劳动者劳动力的价格，即工资，获得了劳动力的使用权。这个过程是等价交换过程。由于劳动力商品是一种特殊的商品，在使用过程中即生产过程中可以创造出大于它本身价值的价值，并凝结在生产过程的结果——产品中。当资本家把生产出的产品在市场上售出后，即可获得大于生产过程开始时的货币收入，这个剩余部分就是剩余价值，它来自工人的剩余劳动创造的价值。根据这种分析，马克思得出了经典的结论："资本不能在流通中产生，又不能不在流通中产生。它必须既在流通中又不在流通中产生。"[①]纵观经济学说史，不少经济学家把劳动、土地、机器、设备、原材料等当作剩余价值和资本增殖的共同源泉，这实际上是把资本增殖的条件与资本增殖的源泉混为一谈。虽然资本、土地等生产要素对于价值和剩余价值的生产同样是重要的，这些资本要素的所有者也应该因此而获得相应的收入，但是就对资本增殖源泉的理论洞察力而论，其他经济学家及经济流派远不如马克思的资本理论深刻，没有深入到事物的本质。把马克思关于资本增殖的分析用现代人力资本理论的术语加以"包装"，我们可以清楚地看出，资本增殖的源泉是包括一般人力资本和企业家人力资本的运用。

第二，企业家人力资本在资本增殖中发挥着更为重要的作用。在市场经济条件下，资本能否实现增殖不仅在于是否把凝结着剩余价值的产品生产出来，关键还在于是否能把商品卖出去，并且卖个好价钱。因此，我们还需要把资本增殖的源泉是人力资本的运用这个重要观点再向前推进一步，做进一步的深入分析。

马克思在《资本论》中曾经指出，实现由商品向货币的价值形态转化，对于商品生产者来说，是致命的一跃。如果只是把商品生产出来，但却不符合社会的需要，或者市场上这种商品的供给已经供大于求，不能实现由商品向货币的转化，资本家不仅不能获得剩余价值，实现资本的增殖，而且连本钱也收不回来，就会导致企业的破产。即

---

① 马克思:《资本论》(第一卷)，人民出版社，1975年，第188页。

使生产出来的产品在市场上卖出去了，但由于产品生产技术过时，质量性能差，或者生产成本高于社会平均水平，只能以低于市场价格的价格售出，资本家不仅不能获得剩余价值，而且还会亏损，资本也不能实现增殖。可见，仅仅有了资本和劳动力及其二者的结合，还不能实现资本的增殖。实现资本的增殖，重要的是产品要符合市场需求，并且以较低的成本生产出来，以较高的价格在市场上卖出去。要做到这些，一般人力资本是无能为力的，需要企业家人力资本发挥作用。是企业家面对千变万化、具有巨大不确定性的市场，作出决策性判断，决定生产什么，生产多少，并运用组合各种资源，充分调动企业各类人力资本的积极性，把自己的决策很好地加以贯彻，以较低的成本、先进的技术把产品生产出来，保证产品以高于成本的价格顺利售出，从而实现剩余价值和资本的增殖。

通过上述分析我们清楚地看到，在各类人力资本中，企业家人力资本与一般人力相比在资本增殖中具有更为重要的作用。这就是市场经济条件下，一般劳动者只能领到一笔薪水，而企业家不仅可以拿到高于一般员工几倍、十几倍甚至几十倍的薪水，而且还可以分享一部分企业利润。比如现在许多发达国家中，企业家一般都拥有企业一部分股权或期权。这种做法，从劳动价值论和资本增殖源泉的分析中可以找到其经济上的根据。

总之，物质资本自身并不能增殖，钱本身并不能生钱。资本增殖，说到底是人力资本特别是企业家人力资本作用的发挥；企业的赢利能力，说到底是企业家人力资本的存量和企业家人力资本作用的发挥程度。在现实生活中，人们把钱存到银行里就可以获得利息，似乎钱本身就可以生钱。其实，那是因为银行将钱又借给了企业，靠企业家发挥才能在营运中获得了增殖。利润的本质不是对货币所有权的回报，而是对人力资本的回报，在某种意义上，是对企业家人力资本所有权的回报。离开了企业家人力资本作用的发挥，就无所谓资本的增殖。企业家人力资本是资本增殖的重要源泉——甚至可以说是最重要的源泉。否则，我们就不能解释现实经济生活中，不是企业家追逐资本，而是资本在追逐企业家。这一点，我们在第四章中还要继续加以考察。

第四章 企业家人力资本在企业制度创新中的作用

在对企业制度及其变化和企业家人力资本特点研究的基础上，本章将进行综合分析，指出企业家人力资本在企业制度创新中的作用及其这方面作用的增强。本章将以企业契约的不完全性和企业制度的核心是企业所有权即剩余权利的归属为理论主线，展开我对这些问题的分析与论述。

第一节 企业的性质：非人力资本与人力资本的不完全合约

一、古典契约观、新古典契约观和现代契约观

科斯企业理论的重要之处，是他看到了企业的契约性质，并且把关于企业的分析与早期洛克等人发展的古典自由主义精神联系起来，从而使现代企业契约理论植根于古典自由主义传统。然而，同样在契约名义下，新古典经济学家关于企业的分析却使真正的契约精神消失在复杂的模型之中，实际上背离了古典自由主义精神。这是他们与科斯、威廉姆森、哈特等人的根本不同之处。因此，要了解企业的契约性质，就需要重温一下古典契约观所体现的自由主义精神，并指出古典契约观与新古典契约观的区别，在此基础上提出现代契约观。

从亚当·斯密开始的主流经济学一直把交易作为分析的基本单位。有交易必然有纠纷，交易的拓展及相应的社会发展要求以较低的成本解决这些纠纷，契约法体系的出现正是通过交易秩序的形成来达此目的。契约法体系首先认可当事人对个人所拥有财产的一系列权利，包括所有、占有、使用、支配及处置等等，它们共同构成了总体的财产所有权概念。所有权在交易过程中会发生让渡，并可能受到侵犯，法律的功能正是保证权利转让过程的有序性和正义性。在洛克等人把个人财产的所有权看成一种天赋的、神圣不可侵犯的权利时，财产所有权不仅构成了经济领域交易的基石，而且进一步构成了整个社会政治活动的基石。洛克的财产权观念不是单个的权利概念，而是一个契约

自由观念。因为当个人财产是神圣不可侵犯时，每个当事人的社会经济活动就必须遵循两个最基本的原则：个人有权决定自己的事；当个人追求个人利益时，要尊重他人的利益。所以，洛克的自由主义传统绝不是无所约束的选择自由，而是有约束的契约自由，也就是说，洛克的财产所有权并不是一个完整的独立的权利，而是有约束的权利。对契约的这种理解，后来被洛克本人和霍布士、卢梭等人上升到哲学的高度：契约的首要条件是当事人之间的平等；契约是人的自由意志的结果。这就意味着，人生而平等，任何人不得侵犯他人的生命、健康、自由和财产。这种古典契约思想实际是假定一定数目的个人，原本生活在一种自然状态中，现在自愿统一结成一个有组织的社会，即通过契约把个人带进文明社会或国家。因此，洛克等人认为，文明社会的基石就是规范普通人相互之间关系的契约。通过契约，人们才能够从事经济活动和政治活动，企业、政府等组织不过是契约的具体运行形式，契约构成社会政治经济体系的细胞。

然而，马歇尔以后的新古典范式严重曲解了古典自由契约精神，其中最关键的是契约自由变成了单个个体无所约束的自由，这种无所约束的自由自动形成了社会利益。新古典范式看待契约问题时，纯粹是指个别性交易和个别性契约，这种契约有以下特点：契约当事人的人身关系比较单一，交流有限，一般目的是实现狭隘的经济交换；当事人的数量有限，理想的个别性交易只有两个当事人；交易是可度量的、互惠的、暂时的，通常称为"现货交易"；当事人是理性的，责权利能明确界定清楚，任何纠纷都事先解决，无须拖延到未来；当事人自由地追求最大个人利益，除了从交换中看到现时的报酬外，不涉及任何社会关系；未来的变化由当事人相互之间再谈判或购买保险合同来解决，一旦真的出现违约，则寻求一个外在的或第三方来解决。总体上看，这种契约观把当事人看作是理性的，把交易和契约看作是连续可分和一次性的，把未来的变化看作是可以通过统计概率估计和可保险的，把社会经济的发展看作是一系列连续的现货合同的延伸。显然，新古典契约是一种完全契约，它表现为契约条款在事前可以明确写出，到时候可以完全执行；当事人能够准确估计契约执行过程中的突发事件，并在签约前预先加以协调处理；一旦达成契约，必须自愿遵守其条款，若有纠纷，可自我协调，若不能自我协调，通过一个外在的第三方强制裁决和执行。

从以上观点看企业，新古典契约观虽然也把企业看作一组契约，但是在这个框架中，把复杂的企业契约简单化了。新古典契约只是一个特例，只适合于特定的简单交易，不符合现实中企业的经济活动。因而，吉尔莫在其著名论著中指出，契约已经死亡了。针对新古典契约观，麦克尔尼指出，一个完整的契约既要看到当事人之间复杂的利益冲突，又不能忽视共同利益带来的可能合作；既要看到报酬递减律，也要看到报酬递增律。具备这种复杂特征的契约被称作关系契约，它所涉及的交易叫作关系性交易。受麦克尔尼的影响，经过威廉姆森、阿尔钦、哈特的工作，特别是科斯的开创性工作，形成了与新古典契约观具有重大区别的现代契约观。用关系契约论看企业，意味着企业是一组关系契约，这些契约是不完全的，并且持续相当长的时间；契约有正式的，也涉及非正式的；契约不仅规制当事人之间的利益冲突，还促进当事人之间的合作与信任；企业中既有责权利清晰的一面，也有关系模糊的一面，从而表现出报酬递减和报酬递增共存的特征；企业中牵涉的利益纠纷不仅出现在签约前，更重要的是出现在契约执行过程中，并且解决利益纠纷的机制是多种多样的；在企业中，有约束企业当事人契约自由的因素，这不仅是法律赋予的权力，还来自专门知识的权威；在一个动态成长过程中，由于专门知识的积累，企业的权威关系会发生转化。这种契约观，对我们以下分析企业的契约性质将有重大帮助。[①]

二、科斯、张五常、周其仁关于企业契约的有关分析

科斯对经济学理论的贡献以及引起经济学的革命，是在关于企业的性质和边界的研究中作出的。正是在探寻企业为什么会产生时，他提出了交易费用的概念，并将企业黑箱打开，使我们对企业的认识深入到企业内部各要素的关系。

[①] 以上论述参见杨瑞龙、周业安：《企业的利益相关者理论及其应用》第三章相关内容，经济科学出版社，2000年，第49—72页。

在市场机制起作用的条件下，为什么还存在企业？在 1937 年发表的那篇著名论文《企业的性质》中，科斯发现，在现实生活中，市场交易并不是免费的，而是有交易费用的。而企业正由于能够节约交易费用而存在。企业之所以能够节约交易费用，是因为在"企业内，市场交易被取消"，组合在企业内的各种生产要素不必彼此签订一系列买卖契约，原来用于签订和执行这些市场契约的费用被节约了。所以，"企业的显著特征就是作为价格机制的替代物"。① 不过，科斯认为，企业不是以一个非市场的契约替代了市场价格机制。因为，企业内部的命令和允许某个权威来支配资源，不过是一个契约取代了一系列契约的结果。"通过契约，生产要素为获得一定的报酬同意在一定的限度内服从企业家的指挥。契约的本质在于它限定了企业家的权利范围。只有在限定的范围内，他才能指挥其他生产要素"。② 这就是说，企业是以一个市场契约代替了一系列市场契约。企业契约由投入企业的各生产要素及其所有者共同同意而订立，其本质在于界定企业家权威的由来和范围。企业家在企业内的权威、命令和计划等看来是反市场机制的东西，本身就是由另一类市场契约，即企业契约授予并限定的。

科斯开始没有进一步加以说明的是，如果企业不过是一类市场契约代替了另一类市场契约，那么这两类市场契约究竟有何不同？张五常指出，企业这个契约发生在要素市场上，而其他市场契约发生在产品交易的市场上。因此，企业无非是以要素市场的交易契约代替了产品市场上的交易契约。关于这一点，张五常与科斯并无不同。因为科斯也明确指出过，在企业里，生产要素之间的一系列契约被一个契约取代了，实际上意味着已经把企业看成是要素市场上的一个契约。张五常与科斯的不同在于，他认为要素市场上的契约即企业契约与产品市场上的契约没有什么特别的不同。市场交易的时间间隔性、交易费用不为零以及交易过程中的风险和不确定性等，在产品市场和要素市场上都是一样的。因此，这两类契约在程度和制度安排上的区别，不足以把企业组织与市场机制区分开来。

---

① 《产权与制度变迁经济学文选》，上海三联书店，1992 年，第 4 页。
② 《产权与制度变迁经济学文选》，上海三联书店，1992 年，第 6 页。

科斯则不同意张五常的这个结论。他认为企业除了是要素及其所有者之间的契约之外，本身还具有其他特别的性质。其实，关于企业契约的特殊性，科斯在 1937 年的论文里就加以论述了。他写道："由于预测的困难，有关物品或劳务供给的契约期越长，实现的可能性就越小，从而买方也就越不愿意明确规定出要求对方干些什么。""契约中的所有陈述是要求供给者供给物品和劳务的范围，而要求供给者所做的细节在契约中没有阐述，是以后由购买方决定的。当资源的流向（在契约中规定的范围内）变得以这种方式依赖于买方时，我称之为企业的那种关系就流行起来了。"[①] 这里，科斯说明了，由于把要素组合起来投入企业契约的期限通常很长，由于这个过程中的风险和不确定性，因此不便或不能在签订契约前把买卖双方的一切权利和义务全部规定清楚。企业契约的特征，就是在契约中只陈述要素供给的范围，而将如何完成这种供给的细节作为购买者可在签约后行使的权利。换句话说，企业契约是权利和义务没有明确事前完全界定、要素买方有权在契约过程中追加规定的一种特别契约。

从科斯对企业性质与产生的论述中可以看出，他既遵从了自由并不是不受约束的古典契约的自由主义精神，同时也体现了现代契约观关于不确定性的观点，认为企业家的权威只限于企业契约限定的范围，企业契约是一个由于存在不确定性无法或因为成本太高而不能事先把买卖双方所有权利、义务关系全部明确界定清楚的不完全契约。

那么，企业契约的这种特征根源是什么？为什么企业契约与其他市场契约不同而具有不完全性？周其仁发表于 1996 年《经济研究》第 6 期的论文，通过把人力资本的产权特征引入对企业契约及其特征的分析，进一步发展了企业理论特别是关于企业是一个特别契约的理论。

周其仁认为，企业契约不同于一般市场交易的关键，首先是在企业契约中包含了劳务的利用。这一点，科斯本人在 1937 年的论文中有过简洁的交代。他说，就企业契约的特点而言，购买劳务——劳动——的情形显然比购买物品的情形具有更为重要的意义。在购买物

---

① 《产权与制度变迁经济学文选》，上海三联书店，1992 年，第 6—7 页。

品时，主要项目能够预先说明而其中细节以后再决定的意义不大。反过来说，正是由于企业必须购买劳务，而劳务买卖"事前只说明大概、以后再决定细节"的意义特别重大，才使企业契约区别于其他市场契约。那么，为什么劳务的利用和买卖需要特别的契约？周其仁认为，这是由于人力资本具有与非人力资本显著不同的性质。一方面，人力资本的所有权天然地属于个人。任何其他经济资源包括各种非人力资本和土地的所有权，既可以属于个人，也可以属于家庭、社区、其他共同体或国家，但人的健康、体力、经验、知识和技能等其他精神存量的所有权只能不可分地属于其载体，这个载体不仅必须是人，而且必须是活生生的个人。另一方面，人力资本的权利一旦受损，其资产可以立即贬值甚至荡然无存。按巴塞尔的说法，人力资本是"主动资产"，个人完全控制着这种资本的开发和利用。当人力资本产权的一部分被限制或删除时，产权的主人可以将相应的人力资本关闭起来，以至于这种人力资本似乎从来就不存在。更特别的是，这部分被限制或被删除的资本的产权，根本无法被集中到其他主体的手里而做同样的开发和利用。企业契约之所以特别，就是因为在企业契约中包含了人力资本。人力资本的产权特征使直接利用这些资源时无法采用事先全部讲清楚的契约模式。在利用工人劳动的场合，不可能把工人的劳动付出、劳动态度等事先规定清楚，要维护并激发全体劳动者的积极性，单靠计量、监督还不够，必须施以有效的激励。在利用经理劳动的场合，要事前讲清楚企业管理的全部细节即使在技术上是可能的，也会因为信息成本太高而在经济上不合算。聘任经理的合同在事前真正可以在合同中写入的，实际上是要经理相机处置事前不可完全预测的事务的责任，以及经理的努力所要达到的目标。至于在利用企业家人力资本时，恐怕事前连大概的内容也无法写出来。因为"发现市场"和"在一切方向上的创新"这样的事情，毕竟是无法事前"规划"和"计划"的。企业家才能及其发挥在事后也是难以监督和计量的。除了采取让企业家分享一部分企业剩余收入，如目前采取的企业家享有股权或期权的方法进行激励，没有办法充分发挥企业家人力资本的作用。总之，企业契约作为一个特别的市场契约，即契约里多少保留一些事先说不清楚的内容而在契约执行过程中相机处置，比如用激励机制来调节，可以也只能从人力资本的特征来说明。

三、企业家人力资本与企业契约的特殊性

周其仁先生通过分析企业里人力资本产权的特征，对企业契约的特殊性给予了一个比较令人信服的说明，发展了科斯关于企业是一个特殊契约的思想，进一步深化了关于企业性质问题的认识。由于周其仁 1996 年那篇文章所研究问题的性质及其需要，他虽然也简要指出了不同类型人力资本的各自特点，但是他看重的是人力资本共同的产权特征与企业契约之间的关系，而没有进一步分析不同类型人力资本的特性与企业性质之间的关系，因而没有使关于企业契约特殊性的分析深入下去。在我看来，企业里各种人力资本要素的性质和功能及在企业发展中的地位和作用是有很大区别的，不仅仅"因为相对稀缺性的不同而价格迥异"。[①] 分析企业里人力资本各要素的不同性质和功能，将使我们对企业性质的理解向前更进一步。下面的分析表明，市场里的企业，在很大程度上是企业家人力资本与非人力资本的特别合约。

在第三章，我们曾经对企业家人力资本的特殊性质进行了较为深入的探讨。在那里我们指出，与一般人力资本相比较，企业家人力资本具有以下特殊性质：企业家人力资本相对于其他人力资本要素的稀缺性，企业家人力资本具有更强的私人性和难以计量性。运用第三章的研究结论进一步加以分析，我们可以看出企业家人力资本的特殊性对企业契约性质所产生的重要影响。

首先，企业家人力资本对于企业发展的极端重要性，决定了它对企业性质的影响远远大于一般人力资本。企业发展的关键在于不断实现资本的增殖。在市场经济条件下，资本能否实现增殖不仅在于是否把凝结着剩余价值的产品生产出来，关键还在于是否能把商品卖出去，并且卖个好价钱。如果只是把商品生产出来，但却不符合社会的需要，或者市场上这种商品的供给已经供大于求，不能实现由商品向货币的

---

① 周其仁：《市场里的企业：一个人力资本与非人力资本的特别合约》，《经济研究》，1996 年第 6 期。

转化，不仅不能实现资本的增殖，而且连本钱也收不回来，就会导致企业的破产；或者虽然企业生产出来的产品在市场卖出去了，但由于产品生产技术过时，质量性能差，或者生产成本高于社会平均水平，只能以低于市场价格的价格售出，资本也不能实现增殖。可见，实现资本的增殖，重要的是产品要符合市场需求，并且以较低的成本生产出来，以较高的价格在市场卖出去。要做到这些，一般人力资本是无能为力的，需要企业家人力资本发挥作用。是企业家面对千变万化、具有巨大不确定性的市场，作出决策性判断，决定生产什么，生产多少，并运用组合各种资源，充分调动企业各类人力资本的积极性，把自己的决策很好地加以贯彻，以较低的成本、先进的技术把产品生产出来，保证产品以高于成本的价格顺利售出，从而实现资本的增殖和企业的不断发展。这就使得企业家人力资本与企业非人力资本之间的契约更加具有决定性意义，在企业性质的决定中施加着更大的影响。

其次，企业家人力资本在企业发展中的决定性作用，以及企业家人力资本自身的特殊性质，在很大程度上决定了企业契约的不完全性。企业家人力资本与非人力资本的契约性质，在很大程度上决定着企业制度的性质。同时，由于企业家人力资本更加具有私人性和其作用的计量更加困难，对企业家人力资本作用的发挥事先在契约中写明更加困难，更需要在契约执行过程中随时加以调整。由此可以看出，企业市场契约之所以具有特殊性，更重要的是来源于企业中企业家人力资本的特殊性质。

第二节　企业家人力资本与非人力资本的连续博弈：企业制度变迁的机理分析

一、剩余权利的归属：企业制度的核心

与其他市场契约相比较，企业契约的特殊性在于其不完全性，即一些事项事前无法在合约中写清楚，主要是对企业剩余权利包括剩余索取权和剩余控制权没有事先规定清楚。因此，以往和今后企业制度

的变化主要是剩余权利归属情况的变化，企业制度的核心就是这些剩余权利的归属问题。

对于企业剩余权利的归属，在规范的意义上（即剩余权利应该归谁。关于企业剩余权利的归属，还可以从能够归谁、实际上归谁来考察。这些问题下文还要进行分析），不同的经济学家持不同的观点。

（一）主流企业理论的"资本逻辑"。到目前为止，新古典经济学的企业理论，仍然占据着企业理论的主流地位。在新古典经济家看来，剩余控制权和剩余索取权应该归非人力资本所有者。他们主要从两个方面论述了剩余权利归非人力资本所有者的必要性与必然性。一是从资产专用性与风险承担的角度来论述。所谓专用性特指专门为支持某一特定的团队生产而进行的持久性投资，这种投资一旦形成，再改作他用，其价值将大跌。因此，专用性投资具有抵押性，所谓"跑了和尚跑不了庙"。由于非人力资本与其所有者在自然形态上的可分离性，非人力资本一旦投入企业，便成为一种抵押品，作为非人力资本的所有者就难以任意退出企业，就成为企业风险的主要承担者。相反，人力资本与其所有者在自然形态上的不可分性，使人力资本所有者无后顾之忧，可以随时退出企业，容易逃避风险，不能兑现自己的承诺。同时，由于人力资本不具有这种抵押性，在企业契约不完全的情况下，会在企业契约签订后，提出有损非人力资本所有者利益的修改契约的要求，非人力资本的抵押性使得其所有者处于不利的位置，容易被"敲竹杠"。以威廉姆森等人为代表的主流企业理论强调，组织或合约安排的主要目的和功能在于保护专用性的投资免受"套牢"或"敲竹杠"等机会主义行为的侵害。正因为非人力资本是专用性投资，是风险的承担者，非人力资本所有者易受机会主义行为侵害，"资本雇佣劳动"，资本家拥有企业剩余权利、成为企业所有者的企业制度，是最优的企业制度。这种逻辑在相当长的时间内，被大多数经济学家所接受。二是从效益最大化原则出发，得出非人力资本所有者应该拥有企业剩余权利。我国经济学家张维迎是这种理论观点的代表人物。在《企业的企业家—契约理论》一书中，张维迎论证说，在企业家能力难以观察的情况下，拥有的财富数量可以看作是企业家能力的一种显性信息，而且作为一个企业家的实际成本是个人财富的增函数，越是富有的人越没有积极性谎报自己的能力，越是贫穷的人却越有积极性谎报自己的能力。因为，对于一个没有非人力资本的人来说，他的风险是不对称的，失败的成本由别人承担，而成功的收益归自己占有，这种权力的得到是廉价的。对于拥有一定数量非人力资本的人来说，如果没有企业家才能而占据企业经营者位置，则可能因为经营决策失误，使自己的财产损失一部分，甚至全部赔进去，他占据企业经营者位置的成本是高昂的。因此，只有让资本所有者拥有当企业家的优先权，才是保证真正具有企业家才能的人占据企业家岗值的重要机制，否则，企业家市场就会充斥大量根本不具备企业家才能的"南郭先生"。需要说明的是，由于张维迎认为最理想的企业制度是古典企业制度，即资本家与企业家一身而二任，因此它所说的经营者或者说企业家拥有企业剩余权利，也就是非人力资本的所有者拥有企业剩余权利。

在企业家等价于资本家的前提下，张维迎还从监督成本的角度论证了企业剩余权利归资本家所有的合理性。他写道，企业面对的是一个不确定的世界，经营者的工作就是如何对不确定性作出反应，决定做什么和如何做，他的积极性对于企业的生存和发展具有关键的作用。因为经营者是用脑袋进行非程序化的工作，他的行为当然是最难监督的。在企业契约不完备的情况下，让最重要、最难监督的成员拥有企业剩余权利，带来的外部性最小，监督成本最低，有利于企业收益最大化和监督成本的节约。从以上论述中，张维迎得出了"资本雇佣劳动"最有效率，是最合理的企业制度的结论。[①]

（二）企业剩余权利的分享逻辑。随着人力资本概念的引进，企业剩余权利的资本逻辑受到了挑战。一些经济学者根据对现实经济生活的分析，提出了企业剩余权利由非人力资本所有者和人力资本所有者共同分享的看法，有的论者则更进一步提出企业剩余权利应该由企业家独占。我的观点比较接近于前者。对此可以从以下几个方面来认识。

首先，以往的经济学家都认为非人力资本所有者承担了企业经营

---

① 张维迎:《企业理论与中国企业改革》，北京大学出版社 1999 年 3 月第一版，第77—105 页;《企业的企业家—契约理论》，上海三联书店 1995 年版。

风险，因此应该拥有企业剩余权利。这主要因为非人力资本一旦投入企业，就成了某种专用性资产，再退出企业非常困难，因而不仅容易受到人力资本所有者的"虐待"，而且当企业生产经营环境发生变化时，将由于不能及时退出而遭受财产损失。而人力资本不是专用性资产，其所有者既能依仗人力资本的流动性优势，要求对契约作出有利于自己利益却有损非人力资本所有者利益的修改，同时也不承担由于经营风险带来的资产损失。但是，事实恐怕并不是这样的。在社会生产力发展水平比较低、市场体系尤其是资本市场不健全时，情况可能是这样的，而在现代公司成为企业的主要形式和资本市场越来越发达的情况下，事情则发生了变化。由于社会生产力发展和市场经济运行的需要，社会在创造物质财富的同时，也在以前所未有的速度创造着各种非人力资本的社会表现形式，既存在着实物型非人力资本，也存在着货币型非人力资本，还有信用型非人力资本，而且信用型非人力资本形式的增长速度随社会经济发达程度的提高而加快。在非人力资本社会表现形式多种多样的情况下，非人力资本的所有者投资于企业时，既可以事前进行投资风险的比较，选择投资风险较小的非人力资本形式，也可以在事中和事后出现投资风险时，在各种非人力资本形式之间进行转换，以最大限度和最快的速度减少最终造成的企业投资风险。实物形式的非人力资本如机器、设备、厂房等可以转化为货币形式，而货币形式的非人力资本又可转换成股票、债券、基金凭证、票据等。反过来，股票以及信用形式的债券、票据等也可以转换成货币形式或实物形式。各种非人力资本市场体系的建立与健全，以及市场机制的规范化和完善化，使得非人力资本所有者在各种非人力资本形式之间的进出、转换非常便利、快捷。事实上，非人力资本社会表现形式证券化趋势日益加强，非人力资本所有者对企业的投资已经从过去以实物型直接投资为主的方式越来越转向以证券型间接投资为主的投资方式。由此可见，非人力资本形式的多样化和市场化趋势，必然会大大减少其仅仅作为实物型投资时的抵押品性质，导致非人力资本所有者与企业的关系逐步弱化，使非人力资本所有者进出企业的自由度大大增加，因而使规避企业风险具有了现实可能性。

从另一方面看，随着社会分工的发展，一个劳动者掌握的知识和技能越来越专门化，社会分工的发展过程，同时也就是人力资本专用性强化的过程。由于人力资本在自然形态上与其所有者不可分离，并且也具有专用性特征，当人力资本所有者将自己的人力资本投入某一特定行业和企业时，往往成为一种抵押品，带有人质的性质。如果随意进入一个自己不熟悉或不适合自己专业所长的行业或企业，或随意退出一个适合自己专业特长的企业，都会对自己造成损害。另外，社会化大生产在促进分工的同时，也促进社会协作的日益深化。具有专用性特征的人力资本如果不加入社会协作体系便没有用武之地，一旦人力资本所有者加入了社会分工合作体系，除了人力资本专用性造成的退出障碍以外，各个人力资本所有者共同努力形成的集体协作力也会造成退出企业的障碍。因此，一旦进入一个企业，人力资本所有者就会对该企业产生依赖性。如果换一个企业，人力资本所有者已经花费的时间和精力很难得到补偿，为了适应新的企业，还要再花费时间和精力，培养新的专用性人力资本。而且人力资本的群体性所形成的有形和无形资产，只有在单个人力资本所有者参加特定的群体后才能分享，离开便失去了分享的机会。这说明，在非人力资本所有者与企业的关系逐步弱化的同时，人力资本所有者与企业的关系却在逐步强化，人力资本也具有了某种专用性，并且这种专用性呈现出不断增强的趋势。这就在实际上构成了对人力资本所有者进入或退出企业的客观性制约，使人力资本所有者也要承担企业经营风险。从风险承担与剩余权利对等的原则出发，人力资本所有者也应该分享企业剩余权利。[1]

其次，从人力资本的信号显示机制看，在专业化分工和信息流通还不发达的情况下，由于人力资本与非人力资本客观上的差异性，人力资本缺乏一种有效的信号显示机制，作为一种私人信息无法表达自己的真实能力，而财富作为一种公共信息可以成为向市场显示自己实力的信号。但是，随着专业化经济的发展，信息交流的发达，以及人力资本投资收益的增加，当人们把自己拥有的知识和技术看作是一种

---

① 方竹兰:《人力资本所有者拥有企业所有权是一个趋势》,《经济研究》, 1997 年第 6 期。

资本存量时，其实人力资本与非人力资本在形式上已经没有多大差别了。人力资本不过是人格化的知识和技术，知识和技术成为人力资本价值存量的显示器。人力资本作为一种私人信息的性质开始弱化，而作为一种公共信息的性质逐渐凸显。特别是在知识型企业里，知识成为检测个人创新能力的标准，有知识的人比没有知识的人更有可能具有创新能力。所以，在古典企业时期，由于经营决策能力难以测量，资本雇佣劳动，财富拥有者自然成为企业剩余权利所有者，在今天理由似乎没有那么充分了。

再次，从企业收益的创造和产权的性质看，人力资本所有者也应该分享企业剩余权利。正如我们在前面分析过的，在现代市场经济条件下，企业能否生存和发展，关键取决于企业能否面对不确定的市场需求变化，作出正确的决策。而作出这种决策的不是非人力资本，只能是企业家人力资本所有者。相对于人力资本特别是企业家人力资本这种"积极货币"，非人力资本只是一种"消极货币"，资本增殖的源泉是人力资本，而非物质或金融形态的资本。既然如此，作为企业价值的创造者，人力资本所有者分享企业剩余权利和剩余收益，大概是合理亦合法的。

让我们再根据产权的性质对企业剩余权利分享逻辑进行分析。对此，杨瑞龙在 1997 年的一篇论文中做了比较深入的阐述。现代产权理论的一个重大贡献，是区分了产权和物权的不同含义。科斯早在 1960 年就指出，产权理论所要决定的是存在的合法权利，而不是所有者拥有的合法权利。他说："人们通常认为，商人得到和使用的是实物，而不是行使一定行为的权力。我们会说某人拥有土地，并把它当作生产要素，但土地的所有者实际上所拥有的是实施一定行为的权力。"① 循着科斯的理论逻辑，我们就会发现产权与物权的区别。产权就是使一个人或其他人受益或受损的权利，它只有在不同的所有者之间发生利益关系时才有存在意义。而物权仅仅是指法律赋予某人拥有某物的排他性权力。也就是说，物权不过是法律赋予某物的归属标志，而产权

---

① 科斯：《论生产的制度结构》，上海三联书店，1994 年，第 190 页。

则是物进入实际经济活动后引发的人与人之间相互利益关系的权利界定。另外，产权比物权有着更广的外延，如以某种方式使用他人财产的权利、摆脱遭受侵害的权利、因发生欺诈而得到赔偿的权利等都是产权的形式。可见，在现代社会中，产权不再是支配物的权利，而是支配有价值的利益的权利，财产的合法权利保护的不是物，而是价值。产权已从单纯的物权转化为一束关于人的利益和行为的经济权利，它是人与人之间在经济活动中相互关系的反映。根据对产权的这种本质意义的理解，既然产权的核心是对人的行为以及人与人之间利益关系的界定，那么缔结企业契约的当事人并不必然由传统的物的所有者充当，仅仅具有人力资本的劳动者也应当是权利主体。从产权的角度看，人力资本所有者与非人力资本所有者同样是参与实际经济活动的产权主体，两者的差异不在于产权的性质，而在于产权的大小。人力资本不是一般的商品，而是未来满足或未来收入的源泉，因而应把它看成是投资品。人力资本所有者与股东一样是资本投入者，只不过他们是把自己的体力、智力作为资本投入到企业里。因此，他们就不仅应该获得相当于要素价格的固定收入，而且应当拥有对投资风险的补偿，他们的产权权益也应该得到保护。

二、企业制度变化的重要机理：企业家人力资本与非人力资本力量对比的变化及连续谈判

以上我们从不同角度分析说明了人力资本与非人力资本一样应该分享企业剩余权利，而企业剩余权利分布状况也就是企业制度状况，这种分布状况的变化，也就是企业制度性质的变化。那么，是什么力量使得企业剩余权利分布发生了变化？这个变化过程是怎样的？这一小节，我们就要对这些问题进行分析。鉴于企业家人力资本的特点以及企业家人力资本运用、发挥对于企业生存发展的特殊重要意义，在与非人力资本谈判中比一般人力资本具有更多发言权和谈判力，在此，我们主要从企业家人力资本与非人力资本的关系出发，论述企业制度变化的机理。

一个关于企业剩余权利安排的初始合约，决定了一个时期内企业

参与人员的既得利益格局。但是，这个初始合约并不是持续稳态的。因为，在社会生产力和社会生产方式不断变化的情况下，订立合约的各方力量和在企业发展中的作用也是随之不断变化的。当组成企业的企业家人力资本和非人力资本在谈判中力量对比发生了足够大的变化时，就必须对合约内容进行调整修改。因为假定初始合约一个时期内不做任何修改，那么随着参与企业的一方力量的增加和对于企业生存发展重要性的增强，都可能使他们与现存的利益状态产生矛盾。只有对合约进行修改，才能发挥各种企业资本要素的作用，实现企业利益和参与企业各方利益的最大化。所以，现实的情况是，经过一个复杂的讨价还价，初始合约在本期结束后必然会得到修正，以消除上述矛盾。只要参与企业各方之间存在长期的合约关系，那么企业剩余权利的分配结构就会逐渐趋近于最优的安排，每个参与人都得到了他应该和希望得到的。当然，合约修改后会由于力量对比的变化又逐渐由合理变得不合理，就需要进行新的修订。企业制度变迁就是这样一个企业家人力资本与非人力资本之间力量对比和谈判地位不断变化、双方不断谈判博弈的过程。

张维迎曾指出，20 世纪 80 年代以来研究企业理论的经济学家越来越认识到企业所有权是一种"状态依存"所有权，即在不同的企业经营状态下，对应着不同的企业所有权结构。张维迎主要对非正常经营状态下的企业所有权的依存状态做了简要分析。他指出，当企业出现经营危机时，企业参与人的不同既得利益状态使谁拥有企业所有权的支配权就显得特别重要。每个利益相关者都试图保全自己的资本，一旦预期自身产权权益将遭到严重损害，并且利益相关者之间关系的持续性也难以维持时，预期损失最大的利益相关者就会相机地取得那种支配权 ①。其实，企业剩余权利也是一种依存状态的权利，随着企业家人力资本和非人力资本力量对比不同，企业剩余权利的分配结构也是不同的。

实证地观察，企业制度发展过程就是一个随着经济社会发展、企业家人力资本作用不断增强，企业家人力资本所有者分享到的企业剩

---

① 张维迎：《企业理论与中国企业改革》，北京大学出版社，1999 年，第 89—91 页。

余权利越来越大的过程。在古典企业占据统治地位的时期，社会分工和社会生产力发展水平还没有使企业家人力资本从非人力资本中分离出来，企业家是站在资本家的影子里发挥作用，因而企业剩余权利相对集中于非人力资本所有者手中。在股份制公司形式占主流的时期，企业剩余权利仍然倾斜于非人力资本所有者，非人力资本的剩余权利权重大于企业家人力资本的权重，企业家人力资本的收益也小于非人力资本的收益。在知识经济型企业中，企业剩余权利则倾斜于企业家人力资本，企业剩余权利结构中企业家人力资本所有者拥有的权重大于非人力资本所有者的权重，企业家人力资本实际上控制着非人力资本，其收益也大于非人力资本的收益。

第三节　企业家人力资本在企业制度创新中作用的增强

在上一节，我指出了企业制度的核心是剩余权利的分布问题，而且企业剩余权利的分布也不是一成不变的，依参与企业的各要素所有者的力量对比状况而定。我还简要地指出了企业家人力资本在企业剩余权利结构中占有越来越重要地位的发展趋势。在这一小节，我将从多个侧面着眼，对企业家人力资本在企业合约谈判中力量的不断增强，从而在企业剩余权力结构中地位的提高和在企业制度创新过程中发挥着越来越大的作用，给出一个实证的分析和阐述。

一、从价值创造的角度看，企业家人力资本对
经济增长和企业发展的贡献越来越大

经济增长一直是西方经济学研究的一个重点。在亚当·斯密和大卫·李嘉图等为代表的古典经济理论中，分工的扩大和资本的积累是经济增长的推动力量，而且斯密认为劳动者学到的有用才能也属于资本的范畴。20世纪60年代以前，长期占据正统地位的是新古典经济学的增长理论。鉴于哈罗德—多马经济增长模型假定技术进步不变，经济增长取决于投资率或储蓄率，不能有力地解释经济增长的现实，

索罗等新古典经济增长理论家建立了新的经济增长模型。在他们的模型中，虽然认为技术进步是经济增长的重要因素，但是却把技术因素作为外生变量。因此，在没有外力推动时，经济体系无法实现持续的增长。只有当经济中存在外生的技术进步或外生的人口增长时，经济才能实现持续增长。这样，这种理论就存在着明显的缺陷：它一方面将技术进步看作是经济增长的决定性因素，同时又假定技术进步是外生变量而将它排除在考虑之外，这就使该理论排除了影响经济增长的最重要的因素。在经济增长理论研究沉寂了 20 多年后，到 20 世纪 80 年代，以罗默、卢卡斯为代表的一批经济学家纷纷建立了各种内生型经济增长模型，逐渐形成了流行于西方经济学界的"新经济增长理论"。这种增长理论把知识和人力资本作为内生变量正式引入经济增长模型，强调知识和人力资本是经济长期增长的主要源泉和决定性因素，突破了传统经济增长理论中要素收益递减、规模收益不变的假定，认为专业化知识和人力资本的积累可以产生递增收益并使其他投入要素的收益从而总的规模收益递增。[①] 这就从理论上说明了经济长期增长的根本动因，给人们在实践中正确认识人力资本在经济增长中的作用，并依此为根据来调整经济增长速度、预测经济增长趋势，提供了方法和理论工具，同时也有力地解释了国际经济增长差异性普遍存在的现实情况。

一些经济学家对新经济增长理论进行了实证验证。比如哈佛大学经济学家罗伯特·巴罗等人，在实证研究中利用罗默的理论和研究方法比较了不同国家的经济增长率，统计分析显示该理论是有效的。这项研究得出的结论是：由于缺乏人力资本，而不是由于缺乏物质资本投资，阻碍了穷国赶上富国。法国的丹尼尔·柯恩采用巴罗的理论，研究了东欧国家的经济改革，认为东欧国家的教育水平比较高，因而估计这些国家人均国民收入的长期增长率每年可望达到 3％—3.5％。关于中国经济增长的一项研究表明，1953 年以来，政府的教育投资对国民收入的贡献率明显高于单位固定资产投资的贡献。实施改革前后比较，单位固定资产对经济增长的贡献率份额略有下降（2.54％降

---

① 朱勇：《新增长理论》，商务印书馆，1999 年，第 53—84 页。

为 2.46％），而教育投资的贡献份额却大幅度上升（从改革开放前的 14.8％上升到改革开放后的 17.5％）。

伴随着人力资本对经济增长贡献份额的提高，作为人力资本中最重要的构成部分，企业家人力资本对经济增长的贡献越来越至关重要。目前，把企业家人力资本对经济增长的贡献剥离出来还很困难，但是，通过对经济增长事实的观察，人们可以强烈地感受到企业家人力资本对经济增长贡献的不断增加。大家都知道，克林顿政府任职期间，美国经济出现了历史上持续时间最长的快速增长，其中根本的原因是所谓"新经济"现象的发生。分析对美国"新经济"增长起根本性作用的因素，一是适时地进行了以信息技术、生物技术、新能源技术、环境科学技术、海洋技术、空间技术六大高新技术产业为主导的产业结构升级转换；二是一批新型企业家根据世界新技术发展和市场需求发展趋势，及时地抓住了难得的商机，推动高新技术产业化，形成了微软、戴尔等一大批新兴信息企业，促进企业向生产高新技术产品和提供高技术服务的经营方向转变，成为美国经济新的增长点。另外，有的学者对最近几十年经济增长进行了因素分析，指出人类创造的价值中有 50％以上来自知识，而知识的运用有 80％依靠管理。或者说，企业创造的财富有 50％来自技术创新，另外 50％来自管理创新，而且在技术创新的有效发挥中，80％也来自管理。这里学者们所谓的管理，实际上是对企业家才能的一种笼统称谓，包括决策性判断和有效组织运用各类企业资源的能力。

企业家人力资本在社会经济增长和企业价值创造中作用的日益增强，使得参与企业各要素之间力量对比发生着有利于增强企业家人力资本在企业合约谈判中地位的变化，使企业家人力资本成为推动企业制度创新的越来越重要的力量。

二、企业规模不断扩大和市场不确定性增强，企业的生存和发展越来越依赖于企业家的决策性判断能力

在业主制和合伙制企业占主导地位的时代，企业的生产规模一般比较小，而且一般是为地区性市场生产商品或提供服务，组织运用资

源进行企业生产经营难度相对较小，同时也能够比较准确地把握市场需求，对企业经营决策能力的要求不高。这时，非人力资本所有者和企业家人力资本所有者完全可以一身而二任。随着分工的发展、科学技术的进步及其在生产中的广泛运用，企业规模不断扩张。企业由托拉斯到辛迪加，再到康采恩，由跨越地区界限的全国性公司，发展到跨国公司。从 20 世纪中叶，跨国公司不仅生产、提供了国内大部分产品和服务，而且实际上控制了世界经济命脉，成为一个个的"国中之国"。在企业规模越来越大，企业的分支机构越来越多，分工越来越精细，组织运用资源使现代化的大企业、大企业集团有效运行，需要专门的经营管理知识，一般非人力资本所有者很难具有这样的能力。同时，现代科学技术的发展、分工的扩大，必然使企业面对的市场范围由地区性市场扩大到全国市场，由一国市场扩大到世界市场。20 世纪七八十年代开始，经济全球化成为不可阻挡的世界潮流，各国之间的经济联系更加紧密，在一些地区还形成了一体化程度越来越高的区域经济体，如欧盟国家之间在实行商品贸易自由流通、相互开放劳动力市场等基础上，进一步统一了货币，并正在向政治一体化的方向迈进。在为千千万万不同生产厂商和消费者提供产品或服务，市场需求千变万化更难把握，并且面对来自全世界各国企业激烈竞争的情况下，企业面对着更大的市场不确定性。准确把握市场需求变化趋势，作出战略性判断和正确的决策，是企业生存和发展的关键。在这样的情况下，正如我们在前面论述过的，非人力资本的筹集已经不成为问题，有远见卓识的企业家，才是企业发展和资本增殖最急需的资源，企业家人力资本在企业合约中的分量及其在谈判中的力量已是今非昔比，成为企业合约谈判中占主动地位的力量，企业家人力资本成为企业制度变化与创新的主导力量。

三、相对于资本市场的发展和非人力资本的越来越充裕，企业家人力资本越来越稀缺

主流企业理论即新古典经济学的企业理论认为，企业应由资本所有者拥有。这在古典企业时代是成立的。因为在古典企业里，企业非

资本的所有者同时又兼任企业的管理者和企业家。这种非人力资本所有者与人力资本所有者合二为一的现象，造成了一个笼统的资本概念。资本家即这种古典资本的人格化代表。资本家在古典企业里一身多任，他并不需要作为非人力资本所有者的自己与作为企业家人力资本所有者的自己签订合约。这样企业家人力资本的所有者只是在非人力资本的影子里扮演着重要的角色，企业家人力资本的作用就被非人力资本的光环淹没了。再加上在经济发展的早期阶段，社会生产力水平较低，社会物质财富相对贫乏，人们的基本生活需求尚未得到满足，围绕增加基本生活消费品进行投资生产活动，以满足人们的基本生活需求，没有太大的市场风险。这时，就凸显出非人力资本的严重短缺，而企业家人力资本面对不确定的市场作出判断性决策的价值还不能充分显现出来。另外，正如马克思分析的那样，由于资本有机构成的不断提高，由于社会生产的增长快于人们有支付能力的需求的增长，还由于企业家人力资本的稀缺不能发现和创造新的更大的市场，形成了一支庞大的产业后备军，出现了人力资源的严重过剩，工人的体力和技能一钱不值，使非人力资本不但雇佣劳动，而且支配劳动。

随着现代企业组织的发展，企业家人力资本从一身而二任的所谓资本家分离出来，而且径直走向经济舞台的中心。市场范围的扩大、交易从内容到形式的日益复杂、企业组织的成长，使企业家和企业管理的人力资本的独立不但势在必行，而且在经济上对非人力资本所有者和对企业家人力资本所有者乃至社会都有利可图。这样，古典资本家逐渐被一分为二：一方面是单纯拥有非人力资本的所有者，一方面是企业家人力资本的所有者。在这个过程中，单纯非人力资本日益显示出它的"消极货币性质"，而企业家人力资本的"积极货币性质"也日益表现出来。西方谚语说，如果上帝给了一个女人美丽，就不会再给她智慧；给了一个女人聪明，就不会再给她美丽。在经济世界里，情况也大抵类似。有企业家才能的人不一定富有，富有的人不一定具有企业家才能。有了非人力资本与企业家人力资本的分离，伴随着非人力资本的积累，以及现代资本市场的日趋发达，货币形态的资本显得越来越充裕，而企业家人力资本则越来越变得稀缺起来。据统计，近年来国际上在国内找不到投资机会的游资一直在 2 万亿美元以上。我国银行货币供应量也在迅速增长。2001 年底，我国银行本外币贷款余额为 11.2 万亿元，比 1990 年增加 10 万亿元，年均增长 19.4％。2003 年底全部金融机构本外币贷款 16.97 万亿元，其中人民币贷款余额达 15.90 万亿元。人民银行基础货币余额为 5.23 万亿元，其中包括外汇占款 1.15 万亿元。在非人力资本相对"过多"的情况下，手中握有货币资本而没有企业家能力的"资本家"有几种选择：一是把钱放在家里，这只有农业社会的守财奴才会这样做；二是把钱存在银行里生利息，但在一个时时面临通货膨胀威胁的世界里，谁也不能保证存在银行的钱能够增值而不会随着通货膨胀而贬值。另外，即使把钱存在银行里，银行家也必须把钱借给企业家，由企业家运用货币进行投资运营，创造新的价值，在获得银行利润的同时向储户支付存款利息；三是通过购买股票、基金或债券等把钱直接交给那些善于把握市场机会，善于运用货币资本进行投资经营的企业家。无论是把钱放在银行也好，还是把钱借给企业家也好，资本增殖越来越依赖于企业家面对市场的不确定性而进行决策性判断的能力。所以，在一个非人力资本越来越充裕、市场不确定性越来越大、企业家人力资本显得越来越稀缺和宝贵的社会里，说到底是货币资本追逐企业家人力资本，而不是企业家人力资本追逐货币资本。在 20 世纪 70—80 年代在英美等国家兴起、21 世纪初的前两年在我国也大行其道的企业管理层收购（MBO），就是货币资本追逐企业家人力资本的典型例子。在企业管理层收购中，投资银行家根据对企业家能力的判断，贷款给企业经营管理者，通过企业家注入自己的经营管理资源，对资产和企业业务进行优化组合，改善经营管理，使企业经济效益大幅度提高，从而获得超出正常收益很高幅度的超额收益。投资银行家投资于管理层收购虽然要冒更大的风险，但通过合理地分配投资结构，这种风险是可以规避的，总的结果仍然可以获得相当于一般贷款几倍甚至十几倍的回报。在不断深化商业银行体制改革，加强对银行等金融机构监管的情况下，我国商业银行从国家财政金库的出纳一定程度上变成了进行货币资本运营的企业，也要讲经济效益。这时的银行一改过去的衙门作风，开始追逐那些由优秀企业家经营管理、经济效益状况较好的企业，千方百计把钱交给这些企业用。货币资本的越来越充裕和企业家人力资本的越来越稀缺，使得企业家人力资本在参与企业的诸要素中的力量越来越强大，在企业合约谈判中的地位必然越来越有利，从而成为推动企业制度创新的主要力量。

其实，有的经济学家已经指出过，即使是早期经济发展中的非人力资本相对稀缺，也不过是对非人力资本与企业家人力资本不加区别的一种模糊认识而已。如著名经济史学家布劳代尔就指出过，在过去任何一个经济时代，都有一些钱财找不到投入场所的情况[1]。这就是说，即使在古代，真正稀缺的也是企业家人力资本，而不是非人力资本。只不过，在现代社会里，相对于非人力资本，企业家人力资本更加稀缺了，非人力资本的消极货币性质和企业家人力资本的积极货币性质更加突出罢了。

以上论述表明，市场经济条件下经济生活发展变化的逻辑，使得企业家人力资本在企业合约修改谈判中处于越来越有利的地位，在企业剩余权力的分配中将占有更大的份额，并成为推动企业制度创新的关键力量。

第五章　企业家人力资本与国有企业改革

在这一章，我将运用前面几章建立的理论，对当前国有企业的企业制度性质进行实证的分析，指出迄今为止国有企业改革中存在的问题，并进而提出国有企业制度创新的思路。

第一节　中国国有企业的制度性质

考察企业制度性质可以有不同的角度。在这篇论文中，我们将循

---

[1]　周其仁：《市场里的企业：一个人力资本与非人力资本的特别合约》，《经济研究》，1996 年第 6 期。

着现代企业理论提出的现代企业是一个人力资本与非人力资本之间的特殊合约的思路，对迄今为止的国有企业的制度性质进行一下分析，作为我即将提出的新的企业改革思路的出发点。

一、传统国有企业的制度性质

马歇尔曾提出"历史是连续的"的重要观点。国有企业制度的变迁是在传统体制下企业制度基础上的变革，不可能与过去的企业制度一刀两断。因此，要研究当前国有企业的制度性质，需要首先对传统经济体制下国有企业的制度性质进行分析，并在此基础上考察改革后企业制度性质的变化及其性质。

对尚未发生市场化改革的公有制企业的制度性质，周其仁在 2000 年的一篇重要论文中曾经作了比较透彻的论述[①]。他认为，在传统经济体制下，公有制的法律体系规定全部生产资料规国家或集体所有，个人不得拥有任何生产性资源的合法权利，而只能拥有非生产性的生活资料。在这种体制下，个人甚至也不准拥有其本人人力资本的法律所有权，各类人力资本资源的市场交易被公有制的法律禁止，劳动力市场被劳动力的国家计划分配所替代，技术市场被国家或集体对科学研究和技术开发活动的计划控制所替代，企业的经理市场则被行政任命所替代。个人通过合法的市场交易实现其人力资本价值的机制，在传统公有制体制下消失了。在这种体制下，企业虽然也要使用各种要素投入进行生产经营活动，但是公有制企业利用这些要素的基础，不是要素所有者基于合约条件的让渡，而是一切资源归公以后的行政指令调派。所以，公有制企业不是一个或一组市场合约，因此已经不是科斯意义上的"企业"，公有制企业的一个根本特征是其非市场合约性。

公有制企业制度否定了个人对其人力资本的合法所有权，但是并不能改变个人总是其人力资本的天然实际所有者和控制者的事实。尽管人力资本在法律上属于国家和集体所有，但在实际上决定人力资本发挥程度和实际供给水平的仍然是人力资本所有者个人。这样，公有

---

① 周其仁：《公有制企业的性质》，《经济研究》，2000 年第 11 期。

制企业必须在管理体制上寻找一种能够有效动员人力资本的所有者增加资源供给的替代机制。如发动工人参与管理决策、加强思想政治工作、引进各种物质刺激手段、建立严格的规章制度和劳动纪律等等。在这种探寻替代市场机制的制度安排过程中，公有制体制逐渐形成了一种比较稳定的替代机制，即对于管理者来说，他们对企业经营成果的分享取决于企业的行政等级；对一般工人来说，他们的报酬与劳动态度、劳动技能和实际付出的劳动挂钩。这样，在传统经济体制下，仍然不得不承认人力资本所有者对自身人力资本事实上的所有权，人力资本所有者正是凭借对自身人力资本的产权，选择增加劳动和管理的努力，以得到较高等级的国家租金（公有制国家控制的资源产生的、由国家代理人控制和分配的经济利益），或减少劳动和管理努力的供给而较少的分享国家租金。

粗看起来，国家租金激励与市场企业制度的激励原则上并无不同，因为市场合约的核心无非也是确立生产利润的努力与分享利润之间正相关的关系。当市场企业制度把获得利润的权力授予对创造利润作出贡献的人时，公有制企业则将分享国家租金的权力授予对创造国家租金作出贡献的人。在前一场合，个人之间竞争利润，在后一场合，个人之间竞争国家租金。但是，实际上两种企业制度存在着巨大的差别：

一是在于利润和国家租金形成过程的根本区别。利润是在分权的、自发的市场合约过程中形成的，国家租金则是行政权力集中经济资源、集中经济决策的结果。企业利润是市场的企业合约产生的组织盈利，它是市场中各类企业之间的竞争以及企业与非企业模式之间的竞争的结果。国家租金体制消除了所有市场竞争，代之以在集中决定的企业组织模式下生产国家租金。从个人选择权利和选择范围的角度看，很容易发现这两种体制之间的差别。利润体制承认个人基于其拥有资源的产权进入、退出或者自组企业的权力，保障市场合约权的所得。国家租金体制从法权上消除了个人产权，从而也就禁止了个人自由选择市场合约的权力，个人只能在给定的公有制企业框架内竞争，既不可以从他认为无效的企业组织中退出，更不能创立与集中选定的公有制模式竞争的生产组织。因此，传统企业制度最大的问题，就是不能发挥"每一个个人对其他人的信息优势"，不能使人力资本的所有者"在一切方向上探索生产性创新"。由于公有制企业压抑了人力资本尤其是企业家人力资本作用的发挥，使得它与市场企业制度相比，不具有竞争优势。

二是公有制企业的国家租金体制与市场企业的利润体制在激励强度方面也存在着本质区别，在激励方向上也存在着问题。比如，管理者分享国家租金是由企业级别及个人在企业等级体系中的地位决定的，因此，管理者围绕职务的竞争很激烈，而不是把主要精力用在向社会提供符合市场需要、质量技术水平的产品上，追求企业利润最大化。这就导致了公有制企业资源利用的低效率，从而使得整个经济体系的经济效率无法与市场体制相比。

二、对当前国有企业制度性质的观察：政府对企业法律上的支配权与企业家对企业事实上的控制权

1984 年，随着中国经济体制改革的重点从农村转向了城市，国有企业改革一直是我国经济体制改革的中心。随着改革的不断深化，国有企业制度发生了重大创新，企业经营管理体制发生了重要变化。但是，与社会主义市场体制和发挥国有经济的主导作用的要求相比，国有企业制度还很不完善，还存在不小的差距。

（一）政府主导型市场经济：对我国当前经济体制的基本认识。企业制度是经济体制的微观基础。国有企业改革及企业制度性质与整个经济体制改革的进程和现行经济体制的特点是密不可分的。因此，我们首先对当前经济体制性质进行实证的分析与概括。

应当指出，经过 20 多年的经济体制改革，我国的市场化程度得到了较大程度的提高。从政府与企业的关系看，由政府部门直接决定和支配企业的生产经营，转变到企业具有了相当大的生产经营自主权。但是，总体来看，政府对经济生活的干预还太多，在国民经济的运行中，政府还处于主导地位。因此，我对当前我国经济体制的基本概括是政府主导型市场经济。对此，下面做一些分析。

关于什么是市场经济，虽然有许多定义，但人们都承认市场经济的核心内容是：市场在资源配置中起着基础性作用。关于经济的市场

化程度，人们也提出了许多衡量标准。比如美国商务部对市场经济提出了六个具体标准：货币的可兑换程度，劳资双方进行工资谈判的自由程度，设立合资企业或外资企业的自由程度，政府对生产方式的所有或控制程度，政府对资源分配、企业产出和价格决策的控制程度，商务部认为合适的其他判断因素。欧盟、加拿大等国或国家联盟都有类似的规定。这些市场经济标准具有非常明显的目的性和局限性，主要集中于防止国内经济遭受他国的不公平冲击。也有国外一些研究机构对世界主要国家的经济自由度进行了衡量。比较有代表性的是美国的传统基金会和加拿大的弗雷泽研究所。传统基金会主要从 10 个方面进行衡量，包括：贸易政策、税收、政府的经济干预、货币政策、资本流动及外资政策、金融、工资及物价控制、产权、规制及黑市等。弗雷泽研究所的最新报告主要从 7 个领域进行考察，包括：政府的规模、经济结构与市场运用、货币政策与价格的稳定性、使用不同通货的自由、法律结构与私有权的保证、对外贸易的自由、资本市场上交换的自由等。中国国家统计局在 2003 年的一项研究中，综合国内外的研究成果，从市场经济的基本定义和基本特征出发，结合我国的具体实际，主要从六个方面来判断市场经济的发展程度，即政府规模与干预、企业经营、货币与金融、产品和要素市场、对外经济贸易与资本流动、法律与保障。研究报告用 6 大类 43 个指标分别对 1980 年、1992 年和 2001 年的中国市场化程度进行测度。根据研究报告所采取的指标体系，比较理想的状态是 100 分，60 分为及格线。测算结果表明，2001 年我国市场化程度为 63 分，说明我国市场化水平不过刚刚及格，与成熟的市场经济国家目前的水平相比还有相当大的差距。报告声称，考虑我国经济体制改革的难度逐渐加大，要建立一个比较理想的社会主义市场经济体制，可能还需要 20 年以上的时间 [①]。

在 6 个大类中，2001 年得分最高的是对外贸易与资本流动，为 67 分；其次是产品和要素市场，为 66 分；金融与货币、法律与保障居

[①] 国家统计局课题组李德水、邱晓华等:《从中国市场经济体制与成熟市场经济的主要差距看完善社会主义市场经济体制的途径》，国家统计局《研究参考资料》2003 年 12 月 22 日，总第 157 期。

中，分别为 64 分与 63 分；得分最低的是政府规模和企业经营，得分均为 58 分。这应该引起我们的注意。

政府支配一部分资源是实现政府职能的基本需求。但是一般说来，政府对资源的支配程度越高，则表明政府在较大程度上代替了经济主体决定是否进行投资、生产和消费，经济的市场化程度相对越低。2001 年我国政府规模与干预这一项得分为 58 分，表明我国政府对资源的支配和对经济的干预较多。分细项来看，几个反映政府收支的指标得分都比较高，中央财政收入占 GDP 的比重为 9.4%，中央财政支出占 GDP 的比重为 6.3%，中央债务和军费开支都不高，政府收支总体得分为 87 分。但我国政府对经济资源的直接支配和干预相对偏多。一是政府消费占总消费的比重较高。2001 年比重为 23%，得分为 56 分，在世界银行数据库中有数据的 144 个国家（地区）中排第 96 位，表明与其他国家相比，我国政府消费支出比重较高，政府在较大程度上替代个人进行消费选择。二是政府对投资的干预较多。2001 年政府直接投资及国有企业投资占总投资的比重为 47.3%，得分为 51 分，在世界银行数据库中有数据的 44 个国家中排名第 36 位，表明我国政府通过直接投资或通过国有企业控制了较多的固定资产投资。三是非财政性收支比重较大，而且不够规范。在我国，财政收支只是政府调动和支配社会资源的一部分，还有预算外收支和大量制度外收支。2000 年，仅预算外收支和支出就分别占到财政收支的 29% 和 22%，各种制度外收支则难以估计。这种非预算收支占用了大量可由企业或个人支配的资源，而且结构复杂、透明度低，不利于企业形成合理的预期，严重干扰了市场机制作用的发挥。四是政府对经济的管制偏多。世界银行一份对各国政府管理进行评价的报告中，我国政府管制一项得分为 40 分，在 189 个国家中排名第 113 位，表明我国政府对经济的行政干预较多。

企业是经济活动的主要参与者，完善的市场经济体制要求企业根据市场状况自主生产经营。企业的市场化主要体现在进入和退出的自由、竞争的自由和进行交易的自由。在市场化程度较高的情况下，政府的行政管理应该不会成为新设企业的突出障碍，新设企业的程序不应太复杂。在经营过程中，企业不需要花费太多时间和精力应付政府的管理，除税收外，不需要支付太多的其他费用。根据《全球竞争力报告》中 4 个相关指标合并反映，我国企业进入、退出和竞争自由的得分为 62 分，与成熟市场经济国家的差距比较明显，突出表现在几个方面。一是市场进入门槛偏高，企业设立的困难较多。根据世界银行有关新设立企业难易程度的一项评级，在其按照难易程度划分的 7 个等级中，中国被评定为第三个等级，是等级最低的国家之一。根据哈佛经济研究所的一份报告，中国设立一家企业要经过 7 个程序，需要耗时 111 天。综合看来，我国企业进入的难度主要是限制企业进入的领域太多，行政审批手续相对复杂。二是企业在生产经营中受到的干预较多。根据《全球竞争力报告》，在 74 个主要国家中，中国企业花费在应付政府管理方面的时间和支付的各种非正规费用都明显偏多，两项得分的排名分别是第 56 位和 52 位，受干预程度比多数国家都严重。三是经济主体不平等。目前，我国内资企业与外资企业、国有企业与私营企业之间，分别适用不同的税收管理办法，在市场准入、资金支持等众多方面都存在差异，处于不平等的竞争地位。四是税率偏高。我国内资企业所得税实行 33％的比例税率，与 30％的世界平均水平大体相同，但与许多采用累进税率的国家不同，我国采用的是比例税率，这对大多数中小企业来说负担明显偏重。

总之，从对我国市场程度的定量研究可以看出，市场经济关系在我国已经得到了一定发展，但政府还掌握着过多资源支配权，市场机制在资源配置中的基础性作用远远没有得到充分发挥；在政府与企业的关系方面，政府还处于支配地位，企业的生存与发展与其说取决于经营管理水平，不如说更大程度上取决于与政府的关系如何，从政府那里得到多少资源以及优惠支持。所以，我国市场经济虽然已经得到了较大发展，但经济体制的性质是一种政府主导型市场经济，还不是企业、市场主导型市场经济。

（二）目前我国国有企业的制度性质与特点。从企业是一个特殊的市场合约的观点来观察我国国有企业的企业制度性质，在改革前，计划经济体制决定了国家与企业家人力资本所有者之间的合约不是平等的合约，换句话说不是一个市场中的企业合约。经过二十几年改革，我国经济体制发生了重大变化，但是我国经济体制仍然是一种政府主导型的市场经济。与这种经济体制的性质相联系，企业制度性质必然打上这种体制的烙印，使我国的企业合约与市场经济国家的企业合约仍有很大的区别。目前我国国有企业改革的基本理论出发点是新古典经济学的"资本雇佣劳动"逻辑，改革的内容是通过建立现代企业制度特别是完善公司法人治理结构，完善委托—代理关系。现在我们所能接受的资本概念实际上仍然局限于物质、货币等非人力资本，而不包括企业家人力资本在内的人力资本。在这种资本理论指导下，企业家人力资本不可能成为企业制度创新的一个重要因素。

我们知道，新古典经济学的企业理论认为，在企业契约中没有明确写明的事宜即剩余权利的分配，必须按照风险收益与风险责任相对称的原则进行。企业剩余权利的控制者必须具有风险承担的能力和动力。由于企业家人力资本没有被纳入资本的范畴，当然只有非人力资本所有者才具有承担风险的能力和动力。这样，就决定了在我国国有企业改革的制度设计中，剩余权利归属于非人力资本所有者，即政府或作为国有资产出资人代表的国有资产监督管理机构掌握着企业剩余索取权和剩余控制权，其中最重要的是决定企业经营管理者的任命，掌握着管理者的投票权，规定企业利润的分配。为了解决企业委托—代理关系中的监督和激励约束问题，虽然现在也在进行企业家享有一定股权期权的改革探索，并在一些企业进行试点，但目前阻力还很大，企业家一般只能得到较高的薪酬，而不能分享企业利润。

应当承认，从目前我国的经济体制的现状看，这样的企业制度设计也有一定的合理性。一是现在我国还没有建立起企业家人力资本市场，企业经营管理者同时实际上也是国家干部，国有大型企业的负责人仍然可以调到党政部门任职，企业经营管理者有的不少原来是党政干部，企业管理者并没有经过市场检验证明其确实具有企业家才能。因而严格地说，在国有经济的范围内，还缺乏真正的企业家和企业家人力资本的积累，企业经营管理者也就不可能也不应该参与企业剩余权利的分配。二是现在虽然大部分国有企业的生存与发展也取决于企业家面对不确定的市场作出判断性决策的能力，但是也应该指出，我国的国有企业事实上仍然得到了国家多方面的支持，如国有企业能够比较容易地获得银行贷款、一些企业可以获得技术改造贴息支持等等，因而国有企业在竞争中具有非公有制企业不具有的优势。一些国有企业目前还掌握着优势资源的垄断权力，仍然享有垄断地位，在国有企业经营的领域，对非公有制企业进入实行种种不合理的进入限制。在这种情况下，一些国有企业获得的较好经济效益，并不是企业家进行管理创新和进行判断性决策的结果，缺乏享有企业剩余权利的经济依据。可以看出，在企业家市场和整个经济市场化程度还有待提高的情况下，企业合约就不可能是典型的市场合约。

如果对我国国有企业制度性质的研究到此为止，那么我们还不能真正把握当前企业制度的性质。因为，企业剩余权利应该归谁所有和实际归谁所有是两回事，企业剩余权利在法律上的归属与事实上的归属也是两码事。实际上，考察企业剩余权利的归属，可以采取不同的研究角度。

一是可以从企业剩余权利应该归谁来进行研究。这是一种规范性研究，主要取决于研究者采用的价值标准。主流企业理论从企业效益最大化的原则出发，认为进入企业的非人力资本具有资产专用性和抵押性，其所有者是风险承担者，利益容易受到损害，监督成本更高，在各种社会经济资源中更加稀缺，在社会经济发展和企业发展中具有更加重要的作用，因而应该成为企业剩余权利的所有者；同样地从企业效益最大化的原则出发，有的经济学者认为人力资本也是生产性资本，也具有一定专用性和抵押性，也要承担企业经营风险，而且企业家人力资本与非人力资本相比越来越稀缺，在社会经济发展和企业发展中的作用越来越大，因而也应同非人力资本所有者一道，分享企业剩余权利。

二是从企业剩余权利名义上或法律上归谁与实际上归谁来进行研究。关于企业剩余权利的实际归属，这是一种描述性研究，是现实的权利归属状况。在现实经济生活中，界定一项权利是需要花费资源的，而从法律上或名义上界定一项权利比在事实上界定一项权利所花费的资源通常要小。所以，当一项权利无法在事实上界定清楚或在事实上界定清楚需要花费的资源代价太大时，只能先从法律上或名义上界定。这样，一项权利事实上的归属就可能会与法律上或名义上的权利归属不一致。

三是可以从企业剩余权利能够归谁来进行研究。关于企业剩余权利能够归谁的问题，是什么样的企业剩余权利结构设计能够实现的问题。解决这一问题的关键，是把握企业剩余权利实现的条件。现在在我国探讨最多的法人治理结构问题，就是为了解决这一问题。在法人治理结构问题上，一种观点认为企业剩余权利应该归非人力资本所有者，因而必须首先明晰产权，解决所有者缺位问题，进而完善市场机制，特别是大力发展资本和经理市场，加强投资者对经营者的监督力度，把经营者置于投资者的约束之下。一种观点则认为，企业剩余权利应该视不同情况归企业不同利益相关者，提出相机治理的法人治理模型，因此必须首先改变企业分配制度，使经营者的利益与企业利润挂钩，调整投资者和经营者的关系结构，把经营者的目标函数与投资者的目标函数统一起来。

在第四章，我们已经从第一种研究角度对企业剩余权利归属问题集中进行了研究。现在，我们将从第二种角度进行一些分析，在本章以下两节我们将从第三种角度进行研究。

我们在上面讨论市场化改革后国有企业的制度性质时指出，与当前整个经济体制性质相联系，目前在国有企业中企业剩余权利在名义上或法律上是属于国家或作为国有资产出资人代表的国有资产监督管理机构所有的。但是，根据我们对现实的观察，发现由正式制度所确定的企业剩余权利归属虽然对实际上的剩余权利归属发生着重大影响，但与实际上的企业剩余权利归属并不一致。这就是经济理论界和经济工作界讨论最多的企业内部人控制现象。

所谓内部人控制，是指企业雇员特别是经营管理者对企业行为的控制，主要体现在两个方面：一是企业的经营管理活动实际上由企业经营管理者控制。在我国，虽然政府或国有资产管理机构拥有参与企业重大投资和融资活动的权利，但是由于信息不对称，国有资产管理机构对企业投资和融资活动的必要性和可行性并不是十分了解，实际上企业的投融资和生产活动是由企业经营管理者决定的。二是企业经营管理活动不是以国有资本的增值保值为中心，而是以企业员工的福利增加和企业经营者的利益为中心。费方域在 1996 年的一篇文章中列举了国有企业内部人控制的主要表现：（1）过分的在职消费，如一顿工作餐可以吃掉一个工人一两个月的收入；（2）信息披露不规范，报喜不报忧，对重大经营活动不作出应有的解释；（3）企业行为短期化，不考虑企业的长期利益和发展，而只考虑经营者眼前的政绩、地位和利益；（4）过度投资和耗用资产，使国有资本投放和使用出现低效率；（5）工资、奖金、集体福利等收入过快增长，侵占国家利益；（6）转移国有资产；（7）置小股东的利益于不顾，对他们的利益不当回事；（8）不分红或少分红，大量拖欠债务，甚至严重亏损[①]。有的学者还通过对我国国有企业内部人控制现象的研究，指出迄今为止，企业内部人控制有四种类型：一种是企业经营管理者事实上掌握了企业资产的使用权、支配权；第二种是企业经营管理者事实上掌握了企业资产的使用权、支配权和剩余索取权；第三种是企业经营管理者合法地获得了企业资产的使用权、支配权；第四种是经营管理者合法地获得了企业资产的使用权、支配权和剩余索取权。其中第四种类型内部人控制程度最高。目前，国有企业内部人控制能够达到第三、四种情况的还为数不多，大量的是第一、二种情况。这说明，国有企业经营者在名义上或法律上还没有获得企业剩余权利，但在事实上已经拥有了大部分企业剩余权利。

国有企业剩余权利名义上的归属与事实上的归属不一致，以致出现了严重的企业内部人控制现象，有其深刻的体制和制度根源。

首先，国有资产没有最终可以追溯的委托人。我国虽然经过了二十几年改革，但是在国有制的体系内，实际上活动着的都是形形色色的代理人，而没有最终可以追溯的委托人。这样，国有制企业的特征就是任何个人都不能充当国有企业非人力资本的最终委托人，是"没有委托人的代理人"（agency without principle），各类代理人本身都不拥有合法的对于生产资料的个人产权，也并不对任何拥有生产资料

---

① 费方域：《控制内部人控制——国企改革中的治理结构研究》，《经济研究》，1996年第 6 期。

产权的个人负责。在这样的情况下，撇开政治觉悟等非经济因素的作用不论，没有人真正对国有资产的保值增值关心，也不会有人真正关注企业的经营行为和企业财务状况，发现了企业内部人控制的问题，也没有人真正愿意下力气予以纠正和预防。所以，国有企业内部人控制问题，不能仅仅用政府管理部门或国有资产管理机构与企业经营管理人员之间信息不对称作出解释，也不能用国有资产委托—代理链条过长作出最终解释，也因此，用委托—代理理论来讨论国有企业问题特别是内部人控制问题，也是非常困难的事情。

其次，这是企业家人力资本自身资本属性的顽强表现。企业家对企业剩余权利的分享状况，除了取决于正式的制度规定，还取决于企业家的能力。我们可以通过制度规定否定企业家人力资本的资本性质，否定企业家人力资本所有者控制企业投资决策、生产经营活动方面的权利和参与企业利润分配的权利，但是，这并不能改变企业家人力资本的资本性质。企业家人力资本所有者总要通过一定形式表现出企业家人力资本的资本性质，千方百计地在事实上控制企业投资等生产经营活动，使自己的实际收益与自己的实际贡献尽可能相适应，尽管这种表现形式是正式制度不允许的。在市场经济得到一定发展，企业发展在某种程度上依赖于企业家面对不确定性市场作出判断性决策的能力的情况下，远离市场的政府或国有资产管理机构不可能代替企业家对市场形势作出判断和决策，只能由企业家在事实上对企业的投资活动和生产经营作出决定。既然企业的发展和赢利取决于企业家的决策能力，他们必然会要求参与企业利润的分配。还要指出的是，正式制度未必都是合理的，对此，制定者也心知肚明。因此，当企业家在企业经营管理活动中采取了一些不合规定的做法，负有监督责任的机构或个人往往会采取一眼睁一眼闭的态度。

第三，委托—代理关系中双方利益的不一致。众所周知，非人力资本所有者的利益体现在企业利润中，只有在企业赢利时才能获得利益；经营者的支出可以打入成本，并且他们的地位和社会声望常常取决于企业规模的大小；非人力资本所有者追求的是长期利益，而经营者往往追求的是短期利益。在现行国有企业实行政府或国有资产管理机构作为委托方，而企业经营者作为代理人的制度下，否定了企业家按照其人力资本参与利润分配的权力，企业家与国家在利益上存在一定矛盾，会很自然地在企业经营管理活动中更多地体观企业家的利益，而把国家利益放在第二位。当然，他们也会理性地把这种有利于自己利益最大化而对国家利益造成不利影响的行为控制在可以被容忍的限度内。

第四，还要指出的是，当前一些国有企业和国有控股企业董事长和总经理集于一身的体制，为企业家更多地体现自己的利益提供了方便，再加上国有企业职工对国有资产名义上的所有权与事实上的所有权不一致，他们的利益更多的是与企业经营管理者的利益相一致，而不是与国家利益相一致，经常会采取与企业家站在一起的立场，而不会从国家利益出发对企业家经营管理行为实行认真的监督。

三、效率损失与资产流失：国有企业当前的制度弊病

现有的国有企业制度造成了以下两个严重问题：一是效率损失，二是资产流失。

现行企业制度必然造成效率损失。这还可以从两个方面来分析。第一，经过二十几年的市场化取向改革，我国经济市场化达到了一定程度，企业的生存和发展在一定程度上取决于企业家应对市场不确定性的能力，这与计划经济条件下的情况已经不同了。由于现行企业制度不承认企业家能力的资本性质，在正式制度和法律的层面上，企业家只能得到薪酬，而不能分享包括剩余索取权和剩余控制权在内的剩余权利，这与企业家在现实经济活动中所发挥的作用和实际地位不相适应，因而企业经营管理者的积极性就难以得到充分发挥。比如，国有企业经营者缺乏长期投资和技术改造的动力。由于国有企业经营者实际上获取的剩余索取权缺少合法性和稳定性，就会影响他们的长期决策行为。在进行投资和技术改造决策时，往住把投资和技术改造限制在短期内可以产生效益的范围内，而不考虑企业长远发展的需要。再比如，一些国有企业经营者往往抵制企业兼并或热衷于过度扩张。如果企业兼并和其他形式的重组损害了企业经营者的实际剩余索取权，抵制就成为他们的理性选择；反过来，如果兼并有助于扩大其对企业

剩余权利的控制，他们不仅赞成兼并，而且可能表现出过度扩张的倾向。上述行为都会给企业带来灾难性后果。第二，虽然正式制度规定企业经营管理者不能分享企业剩余权利，但是由于国有企业经营管理人员的企业家能力，以及政府部门管理人员和国有资产监管管理机构对企业面对的市场环境、企业具体经营活动不可能真正了解，存在着信息不对称，因而企业家事实上控制着企业的经营管理活动，并在一定程度上分享企业利润。在当前体制下这被看作是违规的。为了避免企业剩余权利事实上被企业家控制，政府部门和国有资产监管机构必然会加强对企业投资及生产经营活动的干预。在市场需求复杂多变，国有企业面临着非公有制企业和国际市场激烈竞争的情况下，政府对企业的过多干预，使得企业无法根据市场需求的变化及时、正确地作出决策，调整企业生产经营方向，应对来自各方面的竞争。国有企业在与非公有制企业以及国外企业的竞争中往往处于劣势，除了包袱重、人员多等历史遗留问题外，这种企业制度不合理、政府行政干预多导致的低效率，是更加致命的原因。

现行企业制度也必然造成国有资产的流失。这也可以从几个方面来观察。第一，由于现行企业制度不承认企业经营者对企业剩余权利的分享权力，而又存在着企业经营者对企业剩余权利的事实上的控制，一方面，一些国有企业的经营者与非公有制企业的经营者相比，强烈地感到自己的贡献不能得到合理回报，心理严重不平衡；另一方面，现行企业制度下违法、违纪侵占国家利益的收益大大高于成本，企业经营者奢侈浪费、侵吞国有资产的现象就变成了一种比较普遍的现象。一些企业经营者或者另外注册一个企业，把国有资产转移到其他企业；或者利用职权高价购买亲戚朋友企业的产品，把本企业产品低价卖给关系企业；或者利用企业改制、重组机会，低估企业资产，用远远低于企业实际价值的资金购买企业资产，把企业变成自己的，有的甚至不花分文就把企业据为己有。近年来，不断传出一些国有企业经营者因侵吞国有资产而落马的新闻。最有影响的是武汉长江动力集团总经理于志安携巨款外逃和云南红塔集团董事长褚时健转移侵吞国有资产案件。这些案件发生后引起了强烈社会反响。有的学者和企业家尖锐地指出，我国现行的企业制度就好比让一只猫守着一堆活鱼，同时又规定不许它吃，除非设想企业经营者是圣人，除非设想他们都是不吃鱼的猫，否则企业经营者违法犯罪就是不可避免的事情。可以说，一些企业经营者犯罪既有企业家自身的原因，我们的企业制度也要负一部分责任。第二，一些国有企业经营者虽然自己不敢违法违纪侵占国有资产，但在与其他企业或职工发生产权交易时，则慷国家之慨，造成国有资产大量流失。比如，有的企业实行股份制改造时很不规范，把部分国有企业资产分给职工，变成职工股份；有的企业在与外商和非公有制企业合资、合作或组成股份制企业时，不努力维护国家利益，低估国有资产，严重损害了国家和企业利益。第三，还应该指出的是国有企业经营管理人才的大量流失。实际上，这是国有资产的更大流失。对这一点，恐怕很多人还没有真正意识到。在市场经济不断发展，企业家人力资本的作用变得越来越重要，国有经济和非公有制经济共同发展的情况下，既然国有企业的制度设计不承认企业家能力的资本属性和企业家对企业剩余权利的分享权，而非公有制企业力了在市场经济中生存下去并不断获得发展，对企业家的作用是非常重视的，不仅给予高薪待遇，而且大部分非公有制企业都给予企业家一定的剩余索取权和剩余控制权。这样，国有企业的经营管理者为了实现自身人力资本的价值，作为具有理性的人，就会作出跳槽到非公有制企业的理性选择。近年来，越来越多的国有企业经营管理人员放弃国有企业的职务，转到非公有制企业工作，根本原因就在于此。如果这种状况继续下去，市场经济条件下对于企业而言最宝贵的企业家人力资本继续流失，国有企业的状况将更加令人担忧。

第二节　企业家人力资本制度要素论
与国有企业制度变革的新思路

明确了国有企业的企业制度性质和存在的主要问题，深化国有企业改革的思路和路径选择问题也就比较清楚了。这一节，我先研究企业制度本身的改革问题，提出与现行企业改革模式不尽相同的改革思路和措施。

一、改变政府万能的思想，实行政府在企业
制度创新中的适度退出

迄今为止，我国国有企业改革走的是自上而下、由政府推动的改革方式和路子。由于传统体制下政府代表全体人民拥有和管理全民所有制资产，对国有企业实行国有国营，在改革初期，实行国有企业改革的决心要由政府来下，打破传统的计划体制和企业管理体制，必须靠政府推动，国有企业改革究竟要达到什么目标，走什么样的改革路径，采取什么样的改革方式，需要政府进行总体设计。经过20多年改革，国有企业经济管理体制发生了重大变化，一些容易解决的问题已经得到了解决，改革进入了体制创新、制度创新，解决深层次矛盾和问题的新阶段。经过探索和实践，国有企业改革的目标已经明确，改革已经成为不可阻挡的潮流，人们也在改革中积累了丰富的经验。在国有企业制度创新的新阶段，政府主导改革的思路应该加以改变。这是因为：

第一，我国国有企业的情况千差万别，有的企业规模比较大，有的规模比较小；有的企业处在竞争性领域，国有资本完全可以从这些领域退出，有的处在非竞争性领域，只能实行国有独资或国有资本控股、参股等等。企业情况的不同，决定了国有企业不应该也不可能采取统一的制度形式。从根本上说，选择什么样的企业制度形式，也应该是一个市场选择的过程，完全由政府主导企业改革，难以适应不同企业的情况。应该指出，实践已经证明政府直接干预国有企业的经营活动，不可能把国有企业搞好，那么，我们怎样能够得出依靠政府推动企业改革就一定能够寻找出适合所有企业的企业制度形式呢？因此，应该打破政府万能、包打天下的思想，充分尊重企业的创造精神，允许企业特别是企业经营者根据本企业的具体情况，选择企业改革的具体形式，实行企业制度的创新，以利于企业应对激烈竞争和不断变化的市场环境，促进企业的发展。当前应该提出这样一个观点：政府不但必须从企业生产经营活动中退出，而且应该从国有企业改革中适度退出。

第二，从国有企业制度创新动力的角度分析，也应该实行政府在国有企业改革过程中的适度退出。国有企业改革的实质，不仅是对企业管理体制和经营机制的变革，是革企业经营者和职工的命，也是对政府职能和管理经济活动方式的变革，是革政府的命。这些年的改革已经大大减少了政府对企业生产经营活动的直接干预，因为改革政府部门和政府工作人员已经失去不少权力和利益。进一步深化改革，实行国有企业制度创新，使企业成为真正自主经营、自我发展、自我约束的法人主体，将使政府部门失去更多的权力和利益。从"经济人"的基本假设出发，政府部门及其工作人员也有自己的利益，他们的利益是与掌握的权力相联系的。对于政府部门及其工作人员来说，目前这种市场机制和政府权力同时发挥作用、可以利用权力换取市场利益的体制是最有利于他们利益最大化的体制。这些分析表明，政府部门及其工作人员对进一步深化改革不会有多大的积极性，在目前和今后的改革中，他们不构成国有企业制度创新的动力。但是，对于国有企业经营者，继续深化国有企业改革的意义就不同了。随着改革的进一步推进，企业将越来越成为独立的市场主体，政府对企业生产经营活动的直接干预成为正式制度所不允许的，国有企业经营者可以根据市场需求的变化作出决策，发挥其进行判断性决策和组织运用各类企业资源的能力，实现自身价值。同时，企业改革的深化将使企业对政府和国家的依赖日益减弱，企业的生存和发展更加依赖于企业在市场竞争中的表现，更加依赖于企业家才能的发挥，与此相适应，必须承认企业家才能也是生产性资本，允许企业家分享企业剩余权利。对于国有企业的职工而言，虽然他们中的一些人仍然留恋传统体制下工人阶级领导一切的辉煌，但是面对国有企业不死不活、效益不佳，国有企业职工待遇低于私营企业和三资企业的状况，他们也强烈希望进一步深化国有企业改革，转换企业经营机制，提高企业经济效益，使他们的收入水平得到提高，生活得到保障。总之，深化国有企业改革的方向与企业家利益的增进和企业职工的要求是一致的，因而企业家和国有企业职工是今后国有企业改革和制度创新的重要动力和依靠力量。政府从国有企业改革过程中适度退出，让企业经营管理者和职工决定改革进程，自主选择企业制度创新形式，显然有利于改革的继续推进。

二、把企业家人力资本作为生产性资本来对待

现代企业理论认为，企业是一个市场中的合约，而且是一个特殊的合约。这个合约的特殊之处在于它是参与企业的非人力资本与人力资本特别是企业家人力资本之间的合约。我国当前企业制度的症结在于还不是一个市场合约，政府在订立合约时处于主导地位，契约双方的地位是不平等的。这种企业合约的性质决定了政府仍然干预企业的生产经营活动，使企业家人力资本充分难以发挥作用，因而造成国有企业的效率损失和国有资产的大量流失。要改变当前企业契约的性质，使其成为一个市场中的合约，必须承认企业家才能的资本性质，使企业家人力资本作为契约的一方平等地参与谈判和博弈，决定参与企业各方对企业剩余权利的分享。只有这样，才能真正解决政企不分，使国有企业成为真正的独立市场主体，发挥企业家人力资本的作用，使企业经营者根据市场需求变化进行决策和从事生产经营活动，提高企业效率和效益。同时要看到，国有企业改革的一个关键点是建立现代企业的法人治理结构。只有把企业家才能作为资本对待，正确界定企业非人力资本所有者和企业家人力资本所有者各自的权利，才能建立起既高效运转，又相互制衡的法人治理结构。通过建立法人治理结构，在承认企业家人力资本收益权的同时，保证国有资产的保值增值。必须认识到，企业家才能不仅具有资本属性，而且在企业发展和整个社会经济发展中具有越来越重要的作用。成熟的市场经济国家企业制度创新的一个重要趋势，就是适应当今世界经济科技的发展变化带来的企业家人力资本作用的增强，不仅承认企业家才能的资本属性，而且不断给予企业家越来越大的企业剩余控制权。20世纪90年代以来，以信息技术产业为代表的新经济的发展，使得人力资本特别是企业家人力资本的作用变得特别突出。在软件、生物医药、电子信息等高科技企业中，由于企业的核心价值集中在一两项关键技术上，采用新技术并开发出新产品，决定着这些企业的兴衰。这时，货币资本所有者在企业中的作用退居其次，大量货币追逐关键技术及其发明者，愿意

让技术创业型企业家（他们既是技术发明人，又是企业创立者和经营管理者）凭借核心技术和经营管理才能掌握企业相当大比重的股权，而非人力资本所有者对企业的经营管理决策基本上不介入，使得投资更多地具有借贷资本的性质，技术发明者兼企业发起人，往往在企业利润分配中占有比投资者更大的比例。在这种情形下，实际上企业剩余权利属于企业家。对企业制度创新的新趋势，我们在进行国有企业改革中应该给予高度关注并予以借鉴，再也不能坚持只有非人力资本才是真正的资本，否认企业家才能的资本性质，并以这种观点继续指导国有企业改革。

三、按照企业剩余权利分享思路构造新的企业制度

我国国有企业改革中强调的是国有资产所有者即国家的主导地位和作用，我们通过改革努力要形成的企业制度，是以国有资产所有者代表为主导，经营者既有充分的经营自主权，又对国有资产保值增值高度负责的企业制度；我们建立这种企业制度所要形成的机制，是对经营者既有激励，又有约束监督的机制。实际上，这种改革思路的理论基础就是西方企业理论中的"股东至上主义"。按照这样的思路进行企业制度变革，非人力资本所有者享有企业剩余权利，总是把经营者置于受激励、受监督约束的被动位置，没有考虑企业经营者的决策和管理能力也是资本，是"积极货币"，应该处在与国家或国有资产所有者代表平等的地位，参与企业剩余权利的分配。但是，我们从上面的分析中看到，对企业剩余权利法律上的控制与事实上的控制可以不一致。由于国家或国有资产所有者代表与企业经营者之间的信息不对称，由于企业经营者可以利用对企业资源的支配权收买企业所有者及其代表，国有资产所有者代表与企业经营者之间形成一种合谋关系，以及在市场经济得到一定发展情况下，国有企业经营者的人力资本对企业生存发展起着关键的作用，企业家人力资本所有者必然要求分享企业剩余权利，我国经过改革形成的所谓现代企业制度，实际上存在着非常严重的"内部人控制"现象。而在内部人控制状态下，经营者的某些行为，非常不利于保护和增进国有资产所有者的利益。如我们指出

过的经营者过分的在职消费；企业经营中的短期行为，缺少长期投资和技术改造的动力；侵占和转移企业资产；工资、福利、奖金特别是不管企业经营效果如何，经营者均享受几十万元甚至上百万元的年薪等，都对国有资产所有者的权益造成了严重侵害。

从 20 世纪 90 年代中后期，我国一些经济学者已经敏锐地指出了这种改革思路的问题。如卢昌崇认为，"股东收益最大化""股东利益至高无上"的公司理论在西方国家早已是明日黄花，我们在国有企业制度创新过程中仍然拘泥于此道，无异于邯郸学步，是企业制度进化过程中协调各权益主体关系的倒退①。崔之元在 1996 年发表的一篇文章中，介绍了美国 29 个州公司法变革的内容和理论背景，指出从 20 世纪 80 年代末，美国已有半数以上的州对公司法进行了修改。新的公司法要求公司经理为公司的利益相关者服务，而不仅为股东服务。换言之，股东只是利益相关者中的一部分，而劳动者、债券人和共向体则为另一部分利益相关者。但是，他根据美国一些州公司法的上述修改得出的"突破了私有制的逻辑"的论点，似乎值得商榷。杨瑞龙在 1997 年发表的一篇论文和后来出版的《企业的利益相关者理论及其应用》一书中，按照企业契约论的逻辑，发展了企业剩余所有权为多个利益主体共享的观点。他认为，企业是资本家和雇员及其他利益相关者之间谈判而形成的契约。在企业的初始状态，雇主在谈判中具有明显的优势，谈判的结果是企业雇员包括经营者不得不暂时放弃对企业所有权的要求，成为一个固定收入者，而雇主成为企业所有权的独占者。这就是古典资本主义企业的真正含义。但是，初始合约不是持续稳态的。随着企业参与者之间力量对比关系的变化，合约内容是可以调整的。一般趋势是人力资本在企业发展中的作用越来越重要，雇员谈判力不断增强，使得雇主不得不承认和尊重雇员的产权权益，其结果是雇员通过分享一部分企业所有权而参与了企业治理，企业剩余权利就由集中对称分布走向分散对称分布。由于不同的权益主体会针对各自的环境作出相应的反应，从而会形成多元的企业制度，并且各种

---

① 卢昌崇：《公司治理结构及新、老三会关系论》，《经济研究》1994 年第 11 期。

制度在特定的条件下都是有效的。现实地看，企业剩余权利要么为雇主所有，要么为雇员所有的两点式分布只存在于一些极端的情形，更一般的情形则是企业剩余权利分散地分布于不同产权主体。因此，企业只有为利益相关者服务才会获得高效率。用这种理论指导国有企业改革，从宏观上应该形成多元化的企业制度；从微观上，应实行共同治理和相机治理有机结合 ①。

国有企业改革或者说国有企业制度创新实际上是经过谈判重新签订一个国家与参与企业的各方尤其是经营者之间契约的过程。市场中的企业契约订立过程，是一个参与企业各方平等谈判的过程。我们在进行国有企业制度变革过程中，不仅要考虑经营者的代理人身份，建立一种有效率的对经营者的激励约束机制，也要考虑他们作为企业家人力资本所有者的身份，使他们享有一定份额的企业剩余权利，包括参与企业赢利分配的权力。亦即使国有企业经营管理者具有国有资产的代理人和自己人力资本所有者的双重身份。具体地说，目前讨论和准备实施对企业家采取年薪制的办法，是远远不够的，还要按照世界各国比较流行的做法，给予企业经营者一定的股权或期权。只有当企业经营者也是企业剩余权利的分享者时，才能解决企业经营者的目标与作为非人力资本所有者的国家目标之间的"激励相容"问题，诸如"内部人控制"情况下发生的种种损害国家和企业利益的行为才会得到有效纠正。当前实行的国有企业经营者报酬分配办法，最大的问题有两个，一是总体上企业家所得收入与其对企业发展所作出的贡献不相称，二是决定企业家收入的根据与标准不清晰、不科学。后一个问题更关键。问题不在于应不应该提高企业家的收入，而是凭什么决定企业家收入。我认为当前要紧的是把由于企业家才能带来的企业经营业绩的改善与其他因素剥离开来，然后根据企业家的贡献确定股权期权比例。比如企业占有优势资源、处于垄断地位、国家政策支持等等因素带来的收入，可以统称为国家租金，应剔除掉，剩下的企业收益增加才是企业家能力带来

---

① 杨瑞龙等：《一个关于企业所有权安排的规范性分析框架及理论含义》，《经济研究》1997年第1期；《企业的利益相关者理论及其应用》，经济科学出版社2000年7月第1版，前言部分。

的剩余效益，应该按一定比例由国家与企业家分享。做好这项工作有一定难度，需要设定合理指标，一个企业一个企业进行分析、计算、核定。但是，有困难不等于不能做，关键是明确思路，不断探索和完善具体做法，这正是国有资产管理部门分内的职责。

四、通过股份制改造解决国有资产委托人缺位问题

把企业家人力资本看作与非人力资本同样的生产性资本参与企业剩余权利的分享，固然可以在某种程度上解决激励相容问题，但是相对于企业家推动的巨大数量的资本，企业家享有的剩余权利或者说分得的利润仍然是微乎其微，在国有企业内部仍然存在一个委托—代理问题。

中国国有企业的制度创新问题，关键是解决委托—代理问题，而无论是改革前抑或是改革后，中国国有企业的主要问题都出在委托人方面，或者说是委托人不合格。

改革前，中国国有企业的剩余权利几乎完全为政府所拥有。但是，由于国家或政府是虚拟参与方而不可能是实际上的企业参与方，国有资产的委托权必须通过科层组织授权给政府官员并由其实施。名义上国家所有的企业控制权实际上为官员高度集中所有，但企业的剩余索取权属于国家而不属于这些官员。这样，政府官员拥有控制权但并不对使用权力的后果负责，也不能从企业经济效益增加中受益，从而不可能真正负责任地使用权力，这种控制权就是所谓"廉价投票权"。实际上，在传统企业制度下，还存在着另一种委托—代理关系，即国家是委托人，各级政府官员是代理方，而这种委托—代理问题事实上比国家与企业经营者之间的委托—代理问题更严重。

经过十几年改革，21世纪初期开始，我国国有企业改革进入了从放权让利到企业制度创新、以建立现代企业制度为主要内容的改革阶段，现在大多数国有企业都进行了公司制改革，由工厂变成了公司。党的十六届三中全会决定又提出了大力推行股份制，发展混合所有制经济，对国有经济布局和结构进行战略性调整的改革思路。国有企业实行股份制改造以后，是否就解决了委托方不合格问题？观察已经进行股份制改造的企业，答案是令人失望的。第一，没有解决经营者选

择机制问题。国有资产转变成股权时，国家承担经营风险，当然应该享有选择经营者的权力。但是国家的投票权必须委托给国有资产管理机构的官员，而国有资产管理机构的官员不可能对投票的结果负责，这种投票权也是一种廉价投票权，其后果极有可能是无能之辈占据经营者位置，而具有企业家才能的人却被淘汰。第二，没有解决国有资产保值增值问题。国家作为所有者要保证国有资产保值增值，必须对经营者进行监督，这种监督是成本很高、收益很低的活动。更为重要的是，国家对经营者的监督是通过国有资产管理机构的官员进行的，而国有资产管理机构的官员不是剩余索取者，很难有真正的积极性去监督经营者，也很难有积极性去搜集、发现监督所需要的信息，却有可能与经营者合谋一起欺骗国家，侵蚀国有资产。第三，没有解决政企不分问题。国家是国有资产的所有者，肯定要对企业经营进行干预，而且是通过国有资产管理机构进行的。在现代公司中，股东会、董事会、经理之间的契约是不完全的，相互之间的权力边界是模糊的，划分不是十分明晰的。在西方国家，企业内部各种权力机构之间对边界模糊的权力与职能的划分，主要靠不成文的制定规范，靠长期形成的彼此之间的默契。在中国，由于国有资产管理机构的官员不是真正的所有者，他们对企业经营管理的干预与一个真正的股东的理性干涉是大不相同的：或者越过边界干预企业具体的经营管理活动，侵害经营管理人员的自主权，或者对应该干预的经营决策不闻不问，甚至与经营者合谋，造成内部人控制。

中国国有企业制度创新的主要任务，是解决委托人到位问题。从上述分析可以看出，传统计划经济体制下和现行股份制企业情况下，国有资产委托人都是不合格的。因此，要建立适应市场经济的企业制度，国有企业改革要采取新的路径。第一，实行分类改革。关系国民经济命脉的行业以及垄断性行业中的重点企业，关系国家政治经济安全，为整个国民经济健康运行和发展服务，企业生产经营的目的不是赢利或资产增值，主要贡献不体现为企业经济效益，而体现为社会效益。这类必须由国家控制，这类企业的制度创新主要是改革企业内部用工、干部和分配机制，改善经营管理，不宜进行产权制度改革，也不宜修改企业契约，调整企业剩余权利分配方式和结构。而非垄断行业中的国有企业，以资产保值增值为目的，要按照市场经济规律的要求，推行股份制改造，进行企业制度创新，改造成独立的法人实体和市场主体，按市场经济机制运行。第二，今后对非垄断行业企业的股份制改造，应通过产权转让、重组等方式，尽量做到国家不控股。由于国家及其代表机构不适合作为国有资产的委托人，在国家控股的情况下，难以解决委托人到位的问题。因此，比较明智可行的办法，是把国有企业改造成国家参股、多种所有制成分组成的混合所有制企业，借助其他所有制股东对企业经营者监督的积极性，保证国有资产保值增值。经过改造而形成的股份公司的产权结构应该是：少数私人股东掌握一定比例的股权，从而有动力主动承担监督经营者的责任；主要大股东是机构投资者，既可能与公司长期合作从而主动监督内部人，也可以灵活地进行资产重组从而通过退出机制约束经营者；国家仍可能是重要的股东，但已经失去了控股地位。对国有企业进行这样的股份制改造，实际上是经济学上常说的搭便车行为，既保证国有资产保值增值，又节约了国有资本运行的监督成本，使政府部门能够腾出精力把经济调节、市场监管、社会管理和公共服务职能履行好，干好该干的事。同时，既然国家不控股，就不能随意直接干预企业具体生产经营活动，而必须按照公司章程行使股东权力，可以较好地解决政企不分问题。另外，在国家不控股的情况下，必须按照企业利益最大化原则，根据企业经营者在市场上的表现，在企业家市场上挑选经营者，可以解决在企业经营者选择过程中的廉价投票权问题，使真正具有企业家才能的经营者走上企业管理岗位，有利于企业发展，从而也有利于国有资产的保值增值，有利于社会资源的有效配置和利用，促进整个经济的发展。

第三节　创造企业家人力资本在企业制度创新中发挥作用的制度环境

实行国有企业的制度创新，发挥企业家人力资本在企业制度创新中的作用，绝不是一个局部和孤立的问题，必须把企业制度创新与政府职能界定、国有资产监督管理体制改革、国有经济布局和结构的战略性调整、完善要素市场作为一个系统工程来考虑。我国国有企业制度创新还没有完成，企业经营机制转换还不到位，不能就企业改革看企业改革，其实根本的原因在于整个经济制度环境还不是完善的市场经济体制。比较研究表明，企业制度比较成熟的市场经济国家有一个共同点，即都拥有比较完善和发达的金融市场、人力资本市场和法制体系。因此，对于中国而言，进行国有企业制度创新，具体到本文研究的充分发挥企业家人力资本的作用以推动国有企业制度创新，最重要的是建立健全一套基本的市场经济游戏规则。当前，紧迫的任务是建立适应市场经济发展要求的国有资产管理体制、健全企业家市场和资本市场。这就是这一节要研究的内容。

一、深化国有资产管理体制改革：实现从企业经营、资产经营到资本经营的转变

根据本文的研究逻辑，实行国有企业的制度创新，必须使企业契约成为一个市场中的契约，由国有资产所有者与企业家作为平等的资本所有者和市场主体，通过谈判博弈签订合约，以确定企业剩余权利的分配。这就要求彻底解决政企不分问题，把政府部门及政府官员从对企业生产经营活动的直接干预中"解放"出来，使企业家摆脱政府附庸的地位，真正成为企业命运的主宰。要达到这样的目的，就要改变国有资产的管理监督体制和运营方式，调整国家与企业的关系，理顺政府与企业家的关系。由此看来，要发挥企业家人力资本在企业制度创新中的作用，促进国有企业制度创新，就必须把国有资产管理体制改革进一步推向深入。

我国国有资产管理体制改革已经进行了十多年。党的十六大在总结过去经验的基础上，提出了改革国有资产管理体制的基本思路。即建立"中央和地方政府分别代表国家履行出资人职责，享有所有者权益，权利、义务和责任相统一，管资产和管人、管事相结合的国有资产管理体制"。与以前的情况相比，按这种模式建立起来的国有资产管理体制，无疑实现了一个大的进步。但是这里有几个基本问题还没有

解决：

一是分级行使所有者权利，使部分国有资产所有权地方化，好处是使一部分国有资产即地方国有资产委托—代理链条短一点，使国有资产所有者对所有权关切度衰减的程度小一点。但是，由中央政府作为国有资产出资人代表也好，由地方政府作为国有资产出资人代表也好，都不能解决国有资产委托人真正到位问题，国有资产所有者权益仍然最容易受到侵害。因为正如许多经济学家所指出的，官员不是资本所有者，不能对其所作出的决策承担风险，因而尽管他们的权力很大，但很难负真正的经济责任。现实经济生活中，很难因为某地国有企业经营状况不佳而将书记、省长或国资委主任市长撤职查办。

二是难以解决企业官营和政企分开问题。经过二十多年改革，虽然目前国有企业的经营者已经没有行政级别，但国有企业包括已经股份化、甚至已经上市但国家依然控股的企业，经营者仍然是政府任命的，仍然可以在适当的时候出任政府官员，对他们最重要的刺激和激励不是利润和奖金，也不是年薪和股权期权等直接物质利益，而是职务提升以及与之相联系的社会地位的变化。就是说，国有企业官营的性质，并没有发生本质的变化。不改变国有企业官营性质，就不可能实现政企分开，真正的企业家队伍就难以成长和形成。因为，在官营形式下，企业无论在名义上多么独立，它不能不是政府的附庸。企业领导人眼睛盯住市场只是争取企业业绩，获得政府良好印象的手段，而是否紧跟书记和市长是他们的位置是否能够保住和提升的关键，赢利能力并不是行政官员选拔任用企业领导人的唯一或主要标准。在这种体制下，企业负责人不能不按行政官员的模式、行政官员的要求来治理企业，按升官、保官之道来处理他们与方方面面的关系。改革以来企业经营者的年薪制、奖金制更不要说股权期权制之所以久议不决，政府给企业经营者奖励，经营者也不敢"独吞"，一个根本的原因是：在企业的行政上级的官员们薪金微薄的情况下，人们无法认同其实际上的企业下级官员有惊人的收入。在这种行政官员领导企业的模式下谈政企分开，无疑是南辕北辙，不得要领。

三是企业官营体制难以明确企业经营者责任，从而难以确保国有资产保值增值，把企业搞好。在官营体制下，企业经营者权利本来就有限，调来换去频繁，责任就更难明确。在责任不明确，压力和动力都比较缺乏的情况下，国有企业搞得特别成功的只能是例外。第一，这需要经营者必须是强人，依靠个人能力、魅力和活动能力，能够克服官营体制本来会给经营者设置的重重障碍，从而有了一个企业家相对自由活动的天地。而当他的业绩从外部证明了这一点后，社会所给予的荣誉和地位又会反过来强化他似乎不可替代的强人地位。第二，是这个强人在一定意义上又必须是一个圣人，即尽管他可能在自己管辖的范围内对下属实行符合市场经济的成本否决和强有力的物质鼓励，他自己则必须像一个好官一样表现出没有任何个人贪念。如果没有这后一个条件，这个日益进入自由王国的强人可能突然某一天转变成为一个贪官或狂人，就像我们已经见过多次的例子那样。

企业官营与现代企业制度格格不入并不使我们感到意外。行政官员是公务员，是人民的公仆，是要给广大人民群众谋共同利益的，主要的约束机制是精神道德激励与社会监督，而企业家是市场中的"唯利是图"者，企业要依靠自己的优势在竞争中打败对手而赚取利润，对他们的约束主要是物质利益原则和市场竞争的压力。衡量企业家的标准是作出判断性决策和协调组织资源的能力，而衡量官员的标准是进行公共事务管理、提供公共服务的能力。他们本来具有完全不同的轨道上的目标，对他们的评价系统也完全不同。只有当垄断和社会外部性使得企业不适于以利润为经营目标时，官营才成为必要。对大量的处于竞争性领域的企业实行官营，把两条道上跑的车硬要拧在一起，企业经营者不可能成为真正的企业家，国有企业也不可能搞好。

建立与社会主义市场经济体制相适应的国有资产管理体制，从根本上说是建立公有资本为出资人的现代企业制度。这里首先也是最关键的，是要改变计划经济体制遗留给我们的实物经济和固守国有企业外壳的观念，从围绕现有企业打转转转换到增强公有资本的活力和主导作用的思路上来，明确公有资本是公有制在市场经济中的载体，而现代企业制度是公有资本的实现形式，从经营企业和资产转换到经营资本上来。这就要求我们建立的国有资产管理体系区别于过去的资产管理体系，即不仅在于只有国有资产管理部门才能代表国家作为国有资产的出资人代表，而且更重要的是它是资本而不是实物资产的经营管理系统。同时，要求国有资产要实现资本化即证券化。因为，资本活力的源泉是其流动性，也是资本与资产最大的不同。

从经营企业和资产转换到经营资本，可以有效地保证国有资产保值增值，并推动企业制度创新。

第一，有利于国有资产保值增值。在资本经营的情况下，已经证券化的国有资本流动性很强，哪个行业发展前景好，增长潜力大，哪些企业的经营者具有企业家才能，经济效益好，国有资本就可以转移到这些部门和企业，争取获得最大的收益。这比国有资产相对固定在某些行业和企业，显然更有利于国有资产的保值增值。另外，国有资产的资本化，可以从根本上改善现代经济中普遍存在的委托人与代理人之间信息不对称问题。资产资本化的一个最大优越性是提供了资本价值和增值市场化的精确评价尺度。因此，委托人即初始所有者不必费力不讨好地去搞清和干预代理人的行为，而完全可以利用金融创新的最新成果，建立起出资人—资本管理人—经营决策人之间的利益分享、控制权分享同时又相互制约的关系，以用手选举（投票选择经营者）、用脚选举（股权转让）、市场制约（企业面临被兼并或破产的威胁）的多种机制，达到公有资本增值最大化的目的。

第二，有利于企业家队伍的形成与企业制度创新。国有资产管理体制由经营企业和资产转变为经营资本，国有资本出资人只是作为企业出资人之一，按照企业法和企业章程行使权力，不能随意任命和调换企业经营者，企业经营者就可以按照市场需求的变化，作出判断性决策，自主进行经营，同时对企业资产保值增值负有责任，一旦经营不善，就会被董事会解雇。这样，企业经营者就必须扮演好企业家的角色，而不能像目前这样必须像政府官员那样决定自己的行为特点，中国的企业家队伍在市场竞争中将不断发展壮大。随着企业家队伍的成长和壮大，企业家就可以根据自己在企业发展中作用的变化，与国有资产管理机构进行谈判和博弈，对企业契约进行修改，重新确定企业剩余权利的分配，引起企业制度的变化。

二、建立和完善企业家市场与企业家制度

按照我在本文建立的理论模式，企业家人力资本是企业制度创新的一个重要制度要素。所以，推进中国国有企业的制度创新，必须充分发挥企业家人力资本的作用，必须形成一支企业家队伍。由于企业是市场中的一个契约，企业家必须成为市场中的一个要素出现，才能参与企业契约的签订，才能成为企业制度创新的重要力量。所以，对于国有企业的制度创新而言，企业家人力资本这种资本要素的市场化，企业家市场的建立与形成，至关重要。

如同我国不同经济成分经济运行机制不完全相同一样，我国在企业家人力资本选择、形成方面实际上也存在着"体制内"和"体制外"两种状况、两种机制，到目前为止，我国还没有建立起一个统一的企业家市场。在非公有制经济中，企业经营者的选择已经市场化，并按照市场的原则对企业经营者予以激励和约束，企业家人力资本是在市场竞争中形成和逐渐积累起来的。而在国有企业包括国有独资、控股企业中，企业经营者的选择还没有市场化，激励约束机制还很不健全。

现在大型国有企业，即使是实行了公司制改革以后的大型国有企业，董事长实际上仍然是由党的组织部门或政府人事部门任免的，或者党的组织部门或政府的人事部门仍然对其任免起着决定性的影响力。据有的学者研究，目前我国国有大型企业的董事长70％以上是由党委和政府任免的。这种情况从原则上说并没有违反公司法的原则，因为最大的股东本来就可以拥有最大的权力包括公司董事长的任免。这就像一个由私人家族控股的公司，这一家族有权按照他们的意志和方式决定公司董事人选一样。在由党委和政府部门决定企业经营者的任免，而不是由市场来选择的情况下，谁能坐到企业领导人的位置上，并不主要取决于他们是否具有企业家才能；既然党委或政府掌握着企业经营者的任命权，就难以避免对企业生产经营的行政干预，企业经营者不仅承担着经营责任，还承担着一定的政治和社会义务，他们就很难对企业的经营成果负最后责任；企业经营者由党委政府任免，理所当然地主要应该对党委和政府负责，而不是对股东负责，他们的行为方

式就类似于政府官员，在某种程度上他们是另外一种身份的官员，而不是企业家；既然企业经营者不过是另一种身份的官员，那么党委或政府完全可以任命另外的官员来代替他，就不会对企业经营者的企业家才能给予承认，在经济上给予充分的激励。同时，我国也缺乏对企业家能力科学精确的评价系统，促进企业家成长的学习、培训机制还没有建立起来，有利于企业家就业、流动的中介机构还不健全。总之，在我国还没有形成一套有利于企业家成长和发展的制度和机制，企业家市场还没有建立起来，因此不可能形成和建立一支真正的企业队伍，企业家人力资本在企业制度创新中的作用还不是十分明显。

为了推动我国国有企业的制度创新，必须抓紧建立和形成一套有利于企业家成长的制度和机制，尽快建立起统一的企业家市场。同时，由于非国有制企业按照市场的原则选择、激励和约束企业经营者，对企业家的价值给予了充分承认，有利于企业家才能的发挥，如果不尽快建立统一的企业家市场，企业家人力资本将继续向非国有制企业转移，不利于公有制经济特别是国有企业的发展，不利于国有经济发挥主导作用。

第一，建立充分竞争的企业家就业市场。我们要尽快改变企业家由党委或政府部门任免的做法，使企业通过企业家市场自主地选择企业经营者。要建立企业家评价系统和评价标准，完善企业家市场规则，建立企业家市场中介机构和组织。企业家市场的竞争越充分，企业家人力资本越是商品化，就越可以动态地评价企业家的判断性决策能力，并确定相应的报酬或股权期权额度。这样既可以使优秀企业家在名声和报酬方面得到充分的补偿，也可以使无能或败德者在市场失宠。目前，西方国家的企业家市场很时兴"猎头公司"，他们专门为大公司猎取称职的经营者。这类公司不仅通过各种信息网络，掌握企业家的背景材料，对他们的业绩表现进行评估，而且还掌握市场情况，充当供求双方的媒介，对发掘、评估、合理利用企业家人才，促进企业家队伍的新陈代谢起到了重要作用。还要引起注意的是，现在国际上大公司重要的经营岗位的管理者除了通过企业家市场从外部选拔，很大一部分是从企业内部选拔出来的。这样做，兼顾了员工个人发展和企业发展，有利于企业文化的延续，成为衡量一个企业是否成熟的重要标志。

第二，建立企业家激励机制。对企业家的激励机制包括物质利益激励机制和精神激励机制。在物质利益激励方面，包括固定工资、变动报酬、职位消费和养老金计划等。通过美国、德国、日本、中国几个国家企业家激励状况比较，我们发现我国对企业家的激励强度最低。首先是我国企业家固定收入占70％以上，与美国等国家相比，我们更注重现期激励，而美国等国家更侧重于长期激励。从企业家与职工的收入差距来看，美国为100倍以上（大公司的差距力400、500倍甚至上千倍），日本为4倍，我国平均只有2倍左右。除了物质利益激励，对企业的控制权、经营者的事业成就感、个人声誉、职务晋升、政治地位、社会责任意识等方面的激励，也发挥着重要的作用。在这些方面，日本的激励强度最大，而中国企业经营者的激励强度并不是最强的，甚至还低于美国。由此看来，要创造一个有利于企业家成长的环境，对企业家才能和对企业及经济发展的贡献给予充分承认，无论在物质利益方面，还是在精神鼓励方面，我国都需要对当前政策和做法加以调整。特别是在物质利益激励方面，要给予企业家以更高的报酬，把企业家的报酬与企业的长期发展联系起来，应把股权期权等基于企业长期业绩的报酬机制作为物质激励的主要形式。

第三，建立健全对企业家的约束机制。要从企业内部和企业外部两个方面，加强对企业家的约束。股东对经营者的约束一方面通过董事会、监事会来行使，另一方面通过产权交易市场来行使，即通过用脚投票来对企业经营者形成压力和约束。董事会通过对经营者授权大小对他们形成约束，因为在现代企业里董事会与经理的权力边界不是十分严格的，经营者业绩突出、行为端正，董事会就可以多授予权力，反之则可以收回一些权力。监事会通过监督经营者对权力的行使，对企业家形成监督。债权人可以通过融资市场和破产接管对经营者进行约束。在所有监督约束机制中，资本市场、产品市场产生的约束最为重要。在资本市场上，企业家的表现与业绩会通过公司股票或资本价格的升降表现出来。如果企业经营状况良好，该企业的股票价格就会上升，从而企业家在收入、声誉等方面就会得到较高的回报；如果企业经营状况不佳，企业的股票价格就会下跌，甚至公司会面临破产和被收购兼并的威胁，这样企业家不仅会在收入、声誉等方面受损，而且其职业生涯也将面临终结的危险。在产品市场上，企业家的表现与业绩会通过产品的市场占有率和产品利润的变化表现出来，产品市场激烈的市场竞争及其带来的破产威胁，会使企业家尽量发挥其人力资本的作用，提高企业经营效率。

第四，建立健全企业家培训体系。我国目前存在着对企业家重使用、轻培训的倾向，这种状况要改变。市场经济成熟国家都有一套规范、有效的企业家培训体系，包括企业内部对经营者的培训、学习制度，各大学商学院系统、先进的国民教育培训系统等。我国要借鉴西方的经验，在努力建立我国企业家培训体系的同时，采取派出去学习和把国外著名大企业管理人员请进来相结合的办法，加快对企业经营者的培养，提高我国企业经营者的素质，改变我国企业经营管理人才数量少、质量低的落后状况。

第五，加快形成有利于"制度企业家"成长的企业家制度环境。所谓制度企业家，是指这样一类特殊的企业家，他们善于通过企业制度创新，改变或完善原有的企业制度，获得制度改进利益。作为一个制度企业家，一般要具有以下特殊素质：一是要有对制度变迁潜在赢利机会的敏感性和判断力；二是要有敢于超过常人的进行制度创新的冒险精神；三是要有完成制度创新的实际能力，能够排除实行制度创新的种种障碍，说服周围的同事和职工与自己合作共同进行制度创新。在国有企业改革处于攻坚阶段的今天，中国特别需要出现一批制度企业家。而要使制度企业家大批涌现，则需要创造有利于制度企业家产生的企业家制度环境。所谓制度企业家的企业家制度环境，大致包括产权制度安排、激励与监管制度安排、企业家市场制度安排和企业家法律保障制度安排。关于制度企业家和企业家制度问题，国内外的结论和论证都还很粗疏，需要做进一步深入的研究和探讨。

三、关键是建立与完善资本市场

促进国有企业制度创新，必须推动国有资产管理体制由经营企业和资产到经营资本的根本转变，建立企业家市场，加快培育和形成一支数量宏大、素质较高的企业家队伍。分析表明，国有资产管理体制的根本转变和企业家市场的建立，都离不开资本市场的建立与健全。

首先，只有建立完善的资本市场，才能实现对国有资产的资本化管理与运营。资本的根本特性是其流动性。国家要打破国有企业的僵硬外壳，由经营企业和资产转向经营资本，首要条件是要有资本流动的场所和途径，可以方便地实行国有资本的进入或退出。比如，国家为保证国有资产保值增值，需要根据行业和企业经营情况，及时实现国有资产在部门和企业之间的流动，必须实现国有资产的证券化，并需要建立一个完善的股票交易市场，或购买其他行业、企业的股票，或进行国有股权的交易；国家要把一些经营不善或发展前景不好的非上市企业转让，或者需要兼并其他所有制企业，则需要形成规范的产权交易市场。

第二，只有建立健全资本市场，才能使社会资源向优秀企业家手中集中，促进国有资产保值增值，提高社会资源的配置效率，也才能使企业家队伍成长壮大。试想在缺乏资本可以在全国自由流动、规范有序的资本市场的情况下，产权被限制在一个地区、一个产业和企业的范围内，产权或资本就不可能大规模地向优秀企业家手中集中，实行全社会范围内的资源优化配置，而只能在一个小的局部优化。这样造成的结果就是全社会的整体效率比较低，企业不可能长大，中国也不会成长出一批大企业家。

第三，通过建立完善的资本市场，可以加强对企业家的约束和激励，既有利于企业家队伍的成长和壮大，也有利于维护资本所有者的利益。在企业上市的情况下，该企业股票价格在资本市场上的高低及其波动情况，反映了企业价值并间接反映了企业家的判断性决策及协调组织资源的能力。企业家只有勇于创新，善于抓住市场机遇，作出正确的决策，才能使企业股票价格上升，证明自己的企业家才能，并获得较高报酬和一定的股权期权。如果企业经营者不善于把握市场机遇，缺乏判断性决策能力，公司股票价格必然下跌，这时或者经营者收入下降，或者被其他公司恶意收购或接管，企业家的事业就到了尽头，在市场上的身价就会一落千丈。资本市场的建立和健全，形成了对企业家的巨大压力和制约，促使企业家兢兢业业地从事经营活动，并有利于企业家在市场竞争中不断增长才干，使一个国家企业家资源不断积累和增长，从而有效地提高整个社会的资源利用效率，提高经济增长质量。

当前我国资本市场还很不健全，存在着体制缺陷、机制缺陷、结构缺陷、功能缺陷和规则缺陷等一系列严重问题。在我国的资本市场上，资本的本性不突出——资本不追逐利润或追逐利润的能力、动机不强，市场的特点不明显，资本机制和市场机制都被不同程度地扭曲，资本不是原来意义上的资本，市场不是具有完善功能的市场。这样，在实践中资本市场所应该具有的优化资源配置的功能和作用就被大打折扣，不能发挥应有的作用。其中最根本的问题是：

第一，政府管理色彩浓厚，企业缺乏产权约束。我国发展资本市场的初衷是提供国有企业直接融资渠道，促进国有企业改制。因此，中国资本市场的一个重要特点是支持国有企业上市，并且国有股的70％不能流通和转让，国有产权一股独大，上市公司仍然按照传统的国有企业方式运作，政府仍然管理资本市场。在这种情况下，企业的产权约束是仍然是软的，上市公司融资不用还本付息，没有利润分红，也没有人追着要账，融资成本几乎等于零，也不用担心股票价格下降而被恶意收购，经营者感受不到来自于市场和股东的压力，就不可能在市场竞争中涌现出一批真正的企业家。

第二，资本市场狭窄，缺乏层次性。中国的资本交易只限于证券市场交易，严格禁止或者取缔场外交易和柜台交易。这就造成了大量资产不能交易而变成资本，企业融资通道狭窄，特别是中小企业融资困难，资本利用效率无法提高。同时，由于其他形式的资本交易没有发展起来，不能通过其他交易方式分流资本，造成证券市场过分拥挤，把资本风险都集中到证券市场，也增加了资本市场的投机性。此外，我国资本市场缺乏机构投资者、监管不规范等问题也不能忽视。

要建立有利于资源配置效率提高、促进企业家队伍发展壮大的资本市场，需要在以下几个方面深化改革。

第一，改变资本市场政府控制的状况，使资本市场具有一定"血腥味"。这里要特别强调的是，中国资本市场要允许出现"恶意收购"。现在西方人把在股票市场上对其他公司进行收购兼并的行为称为"猎鲨"。这种收购活动特指的是那种所谓的恶意收购，即利用对方经营不善、出现问题、股票价格下跌的机会，在资本市场上进行操作，实现对其收购、控制，并最终对其进行改组，原公司经营者被炒鱿鱼的情况。这显然不同于那种出于扩大市场份额、增强竞争力目的的善意收购。可以看出，恶意收购的潜在威胁事实上是资本市场上迫使经营者积极改善效率、认真提高利润的有效手段。恶意收购再加上用手投票和用脚投票，即股东大会投票和抛售股票，就可以对经营者形成真正的市场约束压力。这无疑有利于提高社会资本的利用效率，也有利于企业家队伍的成长和形成。

第二，建立多层次的资本市场。要改变目前证券资本拥挤、风险过大，而且企业融资渠道不畅的状况，除了继续发展证券市场交易外，还应该允许发展地方性交易市场，发展场外易和柜台交易，拓宽资本流通渠道，不仅使国有大企业能够通过资本市场得到资本，而且使非公有制经济和中小企业也能有通畅的资本融通渠道，提高资本的配置效益，促进中国经济的发展。同时，这样也可以使具有企业家才能的经营者可以方便地得到资本，发挥他们的判断性决策能力。

第三，发展多元的资本市场，包括股票市场、债券市场和产权交易市场等。债务、股权、产权对企业家的筛选和公司治理结构的改善各有优势，要形成几种融资方式共同发展，结构合理的资本市场。当前，要扩大债券市场规模。发展国债市场要改变纯理财观念，使国债品种和期限多样化。要扩大公司债券发行规模，动员更多的投资者参与，努力提高交易效率，完善债券发行的评级制度和交易制度，实现产品设计的标准化。

第四，培育和引入机构投资者。在西方发达国家，机构投资者特别是包括养老基金在内的基金，是资本市场的重要力量。我国规定养老基金不能投资于股票市场，固然是考虑到了养老基金的安全性，但是这样做，一方面养老基金不能做到保值增值，加大了以后的支付风险，同时也不利于资本市场的发展和完善。应借鉴国外的做法，在制定相关法律的基础上，使养老基金逐步进入资本市场，以促进形成合理的公司治理结构，同时也使资本市场资本来源趋于稳定。

第五，加强资本市场的法制化、规范化建设，并在完善法律的基础上，加强和改善对资本市场的有效监管。

第六章 企业家人力资本与 MBO（管理者收购）

本章是对前面几章提出的理论的一个具体运用。我之所以选择 MBO 作为企业家人力资本与企业制度创新理论运用的具体案例，其一，是因为在 MBO 活动中，比较充分地凸显了企业家人力资本在企业制度创新中的作用；其二，是因为 MBO 在我国已经从地下走向了公开，并引起了社会的广泛关注。

第一节 MBO 概说

一、基本概念和主要特征

MBO，是 Management Buy-outs 的英文缩写，译成中文是"管理者收购"或"管理层收购""经理层融资收购"等。MBO 是 1980 年由英国经济学家麦克·莱特发现并进行规范化定义的企业收购方式，属于杠杆收购的一种，指目标公司管理者或经理层利用借贷所得到的融资购买本公司的股票，从而改变本公司所有者结构、控制权结构和资产结构，进而达到重组本公司、并获得预期收益的一种收购行为。

MBO 主要有以下几个特征。

第一，MBO 的主要投资者是目标公司的经理和管理人员，他们往往对本公司非常了解，并有很强的经营管理能力。他们通常会设立一家新的公司，并以新公司的名义来收购目标公司。通过 MBO，他们的身份由单一的经营管理者角色变力所有者与经营者合一的双重身份。

第二，MBO 主要是通过借贷融资来完成的。因此，MBO 的财务结构由优先债（先偿债务）、次级债（后偿债务）和股权三者构成。这种财务结构要求目标公司管理者要有较强组织运作资本的能力，融资方案要满足贷款者的要求，也必须为权益持有人带来预期的收益，同时这种借贷具有一定风险性。

第三，MBO 的目标公司往往是有巨大资产潜力或存在"潜在的管理效益空间"的企业，通过投资者对目标公司股权、控制权、资产结构及业务的重组，使企业家人力资本的作用得到充分发挥，来达到节约代理成本、获得巨大的现金流入并给投资者带来超过正常收益回报的目的。

第四，MBO 完成后，目标公司可能由一个上市公司变成一个非上市公司。一般来说，这类公司在经营了一段时间后，又会寻求成为一个新的公众公司并且上市套现。另外一种情况是，当目标公司不是上市公司时，MBO 完成后，管理者往往会对该公司进行重组整合，待取得一定的经营绩效后，再寻求上市，使 MBO 的投资者获得超常回报。

二、西方国家 MBO 兴起的背景及发展过程

现代公司的发展，一方面使所有权越来越被广泛地分散到不承担任何责任的投资者手中，另一方面管理愈加复杂，公司的控制权转移到专业的管理者手中。这种分离产生了两方面的后果：一是非人力资本所有者对管理者的制约减弱，容易使股东利益受到损害。比如在20 世纪 60 年代，一大批战后从学院毕业、被称为"聪明小子"（The Wise Kids）的年轻管理者，渐渐把持了美国公司的管理大权。他们享受权力的支配感觉，热衷于表达个人统治欲望并追求多元化的发展成就，在陌生的领域里大量收购企业，建立一个个庞大的经济帝国。这种缺乏非人力资本所有权约束的管理扩张，最终给股东带来了灾难。许多研究表明，美国 20 世纪 70 年代的经济衰退，很大程度上就是这种肆意扩张的结果。二是公司的大股东对公司经营决策的过多干预，使得一些企业家感到处处受掣肘，难以根据市场需求的变化及时作出有利于公司发展的决策。

作为对传统公司制度的反动，MBO 在西方国家迄今已经有 20 年左右的历史。在英国，尽管管理者收购已经出现了一段时间，但是直

到 20 世纪 70 年代末，才被视为一种重要的经济活动，对管理者、企业组织和国民经济发挥重要的影响。从 80 年代开始，MBO 作为一种便利的所有权转换形式和融资形式在英国逐渐大行其道，并成为英国政府对公营部门私有化的最常见形式。1987 年英国 MBO 交易数量已达 300 多起，交易额近 400 亿美元。在美国，MBO 和杠杆收购（MBO 是杠杆收购的一种形式）在 1988 年达到了顶峰。1987 年，美国全年 MBO 交易总值为 380 亿美元，而在 1988 年的前 9 个月，美国 MBO 和杠杆收购的交易总值就达到了 390 亿美元。美联储 1989 年的统计调查表明，杠杆收购的融资额已占了大型银行所有商业贷款 9.9% 的份额。90 年代初期，随着垃圾债券市场的萎缩以及 80 年代几宗大交易的失败，杠杆收购步伐有所放慢。到了 90 年代末期，杠杆收购和 MBO 在美国又有了新的发展。

三、西方国家 MBO 的主要方式

从近 20 年来的实践看，西方国家实施 MBO 主要有以下几种类型。

第一，收购上市公司。这类 MBO 的目标公司为股票在交易所上市的公司。通常公司被收购后即转为私人控股，股票停止上市交易，所以这种 MBO 又称为企业的非市场化或非公众化。根据目的不同，这类 MBO 又可以分为以下几种类型。一是基层管理人员的创业尝试。20 世纪 80 年代创业精神的复苏极大地刺激了管理者的创业意识，促使他们试图改变自己的工薪族地位，创建自己的企业。MBO 为管理者实现拥有自己企业的理想开辟了一条新的途径。他们基于对自己经营管理的企业发展潜力的信心，以高于股票市场价的价格从原股东手中收购股票，以使自己以所有者的身份充分发挥管理才能，获取更高的利润。这类 MBO 没有外部压力，完全是管理者的自发收购行为。二是作为对实际或预期敌意收购的防御。当上市公司面临敌意袭击者的进攻时，MBO 可以提供很有效而又不具有破坏性的保护性防御。经理人员以 MBO 形式购回企业股票，已发展成一种越来越广泛采用的新颖的金融技术。三是公司希望摆脱公司上市制度的制约。各国针对上市公司一般都有严格的法律制度，以约束其行为，保障股东的利益，特别是透

明度和公开披露信息制度方面的要求十分严格。一些经理人员认为这些制度束缚了他们的手脚，上市公司束缚了企业的发展，于是以 MBO 方式退出股市，转成非上市公司。有的公司还把 MBO 作为大额股票转让的途径。

第二，收购集团公司的子公司或分支机构。19 世纪末和 20 世纪 20 年代两次并购浪潮产生了横向一体化和纵向一体化的大公司，60 年代世界第三次并购浪潮又催生了庞大的混合联合企业集团。进入 80 年代，一些多种经营的集团逆向操作，出售已经成为其累赘的子公司和分支机构，甚至从一些行业完全退出，以便集中力量发展核心业务，或者改变经营重点，将原来的边缘产业确定为核心产业，从而出售其余部分业务。这时候最愿意购买公司的人，往往是最了解公司内部经营管理情况的内部经营管理者。出售方为了保护原集团公司的声誉，或者新独立的公司与原公司之间还保持一定的业务联系，卖给外部购买者，可能形成垄断，对集团利益不利，因此往往也愿意卖给原来公司的经营管理人员，而选择 MBO 方式。

第三，公营公司私有化的 MBO。在西方国家公营企业私有化有多种形式，如将国有企业整体出售；将国有企业分解为多个部分，再分别卖出，原企业成为多个独立的私营企业；多种经营的庞杂的公众集团公司出售其边缘业务，继续保留其核心业务；地方政府或准政府部门出售一些地方性服务机构。以上这些都是 MBO 的潜在机会。虽然公营部门私有化可以有多种形式，但 MBO 无疑是最有效、最灵活的一种途径。它一方面将资本市场的监督机制引入公营部门，另一方面使管理者成为股东，刺激了他们的经营积极性。如上面介绍的，80 年代英国对公营部门实行私有化时，就广泛采取了 MBO 形式和其派生形式 EBO（职工控股收购）。

随着 MBO 在实践中的发展，其具体操作形式也在不断发展。除了目标公司的管理者为唯一的投资收购者这种 MBO 形式外，实践中又出现了另外两种 MBO 形式：一是目标公司管理者与外来投资者或并购专家组成投资集团来实施收购，这样使 MBO 更加容易获得成功；二是管理者收购与员工持股计划（Employee Stock Plan）或职工控股收购

（Employee Buy-outs）相结合，通过向目标公司员工发售股权，进行股权融资，从而免交税收，降低收购成本。

四、MBO 与企业经营绩效改善

国外对实施 MBO 后的企业绩效的统计表明，实施 MBO 对企业经营绩效改善有着明显的作用。主要原因是：

第一，有利于加强企业管理和企业业务、资源的调整整合。实施 MBO 后，企业往往致力于企业内部改革和要素重组，积极开展利润及附加值高的业务，使正常的资金流量能够满足还本付息的需要，有时甚至会卖掉一部分资产以偿还债务，降低财务费用和负债水平，以便企业轻装上阵。实施 MBO 的企业，一般对企业实施改组或卖出缺乏盈利能力及发展后劲不足的分支部分，取消一些不必要的分支机构，从而得以集中资源，深入拓展核心业务，构建企业核心竞争力。企业实施 MBO 后，还便于从原有的行业退出，转入有高预期和发展潜力的行业。

第二，能够有效地降低代理成本。所谓代理成本，即企业忽视和错过机会的总成本加上监督费用。代理成本在上市公司和大型企业集团公司里很高，是造成一些企业效率低的重要因素。实施 MBO 后，可以在下列几个方面有效地降低代理成本。一是由于 MBO 使企业管理者同时又成为所有者，企业业绩与管理者的报酬直接联系，激发了管理者的积极性和潜能，促使他们致力于企业创新，挖掘企业潜力，进行具有长期效益的改革。二是通过 MBO 形成的企业股权比较集中稳定，特别是机构股东的介入，使监督更为有效。这些机构中比较重要的是金融机构的参与。金融机构不仅安排整个操作程序，提供债务融资支持，还常常直接购入企业股权的一部分，同管理者一起控制目标公司。金融机构行使监督职能远比分散的股东更积极、更有效，并常与管理者联合组成董事会，要求企业提供更详细的信息，监督企业投资、会计及其他事项，以确保自身收益目标的实现。三是 MBO 常伴有高负债杠杆的作用，这也进一步约束了管理者的经营行为。企业管理者通过中介融资提供的财务杠杆，可以用很少的自有资金和大部分贷款买下企业产权，这种融资结构提高了企业的资产负债压力，促使企业必须改善管理，提高经营效率和效益[①]。

第二节　MBO 的制度创新意义

企业实施 MBO 后，一般都改善了企业经营状况，使投资者获得了超过平均水平的收益。但是，也许更重要的是，MBO 还具有企业制度创新意义。让我们分别对 MBO 在西方国家和中国的企业制度创新意义进行一下分析。

一、MBO 在西方国家的企业制度创新意义

西方国家企业制度已经经历了由古典企业制度到现代公司制度的演变。现代公司制度的最大优点是发挥了分工效应，使那些拥有非人力资本而不具有企业家才能的人，把非人力资本交给具有企业家才能但不拥有非人力资本的职业经营管理者手中，解决了企业家能力与非人力资本分布不对称的问题，有利于经济资源的有效利用，大大促进了社会生产力的发展。但是，这并不等于说古典企业制度没有任何优越性，而现代公司制度是十全十美的。与古典企业制度相比，现代公司制度有两大缺陷：第一，从产权的角度看，以高度分散的股权为特征的股份公司会给经理偷懒或过度追求个人福利大开方便之门，而不是把股东的利益放在第一位，从而损害了所有者的利益。这一问题其实早在亚当·斯密时代就暴露出来了。18 世纪中期，一些大企业就曾希望能够实行授权经营却不能如愿，亚当·斯密天才地道出了其中原委：很少有领薪的管理者会像管理自己的钱财那样来管理别人的钱财。在西方世界屡见不鲜的企业丑闻，特别是近年来发生的美国安然、世通等几大公司的破产以及由此被曝光的丑闻，无数次地证明了斯密的预见，同时也使我们对经济学先驱的洞察力感到由衷的敬佩。为了使经营者对所有者负责，保护所有者利益，就需要对经营者实行监督，

---

① 本节主要参考了王巍、李曙光等《管理者收购——从经理到股东》第一章有关内容，中国人民大学出版社，1999 年 12 月第 1 版，第 1—24 页。

从而产生了代理成本。如果可以由所有者自己来管理企业，就可以把这笔代理费用节约下来。第二，公司制企业的治理结构又对经营者的权力进行了严格约束。由于所有者不一定具有决策能力，又远离市场竞争和生产经营第一线，对企业的生产经营状况和市场变化都不甚了了，因此对企业应该在什么时候作出什么样的反应不清楚，对什么是科学的、正确的决策不一定能作出正确的判断。但是，现代公司制企业的权力结构却决定了企业重大决策必须经过股东大会或少数重要大股东的批准和同意。这样，处在生产经营一线的企业家的手脚就受到束缚，不像所有者与经营者合一的古典企业中那样可以"圣躬独断"，指挥如意，许多正确的决策不被接受和批准，贻误了商机，影响了企业的发展。

事实上，不同的企业制度各有其优点，没有理由一定要把所有者职能与经营者职能分开。如果一个人既拥有非人力资本又具备企业家才能，那么就没有必要一定将所有权和经营权分开，没有必要把权力委托给别人。从这一角度看，MBO 实际上是对现代公司制度过度分权所导致的代理成本和道德风险过大的一种矫正。

企业通过实施 MBO，实现了所有者和经营者的合二为一，在形式上与古典企业的企业制度似乎没有什么区别。但是，这毕竟是在现代公司制度诞生很长一个时期以后大量发生并引起人们注意的现象，不可能与原来古典企业制度完全相同。实际上，现代 MBO 综合了古典企业制度和现代公司制度的特点，是企业制度变迁的否定之否定，在企业制度方面实现了重大创新，使 MBO 企业具有独特的性质和特点，既不同于现代公司制企业，也不同于古典企业。

第一，企业家在企业中的地位和作用发生了根本变化。在古典企业中，由于市场环境的不确定性无法与今天相比，企业的普遍规模较小，生产经营相对比较简单，企业的生存和发展主要取决于非人力资本的数量和质量，企业家人力资本是隐藏在非人力资本的背后发挥作用的。而实施 MBO 的企业，面对着巨大的不确定性和市场风险，企业规模也非当年的古典企业可以比拟，组织和运用企业各类资本进行生产经营，需要专门的企业经营管理知识。这时企业的生存和发展主要决定于企业家面对不确定的市场作出判断性决策的能力和组织运用资源进行生产经营的能力。企业家人力资本不仅与非人力资本相分离，企业经营管理者从后台走向了前台，而且企业家已经不甘于受制于非人力资本所有者，强烈要求而且也有能力用自有资本或者从金融机构融资购买企业股权，使自己具备经营者和所有者的双重身份，以便更好地发挥自己的企业家才能，实现自己的价值，获得更高的收益。还要强调指出的是，在MBO过程中，金融机构之所以愿意借钱给企业家，是看中了企业以后的赢利潜力，而不是企业当前的经营状况；不是看中了企业当前有多少非人力资本，而是看中了某些企业经营管理者的企业家人力资本的价值。实际上，投资银行家是冲着企业家才投资的，是对企业家人力资本的投资。在MBO过程中，企业家才是主角。这进一步说明了企业家人力资本在现代企业中作用的增强和地位提高。

第二，对企业家的激励约束机制进一步增强，企业家行为更加合理化。在古典企业中，企业经营管理者或者是企业全部资产的所有者，或者是企业合伙人，拥有较大比重的企业资产。在古典企业制度下，企业所有者的行为和决策只取决于自己的判断，或者仅受到少数几个合伙人的制约。与古典企业不同，企业实施MBO时，经营管理者一般没有能力完全依靠自己的经济实力购买企业控制权，而必须通过向金融机构特别是风险投资基金融资获得购买企业控制权的资金。这样，完成MBO后，企业经营管理者不仅要对自己负责，还要对融资给他们的金融机构负责。他们虽然比在公司制企业制度下获得了更大的经营决策权，但是融资机构出于对贷出款项的回收和收益的关切，也会对企业的经营管理予以极大的关注，必要时还会对企业的经营管理决策实行干预，这时的激励机制固然加强了，但与此同时约束机制也加强了。实际上，经营管理者通过MBO得到企业控制权后，会更加注意决策的科学性，进行事关企业发展和生死存亡的重大决策时会更加谨慎，经营管理压力更大，工作会更加卖力，行为会更加合理。可以说，实行MBO给企业家施加了更大压力，迫使企业家才能必须得到更大程度的发挥，这是企业实施MBO后一般都会发生经营管理改善，经济效益得以提高的重要原因。

二、MBO 在我国的企业制度创新意义

中国的 MBO 是在不同的经济背景和条件下进行的，除了一般的制度创新意义外，还具有中国的特点。

第一，改变了自上而下的国有企业制度创新路径。20 多年来，我国国有企业改革一直是由政府部门主导的、自上而下的改革。由于政府部门官员从个人利益最大化出发并且远离企业的实际，这种由政府设计和推动的改革或者不彻底，或者徒具形式，换汤不换药。比如一些国有企业经过改制变成了有限责任公司或股份有限公司，形式上建立了现代企业制度，但是个人股份只占 5%，而国有股却占 95%，仍然是党委或政府任命公司经营管理者，国有资产委托人不到位，企业机制、体制仍然是老样子。国有企业实施 MBO，由企业经营管理人员在中介机构帮助下制定收购方案和融资计划，与国有资产管理机构或授权投资机构签订股权、产权收购协议，使经营者同时变成企业的所有者，这种国有企业制度创新的路径，是自下而上的改革。由于企业经营者用自己的资金购买股权、产权，或因为收购企业股权、产权负了债，只有通过发挥企业潜在管理效益，增加企业盈利，才能获得超额收益，偿还贷款，要求企业必须进行真正的改革，彻底转换机制和体制，把企业改造成真正的市场主体，参与市场竞争。

第二，有助于深化国有企业产权制度改革。国有企业改造成公司制企业后，最大的问题仍然是国有产权委托人缺位。由于国有资产的增值保值与国有资产管理机构及其工作人员没有直接的利益关系，他们不是剩余索取人，国有资产的委托人实际上仍然不承担经营风险，权力和责任不对称，他们就不可能像真正的股东那样去做，特别是对企业经营者的选择权属于所谓"廉价投票权"。国有企业改造成有限责任公司是如此，经过资产重组改制变成股份有限公司也是如此。因为虽然国有企业变成了上市公司，但由于国有股权在全部股权中占有优势比重，仍然是国有股权一股独大，上市公司中委托人缺位的问题并没有因为企业上市而得到根本的改变。实施 MBO 后的企业，经营者用

自有资金或从金融机构融资购买企业股权或产权，一方面要通过改善企业经营使自己的投入获得预期收益，另一方面要通过企业赢利还款付息，企业的剩余索取权归经营者所有，责任和权力对称，利益和经营状况紧密相关，就会对企业资产增值保值和股权收益真正关心，委托人缺位问题就会得到解决。

第三，有助于完善公司治理结构。国内有限责任公司和上市公司的突出问题是委托人缺位和代理成本高，缺乏有效的激励机制。实施MBO，有利于完善公司治理结构。首先，实施MBO有利于政企分开。从改革的实践看，在国有股权为主体的公司制企业中，国有资产管理部门代表国家行使所有权，参与企业重大经营决策，任命企业经营者，实际上仍然干预企业的生产经营活动，用政府的社会目标代替企业的经营目标，政企不分的问题仍然存在。实施MBO，国有企业的经营者控股企业，成为企业的真正支配者，政府部门可以根据其占有股份，委派代表参与企业的经营管理，但无权直接干预企业正常的生产经营，有利于企业自主决策、自主经营，实现政企分开。其次，MBO使企业管理者同时成为所有者，使得管理者可以从管理业绩与企业业绩提高的双重效果中获益，从而激发管理者的积极性与潜力。再次，MBO可以改善股东的构成，形成多元化的股权结构。在MBO实施过程中，往往伴随着金融中介机构的介入。金融中介在提供必要的操作方案与融资支持的同时，还常常直接购入或间接购入企业的一部分股权，与管理层一起对目标公司进行管理控制。这不但有助于强化对公司的监管，而且有助于企业的业务与资产重组。

第四，促进金融、法律等制度的创新。首先，MBO融资往往是一种特殊的借贷融资，必须由相应的投资银行、投资基金等专业机构予以支持，也需要相应的抵押担保手段的支持。目前我国金融制度规定银行贷款不能用来购买股权，一些完成MBO的企业或者融资渠道多少都有点"非法"，或者是采取了不正当手段低估了企业价格，经营者没有按企业实际市场价格支付购买资金。实施MBO产生了融资需要，将有利于推动金融体制改革，促进金融机构发育。其次，在现有的法律框架下，还缺乏MBO得以推行的制度规定。比如企业经营管理者在市场中的地位和权益，相关法律就很不完善。企业家能自己购买自己的企业吗？有没有持股的限额？在 MBO 中如何约束收购者的行为，保证股东和员工的利益，以及信息披露方面的要求，也没有明确的法律规定。随着 MBO 的推进，必须在法律上作出明确的规定和法律解释，这无疑将推动我国有关法律制度的建设和完善。

第三节　MBO 在中国的实施及有关对策

一、MBO 在中国的兴起及其原因分析

中国的企业 MBO 是 1999 年四通公司实行管理者收购，最先引起媒体和社会注意的。但实际上早在四通、粤美的等企业实行 MBO 之前，崇尚多做少说的广东、浙江的一些集体企业或国有企业已经不事声张地完成了企业 MBO。从 20 世纪末到 2002 年之前这段时间内，由于政策不明朗，加之融资方面的诸多障碍，MBO 在我国还只是一些零零散散的事例。党的十六大提出深化国有企业改革，大力发展混合所有制经济，完善保护私有财产的法律，各地加大了国有企业产权改革力度，加快了国有经济战略性调整步伐，一大批国有企业包括一批国内 A 股上市公司陆续实行了 MBO。据不完全统计，到 2002 年底，我国上市公司就有深方大、洞庭水殖、胜利股份、特变电工、佛塑股份、红豆股份、杉杉股份、鄂尔多斯等 19 家上市公司实行了 MBO，非上市公司数量则更大。2003 年更被有的媒体称为"管理者收购年"。申银万国证券研究所对浙江上市企业和拟上市企业的一项调查显示，几乎百分之百的企业都表示正在考虑实行管理者收购。上海提出 2003 年将推出 1000 家国有企业进行管理者收购，青岛市近 20 家企业批量试水管理者收购，管理者收购一时间成为热门话题。由于在 MBO 过程中存在诸多不规范的问题，2003 年年中财政部、国资委等部门宣布 MBO 暂停实施。后来，国务院有关部门出台了关于规范国有企业改制和国有产权转让的有关规定，MBO 有了一定的政策规范，MBO 在一些地方又开始启动，但规模和范围都远不及 2002 年和 2003 上半年。

值得注意的是，英美等国家实施 MBO 主要有两种形式：一是为了发挥企业经营管理效益空间，二是为了实现公营企业的私有化。与英美等国家不同，中国的 MBO 主要是为了实现企业制度的变革，由原来的国有企业或国有控股企业变成经营管理者控股的企业。这是我国近年来兴起的 MBO 与西方国家实施的 MBO 的明显不同之处。这主要是因为，对于我国的国有企业来说，目前企业发展的最大障碍仍然是企业制度瓶颈，影响企业生存和发展的最重要因素，仍然是体制、机制和制度方面的创新。只有先解决企业制度问题，才谈得上改善经营管理，发挥企业经营管理效益空间的问题。

中国的 MBO 悄无声息地进行了若干年，到 20 世纪末 21 世纪初形成了一个高潮，这其中有着深刻的经济原因。

第一，中国企业家队伍的逐渐壮大和作用日渐凸显，要求变企业家与政府之间的政治同盟为经济契约。传统体制下企业经营者与政府之间的关系是，企业家在一定程度上发挥自己的经营管理才能，使企业获得良好的经济效益，并不断扩大生产经营规模，政府给予企业家一定的政治待遇和社会地位，比如成为人大代表、政协委员，或者平调到党政部门任职或担任更高一级党政职务。同时，企业经营者由于担任企业领导职务，事实上国家允许他们得到明文规定的工资等收益以外的职务消费。我们称这种关系为一种"政治同盟"。随着我国国有企业改革和整个市场取向改革的深入，国有企业也必须面向市场，企业的生存和发展在越来越大的程度上取决于市场竞争，因此企业经营者判断性决策能力和组织运用资源的能力，对于国有企业的意义已是今非昔比。对社会主义市场经济条件下企业家的重要作用，我们也在一定程度上意识到了，比如各级领导在讲话中经常讲道：用对一个人可以救活一个濒于倒闭的企业；用错一个人可以搞垮一个好的企业。但是，目前我们在制度上对企业家地位和作用的变化还没有作出应有的反应，对他们的地位和作用没有给予充分的肯定。当然，当企业家发挥经营管理才能，使企业经济效益提高、资产增加，国家在经济上一般也给予了一定的经济激励，但奖励多少，由政府部门定，酝酿了很长时间的企业家年薪制也是久议不决，阻力重重，企业家实际上仍然处于被动的地位。社会主义市场经济的发展，企业家作用的增强，使国有企业经营者对原来与政府之间的政治同盟已经不满足，对他们经济上做出的贡献与所得到收益之间的不对称状况强烈不满。与此同时，在多种所有制经济共同发展的经济格局下，在公有制经济外部，实际上存在着一个企业家市场，非公有制经济中企业家的权力、利益，完全取决于企业家市场对他们的评价，他们的地位、作用得到了社会认可。在这种情况下，国有企业经营者再也不能接受原来那种"妾身未明"的状况，要求社会承认他们的作用和贡献，获得应有的经济利益和社会地位。MBO 为国有企业家由单纯的经营者向所有者转变提供了一个途径。通过实行 MBO，企业家变成了企业的管理者和所有者，获得了对企业的控制权，与政府之间的关系不再是以前的"政治同盟"，而变成了一种经济契约关系：企业经营者接受政府宏观调控、照章纳税，企业家可以得到与自己贡献相对应的收入，政府部门再也无权对企业生产经营进行行政干预，只要不发生敌意收购、企业家身体状况允许、自己愿意继续干下去，60 岁以后也可以继续发挥自己的企业家才能，不需要看政府部门脸色行事，担心被别人取代自己在企业的位置。

第二，中国经济体制改革特别是国有企业改革的深化，为 MBO 的兴起提供了必要条件。经过 20 多年的改革探索，我们对如何坚持公有制主体地位、发挥国有经济主导作用的认识不断深化。党的十五大报告指出，公有制的主体地位主要体现在公有资产在社会总资产中占优势，国有经济控制国民经济的命脉，对经济发展发挥主导作用。公有资产占优势，不仅要有量的优势，更应该注重质的提高。国有经济起主导作用，主要体现在控制力上。只要坚持公有制为主体，国家控制了国民经济命脉，国有经济比重减少一些，但控制力和竞争力得到了增强，不仅不会影响我国的社会主义性质，而且有利于发挥国有经济的主导作用。党的十六大和十六届三中全会则进一步强调要坚持以公有制为主体、多种所有制共同发展的基本经济制度，推行公有制的多种有效实现形式，加快调整国有经济布局和结构。要"完善国有资产有进有退、合理流动的机制，进一步推动国有资本更多地投向关系国家安全和国民经济命脉的重要行业和关键领域，增强国有经济的控制力。其他行业和领域的国有企业，通过资产重组和结构调整，在市场竞争中优胜劣汰。继续放开搞活国有中小企业"（《中共中央关于完善社会主义市场经济体制若干问题的决定》）。党的十六大和十六届三中全会进一步明确了国有企业改革、国有经济布局结构调整的方向，各地进一步解放思想，加快了国有资产有进有退、合理流动的进程，一些地方通过引进战略投资者、资产重组等途径，推行股份制改革，发展混合所有制经济，实行国有资本从竞争性行业和领域退出，而一些地方则通过实施 MBO 把一部分竞争性领域的国有资产出售给经营者，实行国有资本的退出。可以认为，近年来 MBO 的范围扩大、进程加快，符合国有企业改革和国有经济结构布局调整的大趋势，是国有企业改革发展到新阶段的必然产物，是多年来国有企业改革带来的制度积累的结果，作为国有企业改革的重要内容和一种有效途径，MBO 是应运而生，并且随着法律法规的进一步完善，今后还有继续发展的空间。

二、我国实施 MBO 的障碍及存在的问题

从近年来我国实施 MBO 的情况来看，现阶段推行 MBO 还存在着一系列制度、机制、观念等方面的障碍，同时，由于缺乏有效规范、监督管理和市场环境，目前我国正在进行的国有企业管理者收购，也存在一系列问题和风险。

（一）进一步推行 MBO 存在的障碍。第一，信息披露问题。我国正处在资本市场发育的初期阶段，在信息披露的实施与监管方面还存在着许多不足。特别是涉及资产重组的重大事项，存在着信息披露不及时、不真实、不充分的情况。而此类情况的出现又可能影响到投资者对上市公司投资价值的判断，影响到证券市场的公开、公平、公正原则。由于 MBO 的交易方涉及上市公司管理层，在整个事件进行过程中，如果没有切实履行信息披露的要求，就会导致内部人交易问题，即管理者在进行 MBO 的过程前、过程中以及过程后，利用信息不对称的特殊条件，不顾信息披露的基本要求，发生有损其他普通股东利益、有损市场公开、公正、公平原则的行为。其实，不仅是上市公司，对

于一般非上市企业，国有资产所有者及其代表与企业经营者之间也有一个信息不对称问题，我国目前还缺乏一种诚信体系和环境，促使企业经营者自觉地向出售方透露真实的企业信息，使国有资产所有者在交易中处于不利地位。这样，在实际运作过程中，经营者就可能通过隐瞒或调动利润的办法扩大企业账面亏损，做小净资产，然后利用账面亏损迫使政府部门低价转让股权或资产，导致国有资产流失，通过MBO发一笔横财。正因为存在着类似现象，有人说MBO是一些人瓜分国有资产的"最后的晚餐"。

第二，存在着合理定价的困难。定价是MBO的核心。在西方国家的MBO过程中，定价主要是借助于市场机制、评估和双方谈判协同进行。在我国，产权转让市场还不健全和不规范，在许多地方，国有资产转让并不通过市场，难以通过市场准确确定即将实行MBO的企业的资产价格。我国对中介机构的监管很不得力，中介机构的行为也很不规范，道德诚信体系还没有建立健全起来，容易出现中介机构与企业管理层合谋的现象，依靠中介机构难以对企业资产进行准确的评估。对于我国上市公司来说，由于目前存在着流通股与非流通股之分，割裂的市场股权结构使得上市公司流通股价格难以真实地反映非流通股的内在价值。不仅如此，由于国有股和资产缺乏真正的代表和委托人，在价格谈判过程中，国有股东及国有资产代表能否真正代表国家利益履行所有者职能，进行价格方面的讨价还价，维护国家利益，也是一个值得考虑的问题。

第三，融资渠道不畅。MBO是杠杆收购的一种，需要借助于融资手段来完成收购过程。在MBO的实际操作中，由于目标公司的资产额一般远远超出收购主体的支付能力，管理层能够支付的部分与收购价格之间的差额就需要通过融资来补充。在我国，通过企业发行垃圾债券融资缺乏法律上的依据，国家明文规定银行贷款不能用来购买股权。至于从2002年以来，不少投资机构通过引进企业和国外资金，成立MBO基金，意欲专门从事MBO运作，也没有得到国家确认，有关部门也没有就此制定专门规定。因此，融资问题目前是我国实施MBO的一大主要障碍。

第四，有关法律不完善。我国较大规模和范围内实施MBO，是在《公司法》《证券法》发布之后发生的，因此现行法律法规对管理层收购只做了简单的法律规定，而且很不全面，有着明显的缺陷。目前我国涉及产权交易和MBO的法律条文，主要见于《公司法》第一百四十三条、第一百四十七条及《证券法》第四章和《股票发行与交易管理暂行条例》的相关规定。这些法律条文没有对MBO收购的概念作界定，而且从法律条文的上下文来看，收购的对象只能是公司发行的普通股，收购主体只能是法人而不能是自然人。对公司高层管理人员买卖、持有本公司股票只规定禁止利用内幕信息来买卖本公司股票，持有本公司股票时间不能低于6个月等等。在现行法律体系下，由于国有股向非国有主体转让暂停，管理层收购中的法入主体因为是非国有主体而受到相应的制约；按照《公司法》的要求，一般责任有限公司和股份有限公司对外投资不得超过公司净资产的50%，实行管理层收购操作的难度比较大。再加上融资方面的一些法律规定，目前进行规范的MBO难度很大。正是由于实行MBO的法律法规不健全，在实施MBO的过程中存在大量规避法律的灰色地带，一些企业的MBO采取了暗箱操作方式，许多已经实施的MBO是否违反法律规定很难搞清楚，一些企业和中介机构在操作过程中因为害怕违反法律规定，也难以放开手脚。这些都影响了MBO的推进。

（二）MBO实施过程中存在的问题。第一，一哄而起，以行政命令的方式强行推广。从国外的经验看，管理者收购要求具备一系列的条件，比如被收购公司所处产业比较成熟，其收益和现金流比较稳定，财务结构比较灵活，方便公司举债，通过加强和改善经营管理，可以实现经济效益的较大改观；融资渠道畅通规范；社会诚信体系比较健全等等。管理者收购是一种市场化、专业化程度极高的企业并购活动，在国外一般都是由投资银行等专业中介机构操作的，需要进行资产评估、拟定收购和改善管理的方案、融资安排，实施过程相当复杂。但我国企业管理者收购在有些地方正在变成一场群众运动。有些地方政府部门甚至以行政命令的方式强行推广这种国有企业改制方式。可以肯定，用群众运动的方式实行管理者收购，既达不到改善企业经营状况的目的，也难以保证实施过程的规范性、合法性，必然造成国有资产的严重流失。

第二，收购行为不公开、不透明、不公平，企业资产价值低估现象较为普遍。国外的管理者收购方案一旦确定后，一般实行公开竞价，并雇佣中介机构操作。我国管理者收购缺乏合理的定价机制和必要的监督与制衡，多为政府默许下的协议收购方式，大多采用私下交易的方式进行，没有规则，没有中介机构的参与，没有公开竞价。有些管理者通过转移资产、隐瞒企业经营状况、做亏公司等手段，做小净资产，然后以相当低廉的价格实现收购目的。由于中介机构受雇于管理者，即使有中介机构的参与，多数情况下是中介机构与管理者合谋，难以保证交易的公正与规范。从目前掌握的 14 家上市公司管理者收购案例来看，全部收购价格大大低于二级市场价格，甚至有 4 家低于公司股票的每股净资产[①]。由于可以如此便宜地"购买"国有企业资产，实施管理者收购对于管理者和投资机构都具有极大的吸引力。2002 年到 2003 年短短的一两年时间内，国内一下子冒出许多家专门操作管理者收购的投资基金。

第三，融资渠道不规范，存在较大的金融风险。到目前为止，我国实施管理者收购的资金 80% 以上通过融资而来。国外一般依靠银行贷款、债券为主体的外部组合融资来完成，具有一系列丰富的融资工具。我国管理者收购在融资方面存在较大的障碍，现有法律禁止企业拿股权或资产为抵押向银行担保，再把融资资金给个人，同时法律还禁止个人以股票作为质押向银行贷款收购股权。目前金融机构如信托公司、证券公司和保险公司既不允许也没有能力介入这种融资业务。在实践中管理者收购资金来源模糊，其中不少是违规资金。多数采用"个人信用挪用企业信用"的方式解决，即个人不出资或只出其中一小部分，大部分由企业或银行来解决资金问题。如由企业作担保，向银行贷款购股，再以企业产生的利润来还贷；以股权作为抵押，向银行贷款购股；向企业借款购股。这种虚拟出资入股的方式，对于实

---

① 见《环球企业家》2003 年 3 月号《MBO 秃鹫》。

施 MBO 的经营管理者只有激励，而缺乏有效的风险责任——收益归个人，亏损归银行和企业。而一旦企业出现经营危机甚至破产，不可避免地会造成银行呆账、坏账，就会带来金融风险，影响金融安全。

第四，对国有企业管理者收购缺乏有效的监管。由于国有资产监督管理体制尚在建立过程之中，规范这类交易行为的法律、法规还不完善，管理水平还不能适应新情况的要求，在我国有些地区，管理者收购实际上是"没有管理的管理者收购"。从一定意义上讲，中国目前管理者收购实际上是内部人收购。从以往的大多数管理者收购案例看来，上市公司管理者收购不仅是自卖自买，而且在某种程度上也是自己批准自己，成为国有资产流入企业经营者和管理者腰包的一种"合法"途径。这种没有经过市场公开竞争的管理者收购，结果可能是一帮无能和腐败分子完全彻底地控制了企业，真正具有企业家才能的人则无缘实施 MBO，成为企业的真正控制者，发挥企业家才能，这无疑就是经济学上所说的"劣币驱逐良币"。另外，实施管理者收购之后，管理者成为企业的大股东，企业的命脉完全掌控在一个或几个人的手里，在缺乏监管的情况下，大股东极有可能通过各种方式滥用股权侵吞中小股东的利益，造成股东之间、企业与职工之间的相互对立，影响企业发展。若矛盾激化，还将变成影响社会稳定的因素。

需要强调的是，尽管我国在实施过程中存在着这样那样的问题，但是也不能像有的人那样简单地把 MBO 与私有化画等号。要把政策不完善和执行中的问题与 MBO 这种企业制度转换形式本身区别开来，不要犯低级的形式逻辑错误。实施 MBO 后的企业，经营者占据了控股地位，但它仍然是一种包含多种所有制经济成分的混合所有制经济，与一般股份制企业只有量的区别，没有质的不同。实践证明，大力发展混合所有制经济，是理顺产权关系，建立真正的公司治理结构，转换企业机制的必由之路。在对 MBO 进行理论和政策研究时，应该记住老黑格尔的那句名言：不要在泼脏水的同时，把孩子也泼出去。

三、推行 MBO 的有关对策

针对我国实施 MBO 过程中存在的问题，2003 年 12 月 3 日国务院办公厅转发了国务院国有资产监督管理委员会《关于规范国有企业改制工作的意见》（国办发〔2003〕96号）。文件对管理层收购作出了如下规定："向本企业经营管理者转让国有产权必须严格执行国家的有关规定，以及本指导意见的各项要求，并需按照有关规定履行审批程序。向本企业经营管理者转让国有产权方案的制订，由直接持有该企业国有产权的单位负责或委托中介机构进行，经营管理者不得参与转让国有产权的决策、财务审计、离任审计、清产核资、资产评估、底价确定等重大事项，严禁自买自卖国有产权。经营管理者筹集收购国有产权的资金，要执行《贷款通则》的有关规定，不得向包括本企业在内的国有及国有控股企业借款，不得以这些企业的国有产权或实物资产作标的物为融资提供保证、抵押、质押、贴现等。经营管理者对企业经营业绩下降负有责任的，不得参与收购本企业国有产权。"可以看出，《通知》只是进一步明确了 MBO 过程中什么不能做，从而有利于防止 MBO 中国有资产流失，但是并没有解决如何提供制度条件使 MBO 在我国顺利进行的问题。

为了使 MBO 健康进行，保证国有企业改革沿着正确方向推进，需要进行一系列金融、法律等方面的制度创新，为 MBO 的实施创造必要条件和环境。同时，要加强对 MBO 的规范管理，防止国有资产流失，维护国家和企业职工利益。

第一，努力消除实施 MBO 的观念障碍。首先，要充分认识我国国有企业的情况千差万别，各有其特点，国有企业改革的形式应该多种多样，不能只采取一种形式。党的十六届三中全会特别强调要积极探索公有制的多种有效实现形式，这是我国国有企业改革的重要指导原则。MBO 在理顺产权关系，完善企业治理结构，转变企业经营机制，降低代理成本，提高企业经济效益方面有着积极的作用，应该予以鼓励和支持。因此，从政府方面看，不应该就事论事，仅仅以国有资产不流失为唯一标准，而应该借鉴国外经验，结合我国实际，在保证国有资产不流失的前提下，积极为 MBO 实施创造条件。其次，正确认识企业家和 MBO 的关系。我国目前最稀缺的是企业家人力资本。现行的企业制度包括已经实现改制上市的国有控股企业的产权结构和治理结构，仍然不能对企业家实行有效的激励和约束，影响了企业家人力资本作用的发挥。对部分国有企业尤其是中小型国有企业实行 MBO，有利于实行经营管理者和所有者的统一，形成合理的产权结构和公司治理结构，调动企业家改善企业经营管理，实行企业资产和业务合理重组的积极性，提高企业效益，从而提高整个国有经济的效率及效益。只要努力实现 MBO 实施过程的规范化、制度化，无论是对国家、企业职工，还是对企业经营管理者，都是有利的，结果是双赢的。要打破经营企业和经营资产的传统模式与观念，树立资本经营的观念和方式。通过实施 MBO，企业经营管理者拿出资金购买了国有企业资产，国有资产只是实现了资本形式的转变，国家和企业并没有吃亏，并且通过企业家的努力，能够促进国有资产保值增值。因此，这种企业制度形式可以探索，应该鼓励发展。

第二，进行代理成本节约与分工收益损失的比较。与现代公司制企业制度相比较，实施 MBO 的最大作用是使管理者同时成为所有者，可以最大限度地发挥企业家人力资本作用，激发企业家改善企业经营管理的积极性，不存在委托代理问题，因此可以节约代理成本，提高企业效率和效益。但是，必须看到，现代公司制度是现代化大生产和经济市场化发展的结果。现代公司制度最大的优越性，就是按照社会分工的要求，拥有非人力资本而不具有企业家才能的人仅仅作为投资者，把非人力资本委托给具有企业家才能而不拥有非人力资本的经营管理人员运营，解决非人力资本与企业家人力资本分布不对称的矛盾。这样做，非人力资本所有者可以得到比自己亲自经营管理更多的资本收益，企业家可以通过主要经营管理别人的资本而得到更大的收益，实现个人价值。因此，无论是一个具体的企业还是地方政府，在进行 MBO 筹划时，首先要进行两种收益之间的认真比较：如果实施 MBO 而节约的代理成本大于分工而获得的收益，则应该进行 MBO；如果实施 MBO 而节约的代理成本小于分工带来的收益，则不应该实施 MBO。企业是否进行 MBO 这项企业制度创新，关键要从企业收益最大化出发，地方政府和企业都不应一味追求改革效应，要进行理性的思考和判断，作出理性的决策，尽量避免盲目性。

第三，明确 MBO 的适用范围。一是应该主要在中小企业推行。由于我国目前的融资渠道不通畅，决定了经营管理者要承担购买企业股权的大部分资金。我国国有企业改革和分配制度虽然酝酿探索了多年，但是由于种种复杂的原因，我国企业经营管理者的报酬体系没有理顺，通常企业经营管理者的收入只是职工收入的2—5倍，这与国外经营管理者的收入相当于一般员工收入的几十倍甚至上百倍的情况不同。我国经营管理者收入的实际状况，决定了MBO可能一般更适用于中小型企业，而不适合在大型国有企业推行。否则，要么经营管理者实际上不出钱购买，要么通过其他不合法渠道筹资，MBO就成了企业家犯罪的重要领域。二是要考虑其他方面的条件。虽然我国MBO的重要功能是实行企业制度创新，但是也必须考虑其他条件。如企业经营管理效益空间比较大，现金流量情况比较好，企业所处的行业比较成熟且处于成长期等等。因为，无论是企业经营管理者出资购买企业股权、产权，还是通过融资筹集资金购买企业股权、产权，实施MBO后，企业经营状况必须发生好转，这样企业经营管理者才能得到预期收益，用利润逐渐支付购买企业所需款项，向银行、投资基金等金融机构偿还借款，并支付超过平均水平的投资收益。如果只是着眼于企业制度变革，为改制而改制，企业效益得不到改善，企业家就会陷入困难的境况，金融机构的借款不能按时归还，还会带来金融风险，影响金融安全和经济稳定。

第四，创造融资环境和法律环境。要解决MBO的融资问题，必须进行制度完善，鼓励金融创新，允许金融机构从事管理层收购的融资业务。具体可考虑的方式有：银行应成立风险基金管理部，允许管理层向银行的风险基金管理部申请贷款来支付股权、产权收购款，并用所得的股权做质押，用股权分红所得收入来偿还贷款及利息；允许进行风险融资，即引入投资机构如风险投资公司，由其提供资金给管理者，管理层获得股权，再用股权质押，若管理层不能按照合约偿还贷款，则风险投资获得股权；也应该允许以信托的方式、建立MBO基金的形式进行收购融资。同时，在价款的支付上，可根据具体的情况由收购双方通过约定，允许分期付款。但是，实施MBO，管理层必须按照国家有关部门的规定，首期付款不得低于总额的30%。

要对现行法律进行修改，使 MBO 在法律允许的框架内进行。比如对管理者收购作出明确的法律界定；对管理者收购主体的规定进行修改，收购主体既可以是法人，也可以是自然人；放宽股份有限公司和有限责任公司对外投资的额度，不一定非要限制在 50% 以内；法律规定中要有制约收购者的法律规定和保护公司利益及职工合法权益的条款等等。

第五，加强监管和规范。前一个阶段 MBO 比较混乱，引起了较大社会反响，以致暂时被停止。要使 MBO 成为企业制度创新的重要形式，必须加强对 MBO 的监管和规范，使之健康、有序、规范地进行。除了要按严格的程序进行审批、对国有企业实施 MBO 过程进行监管外，还要注意以下几个方面：一是全面准确地评估资产。准备实施 MBO 企业资产的评估，不能由企业为主进行，也不能由政府部门说了算，同时也不能由企业自行聘请中介机构进行评估。要由直接持有该国有企业产权的单位决定聘请资产评估事务所，对企业资产进行评估。不仅要评估有形资产，对企业的专利权、非专利技术、商标权、商誉等无形资产，也要纳入评估范围。评估结果要依照规定，由有权批准国有企业改制和产权转让的单位核准。二是公开信息，竞价转让。国有企业实施 MBO，要向社会公开披露企业资产数量、经营状况、现金流量等方面的情况，防止经营管理者利用信息不对称优势，隐瞒企业利润和资产，低估企业资产和经营管理效益潜力，低价获得国有企业产权，损害国家利益。企业产权转让不能实行暗箱操作，由政府主管部门和企业经营管理者私下谈判决定企业产权转让事宜。定价问题是国有企业实施 MBO 过程中一个引人注目的焦点。要在资产评估的基础上，向社会公开竞价，在同等条件下，谁出价高，就把产权转让给谁。一般来说，上市公司转让股权价格应该高于企业净资产价格，但是如果经过市场公开竞价，转让价格低于净资产价格，应以市场竞争确定的价格为准。非上市公司的转让价格，也应该通过市场竞争确定。只要充分发挥市场定价机制，就可以防止内部交易，避免企业国有资产低估和流失。同时，只有通过公开竞价决定收购者，才可以防止那些没有经营管理能力，已经把企业搞得举步维艰的经营管理者获得企业控制权，而社会上真正具有企业家才能的经营管理者却没有机会得到企业控制权，发挥企业家才能，避免"劣币驱逐良币"现象。具体转让方式可以采取公开拍卖、招投标、协议转让以及国家法律规定的其他转让方式。三是保护职工合法权益，维护企业和社会稳定。国有企业实施 MBO，必须保证职工的合法权益不受损害。企业决定准备实施 MBO，要听取职工意见，经过职工代表大会通过。企业 MBO 方案，要经过当地政府批准。一般而言，实施 MBO 后，企业不能随意解雇职工。如果要解除与部分员工的劳动关系，必须保证给予合理的经济补偿，为他们接续好社会保险关系，使他们的基本生活得到保证。要切实防止因企业实施 MBO 侵害广大职工权益，影响企业和社会稳定。

结束语

一、几点简单的结论

概括起来说，本文的基本研究结论有以下几点：

（1）企业制度及其演变是由许多复杂因素决定的，应该紧密结合当代经济社会发展的大趋势，运用现代企业理论和人力资本理论的已有成果，对国有企业改革进行多侧面、多角度的研究。其中，从企业家人力资本与企业制度创新的关系着手，研究国有企业制度创新问题，就是一个重要的切入点。

（2）企业制度是不断变化的，企业制度的变迁是有规律可循的。国有企业改革只有遵循企业制度演变的规律，才能取得实质性进展。

（3）在各类人力资本中，企业家人力资本是一种特殊的、稀缺的人力资本，在资本增殖、企业发展和经济增长中发挥着越来越重要的作用。

（4）企业是一个或一组不完全的市场契约，一些事项特别是剩余权利的归属事先没有在契约中写明，使得企业契约与其他市场契约区别开来。企业契约的特殊性来源于人力资本特别是企业家人力资本的特殊性质。这就是企业家人力资本的私人性和作用发挥的不可强制性、伸缩性。由于企业家人力资本是资本增殖的重要源泉，并且随着市场不确定性增强其作用日益突出，与企业非人力资本一样，应该分享企业剩余权利。企业家人力资本是企业制度变迁的重要因素，企业制度创新过程很大程度上是非人力资本与企业家人力资本力量此消彼长，经过企业家人力资本与非人力资本不断谈判博弈，从而不断修订企业契约的过程。

（5）随着企业家人力资本在经济增长和资本增殖中的作用日益增强、企业家人力资本越来越稀缺、日益被非人力资本所追逐，企业家人力资本在企业制度创新过程中作用必然日渐增强。

（6）应该把企业家人力资本当作重要的制度要素，充分考虑社会主义市场经济条件下企业家人力资本在社会经济发展、企业发展以及企业制度创新中的作用，从新的角度设计国有企业制度创新思路和改革路径。同时，应进行经济体制的配套改革，为充分发挥企业家人力资本在国有企业改革中的作用创造良好条件和制度环境。

（7）国有企业情况千差万别，要积极探索公有制的多种有效实现形式，采取多种企业制度创新形式。比如，要完善融资和法律制度，鼓励管理者收购等企业制度创新形式规范、健康发展，促进国有企业实现体制、机制转换。

二、本文的理论和实践价值

本文结合世界经济技术发展、制度变革以及我国经济体制改革的大背景，通过对企业家人力资本特点以及企业制度性质的分析研究，认为企业家人力资本与企业非人力资本一样，也是资本增殖的重要源泉，应该分享企业剩余权利，是企业制度变迁的一个制度要素。在一定程度上，企业契约是参与企业的企业家人力资本所有者与非人力资本所有者谈判形成的，取决于各方力量之对比。企业制度变迁就是企业非人力资本与企业家人力资本力量对比变化及连续谈判、博弈，不断修改、完善企业契约的过程。同时，随着社会生产力的发展和经济市场化、国际化程度的提高，企业家人力资本在经济增长和企业生存发展中的作用日益突出，在企业契约谈判中的地位不断提高，企业家人力资本在企业制度创新中的作用日益增强。上述研究结论，一方面使我们对企业制度创新机理和规律的认识有所深化，另一方面也使我们对企业家人力资本作用的认识更加全面，从而在一定程度上推动了企业理论和企业家人力资本理论的发展，深化了对国有企业改革问题的研究。

理论是实践的先导。运用以上理论观点分析我国国有企业的制度现状，可以发现一些以前被忽视的制度弊病，认识到以往国有企业改革思路中存在的问题，启发我们采取新的改革思路和路径，注重发挥企业家人力资本在国有企业制度创新中的作用，有效推进国有企业改革进程。

三、继续深化企业家人力资本在企业制度创新中作用的研究

现代企业理论和人力资本理论虽然已经得到了一定发展，但是，把企业家人力资本与企业制度创新联系起来，目前还是一项开创性的工作。由于现有可参考的研究成果还不太多、本人学术功底不深厚，又只能在工作之余从事研究工作等原因，再加上企业家人力资本与企业制度创新是一个涉及领域很广、难度很大的课题，这篇博士论文所做的工作，只能说是刚刚破了一个题，得出的结论还有待在理论上进一步完善，在实践中经受检验。我恳切希望通过听取各方面的意见，纠正论文中的谬误，完善有关观点，使我的这项研究进一步深化和完善。我也希望更多的经济学家和企业家关注本文提出和研究的问题，用更加科学和符合中国实际情况的理论指导国有企业改革的实践，推动企业制度创新，使国有企业尽快成为真正的市场主体，为社会主义市场经济奠定坚实的微观基础，在国民经济中真正发挥主导作用，为现代化建设作出更大的贡献。

在实践中坚持和完善我国基本经济制度 ①

（2005 年 8 月）

国务院制定颁布了《关于鼓励支持和引导个体私营等非公有制经济发展的若干意见》（以下简称《若干意见》）。这是一个重要的指导性文件，符合党的十五大、十六大和宪法修正案的精神，反映了我国社会主义初级阶段基本经济制度的内在要求。贯彻落实好这个文件，必须对我国基本经济制度特别是对非公有制经济有一个正确的认识。

公有制为主体、多种所有制经济共同发展的基本经济制度是重大的理论和实践创新

公有制为主体、多种所有制经济共同发展，是我国社会主义初级阶段的基本经济制度。这一制度的确立，是由社会主义的性质和初级阶段的国情决定的。我国是社会主义国家，必须坚持把公有制作为社会主义经济制度的基础。我国正处于并将长期处于社会主义初级阶段，整体生产力水平比较低，需要在公有制为主体的条件下，发展多种所有制经济。一切符合"三个有利于"的所有制形式，都可以而且应该用来为社会主义服务，都应该大力鼓励和支持其发展。

确立公有制为主体、多种所有制经济共同发展的基本经济制度，是我们党以邓小平理论和"三个代表"重要思想为指导，坚持解放思想、实事求是，在理论和实践上的重大创新。基本经济制度问题，

---

① 本文原载《人民日报》（2005 年 08 月 08 日第九版），由作者执笔，发表时署名国务院研究室课题组。

实质上就是所有制结构问题。改革开放以来，我们党围绕完善社会主义初级阶段的所有制结构进行了不懈探索，对基本经济制度特别是对发展非公有制经济的认识逐步深化。党的十一届三中全会提出，非公有制经济是社会主义经济的必要补充。党的十四届三中全会进一步指出，必须坚持以公有制为主体、多种经济成分共同发展的方针。党的十五大明确提出："公有制为主体、多种所有制经济共同发展，是我国社会主义初级阶段的一项基本经济制度。"党的十六大进一步强调，要"根据解放和发展生产力的要求，坚持和完善公有制为主体、多种所有制经济共同发展的基本经济制度"。党的十六届三中全会指出："进一步巩固和发展公有制经济，鼓励、支持和引导非公有制经济发展。"把公有制为主体、多种所有制经济共同发展确立为我国社会主义初级阶段的基本经济制度，是我们党对建设社会主义长期实践经验的总结，既坚持与继承了马克思主义基本原理，又是对马克思主义所有制理论的创新发展。坚持和完善这一基本经济制度，对于建立完善的社会主义市场经济体制，促进生产力发展，全面建设小康社会，加快推进社会主义现代化，具有十分重要的现实意义和深远的历史意义。

坚持和完善基本经济制度，必须按照党的十六大和十六届三中、四中全会的要求，毫不动摇地巩固和发展公有制经济、发挥国有经济的主导作用，毫不动摇地鼓励、支持和引导个体、私营等非公有制经济发展，把坚持公有制为主体、促进非公有制经济发展统一于社会主义现代化建设的进程中，使各种所有制经济在市场竞争中发挥各自优势，相互促进，共同发展。

如何巩固和发展公有制经济

毫不动摇地巩固和发展公有制经济，是坚持和完善基本经济制度的一个重要方面。公有制是社会主义经济制度的基础。国有经济控制国民经济命脉，对于发挥社会主义制度的优越性，增强我国的经济实力、国防实力和民族凝聚力具有关键性作用，要继续发展壮大。集体经济是公有制经济的重要组成部分，对于逐步实现共同富裕具有重要作用，要继续大力发展。

巩固和发展公有制经济，必须全面认识公有制经济的含义。公有制经济不仅包括国有经济和集体经济，还包括混合所有制经济中的国有成分和集体成分。公有制的主体地位主要体现在公有资产在社会总资产中占优势；国有经济控制国民经济命脉，对经济发展起主导作用。公有资产占优势，要有量的优势，更要注重质的提高。国有经济起主导作用，主要体现在控制力上。只要坚持公有制为主体，国家控制国民经济命脉，国有经济的控制力和竞争力得到增强，国有经济比重减少一些是不会影响我国社会主义性质的。

巩固和发展公有制经济，还必须明确公有制和公有制有效实现形式之间的关系。所有制和所有制实现形式是两个既相联系又不相同的概念。所有制是指对生产资料占有、使用、处置并获得收益的一系列经济权利和利益关系的总和，而所有制实现形式则是指在一定所有制前提下财产的组织形式和经营方式等。相对于所有制，所有制实现形式具有相对独立性。同一种所有制可以有多种实现形式，不同所有制也可以采取同一种实现形式。进一步巩固和发展公有制经济，就要适应时代发展、经济环境变化和科学技术进步的新情况，积极推行公有制的多种有效实现形式。股份制是社会化大生产发展到一定阶段的必然产物，是企业赢得市场竞争优势的一种有效组织形式和运营方式，资本主义可以用，社会主义也可以用。当前，要大力发展国有资本、集体资本和非公有资本等参股的混合所有制经济，实现投资主体多元化，使股份制成为公有制的主要实现形式，进一步增强公有制经济的活力。需要由国有资本控股的企业，应区别不同情况，实行绝对控股或相对控股。进一步完善国有资本有进有退、合理流动的机制，进一步推动国有资本更多地投向关系国家安全和国民经济命脉的重要行业和关键领域，增强国有经济的控制力。其他行业和领域的国有企业，通过资产重组和结构调整，在市场公平竞争中优胜劣汰。要建立健全国有资产管理和监督体制。按照现代企业制度的要求，继续对国有大中型企业实行规范的公司制改革，完善法人治理结构。发展具有国际竞争力的大公司、大企业集团。继续采取多种形式放开搞活国有中小企业。以明晰产权为重点，继续深化集体企业改革，发展多种形式的集体经济。

党的十五大以来，我国加大了国有经济布局战略性调整的力度，把国有资本更多地集中于关系国民经济命脉和国家安全的重要行业和关键领域，国有企业改革步伐加快。虽然公有制企业数量有所减少，公有制资产比重有所降低，但公有制资产的总量不断增加，质量显著提高，国有经济的控制力进一步增强。我国国有及国有控股企业的资产总额2004年末比1997年增长71.9%，达到10.16万亿元；实现利润增长11.4倍，达到5312亿元。国有经济对国家财政的贡献率仍然达50%左右。在关系国民经济命脉和国家安全的重要行业和关键领域，国有及国有控股企业的销售收入仍占优势比重，在军工、石油、电力、民航、电信等行业占90%以上，在铁路、煤炭等行业占80%以上。事实雄辩地说明，深化国有企业改革，从战略上调整国有经济布局和结构，是促进而不是阻碍了公有制经济的发展，是增强而不是削弱了国有经济的控制力，是巩固而不是动摇了公有制的主体地位。

为什么要鼓励、支持和引导非公有制经济发展

坚持和完善基本经济制度的另一个重要方面，是毫不动摇地鼓励、支持和引导非公有制经济发展。在我国社会主义初级阶段，发展个体、私营等非公有制经济，具有客观必然性。解决十几亿人的吃饭问题、就业问题以及增加收入、改善生活问题，光靠国家和国有企业是难以做到的，必须发展各种所有制经济。发展非公有制经济，有利于调动人民群众和社会各方面的积极性，促进国民经济快速发展；有利于扩大就业，维护社会稳定；有利于推动新兴产业和行业的发展，促进产业结构的优化和升级；有利于调整和优化所有制结构，推行公有制的多种有效实现形式；有利于促进市场竞争，增强国民经济的活力。同时，非公有制经济还在方便人民生活、增

加财税收入、引进和吸收先进技术与管理经验、促进国际经济合作等方面发挥着重要作用。因此，鼓励、支持和引导非公有制经济发展，符合我国国情和人民群众的根本利益，绝不是权宜之计，必须长期坚持，毫不动摇。

在传统计划经济体制下，脱离社会主义初级阶段的实际，排斥、限制和打击非公有制经济，严重阻碍了社会生产力的发展。党的十一届三中全会以来，我们党认真总结以往在所有制问题上的经验教训，重新认识和明确了非公有制经济的地位和作用，把它从作为公有制经济有益的、必要的补充到明确为社会主义市场经济的重要组成部分，并制定了一系列鼓励、支持非公有制经济发展的政策。1982 年宪法颁布实施以来，根据形势发展的需要，对宪法中关于非公有制经济的规定先后进行了三次修改。2004 年十届全国人大二次会议通过的宪法修正案明确规定："国家保护个体经济、私营经济等非公有制经济的合法的权利和利益。国家鼓励、支持和引导非公有制经济的发展，并对非公有制经济依法实行监督和管理。"这就为非公有制经济发展提供了法律依据和保障。党和国家发展非公有制经济的方针政策和法律规定，是对马克思主义所有制理论的创新与发展，是对我国国情和社会主义经济建设规律认识的深化，是在新的历史时期把马克思主义基本原理同中国具体实际相结合的重要成果。

改革开放以来特别是 20 世纪 90 年代以来，我国个体、私营等非公有制经济快速发展，已成长为我国生产力发展的一支生力军。目前全国经济增量的一半以上来自非公有制经济，城镇新增就业岗位 90%以上是个体、私营等非公有制企业提供的。事实证明，正是由于全面落实了基本经济制度，在继续发展公有制经济的同时，积极鼓励、支持和引导非公有制经济发展，才有了 20 多年来国民经济持续快速发展、综合国力不断增强、人民生活水平显著提高的大好局面。当前，我国非公有制经济的发展仍然存在着一些体制性、政策性制约因素。促进非公有制经济发展，要进一步解放思想、更新观念，充分认识发展非公有制经济对发展社会主义市场经济的重要作用。要完善法律法规，切实保护私有财产权，支持非公有制企业发展，鼓励有条件的企业做强做大。在投融资、税收、土地使用和对外贸易等方面，要使非公有制企业与其他企业享受同等待遇，实现平等竞争。同时，要改进对非公有制企业的服务和监管。非公有制企业也要规范经营行为，努力提高自身素质，走上良性发展的轨道。

积极推动各种所有制经济相互促进、共同发展

积极推动各种所有制经济相互促进、共同发展，是坚持和完善我国社会主义初级阶段基本经济制度的一项重要任务。党的十六大报告指出："坚持公有制为主体，促进非公有制经济发展，统一于社会主义现代化建设的进程中，不能把这两者对立起来。各种所有制经济完全可以在市场竞争中发挥各自优势，相互促进，共同发展。"这一重要论述深刻揭示了公有制经济和非公有制经济之间的内在联系，指出了二者相互统一、相互促进的性质和结合途径。在社会主义市场经济条件下，公有制经济与非公有制经济不是相互对立、此消彼长的，二者的发展都有利于促进生产力发展、增强国家综合实力和加快实现全体人民的共同富裕。我们要通过深化改革，努力创造条件，走出一条使各种所有制经济发挥各自优势，相互促进、共同发展的新路子。

努力促进公有制经济与非公有制经济在社会化大生产中充分发挥各自优势。公有制经济和非公有制经济各有其优势。一般来说，国有企业规模较大，实力较强，生产技术水平较高，但还有不少尚未实现经营机制的根本转换；非公有制企业大部分是中小企业，有的技术水平还比较低，但生产经营比较灵活。要通过加强分工合作，充分发挥公有制经济和非公有制经济各自的优势，实现互利共赢。国有企业应在技术进步、产品质量和产业结构升级等方面起带头与引导作用。要通过与非公有制企业的合作，形成合理的协作体系，集中资金和技术力量搞好关键部件和环节的生产，加强产品创新、技术创新、管理创新，增强企业竞争能力。一些非公有制企业要主动参与国有大企业的生产体系，通过与国有企业的合理分工合作，促进自身生产技术和管

理水平的提高，节约产品开发费用，获得更好的经济效益。

大力推进公有制经济与非公有制经济在更广泛的领域公平竞争、共同发展。随着国有经济布局战略性调整的不断推进和非公有制经济的快速发展，目前在大多数行业已经形成了各种所有制经济共同发展的格局。今后将进一步放宽非公有制经济的市场准入，允许非公有资本依法进入电力、电信、铁路、民航、石油等垄断性行业和领域。这不仅为非公有制经济开辟了新的更大的发展空间，同时通过各种所有制经济的平等竞争，也将为这些行业的发展注入活力，增强这些行业和领域的经济实力与有效供给能力，使各种所有制经济相互竞争、共同发展的领域更加广泛。

积极推动公有制经济与非公有制经济在实现形式上的相互渗透、相互融合。随着我国改革的不断深化和社会化大生产的不断发展，公有制和非公有制企业相互参股、相互融合，你中有我、我中有你的混合所有制经济将大量出现，传统意义上的公有制企业会越来越少，非公有制企业也会越来越社会化。股份制作为现代企业的一种资本组织形式，越来越成为大中型企业普遍采取的企业组织形式。要顺应企业组织制度变革的大趋势，进一步推动公有制企业和非公有制企业之间的相互参股融合。鼓励非公有资本参股公有制企业，促使公有制企业转变经营机制、增强活力。公有资本也可以参股非公有制企业，一方面利用后者的机制优势，保证公有资本保值增值；另一方面充分发挥公有制经济的优势，增强非公有制企业的经济实力和公信力。

我国正处于并将长期处于社会主义初级阶段。我们一定要把认识统一到党的十五大、十六大和十六届三中、四中全会精神上来，统一到宪法修正案的要求上来，与时俱进，勇于探索，在实践中坚持和完善基本经济制度，认真贯彻落实国务院《若干意见》，促进我国社会生产力进一步发展，把建设中国特色社会主义的伟大事业不断推向前进。

关于国企改革发展和国资监管改革
若干重要问题的思考与建议 ①

（2016 年 5 月）

当前，国有企业改革发展面临着艰巨而复杂的任务。既要大力推进改革，又要解决发展面临的新问题；既要解决发展中迫在眉睫的困难，又要为长远发展打下基础。这些问题和困难都无法回避，必须解放思想，主动面对，深入研究，分别提出对策，加以解决。过去一个多月来，我对国有企业改革发展及国资监管改革中的几个重要问题进行了研究思考，现将初步看法和建议报告如下。

一、推进国企改革发展，必须从战略高度、
全局观点、全球视野去认识、去谋划

党的十八大以来，习近平总书记发表了一系列重要讲话，提出了治国理政的重要思想。中央对全面深化改革作出了整体部署，明确了现代化建设的战略目标、战略步骤、战略措施。针对国有企业改革发展和国资监管改革，中央也出台了一系列文件。我们要在习近平总书记一系列重要讲话和中央精神指导下，立足战略高度、全局观点、长远观念、国际视野，分析和思考国有企业改革发展问题，进一步明确改革发展的方向和任务，做好实施方案、政策措施制定和组织实施工作，促进国企改革实现新突破、国企发展取得新进步。

第一，从全面深化改革的高度认识国企改革的方向和任务。党的

① 本文是作者受国务院国资委负责同志委托所做研究的成果。

十八届三中全会《决定》强调指出，我国经济体制改革的核心是处理好政府和市场的关系，充分发挥市场在资源配置中的决定性作用和更好发挥政府的作用，明确要求到2020年，在重要领域和关键环节改革上要取得决定性成果。习近平总书记就国有企业改革发展发表了一系列重要讲话，核心思想是要解决两个方面的问题：一是加强党在企业的领导，二是提高国有企业的资源配置效率和运营效率。为了解决第一个问题，中央已经发了文件。解决第二个问题，要靠深化改革，解决体制机制不合理的问题。改革的大方向是加快市场化改革，使国有企业成为真正的市场主体，大幅度减少政府对资源的直接配置。所以，国企改革和国资监管改革的所有工作，都要围绕市场化改革这条主线抓紧推进，确保在中央规定的时间节点内，各项改革实现重大突破，形成系统完备、科学规范、运行有效的制度体系，使各方面制度更加完备和定型。

第二，从国家发展战略的高度确定国有企业发展的基本任务。围绕"两个一百年"的奋斗目标，党的十八大和十八届五中全会提出，要在2020年全面建成小康社会。要把握经济发展新特征，坚持科学发展，牢固树立创新、协调、绿色、开放、共享的发展理念，加快转变经济发展方式，实现更高质量、更有效益、更加公平、更可持续的发展。国有企业发展必须服从服务于国家发展战略和发展全局，为实现中央提出的战略部署努力奋斗。首先，中央企业必须保持一定的发展速度，为实现到2020年全面建成小康社会的战略目标作出应有的贡献。其次，要在科学发展方面发挥表率作用和引领作用，加大科技创新力度，推动转型升级，提高发展的质量和效益。

第三，从放眼全球、着眼长远的高度把握国企发展的未来定位。目前，世界新一轮科技革命和产业变革蓄势待发，生命科学、人工智能、新材料、新能源等领域重大科技突破呼之欲出，可能会催生一批新的支柱产业，成为世界经济新的发展动力。作为经济发展的"国家队"，中央企业必须放眼全球和未来，适应世界科技和产业变革的潮流，调整资源配置、谋划长远发展，抢占世界经济科技发展的制高点，确保在先进科技领域和新兴产业中占有一席之地，引领国内科技和经济发展，使我国在未来国际竞争中占据主动。

二、正确认识以管资本为主加强国资监管的内涵，明确国资监管定位和改革重点

党的十八大以来，中央明确提出要以管资本为主加强国有资产监管。这既为国资监管改革指明了方向，也提出了全新的改革课题，大家在认识上并不完全清晰，一些重要问题需要深入研究。

第一，要正确理解和把握"管资本"的内涵。推进国资监管体制改革，关键是如何认识"以管资本为主"与"管人、管事、管资产相统一"的关系，正确理解和把握"管资本为主"的内涵。党的十六大以来启动了国有资产监管体制改革，初步实现了出资人职责一体化，即管人、管事、管资产相统一，在政府层面明晰了国有资产管理的责任，解决了以前"九龙治水"、多头插手却无人负责的状态。这是上一个阶段国有资产监管体制改革的一个重要成果，是一个重要进步。中央提出以管资本为主加强国有资产管理，不是否定"三统一"，更不是要倒退到"九龙治水"的体制。管资本为主与管人、管事、管资产相统一是继承关系，不是否定关系，管资本是在管人、管事、管资产相统一基础上的提升。同时也必须明确，以管资本为主加强国资监管是今后国资监管体制改革的主线，虽然国资监管机构还要管人、管事、管资产，但管什么、如何管，都要有重大转变，不是原封不动、不要改革。管资本理想的状态是新加坡淡马锡模式。由于我国国情和国有企业的特殊性，比如在干部管理、收入分配、承担社会责任等方面与其他市场经济国家情况不同，完全采取淡马锡模式还不具备条件。但在现有条件下也要有所作为，朝着管资本的方向坚决推进改革。

第二，要明确国资委的主要职能是当好"老板"。现行国资监管存在的问题，主要是没有解决好党的十六大提出的"政企分开、政资分开、所有权与经营权分开"的任务，导致国资监管既存在"越位"问题，也存在"不到位"问题。党的十六大决定推进国资监管体制改革，对国资监管机构的定位是明确的，就是要当"老板"，不当"婆婆"。

回过头来看，这些年国资委既是"老板"，也是"婆婆"，而且是以当"婆婆"为主，当"老板"为辅。以管资本为主加强国资监管体制改革，国资委要当好"老板"，也不能完全不当"婆婆"，但要以当"老板"为主，当"婆婆"为辅。国资监管机构要根据履行国有资本出资人代表职责的需要，以实现"三个分开"和搞活企业为目标，对国资委管理的事项进行系统的梳理，制定权利清单和责任清单，明确企业哪些事项必须报批，哪些事项必须备案，哪些事项不需要再报备，主要保留履行"老板"职责需要的权利，大部分为履行"婆婆"职责而设置的权利都要废除，把该赋予企业的权利真正还给企业，使国有企业成为真正的市场主体，自主决策、自主经营、自主发展。各级国资委要根据权利清单和责任清单确定机构设置和各部门职责，相互重叠的机构要合并，不需要的机构要坚决撤销。

第三，要明确国资委管什么人和如何管。可以肯定的是，以管资本为主加强国有资产管理，还是要管"人"，但是要管的"人"变了。过去是管总经理，改革目标是要转变到管党委书记，管董事长和董事会，企业管理层则应该由董事会按照市场化原则选聘。这就要求国资监管部门把建设高水平董事会作为管人的主要内容，严格董事任职标准，完善董事选择、考核制度，加强对董事的培训，提高董事会的决策科学化水平。国务院国资委要根据企业干部管理权限，扩大非53家企业落实董事会权利试点范围，在充分发挥党委作用的前提下，推行由董事会聘任管理层，在总结经验的基础上尽快推广，争取在2020年基本上做到由董事会选聘高管人员。组织人事部门要适应这一转变，多发挥一点"猎头公司"的作用，建立董事人才库并主动向企业推荐董事人选，不再决定和干预经理层人选。

第四，要明确国资委管哪些"事"和如何管。以管资本为主加强国有资产监管，国资委还要管"事"，但要管的"事"应当不同，管事的方式也要发生重要变化。国资委必须高度重视国有资本运作和布局结构调整。现在事实上管资本的是企业，而不是国资委，发生了严重的职能错位问题，导致资本沉淀在各个企业，不能根据保障国家安全等战略需要和科技进步、产业格局变化，实现国有资本在产业、行业、企业之间的流动，使国有资本布局结构固化，既不能很好发挥国有经济的控制力、影响力，也影响了国有资本运营效率和效益。国资监管机构还要重点监督国有资本运营机构或企业的运作合规性、资产状况和运作效率，考核董事会的履职情况，督促企业完善公司治理、加强风险管理，等等。适应监管内容的变化，国资监管方式即如何管"事"的方式也要由行政化向契约化、市场化转变。国资监管机构应通过企业章程管理，以建立契约的方式，明确国资监管机构和企业的权限和职责，合理划分不同的授权权限，实现监管方式从行政隶属关系向产权关系转变，从行政关系向法律关系转变。要通过探索建立投资运营公司，通过完善法人治理结构，通过委派的董事实现出资人主张，将应由企业决策的事项全部交给董事会行使权力，使企业董事会具有市场独立性、专业性和可问责性，在企业治理中发挥中心作用。国资监管机构作为股东的指令应该通过企业董事会，以市场化的方式层层传导，避免政府对企业的直接干预，实现政企分开。

第五，要加快推进中央企业分类监管改革。截止到今年4月初，全国已经有12个省份完成了国有企业分类工作，走在了国务院国资委前面。要抓紧这方面的工作，为中央企业分类监管创造条件。中央企业业务领域很复杂，几乎所有企业都有公益性、政策性业务，即使人们公认的公益性企业，竞争性业务占比也很大。比如，有的军工企业集团业务板块动辄十几、二十多个，分布在几十个大类，产权登记企业数多达上百上千个，军工营业收入占总收入的比重有的只有20%甚至更低。要借鉴地方国有企业分类做法，继续深入研究中央企业科学、合理的分类标准和办法，确定企业类型既要有定性标准，也要有定量标准。同时，对企业内部各类业务也要实行分类考核和管理。在对出资企业进行科学分类后，要建立健全配套的分类考核、分类激励约束政策，增强评价考核的科学性，提高监管的针对性、精准性、有效性。

第六，要探索扩大国有资本投资运营公司改革试点。组建国有资本投资运营公司，是实现由管资产向管资本转变的重要载体和途径，是十八届三中全会《决定》中提出的重要改革任务。目前已经确定了4家国有资本投资公司和2家国有资本运营公司。从央企的实际情况看，许多集团企业发挥的作用基本上是资本投资公司的作用。要总结几家公司运转的情况和经验，国有资本运营公司扩大试点可以看看运行情况再说，现有的一些产业集团完全可以改造成资本投资公司，在重要的产业领域分别组建一到两个产业资本投资公司。

三、加快调整优化国有资本布局，切实发挥中央企业控制力、影响力

推进国有资本战略布局调整，有几个关键问题要深入研究，采取措施。

第一，要明确中央企业的控制力、影响力如何体现和中央企业如何定位问题。中央领导同志在多种场合强调，国有企业是国民经济的支柱，在国家经济发展中发挥着骨干中坚作用。要不断增强国有经济活力、控制力、影响力和抗风险能力。党的十八届三中、五中全会都指出，国有资本要更多投向关系国家安全、国民经济命脉的重要行业和关键领域。全面、正确地理解中央精神，我以为中央企业的控制力、影响力主要体现在以下几个方面：要在维护国家安全中发挥关键作用；在提供公共产品方面发挥骨干作用，以弥补市场失灵，为经济社会发展和人民生活提供基本保障；在重要前瞻性战略产业发展中发挥引领作用；在竞争性领域和国际经济科技竞争中发挥排头兵作用。

第二，要明确调整中央企业布局结构的主要任务。对比中央企业的上述定位，目前中央企业的布局结构很不合理，战线过长、过于分散的问题依然严重。在国民经济全部20个门类、96个大类中，中央企业从事的业务涉及了19个门类、89个大类。这样的布局结构，中央企业既难以履行应当承担的政治责任、经济责任、社会责任，也难以很好地实现国有资产保值增值的任务。国资委应当充分体现管资本职能，加大国有资本布局调整力度。首先，国有资本要按照功能向关系国家安全的关键领域集中，向保障经济社会发展和人民生活的公共产品和服务领域集中。其次，根据世界科技进步、产业格局变化趋势，国有资本要向前瞻性战略产业集中，以抢占未来国际经济科技竞争的

制高点。这方面国资监管机构发挥作用很不够，需要特别加强。第三，竞争性领域的中央企业，要根据资本运营效率和效益（EVA 水平），实现资本在行业、企业之间的流动，一批企业由于优胜劣汰或主动调整布局要退出市场。

第三，要明确中央企业战略布局调整不等于企业之间的简单重组。中央企业战略布局调整不应当是中央企业之间的简单重组，把 100 多家中央企业变成 70—80 家就算完成了任务。中央企业之间的重组，要有利于资源整合、优势互补和发挥协同效应，有利于增强企业的竞争力，达到一加一大于二的效果，不能为重组而重组。一些处在竞争性领域、产能过剩领域、又没有核心竞争力的企业，主要做法应当是通过资本市场退出，而不是和其他央企重组。特别需要指出的是，在当前特殊背景下，大规模实施中央企业之间的简单重组可能弊大于利。由于世界经济正处于长周期的下行阶段和国内实际情况，国内外市场需求不振的情况短期内难以改变；供给方面的改革和中央企业有效供给水平的提高也不是一朝一夕的事情。综合分析，我国经济中低速增长、部分中央企业生产经营困难的状况将持续一个较长的时期。如果对中央企业所处的市场环境和行业分布状况作进一步的深入分析，甚至可以作出今后时期中央企业将出现更大面积生产经营困难的判断，其严重程度可能会与 20 世纪 90 年代末、21 世纪初的情况相比拟。在这样的情况下，如果重组企业之间缺乏有机联系和互补关系，再加上企业之间资源和业务整合需要时间，不同的企业文化需要长期磨合，不但难以达到提高企业竞争力的效果，改善企业经营状况，反而会加剧企业的困难，原来生产经营状况不错的企业会被重组进来的亏损企业拖垮。历史上这样的教训太多了，应当认真汲取。在当前困难的情况下，除了中央企业战略布局调整需要而必须重组的，不打乱现行的企业格局，维持企业现状和正常运行，使困难企业分散突围，渡过难关，可能是更加明智的选择。

第四，要明确未来中央企业布局的总体轮廓。经过战略布局调整，3—5 年后，中央企业应当形成这样的新格局：一批关系国家安全的企业集团不断发展壮大，比如十大军工企业；一批关系国民经济发展和保障人民生活的企业集团继续发展壮大，比如三到五家石油石化集团、几家发电及输变电企业、几家航空公司、几家移动通讯公司、一到两家粮食企业和远洋运输公司等；前瞻性战略产业中将崛起一批新公司，如生物医药、第四代半导体等新材料、新能源、智能机器人、集成电路企业等；竞争性领域一批产业集团继续发展壮大，如机械设备、汽车、造船、建材、建筑、化工、设计等行业的企业。相当一批竞争性行业的企业，通过优胜劣汰、优化重组、股权转让等方式可能会退出市场。这样，中央企业资本将进一步向国民经济的关键行业和领域集中，更有力地保障国家安全，对经济社会发展和人民生活的保障作用进一步得到加强，技术水平和竞争力得到进一步增强，整体效益得到明显提高，中央企业将更好地完成国家赋予的责任和使命。

四、以激发国有企业活力作为改革的核心，增强国有企业发展动力和发展能力

经过几十年改革，国有企业仍然缺乏活力。主要表现在发展动力不足，发展能力不强，企业行为短期化，对市场环境变化适应能力差，成本降不下来，效益提不上去，资源利用效率和效益不高。深化国有企业改革，关键是抓改革措施落实，核心是解决企业活力不足的问题。中央已经出台了"1+N"文件，确定了10项重点改革任务。这里重点研究以下几个问题。

第一，搞活企业必须先把人搞活。企业是经济组织，要为社会、企业和员工创造价值。价值是由人创造出来的，搞活国有企业关键是要把人搞活。现在央企用人机制的行政化色彩依然浓厚，利益激励不足，没有把员工的利益与企业发展绑在一起，没有把人的积极性充分调动起来，必须加快解决。一是要大力推动用人机制市场化。据调查，近年来央企市场化选聘高级管理人员的比例不仅没有提高，反而逐年下降。2013年占比4.2%，2014年占比1.1%，2015年占比0.9%。行政化用人机制不能保证懂经营、会管理的优秀人才走上管理岗位，在岗人员也缺乏竞争压力。必须通过落实董事会权利，加快推进用人机制

市场化，扩大市场化选聘高级管理人员的比例。二是要深化企业内部分配制度改革。现在中央企业管理人员收入分配套用政府机关的管理模式，以岗定薪、以级别定薪，创造价值多少、直接创造价值与不直接创造价值的部门薪酬没有多大差别，存在新的"大锅饭"现象。另外，由于实行工资总额管理，企业减员增效后工资总额跟着减少，提高效率的好处不能为员工享有，影响了企业积极性。要总结完善和推广中粮、中国电科等企业的经验，在企业内部实行市场化薪酬制度改革，按照不同岗位序列，实行差异化考核与薪酬制度，打破收入分配"大锅饭"。在落实董事会权利试点企业，由董事会决定对班子副职的收入拉开差距，国资委也可以对经营业绩好的企业领导班子实行特别奖励并制度化，适当提高领导班子成员收入，解决基层企业优秀人才不愿意进班子的不正常现象。三是要积极推行员工持股激励。企业人才是有价值和市场价格的。国有企业不承认人才的价值，在市场规律作用下人才必然流失。调研中发现，近来国有企业技术骨干、管理骨干、营销骨干流失现象已经十分严重。推行管理骨干、科技骨干、营销骨干持股激励，可以把他们的利益和企业发展捆绑在一起，得到应该得到的利益，把企业的事情当成自己的事，和企业同呼吸、共命运。目前不仅不少民营企业采取了这种做法，一些地方国有企业这方面改革也走在了中央企业前面。如杭州市市属国企在二级企业层面上全部实行了员工持股激励计划。中央企业应该按照中央文件的精神，在混合所有制单位、增量方面、二级及以下企业扩大员工持股试点。

第二，必须解决国有企业行为短期化问题。由于对国有企业的考核、奖惩办法不合理，企业负责人任期管理等体制机制原因，国有企业只重视短期营业收入和利润增长，忽视积蓄和培育长期发展能力，企业负责人行为短期化问题普遍存在。比如，很少有中央企业真正愿意投入大量资金进行研发活动，很少有中央企业像台塑那样持之以恒地狠抓基础管理、降本增效。如果不进行体制机制特别是考核激励、干部制度等方面的重大改革，国有企业加强科技创新、管理创新、商业模式创新等等都不过是空话。

第三，必须深入研究和推进混合所有制改革。推进混合所有制改革，是解决国有企业体制机制问题的突破口。要以资产证券化为抓手，推进母公司层次上的整体上市，或在二级以下公司实行混合所有制改革，使国有企业成为公众公司，改变国有股"一股独大"、体制机制难以改变的状况。推进这项改革必须解决好三个问题。首先是要解决国有企业为什么要"混"。国有企业要通过混合所有制改革寻找和整合资金、品牌、市场、技术等优质资源，促进企业效率效益提高，而不是简单地把优质资源拿去股权多元化。其次要解决和谁"混"。要选择愿意扎扎实实发展实业，把企业的产品和服务做精、做优的企业家合作，不能和那些热衷于在资本市场上"讲故事"、赚一把就退出的企业搞混改。再次要解决怎样"混"。要通过混改真正转变企业经营机制，建立完善的公司治理结构，使国有企业混改后焕发出新的活力。不然混改后还是原来的体制机制，民营企业就没有参与国有企业混改的积极性，民营资本即使进来了肯定还会退出来。在混改过程中，要坚持市场化做法，对参加混改的资产进行公开化、市场化评估，严格遵循法律程序，防止国有资产流失。

五、实行资源配置国际化，大踏步地"走出去"

加快"走出去"步伐，积极开拓国际市场，是中央企业谋求长期可持续发展的必然选择。

第一，中央企业"走出去"势在必行。经过几十年快速发展，我国经济的基本面已经发生了很大变化，需求和供给两个方面都出现了前所未有的新情况。看不到这种变化，就会出现对经济发展环境的重大误判。当前和今后时期，一大批中央企业仅靠国内市场很难实现长期持续发展，有的甚至连继续生存都会成问题。目前钢铁、有色金属、机械制造、能源等行业的企业生产经营已经遇到了严重困难，但最困难的时候还没有来到。近两年中央加大高铁、机场、城市综合管廊等基础设施投资力度，毕竟为建筑、水泥、钢材等行业的中央企业提供了一定的市场，但这样集中、大规模的基础设施投资是不可能长期持续的。单靠国内市场需求支撑，不久的将来，最多两到三年，我国建筑、钢材、有色金属、建筑材料、施工设备制造等生产企业将遇到更大的困难。要维持企业发展，必须义无反顾地走向国际市场。

第二，中央企业"走出去"大有可为。所谓产能过剩只是一个相对概念，就看一种生产能力的市场范围和市场容量有多大。在一个省的市场范围内是过剩产能，在全国市场上可能就不是过剩产能；在我国国内市场上是过剩产能，放大到国际市场的范围就不一定是过剩产能。苹果手机如果只是给美国人生产的，一定存在产能过剩。但由于它的市场是全球市场，新产品上市后往往"一机难求"。应当看到，我国有些产能是过剩产能，但并不是落后产能，生产的产品适合发展中国家市场需求，把产能转移到境外，比出口产成品更受发展中国家欢迎。中央企业是我国经济发展的排头兵，应当突破国内市场的限制，努力实现资源的国际化配置，把开拓国际市场作为继续发展壮大的重要途径。

特别是国家正在实施"一带一路"建设，为中央企业走出去创造了难得的战略机遇。中央企业要迅速行动起来，积极响应这一国家战略，抓住难得的发展机会，实现中央企业的新发展、新提升。中央建筑企业应当利用强大的施工力量、先进的建筑技术和较高的工作效率，积极利用 EPC、BOT、BT 等商业模式，积极开拓国际建筑市场，既可以实现建筑企业自身发展，也可以把国内的钢材、水泥、设备等带出去，缓解国内产能过剩的矛盾。中央制造业企业要积极与发展中国家开展产能合作，在境外投资建设生产企业，把国内的生产能力转移出去，在境外谋求发展。近年来，安徽海螺集团注重开拓东南亚市场，在泰国、马来西亚、印度尼西亚建成和在建的水泥生产能力已达到了2亿吨，为今后企业发展打下了坚实的基础。这种做法很值得中央企业借鉴。

第三，中央企业"走出去"要创新体制机制。背井离乡去开拓国际市场，人生地不熟，面对不同的语言、文化、生活习惯，海外员工付出的更多，困难更大。对境外企业和业务，不能用国内的一套办法来管理，体制机制特别是收入分配制度不能和国内企业一模一样，体制机制、政策规定应该更灵活一点。比如，境内企业推进员工持股改革要积极稳妥，境外企业应该适当放开，使员工在海外的努力得到应有的回报，也有利于鼓励更多的年轻人和人才去开拓国际市场，在境外建功立业。

六、以"供给侧"结构性改革为抓手，打好提质增效攻坚战

去年年底以来，中央提出了国有企业提质增效的任务。习近平总书记、李克强总理都对这项工作提出了明确要求。今年3月25日，国务院专门召开了全国国有企业提质增效电视电话会议，对这项工作作出了全面部署。这里只讨论以下几个问题。

第一，要下决心推进中央企业瘦身健体。中央企业资产规模虽然很大，但不过是一个"虚胖子"，资产质量和资源运作效率不高。国务院提出推进中央企业瘦身健体，完全符合中央企业实际，非常及时和必要。深入分析中央企业资产状况和行业分布格局，在我国进入经济发展新常态的新形势下，如果不对中央企业动"大手术"，期望短期内实现中央企业经营状况根本好转是不现实的。为了扭转中央企业当前发展颓势，并为中央企业长期发展打下基础，不能追求短期增长和利润，不能为数字好看而维持现状。要摸清中央企业家底，按照中央提出的降成本、补短板、去产能和"三个一批"的部署，运用市场的办法，该活的企业要活好，该死的企业不要再救，该重组的企业坚决重组，该退出的企业通过资本市场从央企序列退出，或交给国有资本运营公司处理，该核销的资产坚决核销，即使央企总资产发生较大缩水，也坚决不动摇。通过瘦身健体，使中央企业实现资产优质化，真正做到骨骼强壮，在新的起点上实现新的发展。

第二，推动企业转型升级要防止盲目性。现在一谈起企业转型升级，就是要发展战略性新兴产业，就要发展第三产业特别是服务业，这样做将会犯大错误。企业究竟以哪个行业作为主业，要看企业的资源和团队的实际情况，不能凭主观愿望。一些企业把主业确定为传统产业，不是选错了行，而是没有干好，缺乏科技创新，没有做好基础

性工作，没有把产品做精、做优。要避免脱离企业基础和实际轻率转型的做法，避免既丢掉了自己的传统优势，也没有形成新的优势，把企业引向关门破产的境地。

第三，持久不懈地狠抓企业基础管理工作。中央企业前几年开展管理提升工作已经取得了明显效果。但中央企业管理意识不强、基础管理薄弱的问题依然存在，提高管理水平的任务依然艰巨，不能松懈。国资委要认真研究中央企业加强基础管理方面的工作，抓紧制定一个中央企业基础管理工作大纲，对不同类别、不同行业、不同层次的企业分别提出指标，作为中央企业负责人的任期目标，狠抓几年，限期完成。国资委要认真验收评估，把基础管理水平提升指标完成情况与企业领导班子考核结果和薪酬收入挂起钩来。经过几年的努力，真正使中央企业基础管理水平再上一个新台阶，推动提质增效取得明显成效。

第四，切实减轻中央企业的历史负担。促进中央企业提质增效，要帮助企业解决历史遗留问题，减轻企业负担，增强企业发展能力。国家、国资委和有关部门这方面已发了不少文件，采取了不少措施，取得了一定成效。但有的文件没有得到很好贯彻落实，政策措施没有落地，国有企业负担依然沉重。要针对中央企业负担、历史遗留问题进行系统梳理，哪些问题有了文件和政策措施，但没有落实，要下力气抓落实；哪些问题还没有解决办法，要研究提出政策措施，促进尽快解决。最近，国务院下发了国有企业剥离"三供"、消防和医院的文件，政策力度很大，一定要落实到位。

七、建立容错纠错机制，为国企改革发展创造良好的外部环境

这方面，国资监管机构起码应该做好以下三个方面的工作。

第一，必须加快建立改革容错纠错机制。国有企业改革已经进入了深水期，容易改的问题都改过了，现在要改革的都是难啃的硬骨头。改革开放以来三十几年的经验证明，改革的难题发生在企业和基层，

改革的办法也在企业和基层。要充分发挥企业和基层改革的积极性，尊重群众的首创精神，创造改革经验。改革就是要打破常规，就是要破旧立新，可能会犯这样那样的错误，出现这样那样的偏差。对改革过程中出现的失误和偏差要正确对待，对改革者要善待和保护。习近平总书记曾明确指出，要把推进改革中因先行先试出现的失误和错误，同明知故犯的违法违纪行为区分开来；把上级尚无明确限制的探索性实验中出现的失误和错误，同上级明令禁止后依然我行我素的违法违纪行为区分开来；把为推动发展的无意过失，同为谋取私利的违法违纪行为区分开来。李克强总理在《政府工作报告》中指出，要健全容错纠错机制，给改革创新者撑腰鼓劲，让广大干部愿干事、敢干事、能干成事。中央领导同志的讲话特别是习近平总书记提出的"三个区分"，为我们建立改革容错纠错机制提供了基本遵循。国资委要结合改革实际，加快建立容错纠错机制和保护机制，营造支持改革、鼓励创新、允许试错、宽容失败的机制和环境，最大限度地调动企业和基层改革的积极性、主动性、创造性。改革必然要触动现有的利益格局，触及一部分人的既得利益，必然会遇到阻力，引起一些人的不满和反对。对各种针对改革者的举报要先做分析，不能接到举报就动手，把改革者查个底朝天，使改革者知难而退，心灰意冷。

第二，鼓励和支持中央企业创新发展。要正确处理谋求发展和管理风险的关系，鼓励企业转型升级，开辟新的发展领域。在市场经济环境下，任何投资都有一定风险，企业业务转型也有一定风险，而风险和利润往往是成正比的，与发展往往是成正比的，不敢冒风险，就没有企业的发展。搞企业的都明白，50%的人都能看到的机会，根本就不是机会；只有5%的人看到的机会，才是真正的机会。国资委不能只强调控制风险，不鼓励创新。不能赚了一个亿理所当然，赔了1000万就要追究责任。特别是当前中央企业面临市场需求不旺和转型升级任务的新形势下，对于企业探索培育新的主业要给予鼓励，不能除了国资委确定的主业，其他什么事情都不能做。这样管企业，企业只能是死路一条。

第三，必须为央企改革发展创造更好的工作环境和舆论环境。中央企业改革离不开有关部门和社会的支持。国资委要与有关部委建立制度性的联系机制和沟通机制，争取有关部门的理解和支持，多出台有利于企业改革发展的政策措施，帮助企业解决改革发展中的困难和问题。要加强与各类媒体的沟通，及时发布中央企业改革发展的权威信息，消除一些媒体对央企负面宣传的不良影响，争取全社会对中央企业改革发展的理解和支持。各中央企业负责人一方面要主动向社会介绍企业改革发展举措和效果，另一方面涉及面上的重大改革问题，公开场合言论要与中央和国资委保持一致。

经济社会发展篇

现代西方经济学中的规模经济思想[①]

（1987 年 7 月）

一、规模经济的产生及其定义

规模经济是一门新兴的学科，是生产力经济学的一个分支。规模经济是专门研究经济规模和经济规模结构运动规律的学问，是紧密联系生产力布局，研究生产力诸因素在一定领域内如何充分发挥作用，以取得最佳经济效益的合理规模及其制约因素；研究各种不同经济规模之间的相互关系，寻求建立最佳经济规模结构的主要原则和对策，以保证生产力有秩序地、持久地，按比例地发展。

追溯规模经济的源头，早在亚当·斯密的经济思想中就包含着规模经济的萌芽。斯密在《国富论》中分析制针的生产过程时指出，随着制针工场的扩大，产生了细密的分工，导致了劳动生产率的提高，就已经道出了经济效益随着规模变化而变化的道理。但是，规模经济的迅速发展，并引起人们的注意，却是近半个世纪的事。30 年代后期，宏观经济学问世，人们越来越重视对经济结构的研究；同时，微观经济学在研究资源的有效配置问题时，不仅从价格决定、边际成本、边际效益的角度出发，而且越来越注重从规模的角度进行研究。这样，随着对经济结构问题研究的深入，规模经济的研究也得到了迅速发展，尤其是近 20 年更是异军突起，跻身经济科学的殿堂。

---

① 本文原载《内部原稿》1987 年第 7 期。

348

二、规模经济效益及其源泉

规模经济的中心范畴是规模经济效益。在经济生活中，经济效益与经济规模是紧密相关的，由于规模扩大或趋于合理而取得的经济效益叫作规模经济效益。规模经济效益有两种形式：一种是内部规模经济效益，或叫"规模经济"（Economy of Scale），这种效益是由于经济实体本身规模的扩大而产生的。如一个企业，当它的生产规模或经营规模达到一定水平后继续扩大，从成本来看，会出现边际成本的递减；而当规模达到一定点后再继续扩大，则会出现边际成本的递增。边际成本随着规模的变化而变化，其变化轨迹呈现为 U 形曲线。从产出角度看，在规模开始扩大时，边际收益呈递增趋势。萨缪尔森指出："假使我们仅仅增加操作的规模——这就是说，在同一时期以同样的程度来增加一切的生产要素。在许多工业过程中，当你把一切的投入量加倍时，你会发现，你的产出量不仅增加一倍。这种现象叫'规模的收益递增'"[①]。但是当规模达到一定点后继续扩大时，则会发生边际收益递减的趋势。随着规模的变化，边际收益的变化轨迹呈现为一条倒 U 形曲线。再看一个城市，当它的规模开始扩大时，整个城市的经济收益呈现递增的趋势，而生产成本呈现递减的趋势；同时，每个居民分摊的市政费用，城市管理费用等也会减少，每个居民享受到的城市各类服务则会增加。而当城市规模无限制扩大时，则会产生相反的情况。

规模经济效益的另一种形式，是外部规模经济效益，或叫作"聚集经济"（Economy of Agglomeration），这种经济效益不是来自于经济实体自身规模的扩大，而是来自于某一区位（比如说城市）规模的扩大。如当一个城市的规模趋于合理时，会为企业提供更为完善的基础设施，并使企业分担的各种城市费用减少；会形成较为齐全的经济门类，在企业之间形成更为合理的分工协作关系；使教育体系趋于完善，并引起教育费用的节约，因而可以为企业提供高水平、较便宜的劳动力；使信息网络更加完备，信息传输速度更快，质量更高，费用更低。这

---

① 萨缪尔森:《经济学》（上册），商务印书馆，1980 年，41—42 页。

一切都会使企业的经济效益得到提高。

经济规模扩大或趋于合理时产生的经济效益，首先来自于资源的不可分性，其表现是：第一，批量生产的产品总有一个固定的成本，例如：要生产一本书，需要作纸型，纸型的费用是固定的，生产越多，单位产品分担的固定成本越小；第二，机器是不可分割的，生产规模越大，单位产品分摊的机器成本越小。其次来自于管理成本的相对固定性，生产规模越大，单位产品的管理成本越小。

三、规模经济的对象层次

规模经济的研究范围是极其广泛的，不仅在微观经济系统中存在着规模经济问题，在中观、宏观经济系统中也同样存在着规模经济问题。不过规模经济主要研究的对象是企业规模和城市规模问题。

四、合理规模的选择方法

关于企业规模的选择。在选择企业规模时，首先要在技术、经济诸因素的综合分析比较的基础上，进行定性分析。要运用数学方法进行定量论证。选择合理规模的数学方法通常有以下几种：①以计算总费用最低值求合理规模的计算方法；②用成本曲线求最优规模的方法；③完全成本法；④资金利润法；⑤经济效果综合指标法等。

关于城市规模。合理的城市规模应符合下面的要求：城市公共费用减至最少；现有居民享受纯效益最大以及使企业获得最大经济效益。在选择城市规模时，首先要考虑城市的功能。如果一个城市是一个国家或一个地区的政治、文化中心，则以中小规模为宜。如果一个城市是一国或一个地区的经济中心，则适于搞大中城市。其次，可以依据一个城市的经济辐射半径来确定它的合理规模。一个城市是全国的经济中心，且有一定的国际市场，建成大城市比较合理。一个城市是某一省或几个省的经济中心，产品与服务是面向地区市场的，建成中等城市比较合理。一个城市，其产品与服务主要是面向地区的区域市场，则以建成小城市比较合理。

五、规模经济与我国经济建设

规模经济是一门新兴学科，还很不完善，还没有专门的论著，在理论上缺乏系统性与完整性。但是，这是一门十分重要的学科，我们应该积极开展规模经济的研究，并运用其科学成果指导我国的经济建设，促进我国社会主义经济建设健康、高效益地进行。

谈谈技术改造资金的分配使用 [①]

（1987 年 11 月）

随着我国经济发展的重点由外延扩大再生产转向内涵扩大再生产，大批企业面临着技术改造的任务，对技术改造资金的需求也急剧增加。那么，在资金有限的情况下，如何分配使用才能使资金发挥最大的经济效益呢？本文拟就这个问题谈点看法。

首先，从宏观方面看，国家在进行资金分配决策时，应该坚持以下几条原则。

第一，集中使用资金，改造一批大型骨干企业。大企业在国民经济中占有举足轻重的地位，它们生产的都是与国计民生关系重大的产品，上缴利税是国家财政收入的重要来源。大企业技术水平上去了，一方面可以带动整个国民经济的发展，提高人民生活水平，也可以改善国家财政收支状况，促使国民经济走上良性循环的轨道。大企业一般技术力量比较强，领导水平、企业管理水平比较高，职工素质比较好，因而技术改造比较容易成功，资金效益高，经技术改造后，企业技术水平可以登上较高的台阶。大企业的技术改造不仅可以提高自身的技术水平，而且可以通过扩散效应，带动行业以至整个国民经济技术水平的提高。

因此，国家在分配技术改造资金时，应该首先保证大型骨干企业的需要。

第二，技术改造资金应该主要用来提高企业产品开发能力，改进产品质量，而不是重点用来扩大生产能力。通过技术改造，提高企业

---

① 本文原载《中国基本建设》1987 年第 11 期。

生产能力，虽然也是企业技术改造的重要任务，但是，对于老企业来说，更重要的是提高产品开发能力，提高产品质量。只有尽快提高企业产品开发能力，提高产品性能与质量，才能在吸收国外先进技术的同时，主要依靠自力更生实现整个国民经济的技术改造。例如我国机床生产能力在世界上居第二位，但是生产出的机床只能制造一般产品，而一些精密设备，仍然需要从国外进口。一汽在换型改造过程中所需要的许多设备，国内不能生产，只好自己制造或从国外进口，大大提高了改造费用和工作难度。如果我国机床工业产品水平和质量方面能够上一个台阶，我国自力更生进行技术改造的能力将大大提高，技术改造的步伐也会大大加快。

第三，技术改造资金的分配使用，要有利于我国企业规模结构的合理化。

任何部门或行业，当生产或经营达到一定规模时，会产生一种规模效益——与投入相比，产量呈现倍增的现象。要实现规模效益，要求各部门企业规模结构合理化。目前我国企业规模结构的现状是中小企业所占比重过大，这种情况在采矿、机械加工与制造部门尤其严重。拿汽车行业来说，合理生产规模的下限，重型车 5 万辆，中型车 10 万辆以上，轻型车 20 万辆左右，轿车 30 万辆。而我国目前 110 多家汽车厂，除了一汽、二汽接近合理生产规模外，大多数企业年生产量均在 1 万辆以下。这种状况造成企业经济效益与整体经济效益低下，必须尽快改变。实现我国企业规模结构合理化，一种办法是通过产业政策，明确规定达不到规定规模，不准建厂，已建成的要实行合并。这样做阻力比较大，短期内不易做到；二是通过给大型骨干企业以资金上的支持，使它们通过技术改造，增强产品开发能力和经济实力，吸引中小企业与它们自动靠拢，形成大的企业集团，达到合理的经营规模。一汽通过换型改造，开发了一个新产品，提高了企业技术与经营水平，吸引了许多企业与之联合，目前已经形成了一个跨 21 个省市、11 个部门，包括 140 家企业的汽车集团企业，大大提高了各联营企业和集团的经济效益。

从微观方面看，企业在使用技术改造资金时，应该采取以下做法。

第一，技术改造资金的使用要以产品改造和开发为中心。产品是企业的生命。企业是通过向市场提供高水平、高质量的产品为社会主义经济建设和人民生活服务的；企业只有不断推出适合社会需要、高质量的产品，才能在竞争中立足于不败之地，求得企业的生存与发展。所以，企业技术改造资金的投入与使用，必须服务于产品改造与开发这个中心，通过技术改造，企业开发了一种或几种新产品，产品质量有所提高，企业技术改造才算是成功的；如果只是更新了设备，技术水平有所提高，但是生产中仍旧复制古董，产品质量仍是老样子，这种技术改造就是毫无意义的。

第二，围绕产品开发、改造这个中心，集中使用技术改造资金，切忌"撒胡椒面"。企业技术改造资金有限，如果平均使用，东用一点，西用一点，那么新产品的开发，老产品的改进就要落空，企业不会得到脱胎换骨的改造。因此，企业在决定技术改造资金的投入方向之前，首先要进行严密的技术论证，找出那些对产品水平、质量有决定性作用的关键设备和工序，在这些设备与工序的改造上要舍得花钱，该更新的更新，该引进的引进；面对那些一般设备或工序要少花钱或不花钱。可以继续使用的老设备，要继续留用；非改造不可的，可以用电脑控制等新技术进行局部改造。只有这样，才能用有限的钱办大事，实现产品上水平的目标。

社会主义经济增长与产业结构转换 [①]

（1988 年 5 月）

导论：研究社会主义经济增长为什么
要研究产业结构转换？

保证经济高效益、高速度、持续、稳定增长是社会主义初级阶段我国人民面临的中心任务。因此，如何保证社会主义经济健康增长便成为经济理论研究的重大课题之一。社会主义经济增长过程是许多子系统的运动汇合成的系统运动过程，经济增长速度的高低，是众多因素共同作用的结果。其中产业结构是影响经济增长的一个举足轻重的因素。从静态或比较静态的角度看，某一时期经济增长速度的高低，在一定程度上取决于产业结构是否合理；从长期和动态观点看，经济增长有没有后劲，能否保持高效益、持续稳定增长，在一定程度上取决于产业结构能否及时实现合理的转换。所以，毫无疑问，产业结构形成及其转换的规律以及与经济增长的联系是社会主义经济增长理论的重要组成部分。

比较研究的结果表明，我国经济已经进入了一个以经济较高速度增长和产业结构显著变化为特征的特殊阶段，如果我们不能及时抓住机会，推动产业结构合理转换，我们就会失去经济高速稳定增长的时机，与先进国家的差距将会拉得更大。事实上，产业结构中存在的矛盾，已经成为当前我国经济健康增长的重大障碍。这一切，都要求我

---

① 本文是作者的硕士论文的主要内容。

们对产业结构问题进行深入的研究，就产业结构调整与转换提出正确的对策。由此看来，开展产业结构研究，不仅具有一定的理论意义，而且具有重要的实践意义。

一、慢变量：产业结构及其转换是制约
经济增长的重要因素

（一）钱纳里等人的研究和经济发展史的有关例证。美国著名发展经济学家钱纳里和塞尔昆在建立经济发展的一般模型时，根据 1950—1970 年 100 多个发达与发展中国家纵向和横断面的统计资料，发现在影响经济发展的诸因素中，有 10 个慢变量（协同论认为，在系统运动与变化过程中，尽管有许多变量对变化过程发生影响，但是只有少数几个变量发挥着决定系统变化方向和过程特征的作用，这些变量叫慢变量），其中产业结构就是一个慢变量。经济持续、稳定增长是经济发展的最重要内容。因此可以认为，产业结构及其转换也是经济增长过程中的一个慢变量。

经济发展史从另一个侧面证实了钱纳里与塞尔昆的判断。

从发达国家经济发展的历史来看，经济高速增长与产业结构变换是如影随形、相伴而生的。据库兹涅茨的统计分析，西欧自 18 世纪中叶以来，进入现代经济增长阶段。一个多世纪中，按目前发达的市场经济国家合计，人均产值增长 5 倍。国民生产总值至少增长 15 倍，有些国家甚至增长 30—50 倍。在同一时期，发达国家产业结构也发生了巨大变化。以农业为主体的传统产业部门在国民生产总值中的比重在一个多世纪中由 50% 以上降到 10% 以下，以制造业为主体的现代产业部门的产值比重由 20% 以下上升到 50% 以上。两部门产值比重的升降达 30—40 个百分点，与此相对照，从 1000—1750 年，欧洲人均产值增长不超过 25%—50%。在这几百年中，产业结构几乎没有什么重大变化，始终是农业在国民经济中占据主导地位。

要说明产业结构转换对经济增长的巨大影响，日本战后经济奇迹是比较好的例证。今天的日本在资本主义世界中，经济上坐了第二把交椅。然而，二战后，面对当时日本经济陷入的困境，国内外专家对

日本经济前景的看法，是非常悲观的。1949 年东京盟军总部的技术专家爱德华·阿克曼认为，日本在今后的 30 年中，如果人口达到或超过 1 亿，海外援助又不能无限持续下去，日本经济将只能向着仅可维持生存的方向发展。研究世界经济多年的苏联学者瓦尔加当时也断言，日本将可能永远从列强的行列中脱落出来。事实证明，阿克曼和瓦尔加的预言错了。他们的预测之所以没有应验，是因为他们的推断是根据当时日本的产业结构作出的。二次大战前，日本约有 40% 的劳动力匍匐田间，工业劳动力中有 40% 从事纺纱、织布，出口的商品是价廉质劣的 "东洋货"。若保持这种产业结构，日本经济前景无疑是暗淡的。问题是，二战后，日本人抓住了产业结构这个关键因素，根据日本国情与国际经济、技术环境，几次大规模调整了产业结构，导致了经济飞跃式的增长。这一点已成为日本战后经济奇迹的公开秘密之一。日本学者在总结日本经济增长的经验时，特别看重这一点。日本著名经济学家都留重人 1977 年在为大西洋国际学会撰写的特约论文《日本经济奇迹的终结》中，干脆作出如下结论："战后日本经济的发展史，就是其产业结构急剧转变的历史"。

产业结构的状况及其转换为什么能够对经济增长产生如此重大的影响呢？

（二）产业结构及其转换影响经济增长的原因探源。对这个问题，马克思的社会再生产理论从一个方面已经作出了回答。根据马克思的再生产理论，社会再生产和扩大再生产要能够顺利进行，社会生产的第一部类与第二部类之间，两大部类内部的各副类之间，必须保持一种协调的比例关系，保证生产中的各种消耗在价值与实物形式上得到补偿，生产出的产品全部得以实现。这是从某一时点观察得到的结论。从动态观点出发，由于技术进步等因素的作用，扩大再生产是一个动态的过程。在这个过程中，随着各个生产部门的此消彼长，原有的比例关系就可能变得不太协调，因此要求经常地调整生产的比例，才能使各个生产部门之间保持一种协调的关系，保证社会扩大再生产的连续进行。经济增长在本质上说，是扩大再生产过程。而产业结构不过是在两大部类基础上进行更具体、更广泛地划分以后（比如说把第三次产业纳入产业结构体系，在生产资料生产和生活资料生产中间再分成若干生产部门）各个部门、行业之间的有机的数量联系。从这个意义上说，产业结构的分析方法是两大部类分析方法的具体化，是在更具体的层次、更广阔的视角上对社会再生产的观照。因此，从马克思再生产理论我们可以进一步引申出以下结论：只有保持合理的产业结构，才能保证扩大再生产的正常进行；只有及时调整产业结构，才能保持经常的比例协调，扩大再生产才能处于不断的运动中，经济增长才能持续、稳定地进行。

除了从再生产实现条件来认识产业结构对经济增长的影响，我们还可以从资源配置理论来理解这个问题。根据资源配置原理，单位资源的产出量，在各个部门是有很大差异的。因为第一，科学技术进步及其应用情况在各部门是不尽相同的，技术进步快的部门，其劳动生产率就会高于其他部门，物质消耗也会低于其他部门，因此单位产品成本比较低，单位资源的投入—产出比率较高；第二，社会需求结构的变化，会引起一些部门产品价格的提高，另一些部门产品价格下降，因此会带来单位资源的产出效益的差异。正由于不同部门和行业单位资源的产出效益不同，资源配置的不同方式与结构，在资源总量相同的情况下，会产生不同的总体效益。即在投入资源相等的情况下，产业结构不同，经济增长的总量也不同。如果充分满足产出效益高的部门对资源的需求，将产出效益低的部门中滞留的过剩资源转移出去，经济增长总量将会扩大。反之，如果单位资源产出效益低的部门中占用过多资源，而产出效益高的部门得不到充分的资源供应，经济增长则达不到应有的增长速度。科学技术是不断进步的，需求结构也随着经济增长过程在发生着变化，因此各部门、各行业之间单位资源产出效益的对比是经常变化的。为了保证资源得到有效利用，获得最大的经济增长，就要不断调整资源配置的方式与结构，转换产业结构。否则就会坐失良机，导致经济缓慢增长或停滞，在经济上处于落后地位。英国是世界上第一个实现工业化的国家，在一个较长的历史时期内，一直是资本主义世界中的头号经济帝国。但进入 20 世纪以来，英国经济增长明显放慢，20 世纪中叶以后，更呈现增长乏力的现象，被许多后起的资本主义国家超过。对"20 世纪英国病"，人们作出了各种诊断。其中不能及时实现主导产业转换，从而调整原有产业结构，是一个世纪以来英国经济增长乏力的重要原因之一。

（三）产业结构转换对经济增长的促进作用。以上我们指出产业结构及其转换对经济增具有重大影响，并分析了产生这种影响的原因。那么，产业结构转换如何促进了经济增长，换句话说，产业结构转换对经济增长的促进作用，是通过哪些具体形式表现出来的？

首先，当社会需求结构发生变化时，有些部门就会发生产品积压，或者只有降低价格才能将产品售出。这样在这些部门，有相当一部分资源只有投入，没有产出，变成了"死"的资源；或者由于价格降低，整个部门的单位资源使用效益降低。与此同时，有些部门产品的社会需求量扩大，需要投入更多资源，增加生产；而且需求的扩大，导致了产品价格上升，单位资源的产出效益必然提高。这时如果调整了产业结构，实行资源在各部门之间的重新配置，将需求萎缩部门中滞留的资源转移出去，充分满足需求扩大部门对资源的需要，一方面使一部分"死"资源变"活"；另一方面会提高单位资源的产出效益，从而扩大经济增长总量。十一届三中全会以来，我国经济出现连续八九年的较高速度增长，其中一个重要原因，就是调整了产业结构，主要是注意了农业和消费品工业的发展，改变了重工业自我服务倾向，为消费品工业发展服务，使大量闲置生产能力发挥了作用。其次，产业结构转换不仅从需求方面促进着经济增长，而且从供给方面看，也起着推动经济增长的作用。各个产业部门之间资源供给条件是不同的，其增长对各种资源的依赖程度、需要资源的种类也不同，有的产业部门经济增长所需要的资源的供给有限，并逐渐减少以至于枯竭，或者所需资源的价格呈上升趋势，因此这些部门的增长就要受到限制。而有些产业部门资源供给比较丰裕，但没有得到充分发展，导致部分资源闲置。如果调整了产业结构，建立新的产业部门，实行替代生产，扩大资源供给丰裕的产业部门的生产规模，就可以充分发挥闲置资源的作用，扩大总量增长规模。比如，我国耕地面积有限，全国人均占有耕地面积 1977 年只有 1.57 亩，农业劳动力大量过剩，造成了劳动生产率低下，农业生产增长缓慢。1978 年以来，由于农村产业结构不断得以调整，农、林、牧、副、渔全面发展，乡镇企业蒸蒸日上，使农村剩余劳动力资源和其他资源得到有效利用与开发，我国农业总产值 1979—1986 年年平均增长率达到 6.6%，比 1978 年前的 26 年的 2.6% 快 4 个百分点。再如，当前我国工业生产增长受到了能源、原材料不足的制约。因此，要使工业保持较高速度增长，一方面要发展能源、原材料工业，扩大供给；另一方面如果调整了工业内部产业结构，大力发展节约能源、节约原材料的工业，我国经济增长将出现新的乐观局面。第三，产业结构转换对经济增长的促进作用，还表现在主导产业的转换给经济增长带来了新的驱动力。所谓主导产业是指那些具有广阔市场、技术比较先进、其产值在国民生产总值中占较大比重并能带动其他部门共同增长的产业部门。由于主导产业生产技术水平较高，因而具有较高的劳动生产率，产品成本较低；又由于市场有保证，因而具有一定的价格优势。这些优势使得主导产业的资源利用效率、增长速度高于社会平均水平。同时主导产业具有比较长的产业关系链，通过后向联系，为一系列部门创造了需求；通过前向联系，为一系列部门提供了生产投入品。因此其生产增长会带动整个经济共同增长。主导产业是随着科学技术进步和产业关联关系的变化而变换的。科学技术进步会使具有更高技术水平的新兴产业出现，或者导致原有的某一（某些）生产部门技术水平大大提高，取代原来主导产业的技术优势和劳动生产率优势，具有更高的经济增长速度；产业关联关系的变化会使原来主导产业与其他产业之间的前向、后向、联系链条中断或缩短，它的经济增长再也无法起到带动整个经济增长的作用。主导产业的及时转换，保证经济增长率较高的产业部门对资源的需求，使社会总资源得到合理配置，提高了单位资源的产出效益，使总量增长始终有充分的后劲，以较高速度进行。主导产业的及时转换，保证主导产业对其他产业的带动作用，一马当先可以造成万马奔腾的局面，使整体增长不断获得新的驱动力。日本战后三十几年经济持续、高速增长的一个重要原因，就是注意推动主导产业的及时转换。从 20 世纪 50 年代到 80 年代日本主导产业已经经历了由轻纺工业→重化工业→汽车、家用电器工业→电子等新技术产业几次重大转换，每一次转换都给日本经济增长带来了新的活力，在资本主义世界屡次出现经济萧条的情况下，始终保持旺盛的增长势头。

二、机会与挑战：开展产业结构研究的现实迫切性

结合经济增长开展对产业结构问题的研究，不仅是因为从经济增长"一般"出发，产业结构是影响经济增长的重要因素；而且从我国经济增长的"特殊"来看，产业结构转换已成为当前我国经济持续稳定增长的迫切需要。

首先，经济体制改革与对外开放，如同揭下了贴在魔瓶上的符咒，为生产力的发展解除了种种束缚，使我国经济出现了一个高速增长时期。1979年到1986年，全国工农业总产值和国民生产总值分别以年均10.1%和9.2%的速度增长，居民人均收入由1978年的134元增长到1986年的424元，城市职工人均生活费收入由1978年的316元增长到1986年的828元。到1986年，我国人均国民生产总值已达到400美元左右。根据钱纳里和塞尔昆对100多个发达与发展中国家1950—1970年经济增长纵向和横截面数据的分析，一国人均国民生产总值达到100美元时，产业结构转换开始加速。而在300—1000美元的区间内，是产业结构变化最大、最频繁的时期。可以这样认为，我国经济增长正处在这样一个重要关头：如果适应我国经济增长的要求，及时推动产业结构的合理转换，我国经济将出现一个时期的较高速度的稳定增长，我们就抓住了一个机会，有希望在不太长的时期内赶上发达国家的经济发展水平。如果我们忽视产业结构转换的迫切性，坐失良机，我国经济与发达国家之间的距离就会拉得更大。产业结构政策选择有一定的风险，决策正确，会促进经济增长；决策失误，将延误时机，阻碍经济增长，造成重大损失，而且这种影响将是长期的。因此在作出产业结构选择时，必须慎而又慎，根据各国国情与国际环境，进行缜密的研究。日本在产业结构转换的重要关头，每次都在通产省主持下，集中各方面专家进行反复论证，并成立了研究产业政策的专门组织"产业政策审议会"，负责审查各种方案，从中挑选最佳方案。由于这方面的工作组织进行得比较细致，战后日本几次产业结构

变换都有力地促进了经济增长。我国应该学习日本及其他国家的经验，改变过去经济工作中某些凭主观意志办事的做法，切实引起领导的重视，组织各方面专家对我国国情进行认真的分析，对产业结构调整的各种方案进行反复论证，最后再作出决策。

其次，1986 年以来，我国经济中开始出现了短缺与过剩并存的严重状况。一方面能源、原材料严重短缺，基础设施、交通运输能力严重落后于经济增长的需要；另一方面，加工工业，尤其是某些消费品制造工业生产能力大量闲置，产品库存积压严重。同时，在我国主导产业尚未形成。这些情况如果不改变，今后我国经济增长前景不可乐观。因此可以作出这样的判断：产业结构不合理已成为当前与今后我国经济增长的主要障碍之一。如果要使我国经济在今后保持稳定、持续增长，必须着手调整我国的产业结构。问题是，如何调整产业结构，产业结构调整的近期目标与长期目标是什么，选择什么产业作为主导产业等等，这一系列问题都需要花大力气认真研究，否则，对产业结构不合理的状况视而不见或盲目进行调整，都会给我国经济增长造成困难，导致重大损失——既包括资源浪费，也包括时机的丧失。

第一节　产业结构转换与经济增长——关于规律的探讨

产业结构是影响经济增长的重要因素。这种影响有两种可能：产业结构处于优化状态并能及时实现合理的转换，可以促进经济增长；如果产业结构不合理，则可能造成经济增长的停滞。因此，产业结构转换不能盲目进行，必须根据客观经济规律，在经济增长的不同阶段，作出科学的目标选择，在适当的时机，推动产业结构转换。只有这样才能有力地推动经济增长。本节所要研究的内容有两方面：产业结构与经济增长之间的一般规律性，其中包括如何选择产业结构才能有利于经济增长，产业结构变换的一般趋势与经济增长的联系；社会主义经济增长过程中，产业结构转换的特殊规律性。

一、一般经济增长过程中产业结构转换的规律

（一）限定与选择：如何选择产业结构才能促进经济增长。

1.产业结构选择的客观依据。

必须首先明确，产业结构选择要从现实经济条件出发，而不能凭主观意志办事。决定一国产业结构状况与转换的主要因素有以下几种：经济发展水平；资源条件；科学技术进步及其应用；国际经济环境等。

经济发展水平在这里主要指一国一年国民生产总量水平以及人均占有国民生产总值和国民收入水平、目前产业结构状况、居民平均的文化教育水平等，它从几个方面决定着产业结构的选择。首先，一国国民生产总值及人均占有国民生产总值的水平，决定着一国每年可以用来进行建设的积累基金的总规模，从而决定着一国对主要产业部门的选择：是以劳动密集型产业为主，还是以资金密集型产业为主。如果一国积累基金规模较大，那么重点发展资金密集型产业就有条件。相反对于经济落后国家，可用来建设的资金极其有限，而劳动力资源相对比较丰富，那么只能重点发展劳动密集型产业，把资金密集型产业作为主要产业部门显然是不现实的。其次，人均国民收入水平决定着居民的平均消费水平，并进而决定着消费结构。根据恩格尔定理，在人均收入水平较低的情况下，用在饮食方面的支出在消费支出中占绝大比重。随着人均收入水平的提高，饮食方面的支出所占比重逐渐下降，而用在耐用消费品、服务性消费方面的支出所占比重将逐渐提高。产业结构必须与消费结构相适应，随消费结构的变化而变化。否则，就要发生产品积压，有一部分资源就会白白浪费，就会影响经济增长速度。因此人均收入水平决定着产业结构选择：是重点发展耐用消费品生产，还是重点发展生活必需品生产。再次，产业结构转换是一个渐进的过程。每一次产业结构转换，都必须以目前产业结构现状为基础。比如当农业总产值在国民生产总值中仍然占有优势的比例时，产业结构转换的任务首先是实现国家工业化，改变二元结构。实现了这种转换以后，靠工业内部积累，就可以扩大资金密集型产业的生产，才可能进一步实现

工业内部的重化工业化和高加工度化。否则，在工业化尚未实现之前，就着手实现工业内部的高加工度化，只能靠农业提供的积累来发展资金密集型产业，推动工业内部技术水平提高，结果必然是牺牲农业发展，导致农业发展停滞。而农业基础薄弱，只能提供越来越少的积累资金，工业内部高加工度化就难以为继。1978年前的近30年间，我国走的正是这样一条路子。结果二元结构始终难以改变，农业发展缓慢，同时工业内部重工业所占比重虽然占优势，但有相当一部分生产能力不能发挥作用，造成一种"虚高度化"现象。最后，一国产业结构中高技术产业占多大比例，与居民平均文化教育水平密切相关。有了资金和先进的设备，但没有掌握先进技术的人，仍然形不成生产能力。在这方面，我们也有深刻的教训。这几年我们从国外引进了不少先进设备，有的发挥了作用，也有不少堆在仓库里，放在露天下，长期睡大觉。原因之一在于缺少合格的技术人才，对国外技术消化不了，不能掌握。再如，我国已经具备了生产数控机床的能力，但在国内推广不开。原因在于工人技术水平低，不会使用，尤其不会维修。由此看来，要实现现代化，仅从机器设备上做文章是不行的，还必须努力提高全民族的科学文化水平。党的十三大报告提出要把发展科学技术、文化教育事业放在发展战略的首位，是很有远见的。

一国拥有资源的状况，是产业结构选择的又一重要依据。显然，要获得尽可能高的经济增长率，必须充分利用本国现有资源，发挥本国资源优势。当今世界经济的整体性固然日益加强，但完全依赖或主要依赖国外资源组织生产，一方面国家在经济、政治上的独立性要受到影响，另一方面国际市场的波动必将引起国内经济的波动，经济的稳定、持续增长就不能得到保证。对于我国这样的大国尤其行不通。因此在选择产业结构时，应该主要根据本国资源状况进行抉择。如我国有丰富的劳动力资源，在产业结构调整过程中，一方面要适当发展高技术产业，同时也要根据我国实际情况，重点发展劳动密集型产业。如果盲目追求发展资金密集、技术密集型产业，一方面我国没有那么多资金，居民文化教育水平达不到要求，另一方面将造成严重的失业问题，影响社会安定与经济稳定增长。

科学技术进步及其应用是推动产业结构转换的强大动力，同时也是产业结构选择的重要依据。如我们在前面分析过的，科学技术进步及其应用，会导致新兴产业部门产生，或者使原有产业部门之间技术水平对比发生变化，从而使部门之间劳动生产率的对比、资源利用效率的对比发生变化。为了有效地利用社会资源，求得更高的总量增长速度，就要根据科学技术进步及其应用的状况，重新配置资源，满足资源利用率较高部门对资源的需求，形成新的产业结构。科学技术进步还会引起供求结构的变化。首先是引起供给结构的变化，比如某项技术发明导致一种新材料的产生，替代了原来那种价高质劣的材料；某种新技术的应用，使原来昂贵的产品价格变得便宜（如电解铝技术的应用）。其次，科学技术进步导致新的产业部门产生，会产生许多新的需求，如航天技术对新材料、新能源的要求；石油化工新技术对冶炼、加工设备的需求；等等。这一切都要求在选择产业结构时，必须根据科学技术进步引起的这些新变化作出决策，才能形成有利于经济持续增长的产业结构。

随着世界经济向着整体化方向的发展，各国经济增长之间存在着一种不可分割的联系。在今天，世界上任何国家试图闭关锁国建成现代化，实现经济起飞，几乎是不可能的事情。这已经为越来越多国家的历史经验所证实。因此，一国要形成一种有利于本国增长的最佳产业结构，必须考虑国际环境的变化及其现状这个大背景。首先，一国在选择产业结构时，必须考虑国际市场的供求情况及其变化。比如目前国际市场上初级产品价格呈现下降趋势，需求弹性比较小，因此在出口结构中，应该适当提高加工产品的比重。与此相适应，国内产业结构必须调整，对各种原材料的加工和深加工工业的规模要扩大，其在国民生产总值中的比重要提高。其次，要根据世界新技术革命的要求调整产业结构。新技术革命导致新兴产业群的出现。这些新兴产业具有劳动生产率高、资源利用效率高的特点，是经济高速增长的驱动力。如果一国不能抓住新技术革命提供的新机会，及时建立新兴高技术产业，也就失去了经济增长的机会，先进国家会变得落后，落后国家将更落后。

2. 既定条件下的选择空间。

产业结构选择固然要根据国情、国际环境作出，但是在同样的环境与条件下，人们仍然可以作出不同的选择，在一定的选择空间中，作出最佳选择。

首先，产业结构选择的目标不同，为产业结构调整提出的任务不同，作出的选择就会有很大的差异。当把产业部门之间的均衡作为产业结构调整的目标，这时产业结构转换的任务就限于消除经济增长中的短线，限制长线产业的发展。当经济增长过程中出现总供给与总需求不平衡，经济增长因为某些短线产业的困扰出现严重困难时，人们往往把总量平衡与产业间关系协调作为产业结构调整的目标。经过这样的调整，总供求趋于平衡，产业间关系趋于协调，会对经济增长产生一定的促进作用。但是，这种结构调整，只是把建立在原有技术水平上的产业结构填平补齐，是产业结构原有水平上的重复。因此，在短期内，经济增长速度可能会有所加快，但是却有可能错过一次产业结构向高水平转换的机会，不可能引起新的经济飞跃。而当人们把经济长期增长与产业结构水平高度化作为选择目标时，产业调整的任务就迥然有异了。这时产业结构转换的任务主要不是协调各产业之间的比例关系，从而达到总量平衡，而是根据科学技术发展情况与国际环境变化，建立新的主导产业，使主导产业首先获得突出的发展，然后带动一批相关产业的发展，收缩一批传统产业规模，从而建立一种新的产业结构。这种产业结构一旦形成，将带来经济增长的一次新浪潮。因此，在对产业结构进行选择之前，首先选定正确的产业结构调整目标是非常重要的。当新的主导产业和产业结构得以建立的技术经济条件尚未形成，就不能盲目破坏原有产业结构，这时产业结构调整的主要任务只是实现总量平衡，协调产业间关系。而一旦条件具备，就必须把产业结构高度化作为产业结构调整的目标，不能只顾及表面的、短期的不平衡，而错过实现产业结构高度化，赢得经济高速增长的可贵机会。

其次，资源拥有状况和国内市场需求量对一国产业结构选择并不能形成绝对限制，因为国际市场的存在与国际经济一体化的加强，为人们提供了一定的选择空间。例如日本是一个资源贫乏的岛国，根据国内资源条件是不宜以重化工业为主导产业的。然而日本经济官员和有关专家根据国际市场原材料供应状况和本国经济增长的要求，确定50—60年代日本产业结构调整的目标是实现重化工业化，把经济增长战略立足于外向化。这种产业结构政策获得了巨大成功，大大加快了经济增长的进程，到1967年日本人均国民生产总值就达到了1000美元，进入了发达国家行列。当然，如果我国也采取立足国际市场实现重化工业化的做法，未必行得通。因为还有其他因素在起作用。但是国际市场的存在与扩大，为产业结构选择提供了越来越大的选择余地，这是毫无疑问的。

再次，新的科技革命扩大了产业结构的选择空间。以往的两次产业革命所产生的主导产业之间，具有紧密的单向链条关系，如棉纺织业与纺织机械制造业，铁路业、造船、汽车工业与钢铁业。在这种情况下，主导产业选择没有什么余地。新的科技革命不同，导致了新兴产业群的出现，使主导产业呈现多维平行发展状态。如遗传工程、宇航工业、微电子工业、新材料、新能源工业等等。这一系列新兴产业部门，将来都有可能发育成为主导产业，因此各国可以根据自己的具体情况，选择一种或数种产业作为主导产业来构成未来新的产业结构。可以预料，未来各国产业结构演变的轨迹将愈益异彩纷呈，处在同一经济增长阶段上的国家，在产业结构上迥然不同将成为司空见惯的现象。

（二）产业结构转换的趋势及其与经济增长的联系。

1.产业结构转换的趋势及其与经济增长的联系。

（1）第一次产业在国民生产总值中占的比重不断降低，第二、三次产业所占比重逐渐上升，经济总量增长越来越多地来自第二、三次产业的增长。（见表1、表2）

产业结构这一变化趋势的主要内容最早为"政治经济学之父"威廉·配第道出。到了20世纪40年代英国经济学家C.克拉克明确提出三次产业划分的方法，并指出了它们的变化趋势。诺贝尔经济学奖获得者、美国经济学家库兹涅茨在《各国经济增长》和《现代经济增长》两部书中，通过对二十几个国家统计数据的分析，进一步对经济增长和产业结构变化规律做了深入探讨，支持并发展了配第和克拉克的结论。

表1　部门产值占总产值的份额　　　　　　单位：%

国别	年代	农业	工业	服务业	国别/地区	年代	农业	工业	服务业
英国	1700	52	—	—	日本	1879—1888	65.6	34.4	
	1801—1811	34.1	22.1	43.8		1904—1913	38.6	61.4	
	1851—1861	19.5	36.3	44.2		1924—1933	23.3	76.7	
	1907	6.4	38.9	54.7		1951—1954	16.1	83.9	
	1924	4.2	53.2	42.6		1959—1961	11.9	88.1	
	1965	3	41	56		1965	9	43	48
	1983	2	32	66		1983	4	42	55
法国	1896	25.0	46.2	28.8	西德	1850—1859	44.8	22.8	32.4
	1963	8.4	51.0	40.6		1935—1938	16.2	56.3	27.5
	1971	6				1950	10.3	54.5	35.2
美国	1839	44.6	24.2	31.1		1960	6.3	61.9	31.8
	1889—1899	25.8	37.7	36.5		1983	25	46	52
	1919—1929	11.2	41.3	47.5	南朝鲜	1965	38	25	37
	1953	4.3	45.3	50.4		1980	16	41	43
	1965	3	38	59		1983	14	39	47
	1983	2	32	66	台湾	1953	38	17.6	44.4
	—					1969	18.5	33.8	47.7
						1978	12.0	40.3	47.7

资料来源及划分标准取自：库兹涅茨《各国经济增长》；世界银行《1985世界发展报告》；成嘉玲《我国经济的发展》。

表2 劳动力的部门分布（各部门劳动力占总劳动力的比重）　　单位: %

国别	年代	农业	工业	服务业	国别/地区	年代	农业	工业	服务业
英国	1801—1811	34.4	30.0	35.6	美国	1810	83.7	16.3	
	1851—1861	20.2	43.2	36.6		1839	64.3	16.2	19.5
	1921	9.8	58.8	32.1		1869—1879	50.0	29.0	21.0
	1961	3.7	55.0	41.3		1929	21.2	38.0	40.8
	1965	3	46	51		1965	5	36	59
	1981	2	42	56		1981	2	32	60
法国	1856	51.7	28.5	19.8	日本	1872	85.8	5.6	8.6
	1962	20.0	43.6	36.4		1900	71.1	15.7	13.2
	1965	18	40	42		1920	54.6	25.4	20.0
	1981	8	39	53		1965	26	32	42
西德	1852—1858	54.1	26.8	19.1		1981	12	39	49
	1882	48.4	31.7	19.9	南朝鲜	1965	58	13	29
	1907	37.1	45.0	17.9		1981	34	29	27
	1965	10	48	42	台湾	1951	56.7	16.3	27
	1981	4	46	50		1961	49.8	20.9	29.3
	—					1971	35.1	29.9	35.0
						1980	19.5	42.4	38.1

资料来源：同表1。

产业结构转换与经济增长何以出现这种变化趋势？主要原因大致有以下几个方面。首先，随着人均收入水平的提高，恩格尔系数下降，饮食方面的支出在整个收入支出中所占比重下降。与此相适应，消费收入中用于工业消费品和劳务方面的支出所占比重逐渐上升。由于这种收入需求弹性（收入增长与对某种产品需求增长之间的比率）方面的差异，社会对农产品（农业是第一次产业的主要部分）需求的增长速度大大落后于对工业品和劳务消费需求的增长速度。需求引导生产，需求结构的倾斜导致了第一次产业在国民生产总值中所占比重的下降与第二、三次产业所占比重的上升，经济总量增长对二、三次产业的依赖也发生必然的倾斜。其次，随着收入水平的提高，收入需求弹性的差异所造成的诸产业需求增长速度的差异，导致农产品处于买方市场。因此，农产品只能维持较低的价格。相比而言，工业品和劳务消费品的市场条件比较有利，可以维持较高的价格。这也抑制了农业的增长，刺激了第二、三次产业的增长，造成三次产业之间结构上的倾斜。再次，由于农业生产中科学技术运用的局限性，农业投资到了一定限度后，容易出现"报酬递减"现象。而工业与其他非农产业科技利用空间更大，技术进步比农业要迅速得多，工业投资多处于"报酬递增"的情况。这也是第一次产业比重下降，第二、三次产业比重上升的重要原因之一。

（2）主导产业转换呈现出劳动密集型产业→资金密集型产业→资金、技术密集型产业→知识、技术密集型产业的变化轨迹，经济增长始而主要依赖劳动密集产业，继而主要依赖资金密集产业，最后主要依赖资金、技术密集产业与知识、技术密集产业。发达国家产业结构转换的过程，基本上体现了这种趋势。从第一个实现了工业化的英国算起，发达国家在两个世纪的时间里，主导产业经历了如下转换：农业→棉纺织业（18—19 世纪）→电力、钢铁、造船、化工工业（20 世纪初—20 世纪 70 年代）→汽车、航空、家用电器工业（20 世纪 70—80 年代初）→计算机、机器人、新材料、原子能工业等（20 世纪 80 年代中期以后）。

要分析产生这种趋势的根源，就要从分析各种资源的供给规律出发。劳动力再生产要受自然规律的制约，再生产周期比较长，一般在 20 年左右，因此在一定时期内，其供给是有限的。在基本上实现了充分就业以后，单纯依靠增加劳动力来求得经济增长，必然受到劳动力自然增长的限制。另外，当国民收入不断增长，劳动力价格随着上升时，大量使用劳动力变得越来越不合算。因此，要推动经济不断增长，就要用其他资源替代劳动力资源，劳动密集型产业在国民生产总值中所占比重必然下降。与劳动力资源相比较，资金再生产与增殖不受生物周期限制，在一定时间内总量可以发生较大增长，而且随着经济增长，可以用于生产和其他经济活动的资金总量越来越大，因此资金密集型产业必然取代劳动密集产业的主导地位。但是，资金的供给也要受到各种限制。因为一定时间内，国民收入总量是既定的，扣除用于消费的部分，可以用来扩大再生产的资金终归是有限的。因此，仅仅依靠增加资金投入，经济增长必然遇到不可逾越的界限。与上述两种资源不同，科学技术具有无限广阔的发展天地，是经济增长永不枯竭的资源。它不是实体性资源，因而没有数量上的限制，可以通过降低物资与资金消耗，提高劳动生产率，取得较大的总量增长。随着经济增长进入现代阶段，科学技术促进经济增长的作用，表现得愈益突出，知识、技术密集型产业在产业结构中的地位越来越重要。

（3）主导产业由低加工度向高加工度转化，附加价值高的产品产值在国民生产总值中的比重越来越大，与此相适应，经济增长越来越多地来源于高加工度生产部门的增长。

加工度是标志产品加工深度的指标。产品从开始进入生产过程到生产过程结束，经历的工序越多，其加工度越高，反之则否。由于每经过一道加工工序，产品就具有了新的使用价值。与此同时，每一工序生产活动创造的新价值就附加在产品上，因而加工度越高的产品，其附加价值量越大，反之则否。

在论及发达国家主导产业转换时，我们曾这样描述了它们的主导产业转换过程：农业→轻纺工业→重化工业→汽车、家用电器工业→电子技术及其他高技术产业。这个过程同时就是一个加工度不断提高，附加价值不断提高的变化序列。经济增长与产业结构转换之所以出现以上变化轨迹，原因是多方面的。

首先，从需求角度看，加工度或者说附加价值较高的产品收入需求弹性较大，而加工度或附加价值较低的产品收入需求弹性较小。因为低加工度产品一般是满足较低层次的需求，如吃饱、穿暖；高加工度产品是满足较高层次的需要，如发展或享受的需求。而随着人均收入水平的提高，根据马斯洛的"需求层次论"，人们消费需求的层次越来越高，由满足吃饱穿暖，逐步提高到"追求便利和机能"的阶段，再过渡到"追求时尚与个性发展"的阶段。与这个过程相对应，人们的消费结构发生了变化，用于基本生活需要方面的支出在收入支出中所占比重日渐下降，而用于高级、耐用消费品方面的支出在收入支出中所占比重逐渐提高。正是由于消费结构的上述变化导致了不同部门收入需求弹性的差异（见表3）。收入需求弹性高，意味着有不断扩大的市场，而市场需求的扩大，则推动了加工度较高的产业的迅速增长，使其产值在国民生产总值中的比重不断提高，成为经济总量增长的主要来源。其次，加工度较低产业的增长对能源、原材料及劳动力依赖程度大，而这些资源或者是不能再生的，或者是增长比较缓慢的，因而其供给是有限的，这就决定了这些部门不可能有长期较高速度的增长。高加工度产业经济增长主要依赖技术、知识与资金，而对能源、原材料、劳动力的依赖程度相对较小，因而增长有着更大的空间。再次，更为重要的是，加工度不同的部门，其生产率上升率是不相同的。这种生产率上升率的差异主要是由于各产业部门技术进步的速度存在着差异。技术进步速度不容易直接计算，但可以采用生产函数分析法来间接求出。从生产率上升率中剔除劳动力与资本增长率，余下的就是技术进步率——技术进步对生产增长的贡献，公式为：技术进步率 = 生产增长率 −d× 劳动力的增长率（工资）−（1−d）× 资本增加率。其中：d 是工资额占净产值的比例。日本经济调查协议会 1966 年对 1950—1961 年间技术进步率在各行业中的情况作了分析，情况如表 4 所示。

表3　制造业各行业的收入弹性

	综合	不发达国家	高收入国家
（制造业平均）	1.369	1.89	1.30
食品、饮料、卷烟	0.978	1.72	0.93
纺织	1.205	2.12	0.95
服装、鞋类	1.361	1.95	1.25
木器	1.531	1.71	1.51
纸张、纸制品	2.035	2.36	1.86
印刷、出版	1.718	1.24	1.64
皮革制品	0.893	2.01	0.91
橡胶制品	1.982	1.94	1.46
化工产品	1.547	1.80	1.12
有色金属矿产品	1.157	2.37	1.14
钢铁	1.991	2.98	1.16
机械	1.984	2.23	1.87
其他制造业	1.847	2.05	1.85

资料来源：转引自杨治《产业经济学导论》，中国人民大学出版社 1985 年版第 73 页。

表4　1950—1961 年间各行业技术进步率

食品工业	1.4	纺织工业	4.4
木材家具	9.4	印刷、出版	2.0
皮革	3.7	化工	18
石化	8.8	冶金	5.1
机械工业	11.8	运输工具	11.8

　　根据以上数据及其他经验性观察，加工度高的产业要比加工度低的产业技术进步速度快，生产率上升率高。工业高于农业，重工业高

于轻工业，加工工业高于原材料工业。生产率上升率较高的产业，产品相对成本下降速度也快于其他产业。因此这类产业在投入—产出效益方面具有优势，资源就要向这些部门转移，其经济增长速度就会加快，其产值在国民生产总值中所占比重就会迅速提高，经济总量增长就越来越依赖于这些部门的增长。

2. 经济增长的阶段性及产业结构转换的速率分布。

在经济增长与产业结构转换过程中，经济增长呈现出阶段性特征，变化轨迹为缓慢增长→高速增长→平稳增长。与此相联系，产业结构转换速度的分布也表现为一种有规律的现象：转换缓慢→转换加速→快速转换。

经济增长与产业结构转换过程，迄今为止大致可分为三个阶段：人均国民生产总值大约在100—300美元之间，这是经济增长与产业结构转换的第一阶段。这时经济增长主要来自于农业的贡献。由于土地资源的有限，农业技术进步的速度比较缓慢等原因，农业增长不可能很快，因而国民经济增长速度比较低。这一阶段产业结构转换的主要内容是消除"二元结构"，实现国家工业化。由于农业积累能力较弱，技术进步步伐慢，靠农业积累去建立工业，靠农业劳动生产率提高把劳动力从农业中解放出来，从而降低农业产值在国民生产总值中的比重以及农业就业人员在总就业人口中的比重，是一个非常缓慢而长期的过程。因此，这一时期产业结构转换速度是缓慢的。

当人均国民生产总值在300—2000美元之间，经济增长与产业结构转换进入第二阶段。在这一阶段国民生产总值年平均增长率可达到8%以上，时间可持续10—20年以上。经济增长高速度的重要原因是摆脱"二元结构"束缚之后，经济增长主要依赖工业的增长，产业结构转换速度加快，推动着经济加速增长。这一阶段产业结构转换加速的原因在于产业结构转换主要是工业内部的变换，而工业内部资源转移较工农业之间的资源转移要容易得多。另外，要消除"二元结构"需要大量投资于工业建设，扩大工业生产，这要求农业提供大量积累，而工业内部产业结构变动主要靠工业内部积累和资源重新配置就可以实现。再次，工业技术进步速度快，有力地推动了工业内部产业结构的变动。最后，经济高速增长的结果提供了大量科学研究基金，推动了技术进步，技术进步反过来又促进了产业结构的加速转换。

人均国民生产总值超过 20000 美元之后是经济增长和产业结构转换的第三个阶段。这一阶段经济增长比较平稳，与第一阶段相比，速度仍然是较高的，但低于第二阶段年平均 8% 的高速度，年平均增长率在 3%—5% 之间。经济增长速度相对放慢的原因一是由于基数增大，每增长一个百分点，绝对量都是巨大的；二是规模效益利用殆尽；三是市场空间的有限性，限制了经济增长。但是这一阶段中，产业结构转换的速度仍没有放慢的迹象。原因在于：第一，经济增长基数加大，要维持年均 3%—5% 的增长率，主导产业必须不断变换，产业结构必须不断优化。第二，科学技术进步加快，新兴部门不断产生，各产业之间优势地位的对比经常发生变化，引起产业结构转换加速。第三，由于人均收入水平较高，居民消费具有较强的多变性与较大的选择性，因而需求结构变化频繁，要求产业结构随着发生经常的变化。

二、社会主义经济增长过程中产业结构转换的特殊规律

中国是一个社会主义大国，是在近现代工业几乎等于空白，人均国民收入不足 100 美元、世界上发达国家早已实现工业化的情况下发动现代经济增长的，这些特点使得我国经济增长与产业结构转换过程除了服从一般规律外，还呈现出一些与一般过程相区别的特殊的带规律性的特点。

1. 后起国经济增长特点：赶超型经济。

按照进入现代经济增长的先后顺序，可以把世界各国分成先行国与后起国两类。在以往的分析中，人们通常按进入现代经济增长的大致发端时间把英国（18 世纪下半叶）、法国（19 世纪初）、德国、美国（19 世纪初）当作先行国，把俄国与日本（19 世纪中叶和 19 世纪下叶）列入后起国。我国真正进入现代经济增长，是从 1952 年开始，无论在时间上，还是就经济条件而言，无疑属于后起国。

先行国从开始发动经济增长到进入经济发达阶段（人均国民生产总值大约为 2000 美元），经历了 100—200 年时间，经济增长缓慢而平

稳。如英国 1760—1770 年开始现代经济增长时，人均国民生产总值大约 220 美元左右，到 1970 年达到 2200 美元以上，时间为 200 年。平均每 10 年人均国民生产总值增长 11%—12%，其间没有出现一个经济高速增长时期。与这种特点相适应，先行国产业结构转换过程有两个特点：第一，英国 18 世纪中叶就进入现代经济增长时期，到 19 世纪上半叶，其工业主导部门仍然是以纺织业为中心的轻工业。直到 19 世纪下半叶，重工业才开始占优势。第二，产业结构变化是沿着农业→轻工业→重工业依次占主导地位的顺序进行的，呈现出一种标准性特征。先行国产业结构转换按上述顺序进行，表明其产业结构演变是一个由需求结构所要求的，在市场自发力量引导下进行的自发过程：消费结构的变化规律是由农产品为主体到一般工业品为主体，再到耐用消费品为主体。产业结构的上述演变过程反映了消费结构的变化过程。与重工业相比较，轻工业投资少，资本周转快，获利容易，因此在市场原则指导下，必然是轻工业先于重工业得到发展。

后起国是否可以循着先行国经济增长和产业结构转换的路子，最终达到发达国家的经济发展水平？到目前这方面成功的先例不多见，有的倒是走与先行国不同的道路而取得成功的例子。因为在国际经济一体化趋势日益加强的情况下，率先进入发达阶段的国家必然利用其经济、技术优势向外扩张，形成不合理的国际分工关系，通过不等价变换等形式剥削后起国，阻碍后起国真正走上现代经济发展道路。与此同时，先行国凭借其经济优势，还对后起国实行政治上的控制。这种变化了的国际经济、政治环境，要求后起国走一条新的经济增长道路，在较短的时间内赶上发达国家的发展水平，只有这样才能走上独立富强的道路。对于社会主义国家而言，还具有另一重特殊意义：只有在较短的时间内赶上发达资本主义国家，才能证明社会主义优越于资本主义，社会主义才有吸引力。

落后国家赶超发达国家的新的经济增长道路包含什么内容？对此作出全面而科学的界定，一方面仍然需要继续探索，另一方面也超出了本文的研究范围。在此我们要指出的是，要赶超发达国家，后起国必须利用产业结构对经济增长的能动作用，获得最大的结构效益，向产业结构要增长速度，在产业结构转换上走出一条新的路子：利用后发优势、巨国效应以及社会主义制度所创造的较高的社会、经济组织程度，充分发挥国家对经济的干预作用，加速产业结构转换，提早实现产业结构高度化，推动社会主义经济增长。

2. 后起国与后发优势。

后起国具有许多优势，有利于现代产业结构的提前建立。首先，后起国可以利用已有先进科学技术建立技术水平较高的现代产业部门。后起国在发动现代经济增长时，先行国科学技术已达到较高水平，后起国面临着一个广大的技术产品市场，可以通过引进先进技术，建立高技术的新兴产业部门，产业结构高度化进程可以大大快于先行国。当然引进国外先进技术要花一定代价，但与科学技术的研究、开发费用相比是微乎其微的。我们知道，高技术水平的产业部门资金利用率和劳动生产率比较高，因此其经济增长速度高于其他部门。打破先行国产业结构转换顺序，利用已有技术，提前建立技术水平较高的产业部门，就可以加快整个经济增长的步伐。

其次，工资水平低有助于产业结构的加速转换。一方面工资水平低，使得后起国产品成本低于先行国，产品在国际市场上的竞争力强，可以让出一部分国内市场，为国内产业结构调整提供比较大的回旋余地；同时可以获得大量外汇，用以引进先进技术，建立新兴产业部门，改造传统产业，推动国内产业结构高度化。另一方面，由于工资水平比较低，后起国可以把国民收入的一个较大部分用作积累，用来建立新兴产业部门和已有产业的技术改造，完善现代工业体系，加快产业结构转换。

3. 大国结构与巨国效应。

霍利斯·钱纳里根据上百个国家的统计数据，得出了一个反映一般国家产业结构状况的"标准结构"，又从16个半工业化大国的统计数据分析中得出了一个反映大国产业结构状况的"大国结构"。两相比较，在人均国民生产总值不相上下的情况下，"大国结构"与"标准结构"之间有一定程度的偏离（见表5）。这启发我们，国家大小对经济增长和产业结构转换有着不可忽视的影响。那么，大国经济增长和产业结构转换何以出现偏离"标准结构"的特点？

表5 标准结构和大国一般结构

	初级产业比例	整个工业比例				服务业比例
		小计	轻制造业	重制造业	建筑与基础设施	
标准结构	20.6	39.5	15.8	8.5	15.1	39.9
大国一般结构	16.14	45.3	16.6	13.0	15.7	38.3
差距	-4.2	5.8	0.8	4.4	0.6	-1.6

资料来源：钱纳里：《工业化与增长——大国的经验》，世界银行职员研究报告NO.539。

首先，从需求方面看，大国具有广阔的国内市场。在某种产品市场需求普及程度很低的情况下，需求总量却可以达到相当大的批量，需要若干个达到规模经济要求的企业进行生产才可以满足。因此与小国相比，大国在人均国民收入比较低的情况下，许多种产品的需求总量已达到批量生产的要求，使得大国可以提前发展多样化的工业，建立起部门比较齐全的产业结构。由于产业结构中现代产业部门的提前引入，为大国提前进入经济高速增长创造了条件。

其次，从供给方面看，同样的人均积累水平，在小国，其积累总量也许派不了大用场，而在大国，乘以巨大的人口基数，积累基金将是一笔令人咋舌的巨款，可用来完成各种巨大的建设工程。在积累方面的这种优势，使得大国可以在人均国民收入水平较低的情况下，着手建立现代化的产业部门，实行产业结构的提前转换，从而使得资源配置提前进入较为合理的状态，加快经济增长步伐。

以上所说的需求与供给两方面的优势，在我国显得越发突出。拿小汽车来说，我国家庭需求普及率达到1%，总需求量就是200万—300万辆，需要两个年产30万辆轿车的工厂生产3—5年才能满足。再说储蓄，如果全国每人每年多储蓄10元钱，每年就可以增加100亿元左右的投资，可建成几十条彩电生产线。我们把这种现象叫"巨国效应"。这种巨大优势为我国调整产业结构，实行产业结构高度化，提供了有利条件。事实上，正是利用了这种优势，我国在人均国民生产总值不到 100 美元时进入了现代经济增长，在人均国民生产总值 200 美元时，实现了初步工业化。1977 年，我国工业产值占国民生产总值的比重达 44%，同时接近这个水平的国家有西班牙（38.7%）、南朝鲜（33%）、南斯拉夫（44.6%）、墨西哥（35%）、阿根廷（43.2%）。而当时这些国家的人均国民生产总值均在 1000 美元左右。

4. 经济体制与经济组织程度。

与资本主义国家不同，我国是在建立了社会主义经济制度以后，开始发动现代经济增长的。与生产资料的社会主义公有制相适应，建立了计划经济制度，消灭了生产无政府状态。社会主义经济制度的巨大优越性，为我国建立现代产业结构体系，推动社会主义经济增长提供了有利条件。首先，由于国家作为全民所有制财产的代表这一特殊身份，国家具有强有力的积累职能。国家可以利用财政手段以及其他国民收入再分配手段，根据产业结构调整和经济增长的需要，控制积累与消费的比例，采取必要的抑制消费的手段，在国民收入比较低的情况下，积累起巨额的建设资金，用来发展工业，完善产业结构体系，提早实行产业结构高度化，促进经济增长。其次，国家又是资源分配的主体，可以通过编制、下达经济计划，并监督计划执行的形式，按照产业结构调整的需要，有效地分配资源。在不同时期，按照经济增长与产业结构转换的要求，集中使用人力、物力，使我国资源转移的灵敏度大大高于市场经济国家。在新中国成立后不长的时间，在旧中国现代工业几乎是空白的情况下，我国建立起大体完整的工业体系，充分显示了社会主义经济制度下社会、经济组织程度高的优越性。我国正在进行改革，但是公有制的主导地位不会改变，有计划的商品经济体制并不排斥国家对经济的有效干预，因此我国社会经济组织程度高的特点仍然存在。

5. 倾斜的产业结构政策与我国经济增长和产业结构转换的阶段化。

以上分析表明，我国是在特殊条件下发动现代经济增长的，国际环境要求在短时期内赶上发达国家，要求我们的经济增长要以较高速度进行。要实现经济较高速度的增长，必须提前地把现代产业部门引入产业结构，提早实行产业结构高度化。后发优势、巨国效应等有利条件为实现这一任务提供了前提。这一切决定了中国经济增长中产业结构转换的顺序必然与先行国有明显差别。我们不能像先行国那样，等农业发展到一定水平，靠农业提供的剩余积累（满足农业发展的充分要求之后的余额）发展轻工业，然后当轻工业充分发展之后，靠轻工业提供的积累再来发展重工业，而必须借助国家力量强制积累，以暂时抑制消费、损害农业充分发展为代价，迅速集中国民收入中的大部分来优先发展工业，尤其是优先发展重工业，在较短时间建立大体完整的工业基础，为经济高速增长奠定条件，然后再回过头来改善农业生产条件，完善消费品工业体系。这样中国产业结构转换必然具有很大的倾斜性：工业与农业相比，工业优先发展；重工业与轻工业相比，重工业优先发展。

我国是在农业非常落后的情况下，提前发动经济增长，实行倾斜发展政策，把现代产业部门引入产业结构体系的。因此，在社会主义经济增长的初始阶段，产业结构具有明显的"二元性质"：一方面是运用现代技术进行生产的现代工业部门，一方面是利用落后工具和生产方法进行生产的传统农业部门，这使我国经济增长与产业结构转换过程有明显的阶段性。第一阶段，在完成初步工业化之后，必须回过头来改造与发展农业，完善消费品工业体系，消除经济的"二元结构"性质，使农业产值在国民生产总值中的比重以及农业劳动力在社会劳动力中的比重均降低到50%以下。由于这一阶段要完成消除"二元结构"之任务，工业增长速度不可能太高，因而整个经济增长速度也不可能太高。第二阶段，当"二元结构"转变为同质结构，产业结构转换的主要任务是实现产业结构高度化，即工业内部产业结构的转换，使高技术产业占主导地位。这一阶段，由于产业结构高度化的实现，经济将出现高速增长的局面。

第二节　历史与现实：对我国产业结构转换的历史和产业结构现状的分析

以上围绕经济增长这个中心，对产业结构转换的一般规律和在社会主义经济增长中的特殊规律性进行了探讨。理论应该服务于实践。在获得了产业结构转换的有关规律性认识之后，我们要对我国前二十几年产业结构转换的历史进行分析与评述，指出哪些是符合规律的，哪些是违反规律的。然后对我国产业结构现状及其形成机制考察一番，以明确我国下一步产业结构调整的方向，提出具体对策。

一、1952—1978：我国产业结构转换过程的历史分析

新中国成立以后，经过 3 年经济恢复，以 1952 年第一个五年计划开始实施为标志，我国社会主义经济增长正式开始。

我国是从半殖民地、半封建社会直接进入社会主义社会的。旧中国留给我们的是一个"一穷二白"的烂摊子。1949 年，农业净产值占工农业净产值的比重高达 84.5%，工业只占 15.5%。其中轻工业占 11.0%，重工业占 4.5%。原煤产量为 0.32 亿吨，发电量为 4.3 亿度，原油产量为 12 万吨，钢产量为 15.8 万吨，化肥产量为 0.6 万吨。为了改变我国工业基础过于薄弱的状况，打破帝国主义的经济封锁，使我国走上独立自主的经济增长道路，更重要的，为了实现较高的经济增长速度，在尽可能短的时间内赶上发达国家的发展水平，我国利用国家的干预作用，通过工农业产品不等价交换的手段，强制积累，实行了优先发展重工业和基础工业的倾斜的产业结构政策。这种政策执行的结果，到 70 年代后期，工业实力急剧扩大，国民收入中工业比重从 70 年代初就超过了农业，1978 年已是农业的 1.3 倍，制造业占国内总产值的比重超过一般发展中国家，甚至高于发达国家，基本建立了比较完整的工业体系，产业结构发生了根本变化。与此同时，近 30 年中我国经济增长保持了比较高的平均速度。1950—1977 年的 28 年间，工业年平均增长速度为 13.5%，同期苏联为 9.7%，美国为 4.5%，日本为 12.4%，西德为 6.9%，英国为 2.3%，法国为 5.2%，印度为 6%。农业年平均增长速度我国为 4.2%，苏联为 3.3%，美国为 1.9%，日本为 2.7%，西德为 1.8%，英国、法国为 2.2%，印度为 2.7%。当然实行上述产业结构政策，既有促进我国经济增长的一面，同时也造成了产业结构的失衡：重工业畸重，轻工

业过轻，农业发展比较缓慢。但是能否因此就全面否定这种做法？我认为是不可以的。

作为典型的后起国，面临特殊的国际经济环境，我国经济不可避免地带有赶超经济的色彩，而要获得较高的经济增长速度，争取在短期内赶上发达国家，靠投入资源总量的增长是行不通的。因为我国是在人均国民生产总值不足 100 美元，国民收入总量水平比较低的情况下发动经济增长的，因而可用来进行建设的资金与发达国家相比，显然处于劣势。所以，我国只有通过推动产业结构转换，向结构要效益，要高速度。根据前面的分析，与农业相比，工业技术进步速度比较快，科学技术应用有更为广阔的天地，因而劳动生产率、资源使用效益比较高；与轻工业相比，重工业技术进步速度更快，劳动生产率和资源使用效益更高。再加上重工业在工业生产体系中的基础地位，在当时一穷二白的基础上，只有优先发展生产资料生产，才有可能开展大规模社会主义工业建设。所以，要使中国经济以较高速度增长，必须实行重工业超前发展的政策。况且，由于我们以上所述的后发优势、巨国效应、社会主义较高的经济组织程度，使这种倾斜的产业结构政策的实施有了一定的客观条件。事实上，后起国在发动现代经济增长的初始阶段，出现一定程度的结构偏差，毋宁说是一种正常现象。日本是如此，苏联也是如此。当然日本获得了空前的成功，我国与苏联的结果不太理想。但是正如周其仁等同志的分析，我国的问题不是出在结构偏差上，而是在于结构偏差与产业关联、经济体制、进出口政策以及发展战略的其他方面是不协调的。在资金有限的情况下，只有优先发展重工业，尽快建立起大体完整的工业体系，才能缩短由发动经济增长到进入高速增长的时间。反之，如果走先行国的老路，等农业充分发展以后，再着手发展轻工业，轻工业充分发展后，再建立重工业，过程会更长。马克思主义者应该审时度势，根据变化了的条件选择最佳的经济增长道路。至于当重工业得到一定发展后，再回过头来改善农业生产条件，完善与提高轻工业生产体系，与农业→轻工业→重工业的产业结构自然转化过程相比较，并不只是简单的次序颠倒。因为当基本的重工业部门建立起来以后，就具备了一种装备国民经济各部门的技术能力，可以迅速实现农业的现代化，迅速提高轻工业的技术水平，缩短整个国民经济现代化的进程，从而使经济提前进入高速增长阶段。

那么，重工业优先发展的产业结构政策只是在一个特殊阶段内是符合规律的，因而是有利于经济增长的，还是在社会主义经济增长全过程都是适用的，因而发挥着促进社会主义经济增长的作用？问题这样提出来之后，通过对近30年我国产业结构政策的反思，可以发现有许多教训是弥足记取的。

可以作出如下判断，把重工业优先发展这一仅仅适用于社会主义经济增长早期阶段的做法当作在社会主义经济增长全过程都适用的普遍规律来对待，是近30年我国产业结构转换过程中出现种种失误的认识论的根源。正是在这种思想指导下，形成了农、轻、重比例失调，工业内部重工业畸重、轻工业过轻，第三产业萎缩等多种顽症并存的产业结构，不仅影响了前30年经济健康增长，而且虽经调整，其结构惯性仍然给产业结构优化造成了巨大障碍，阻碍着我国目前与今后经济的健康增长。这一点在后面我们将涉及。这里我们先总结一下在上述思想指导下，我国产业结构转换中的若干重要教训。

第一，近30年来一直强调重工业优先发展，采取挖农业的方法积累资金，保证重工业的发展，导致30年来我国农业生产发展缓慢，生产条件落后的局面。而农业的落后，严重地拖了经济增长的后腿。根据后起国经济增长的规律，在重工业得到一定发展之后，本来应该回过头来利用已经形成的技术条件，改善农业生产条件，比如为农业提供高水平的农业机械、高效的化肥、农药等，并且要等价交换，使农业通过内部积累具有改善生产条件，扩大生产规模的能力；同时，国家应该拿出一部分工业积累用来发展农业。但是恰恰相反，30年来我国一直把重工业作为发展重点，重工业不仅不拿出一部分力量支持农业发展，而且仍然通过不等价交换从农业获得积累资金，以保证重工业发展。直到1978年仍要搞"十个大庆""十个鞍钢"。这种做法导致了我国农业严重落后的局面。而社会主义经济高速增长是不可能建立在落后的农业基础之上的。因为首先，农业生产水平低，轻工业得不到足够的原材料，不能充分发展；其次，农业落后使占总人口80%以上的农民生活水平提高缓慢，工业发展就缺乏广阔的市场；再次，农业生产落后，商品率低，不能提供足够的粮食和副食品，无法扩大工业就业人口；最后，农业增长缓慢，即使工业增长较快，除以8亿农民这个巨大的分母，人均增长速度就比较可怜了。这正是近30年来，国民生产总值增长速度并不低，但人均收入增长速度不高的真实原因。

第二，在工业内部，一味强调重工业的发展，忽视轻工业的发展，造成工业内部重工业过重，轻工业过轻的产业结构。重工业优先发展并不等于可以脱离轻工业孤立发展。相反，在重工业发展的同时，轻工业也应该得到相应的发展，重工业应该以轻工业为服务对象，为轻工业提供适用的，先进的技术和设备。因为只有以轻工业、农业为服务对象，才能建立起产业间的关联关系，重工业的优先发展，才能带动整个经济的增长，达到重工业优先发展的目的。另外，只有在重工业发展的同时，轻工业也得到相应的发展，重工业才能有进一步发展的市场。近30年来，我国走的是一条重工业孤立发展的路子，形成了"重工业自我服务""轻工业自我奋斗"两个互不关联的独立循环体系。这样，一方面，重工业的发展不能带动轻工业的高速增长，从而整个经济增长达不到应有的速度；另一方面，使我国经济陷入了一种恶性循环：由于重工业孤立发展，不以轻工业为服务对象，因而重工业经常出现生产能力闲置，要使闲置的生产能力得到吸收，就必须进一步扩大生产资料生产规模；生产规模扩大，造成进一步的生产能力过剩，要求进一步扩大投资。这种恶性循环造成两大严重后果：一是重工业越来越重，产业结构越来越不合理；二是投资规模越来越大，投资效益越来越低，不仅影响了人民生活水平的提高，使经济增长所要求的市场变得狭窄，另外也直接降低了资源利用效益，降低了经济增长速度。

第三，只重视扩大重工业的规模，提高重工业在国民生产总值中的比重，而忽视重工业的技术改造。重工业的发展，只有数量上的简单扩张，而技术水平的提高则不明显。因此造成我国产业结构的虚高度化：从数量上看，重工业与加工工业比重不小；从技术结构上来看，都相当落后。这种产业结构在人们消费结构尚未改变之前，在市场机制尚未引进经济生活时，看不出它的严重危害。一旦人们的消费转向高质量、高档次的消费品，向多样化发展时，就会发现重工业部门无法适应经济增长的需要，为消费品工业发展提供需要的设备、技术和原材料，为经济增长作出应有的贡献。1984年以来，我国下游产业高速增长所产生的需求，发生外溢到国际市场的现象，与我国加工工业的"虚胖"有重要关系。这一点后面还要分析。

第四，把产业表层结构的转换当作产业结构转换的全部任务，把注意力全部放在提高重工业比重上，忽视了产业深层结构的转换，即各产业内部结构的转换。这样不仅造成了农、轻、重结构失衡，而且产业深层结构发生了严重偏差，破坏了整个社会再生产的合理比例，妨碍了社会主义经济的协调增长。如在农业内部，强调种植业发展，忽视林、牧、副、渔各业的发展；在种植业内部，以粮为纲，抑制棉花、油料等经济作物的发展。这样，一方面无法根据不同的气候、土壤等条件，因地制宜，降低了农业生产效益；另一方面，没有林、牧、副、渔各业的发展，粮食生产失去了其他各业的支持，投入不足，也不能真正过关。又如在重工业内部，片面强调"以钢为纲"，使钢铁工业突出发展，忽视其他原材料和能源生产，造成加工工业开工不足，生产能力闲置，影响了重工业以及整个工业的健康增长。

二、产业结构现状和形成机制分析

1. 我国产业结构现状。

党的十一届三中全会以来，尤其是"六五"计划时期，我国花了很大力气调整不合理的产业结构。经过几年的努力，与1978年相比，我国产业结构尤其是产业结构的第一层次得到了大大改善。

——三次产业之间关系得到了改善。"六五"期间国内生产总值年平均增长 10%，其中第一次产业年平均增长 10%，第二次产业年平均增长 9.4%，第三次产业年平均增长 12.6%。到 1985 年，第一次产业和第二次产业在国内生产总值中所占比重分别由 1980 年的 34.5%、19% 上升到 35.9% 和 21.8%。开始扭转了第一次产业停滞徘徊，第三次产业相对萎缩，第二次产业畸形发展的局面。

——农轻重比例关系基本协调。"六五"期间，农业生产总值每年平均增长 11.7%，比 1978 年前 26 年的 3.2% 提高 8.5 个百分点；轻工业每年平均增长 12%，也大大高于 1978 年前 26 年平均 9.1% 的增长速度。到 1985 年，农业总产值占工农业总产值的比重由 1978 年的 27.8% 上升到 34.3%；轻工业比重由 1978 年的 31.1% 降为 30.7%，重工业比重由 1978 年的 41.4% 下降为 35%。

——农业内部产业结构大大改善。"六五"期间，种植业增长速度较快，而林、牧、副、渔各业增长更快。在农业总产值中，种植业比重由 1978 年的 67.8% 降为 1985 年的 49.8%，而林、牧、副、渔四业的比重则由 32.2% 上升到 50.2%；种植业结构也发生了较大变化，粮食产值占种植业的比重由 1978 年的 76.7% 降到 1985 年的 62.4%，经济作物的比重则由 11.9% 提高为 20.5%。

——能源、交通运输、邮电通讯、原材料等短线产业获得了较大发展。1985 年交通运输部门各种运输工具完成的货物周转量达 1667 亿吨公里，比 1980 年增长 44.8%，旅客运输 1985 年比 1980 年增长 87.7%，1985 年邮电业务总量为 29.6 亿元，比 1980 年增长 59.1%；"六五"期间能源生产以年平均 6.1% 的速度递增，1985 年一次能源生产实际为 85538 万吨，比 1980 年增加 21817 万吨。

但是，必须指出，目前我国产业结构尤其是深层结构中仍存在着严重不合理现象，在某些方面，甚至矛盾更加尖锐，产业结构不合理，已成为我国经济增长的严重障碍与隐患。

——农业基础仍然比较薄弱，二元结构状况未能根本改变。1984 年是我国粮食生产水平最高的一年，人均占有粮食接近 400 公斤。这几年由于对农业投入不足，粮食价格仍然偏低，农民种粮积极性不高，农业生产条件没有得到根本改善，农业劳动生产率低，再加上耕地面积连年大幅度缩减等等原因，粮食生产出现了徘徊局面，始终未达到 1984 年的总产量水平。目前粮食生产情况与人民生活需要之间的矛盾已经变得非常尖锐，随着人民生活水平提高，问题会变得愈加严重。截止到 1986 年，农业劳动力占就业总人口的比重仍然高达 60% 以上，农村中仍有 30% 的剩余劳动力，二元结构问题仍未解决。农业生产落后与二元结构状况从几个方面影响着我国经济增长：农业商品率低，不能为工业提供足够的粮食和原料，工业既因缺少原料不能扩大生产，又因粮食供应不足，无法增加工业就业人口，扩大生产；农业生产落后，农民收入水平提高缓慢，工业增长将受到市场需求不足的限制；农业人口占绝大多数，而农业技术进步较缓慢，农业劳动生产率较低，因此即使工业增长速度较高，人均国民经济增长速度也上不去。

——"瓶颈"效应有所扩大，成为经济增长的"血栓"。我国基础产业如能源、原材料、交通运输、邮电通讯落后是一个老问题。近几年尽管在这方面做了很大努力，但是由于种种原因，问题非但没有解决，反而更加尖锐了。电力供应更加紧张。1981 年全国发电用电设备的容量比为 1：2.11，到 1985 年这个比例提高到 1：3.30。1986 年全国缺电 600 亿—700 亿度，至少有 20%—30% 的生产能力得不到正常发挥，每年损失产值约在 1500 亿元以上。原材料工业与加工工业比例严重失调。这一方面是由于原材料工业增长速度落后于加工工业生产能力增长速度，两者的速度比 1979—1985 年为 1：1.29；另一方面由于加工工业中，技术水平低、耗用原材料量大的加工工业所占比重由"一五"时期的 45% 上升到 1985 年的 53%。我国钢材自给率，"五五"时期为 81.5%，"六五"则下降到 78.3%，进口用汇居第一位。交通与通讯更加紧张。1985 年，铁路日均装车只能满足需要的 70%，有 1.3 亿吨煤待运，客运有 1 亿旅客超载运行；通讯业积欠更多，电话装机增长与工业增长不成比例。1949—1981 年美国为 1.42：1，日本为 1.45：1，西德为 1.73：1，法国为 1.85：1，我国仅为 0.14：1。

——短缺与积压并存。这首先表现为基础产业短缺，原材料供应紧张，交通运输、邮电通讯能力落后。与此同时加工工业这几年迅速膨胀，生产能力严重闲置，形成"倒金字塔型"的产业结构。如1986年我国造船工业的订货只及计划产量的一半，卷烟、自行车、缝纫机的生产能力过剩率分别达到40%、20%和50%。其次还表现为每一产业内部同样是短缺与过剩并存。在长线产业中，存在着过剩与短缺并存，在短线产业中，也存在着严重的库存积压的情况。如机床工业是机械工业中的长线，有近50%的生产能力闲置，但是1985年我国进口机床用汇额竟高达4亿美元，尤其应该引起注意的是，普通机床的比重占机床进口量的75%（用汇25%）。再如钢铁工业是我国经济中的短线，仅1985年就进口1800万吨，相当于当年国内生产量的一半，用汇水平相当于当年出口石油的换汇额，这两年钢材仍有很大缺口。但是与此同时，钢材库存量也很惊人。1986年1—9月份，钢材库存量超过30%，[①] 全年钢材库存量达2900万吨。

——主导产业尚未形成，经济增长缺少带头产业。在发达国家经济增长过程中曾经发挥主导产业作用的轻纺、重化、电子、建筑等产业部门，在我国有的尚未发育成能够带动整个经济增长的主导力量，有的产业周期的高峰已经过去再也不可能成为主导产业。如纺织工业，其收入需求弹性不断降低，产值占工业产值的比重开始降低，在1984年已经降为15.4%，不仅低于1957年的18.2%，而且低于1965年的15.8%的水平。我国电子工业起步较晚，技术基础落后，虽然增长速度较高（1982—1984年平均增长速度为25.3%），但绝对额仅为233.85亿元，占工业产值的3.3%。因此，电子工业增长10%，整个工业产值仅增长0.3%，也起不到带动整个经济增长的作用。建筑业由于我国住宅使用的福利化制度，如果住宅商品化迈不出重大步伐，也难以形成主导产业。

所有这些结构性的矛盾，在投资不断扩大，进口增加的情况下，对我国经济增长的制约作用显得不太突出，而一旦采取紧缩财政、信贷，压缩原材料、半成品进口的措施，我国产业结构不合理状况马上

---

① 金谷:《产业结构及其对策》,《经济工作者学习资料》1987年第27期。

暴露了出来。1986 年上半年工业增长的陡降，说明产业结构调整已成为我国经济增长的关键。

2. 现行产业结构形成的机制分析。

仅仅指出我国目前产业结构存在的问题，还只是停留在表面层次上。要针对我国产业结构优化问题提出可行的对策，必须深入一步，对当前产业结构不合理状况的形成机制进行分析。我国农业落后的原因相对来说不太复杂，而且这方面的研究也比较充分。因此，我们重点分析一下工业内部结构偏差形成的机制。

（1）现行经济管理体制是造成目前产业结构不合理状况的重要原因。几年来的改革，使企业逐步摆脱行政机构隶属物的地位，向独立的商品生产者转化，开始具有利益主体的特征。财政分灶吃饭的结果，使地方政府也有了自己独立的利益，成为国家、企业、个人以外的又一个利益主体。因此，企业和地方的投资方向除了受中央计划等非价格信号引导外，市场机制对它们的投资决策发生着越来越大的影响，追求投资效益已成为企业和地方政府投资行为的一个重要特点。但是我国经济增长的瓶颈主要集中在能源、原材料、交通运输、邮电通讯等基础产业。这些部门投资的周期长，见效慢，价格或收费标准偏低，因此投资效益低于加工工业，尤其是生活消费品工业（见表6）。地方与企业投资多向加工工业流动，而不愿投入基础产业是明摆着的。再加上基础产业的投资初始规模大，也给企业、地方资金的进入造成了一定困难。这些情况使得企业和地方投资指向加工工业，消除瓶颈的重担主要落到了中央财政投资上。但是向企业让利和财政分灶吃饭的结果，中央财政收入占国民收入的比重大为降低，拿不出足够的资金用来发展基础产业。事实上，这几年基础产业投资增长速度是下降的。如电力投资占总投资额的比重 1980 年为 10.4%，1985 年降为 9.1%；"六五"期间交通运输的投资只占总投资的 13.3%，低于"一五""二五""三五""四五"时期；原材料工业投资的比重"五五"时期为 18.5%，"六五"时期降为 14.7%。[①]与此相适应，发电量平均

① 国家经委产业政策课题组《2000 年中国工业交通产业政策的研究报告》内部征求意见稿。

增长速度 1979—1985 年为 7%，低于"一五"21.5% 和 1958—1978 年 13.6% 的增长速度；原材料工业的平均增长速度，1979—1985 年为 7.7%，低于"一五"的 23.5% 和 1958—1978 年的 10%；运输业占社会总产值的比重，1978 年为 3%，1980 年为 2.9%，1985 更降低为 2.7%。[①] 这样，一方面是基础产业增长速度放慢，一方面是加工工业急剧增长，其结果是"瓶颈效应"的扩大。

表6　各部门固定资产原值利税率　　　　单位：%

重工业	部门	电力	煤炭	石油	基本化工	工业设备	非金属矿	交通设备	冶金
	利税率	15.1	1.97	34.35	22.18	13.56	12.65	13.26	16.80
轻工业	部门	日化	日用金属品	食品	纺织	缝纫	皮革	文教和造纸	
	利税率	60.65	53.07	72.11	37.43	54.53	28.32	27.46	

资料来源：根据盛洪等《非主导性轻型化——当前我国产业结构的若干问题》整理，中国经济体制改革研究所《经济体制改革研究报告》1985 年 11 月 30 日。

那么，这是否意味着只有倒退到改革前的状况才可以使问题得到解决呢？完全不是。上面所说的情况，毋宁说是旧体制打破、新体制尚未健全，改革不够彻底的结果。因此解决问题的出路在于进一步深化改革。

这几年"瓶颈效应"扩大的原因概括起来一句话：在投资主体出现多元化的情况下，基础产业投资仍大体保持着一元化的格局——中央财政仍担负着绝大部分投资。造成这方面情况的体制方面的原因主要有以下几个方面：首先，是价格体系不合理。在新旧两种体制共存的情况下，宏观经济控制上有这样的特点：越是短缺的部门，国家控制越严。几年来国家对基础产业的价格和收费标准的控制始终没有松动，因此这些部门价格和收费标准偏低的状况没有改变。而对长线产

[①]　周叔莲：《试论中国当前的产业结构和产业政策》，《经济工作者学习资料》1987 年第 20 期。

业，如加工工业控制则比较松，一些产品的价格本来就偏高，现在又进一步提高，使加工工业利润明显高于基础产业。这就必然引导企业和地方投资流向加工工业，使加工工业能力急剧膨胀。由于中央财政收入的相对减少，无法相应扩大基础产业的能力，于是这几年产业瓶颈不是缩小，而是进一步扩大了。所以，要消除瓶颈，其中重要的一条就是调整价格体系，把企业、地方资金吸引到基础产业中来。其次是横向联系不发达，阻碍了资金的流动与集中，使企业和地方资金难以突破基础产业的进入壁垒。我国目前地区、部门所有制的状况并未根本打破，由于地方自主权的扩大，甚至有所加强，各地区、部门之间互相隔离、各自为政、自成体系的情况依然存在。因此，要集中资金建设一些大家都得益的基础建设项目，阻力重重，大家只好用这些分散的资金搞些加工工业。这也是这几年加工工业急剧膨胀，基础产业投资不足的一个重要原因。由此看来，要解决经济增长中的"瓶颈"问题，使基础产业有足够的投资，建立横向经济联系和资源配置网络是十分重要的一个方面。

（2）产业之间关联传导机制阻塞是产业结构不合理的又一重要原因。近年来我国经济生活中开始出现了市场需求引导供给结构变化，拉动经济增长的新作用机制。如这几年我国城乡人民收入水平提高，消费结构发生了重大变化，引起了家用电器、高档家具等加工工业部门的迅速增长。但是这些部门的增长所创造的供给与需求并没有通过前向联系、后向联系引起关联部门的相应增长，在我国没有发育成为主导产业，整个经济增长未能达到应有的速度，我们称这种现象为产业间关联传导机制阻塞。为什么会出现这种现象？既有技术结构方面的原因，又有体制方面的原因。首先是技术结构不合理。三十几年来我国一直采取重工业优先发展的战略，重工业自我服务，轻工业自我奋斗，形成了两个独立的循环体系。重工业是按其自身发展的要求，确定其技术发展纲领的，不考虑轻工业发展的技术需要。这样，在上游产业与下游产业之间横亘着一个技术断裂层。因此，当消费品工业需要上游产业提供新技术、新材料、新设备时，上游产业不能及时作出反应，进行生产技术上的调整，满足下游产业的需求。并且，我国多年来经济增长是数量型的，反映在重工业中，是只求规模扩大，不求技术水平提高和技术结构改变，只是具备一种简单复制原有技术的能力，缺乏创新能力。因此，当下游产业需要它提供新材料、新技术、新设备时，就显得无能为力。由于产业间技术断层的存在，某些产业迅速增长所创造的需求无法从我国产业体系内部得到满足，只好转向国际市场，它们就失去了成为主导产业、带动整个经济高速增长的机会。其次是体制方面的原因。技术结构方面的障碍并非不可克服，关键是体制上的不合理使上游产业缺乏技术进步的动力与能力。一方面国家对上游产业控制较严，导致企业自我制造、自我发展能力差；另一方面既然国家控制比较严，相应地上游产业向商品生产者迈进的步伐要小一些，因而企业预算约束软一些，受国家保护更多一些，再加上上游产业经常处于买方市场，市场需求大于供给，企业也就缺乏进行技术改造的内在动力与外在的市场压力。再次，由于我国分配制度方面平均主义现象比较严重，这既表现在工资收入水平差别不大，又表现为福利性收入在职工实际收入中所占比重过大，造成居民在收入水平上拉不开档次。再加上国外消费水平的示范效应和社会团体消费在社会总消费中占了比较大的比重，在我国形成了发达国家历史上没有出现过的消费现象：需求的同步震荡——由于居民的消费水平居于差不多同一个层次，因此在一个时期内，全社会购买力集中指向同一种或几种消费品，对某种或几种消费品的需求高潮形成快，衰减也快。这样往往上游产业来不及完成技术上的改造，以适应下游产业的需要，消费高潮已经来到。而刚刚完成了技术上的调整，消费高潮已经过去。如我国黑白电视机市场就是一个典型的例证。这种状况也给产业间需求传导造成了很大困难。

由于产业间关联传导机制阻塞，下游产业快速增长引起的需求增长无法在国内市场上得到满足，只能靠进口原材料、元器件、生产线来满足。这就是近几年我国经济增长的进口依存度提高的原因。1977年国民经济增长的进口依存度为1.6%，1985年则提高为53.3%。进口依存度提高的结果，一方面由于需求外泄使我国新兴产业不能成长为主导产业，失去了经济高速增长的机会；另一方面，经济增长过分依赖于外汇收入状况，一旦紧缩进口，国内工业增长就发生大的滑坡，破坏了我国经济增长的稳定性。1986年经济增长的跌落已经发出了危险的信号。由此看来，消除产业间关联传导的梗阻，实在是我国经济增长高速进行的关键所在，是我国产业结构优化的重要任务。

（3）在运用经济杠杆体系进行宏观调控时，不能很好地体现产业结构调整的要求。产业结构调整是有关经济长期增长和宏观全局的大动作。要达到产业结构调整的目标，不仅要根据市场需求变化确定产业结构调整的方向，并通过市场机制实行资源的重新配置，而且必须利用国家的宏观经济调控职能，制定产业结构政策，运用各种经济杠杆，促进产业结构向优化方向发展。我国一方面认识到了产业结构中存在的问题，规定了产业发展重点，另一方面某些财政、金融、税收等经济政策又与产业结构调整的需求相违背。

财政是宏观控制的重要手段，可以通过财政收入与财政支出两个环节影响产业结构。我国财政目前仍偏重于平衡职能，而对产业结构调整、优化则考虑较少。在收入环节上，对重点要发展的产业部门，控制反而更严，使它们缺乏自我发展、自我改造的能力。比如1984年在第二步利改税后，对电力工业的原有工商税改为产品税，把税率提高到25%的高水平，使电力企业留利水平急剧下降，超过了企业承受能力。在支出环节上，近年来瓶颈产业投资在总收入中的比重出现了反常的下降，这一点在前面已列举了详细的数字。

再说金融方面。我国价格体系的不合理是众所周知的，而且由于多种原因，近期内价格改革不会有太大动作。价格不合理必然造成各个产业部门的利润水平对比不合理。目前我国银行逐步转向企业化经营方向，这当然是对的，但是不能在强调经济效益的同时，放弃了宏观调节杠杆的作用。如果银行仅仅根据利润水平和资金回收周期确定贷款与否，那么基础产业就难以得到贷款支持，其增长就会受挫。再举电力方面的例子。1985年电力部门新增容量500万千瓦，银行贷款90亿元，按其售电量200亿度计算，电费收入减去税金、成本、利息外，收不抵支，更谈不上偿还银行本金了。1976 年 22 个电力建设项目由于建行拒绝贷款，几乎处于停工状态。经多方面融通，才解了燃眉之急。由以上分析可以看出，宏观经济调节如何配合产业结构调整，还有不少值得研究的问题。

第三节　推动产业结构转换，促进经济增长
——产业结构调整的主要任务和有关对策

通过对经济增长与产业结构之间关系的分析以及对我国产业结构现状的研究，必然得出的一个结论是：要争取中国经济健康增长，调整产业结构已成为当务之急。产业结构转换对经济增长的影响是长期性的，因此在确定产业结构调整目标时，一方面要从产业结构现状和当前经济增长需要出发，更要从经济长期增长出发，改变以短期平衡为目标，把产业结构调整等同于一般的填平补齐的做法，以国际经济关系及其变化作为空间背景，以 20—30 年甚至半个世纪为时间跨度，建立我们的平衡观念，确定我国产业结构调整目标。我国经济增长与产业结构转换具有明显的阶段性，在选择产业结构调整目标时，必须坚持以下原则：每个阶段产业结构调整要有重点，要从各阶段实际出发，同时根据经济增长的连续性特点，要使不同阶段产业结构调整交叉进行，保证各个阶段产业结构之间的衔接性。

明乎此，本节将指出我国产业结构调整的主要任务，并就如何实现产业结构调整目标，提出一些对策性建议。

一、我国产业结构调整的主要任务

作为典型的后起国，我国经济增长与产业结构转换有明显的阶段性特征。截止到 21 世纪中叶，我国经济增长与产业结构转换过程可划分为两个阶段：从现在起到 2000 年为第一阶段，其特点为：在此期间，人均国民生产总值为 400—800 美元，产业结构转换的主要任务是完成由二元结构向同质结构转换，经济增长速度为 7%—8%；从

2000—2050 年为第二阶段，人均国民生产总值在 1000—3500 美元之间，产业结构转换的主要任务是产业结构高度化，经济年平均增长速度可达到 10% 左右。由于两个阶段具有特征性差异，因此对不同阶段的产业结构调整，有必要分别加以讨论。

1.1988—2000 年：产业结构调整的重点。

（1）进一步发展农村经济，提高农业生产水平。按照经济增长与产业结构转换的一般规律，农业在国民生产总值中的比重是逐渐下降的。因此强调发展农村经济，尤其是强调发展粮食生产，似乎有点违反规律。其实任何规律反映的都是一种长期发展趋势，至于具体到历史发展的某一阶段，出现与长期发展趋势相背离的现象，恰恰是规律的一种实现形式。我国作为后起国，几十年来走的是一条工业、重工业优先发展的路子，农业基础始终比较薄弱，造成产业结构不合理的状况。现在回过头来补农业发展这一课，不仅有利于经济增长，也是为将来降低农业比重做准备。

我们这里所说的进一步发展农村经济，首先是指种植业尤其是粮食生产要有较大增长。在这个问题上，我们是有过教训的。1984 年我国粮食空前丰收，人均占有粮食接近了 400 公斤。由于多年来仓储条件和粮食加工条件的落后，当时一度出现了仓库盛不下、农民卖粮难的问题。一些同志为这种表面现象所迷惑，误认为我国粮食生产太多了，应该限制粮食生产，一度放松了对粮食生产的重视，造成了自 1984 年以来我国粮食生产徘徊不前的局面。其实如果用发展的眼光看问题，目前人均粮食占有量只是与温饱型消费水平相适应，随着我国人民收入水平的提高，对粮食的需求将不断增长。到 20 世纪末，我国将进入小康阶段，和那时的消费水平相适应，每人需占有粮食 500 公斤以上。从目前粮食生产的实际情况来看，到 20 世纪末要保持人均占有粮食 400 公斤的水平也是有很大困难的。因为，第一，到 2000 年我国人口将突破 12.5 亿，粮食生产必须达到 2500 亿公斤才能保住人均占有粮食 400 公斤的水平。截止到 1987 年，我国粮食生产尚未回升到 1984 年 4000 亿公斤的最好水平。第二，"六五"以来，我国耕地面积急剧减少，每年平均减少 737 万亩，1985 年一年就减少了 1500 多万亩，1986年又比1985年减少900多万亩。所以，在今后若干年内如果我国不采取强有力措施，切实改善农业生产条件，粮食供应与需求之间的矛盾会变得日益尖锐，粮食问题将成为我国经济增长的一大障碍。

要从根本上解决我国农业生产问题，需要从多方面着手。一是要增加投入。这里一方面是说国家要挖掘潜力，在可能的情况下，再拿出一点力量支援农业；另一方面是指要建立一种新的机制，使农民手中掌握的收入变成农业投资，进入农业再生产过程。事实上，这几年由于农产品提价，农村工、副业发展等原因，农民手中的收入大幅度增加，但是其中很大一部分变成了消费基金、银行储蓄，或者投入了非农产业。如果把这几部分收入吸引到农业中来，那将是一个巨大的数目，农业投资不足的问题就可以得到解决。所以看来解决农业投资不足的问题，更重要的还是在农村经济内部做文章，建立农村经济内部的资金流动机制。二是工业要大力支持农业，保证农用机械、农药、化肥、柴油等农用物资的供应，并且在价格上要合理，以免提高农业生产成本，挫伤农民种粮积极性。三是选准时机，调整粮食价格，保证农民种粮所得收入与从事其他工、副业所得收入大体上差不多。

其次，进一步发展农村经济，还包括大力发展农村工业和其他非农产业，实现农业劳动力向其他非农产业的转移，完成由二元结构向同质结构的转变。经过几十年工业化建设，我国农业产值在社会总产值中的比重大为降低，由1950年的56.2%降低为1985年的28.1%。但是工业化的任务并没有最后完成，其突出表现是农业劳动力占社会总就业人口的比重仍高达63%以上。这个问题不解决，如上文所述，必然成为我国经济进一步增长的障碍。我国的具体情况是，城市工业和第三次产业的发展，解决城市就业尚感捉襟见肘，更不要说吸收农业剩余劳动力。因此，发展乡镇企业（工业和其他非农产业）这一中国农民的伟大创造，便成为我国解决二元结构问题的特殊道路。几年来，我国乡镇企业蓬勃发展，到1987年，农村工业总产值已超过农业总产值，到"六五"计划期末吸收了7000万人就业，在改变二元结构中发挥了重要作用。当然这几年乡镇企业发展中出现了一些问题，但是这些问题都是可以解决的，不能因为问题的存在而否定这条道路的正确性。因此，我认为今后乡镇企业必须有一个大的发展，这是中国产业结构变化与经济增长的客观要求。不过，为了充分发挥其积极作用，要从以下几个方面加以引导：第一，注意发挥农村劳动力多的优势，发展劳动密集型产业，并利用成本低的优势积极打入国际市场，建立外向型经济。目前国际产业结构正在调整，已经或将要让出一部分传统产品市场，我们要抓住这个机会，使我国农村工业获得一个大的发展；第二，根据就原料产地，就商品市场的原则，大力发展农副产品深度加工；第三，按规模经济原则组织生产，开展企业之间的联合与合作，进行专业化生产；第四，重视技术改造，提高乡镇企业的生产技术水平，降低原料、能源消耗，提高产品质量；第五，对国营企业和乡镇企业一视同仁，开展平等竞争，实行优胜劣汰。

（2）加强基础产业建设，消除"瓶颈"效应。如前所述，能源、原材料短缺，交通运输、邮电通讯落后是我国当前经济增长的重大障碍，因此是当前产业结构调整的重点之一。要使基础产业获得大发展，彻底消除产业瓶颈，必须从以下几个方面做好工作：第一，正确认识产业发展的规律，提高关心与支持基础产业发展的自觉性。顾名思义，基础产业是工业乃至整个国民经济发展的基础，必须先行发展。只有基础产业上去了，建立一种基础产业能力大于加工工业能力的"金字塔"形结构，加工工业形成的生产能力才能充分发挥出来，经济才能健康增长。发达国家在经济增长过程中，是按这种顺序构造产业结构的。我国几十年来加工工业一直超前发展，尤其是这几年加工工业发展更快，形成了"倒金字塔"型结构，结果规律使然，又要回过头来发展基础产业，已形成的加工能力大量闲置，造成了很大浪费，教训是深刻的。第二，扩大对基础产业的投资。为此，首先中央财政要挖掘潜力，尽可能扩大对基础产业投资，并且要改变过去建设项目资金一年一核拨的做法，改作一次核定，逐年滚动，保证基础产业投资不被挤占或挪用。其次，由于中央财政实力削弱，但包袱越背越重，因此要保证基础产业有足够投资，必须动员企业、地方资金参加基础产业建设。这就需要建立一种宏观利益机制，有效地引导企业、地方资金的流向。第三，从能源、原材料消耗、运输能力使用方面做文章。一方面要严格禁止技术水平低、能源、原材料利用率低的新项目上马，对一部分已形成生产能力，能源、原材料浪费严重的项目，令其停止使用，以保证急需，提高基础产业能力的利用效率；另一方面，要大力开展技术改造，降低加工工业能源、原材料消耗水平和运输能力利用水平。

（3）改造传统产业，解决产业结构高度化问题。"十三大"报告在谈到我国产业结构调整问题时指出："我国国内市场广阔，传统产业存在着很大发展余地；对外开放的不断扩大，又为我们充分利用国外先进技术提供了广泛的可能性。要把这两方面的有利条件很好地结合起来，以运用先进技术改造和发展我国传统产业为重点，同时注意发展高技术新兴产业，带动整个国民经济向前发展。"这就为我国今后一个时期产业结构调整指明了方向。

在国外传统产业（又称夕阳工业）趋于衰落，知识、技术密集产业迅速发展的情况下，我国为什么还要把改造与发展传统产业作为产业结构调整的重点？这是由我国国情决定的。

首先，我国现在刚刚解决了人民温饱问题，在今后一个时期内，市场大量需要的是传统消费品。即使到20世纪末，按"十三大"提出的战略目标，我国人均国民生产总值也只有800—1000美元。根据对国外同一发展水平上消费结构的比较研究，传统消费品仍占绝大比重，钢铁、汽车、机械制造、建筑等传统产业仍有广阔的发展余地。我国是一个巨国，国内市场广阔，即使在国际市场对传统产业需求下降的情况下，国内市场也足以支持传统产业的发展。从另一个角度来分析，我国这样巨大的传统产品市场，在国际产业结构调整的情况下，主要靠进口来满足是不现实的。需求结构决定生产结构。今后十几年把改造与发展传统产业作为我国产业结构调整的重点是切实可行的。

其次，我国经济增长中存在的一个重要问题是缺乏主导产业。其根源在于上游产业技术水平与创新能力低，导致产业间关联传导机制阻塞，一个产业的增长不能带动其他产业增长。如果通过技术改造，提高了上游产业的技术水平与创新能力，重新建立起产业间关联机制，那么当某一新兴产业高速增长时，就有了能带动一批产业的相应增长，就可以形成新的主导产业。而主导产业的形成，是一国经济高速增长的重要条件。

再次，经过近 30 年工业、重工业优先发展，我国产业结构中工业、重工业已占优势比重，仅从数量关系看，我国产业结构已达到了相当水平的高度比（见表 7、8），但是我国产业结构的技术结构却是相当落后的。以作为国民经济技术装备部门的机械行业为例，1985 年机械工业占工业总产值的比重已达到 26.9% 的水平，但是从技术水平来观察，如一些同志所称谓的，只不过是一个"虚胖子"。三十几年来生产的金属切削机床全部用来增加拥有量，极少有淘汰销毁，导致机械工业设备陈旧，在拥有的几百万台机床中，绝大多数是普通机床，大型、高精度和数控机床只占 4.2%（日本为 60% 以上）。1985 年我国机床进口用汇达 4 亿美元。这说明我国目前经济增长的关键不是铺新摊子、上新项目，而是搞好对传统产业的技术改造，解决产业结构虚高度化问题，发挥现有生产能力。在我国资金紧张的情况下，把经济增长和产业结构调整的重点放在对传统产业的改造上，可以取得事半功倍的效果，可能是一条行之有效的道路，同走以内涵扩大再生产为主的路子的指导思想是吻合的。

表 7　工农业总产值构成

	以工农业总产值为 100				以工业总产值为 100	
	农业 总产值	工业 总产值	轻工业 总产值	重工业 总产值	轻工业 总产值	重工业 总产值
1978	27.8	72.2	31.1	41.1	43.1	56.9
1980	30.8	69.2	32.6	36.6	47.2	52.8
1985	34.3	65.7	30.7	35.0	46.7	53.3

表 8　主要工业部门结构变化　　　　　单位：%

	1978 年	1980 年	1985 年
工业总产值	100	100	100
其中			
冶金工业	8.7	8.6	8.0
电力工业	3.8	3.8	8.3
煤炭	2.8	2.3	2.3
石油	5.5	5.1	4.5
化学	12.4	12.5	11.2
机械	27.3	25.5	26.9
建材	3.6	3.6	4.2
森林	1.8	1.7	1.6
食品	11.1	11.9	11.5
纺织	12.5	14.7	15.3
造纸	1.3	1.3	1.3

资料来源：表 7、表 8 均引自周叔莲：《试论中国当前的产业结构和产业政策》，《经济工作者学习资料》1987 年第 20 期。

（4）在改造与发展传统产业的同时，有重点地扶持新兴高技术产业的发展。在经济增长的不同阶段，产业结构的调整必然有所偏重。但是，经济增长是一个连续的过程。与此相对应，新的产业结构总是在原有产业结构基础上成长发育起来的，原有产业结构总是包含着新兴产业结构的因素。因此，在经济增长过程中，产业结构调整又必须是跨阶段、交叉进行的。我国要在 2000 年以后进入高速增长阶段，今后十几年内必须采取措施，扶持一至几个高技术新兴产业部门。首先，随着世界新技术的蓬勃兴起，一系列高技术新兴产业迅速出现，传统产业正日趋衰落，发达国家目前都在积极调整产业结构。我国经济今后要逐步向外向型发展，对国外产业结构变化必须作出积极反应。我们一方面要利用发达国家让出的一部分传统产品市场和它们的先进技术，改造和发展我国传统产业，使现有生产能力充分发挥作用；另一方面又必须与国外同时起步，建立相应的新兴高技术产业，为21世纪我国产业结构高度化奠定基础。否则，进入21世纪，国外产业结构调整完成了，整体技术水平大大提高，进入自动化、信息化阶段，而我国才刚刚起步调整以"大烟囱工业"为主体的产业结构，那么我国与发达国家在技术水平上的差距将更大，谈不上以高于发达国家的速度增长，我们发展水平会更加落后。其次，随着经济增长，人们收入水平不断提高，消费结构会发生变化。到2000年我国人均国民生产总值将达到800—1000美元，进入21世纪会达到更高水平，届时我国需求结构将发生深刻变化，与现在相比，传统产品的国内市场将缩小。从国际市场来看，产业结构调整的结果，高技术产品与市场份额会越来越大，传统产品需求量减少，资源替代的可能性越来越小，我国劳动力资源丰富将不再是重大优势。所以，如果到2000年以后再着手建立高技术产业，我国经济增长必然面临市场方面的困难，陷入更被动的局面。

从当前新技术革命发展情况和我国技术水平来看，建立一个或几个占优势地位的高技术产业，完全是有条件的。与以往历次技术革命只是在某一特定领域发生，新兴产业之间往往有很强的依存关系不同，新技术革命引起了许多方面技术上的突破，产生了多维平行发展的新兴产业群。在这种情况下，任何国家都不可能在所有领域都占领先地位；从另一个角度说，一个国家虽然不可能在所有领域独占鳌头，却可以集中人力、物力在一个或几个领域首执牛耳。这就是说，新技术革命使得新技术领域的竞争不那么集中，为技术、经济水平相对落后国家进入新兴高技术产业创造了条件。我国技术水平在总体上比较落后，但在某些领域水平并不低，如在航天技术方面，我国已掌握了卫星回收技术；在电子计算机方面，我国已拥有每秒可运算亿次的巨型机种。因此，只要我们集中力量，在今后十几年内，完全可以在一两个领域内保持技术上的领先地位。

2.2000—2050 年：产业结构调整重点。

经过十几年的经济增长和产业结构调整过程，到 2000 年，我国经济的二元结构性质将得到改变；农业得到较大发展，在生产条件上与工业的差距将大大缩小；基础产业已经可以满足其他产业部门的要求，瓶颈消除；人均国民生产总值达到 800—1000 美元；新的体制模式基本上形成；人民文化教育水平有较大提高。总之，到那时我国具备了经济快速增长的条件。与此相适应，产业结构转换也进入了新的阶段。在经济增长和产业结构转换的第一阶段，由于我国经济的二元性质，产业结构的转换更多地具有与发达国家不同的特征，反映了后起国经济增长与产业结构转换的特殊规律；而在 2000—2050 年这一阶段，二元结构性质得到了改变，经济增长与产业结构转换过程不再具有后起国特点，因而产业结构转换更多地反映了产业结构转换一般规律的要求。

根据经济增长和产业结构转换一般规律的要求，这一阶段我国产业结构转换的主要任务是实现产业结构高度化：逐步形成以高技术、高附加价值的新兴产业为主导产业，并在国民生产总值中占主导地位的产业结构。具体说来，包括以下主要内容：其一，农业总产值绝对数虽然不断增加，但是占国民生产总值的比重要进一步降低到 20% 以下；充分发挥工业技术进步快和加工度高的优势，在工业大发展的基础上，求得经济高速增长；其二，根据霍夫曼定律，在工业结构中，重化工业的比重将进一步提高，形成以高附加价值、高技术产业为主体的工业产业结构；其三，第三次产业获得更大发展，使其在国民生产总值中的比重提高到 50%—60%。二元经济转化为同质经济过程中转换出来的农业劳动力，不再进入工业，而由第三次产业吸收；工业结构高度化过程中置换出来的劳动力也主要由第三次产业吸收；其四，出口产品结构将有大的改变，由目前原材料、能源等初级产品以及低加工度、劳动密集型产品占主导地位，转变为高加工度、高附加价值的知识技术密集型产品占主导地位。

2000 年以后我国经济情况究竟如何，现在只能作出大致的预测。因此对 2000 年后产业结构的调整，目前也只能做一个大致的、粗线条的描述，不可能太具体。

二、实现产业结构调整目标的有关对策

仅仅根据产业结构现状和经济增长的要求指出我国产业结构调整的任务是远远不够的。要保证产业结构调整目标的实现，达到促进社会主义经济增长的目的，还必须采取强有力的措施和对策。

1. 增量分配、存量重组与产业结构合理化。

（1）生产结构对需求结构变化的适应方式。

社会主义经济增长的目的是满足人民不断增长着的需要，这就对社会主义经济增长提出了两方面的要求：生产总量要增长，以适应需求总量的增长；增长的结构要与变化着的需求结构相适应。由于需求变化在前，供给变化在后，而且需求与供给在变化速度上存在着差别，生产结构与需求结构之间发生偏差是经常的现象。当这种结构偏差发生后，生产对需求的适应方式主要有三种：

——即时调节：不改变产品结构，以现有产品进行替代；

——短期调节：不改变产业间资源配置状况，只改组生产能力结构，从而改变产品结构；

——长期调节：改变产业间资源配置状况，创新汰旧，较大规模地重组生产结构，在这个过程中伴随着资源增量结构的变化与资源存量在产业间的大规模转移。

前两个层次的调整只涉及企业内部或产业内部供给结构的变化，只有第三个层次的调整会引起产业结构的变化。由此看来，实行产业结构转换途径有两个：改变增量分配结构；实行资源存量在产业间转移，重组存量结构。因此要达到一定的产业结构调整目标，应该对增量分配过程和存量重组过程进行控制、诱导。

（2）增量分配：投资结构与投资主体。

在商品经济条件下，货币是社会再生产过程的起点，资源的分配首先表现为资金在各产业间的分配，以资金或资本转移为前提，才有物资与劳动力资源的转移。因此，可以说，投资结构在很大程度上决定着产业结构，产业结构是投资结构的完成与物化形态。显然，要改

变增量分配结构，从而使产业结构发生变化，主要应该从调整投资结构入手。

根据我国当前产业结构调整的要求，今后投资的重点应该包括如下几个方面：保证对能源、原材料、交通运输、邮电通信等基础产业的投资，消除增长的瓶颈；把传统产业的技术改造当作投资的重点，以解决产业结构"虚高度化"问题；保证对一两个高技术新兴产业有足够的投资，为未来产业结构高度化和经济高速增长准备条件。

为了使投资结构实现上述转变，使重点产业和技术改造得到足够投资，必须运用经济杠杆和国家宏观经济管理的职能，对地方政府、企业投资活动进行引导，使企业、地方的投资方向符合产业结构调整的要求。改变目前中央财政孤军奋战，一个投资渠道解决产业结构偏差的局面，造成投资主体多元化，国家、地方、企业共同投资解决产业结构问题。为此要采取如下具体措施：第一，在价格方面，继续调整基础产业产品价格和收费标准，使基础产业投资利润率达到平均利润水平，调动各方面投资积极性；第二，在税收方面，对基础产业降低税收水平，使企业具有自我发展、自我改造能力；加强行业管理，对计划外新增加工能力，加收投资税和产品税；鼓励新技术开发，对高技术产业新增生产能力，可实行3%—5%的免税或减税；第三，在信贷方面，优先保证基础产业、技术改造项目、高技术开发所需资金，并在利率上给予优惠，财政可以采取给银行补贴的办法，保证银行经营企业化不受影响；与此相比较，对新上项目、对加工工业则要严格审核，确有必要，才给予贷款，并规定较高的利率；第四，打破地区、部门之间互相隔离、彼此封锁的局面，广泛发展横向联系，使分散的资金集中起来，突破产业的进入壁垒，形成投资能力。

（3）存量重组：企业市场与横向联系。

要迅速实现产业结构的转换，仅仅调整资源增量的分配结构是远远不够的。因为在一定时期内，可供分配的资源增量是有限的，而社会资源的大部分是沉淀在各产业部门中的存量资源。因此，产业结构较大规模的调整单凭有限的资源增量分配结构的变化，是难以胜任的。不唯如此，存量结构不发生相应的变化，还会影响增量的分配结构，使增量结构变化对产业结构变化的影响减弱或扭曲。因为既然存量结构保持不变，即企业不发生破产或关、停、并、转，那么经营状况好的企业固然会扩大投资，增加生产能力，经营状况差的企业也会努力争取主管部门的同情，从上级部门获得新的投资，以渡过难关。在地区、部门所有制存在和软预算约束的情况下，主管部门无例外地会千方百计营救自己的企业，给它们投资"输血"。这样会有相当一部分投资按原有产业结构格局吸附到各个产业部门，强化了原来的存量结构，使产业结构刚性加强，增加了产业结构调整的难度，东欧各国及我国产业结构调整举步维艰，其中一个重要的原因就在于以增量调节取代了存量重组，从而产业结构刚性很强，成效不大。

目前我国资源存量结构变化的主要障碍既有技术结构方面的原因，如我们前面分析产业关联传导机制阻塞时指出过的，在产业间存在着技术上的断裂，使上游产业和中游产业无法调整生产结构，以适应下游产业的需要；又有体制上的原因，并且是主要的原因。这主要表现在：由于价格体系不合理，造成了各产业利润率的差别，以及地区、部门分割，使分散的资金不能集中使用，受到一些部门进入壁垒的阻拦，反而使资源向着产业结构合理化相反方向转移，如技术水平很高的军工企业转向生产自行车、手表等；由于企业仍然不是独立的商品生产者，国家仍然对它们实行保护，在中国就没有真正的企业破产，存量转移就不能大规模进行；企业所有制改革步子不大，企业相互参股的现象不普遍，而只能以资金、实物同时流动，给存量重组带来了困难。

因此要促进存量结构变化，从而达到产业结构调整的目的，应采取如下措施：第一，深化企业改革，供企业真正成为独立的商品生产者。在《企业法》出台的前提下，建立企业破产制度，引导企业按市场需求变化方向实行资源在产业间流动；第二，建立企业市场，实行企业之间相互买卖、租赁、承包，加速资源存量流动；第三，改革价格体系，引导企业向基础产业等短缺部门转产；第四，推行股份制，实行企业相互参股，为资源存量转移提供便利的形式；第五，打破地区之间、部门之间相互隔离状况，实行横向联系，使分散资金集中使用，突破某些产业的进入门槛，为企业进入新的产业部门创造条件。

2. 经济增长模式转换与产业结构转换。

产业结构合理与否，直接影响着经济增长速度的高低；而经济增长模式是否与客观经济规律相符合，直接影响着产业结构转换过程，从而也影响着经济增长过程。

经济增长模式对产业结构转换的影响有如下表现：第一，速度型经济增长模式必然导致重工业畸形发展。一方面，要追求经济增长的高速度，必然始终把加工度高，附加价值高的重工业当作重点发展部门，使重工业保持长期高速增长。而重工业长期高速增长是以挤压消费、损害农业和轻工业发展为前提，必然造成农业、轻工业发展缓慢。同时重工业高速增长还以重工业自我服务，自我循环为前提，而重工业自我循环的结果，使其生产能力经常发生闲置，这些生产能力只有靠进一步扩大重工业生产规模才能吸收，而生产规模扩大，又造成新的生产能力过剩。这样循环往复，重工业规模越来越大，越来越脱离其他产业的发展。另一方面，不分时间、场合一味追求经济增长高速度，必然引起高积累与投资规模不断膨胀。在投资规模不断膨胀的情况下，对生产资料的需求不断扩大，生产资料的供给经常存在着缺口，这种需求信号不断地反馈到决策机构，使计划部门不断地扩大生产资料部门投资，使重工业规模日益扩大。上述一切，都必然造成重工业的畸形发展。第二，以外延扩大再生产为主，必然导致原有产业结构的复制与强化，而不会发生产业结构调整。一方面，在外延扩大再生产为主的情况下，经济增长靠的是扩大投资，建立新的企业，这里不涉及结构的调整。只有当经济增长以内涵扩大再生产为主时，才需要向结构要速度，才会产生使各种生产部门之间相互配套，利用闲置生产能力的要求，才会有进行大规模技术改造，提高国民经济技术结构的要求。另一方面，在外延扩大再生产为主的情况下，如果说要调整产业结构的话，主要靠的是改变增量的分配结构，而没有存量结构的变化。如上所述，仅靠增量调节，产业结构调整步伐是缓慢的。

　　因此，要加速产业结构合理化的步伐，必须在经济增长模式上实行两个转变：由速度型增长转向效益型增长，由外延扩大再生产为主转向以内涵扩大再生产为主。至于如何实现这两个转变，理论界已有比较成熟的看法，我们就没有必要详加阐述了。

与厂长经理谈科学决策 ①

（1989 年 9—11 月）

第一讲："管理就是决策"——谈科学决策的重要性

20 世纪中叶以后，西方管理理论出现了一个新的分支——决策学派。这个学派的经济学家重视决策在企业管理中的作用，提出"管理就是决策"的口号。对科学决策的程序、方法、技术等进行了开创性的研究。决策学派提出的理论以及科学决策的方法、技术、程序，受到了经济学界和企业界的重视，并在企业管理中得到了广泛应用，其主要代表人物西蒙因此获得了 1978 年的诺贝尔经济学奖。

西方的决策科学对我们有可以借鉴的地方，我们的企业也有不少宝贵经验，很值得研究和总结。决策的科学与否是企业经营成败的关键，这是千真万确的。

1928 年，年轻的麦唐劳兄弟在加利福尼亚开办了一家小电影院，同时兼营一个小食店，专卖每个 15 美分的汉堡包和炸土豆条。出人意料的是，汉堡包的生意比电影院的生意好得多。后来，一家小制造公司的经理克罗克，认识到在现代社会里，生活与工作节奏高度紧张，汉堡包这种便宜、实惠，可以边走路边吃的快餐必然受欢迎。于是他买下了麦唐劳在美国的全部店铺，并购买了汉堡包和炸土豆条的专利权。现在，汉堡包销售店已经发展到 12000 个，每天约卖出 2 亿个汉堡包，整个资产约 3.2 亿美元，建立起一个庞大的快餐王国。

---

① 这是作者为《中国城乡开发报》撰写的系列经济讲座内容。

决策科学可以带来经营上的巨大成功；决策失误，则会使企业经营陷入困境，甚至破产。在这方面，我们有许多成功的事例，也有失误的教训。有一件事是我们记忆犹新的：前几年，石家庄造纸厂根据市场需求情况，果断作出决策，调整产品结构，推出了纸鞋垫、餐巾、桌布等新产品。这些新产品上市后，销路非常好，企业经济效益大大提高，使这个规模不大的造纸厂成为全国有名的企业，厂长马胜利也成为全国闻名的优秀企业家。在这种情况，马胜利又作出了一个决策：承包几百家造纸厂，组建"中国马胜利造纸集团"。由于在进行决策时忽略了一些重要因素，结果遭受到挫折，最后，只好修改决策，放弃组建"集团"的努力。

长期以来，我们对企业决策的重要性缺乏足够的认识，这与传统的经济体制有关。在传统体制下，企业按上级下达的计划组织生产，产品由国家包销，盈亏与企业没有利害关系。因此，企业对经营成果漠不关心。与此相联系，对企业决策也重视不够。随着经济体制改革的深入，通过承包、租赁等形式实行了两权分离，国营企业逐渐摆脱了行政机关附属物的地位，成为相对独立的商品生产者，有了自己的独立利益，企业对决策活动越来越重视。但是，有不少厂长（经理）不了解决策是一门科学。要保证决策的科学性，必须掌握科学决策的专门知识。如决策目标的确定，决策的程序，决策方法与技术，等等。不掌握这些知识盲目的决策，就难以保证决策的科学性，就可能导致经营的失败，造成重大损失。所以，对于我们的厂长（经理）来说，学一点科学决策的知识是十分必要的。

第二讲：科学决策的基本步骤

决策是一个复杂的过程。为了保证决策的科学性，必须严格遵循事物的内在逻辑联系，按照科学的程序，依次完成每一个步骤。决策失误的一个重要原因就是，决策不是按照科学程序作出的，而是决策者心血来潮、拍脑袋的结果。

一个决策过程究竟要经过多少步骤，国内外的管理专家意见并不一致，但是，多数人认为决策过程包括4个基本步骤：（1）确定问题所在，提出决策的目标；（2）根据目标发现并拟出各种可能的方案；（3）从各种可能的方案中选出最合适的方案，西蒙把这三个步骤分别称为参谋活动、设计活动和选择活动；（4）决策的执行与检查。

确定目标是决策过程的第一个步骤，也是一个关键的步骤。如果目标确定得不合理，就谈不上决策的科学性。对于一个企业来说，正确目标的确定，首先有赖于对企业的情况进行正确的"诊断"，找出企业存在的问题以及产生这些问题的原因，然后针对所要解决的问题，提出决策的目标。其次，要根据企业的具体条件和外部环境，提出切实可行的目标。最后，当企业存在的问题是多方面的，因而目标也是多元的情况下，一方面要根据目标之间的联系，分清主次，抓住主要目标；另一方面又要通盘考虑，不忽略次要目标。

提出了决策目标，拟定和研究方案就有了依据。事实上，要完成一种决策目标，在绝大多数情况下，方案往往有好几个。因此，要尽可能把各种可能的方案都拟定出来，接下来就要对各种方案进行评估、比较，从中选出最好的方案。在这个过程中，企业最高决策人起着关键的作用。能否从各种方案中选出最好的，在很大程度上取决于决策者的经验、作风、文化教育水平、有无战略眼光等。为了保证决策的可行性与合理性，在选择方案的过程中，要遵守几条原则：

（1）民主作风。认真听取工人、技术人员和管理人员以及专家的意见，减少决策的盲目性。

（2）经济效益原则。用尽可能小的代价实现决策目标，或用同样的代价取得尽可能多的收益。

（3）社会效益原则。有的方案从经济效益原则来看，可能是最好的；但从社会效益来看，则是不可行的。比如，对于有些生产短缺产品的企业来说，要增加利润，最省事见效的方案莫过于提价，这固然是最经济的方案。但是，从社会效益的角度看，则会损害消费利益。因而是不可行的。

决策过程的最后一个步骤是执行与检查决策。以前，人们认为决策作出后，决策过程就结束了。20世纪70年代以后，国内外的管理专家改变了看法，认为决策的执行与检查也是决策过程不可缺少的组成部分。因为决策毕竟与实践有距离，通过实践检验，也有可能是错误的，这就要重新决策；即使是正确的，也可能不完善，需要修改或补充，才能使方案趋于完美。

以上所讲的是决策过程的一般步骤，在具体的决策过程中有可能出现以下情况。根据决策目标和经验对一些方案事先排除，因而只提一种方案，这样（2）（3）两个步骤就合并了；在决策中，可能从后一步骤重新回到前面步骤，如在拟订方案时发现目标不合理，因而要重新提出目标。决策者要具体情况具体对待，不可拘泥于形式。

第三讲："90%"和"10%"的辩证法
——科学决策与信息的搜集处理

陈云同志关于领导方法说过这样一段话："领导机关制定政策，要用百分之九十以上的时间作调查研究工作，最后讨论作决定用不到百分之十的时间就够了。"这段话深刻地论述了全面掌握和正确分析信息在科学决策过程中的重要性，应该成为我们在决策工作中时刻遵守的一条准则。

占有全面、丰富的信息是保证决策科学化的根本前提。如果对实际情况根本不了解，或了解到的情况只是一鳞半爪，那么，首先就无法找到存在的问题以及问题的症结所在，就不可能制定出正确的决策目标。决策目标错了，整个决策必然是错误的。其次，没有对实际情况的全面了解，拟定的方案就缺乏客观的依据，提出的方案只能是部分可能的方案，而不可能是全部可能的方案，就可能把科学的、可行的方案漏掉。最后，在对实际情况胸中无数的情况下，要在诸多方案中选出一种方案付诸实施，只能靠主观臆定，拍脑袋，这种决策十有八九是错误的。在这方面我们是有深刻教训的，给企业的生产经营带来了严重的困难。

就企业经营决策而言，需要了解哪些信息？从横的方面来看，要掌握以下三方面的信息：（1）企业本身的情况。包括企业的生产能力，技术状况，设备构成、数量、精度和运行情况，人员素质和构成，企业经过努力可以达到的生产技术水平和管理水平，企业在本行业中的地位等；（2）国家的方针、政策、法令、主管部门的意向等；（3）市场的供求情况。包括市场对某种产品的总需求量，目前的供给情况即市场需求的满足程度，国内外同行业或生产同类产品的企业的生产能力、技术水平、产品性能、水平，相关行业的技术与生产情况，本企业产品的市场占有量，用户对本企业产品在数量、质量、品种、规格、包装、售前售后服务方面的要求等等。从纵的方面来看，不仅要掌握当前的有关信息，同时必须对即将发生的各种变化胸中有数。比如在当前，企业必须充分估计到"治理、整顿"措施以及国家产业政策对企业生产经营条件的影响；外向型企业还必须对国际产业结构调整将对国际市场的供给与需求带来什么变化，做到心中有数，如此等等。

通过什么样的途径和方法才能够获得全面而真实的信息呢？首先，要靠深入细致的调查研究。毛泽东有句名言："没有调查，就没有发言权"。在进行重大决策之前，深入调查研究，取得第一手资料，找出问题的症结，是作出正确决策的保证。20世纪60年代初期，为了制定具体的农村经济政策，陈云同志到上海市青浦县小蒸人民公社进行了为期15天的调查，开了10次座谈会，与各方面广泛接触，了解了真实情况，作出了母猪要以私养为主；扩大自留地；种植方法以一季稻加一季蚕豆为宜的决策，推动了农村经济的发展。其次，要注意从报纸、国家发布的统计公报、情况通报、各种文件中捕捉有用的经济信息。再次，从国内外的经济信息、咨询机构获得必要的信息。最后，为了收集到系统的经济信息，企业要通过专门机构，设专人负责收集、处理信息。这无论是从决策的角度，还是从企业管理的角度来看，都是完全必要的。

收集到各种必要的信息后，还要正确的整理信息。首先，信息部门要对信息进行综合筛选，将对决策最有用的信息提供给决策者。否则，提供的信息过多，超过了决策者的信息处理能力，会影响科学决策。

其次，如何根据信息部门提供的情况，作出科学的分析，还取决于决策者的经验、素质等等。

所以，丰富而真实的信息，只是科学决策的必要条件，还不是充分必要条件。

第四讲："硬技术"与"软技术"
——谈科学的决策方法

决策的科学性要有科学的决策方法来保证。18世纪以前，企业管理决策完全是凭习惯和个人经验作出的，谈不上系统的决策方法。工厂制度出现以后的两个多世纪以来，管理决策方法逐步沿着制度化、常规化、一定的组织保证的方向不断改进。从20世纪50年代到目前的这段时间内，决策方法发生了迅速的变化，取得了重大的突破，形成了所谓"硬技术""软技术"。我国在企业管理实践中，创造与运用的一些决策方法，是具有中国特色和行之有效的，我们将同国外的科学决策方法一道加以介绍。

第二次世界大战后，在数学研究中出现了一种更加注重应用的趋势，从而形成了一系列有实用价值的数学手段，如线性规划、整数规划、动态规划、对策论、排队论、存货模型、调度模型、概率统计等等。在此期间，电子计算机这种快速的逻辑计算工具出现了，大大缩短了复杂问题的解决时间。这两个条件，使运筹学应用于管理决策成为可能，使决策方法出现了数学化、模型化、计算机化的趋势。"三化"的中心是建立数学模型。所谓数学模型，就是把变量之间以及变量与目标之间的关系，用数学关系式表示出来。有了数学模式，就可以把它编成计算机程序进行运算，根据运算结果作出决策。

决策属于什么类型，采用什么数学工具，主要取决于以下三个方面因素的复杂程度：（1）问题本身包含的变量数目；（2）决策环境的不确定程度；（3）时间因素的影响。单变量静态确定型决策用的数学手段最简单，而多变量动态概率型决策所需要建立的数学模型则比较复杂，运用的数学手段也比较多。

在决策中运用数学模型和计算机技术，把过去那种靠管理者的经验和能力进行的决策活动，变成建立在严格逻辑论证基础上的一门技术科学，把大概的估计、判断精确为具体的数量关系；同时，还扩大了程序化决策的范围。例如，原来认为根本不可能用同样方法来决策的资源分配与运输问题，现在则均可以用线性规划的方法来处理。这就使决策的效率大为提高，可靠性增强。不过，由于管理决策中有些因素是无法数量化的，如人的心理因素、积极性等；由于一些管理决策涉及的因素多，综合性强，目前数学还无法解决如此复杂的问题，所以，仅仅靠"硬技术"还无法解决全部决策问题。在有些场合，还必须主要运用"软技术"进行决策。

所谓"软技术"是指发挥人的智慧，运用人们的经验进行决策的一套办法，其中包括如何集中广大职工和技术人员的经验、智慧进行决策以及如何发挥专家的创造力进行决策。我国在企业经营决策中，注意集中广大职工和技术人员的智慧，形成了一套成熟的经验与制度，如鞍钢"两参一改三结合"的经验，车间、班组的小诸葛亮会，大庆油田的民主管理经验，等等，实践证明是行之有效的。遗憾的是，前几年有些人过分强调"能人治厂"，忽视了工人和普通技术人员在决策中的作用，这是很不应该的。

在决策中利用专家创造力的方法，最早应用于美国的兰德公司（RAND）。这套方法的主要内容包括：

一是选择合适的专家参加决策。不同的专家有不同的特长，因此要根据决策的性质挑选人员。如涉及销售问题，要重点由推销部门的专家参加；进行技术决策，主要由技术人员参加。当然，企业决策多是综合性的，因此，也要注意吸收各方面专家参加。

二是专家的组织工作。首先要让专家了解情况。这些情况通常称为"5W 1H"；Why（为什么？—问题的原因与目的）？ What（什么？—问题的对象或性质）？ Where（什么地方—问题发生的地点）？ When（什么时间—问题发生的时间）？ Who（什么人—有关当事人）？ How（怎么办—解决问题的办法与手段）？

运用专家创造力方法进行决策时要设法防止出现两种情况：

一是决策与专家的切身利益有关，这会影响他客观地作出判断；

二是专家之间相互影响，也会不利于他们充分发表自己的意见。

第五讲：把决策建立在科学预测的基础上

在许多场合，决策者面临的既有确定性因素，也有不确定性因素。为了避免决策的盲目性和主观片面性，使决策建立在科学的基础上，就必须事先进行预测。所谓预测，就是根据已知知识推知未知知识，根据确定性因素消除或减少未来的不确定性。近几十年来，预测已发展成一门专门的新兴学科，成为进行科学决策的有力手段，受到了国内外有关方面的重视。60年代，国外开始建立专门的预测机构，70年代初，这种专业机构已发展到2500多家。

从已知求未知的预测活动不是主观推断，而是一种科学活动。科学预测的可能性是因为，社会经济现象从表面看来是无序的、错综复杂的、变幻莫测的，但如果深入分析就会发现现象之间存在着内在的必然的联系，它们的运动是有一定规律的。（1）延续性。只要外界环境和条件不发生重大变化，社会经济现象的发展、变化就会呈现出延续性特征，即在一定时期内，变量的变化服从同一变化规律。比如，如果生产与市场条件不发生大的变化，从一个月或一个季度的销售收入就可以预测出半年或一年的销售收入量。（2）相关性。有些经济现象之间存在着因果关系，从一种因素的变化可以推出另一种因素的变化结果。如劳动生产率的提高必然引起成本的下降；供给量不变，需求增加，必然引起价格的上涨；等等。（3）近似性。社会经济变量的变化有许多是近似的，这就可以通过比较、对照找出变化规律。如商品销售量有季节的近似性；春节前食品销售量大增，春节后大减。每年如此，经过对照，就可以预测出今后某一年春节前后食品的销售量。

社会经济现象之间的这种内在联系以及运动的有规律可循，只是使科学的预测具有了可能性。要使这种可能性变成现实，在预测过程中还必须有科学的态度，运用先进的预测手段。首先要选准预测对象。

比如，某工厂要对地毯的生产规模进行决策，在已知该厂产品的市场占有量的前提下，需要对地毯的市场需求量进行预测。经过分析，发现新增住房面积、收入水平提高与地毯需求量有紧密相关关系。因此，要以这三者为变量建立模型。其次，要掌握足够多的历史资料和现实资料。资料越丰富，时间序列越长，从这些资料分析得出的结论越具有规律性。再次，对预测结果进行反复对比分析，把初步结果与实际情况进行对照，发现误差，及时修改模型，以提高预测精度。最后，当预测涉及的因素多，棋型比较复杂时，靠手工处理是困难的，需要运用电子计算机。

预测的科学性还有赖于根据预测题目的不同，选用科学的预测方法。目前比较常用的预测方法多达几十种，概括起来有两大类：定性预测方法和定量预测方法。在定量方法中，常用的数学模型有三大类：因果关系数学模型、时间序列数学模型、结构关系数学模型。限于篇幅，我们只介绍两种典型的预测方法，一种是定性预测方法，一种是定量预测方法。

德尔菲法。这是美国兰德公司在 20 世纪 40 年代末创立的定性预测方法，适用于既缺乏市场统计数据，市场环境的变化又比较大，难以用一般方法预测的项目。具体做法是：预测的组织者把需要预测的课题拟成若干问题，加上背景材料，寄给选定的 30—50 位专家，要求他们在一定时间内给出答案寄回。然后将专家反馈回来的调查资料综合、整理，列出新的调查提纲和各种不同意见，再寄给各位专家，如此反复几次，专家的意见会逐步一致，可以得到一个定性的预测结果。比如方案"可行"或"不可行"。

简单平均法。这是时间序列预测法的一种，即把以前几个时期的实际数字进行算术平均后作为下期的预测值。如某企业 1—5 月的实际销售收入分别为 15 万元、5 万元、9 万元、11 万元、7 万元，则 6 月份的预测销售收入为：（15+5+9+11+7）÷5=9.4（万元）。

第六讲：科学决策的经济性原则

看一种决策是否科学，除了看它是否与客观现实相一致，是否可以取得一定的效果外，还要看是否符合经济性原则，即决策成本尽可能小、效果尽可能大的原则。如果一种决策，虽然也是正确的，产生了一定效果，但这种效果小于决策成本，我们认为这种决策不符合经济性原则。要使决策符合经济性原则，一方面要尽可能降低决策成本，另一方面要尽可能提高决策所产生的效果。而决策效果的大小，既取决于决策问题本身，又取决于能否及时地作出决策。要保证决策的经济性，需要做好以下几个方面的工作：

第一，正确地判断有无进行决策的必要性。做任何决策，总要付出人力、物力和时间的代价。付出了代价，就要有收获。这种收获就是：在现实与要求之间原来存在着距离，通过决策的付诸实践消除或缩小了差距。判断决策有无必要，首先要弄清现实与要求之间的距离是否已经超过了不能容忍的程度。如果这种差距是可以允许的，就没有必要进行决策来消除它。例如，当一座厂房建成验收时，发现与图纸设计要求有一定出入，但不影响以后进行正常生产，就没有必要就改建或推倒重建作出决策。其次，要弄清决策者有无能力和条件来缩小以至消除现实与要求之间的距离。比如，一个机械厂实际购入的原材料小于生产需要量，其原因是我国原材料工业发展滞后和加工工业的过快发展。要解决这个问题，是政府决策的范围，这个机械厂没有必要去决策。作出决策，也是白白浪费人力、物力和时间，不会产生任何效果。

第二，根据决策性质，明确划分决策权限。按决策的层次划分，有宏观决策和微观决策；按决策条件划分，有确定型决策和风险型决策；按问题是否重复出现，可划分为重复性决策和一次性决策，或叫作程序化决策和非程序化决策。在企业决策中，则有高层决策、中层决策和基层决策，如此等等。为了提高决策效率，使决策效果与决策成本之间的对比关系合理化，就要合理划分决策权限。比如，宏观决策问题，如产业政策、国民收入分配政策、工农业生产增长速度等问题，应由政府决策、而属于企业生产经营方面的决策，则应由企业作出，政府不应越俎代庖。在传统经济体制中，政府部门包揽了宏观决策和相当多的微观经济决策，一方面导致了决策的低效率，另一方面使得政府机构日益庞大臃肿，提高了决策成本。再比如，确定型决策、重复性决策、中层和基层决策，国家或企业的最高决策者和决策机构就没有必要去介入，而应集中精力作好风险型、一次性和高层决策，这样就可以提高决策效率，降低决策成本。

第三，视决策的性质不同，采用相应的决策方法和决策技术。一般来说，在决策过程中涉及的人员越多，层次越高，运用的方法与技术越复杂，决策成本越高。比如，运用"德尔菲法"，并由最高决策者主持决策，决策成本就比较高。因为，这需要认真对问题进行分析、分解，设计出问卷，又要经过多次反复，需要花大量人力与时间，同时要占用许多专家和决策者的不少时间。他们的劳动是高级复杂劳动，如果不被这种决策占用，则可以用来进行其他决策，因而机会成本是比较高的。因此，在决策中，可以用手工处理的问题，就不要用电子计算机建立模型，编制程序去解决；在小范围内可以解决的问题，就不要把许多人卷入；能够在较低层次解决的问题，就不要用专家会诊、最高决策者拍板的办法。

第四，我们在进行决策时只能考虑主要因素的影响。必须明确，一个决策涉及的因素是非常多的，不可能把所有因素考虑进去，只能考虑主要因素。因此我们作出的决策只能是比较合理的，而不可能是完善的，明确了这一点，就可以把一些问题简化，运用较简单的方法和技术，在较低层次决策，从而降低决策成本。

第七讲：科学决策和现代智囊系统

大工业出现以前，重大的军事、政治、经济决策基本上是少数决策者凭借个人的经验与能力作出的。当人类进入了大工业时代以后，尤其是在今天，每一种重大的经济、技术决策所涉及的专业领域之广，包含的不确定因素之多、结构之复杂、变化之莫测，使任何一个天才的决策者都无法洞察一切，纵览全局，作出及时而科学的决策，传统的决策体制逐渐瓦解，现代智囊系统应运而生。

现代智囊系统，亦称"脑外系统""智囊团""思想库"等，是一种由各种不同专业的科学家、专家组成的专门为决策提供服务的咨询结构。它有的设在政府机构或大公司内部，专为政府或某一公司的决策服务，有的则是独立的法人机构，为全社会提供决策咨询。当智囊系统接受就某项决策进行咨询的委托任务后，不同学科的专家们利用信息中心提供的数据、资料，运用预测、运筹等现代科学方法对决策问题进行系统研究，从不同角度、不同侧面分析决策的形态、结构、后果以及各方面的反应，摸清各种影响因素之间的有机联系，并寻求解决问题的数学模型与方案，然后通过专家集团内部的反复信息交流和思维共振，对方案进行反复校正、修改，最终提出高水平的预选方案，供决策者选择。

由于现代智囊系统集中了大批各方面的专家，有专门的信息系统和运算设备，一可避免个人决策容易出现的片面性，提高决策的水平；二可解决普通企业或政府机构不能解决的决策问题；三可提高决策效率，降低决策成本。由于智囊系统具有以上优势，在短短几十年里，它已由军事领域全面进入各种决策领域，发挥了巨大作用。

利用智囊系统进行决策，在我国还刚刚开始不久。不过，这种决策方式的运用必将越来越多。因此，有必要就如何建立有效的智囊系统以及有效地发挥智囊系统的作用进行认真研究。

首先，要建立有效的智囊系统，必须就决策问题的不同，考虑智囊系统的智力构成。

在进行国家级重大政治、经济、科技、军事等决策时，往往涉及政治、经济、军事、外交、文化、法律、人口、环境、能源诸多领域，因此除了应该有系统工程、科学学、未来学等综合性学科的学者、专家参加，还应配备相应专业的研究人员，并且对各专业领域研究人员所占比例进行合理配置。

企业在进行重大经营决策时，一般也涉及企业内部与外部的许多方面，智囊系统的组成也要包括生产、供销、管理、劳资、财务、技术等方面的专家，必要时还可邀请社会上的专家参加。

其次，要有效发挥智囊系统的作用，必须为之创造一个好的环境，即保证他们的独立性和研究工作的自由性。

这包括为研究人员创造自由思考的气氛，使他们完全摆脱决策者的束缚与影响，允许他们的思想驰骋于尚未开辟的领域里；鼓励他们尽可能采用多种途径进行研究；给予研究人员了解和参阅各种有关统计数据与情报资料的权力，保持信息交流渠道的畅通，为研究工作创造好的条件等等。

最后，要防止各政府机构、各企业一哄而起，不管需要与可能纷纷建立智囊系统。

宜集中各种专门人才和财力建立专门的高水平的决策咨询机构，向全社会提供决策咨询服务。这样，才符合中国国情，有利于提高决策水平与效率，降低决策成本。

第八讲：科学决策对决策者的要求

在整个决策过程中，决策者处于极其重要的地位。他需要从纷繁复杂的现象与联系中发现问题的要害，确定决策目标：面对各种意见与备选方案，他必须能够发现最理想的方案当机立断，一锤定音，作出最后决策。所以，"成也萧何，败也萧何"。一种决策是否科学，关键取决于决策者能否作出正确的决断。而决策者能否作出正确的决断，则取决于其本身的素质。

古代的决策问题相对于今天简单多了。因此，晓天文，知地理，精研"周易"，熟读兵书战策，便可以使诸葛亮成为一个雄才大略的决策者。而今天，随着科学技术的不断发展，生产社会化程度的提高，事物之间的联系越来越复杂，决策中包含的不确定性越来越大，要成为一个能谋善断的决策者，需要具备什么样的素质呢？

创新的意识。我国正在进行体制改革，传统的产品经济正在向有计划的商品经济转变；科学技术的发展日新月异，新产品、新技术、新需求、新工艺不断产生。这一切，将使决策者特别是企业决策者经常面临从未遇到过的问题。新的问题要用新的方法解决。如果决策者缺乏创新意识，不敢打破常规，独辟蹊径，在竞争中就永远只能处于被动地位。比如，当市场上出现了新的需求，也有了比较成熟的技术，但是决策者怕冒风险，一味等待观望，直到发现这种产品销路好，效益高，再上这种产品，则市场已经饱和，企业发展的好机会已经丧失。

广博的知识。现实生活中所遇到的决策问题涉及的领域是非常广泛的，可以说，任何决策问题都不是纯经济的、纯技术的或纯政治的问题。这就要求决策者不能仅仅是一方面的专家，而必须对众多的领域和知识有所了解，必须是一个"杂家"。具体到某一个领域，你可以不是专家，但在参与决策讨论的人员中，你必须是对全局情况了解最多、最清楚的人，谁也不能取代的。因此，一个合格的决策者，必须有广泛的兴趣，永远保持对新知识的好奇心与敏感，不断从各种新知识中吸取营养。

丰富的经验。对企业决策者尤其是最高决策者来说，丰富的经验是不可欠缺的。在企业决策中，大量的是重复出现的决策问题。有丰富经验的企业领导人会根据以往处理这类问题的经验，迅速地选择科学的解决方案。在进行非程序化或非重复型决策时，具有丰富的经验也是一种重要的优势。因为事物是有规律可循的，经验丰富的决策者可以根据决策条件的变化，判断可能引起的生产经营的变化，据此作出正确的决断。

所以，社会主义的企业家决不可以认为有了现代化的决策手段、决策技术，有了较高的教育水平，企业管理的经验就不重要了，而必须深入实践，尽可能获得丰富的经验。否则，不会成为高明的决策者。这一点对于近年来走上领导岗位的年轻知识分子，尤其应该引起注意。

卓越的能力。人才学认为，知识（经验也可以看作是一种知识）与能力尽管有联系，但不是一回事。知识丰富意味着对已知的大量占有与接受，能力强则是指人们善于根据已知的东西，进行创造性思维，解决未知的问题。人们在决策中常常遇到的困难，通常也是比较重要的新问题，因此对于一个决策者来说，能力显得更重要。

人的决策能力可以通过思维训练得到提高。目前美国等国家在管理教育中特别重视能力的训练。哈佛商学院在训练管理人员的能力时采用的方法，不是大量灌输管理知识，而是用大量的时间，进行管理案例的专题讨论，要求每个人提出自己的解决方案。据说通过这样的训练，管理人员设计新方案的能力可以提高 60% 以上。这种教育方法对我国的管理教育是颇有参考价值的。

第九讲：企业产品开发决策

所谓产品开发，是指研制生产新产品的经济技术活动。新产品大致可分为两类；一类是创新的产品，它在原理、结构、性能等方面与原有产品有根本的不同，如电子手表对于机械手表而言就属于创新的产品；另一类则是对原有产品在结构、元件性能等方面作了重大改革而形成的，如快摆手表相对于慢摆手表就属于此类。一个企业能否不断地提供性能优越、价格低廉的新产品，不仅标志着它对经济建设和人民生活的贡献，而且直接决定着企业的竞争能力，关系到企业的生存与发展。因此，产品开发是企业最重要的生产经营活动之一，产品开发决策则是企业决策中最重要的决策活动之一。

为了保证产品开发决策的科学性，企业决策者在决策过程中应该注意几点。

第一，在确定新产品开发目标之前，首先要进行精心的调查研究和科学预测。其中包括：（1）市场调查与市场预测。随着生产的发展，人们会不断地产生新的需求。决策者要密切注视市场需求的变化，一旦新的需求产生，或原有需求靠现有产品不能满足，需要新产品供应市场，只要这种新产品属于自己的生产范围，就要对市场需求量进行预测，如果需求量可以满足批量生产的要求，则应该迅速组织新产品的研制与生产。美国"革令"牌牙膏走俏的原因就在于，他们发现人们要保持一口好牙齿，应该坚持每餐后刷牙。而事实上这样做是很少有人能坚持下去的。于是这家公司研制出了"革令"牙膏，只要一天刷一次，就可以起到每餐后刷牙的功效，马上赢得消费者的青睐。（2）要对本企业的生产能力、技术力量，可能得到的外界的协助和支持进行调查，做到心中有数。在我国由于许多产品是纳入计划的，国家也规定了产业政策。因此在决策前要了解国家的生产计划和产品开发规划，了解国家支持发展什么，抑制发展什么。否则，仓促上马，与国家计划或政策相违背，新产品开发可能会遇到困难，如得不到银行贷款和能源、原材料供应。

第二，从产品的"生命周期"出发，进行科学的产品开发决策。产品的生命周期是指从新产品投产到淘汰停产这段时间，一般分为投入期、成长期、成熟期、衰退期四个阶段。在投入期，由于市场尚待开拓，产量较小，同时在销售、服务、生产技术改进等方面仍需投入一些资金。因此，在这个阶段，企业开发新产品的结果可能只获得较少的利润，甚至亏损。在成长期与成熟期，由于销售量迅速增加，生产工艺日趋成熟，成本不断降低，会给企业带来大量收入。衰退期，由于替代产品的出现，市场由饱和逐渐趋于下降，经济收益不断减少，直至停产。根据产品生命周期这种运动规律，在进行产品开发决策时要注意：（1）决定一种新产品开发与否，不能只根据投入期的收益情况来下决心，而要同时考虑其他几个阶段的情况。否则，就会坐失良机。（2）既然在成长期、成熟期新产品的生产经济收益高，因此跳过投入期，直接引进成熟的生产技术，进入大批量生产阶段，对企业最有利，这也是战后日本经济发展迅速的秘密之一。（3）由于产品的生命周期是一种客观存在，为了使企业经常处于经济收益较高的状态，在竞争中处于有利地位，就要使本企业的产品结构有比例地分别处于产品生命周期的不同阶段。人们一般认为以下分配比例是比较恰当的：80%的产品处于成熟期，10%的产品处于成长期，处于投入期和衰退期的产品各占5%。为了使产品结构保持合理的比例，就要求预研一代，研制一代，试产一代，生产一代。

第三，为了正确地决定新产品开发目标，除了进行调研和预测，还必须对产品开发目标作科学的评价。目前常用的评价方法有四类：决定论评价法、经济论评价法、运筹学评价法、复合评价法。在评价产品开发目标过程中，因素较复杂，许多因素不可能用精确的数字来表述，一般采用以评价者直观判断为基础的决定论评价法。

第十讲：企业市场开发决策

企业市场开发有两方面的含义：一是指使同一地区有更多的消费者购买自己的商品；二是指使自己产品的市场扩展到更多的地区。市场开发成功与否，决定着企业的生存与发展。

企业市场开发是一项复杂的活动，可以从许多不同的方面着手，因而需要对各种不同的问题进行决策。

市场产品开发决策。企业能否使自己产品的市场保持稳定并不断扩大，关键要看产品是否符合市场需要。由于市场需求总是处于不断的变化中，就要求企业必须经常开发新产品，才能保住原来的市场并使市场得以扩大。

市场价格决策。某种产品的市场需求量与这种产品的市场价格之间有着必然的联系。一般说来，当一种产品的价格降低时，需求量会相应地增加；而当价格提高时，需求量则会相应地减少。要使市场扩大，就应该降低市场价格。但是，由于各种产品的性能、用途、生产条件不同，并不是在所有情况下降低价格都可以使市场扩大。有的产品需求弹性小，即由于价格变化所引起的市场需求量的变化，幅度大大小于价格变化的幅度。如在食品结构既定的情况下，粮食价格降低或提高不会引起粮食销售量的多大变化。在这种情况下，降低价格不会使市场需求量发生较大增长。有的时候无缘无故降低价格，反而会使市场需求下降。如把石英电子表的价格降低到普通电子表的水平，人们会怀疑这种表的质量，转而购买其他牌号的表，导致销售量下降。再比如，熟食的价格一下子降低较大幅度，人们会怀疑这种食品已经变质，不敢去购买。

另外，是否采取低价措施去扩大市场，还要看企业的承受能力。如果把价格降得太低，有时市场倒是扩大了，但是企业盈利太少或者发生了亏损，无力扩大生产，市场扩大了也没有意义。甚至由于资金短缺，无法进行正常的资金周转，企业还可能因此而破产。

还应该指出的是，在有些情况下，保持较高价格也是开发市场的正确决策。比如联邦德国的戴姆勒—本茨汽车公司生产的梅塞德斯牌高级轿车，质量可靠，性能优良。多年来这个汽车公司一直把这种轿车的价格定得高于世界上同类轿车，使乘坐这种车成了地位、身份的象征，各国政府与有钱人纷纷购买，反而使这种车供不应求。

市场推销决策。采取正确的产品推销决策对于扩大产品销售，开发市场有极其重要的作用。市场产品推销决策主要包括推销手段决策和推销方式决策两类。

产品推销手段决策主要包括广告决策、商标决策、包装装潢决策、售后服务决策等。在进行广告决策时，既要使广告准确地宣传产品特点，吸引消费者注意，激发消费者兴趣，同时又要注意经济而真实。"商标是商品的脸"，要做到简短、易读、易记、鲜明、美观大方；装潢包装既要能起到保护商品的作用，又要注意美观漂亮，扩大销售；售后服务要能提高消费者对产品和企业的信任，扩大产品销售。如美国凯特皮勒公司向用户保证：如果他们的推土机、铲车出了毛病，不管在地球的哪个角落，48 小时之内服务人员准到，扩大了产品销路。

产品推销方式决策包括网点分布决策和送货取货决策。在进行网点分布决策时，一要考虑需求对象。如水田胶鞋要在水田种植区布点。二要考虑产品质量。质量过关，可广泛布点，新产品则要先在局部地区布点。三要考虑产量和生产潜力。产量大、有潜力的产品要广泛布点，反之则否。在进行送货或取货决策时主要看产品供应批量和产品性质。对大批量、定期买的客户，宜采取送货方式，反之，以取货为宜；对易腐易烂、随进随销的产品要采取送货方式，反之以取货为宜。

第十一讲：企业技术开发决策

在商品经济条件下，一个企业能否生存下去并不断获得发展，关键在于企业的产品是否具有较高的质量、较好的性能及生产产品所耗费的个别劳动时间是否等于或低于社会必要劳动时间，因而具有较强的竞争能力。而这一切又主要取于企业的技术水平。所以，不断进行技术开发，提高企业的技术水平，便成为企业得以生存与发展的重要保证。这就使得企业技术开发决策在企业决策中必然占有极其重要的地位。

企业技术开发是一种复杂的活动。从技术开发的内容来看，包括企业设备、生产工艺的部分改造，生产技术、生产工艺的完全更新，导致产品质量、性能提高的新技术的研究与应用，导致新产品产生的技术的研究与应用，职工文化、技术素质的提高等等都属于技术开发的范畴；从技术开发的途径与方法来看，可以分为自己开发和从国外、企业外引进等不同方式；从技术开发的目标来看，可以分为先进技术的开发，适用技术的开发，一般技术的开发。就技术开发与生产的关系而言，有当前实用生产技术的开发；即将应用于生产的技术的开发；作为技术储备的技术开发。根据具体情况作出科学的技术开发决策绝不是一件轻而易举的事情。在本讲，我们分别就技术开发的内容、方式、目标等几个方面，讨论如何进行技术开发决策。

技术开发的内容。就技术开发的内容来说，如果主要由于技术原因使企业产品的质量、性能，大大落后，完全不被市场所需要，那么，在有条件的情况下，技术开发的内容应该是新技术完全取代原有技术，全面更新设备，从而用新产品取代老产品。不过，我国当前企业的一般情况是产品的关键部件性能水平低，关键工序生产技术和工艺落后，再加上我国目前资金较紧张，因此，一般来说，企业技术开发应该围绕关键部件，关键工序来进行。这样做，在资金有限的情况下，可以收到花钱少，收效大的效果。第一汽车制造厂生产的"解放牌"卡车，在1980年前的30年技术上没有根本改进，1980年以后开始出现了产品销路不好的问题。在资金少、时间紧的情况下，"一汽"采取了集中资金、人力对发动机等进行技术攻关的做法，使产品水平一下子跨越了30年，成为老企业技术改造的成功范例。

技术开发的方式。近些年来，在企业技术开发过程中，不少企业热衷于从国外引进技术，而且不问企业具体情况，盲目引进全套设备，造成了极大的浪费。如前些年，有的服装厂从国外引进西装生产线，结果生产能力开不足，大批工人无事可干，反而背上了一大笔外债。今后，在技术开发过程中，要以自力更生为主，首先立足厂内、国内，可以由企业和在国内解决的技术问题，要在国内和企业内解决，非引进不可的，也要主要引进关键技术、关键设备，主要引进软件，而不要全套引进。这样才能使有限的外汇充分发挥作用，把好钢用在刀刃上。

技术开发的目标。在进行技术开发目标决策时，要根据市场需求情况、企业具体生产条件作出正确的选择，不能一味追求最先进的技术。因为，有时由于具体情况不同，最先进的技术不一定能充分发挥作用，带来最好的效益。比如有些加工企业，由于职工文化技术素质低，全部用数控机床代替普通机床，工人不会编程序，坏了也不会修理，反而不如用普通机床效率高。因此，企业要把技术开发的重点放在适用技术上。如首钢在技术改造中，根据企业技术情况，从国外引进了一些"二手设备"，大大提高了生产技术水平，促进了企业生产发展。

技术开发的时间分布。由于产品具有一定的生命周期，企业技术开发也要与之相适应，有一种合理的分布。既要重视可以应用于当前生产的技术开发，也要重视用于未来生产的技术开发。值得注意的是，随着人们收入水平的不断提高，消费结构的变化越来越频繁，因而产品的生命周期也在日益缩短，有远见的企业家应该看到这种趋势，在企业技术决策中作出相应的反应。

第十二讲："治理整顿"和企业决策

从去年10月开始的"治理整顿"，使企业生产经营的外部环境发生了变化。这对企业既是严峻的考验，又是调整提高的机会。在这一讲中，我们讨论如何在"治理整顿"的新情况下，进行正确的企业决策，作为讲座的结束。

"治理整顿"的主要内容之一是通过压缩基建投资规模使投资需求减少，通过控制消费基金的膨胀使消费需求的过快增长得到抑制，从而缓解总需求大大超过总供给的矛盾，解决严重的通货膨胀问题。这样做必然产生两方面的影响：一是必然抽紧银根，使资金较以前紧张；二是市场需求相对减少，企业产品销售较以前困难。

面对这种情况，可以有三种决策：一种是无所作为，消极等待，希望经过一段时间后，资金紧张局面会消失，市场需求重新急剧增长，出现"柳暗花明"的形势。抱有这种幻想是不切合实际的。党中央、国务院已经反复明确宣布，一定要把"治理整顿"进行到底。可以肯定，1986—1987年出现的那种虎头蛇尾的情况不会重演了。另外，即使"治理整顿"结束了，保持总供给与总需求平衡将是今后我国经济工作的重要指导方针，不会允许投资规模、消费基金重新膨胀。所以，消极等待、无所作为的决策是不可取的。第二种是"跑银行、找市长"，千方百计取得政府的优惠，以解决资金、市场方面的困难。这种决策也是不可取的。因为，经过几年的城市经济体制改革，我国经济在一定程度上转向了有计划商品经济的运行轨道，企业具有了一定的自主权和独立的物质利益。根据责权利相结合的原则，企业有了困难，应该自行解决，"找市场"，而不是"找市长"。同时，经济体制改革的结果，使得各级政府对经济的直接控制减少，指令性计划越来越多地被指导性计划和市场调节所代替。在这种情况下，期望政府解决所有企业资金短缺、市场销售的困难，显然是不可能的。正确的决策只能是第三种，转变生产经营思想和战略，自我调整，走出困境。这种决策包括以下内容：（1）自觉压缩基建投资规模，努力通过对现有设备的改造提高生产能力和产品质量、性能，这样可以部分地解决资金紧缺的困难；（2）改善企业经营，减少原材料消耗，降低产品成本，减少原材料、半成品和产成品库存，加速资金周转，缓解流动资金短缺的状况；（3）针对市场较疲软的情况，或积极采取措施，对现有产品进行技术改造，使产品质量有一个大的提高；或调整现有生产，开发新产品，实行转产，生产市场急需产品。

"治理整顿"的另一重要任务是调整当前的产业结构。我国当前产业结构的主要问题是能源、原材料工业和交通运输等基础部门发展严重滞后，而加工工业则发展过快。为了改变这种状况，国务院已颁布了产业发展目录，对不同产业实行抑制或扶持的政策。为了保证国民经济全局的发展和人民生活的稳定，国家决定对大中型企业实行倾斜政策，在资金、能源、原材料等方面给予优先保证。

上述政策和做法对一些加工工业企业，尤其是小企业的生产经营必然发生影响，使他们遇到新的困难，如资金短缺，原材料、能源供应无保证等。为了求得生存与发展，加工工业企业必须采取相应的对策。主要包括：

1. 不失时机地调整生产方向，转而生产耗能低和原材料消耗低的产品。我国某些加工行业生产能力已经出现过剩，与此同时，有些人民生活和生产急需的产品又无人生产，因此一些加工工业企业转产既是必要的，又是可行的。

2. 积极进行技术改造，努力降低能源、原材料消耗。我国能源、原材料工业供不应求，既是由于加工工业发展过快造成的，又是由于加工工业原材料，能源消耗过高造成的。积极降低各种物质消耗，一方面有利于加工工业企业的生存与发展，同时又是改善我国产业结构的重要措施。

优化工业产业结构，提高工业劳动生产率 [①]

（1990 年 6 月）

本文准备就我国工业产业结构对工业劳动生产率的影响，以及如何改善工业产业结构，提高我国劳动生产率的问题，做初步的探讨。

一、我国工业产业结构对工业劳动生产率的影响

目前，在我国工业产业结构中，妨碍工业劳动生产率提高的因素主要如下：

第一，劳动生产率较高的工业部门没有得到充分发展，制约了我国工业劳动生产率的提高。由于我国价格体系不合理，目前某些工业部门的劳动生产率水平并不完全取决于生产的技术水平和资源的投入一产出比，而是或多或少地被分配领域、流通领域的不合理机制所扭曲。尽管如此，我们仍然可以通过广泛的比较，排除不合理的价格因素，发现一些劳动生产率较高的部门，如化学工业、石油工业、电子工业、汽车工业、金属制品工业等。资料表明，这些劳动生产率较高的部门在我国均未得到充分发展，已成为我国工业劳动生产率低下的重要原因之一。

第二，工业产业结构失衡，不利于我国工业劳动生产率的提高。工业产业结构的不合理，主要表现在两个方面：一是加工工业发展过快，相比之下，基础工业的发展则严重滞后。1981—1987 年，整个工业的年平均增长速度为 11%，而属于基础工业的冶金、电力、煤炭、

---

① 本文原载《经济管理》1990 年第 6 期。

石油的年平均增长速度则分别为 8.2%、7.9%、5.1% 和 5.9%。二是在同一产业内部，产品结构不合理，造成短缺与过剩并存。比如，机械工业生产能力严重过剩，但由于产品结构不合理，还需要从国外大量进口。1981—1985 年，我国机电设备进口累计达 421.53 亿元，占同期进口总额的 1/3。工业产业结构失衡造成的最大问题，是使大量资源闲置，巨大的生产能力不能发挥作用，因而使工业总产值达不到现有资源条件允许的水平，工业劳动生产率也达不到应有的水平。

第三，工业产业技术结构的低水平，阻碍了我国工业劳动生产率的提高。如果从重化工业占工业总产值的比重来看，我国当前工业产业结构水平大体相当于发达国家 60 年代的水平。然而，我国工业产业技术结构水平，却远远低于用数量指标衡量的水平。以机械制造业为例（机械制造业的技术水平大体反映着一国工业产业技术结构的水平），我国目前的机床拥有量为 320 万—340 万台，仅次于苏联（400 万台）。但其中普通机床占绝大比重，20—30 年代的机床仍在使用。而在西德、日本等发达国家，数控、数显等精密机床已占机床总数的 20%—30%。机械工业技术装备的落后，导致了机械工业产品的技术水平落后。目前我国机械工业产品中，技术水平达到 70 年代末、80 年代初水平的，只有 8% 左右，比发达国家落后了 20 年。

工业产业技术结构的低水平，从两个方面制约了我国工业劳动生产率的提高。其一，目前我国工业 80% 以上的技术装备是由国内机械工业提供的，而机械工业技术装备的落后，使它无法为其他工业部门提供高水平的机器设备，这就必然导致我国整个工业的技术水平低下，严重影响工业劳动生产率的提高。其二，近年来的改革开放，使我国人民收入水平提高，对高档耐用消费品的需求迅速增长。由于我国机械工业、电子工业、原材料工业不能提供高水平的技术装备、元器件和性能优良的材料，要满足新兴产业的生产需要，只能靠大量进口。这种"需求外泄"，使新兴产业的繁荣不能带动整个工业的增长，使我国丧失了工业新的增长和工业劳动生产率提高的机会。同时，在工业增长严重依赖进口的条件下，一旦外汇供给情况和国际市场发生变化，国内工业生产就会受到影响，陷入波动。显然，在工业生产经常出现波动的情况下，工业劳动生产率稳步地、持续地提高是不可能的。

第四，地区工业产业结构同构化，对我国工业劳动生产率的提高有消极影响。近年来，我国各地区的工业产业结构的变化，呈现出这样的趋势：尽管各地区的资源条件、经济技术基础存在着很大差别，但工业产业体系却越来越雷同。其一，地区间工业产业结构的雷同，首先导致了生产分散，无法按大工业的内在要求实行集中生产，达到合理的生产批量，获得规模效益。其二，违背了分工协作的原则，使各地无法扬长避短，发挥各自的优势，从而降低了整体经济效益。其三，导致加工工业发展过快，生产能力严重闲置和资源的巨大浪费。上述情况的最终结果，致使工业总产值达不到应有的水平，降低了我国工业劳动生产率。

二、合理调整我国工业产业结构，
促进工业劳动生产率的提高

以上的分析表明，不合理的工业产业结构，是造成我国工业劳动生产率水平低下的重要原因之一。显然，要使我国工业劳动生产率水平有一个较大的提高，非对工业产业结构进行调整不可。在今后的一段时间内，应该重点从以下几个方面着手：

第一，以技术改造为主要手段，提高机电工业的生产技术水平；同时培育和发展新兴高技术产业，使我国工业产业结构水平有较大的提高。在调整过程中，一是要提高劳动生产率较高的部门在工业中的比重，二是要提高工业产业技术结构水平。后者更是问题的关键所在。在今后的5—10年内，要努力抓好两项工作：一是以技术改造为主要手段，使我国机电工业在技术上取得重大突破，并在此基础上使生产进一步发展；二是集中人、财、物，培育和扶植1—2个新兴高技术产业，争取到20世纪末形成成熟的技术，开始大规模的商业性生产。

现在有一种意见认为，我国机械工业规模已经太大，应该"节制生育"。但如果进行一下深入的分析，就会发现，我国机械工业不过是一个"虚胖子"。在现有的300多万台机床中，真正顶用的不过100万

台左右，而且大部分是普通机床。此外，机械工业与一般加工工业不同，它是为国民经济其他部门提供技术装备的，其技术状况决定着工业乃至整个国民经济的技术水平，因而决定着我国工业劳动生产率的水平。所以，在政策上应当把它同一般加工工业区别开来，拿出足够的资金，对机械工业的现有设备进行更新改造。这样，经过3—5年时间，我国机械工业的技术水平就会有较大的提高，就可以使我国工业的技术装备水平迈上一个新的台阶，工业劳动生产率提高缓慢的状况也就可以得到改变。

电子工业是20世纪以来发展最快的工业部门，由于技术进步快，劳动生产率一直在各个工业部门中居于前列。近年来，国内对电子产品的需求一直在稳步增长，国际市场的需求也在不断扩大。如果采取扶植与保护政策，我国电子工业的技术水平、生产能力就会有较大提高，成为主导产业之一。这样，既可以带动一批工业部门迅速发展起来，又能大大促进我国工业劳动生产率的提高。

70年代以来，发达国家的产业结构正在发生着根本性的变化。其内容是传统产业如钢铁、机械制造、汽车工业等发展速度放慢，而新兴高技术产业如电子计算机工业、宇航工业、生物工程等迅速崛起，并获得了巨大发展。据专家预测，到21世纪的20—30年代，发达国家的产业结构调整将告完成，并形成一种以新兴高技术产业为主导产业的产业结构体系。这意味着发达国家的产业结构水平将有新的飞跃，整个工业将建立在全新的技术基础之上，工业劳动生产率必定会大幅度提高。我国如不采取相应措施，在不久的将来，我国工业的整体技术水平就会更加落后，我们的工业劳动生产率水平与发达国家的差距就会变得更大。

现在的问题在于：像我国这样的发展中国家，发展新兴高技术产业有无可能？我认为是可能的。因为这次技术革命，引起了许多方面技术上的突破，产生了一组平行发展的新兴产业群。这种情况使得任何国家都不可能在所有的新技术领域都居于领先地位，只能在一个或几个领域领先。这样，发展中国家就可以集中力量攻下一两个领域，而不致遇到以往几次技术革命中那样的激烈竞争。另外，我国目前在某些新技术领域中水平并不低。如我国已制造出每秒运算10亿次的巨型计算机；在航天技术方面，卫星发射、回收技术已经成熟，是世界上少数掌握这一技术的国家之一。我国完全有条件以这些新技术为依托，建立一两个高技术产业。因此，在 20 世纪 90 年代，我国应集中力量，加紧新技术的研究、开发，为商业性生产做好准备；在 21 世纪初，争取围绕宇航工业、电子计算机工业建立一两个新兴产业群。这样，我们就抓住了一个机会，我国工业产业结构水平就会有较大提高，工业劳动生产率也会达到新的水平。

第二，从外延和内涵两个方面解决工业产业结构失衡问题，为劳动生产率的提高创造条件。

首先，要从外延方面着手，缓解基础工业与加工工业之间不相适应的矛盾。在今后几年内，要增加对基础工业的投资，争取能源、原材料工业有较快的发展。同时，要下大决心、花大力气压缩加工工业的规模，制止加工工业的盲目发展。要根据国家产业政策，对新建、在建加工工业项目进行清理，长线产业要一律停下来；对已经建成投产的加工工业项目，也要排队清理。凡是经济效益差、本行业生产又出现过剩的企业，要采取具体措施，促其关、停、并、转。为了使这些产业结构调整措施真正见效，必须适当加强中央财政的实力，把项目的审批权限适当上收。否则，中央一无钱、二无权，加强基础工业、压缩加工工业就是一句空话。

其次，要从内涵方面做文章，即通过技术改造、改善管理等措施，降低我国工业的能源、原材料消耗，缓解基础工业与加工工业的矛盾。仅仅靠增加对能源、原材料工业的投资，靠扩大供给能力来解决当前的矛盾，在资金和物资两方面都会遇到不可克服的矛盾；而采取技术改造、改善管理，降低原材料、能源消耗的办法来解决基础工业与加工工业的矛盾，则能在较短的时间内，用较少的资金达到较好的效果。

第三，努力改变地区间工业产业结构雷同的状况，实行分工协作和合理批量生产，获得规模效益，是提高工业劳动生产率的又一重要措施。这项工作要分两步走：第一步，中央和各级政府要把新建项目审批权适当上收，大型重要项目由中央审批，中型项目由省里审批。然后，按照专业化分工原则和各工业部门企业合理规模，对新建、在建项目进行审核，凡不符合专业化分工原则，达不到合理生产批量的项目，一律不准上马。这样，可以刹住各地争上加工工业项目之风，防止地区间工业产业结构雷同的状况进一步加剧。第二步，在前者的基础上，根据同样的原则，对现有企业进行清理整顿。各地区重点建设的项目，如果总的生产能力已经超过市场需求量，要根据其经济效益和技术水平关闭、转产一批；如果总的生产能力未超过市场需求量，则可对现有企业实行跨地区的合并，使之达到合理的生产批量。这两步工作完成后，我国地区间工业产业结构雷同的状况就会好转，企业组织结构合理化的程度就会提高，就可以组织专业化协作，使生产达到合理批量，取得规模效益，提高我国工业劳动生产率水平。要保证上述工作的顺利进行，除了要加强集中和计划性，运用一定的行政手段外，还必须调整经济利益关系，发挥经济杠杆的作用。我国地区间工业产业结构雷同状况的产生，主要是因为基础工业产品价格偏低，加工工业产品价格偏高，利润丰厚，在地方权力和利益不断扩大的情况下，各地的投资纷纷涌向加工工业。所以，要消除这种状况，就必须改革不合理的价格体系，适当调高能源、原材料的价格，或降低工业制成品的价格，把地方投资引向基础工业。在调整价格的条件尚不具备时，可以采取适当的措施，首先理顺各方面的利益关系。比如在资源省与加工省之间可以实行利润返还的办法，即资源生产区仍按当前价格向加工生产区提供能源、原材料，加工生产区则把一部分利润返还给资源生产区。这样，就可以缓解二者之间的矛盾，降低地区工业产业结构调整的难度。

工业产业结构和工业劳动生产率 [①]

（1991 年 2—3 月）

迄今为止，在研究工业劳动生产率的过程中，人们对工业产业结构与工业劳动生产率之间的关系，以及工业产业结构对工业劳动生产率的影响没有给予应有的重视，对这个问题的研究进行得很不深入。在本文中，我们将围绕以下几个问题进行探讨：工业产业结构怎样影响着工业劳动生产率的水平；我国工业产业结构现状对工业劳动生产率水平有什么影响；为了提高我国工业劳动生产率，应该怎样对我国工业产业结构进行调整。

一、工业产业结构是影响工业劳动生产率水平的重要因素

工业产业结构对工业劳动生产率的影响是多方面的，主要表现在这样几个方面。

（一）由于不同工业部门的劳动生产率水平有高有低，工业产业状况结构必然直接影响着工业劳动生产率的高低。

现代工业体系是由许许多多工业部门共同组成的。由于不同工业部门所运用的劳动手段以及使用的劳动对象不同，生产的技术特点和现代化水平不同，分工协作的发达程度不同等原因，各个工业部门的劳动生产率是有差别的（见表1）。需要指出的是，在与发达国家作比较研究时，常常可以发现这样的现象：发达国家劳动生产率水平高的工业部

---

① 本文系国家"七·五"社会科学基金资助研究课题《中国工业劳动生产率研究》专题报告之四。原载《松江学刊》1991 年第 2 期（总第 23 期）。

436

门，在我国劳动生产率不一定高；相反，在我国，劳动生产率水平较低的部门，在发达国家却是劳动生产率水平比较高的部门。发生这种情况的原因，除了同样的工业部门我国与发达国家所使用的技术不同、管理水平有差别以外，还有我国目前价格体系不合理的因素在起作用。比如我国机械产品价格偏低，相反一些消费品价格偏高。因此，从表面上看，一些消费品生产部门的劳动生产率反而高于机械制造业。尽管如此，国内、国外的统计资料都表明，不同的工业部门劳动生产率有高有低是毫无疑问的。所以，如果国家或社会能够首先充分满足劳动生产率高的部门对人力、物力资源的需要，使之优先获得发展，那么无论是这些部门的就业人数增加、产值也增加的情况下，还是产值增加、就业人数不增加的情况下，整个工业的劳动生产率水平都会得到提高。相反，如果劳动生产率高的部门得不到优先发展，而劳动生产率较低的部门却占用了大量物资、资源，集中了大量工业就业人口，整个工业的劳动生产率水平就无法提高。由此可以看出，一国工业产业结构状况直接影响着这个国家的工业劳动生产率水平。以此为根据，还可以进一步得出调整工业产业结构是提高工业劳动生产率的重要途径的结论。

需要进一步指出的是，在科学技术进步的过程中，新的技术不断出现，原有的技术不断地被改进、更新替代或淘汰。不同的工业部门技术进步的速度是不同的。有的部门不断地采用新技术，劳动生产率日益迅速地提高；而有的部门没有发生大的技术上的突破，原有技术日益变得陈旧、落后，劳动生产率提高较慢甚至下降。这样，不同工业部门之间在劳动生产率上的差别会变得愈来愈大。因此，我们可以由此得出一些规律性的结论：科学技术越发达，科学技术进步速度越快，工业部门之间劳动生产率的差别就越大，工业产业结构状况对工业劳动生产率水平的影响也变得越来越大。举例来说，按1980年不变价格计算，1952年，我国煤炭工业全员劳动生产率为3184元／（人·年），石油工业为9766元／（人·年）。后者为前者的3倍。到1985年，煤炭工业全员劳动生产率提高为3715元／（人·年），石油工业则提高为47966元／（人·年），后者为前者的12倍。因此，要提高工业劳动生产率，必须对工业产业结构调整愈来愈重视。

表 1　全部独立核算工业企业全员劳动生产率

类　别	全员劳动生产率（元/（人·年））		1988 年为 1987 年 %
	1987 年	1988 年	
全国总计	13 961	15835	113.42
按轻工业分			
轻工业	16493	8827	114.15
以农产品为原料	16008	17687	110.49
以非农产品为原料	17547	21342	121.63
重工业	12160	13692	112.60
采掘工业	5812	6084	104.68
原料工业	19847	20696	104.28
加工工业	11606	13783	118.76
按企业规模分			
大型企业	21855	23763	108.73
中型企业	17995	19792	109.99
小型企业	10769	12484	115.93
按工业行业分			
# 煤炭采选业	3768	3937	104.49
石油和天然气开采业	27175	25319	93.17
黑色金属矿采选业	6071	6579	108.37
有色金属矿采选业	6665	7393	110.92
建筑材料及其他非金属矿采选业	4766	5738	120.39
采盐业	9477	11515	121.50
其他矿采选业	3469	3954	113.98
木材及竹材采运业	3646	3671	100.69
自来水生产和供应业	9958	10648	107.29
食品制造业	20167	22130	109.73
# 粮食加工业	34900	37234	106.69
饮料制造业	14013	15974	113.99
烟草加工业	81589	90483	110.90
饲料工业	40813	51017	125.00
纺织业	16417	17223	104.91
# 棉纺织业	18199	18559	101.98
毛纺织业	17209	18707	108.70
丝绢纺织业	13195	13975	105.91
缝纫业	11126	13276	118.94

类　别	全员劳动生产率（元／（人·年））		1988年为1987年%
	1987年	1988年	
皮革、毛皮及其制品业	10741	12175	113.35
木材加工及竹、藤、棕草制品业	7253	8321	114.72
家具制造业	8702	10814	124.27
造纸及纸制品业	13322	14758	110.78
印刷业	10051	11519	114.61
文教体育用品制造业	12162	13491	110.93
工艺美术品制造业	8111	10214	125.93
电力、蒸气、热水生产和供应业	23775	24293	102.18
石油加工业	73862	74541	100.92
炼焦、煤气及煤制品业	11369	11786	103.67
化学工业	18706	20589	110.07
#基本化学原料制造业	13949	15254	109.36
有机化学产品制造业	27398	30030	109.61
日用化学产品制造业	26090	29159	111.76
医药工业	30029	34743	115.70
化学纤维工业	43234	48373	111.89
橡胶制品业	21200	23161	109.26
塑料制品业	15309	18963	123.87
建筑材料及其他非金属矿物制品业	6010	6864	114.21
#水泥制造业	6623	7334	110.74
黑色金属冶炼及压延加工业	19160	19607	102.33
有色金属冶炼及压延加工业	25949	25759	99.27
金属制品业	11028	12693	115.10
#日用金属制品业	12570	14418	114.70
机械工业	12001	14136	117.79
#工业专用设备制造业	11491	13680	119.05
日用机械制造业	22046	23279	105.59
交通运输设备制造业	13368	16734	125.18
电气机械及器材制造业	19071	22897	120.06
#日用电气制造业	33252	47523	142.92
电子及通信设备制造业	28604	38235	133.67
#日用电子器具制造业	60865	86177	141.59
仪器仪表及其他计量器具制造业	10867	12949	119.16

（二）工业内部各产业之间比例关系协调与否对工业劳动生产率水平的影响。

工业内部各产业之间存在着一种内在的经济联系：有的产业为其他产业提供产品，如上游产业为下游产业提供能源、原材料、半成品、机器设备等；有的产业为其他产业提供市场，如下游产业与上游产业之间的关系；有的产业之间则存在着互为市场、互相提供产品的关系，如冶金工业与机械制造业，能源工业与冶金、机械制造业等等。美国经济学家列昂节夫绘制的投入产出表详细地描绘了各工业部门之间的这种数量关系。当工业结构比较合理，产业间关系比较协调时，各个产业均可顺利得到所需要的生产资料，并能顺利地将产品卖出去，就可以充分利用各产业的生产能力进行生产，用现有劳动力和其他资源得到较大的工业总产值，从而使工业劳动生产率保持较高的水平。如果工业内部各个产业之间出现比例失调，比如上游产业脱离下游产业孤立地、过快发展，就会导致上游产业生产过剩，产品严重积压，不得不使一部分机械设备和劳动力处于闲置状态；或者是加工工业过快发展，超过上游产业如能源、原材料的供给能力，则会导致加工工业一部分生产能力闲置。在所有这些情况下，由于现有生产能力不能充分发挥作用，部分资源被无效占用和浪费掉，工业总产值就达不到应该达到的水平，从而使工业劳动生产率低于应该达到的水平。

（三）工业产业结构及其主导产业能否及时实现合理的转换，对工业劳动生产率的提高有着至关重要的作用。

以上我们提到过，由于不同产业部门技术水平不同，从而对资源的利用效率不同，不同产业部门的劳动生产率是不同的。而科学技术的发展及其在生产中的应用，使得各产业之间生产技术水平的对比和资源利用水平的对比经常地发生着变化，从而使各产业之间劳动生产率水平的对比也经常地变化着。因此，能否根据上述变化及时合理地进行工业产业结构的转换，在某种程度上决定着一国工业劳动生产率的水平。

在工业产业的转换中，首先是主导产业的转换。所谓主导产业，是指那些在整个工业结构中占较大比重，并且前向、后向联系的链条比较长，其发展足以带动整个工业以至整个国民经济的发展的工业部门。工业产业结构的转换过程实际上就是大多数工业产业部门围绕主导产业的变化而变化，重新构成一种新的工业体系的过程。如果一个国家根据科学技术进步的新情况和由此引起的各工业产业之间资源利用效益的对比变化，及时地通过主导产业的转换改造与调整工业产业结构，则会使这个国家的工业劳动生产率有较大提高。反之，原来工业生产率先进的会变得落后，原来工业劳动生产率落后的会变得更落后。第二次世界大战后，日本经济之所以出现了连续20年高速发展，劳动生产率不断提高的奇迹，秘密之一就是及时实行了工业主导产业的转换。二战以后，日本主导产业已经发生了两次大的转换。第一次钢铁工业、造船业、汽车工业取代了食品工业、纺织业成为主导产业；第二次是电子工业取代了钢铁工业、造船业的主导产业地位；汽车工业仍然是日本的主导产业。目前日本正在经历着知识技术密集产业逐渐取代资金技术密集产业的第三次主导产业的转换。与此同时，英国战后经济发展减速、工业劳动生产率大大落后于日本、西德等发达国家，这种现象被称为"20世纪英国病"。原因何在？发展经济学家的诊断是：抱残守缺，不及时进行工业产业转换，是最重要的病因之一。

（四）工业的产业技术结构水平也是决定工业劳动生产率的重要因素。

衡量一国工业产业结构水平的高低，既要用数量标准，又要用技术标准。从数量方面看，当重化工业在工业中的比重不断提高，在重化工业中加工、组装工业的比重得到提高，我们就认为工业产业结构水平得到了提高。从这个角度来看，工业产业结构的提高过程也就是重化工业化的过程。但是，如果重化工业、深度加工工业的比重提高了，它们的技术水平却非常低，那么我们说这个国家工业产业结构的技术结构是低水平的，工业产业结构水平也没有得到真正的提高，这种产业结构是一种虚假的高水平，会严重影响工业劳动生产率水平的提高。

这是因为，第一，重化工业以及附加价值较高的产业，在各个产业部门中一般是技术水平较高的，因此其劳动生产率也是水平较高的，对一国整个工业劳动生产率水平的高低起着举足轻重的作用。如果它们的技术水平处于较低层次，劳动生产率水平较低，那么整个工业劳动生产率水平也高不了。第二，重化工业是整个工业乃至国民经济的技术装备部和最重要的原材料来源。因此重化工业技术水平的高低，能否为其他工业部门提供先进的机器设备和质量过硬、性能优良的原材料，直接决定着其他工业部门的技术水平和劳动生产率的水平，从而影响着整个工业的劳动生产率水平。

二、我国工业产业结构现状对工业劳动生产率的影响

1988 年我国工业企业全员劳动生产率计算为 4527 美元 /（人·年），美国为 43892 美元 /（人·年），日本为 46492 美元 /（人·年），联邦德国为 36311 美元 /（人·年），南朝鲜为 8702 美元 /（人·年）。这些数字表明，与发达国家相比，我国工业劳动生产率还是很低的，只相当于美国的 9.7%，日本的 9.43%，联邦德国的 11.8%[①]。造成我国工业劳动生产率水平较低的因素是极其复杂的。我们很难给出一个精确的数字，说明当前的工业产业结构状况对我国工业劳动生产率水平产生了多大的影响。目前所能做到的，只是根据在第一部分所指出的工业产业结构与工业劳动生产率之间的内在联系，对目前工业产业结构对我国工业劳动生产率的现实影响作一些描述性的分析。

（一）劳动生产率较高的部门没有得到充分发展，制约了中国工业劳动生产率的提高。

在本文的第一部分，我们曾指出，不同工业部门的劳动生产率高低有别，因而劳动生产率较高的生产部门能否得到充分发展，直接影响整个工业的劳动生产率水平。

要分析工业产业结构对工业劳动生产率在这方面的影响，在我国有其特殊的复杂性。因为，只有当一个部门的较高的劳动生产率是由

---

① 根据《中国统计年鉴》1988 年、1989 年卷和《世界经济》杂志 1989 年第 8 期的资料计算。

于技术进步速度快，采用的生产技术比较先进的情况下，才有利于整个工业劳动生产率的提高。如果一个部门较高的劳动生产率是由于人为的价格因素造成的，那么这只不过是不合理地、人为地降低了其他部门的劳动生产率的结果，这种较高的劳动生产率只是一种表面的、虚假的高水平，这种高水平不是产生于生产过程，而是来自流通过程、分配过程，对工业劳动生产率的提高没有什么积极作用。目前我国工业劳动生产率超过 20000 元／（人·年）的行业中，有的行业劳动生产率较高与产品价格较高有关。石化工业劳动生产率较高则既有产品价格较高的因素在起作用，又由于原料价格低的缘故。相反，一些行业劳动生产率低，并不完全是由于技术落后。如煤炭采选业，如果不是煤炭价格过低人为地降低了它的劳动生产率，劳动生产率应该比目前高一些。所以，在我国要提高劳动生产率，不能简单地采取哪个部门劳动生产率高，就使哪个部门优先发展的做法。如目前烟草加工业劳动生产率水平高，但提高工业劳动生产率不能靠大力发展烟草工业，而是要根据目前发展过快、过于分散的状况，进行压缩。

考虑到中国价格体系不合理的现状，需根据不同工业部门的技术水平并参考国外各工业部门劳动生产率状况，确定我国不同工业部门的技术水平并参考国外各工业部门劳动生产率状况，确定我国不同工业部门劳动生产率水平及其对整个工业劳动生产率的影响。当前在世界各国劳动生产率都比较高的工业部门有化学工业、电子工业、汽车工业、金属制品、石油工业等[1]。就目前我国工业产业结构来看，以上这些劳动生产率较高的工业部门没有得到充分发展，是造成我国工业劳动生产率较低的重要原因之一。如目前我国化学工业总产值占全国工业总产值的比重为 8%，[2] 而 1977 年美国、日本、西德、法国、英国、苏联的化学工业总产值占全国工业总产值的比重已分别达到 8.5%、7.1%、8.9%、10.7%、6.1% 和 8.6%，即我国化学工业产值占全国工业总产值的比重只大体相当于发达国家 70 年代的水平。再如我国电子工业 80 年代末的产值仅相当于美国 50 年代末的水平，日本 60 年代末的

---

① 根据《世界经济统计简编 1982》，三联书店 1983 年 3 月第 1 版第 79—84 页。

② 根据《世界经济统计简编 1982》，三联书店 1983 年 3 月第 1 版第 79—84 页。

水平，与目前南朝鲜的水平相当。[①]

当然，一国工业产业结构水平要受到这个国家经济发展水平、技术水平、劳动者素质、资金等资源条件的限制。一个部门劳动生产率高，并不意味着其发展就可以不受限制。我们在这里只是指出劳动生产率较高的工业部门没有得到充分发展，限制了中国工业劳动生产率提高这一事实。至于中国工业产业结构如何调整，是需要根据需要与可能统筹考虑，不能只从提高工业劳动生产率这一方面做文章。

（二）工业产业结构失衡不利于我国工业劳动生产率的提高。

1978 年前，我国产业结构失衡的主要表现是重工业孤立发展，发展速度与规模都超过了轻工业。从"六五"计划时期开始，情况发生了变化，轻工业获得了较快发展，比重迅速上升。1985 年轻重工业的比重已由 1978 年的 43.1∶56.9 提高到 46.7∶53.3。1985 年以后的几年里，这个比例大体接近 50∶50，有的年头轻工业的比重甚至超过了50%。产业结构的这种变化，有利于合理配置并利用资源，使重工业中闲置、占用的人力、物力用来生产人民所需要的生活消费品。这是有利于工业劳动生产率提高的。但是，如果进行更深入的分析，就会发现产业结构深层次上的矛盾却进一步加剧了，主要表现在两个方面。

第一，加工工业发展过快，相比之下基础工业发展缓慢，出现了基础工业严重滞后的局面，影响了工业劳动生产率提高。1981—1987年，整个工业的平均增长速度为 11%，而属于基础工业的冶金、电力、煤炭、石油年平均增长速度分别只有 8.2%、7.9%、5.1% 和 5.9%。在重工业中，制造工业年平均增长速度为 16.8%，而采掘工业年平均增长只有 5.8%，原材料工业年平均增长只有 10.29%[②]。由于基础工业落后于加工工业的发展，造成生产能力严重闲置。如 1987 年，全国缺电约700 亿度，造成 30% 的生产能力闲置，损失产值约 4000 亿元，国家减少利税收入约 500 亿元[③]。近两年情况大致也是这样，没有明显改善。在加工工业中，有些部门生产能力闲置超过了 30%。如机械工业有

---

① 国务院经济发展研究中心材料，1987 年（43）期。

② 李泊溪等:《对瓶颈产业发展的分析与对策》,《经济研究》1988 年 12 期。

③ 《1987 年工业交通统计年报》。

50% 的生产能力闲置，卷烟工业有 40% 的生产能力闲置，缝纫机工业有 50% 的生产能力闲置。生产能力闲置，意味着有一部分工业职工工时不满或干脆无事可干，资金、设备被白白占用而不生产任何价值，这必然使工业劳动生产率达不到现有资源条件所允许的水平。比如，如果我国电力供应可以满足生产的需要，使闲置的 30% 的生产能力得到利用，我国工业产值就不是 18224 亿，而是 23661 亿，工业全员劳动生产率就不是 4527 美元 /（人·年），而是 5884 美元 /（人·年），比现在提高 30% 以上 [1]。这里尚未把电力工业增加的产值计算在内。

第二，在同一产业内部，产品结构不合理，造成短缺与过剩并存的不合理现象。有些规格、型号的产品严重供不应求，有些规格型号的产品则供过于求；有些市场需要的产品无人生产或生产较少，而市场需求正在减少的产品仍在增加生产、扩大规模。比如，机械工业生产能力虽然严重闲置，但由于产品结构不合理，还需要从国外大量进口。1981—1985 年我国机电设备进口累计达 421.53 亿美元，占同期进口总额的 1/3。再如，钢材在我国是紧缺产品，每年需要大量进口，仅 1985 年就进口 1800 万吨，相当于当年国内生产量的一半，用汇额相当于出口石油的换汇额。但是，与此同时，我国钢材库存量自 1977 年以来逐年上升，到 1986 年达到 2900 万吨。产业内产品结构的不合理状况，从两个方面影响了工业生产率水平：首先，产业内产品结构的不合理，说明本产业对资源的配置不合理，未能充分发挥资源的效用，必然降低本部门的投入——产出比率，使劳动生产率达不到应有的水平。这样，作为工业的一个组成部门，它的劳动生产率达不到现有资源允许的水平，必然使整个工业的劳动生产率达不到应有的水平。其次，产业内产品结构不合理，意味着一部分产品过剩，占用了一部分资源不能发挥效用，这就影响了整个工业资源利用率和劳动生产率；另外一部分产品短缺，不能为其他生产部门提供必需的生产资料，又间接地影响了其他工业部门生产的正常进行，也要降低这些部门的工业劳动生产率，从而降低整个工业的劳动生产率。

---

① 根据 1989 年汇率和《中国统计年鉴》（1989）推算。

（三）我国工业产业结构的技术结构水平对工业劳动生产率的影响。

根据德国人霍夫曼（Walther Hoffmann）1931 年出版的《工业化的阶段和类型》[1] 一书所创立的研究方法，一国工业产业结构的数量结构水平用"重化学工业比率"来衡量。所谓"重化学工业比率"就是在工业实现的国民收入中，重化学工业所占的比例。我国目前的重化工业比率大体在 50% 左右，相当于发达国家 60 年代的水平。然而，我国工业劳动生产率却远远落后于发达国家 60 年代的水平。原因何在？这是由于我国工业产业结构的技术水平低于用数量指标计算的水平。看一国工业产业结构的技术结构水平，通常主要看其机械制造业的技术水平。我国现有机床拥有量为 320 万—340 万台，仅次于苏联（400 万台）。但是绝大多数是普通机床，20—30 年代的机床还在使用着，而在发达国家如西德、日本等国，数控、数显等精密机床已占机床总数的 20%—30%。我国机械制造工业技术装备的落后，导致了机械产品的技术水平落后。目前我国机械工业产业中技术水平达到 70 年代末、80 年代初水平的不到 8%，比发达国家落后了 20 年。工业技术结构的低水平，从两个方面制约了我国工业劳动生产率的提高。

其一，目前我国工业 80% 以上的技术装备是国内机械工业提供的。机械工业技术装备的低水平，使它没有能力为其他工业部门提供高水平的机器设备，这必然导致我国整个工业生产技术的低水平，制约着我国工业劳动生产率的提高。

其二，实行改革开放以来，人民收入水平的提高，带来了消费结构的变化，耐用高档消费品，尤其是家用电器的需求量急剧增长。由于我国机械工业、原材料工业、电子工业无力提供技术水平较高的设备、性能优良的原材料和元器件，这几年我国工业发展对进口的依赖程度提高，发生了严重的"需求外泄"。1977 年我国国民经济增长的进口依存度[2] 为 1.6%，1985 年则提高到 53%。新兴产业发展严重依赖进口，使这些产业失去成为主导产业的机会，无法带动有关部门发生

---

[1] 1958 年英文新版改名为 *The Crowth of Industrial Economies.*

[2] 进口增长额与国民收入增长额之比。

新的经济增长，意味着工业总产值的新的增长机会的丧失，从而丧失了工业劳动生产率迅速提高的机会。与此同时，在工业生产增长严重依赖进口的情况下，一旦外汇供给发生了困难，或国际市场出现波动、变化，国内工业就要受到较大影响，工业生产就会经常处于波动中。在工业生产经常出现波动的情况下，工业劳动生产率的稳步、持续的增长事实上是不可能的。

（四）地区工业产业结构同构化对提高工业劳动生产率的消极作用。

1984年以来的城市经济体制改革的一个重要内容是国家向企业、地方分权让利，结果地方与企业的财力大大增强，投资权大大扩大。由于地方、企业财力增强、权力扩大的同时，价格的改革与调整没有相应地跟上，国家又没有用强有力的产业政策及其措施加以引导，地方、企业为了追求本地区、本单位的利益，纷纷把资金投向价高利大、投资少、见效快的加工工业，使工业产业结构在空间分布上呈现同构化趋势：尽管各地区的资源条件、经济技术基础存在着很大差别，但各地区的工业产业体系却大体相同。从几个部门的情况来看，1986年全国生产金属切削机床的省份有28个，生产汽车的省份有27个，生产收音机的省份有22个，生产卷烟的省份有28个，生产手表的省份有19个。

地区工业产业结构的趋同，严重阻碍了我国工业劳动生产率的提高。首先，生产相对集中是大工业发展的内在要求。因为只有在生产相对集中的情况下，才能达到合理的生产批量，获得规模效益，劳动生产率才能得到提高。我国近年来地区工业结构雷同，造成了生产严重分散，有些行业绝大多数企业达不到合理生产批量，无法获得规模效益，从而妨碍了劳动生产率的提高。如汽车工业，我国年产量为60万辆左右，各种汽车制造厂、配件厂却有近1000家，平均每厂年产量为600余辆。然而，根据国内外汽车工业的经验。重型车的合理生产批量为一厂年产5万辆以上，中型车为10万辆以上，轿车为30万辆。这种状况正好说明为什么在国外汽车工业是劳动生产率较高的行业，而在我国劳动生产率却不太高，未进入10000元/（人·年）的行业行列。其次，从另一角度看，地区产业结构趋同的结果就是加工工业过快发展，超过能源、原材料工业的供给能力，使加工工业大量设备闲置，大批工人无活可干或工时不满，这必然导致工业劳动生产率的人为降低。第三，地区工业产业结构趋同，使各地区的资源优势、技术优势无从发挥，各地区形成了自给自足的封闭工业体系，地区之间形不成专业化协作的关系，这也是工业劳动生产率提高的严重障碍。因为，大工业之所以有较高的劳动生产率，很重要的原因之一，就是它拥有专业化协作的优势，分工本身就是一种新生产力。

三、优化工业产业结构，提高工业劳动生产率

从第二部分的分析中可以看出，目前我国工业产业结构的许多方面，是不利于我国工业劳动生产率提高的。因此，要使我国工业劳动生产率得到较大提高，除了要在其他方面采取有力措施以外，还必须对我国工业产业结构进行有针对性的调整。

（一）以技术改造为主，提高机电工业的生产技术水平，同时适当培育和发展新兴高技术产业。

工业产业结构水平低是我国工业劳动生产率水平低的重要原因。因此，为了促进我国工业劳动生产率的提高，目前要特别注意提高工业产业结构水平。这包含两个方面：一是提高劳动生产率水平较高部门在工业生产中的比重，二是提高工业产业结构的技术结构水平。具体说来，在今后5—10年内，要抓好两项工作：以技术改造为主要手段，使我国机电工业在技术水平上有一个大的突破，在技术水平提高的基础上，使生产获得进一步发展，此其一。集中人、财、物，培育与扶植一两个新兴高技术产业，此其二。

对我国机械工业如何发展，目前意见不统一。有人认为目前机械工业规模已经太大，因此机械工业要"节制生育"，而不是改造、发展。诚然，我国机械工业就生产能力来看，有320万—340万机床，规模似乎不小了。但是，如果作进一步的分析与研究，就会发现，我国机械工业只是一个"虚胖子"。在现有的300多万台机床中，有1/3

已完全不能使用，应该冲销掉，拿去炼铁、炼钢；有 1/3 也已严重老化，不能正常使用。因此事实上只有 100 万台左右真正顶用。在这 100 多万台机床中，绝大部分是普通机床，精密机床只占很小一部分。机械工业的心脏部分是这种状况，整个机械工业的技术水平也就可想而知了。仅仅从我国机床拥有量来判断我国机械工业的状况，因而断言机械工业不应再发展了，显然缺乏科学根据的。"六五"期间的几年，我国每年要进口 100 多亿美元的机电设备，尤其是 1985 年机电产品进口额达到了 182.64 亿美元，合人民币 900 亿元，超过机械、电子两部当年产值之和，足以说明我国机械工业的落后状况，远远不能满足国民经济发展的需要。

必须指出，机械工业不同于一般加工业，它是为国民经济其他部门提供技术装备的，其技术状况决定着整个工业乃至国民经济的技术水平，因而决定着我国工业劳动生产率水平。所以，要在政策上把它与一般加工业区别开来，拿出足够的技术改造资金，对机械工业的现有设备进行更新改造，比如给普通机床增加数控、数显部分，就可以大大提高加工精度；同时进口一批关键的机床，这比进口其他机械产品要合算。这样经过 3—5 年时间，如果我国机械工业的水平有一个大的突破，用目前的 100 多万台机床，就可以使我国工业的技术装备水平大大提高，机械工业本身也可以获得较大发展，我国工业劳动生产率提高缓慢的状况就可以得到改变。

电子工业是 20 世纪以来发展最快的工业部门。由于它的技术进步速度快，因而劳动生产率在各工业部门中一直居于前列。我国电子工业与发达国家比是比较落后的。就总产值来说，只相当于美国 50 年代的水平。近年来，我国国内市场对电子产品的需求正稳步增长，国际市场的需求不断扩大，我国电子工业又有较好的基础，今后我国电子工业的发展是有前途的。所以，要采取对电子工业的扶持政策，使之获得较大发展，成为主导产业，可以带动一些工业部门的发展，使我国工业劳动生产率提高。同时，由于电子工业本身劳动生产率较高，如果能获得充分发展，对我国工业劳动生产率的提高无疑是一种推动。

20 世纪 70 年代中期以来，发达国家的产业结构正在发生着根本性的变化与调整。其内容是传统产业如钢铁、机械制造、汽车工业等发展速度放慢，而新兴高技术产业如微电子，电子计算机工业、航天工业、生物工程等迅速崛起，并获得了巨大发展。据专家们预测，到21世纪的20—30年代，发达国家的产业结构调整将完成，形成一种新兴高技术产业为主导产业的产业结构体系。这意味着发达国家的产业结构水平将有新的飞跃，整个工业建立在新的技术基础之上，工业劳动生产率将会大幅度提高。对此我国如果不及时作出反应，采取相应措施，与发达国家相比，不久的将来我国工业的整体技术与人家的差距会变得更大。那么，对于我们这样一个发展中国家，培育与发展新兴高技术产业有无可能？我们认为是有可能的。因为这次技术革命引起了多方面技术上的突破，产生了一组平行发展的新兴产业群。这种情况使得任何国家都不可能在所有的新兴产业领域都居于领先地位，而只能在一个或少数几个领先。这样，发展中国家就可以集中力量攻下一两个领域，处于技术领先地位，而不会像以往那样遇到发达国家的有力竞争，无法站住脚跟。另外，我国目前在有些领域技术水平不低，有一定的基础。如我国已制造出每秒运算10亿次的巨型电子计算机，卫星发射与回收技术已进入成熟阶段，可以提供商业性服务。我国完全有条件以这些新技术为依托，建立起新的产业部门，进行商业性生产。因此，在20世纪90年代，我国要集中力量，加紧新技术的研究、开发，为商业性生产做好准备。在21世纪初，争取建立一两个新兴产业，如宇航工业、电子计算机工业，以此为中心建立起新的产业群。这样，我国工业产业结构水平将会有一个大的提高，对工业劳动生产率的提高这将是一个大促进。

（二）加快基础产业的建设与发展，压缩加工工业，加强技术改造，提高能源、原材料的利用率，从外延和内涵两方面解决工业产业结构失衡问题。

当前基础产业发展严重滞后，加工工业盲目发展，造成工业产业结构的严重失衡，成为我国工业劳动生产率提高的严重障碍。要解决这个问题，为工业劳动生产率的提高创造条件，要从两个方面着手。

首先，从外延方面着手，缓解基础产业与加工工业之间的矛盾。

在今后几年内，要增加对基础产业的投资，加快基础产业如能源、原材料工业的建设速度，迅速扩大生产能力与供给能力。同时，要下大决心，花大力气压缩加工工业的规模。要根据国家产业政策，对新建、在建加工工业项目进行清理，凡是长线产业的新建在建项目一律停下来，对已经形成生产能力的加工工业企业，也要排队清理，凡是经济效益差，本行业生产又出现过剩的企业，要采取具体办法，促其实行关、停、并、转。为了使工业产业结构的这种调整真正见效，必须适当加强中央财政实力，把基建项目审批权限适当上收。否则，加强基础产业、压缩加工工业就是空话。

其次，当前需要特别指出从内含方面解决工业产业结构失衡问题。要努力通过技术改造，用降低加工工业原材料、能源消耗的办法来解决基础产业落后于加工工业发展的矛盾。因为，仅仅靠增加能源、原材料工业的投资，扩大供给能力的办法来解决上述矛盾，会遇到资金方面的限制和物资方面的限制。而如果用技术改造、降低加工工业消耗的办法，则可以用较少的资金，在较短的时间内解决问题。我国加工工业能源、原材料消耗系数是非常高的。据联合国有关机构计算，在世界 10 个经济大国中，1 美元产值耗能量我国是法国的 5 倍多，日本的 4 倍多，巴西的 3 倍多，印度的 1.6 倍，不仅高于发达国家，而且也高于个别发展中国家。原材料利用率我国也大大低于世界平均水平。所以，如果我们下点力气抓一下技术改造，把能源、原材料消耗降下来，就可以有效地解决基础工业供不应求的矛盾。

通过以上两个方面的努力，就可以使我国工业产业结构失衡的矛盾大大缓解，这意味着把原来闲置的部分资源有效地利用起来，在工业劳动力总数不增加的情况下，使工业总产值有较长的增长，从而使我国工业劳动生产率水平大为提高。

（三）改变地区工业产业结构趋同的状况，实行规模生产，获得规模经济效益。

提高中国工业劳动生产率的另一有效途径，是按照工业发展的内在要求，改变目前地区工业产业结构同构化的不合理状况，实行适当的生产集中，获得规模经济效益。当前，首先要刹住各地区纷纷上新的加工工业项目的风，防止地区间工业产业结构趋同的状况的进一步恶化。第一步，要把新建项目的审批权力适当集中起来。大型企业的审批权收到中央，中小企业的审批权集中到省一级机构。然后，中央和省级政府组成权威机构，对各工业产业进行技术经济分析，拟定出一个包括各工业部门在内的企业合理规模的目录。各级投资审批机关在对新开工项目进行审批时，除了考虑其他因素以外，还要根据这个目录决定项目是否应该上马。如果一个项目其他方面均符合要求，也达到这个部门企业规模的下限，就准其立项。如果其他方面达到要求，但新建企业规模达不到企业规模下限，也不允许立项和开工。在做好这些工作之后，可以保证暂时保持各地区工业产业结构现状。

其次，要在上面工作的基础上，开始企业组织结构的调整。同样，各级政府主管部门要根据各产业企业合理规模目录，实行跨地区的企业合并，努力使企业达到合理规模，比如汽车工业，要实行就地合并，组成10来个大的汽车厂，其余的转产或停产。实行跨地区企业合并后，可以使企业生产达到合理批量，取得规模效益，同时使各地区之间形成合理的分工协作关系，这是有利于我国工业劳动生产率提高的。

要使上述两项工作顺利进行，要有两个条件保证。第一，要加强宏观控制，提高国家计划的严肃性。地区产业结构调整事关宏观大局，各地区必须以全局利益为重，严格按中央的统一部署办，不能各行其是。当砍到自己的项目时，或要求本地区的企业与其他地区的企业合并时，都要坚决照办。第二，要调整利益关系。改变地区间工业产业同构化状况，采取一定的行政手段固然是必要的，但还必须主要运用经济杠杆进行调节。我们知道，导致地区间工业产业结构同构化的主要原因之一，是价格不合理。因此，"解铃还须系铃人"，要从根本上解决问题，还要改变价格不合理的状况。比如适当提高原材料、能源价格等等。在调整价格的条件尚不具备时，也要采取相应的措施，理顺地区利益关系。比如，在资源生产区和加工生产区之间，可采取利润返还的办法，即资源生产地区仍按目前价格向加工生产区提供原材料、能源等，加工生产区则把一部分利润返还给资源生产区。这样，可以缓解资源生产区与加工生产区的矛盾，减少地区产业结构调整的阻力与困难。

"赶超型经济"研究论纲 [①]

(1992 年 1 月)

前几年在总结我国社会主义经济建设的历史经验与教训时,有人提出了"赶超型经济"的概念,并把它同我国经济建设中出现的一些问题,如重速度、轻效益,重外延扩大再生产、轻内涵扩大再生产,高积累、低消费等联系起来。但是,在提出这一概念的同时,对"赶超型经济"的基本内容与特征,对它产生的历史必然性以及对我国经济建设所产生的影响等重大问题,则缺乏深入地研究和探讨。本文试对"赶超型经济"现象加以论述。

一、"赶超型经济"的含义和基本特点

(一)"赶超型经济"是经济落后国家采取的一种经济发展模式,其经济发展的中心目标是在尽可能短的时间内,赶上经济发达国家的经济发展水平,或大大缩小与发达国家在经济发展水平上存在的差距。这种赶超是双重意义的:不仅是数量指标的赶超,如人均国民生产总值、人均国民收入要赶上或接近发达国家的水平,而且是质量指标的赶超,如主要产品的生产技术水平、企业管理水平、经济效益水平等方面的赶超。由经济发展的中心目标所决定,形成了"赶超型经济"的一系列特点。

(二)重视经济增长的速度,比发达国家更注重经济在数量上的扩张。而在经济基础十分薄弱的情况下,为了使经济以较高速度增长,

---

① 本文原载《东岳论丛》1992 年第 1 期。

在一个时期内，外延扩大再生产便成为经济发展的主要途径。

（三）在产业结构的演变过程中，打破先行国产业结构变化的历史顺序，提前引入现代化产业部门，使重化工业得到优先发展。

（四）为了加快经济建设步伐，保证有足够建设资金，积累率一般较高。但消费基金在国民收入中所占比重较小，人民消费水平增长缓慢。

（五）计划机制在资源配置过程中发挥着重要的作用，在某些时期，指令性计划甚至是资源配置的主要形式，市场机制只发挥辅助作用。

二、中国走"赶超型"经济发展道路的历史必然性

（一）经济落后的国家必须在较短的时间内走完发达国家较长时间才走完的发展过程，不是一种主观愿望，而是有其历史必然性的。（1）如果经济落后国家的经济发展水平和生产技术水平不能迅速提高，经济结构不能发生根本的变化，就不能获得真正独立的发展，只能在经济上长期依附于发达国家，处于落后地位。这就给经济落后国家提出了在经济上迅速赶上发达国家的艰巨任务。（2）社会主义制度能否生存下去并获得发展，证明比资本主义制度更优越，关键就在于能否在较短的时间内赶上或超过发达的资本主义国家。所以赶超发达国家必然成为生产力水平落后的社会主义国家的主要任务。（3）社会主义国家从诞生那天起，就面临着帝国主义的经济封锁和军事颠覆的威胁。为了粉碎随时可能发生的外国的军事进攻，维护民族独立，使新生的社会主义国家免于被扼杀在摇篮中的命运，同时打破发达资本主义国家的经济封锁，获得经济上的独立发展，要求生产力水平落后的社会主义国家必须迅速建立自己的现代工业，壮大自己的经济实力，提高保卫国家主权独立和经济自主发展的能力。

（二）经济落后的社会主义国家在较短的时间内赶上发达国家的经济发展水平是有可能的。（1）帝国主义国家尽管想尽一切办法对落后的社会主义国家实行经济技术封锁，阻挠社会主义国家走上独立的经

济发展道路，但是第一，帝国主义阵营内部不是铁板一块，为了自己的利益，有的国家会采取各种方式与社会主义国家进行经济技术交往；第二，即使政府特别仇视社会主义国家，但是资本家为了追求利润，有的会千方百计绕开政府设置的障碍，与社会主义国家做生意；第三，帝国主义国家在经济技术封锁不能把社会主义搞垮，社会主义却一天天强大起来的情况下，为了自己的利益，会改变做法，与社会主义发展经济技术往来。这一切，使得落后的社会主义国家有可能通过对外经济技术交流，引进国外先进技术、先进设备和先进的管理经验，这必然使经济落后国家发生跳跃式发展，从而可以在较短的时间内走完发达国家在较长时间内才走完的路，赶上或超过发达国家。（2）社会主义制度的建立为经济迅速增长提供了保证。第一，公有制的建立为集中人、财、物有计划地进行重点建设创造了条件，可以使社会主义国家在经济比较落后，资金技术比较缺乏的情况下迅速发展自己的现代工业，尤其是重化工业，使产业结构发生较大的变化，水平得到提高，这必然带来较高的经济增长速度。第二，公有制的建立，按劳分配的实现，使人民群众焕发出巨大的积极性和创造性，产生一种巨大的生产力，推动了经济的迅速发展，使社会主义国家的经济增长速度大大高于发达国家。

（三）怎样才能使上述必要性和可能性成为现实？只有走"赶超型"经济发展道路，这里我们只进行两个方面的分析。首先，要使产业结构水平迅速提高，经济高速增长，就必须充分发挥计划机制的作用，有重点、有计划地配置资源，提前引入现代产业部门，优先发展重化工业，从而打破市场调节情况下发达国家产业结构演变的历史顺序，而不能走发达国家经济发展的老路。因为在市场机制决定资源配置的情况下，产业结构的变化是循着以农业为主体到轻工业为主体，再到重化工业为主体的轨迹进行的。资料表明，在这个历史过程中，经济结构的变化和经济增长的速度都是极其缓慢的。以英国为例，1760—1770 年间现代经济增长开始时，人均 GNP 为 220 美元，到 1970 年才达到 2200 美元，时间为 200 年。其间每 10 年增长 10%—

12%；从产业结构变化来看，18 世纪中叶开始现代经济增长，19 世纪上半叶主导产业仍然是以纺织业为中心的轻工业，直到 19 世纪下半叶，重工业才开始占优势。显然，如果落后国家比如中国沿着这条路走下去，要使人均 GNP 由新中国成立时的 72 美元提高到 2000 美元以上，把以农业为主导产业的产业结构改变为以重化工业为主导产业的产业结构，将是一个相当长的过程。其次，经济落后国家的一个重要特点是缺乏可用于经济发展的资金，既不可能像先行国那样通过对外掠夺积累资金，也不可能从国外得到足够的援助和贷款。这样，经济落后国家要进行大规模经济建设，争取在尽可能短的时间内赶上发达国家，所需要的资金只能依靠内部积累，只能实行高积累、低消费政策。

三、"赶超型经济"模式对中国经济发展的影响

（一）在这一节我们先对"赶超型经济"对中国经济发展的影响进行整体的、实证的描述，而进一步地分析要在阐明了"赶超型经济"的阶段性特征以后。

（二）既然经济落后国家尤其是社会主义国家走"赶超型"道路有其历史必然性，那么，"赶超型经济"必然对中国的经济发展产生积极作用。（1）使中国经济增长一直保持着较高的速度，大大提高了社会生产力水平，增强了国家的经济实力，使经济面貌发生了根本的变化。（2）使中国的产业结构发生了根本的变化，由以农业为主导产业转变为以重化工业为主导产业，摆脱了落后的农业国地位。（3）建立起比较完整的现代工业和国民经济体系，为以后经济的进一步发展奠定了基础。

（三）与此同时，我国 40 年经济建设过程中出现的一些问题，也与"赶超型经济"有着一定的联系。（1）过分强调经济发展的数量的扩张，忽视经济发展的质量的提高，造成了高速度、低效益。（2）一度过分注重重工业的发展，忽视农业、轻工业的发展，导致社会再生产比例严重失调。（3）在相当长的时期内积累率过高，片面强调积累，

忽视消费增长，使人民生活水平长时间内没有多大提高。（4）改革前实行单一计划体制，尤其是在工业建设与生产中基本排斥市场调节和价值规律的作用，形成了一种僵硬、缺乏活力的经济体制。（5）重视外延扩大再生产，热衷于上新项目、铺新摊子，忽视对现有企业进行技术改造，发挥现有生产能力的作用，导致资源整体使用效益不高。

四、"赶超型经济"发展的阶段性

（一）"赶超型经济"是经济落后国家从贫困走向富裕，从传统经济走向经济现代化过程中一个必经的阶段。所谓"赶超"并不意味着要求落后国家完全赶上发达国家的经济发展水平。应该说，当经济落后国家与发达国家经济发展水平上的差距大大缩小，可以不再依附于发达国家，现代工业体系已经建立，并且在一些领域生产技术水平达到或超过了发达国家，可以与之进行有效的竞争，作为经济发展过程的一个特殊阶段，"赶超型经济"就结束了。比照罗斯托对经济成长过程的阶段划分，大致包括"为起飞准备条件"及"起飞阶段"和"走向成熟阶段"，在"赶超型经济"的发展过程中，也大体可以区分为两个阶段，每个阶段各有不同的特点和要求。

（二）第一阶段相当于"为起飞准备条件"和"起飞"两个阶段。这一阶段的基本经济特征有：（1）人均 GNP 在 200 美元以下；（2）农业或轻工业是国民经济的主体部分，是主导产业；（3）出口以农产品、原材料等初级产品为主；（4）主要产品的生产以手工操作和半机械化为主；（5）国民文化教育水平较低，每万人中在校大学生数为 10 人以下。在我国，这个阶段大致是新中国成立初期到 60 年代中期这段时间。在这个阶段，落后国家主要要解决的问题是从无到有、从少到多，如从几乎没有现代工业到建立起现代化工业。这个阶段特殊的经济条件和特殊的任务，要求走特殊的经济发展道路。（1）由于工业底子极其薄弱（我国在新中国成立初几近于空白），因此要迅速扩大生产能力和生产规模，只能集中人、财、物，建新工厂，上新项目，这一阶段扩大再生产必然以外延扩大再生产为主。（2）要改变以农业为主体的经济结构，使国民经济和工业得到真正的发展，必须把建设的重点放在能源、原材料、机械制造等重工业的发展上。（3）由于经济规模小，生产发展和人民生活水平的提高远远得不到满足，供求之间矛盾极其尖锐，因此要求经济以较高速度增长。同时，在工业底子薄弱，现代工业近乎空白的情况下，没有生产发展的高速度，就谈不上国民生产总值和国民收入的迅速提高，就谈不上经济效益。（4）在资金短缺，建设任务极其艰巨的情况下，必然要保持较高的积累率。（5）要在较短的时间内建立大体完整的工业体系，集中有限的资源进行重点建设，必须对有限的资源进行统一的、集中的配置。另外，这个阶段上经济结构、经济活动简单，用计划机制实行资源的合理配置是不难做到的。所以，在这一阶段上，计划机制发挥着主要的资源配置作用。

（三）"赶超型经济"的第二个阶段主要有以下特点：（1）人均GNP 在 500—2000 美元之间；（2）基本上建立起了大体完整的工业体系，但工业生产的技术水平以及产品的质量水平、档次与发达国家比仍有较大差距；（3）重化工业产值在工业总产值中占 40% 以上；（4）万人中在校大学生数为 10—20 人。在我国，这个阶段大致从 60 年代中期开始，到 20 世纪末结束。在这个阶段上，从经济发展的数量来看落后国家仍然落后，且经济发展的质量问题日益变得尖锐起来。如产品质量差、水平低，资源利用效益低。因此，落后国家不仅要继续量的赶超，同时必须重视质的赶超。由于经济条件及其任务的变化，在这个阶段上经济建设的指导思想、具体方针和体制模式与第一阶段相比，必须发生一定的变化。（1）由于较完善的工业体系已经建立，整个工农业生产规模已经相当可观，经济增长的基数较大，再试图保持第一阶段那样的高速度，第一是困难的，第二必然造成工业与农业、重工业与轻工业、积累与消费的比例关系失调，以及 GNP 增长加快，但国民收入和人民生活水平提高并不快。因此，要及时地使经济发展在保持一定速度的同时，向效益型转变。这时，下大气力改善经营管理，提高生产技术水平和经济增长的质量，更有利于经济发展水平的提高和人民所得实惠的增长。（2）在生产门类较齐全、生产规模和生产能力较大的情况下，扩大再生产要以内涵式为主。这时新建项目投资规模相对要大大小于第一阶段。（3）第一阶段为了建立国民生产体系，实行了高积累政策。到了第二阶段，社会主义原始积累基本结束，应该适当提高消费与积累之间的比率，使人民生活不断随着生产发展得到改善。（4）在第二阶段，产业结构仍然会发生巨大变化。但是，这主要不再是提高重化工业的比重，而是要解决两个问题：一是解决"二元结构问题"，即解决先进的工业和落后的传统农业并存的问题。这就要求以先进的工业支持农业的发展，迅速改变农业落后面貌，提高农业劳动生产率，使相当一部分农业劳动力转移到其他产业，完成农村人口的城市化过程。二是产业的技术结构水平的提高。这既包括追踪科学技术的最新发展，及时把科学发明应用到生产中去，并根据国际产业结构调整的情况，建立新兴产业，又包括采用先进技术和装备改造现有产业，使其技术水平、产品水平迈上新的台阶。（5）由于在这个阶段上实行从速度型向效益型的转变，因而要注意发挥市场机制的作用，以推动企业改善经营管理，提高生产技术水平和劳动生产率，生产出更多更好、成本低、适合市场需要的产品。

（四）通过对"赶超型经济"发展过程中不同阶段的特点的分析，现在我们可以清楚地看到，过去几十年我国经济建设所取得的成就，经济建设中出现的问题与"赶超型经济"之间的关系。第一，新中国成立以后的将近 20 年时间里，具体说来就是第三个"五年计划"结束以前这段时间里，我国的经济体制、经济建设的指导思想、经济发展的道路与第一阶段的经济特点和要求是相适应的，因而在短短的时间内取得了巨大的建设成就。应该说，这个时期"赶超型经济"对中国经济发展的影响是积极的。第二，随着"赶超型经济"由第一阶段进入第二阶段，经济条件发生了变化，应该在经济建设指导思想、经济建设道路以及经济体制诸方面进行相应的转变。但是，我们没有这样做，却把仅仅适合于第一阶段实际情况和要求的方针、政策、指导思想、体制模式当作在"赶超型经济"全过程中都适用的东西，仍然是重速度、轻效益，重外延扩大再生产、忽视内涵扩大再生产……这就严重影响了我国经济的健康发展，使经济效益低下，经济周期性波动，企业活力不足等成为我国经济的常态。所以，我认为，与其说是"赶超型经济"带来了上述一系列经济问题，不如说是由于我们对"赶超型经济"缺乏正确的认识和深刻的了解，因而没有按照"赶超型经济"本身的内在发展规律办事所造成的。

五、对我国所处发展阶段的基本估计

（一）对我国目前所处经济发展阶段，我的判断是：我国正处于"赶超型经济"发展过程中第二阶段的中后期。因为从目前我国人均GNP水平、国民教育及文化水平、经济结构水平、工业生产及农业生产水平等几个方面来观察，都鲜明地带着"赶超型经济"第二阶段的特征：人均GNP500美元左右（我国公开统计数字的计算方法与国际上通行的方法有所不同，因而稍低于实际数字）；万人在校大学生数约19人；重化工业占工业总产值的50%左右，但技术水平低，与发达国家比，还有不小的差距，大多数产品与国际一般水平比要落后10—15年；出口产品中大都是轻纺工业产品，机电产品占的比重还不大。如果参考罗斯托对经济增长6个阶段特征的描述，我国现在大体处在第四个阶段，即"走向成熟阶段"。

（二）既然我国仍处于"赶超型经济"发展过程，那么就必然带有"赶超型经济"特征。但是又由于我国经济特别是在十一届三中全会以后的11年中获得了巨大发展，与"赶超型经济"第一阶段相比，有了很大变化，因而在经济工作的指导思想、经济建设的路子、经济体制模式诸方面不能不发生重大转变。具体说来：（1）鉴于我国人均GNP和人均国民收入水平大大低于发达国家，经济方面的主要矛盾是供不应求（当前的市场疲软不是社会主义经济的常态，而且产生的原因不完全是经济方面的），所以，还必须保持一定的经济增长速度，比如国民生产总值平均增长7%左右。有人提出西方国家平均增长只有2%—3%，我国7%的年增长率是否高了？我认为，由于经济增长的基数不同，社会制度不同，所处的经济发展水平不同，是不能把发达国家与落后国家简单类比的。但是，我们必须改变过去一切服从速度，不顾经济效益的做法，一定要坚持效益第一的原则，切实把速度建立在高效益的基础上。（2）由于我国已经有了一定的经济实力，再加上公有制为集中利用资源创造了条件，今后的生产技术和发展方针要做一定调整，要追踪科技最新成果，及时建立新兴高技术产业和运用最新生产技术的新工厂。但是，重大科技突破是间歇性的，而且并不是每一项科学发明都可以成为适用的生产技术，因而这方面的外延扩大再生产不可能像新中国成立初期百废待兴时规模那样大。另外，我国要尽可能避免在原有生产技术水平上建新项目。所以，今后我国扩大再生产要以内涵扩大再生产为主。（3）"赶超型经济"的性质决定了我国积累率不能太低，要保证在 25% 左右。目前由于我国积累资金中有些是用于非生产性建设的，实际积累率低于 25%。这个问题要引起重视。（4）为了尽快在经济上赶上发达国家，我国要努力扩大对外开放，引进国外先进技术和先进管理经验，利用外国资金，争取我国经济的跳跃式发展。（5）要继续发挥计划经济的优越性，集中人力、物力、财力进行重点建设，进行重大科技项目的攻关。在这些方面，计划机制的作用决不能削弱。但是，提高经济效益，实行经济建设指导思想的转变，进一步调动企业进行技术改造和改善管理的积极性，更好地使生产适应市场需求的变化进行及时的调整，满足生产和消费需求，这一切都要求加快改革步伐，充分发挥市场机制的作用。

发展第三产业应注意的几个问题 [①]

（1992 年 9 月）

从总体上考察，我国第三产业的发展大大落后于一、二产业。与此同时，城乡之间，大、中、小城市之间，第三产业内部各行业之间的发展也是极其不平衡的。因而，一方面，第三产业总量上要发展；另一方面，在发展第三产业的过程中，要区别不同情况，根据各地区、各行业的具体情况，制定不同的方针，确定发展的重点，以保证第三产业协调发展，结构合理。

目前，对发展第三产业有一种严重的误解：不论城市乡村，南方北方，东部西部，似乎发展第三产业就是多开一点饭馆、理发店，多增加一些售货摊点，多建设几座集贸市场等。如果这样理解，第三产业在我国的发展空间是极其有限的。因为居民对这些服务的需求弹性小，社会商品流转总量在短期内也不可能无限增长。事实上，这些年第三产业的发展主要是集中在这些领域。在城市，尤其是在大城市，这些行业的状况基本上可以满足需要。因此，要使我国第三产业获得大的发展，必须放开眼界，拓宽思路，使第三产业各行业全面发展，全面繁荣。

第三产业是一个外延很广的概念。既包括为生活消费服务的行业，也包括为生产服务的行业，有些行业还是直接生产过程的重要环节。因此，其发展具有广阔的前途和巨大的潜力。从我国当前第三产业的发展状况来看，今后要把发展的重点放在以下几个方面：

第一，努力实现家务劳动社会化，为方便人民生活提供全面的优质服务。随着人民生活水平的提高，人们越来越要求生活得更加舒适、

---

① 本文原载《新长征》1992 年第 9 期。

方便、省时，宁愿花点钱，由服务行业承担一部分家务劳动，如室内装修，被褥拆洗，搬家等。由于现代生活节奏不断加快，再加上人们为了适应知识更新加快、信息量迅速扩大的新情况，以胜任自己所承担的工作，必须拿出更多的时间学习，以补充新知识，从而要求由社会承担一部分家务劳动。就目前情况来看，人民群众这些方面的需求是巨大的，而我国第三产业的现状根本满足不了这些需求。举例来说，病人住院，本来该由护士来护理，然而由于护理人员力量不足，病人住院由家属亲友陪住护理已成为一种较普遍的现象。据典型调查，目前我国省级医院陪住率为 15%，地市级医院陪住率为 30%，县级医院陪住率竟高达 50%。再如，现在全国共有 40 多家搬家公司，而全国每年城镇居民要搬家的达 300 万—400 万户。北京市搬家公司成立较早，这项服务相对开展得较好。但搬家公司一年仅能承接 2 万户，还有 6 万户需要靠人情加花钱搬家。这些情况充分说明，发展家庭服务业，实现家务劳动社会化是大有可为的。

第二，大力发展为农业生产和农民生活服务的第三产业。与城市相比，第三产业在农村的发展更加不充分，远远不能满足农民物质与文化生活的需要，与农业进一步发展对第三产业的要求差距甚大。在过去的十几年，农村经济有了巨大发展，农民生活水平有了较大提高，对物质产品的需求量大大增加，而且物质需求日益趋向多样化、高质量。与此同时，随着物质生活水平的提高，农民也开始追求精神生活的丰富多彩，要求向他们提供更多高水平的文化产品，这就需要积极发展为农民生活服务的第三产业。

第三，大力发展科技服务业。科学技术包括管理技术在生产中的应用，是推动生产发展的强大动力。在国外，科技服务业极其发达，已实现了产业化，不断为企业生产提供新技术、新工艺。在我国，科技人员大量集中在大学、研究院。由于我国科学技术研究与生产严重脱节，许多技术发明不能转化为生产技术，随着时间的流逝，变得陈旧，失去了价值。因此，要改革现行科技体制，使科技部门和研究单位面向生产，面向社会，实行技术发明的有偿转让，使科技服务形成一个新的产业，既可以促进科学技术的发展，又有利于生产的发展，这是一本万利的好事，应作为我国第三产业发展的一个重点。在发展第三产业过程中，还必须注意根据不同城市、不同地区的实际情况，确定第三产业的发展重点，形成自己的特色，而不要一个模式。

目前困扰我国企业发展的另一个重要问题是企业办社会。企业职工的吃喝拉撒睡都要由企业管，从摇篮到墓地都要由企业包下来。企业领导人不仅要当厂长，还要当"总理"。另一个问题是小而全、大而全，从技术开发到运输、仓储，从生产到销售都包括在企业内。这是我国企业劳动生产率低，经济效益低，发展不起来的重要原因。按照专业化分工的要求，使生产企业从其他事务中解脱出来，专心致志搞生产，不仅是搞活企业、提高企业经济效益的一条重要措施，也是第三产业发展的潜力之所在，是第三产业发展的方向与有效途径。

为了解脱一、二产业，发展第三产业，应该重点发展以下行业：

第一，兴办发达、顺畅的流通业和运输业，为一、二产业提供专业化的产前、产后服务。随着改革的深化，商品经济逐步取代了产品经济，对产前、产后服务的需求日益扩大。但由于社会上相应的服务体系很不健全，企业为使原材料、燃料购得进，产品卖得出，不得不自建仓库，自组车队，拥有一支庞大的自我服务的供销队伍。这样做明明是不经济的，但是不这样，企业"生活"就很不方便。所以，如果社会能够提供上述服务，对企业发展大有好处。

第二，挖潜力、建网络，为一、二产业提供充分的科技和信息服务。我国企业的生产与管理水平与世界先进水平比，差距还是相当大的。因此，进行科技服务、信息咨询的领域是十分广阔的。目前，这样的服务机构数量还比较少，力量很薄弱，根本无法满足需要。目前企业普遍需要这样的服务。在我国大中城市，有相当多的科技人员、管理人员不能充分发挥作用，只要放开政策，积极支持，科技、信息服务业是可以发展起来的。

第三，兴办后勤服务行业，替企业承担后勤服务工作。企业办社会，一方面各种服务设施得不到充分利用，造成巨大浪费；另一方面占用企业领导大量时间，不利于他们集中精力抓技术改造、改善生产管理，影响了企业生产与管理水平的提高。同时，也会造成一系列社会问题。比如企业、机关购车辆接送工人、干部上下班，在某种程度上加剧了交通拥挤和环境污染。所以，由社会兴办第三产业，提供各种后勤服务，势在必行。深圳的企业以及各地的"三资"企业之所以办得好，与没有企业办社会的包袱有关。为了使后勤服务业迅速发展起来，一方面是投资建立一些新企业，另一方面可以制定一定的政策，通过有偿转让，对企业现有的生活服务设施统一管理。后一种办法可能更简捷，更合算，因而更可行。这方面应抓紧制定政策，进行试点，取得经验，迅速推广，尽快使生产企业解脱出来。

在发展第三产业过程中，还必须注意防止有人巧立名目，打着发展第三产业的旗号，从事既对生产发展无促进作用，又不为人民生活提供有用服务的经营活动。

在前些年我国第三产业的发展过程中，曾经出现一些极不正常的现象，如"官倒"现象。这些以权力作后盾的"官倒"公司，不是通过经营活动使产品由生产者手中尽快到达消费者手中，帮助商品价值的实现，完成由商品到货币的"惊险跳跃"，而是人为地延长流通时间，增加流通环节，结果不仅导致大量资金滞留在流通领域，影响了生产的正常进行，同时，商品每经过一道环节，就要加一次价，"商品大旅游，价格滚雪球"，生产者得不到好处，消费者利益受到严重损害。如 500 克尿素出厂价不过两角多钱，经过七倒八倒，卖给农民时则达到八角至一元。像这样的流通活动，根本不属于社会分工的范畴，它的作用只是社会财富的浪费。经过清理整顿公司，类似活动近年来比较少了。今后，要采取强有力的措施，防止沉渣泛起。在前几年，还存在着这样的现象：有些公司经营内容与其经营范围不相符合，明明挂的牌子是科技开发公司，实际上从事的是商品的倒买倒卖；或者明明是经营产品出口的公司，实际上产品转了一圈，又回到国内市场上来，赚国内生产者或消费者的钱。这样做的结果，表面上看第三产业非常繁荣，实际上变成了全民经商，该干的事还是没有人干，生产者与消费者照样不方便。为了避免以上现象的重新发生，政府要把工作做细，制定详细、具体的政策，建立有效的约束机制，保证第三产业健康发展。

坚定不移地坚持以经济建设为中心 ①

（1993 年 12 月）

党的十四大报告的一个极其重要的内容，是强调经济建设是党的一切工作的中心。坚持经济建设这个中心，任何时候、任何情况下也不能动摇。广大党员、干部和人民群众都要努力工作，集中精力，千方百计把经济搞上去，使我国经济发展水平迅速提高。以经济建设为中心，这是党的十一届三中全会以来全党工作的重大转变，是我们党的基本战略方针。十四大报告重申这一战略方针，意义十分重大。我们必须对十四大报告的这一重要内容认真学习，深刻领会，牢牢把握住经济建设这个中心，坚定不移地坚持党的基本路线，推进现代化建设的发展。

一、社会主义的根本任务是发展生产力

社会主义的根本任务是发展生产力，是搞经济建设，这是邓小平同志反复告诫全党和全国人民的一个马克思主义基本观点。他说："在社会主义国家，一个真正的马克思主义政党在执政以后，一定要致力于发展生产力，并在这个基础上逐步提高人民的生活水平。"② 他还说："马克思主义最注重发展生产力。我们讲共产主义，共产主义的含义是什么？就是各尽所能，按需分配。这就要求社会生产力高度发展，社

---

① 本文原载《建设有中国特色社会主义的理论与实践》，山东人民出版社，1993 年 12 月。

② 《建设有中国特色的社会主义》（增订本）第 15 页。

会物质财富极大丰富。所以，社会主义初级阶段的最根本任务就是发展生产力。社会主义的优越性就是体现在它的生产力要比资本主义发展得更高一些、更快一些。"① 他在今年初视察南方时又说："社会主义本质是解放生产力，发展生产力，消灭剥削，消除两极分化，最终达到共同富裕。就是要对大家讲这个道理。"

为什么说社会主义的根本任务是发展生产力，或者换句话说，为什么社会主义初级阶段全党、全国人民的中心任务是搞经济建设？这是历史唯物主义的一个基本常识，同时也是由社会主义的实际情况，尤其是像中国这样生产力水平比较落后的社会主义国家的实际情况所决定的。历史唯物主义认为，生产力决定生产关系。当资本主义制度下生产力得到较大发展、资本主义的生产关系成为生产力发展的桎梏时，就要求以社会主义生产关系取代资本主义生产关系，以解放生产力。因此，生产力的高度发展是社会主义产生的必要物质条件。然而，历史发展的各种合力共同作用的结果，使得社会主义革命首先在生产力水平比较落后的国家爆发并取得了胜利。这样，胜利了的无产阶级在建立社会主义制度后，就面临着发展生产力，赶上并超过资本主义国家经济发展水平的艰巨任务。这是因为：第一，只有社会主义条件下生产力比资本主义制度下发展得更快，使社会主义国家在不太长的历史时期内赶上或超过资本主义国家的经济发展水平，社会主义制度才能得以巩固与发展。这就要求社会主义国家的党和人民必须在革命胜利后，把发展生产力，搞经济建设作为首要的、中心的任务。社会主义在一些国家建立后，地球上存在着两种不同的社会制度。这两种社会制度从根本上来说是不相容的。社会主义国家的存在，对资本主义制度无论如何是严重的危胁。因此，自从社会主义制度诞生那天起，资本主义国家就企图扼杀这一新生事物。由于社会主义国家在经济、技术上处于落后的地位，在较量中，社会主义国家就处于十分不利的地位。有的国家由于经济发展水平长期落后于资本主义国家，又不愿及早地进行改革，结果在和平演变与反和平演变中吃了败仗，丢弃了

① 《建设有中国特色的社会主义》（增订本）第52—53页。

社会主义阵地。这个教训是非常惨痛的。我们现在的经济发展水平与发达的资本主义国家相比差距是相当大的。1990 年我国人均国民生产总值只不过 300—400 美元，而美国的人均国民生产总值在 1988 年达到 19840 美元，相当于我国的 50 倍左右；日本人均国民生产总值为 21020 美元，相当于我国的 52 倍左右。要完全消除这种差距，没有 50 年甚至上百年的时间是做不到的。只要我们不能在经济发展水平上赶上并超过资本主义国家，社会主义与资本主义谁战胜谁的问题就不能算最后得到了解决。因此，在相当长的时期内，为了社会主义的巩固与发展，并最终战胜资本主义，必须把经济建设放在中心地位，大力发展生产力，在经济发展水平上赶上并超过发达的资本主义国家，这样才能更有力地证明社会主义制度比资本主义制度优越，从而使社会主义具有强大的吸引力和凝聚力，社会主义制度才能真正得到巩固发展。所以，一切真正忠于马克思主义、热爱社会主义的人们，一定要把发展生产力当作首要任务来对待。

第二，生产力水平的提高是稳定社会、巩固政权的保证。社会主义革命的目的不是别的，只能是通过建立社会主义制度，促进生产力发展，从而使人民的物质与文化生活水平比在资本主义制度下提高得更快些。人民群众之所以跟着共产党闹革命，建设社会主义，归根结底也是希望在社会主义制度下，物质利益增进更快，能够过上越来越富足的美好生活。因此，社会主义制度建立后，共产党人必须把发展生产力、搞经济建设当作中心任务，努力使经济发展水平不断提高，物质财富不断丰富，从而使人民生活水平不断提高。只有这样，人民才会安心工作，才会拥护共产党的领导，无产阶级政权才会巩固。反之，如果经济发展水平提高很慢甚至停止不前，人民生活水平长期得不到大的改善，甚至下降，人民对社会主义的信仰就会动摇，对共产党的信任就会发生问题，社会主义制度就会失去吸引力，难以存在下去。

社会主义的根本任务是发展生产力，这是我们党在 40 多年社会主义建设的经验教训中得出的科学结论。从新中国成立到党的十一届三中全会的 30 年间，我们党真正集中精力搞经济建设的时间并不多。新中国成立初期，客观环境使我们不可能一心一意地搞建设。但就指导思想而言，当时对经济建设是非常重视的，实际工作中也抓得很紧，仅用3年时间就使遭受战争严重破坏的国民经济得到恢复，随后又顺利地提前实现了"一五"计划规定的任务，为中国的现代化建设事业奠定了基础。1956年，生产资料私有制的社会主义改造基本完成，社会主义制度全面确立，党及时召开了第八次全国代表大会。会议指出，在我国，无产阶级与资产阶级的矛盾已经基本解决，国内的主要矛盾变成人民对于建立先进的工业国的要求同落后的农业国的现实之间的矛盾，人民对于经济文化迅速发展的需要同当时经济文化水平不能满足人民需要的状况之间的矛盾。党和人民的主要任务就是集中力量来解决这个矛盾。"八大"的路线用一句话来表达，就是党要适应变化了的情况，把全党工作由过去的阶级斗争为中心转变为以经济建设为中心。这是完全正确的。可惜，"八大"以后不久，国际国内发生的一些事情使党内"左"的思想抬头，"八大"的路线没有坚持下去。1957年召开的八届三中全会改变了"八大"的提法，认为无产阶级与资产阶级、社会主义道路与资本主义道路的矛盾仍然是社会主义社会的主要矛盾。此后的20多年间，全党的工作差不多都是"以阶级斗争为纲"，而且愈演愈烈，根本无法集中精力搞经济建设。直到1978年12月，党召开了十一届三中全会，认真总结了新中国成立以来特别是"文化大革命"的教训，果断地作出了把全党工作重心转移到现代化建设上来的战略决策，以经济建设为中心的方针才逐步确立下来。

真理都是朴素而简单的，然而认识与掌握真理的过程则是复杂而曲折的。我党从"以阶级斗争为纲"转移到以经济建设为中心，所经历的过程之长，反复之多，付出的代价之大，就是明证。确立经济建设的中心地位，是很不容易的。这在我们党的历史上是一件意义深远的事情。

首先，它标志着党对社会主义社会，尤其是社会主义初级阶段的实际有了真正准确的认识与把握。实行党的工作重心的转变，是建立在对社会主义社会基本矛盾的正确认识的基础之上的。实际上，新中国建立后不久，急风暴雨式的阶级斗争和群众运动就应该结束了，社会的基本矛盾已不再是两个阶级、两条道路的斗争，而是先进的生产关系与落后的生产力，人民群众日益增长的物质文化需要与落后的经济文化发展水平之间的矛盾。1978 年前的 30 年，我们没有正确地认识和把握这个主要矛盾，基本上是"以阶级斗争为纲"。党的十一届三中全会明确了经济建设的中心地位，标志着党对社会主义社会的认识产生了巨大的飞跃，这对经济建设和各项事业的繁荣发展，影响是巨大而深远的。十一届三中全会以来，我国经济建设和各项事业取得的伟大成就，充分说明了这一点。

其次，标志着我党恢复了实事求是的优良传统。十一届三中全会以前的很长一个时期内，我们不承认我国生产力水平落后、人民生活水平低的事实，不承认与发达资本主义国家比我国经济、技术落后的事实，一味夜郎自大。既然如此，就没有必要再发展生产，只搞"革命"就行了。殊不知，在我们大搞"革命"的时候，资本主义国家在二战后的几十年间生产力获得了巨大发展，居民消费水平有了很大提高。十一届三中全会以后，以邓小平同志为代表的中国共产党人坚持实事求是的原则，勇敢地承认我国生产力水平和人民生活水平低的现状，以人民的利益出发，为了赢得社会主义的巩固、发展和最后胜利，纠正了"以阶级斗争为纲"的做法，提出以经济建设为中心，并且把这一点作为党的基本路线的中心内容，摆脱了历史唯心主义的影响和束缚，从根本上恢复了马克思主义实事求是的原则，使我们党站在了正确的历史方位上。

二、坚持党的基本路线，关键是坚持以经济建设为中心

十四大报告中指出坚持党的基本路线不动摇，关键是坚持以经济建设为中心不动摇。这一论断，深刻阐明坚持以经济建设为中心与坚持党的基本路线的关系，阐明了坚持以经济建设为中心的极端重要性。

党的基本路线是党的十一届三中全会以后，以邓小平同志为代表的中国共产党人在总结了中国几十年社会主义革命和建设的经验教训，把马克思主义的基本原理与中国的具体实际相结合而提出的唯一正确

的路线，是建设有中国特色社会主义理论的一个核心内容。14 年改革开放的实践证明，坚持党的基本路线，我们的事业就兴旺发达；背离了这条基本路线，就要受挫折。1978 年以来的十几年，我国各项建设事业之所以取得了巨大的成就，伟大祖国的面貌发生了天翻地覆的变化，就是坚持党的基本路线的结果。

党的基本路线的核心内容就是"一个中心，两个基本点"，即坚持以经济建设为中心，坚持改革开放，坚持四项基本原则。在"一个中心，两个基本点"之间存在着不可分割的内在联系。"一个中心"，就是基本路线的中心，"两个基本点"是为这个中心服务的。经济建设是党的中心任务，为了使经济建设高效益、高速度地顺利进行，一方面必须坚持改革开放，改革生产关系中阻碍生产力发展的方面，以利于生产力发展；必须改革上层建筑中与经济基础不相适应的部分，以利于形成能够促进生产力发展的法律、政治、文化等制度；必须实行对外开放，引进国外的资金、技术、设备、人才，学习国外先进的管理经验，促进经济发展；一方面必须坚持四项基本原则，只有坚持四项基本原则，才能保证改革开放和经济建设的顺利进行，保证坚持社会主义方向。由此看来，就"一个中心，两个基本点"的内在关系而言，经济建设是中心，两个基本点是经济建设高速度、高效益、健康顺利发展的前提与保证。因此，坚持党的基本路线，首先是坚持以经济建设为中心；坚持党的基本路线，必然坚持以经济建设为中心。

要坚持以经济建设为中心，必须坚持改革开放。社会主义的根本任务是发展生产力、搞经济建设。不断地变革生产关系，无休止地搞政治运动，"以阶级斗争为纲"，这样的历史不能再重演了。但是，这并不等于否认生产关系对生产力的反作用，并不排除当生产关系不利于生产力发展时，要实行生产关系的变革。以经济建设为中心，是为了把生产力提高到新的更高水平，改革旧的不合理的经济体制和政治体制，同样是为了消除生产关系中不适合生产力发展要求的部分，促进生产力的发展。从这个意义上说，以经济建设为中心与坚持改革是完全统一的，且不可机械地去理解，把二者对立起来。

传统的经济、政治体制严重阻碍了经济发展。因此，要使生产力迅速发展，仅仅确定了以经济建设为中心还不够，还必须对生产关系实行调整，对经济、政治体制进行改革。改革开放的 14 年，是我国历史上经济发展的黄金时期。这个阶段经济的飞速发展，既是由于坚持了以经济建设为中心，又是改革开放的功劳。用通俗的话说，我们是吃的改革开放的饭。必须指出，虽然经过十几年的改革，我国生产关系比较以前是更能适应生产力的发展了，但是经济政治体制中不利于生产力发展的某些方面依然存在，必须继续深化改革，以促进经济的发展。

以经济建设为中心，还要求不断扩大对外开放。随着资本主义的产生与发展，世界市场已经形成，世界经济一体化趋势日益增强，国与国之间的经济联系与相互依赖不断加强，任何国家试图孤立于世界经济之外，关起门来搞建设而达到现代化、实现经济的腾飞都是注定要落空的。对于落后国家来说，实行对外开放对促进经济发展的作用尤其重大。通过对外开放，可以学习国外的先进技术，直接应用于生产过程，使经济发生跳跃式发展；可以利用国际金融市场上的闲散资金，用来进行国内建设，弥补经济建设过程中资金的不足；可以扩大优势产品的出口，一方面增加收入，同时也可以充分发挥我国某些方面的优势；通过参与国际市场上的竞争，还可以促使我国企业转换经营机制，改善管理，提高生产技术，生产出水平更高、质量更好的产品；还可以使我们学习国外先进的管理技术与管理经验；等等。这些无疑对我国的经济发展会产生巨大的积极作用。

保证经济建设的中心地位，还必须防止各种错误思潮的干扰，特别是"左"的干扰。几十年的历史证明，对以经济建设为中心的干扰有右的思潮，但主要来自"左"的方面。三中全会以前是这样，三中全会以后也是这样。今后在以经济建设为中心、大力发展生产力的过程中，仍有可能遇到来自"左"的干扰。一是因为"左"的积习仍然根深蒂固，时而还会表现出来。二是因为伴随对外开放和经济的发展，会在一定范围内出现一些不良的社会现象，有些人不能正确看待这些社会现象，误认为是以经济建设为中心、不搞阶级斗争造成的，因而可能会以社会问题多为借口，来怀疑和动摇经济建设为中心的方针。这是值得警惕的。

三、任何时候都必须坚持以经济建设为中心

邓小平同志指出，坚持党的基本路线一百年不动摇。这就明白无误地告诉全党和全国人民，以经济建设为中心，不仅是当前的事情，而且是长远的事情，经济建设是党的中心工作和首要任务，一百年也不能动摇。

毫无疑问，我们所要建设的社会主义社会，是一个各项事业全面发展的社会。不仅要建设高度的物质文明，而且要建设高度的精神文明；不仅要有强大的经济实力，而且要有强大的国防；不仅要使我们的人民过上富足的生活，而且要使他们成为具有高度文化、道德修养的全面发展的文明公民……但是，问题的关键是，如果经济上不去，其他各项建设事业也就上不去。各项事业是以经济实力为基础的。

首先，经济上去了，才会有强大的国防，才会有安定的和平环境。当前，新的世界战争爆发的可能性虽然不大，但是，局部战争自二战以后始终没有停息过。为了保卫国家的安全与民族的独立，强大的国防是必不可少的。然而要建立强大的国防，是必须以经济的高度发达为后盾的。现代战争与以往的历次战争不同，所使用的武器非常先进，战争双方不再是拼人员，而是拼科技。去年爆发的海湾战争，伊拉克之所以遭到惨败，关键因素之一是武器的先进性与美国相比差距太大，根本没有还击能力。这场战争的耗费是巨大的。美国发射的一枚"战斧式"导弹耗资达到几十万美元。美国之所以能够装备如此先进、造价如此昂贵的武器，与它的经济实力强大是分不开的。中国历史上自1840年以来屡遭外敌入侵，就是因为中国经济太落后，无法建立足以抵抗入侵的国防。由此看来，中国要想建立强大的国防，使世界上任何强国不敢向我国寻衅，必须集中精力把经济搞上去。只有经济上强大了，才有能力制造或购买先

进武器装备，才能建立攻无不克、战无不胜的现代化部队，国家安全和民族独立才有保证。

其次，经济发展了，精神文明建设才能获得较大的发展。"仓廪实而知荣辱"。只有经济发展水平提高了，人民的物质生活得到了较大改善，才会逐步从根本上提高思想水平、道德观念和文明程度。科学文化教育事业的发展也离不开经济发展水平的提高。这也是显而易见的。在生产力水平极其低下的情况下，就不可能拿出足够的钱去发展科学文化事业，去建学校，培养师资，实行义务教育，人民也没有能力支付子女的教育费用。所以，科技、教育、文化事业的发展，也有赖于经济的发展。此外，体育、卫生等事业的发展，都要以经济发展为前提。所以，社会主义的各项建设事业都很重要，但都必须以经济建设为中心工作，为经济建设服务。经济搞好了，又反过来能促进各项事业的发展。这是一个良性循环。不这样看问题，就不是一个清醒的历史唯物主义者。

因此，各行各业、各个部门都要围绕经济建设这个中心开展工作，努力促进经济的发展。如果把以经济建设为中心仅仅理解为经济主管部门和企事业单位的事，那就大错特错了。经济活动是社会活动的一部分，经济系统是社会这个大系统的一个重要的子系统。经济建设要保证中心地位，并顺利发展，其他各个社会子系统必须按保证经济建设健康发展的原则运行。各系统、各部门必须紧密配合经济建设。比如，组织人事部门要解放思想，大胆提拔那些懂经营、会管理的人才走向领导岗位，为经济高速发展提供组织保证；思想政治工作部门则要做过细的思想工作，及时解开人们思想上的疙瘩，调动人们从事经济建设的积极性，使劳动者为生产发展贡献出自己的聪明与智慧，为经济建设提供思想保证；政法部门要通过制定有关法规、法律，界定合法经济行为与非法经济行为的界限，保护人们的合法经济利益，对破坏经济建设的活动给予坚决的打击，营造一个安定的、有秩序的、有利于经济建设的社会环境，为改革开放和经济建设保驾护航；科技部门要围绕经济建设组织课题研究，开发那些生产中适用的技术，发挥科技第一生产力的作用，推动经济发展；教育部门要根据经济建设的需要，不断调整专业与课程设置，进行教学改革，为经济建设输送越来越多的有用人才，等等。要把各方面的积极性充分调动起来，把各方面的有生力量投入到经济建设的主战场，全党上下，全国上下，一心一意地搞经济建设，加快现代化建设步伐，实现建设有中国特色社会主义的宏伟目标。

对"泡沫经济"要敲敲警钟 [1]

（1994 年 10 月）

一、什么是"泡沫经济"？

"泡沫经济"又称"气泡经济"（Bubble Economy），是指由投机行为引发的土地、股票、不动产等资产价格脱离现实经济增长的过度上涨。在发生"泡沫经济"的情况下，具有价值保存手段的资产价格，像脱缰野马，以异乎寻常的速度上涨，远远高于国民生产总值的增长，造成虚假财富的迅速膨胀。然而，由于这种财富的增长是虚幻的，一遇风吹草动，就如同泡沫破裂一样，迅速消失。"泡沫经济"一词就是由此而来的。

"泡沫经济"现象的发生，可以追溯到 17 世纪 30 年代。1634—1637 年间，在荷兰刮起了郁金香投机狂潮。当时一个郁金香的球根，竟然可以换到一辆新马车、两匹好马加一套马具。从贵族到扫烟囱的，都把自己的财产换成现金，去投机抢购郁金香，以实现发财的梦想。随着郁金香市场的崩溃，不少人因此破产，荷兰的经济也遭到沉重打击。

为了发财，人们是可以忘记历史的。如 80 年代后半期的中国台湾，随着越来越多的人鄙弃勤劳敬业的传统道德，企图靠投机致富，上至达官贵人，下至贩夫走卒，无数人醉心于"金钱游戏"，"六合彩"烧遍全岛，"四分利"游戏耍了 8 年，股价和房地产价格飞速上涨，短时间内不少人发了大财。90 年代初期，泡沫突然破灭，股市和房地产

---

① 本文原载《内部文稿》1994 年第 20 期。

市场相继崩盘，人们发现手中握有的成千上万的财富不过是一堆废纸。痛定思痛，台湾人认识到，财富不会从天上掉下来，还是要靠扎扎实实生产，才能使社会和个人富裕起来。

从1985年到1990年，日本"泡沫经济"也持续了5年之久。在这期间，日本资金被大量用来进行股票和地产、不动产投机，使得股票价格和不动产价格不断上扬。据说1990年末日本的土地资产总额可以买下比日本大25倍的美国。由投机哄抬起来的资产价格越高，一旦跌起来就越惨。1990年日本股价、地价开始下跌。到1990年4月间，日经平均股价由1989年末的3.89万日元跌到2.8万日元，下跌率为27.5%；1992年4月进一步跌到1.7万日元，下跌率为57.3%，7月又跌到1.4万日元，下跌率达到60%。1990年下半年地价也开始下跌，1991年7月到1992年7月，1年之间东京都住宅区地价下跌15.1%，大阪府为23.8%，京都市为27.5%。

80年代以来所发生的"泡沫经济"现象范围之广、时间之长、影响之大，在历史上都是没有过的，因而引起了很多著名经济学家的密切关注。

二、"泡沫经济"在中国的表现

近年来，中国也有了"泡沫经济"的苗头，主要有以下表现：

1. 股票投机和股市暴涨暴跌。自1992年股市放开以来，以炒卖炒买为目的，而不是以投资为目的的"股民"人数迅速膨胀，1993年初达到1500万人，1993年底则激增到3000万人。一般说来，股票的年换手率为30%是正常的，而我国股票的年换手率却达到600%，一年倒手6次；股市市盈率在10倍以下才有投资价值，超过10倍，只有投机价值。我国1992年、1993年间股票市盈率达上百倍。如1991年末，上海飞乐股票的市盈率达到538.7倍。显然，中国股市具有强烈的投机性。由于人们纷纷进行股票投机，导致股票供不应求，1992年以来发生了股票价格的暴涨。1992年5月，上海豫园股票市场放开，每股面值100元的股票，7月底竟涨到1万元以上。在同一时期，深圳股市也发生了类似的变化，在 1992 年 8 月 10 日，由购买股票认购证，还引发了一场骚乱。

2. 房地产热和土地不动产价格的狂涨。1992 年以来，房地产开发成为热门行业。1991 年全国房地产开发公司有 3700 家，到 1992 年底一下子猛增至 17000 家。在这 1 万多家房地产开发公司中，只有一半左右进行了实际开发，另有一半根本没有开发实绩，主要业务是炒买炒卖土地。建好的房子也不是马上投入使用，而是在房地产商之间反复倒手，层层加价。据调查，在沿海大城市尤其是在珠江三角洲地区，真正进入使用的房屋只有 30%，其余 70% 均在房地产商手中反复炒买炒卖。由于大量资金进入房地产领域的投机，城市土地、房地产价格年年上涨，完全超过人们的实际购买能力。据美国权威的房地产经纪人和世界银行专家的推算，房地产购买者收入与可接受的房屋价格的比例应该是 1∶（3—6）。我国城市职工家庭年收入按 8000 元计算，一套住房价格应为 2.4 万—4.8 万元。然而由于 1992 年以来房地产价格迅速上涨，1993 年初在沿海城市及北京、上海等大城市，一套 100 平方米的住宅和一套 50 平方米的住宅分别需要 50 万—60 万元和 25 万—30 万元，相当于普通城市家庭 50 年和 25 年的收入。正因为这样的价格对一般人来说无疑是天文数字，虽然我国城市住房非常紧张，但在房地产市场上却出现了供过于求的现象。

3. 类似于"四分利游戏"的金融欺骗。1994 年 4 月 11 日，北京长城科技开发公司总裁沈太福因金融欺诈而被处死。沈太福在半年之内非法从全国 10 万多人手中集资 10 亿多元，让人惊诧不已。其实，类似"长城公司"的公司，全国绝不止一家。这类公司的秘密在于：只要"宣传"工作做得好，让人们相信公司有好的前景，并以较高回报率做诱饵，自有人乖乖把钱交来。开始时可以用自己的钱付给投资人较高的利润，投资的人多起来了，就可以用后来的投资支付以前投资的利润。只要公司的信誉在，由于人们的贪图厚利，公司资产就可以越滚越大。这实际上类似于台湾 80 年代后期的"四分利"游戏。然而，只要公司信誉发生了问题，或出了其他问题使这种金钱游戏有一个环节中断，将如雪崩一样迅速瓦解。

三、中国产生"泡沫经济"的原因

中国"泡沫经济"产生的原因是什么？认真分析起来，我认为有以下几个方面：

1.近年来居民个人收入迅速增加，又找不到合适的投资机会，便大量转向各种投机事业，助长了"泡沫经济"的膨胀。伴随着改革开放以来经济的发展，人民收入近年来迅速增加。人民收入迅速增加的同时，由于近年来物价上涨连续达到两位数，超过了银行储蓄利息率，人们就不愿意把钱存到银行里，而是去寻找较好的增值、保值途径。即使已经存进银行的款项，只要把钱用在其他方面可以产生更高收入，人们也随时会把钱取出来。因此，当人们看到炒股可以赚大钱，就会把钱用来炒股票。过多资金注入有限的股票市场，必然引起股价飞升。当有人许诺付给较高的利润向个人集资时，不明就里的城市居民会把钱投入少数人导演的金融欺诈和金钱游戏中去。

2.金融秩序混乱。在市场经济条件下，金融政策本来是国家实施宏观调控、维护正常的经济秩序的重要手段。然而在前两年，我国金融管理却非常混乱，银行之间资金相互拆借带有很大的随意性。银行之间相互拆借的资金中，有相当大部分被银行自己开办的房地产公司用来炒买炒卖土地和不动产。在银行通过资金拆借直接参与炒买炒卖地皮的同时，为了银行的贷款效益，银行还将大量资金贷给房地产开发公司，对土地、房地产投机起了推波助澜作用。1993年下半年党中央、国务院在加强宏观调控时，首先对银行和金融秩序进行了整顿，是完全正确的。1993年下半年以来房地产投机有所降温，与采取了这种措施是有关的。

3.党政机关、群众团体大办公司、实体，推动了"泡沫经济"的扩张。党政机关一部分干部从机关脱离出去，创办公司，有利于精简机构，转变政府职能，是改革的需要。然而有些公司并没有与行政部门脱钩，或者名义上脱钩，事实上没有脱钩。这些公司就是所谓"翻牌公司"。有关部门创办这些公司的目的，并不是为了精简机构，而是为了给机关创收，改善机关生活福利。机关干部"下海"，既不会搞生产，也不会搞经营，再说靠搞生产经营，富起来的过程也太缓慢，所以，最便捷的办法是利用部门或机关的权力炒买炒卖。在全国1万多家房地产公司中，不少是行政机关、群众团体、事业单位开办的。它们利用权力和关系，低价批租土地，转手倒卖，发了大财，因而也把土地价格抬了上去，成为"泡沫经济"产生的重要原因之一。

4.道德观念、价值观念的扭曲是"泡沫经济"产生的主观原因。我们知道，在传统经济体制下，按劳分配原则并没有得到很好的贯彻，我们实行的是平均主义的分配制度。在这种分配制度下，人们的收入与劳动贡献没有多少联系，久而久之，人们丧失了劳动热情，不干活或少干活却心安理得地要求和别人在收入上一样。在商品经济得到一定发展的条件下，在平均主义分配制度下形成的这种懒汉哲学有了一种新的变种：不再安于与一般人收入水平差不多的状况，想方设法发财，只要可以发财，什么都可以干。而且最好是不需要付出艰辛的劳动，轻而易举地发大财。要做到这一点，上佳的选择当然是投机。于是，在这种价值观念驱使下，有一部分人抓住我国体制不健全、市场不完善、政策有漏洞的机会，炒股票，炒房地产，搞金融欺诈，大赚黑心钱。当一部分人因此而致富后，大众争先恐后，从者如云。

四、"泡沫经济"的危害

"泡沫经济"的大行其道给一国或地区经济及其社会生活的其他方面造成的危害是极其严重的。据说17世纪30年代的"郁金香投机狂潮"使荷兰大伤元气，以致造成了它从列强霸主地位上跌落下来。我国台湾80年代后半期的"泡沫经济"导致了台湾经济竞争力减弱，并造成了"笑贫不笑娼"的风气流行，给社会留下了精神缺损症。日本90年代初股市、土地市场大崩盘后，无数企业和个人破产，不少银行背上了不良债权，贷款收不回来，信誉受到严重破坏。据日本有关人士称，这是战后日本经济遭受的最沉重打击。

我国近年来出现的"泡沫经济"现象虽不如日本、中国台湾那样普遍、严重，但给我国经济和社会生活的其他方面造成的危害也是显而易见的。

1. 造成生产建设资金紧张，影响了经济发展。据统计，1992 年专业银行净拆出的资金增加了 593.2 亿元，1993 年 1—4 月又增加了 45.9 亿元。这些拆出的资金约 1/4 被用来炒地皮。由于社会上大量资金用来炒股、炒土地和不动产，引起了居民储蓄增加值的减少。我们知道，我国是一个发展中国家，在经济建设中遇到的最大障碍是资金短缺。"泡沫经济"的兴起，使有限的资金中很大一部分盲目空转，这无疑是雪上加霜，加剧了资金紧张的状况，影响了经济建设的正常进行，降低了经济的实际增长速度。

2. 使大量土地被白白占用，造成土地资源的严重浪费。我国是一个人均占有耕地面积较小的国家。然而，由于"泡沫经济"的兴起，人们竞相加入土地投机，近年来大量耕地被占用。我国 1991 年有开发区 117 个，1992 年一下子激增到 2700 个，1993 年年底又增加到 5000 个。1992 年开发区占地达 1.2 万平方公里（农业部统计数字为 1.5 万平方公里），几乎相当于 1991 年全国建制镇以上城市占地面积总和（1.3 万平方公里）。据调查，在开发区的土地中，只有 10% 真正得到了开发，其余 90% 在那里晒太阳。虽然大部分土地没有开发，其中却有相当一部分已经被炒过几次了。我国人口在不断增加，而耕地却大幅度减少，农业问题尤其是粮食问题将会变得越来越严重。所以，因土地投机而造成的土地减少必须得到制止。

3. 导致道德堕落，传统美德丧失。我国现在还很落后，要使国家富强起来，必须靠全国人民的卧薪尝胆，辛勤劳动。"泡沫经济"的产生与发展，诱使一部分人逃避艰苦的劳动，一心靠投机发财，通过分配与流通过程，尽可能多地把国民财富据为己有。如果允许这种现象继续发展，将产生极坏的示范效应，使人们对国民财富的生产不感兴趣，传统的价值观念如勤劳俭朴、诚实敬业精神将被人们忘怀，整个民族将走向堕落。

4. 影响股票市场的发育与形成，妨碍改革的进展。由于目前人们购买股票主要不是为了投资，而是一种投机行为，因而使得中国股票市场变化缺乏规律。目前上市股票大部分为团体和个人大户持有，广大散户只持有较小一部分。1992 年，上海股市各种持股者所持股票在股票总额中所占比例是：上海各经营性证券公司掌握 30%，外省市证券公司和投资者掌握 25%，个人大户掌握 35%，散户只掌握 5%。这样，持股大户操纵了股市，翻手为云，覆手为雨，散户只能任人宰割。在这种情况下，股市价格变动不反映企业经营情况和市场需求变化，起不到调节资源配置的作用。另外，股市变化的无规则，使人们对股票有恐惧心理，这势必影响股份制改革的进行。

五、几点启示

1. 对市场经济条件下的投机行为要有正确认识，要采取措施限制过度投机。在市场经济条件下，发生一定的投机行为是不可避免的。在某些领域，如股票市场、房地产市场上，有一部分人专事为买而卖，为卖而买甚至是必要的。比如某些企业效益不佳，某些行业需求减少时，股票市场上的投机可以将产品市场上的价格信号进一步放大，引起资源的迅速转移、调整，有利于提高市场调节资源配置的效率，有利于资源的有效利用。但是，如果投机过度，股票价格完全脱离了实际的经济效益和市场需求的变化，则会使投资者接受错误的信号，导致资源在企业和行业间盲目转移，造成资源浪费与使用的低效益。因此，在发展社会主义市场经济的过程中，一定要通过各种法律、法规，限制过度投机行为。

2. 用好金融这个杠杆，建立完善的金融秩序。资金是经济运动的第一推动力，金融是市场经济的心脏。只有建立了良好的金融秩序，才能有良好的市场秩序和经济秩序。国家银行的根本职能是稳定经济，促进经济发展。它应该根据国家产业政策，对不同行业实行差别利率，根据整个经济发展的需要，以及各个行业的实际需要确定贷款数额，而不能有市场行为：只要贷款能收回并有利息保证，即使这些资金是用来搞投机活动，也无限制地予以贷款支持。国家银行更不能直接参加经济投机活动，搞乱经济秩序，为"泡沫经济"推波助澜。

3. 对建立与社会主义市场经济相适应的道德观念、价值观念，必须予以高度重视。在社会主义市场经济条件下，国家允许并鼓励一部分人先富起来，允许人们的收入水平出现一定差别。但是，这同时也意味着人们必须通过公平竞争，为社会、为他人提供优质产品和优良服务，通过提高自己的劳动质量或多提供有效劳动的途径致富，而不能靠投机致富。因此，社会主义市场经济条件下从事经济活动应遵循的道德观念、价值观念就是"君子爱财，取之有道"，勤劳敬业，诚实守信。应该说，这些年来我国经济体制改革有了较大进展，相对而言，与社会主义市场经济相适应的道德秩序和价值观念的建设，却是一个薄弱环节。当然，我们一直强调进行社会主义精神文明建设，教育人民要爱祖国、爱党、爱社会主义，要有理想、有纪律、有道德，这当然是非常重要和必要的。但是道德建设是分层次的。人们在具体的经济活动中应遵循什么样的道德准则？在这个层次上，我们没有提出明确的要求，舆论宣传做得更不够。因此，在近年来的经济生活中发生了许多不该发生的事情。比如制售假冒伪劣商品，不信守合同，经济投机、经济欺诈等等，屡禁不止，引起人民群众的极大不满。这当然有体制转轨的原因，但更深刻的原因，在于人们缺乏道德约束，误以为发展商品经济就可以不择手段，唯利是图。"泡沫经济"就是在这种观念支配下才产生的。所以，在重视产值增长、利润增加的同时，我们还必须把社会主义市场经济条件下的道德建设当作大事来抓。否则，即使将来建立了社会主义市场经济体制，但是与此相适应的道德建设却严重滞后，再好的体制也不能保证经济的健康发展，改革就不能达到预期的目的。

建立健全社会保障制度是
扩大需求的重要前提 [①]

（2002 年 7 月）

为了克服亚洲金融危机的影响，扩大需求，保证经济持续增长，从 1998 年下半年开始，中央采取了增加基础设施投资的积极的财政政策。扩大政府投资不仅直接增加了投资需求和消费需求，同时由于投资需求的"乘数效应"，即较少数量的投资，可以引致比它本身数量大得多的需求，因而有利于总需求增长，保持一定的经济增长速度。去年我国之所以能够在困难的情况下，经济增长达到 7.8% 的较高速度，与及时实行积极的财政政策是分不开的。说明中央的决策是正确、及时的。1999 年，我国将继续实行积极的财政政策，相信对推动今年的经济增长必将产生积极作用。

但是，也应该指出，采取增加政府直接投资的办法扩大需求，刺激经济增长的作用毕竟是有限的。因为，政府增加投资固然可以扩大总需求，加快经济增长，但是，通过这样的措施增加的主要是投资需求，而社会扩大再生产的进行和社会总产品的实现，归根结底取决于社会最终需求，即社会消费需求的增长。单纯增加投资需求，不能保证经济的持续增长。另外，如果不能启动社会消费需求增长，加工业生产得不到发展，由于国家财政增加投资而形成和增加的基础设施服务能力，就不能发挥作用，国家增加财政投资就只能引起短期经济增长，不能带来经济增长后劲的增强。所以，我认为，保证经济持续快速增长，关键还是要千方百计采取措施，扩大消费需求，拉动经济增

---

① 本文原载《经济日报》2002 年 7 月。

长。在当前，要扭转市场消费需求不足状况，促使消费需求增长，一个重要的方面是尽快建立健全现代社会保障制度。

经济理论与经济生活的实践已经证明，建立健全社会保障制度可以有效地促进消费需求的增长。

第一，社会保障制度的国民收入再分配功能，有助于形成促进消费需求增长的社会收入分配结构。我们知道，在享受社会保障方面，居民享有平等的权利。但是，居民交纳社会保障费用的数额却因为收入水平不同存在着区别。社会保障费用的来源有三个方面：一是国家财政收入。国家财政收入来源于税收。一般来说，居民收入水平越高，向国家交纳的税收越多。收入水平较低的居民则可以少交或者无须交纳个人所得税。因此，社会保障制度实际上具有把高收入居民的一部分收入集中起来，变成低收入家庭收入的功能。二是劳动者个人交纳的社会保障费用。收入水平达到或超过一定标准的劳动者，必须交纳一定的社会保障费用，才能享受社会保障，而收入水平低于一定标准的居民则可以少交或不交社会保障费用，但却可以社会享受社会保障。三是企业主交纳的社会保障费用。在资本主义国家，按照社会保障法的规定，企业主必须承担职工的一部分社会保障费用，有些社会保障项目则完全由企业主承担，比如伤残保障，就是由企业主无条件承担和给付的。随着非公有制经济在我国的不断发展，越来越多的劳动者在非公有制企业就业，社会保障费用的相当一个部分将由私营或个体企业主承担。显然，社会保障费用交纳的有差别原则和社会保障项目享受的无差别原则，使得社会保障制度具有将一部分国民收入从比较富裕家庭转移到收入水平较低家庭的功能，从而有利于消费需求的增长。因为，当人们的收入达到一定水平以后，家庭收入中用于消费的比重与收入水平的高低成反比，而用于储蓄的比重则与收入水平成正比。通过实施社会保障制度，将高收入家庭的一部分收入转移到低收入家庭，则有利于提高整个社会收入中用于消费的比重，在国民收入总量一定的情况下扩大消费需求总量，拉动经济增长。

第二，社会保障制度的建立健全可以改变人们的消费观念和消费方式，有利于社会消费需求增长。当一个社会建立起了完善的社会保障制度，劳动者遇到生老病死等不可抵御的风险时，由社会给予帮助，不需要劳动者家庭来提供保障和帮助，劳动者就获得了一种安全感和保障感，他们就可以放心地把即期收入大部分或者全部变成即期消费，而不必被迫推迟当前需求，甚至通过节衣缩食，把收入中本应该用于当前消费支出的部分变成储蓄，以作养老之用或备不时之虞。不仅如此，在社会保障制度建立和健全的情况下，劳动者不仅可以利用当前收入满足自己及家庭的消费，而且可以通过分期付款的方式，提前支付未来收入，以满足当前的需要。在发达的市场经济国家，这种由未来收入形成的需要在社会需求中占了相当大的比重，使社会需求增长保持强劲势头，拉动经济持续增长。

了解了建立健全社会保障制度与消费需求增长之间的关系，我们可以回过头来分析一下我国近年来需求增长乏力的问题。近年来我国总需求增长速度趋缓是多种因素起作用的结果，如近年来城镇居民和农村居民收入增长幅度减小；部分城镇居民由于一些国有企业经营困难而暂时下岗或失业，导致收入减少甚至失去收入来源；城镇居民的某些消费需要已经得到了满足，这些需要不可能再有大幅度的增长，而有的消费需求在现有生产水平和供给结构下无法得到满足，新的消费热点难以形成；等等。但是，我认为，在城市，原有的社会保障制度正在逐步被革除，新的社会保障制度尚未建立起来；在农村，社会保障制度没有随着经济的发展建立起来，是近年来我国消费需求增长趋缓的重要原因。我国国有企事业单位原有的社会保障制度虽然存在严重的弊病，需要改革，但是，它毕竟使职工有一种生活安全感，因而不必担心失业后会失去收入来源（考虑到原来的劳动用工制度，职工进了国有企事业单位，就端上了"铁饭碗"，根本不存在失业问题），生病没有钱治病，退休后没有维持晚年生活的基本收入；等等。再加上由于几十年生活水平没有大的提高，居民消费方面存在着严重的欠账，随着人民收入水平逐步提高，有了一定的购买能力，人们基本上把所得到的收入用来购买消费品，提高生活水平，以致使我国城市居民的消费形成一种"排浪式"模式，在一个时期，社会消费支出集中于购买食品、副食品，导致食品、副食品供应紧张，农副产品价格大幅度上涨；当社会收入又提高了一个档次后，社会购买力一下子集中于冰箱、彩电、洗衣机等电子产品，使这些产品供不应求。当国有企业为了增强竞争力，摆脱经济效益不断下降的局面，实行减人增效，"铁饭碗"不复存在。当国家在一些地区和城市开始实行医疗制度、失业保险制度、住房制度、养老保险制度改革试点，并决定在更大的范围内展开时，城市居民深切地感觉到过去那种"从摇篮到墓地"式的社会保障制度不会再有了。与此同时，由于面临着诸如国家财政收支情况紧张，在许多国有企业生产经营面临严重困难、一些职工收入水平还非常低的情况下，社会保障资金如何筹集，对社会保障事业如何管理等困难与问题，新的社会保障制度的建立与健全不是一朝一夕的事情。在这样一个原有社会保障制度逐渐失去保障功能，新的社会保障制度还没有建立的时期，居民的安全保障感不可避免地下降，他们必然把收入中更大的部分储蓄起来，以保证一旦失业和退休，可以维持家庭的基本生活，生病后有钱治病，实行住房制度改革后，可以交纳购买住房款项，如此等等。这就是为什么虽然近年来我国居民收入水平提高幅度下降，但是居民储蓄余额却依然快速增加，目前已经达到了5万多亿元的缘故。居民对国家社会保障制度改革作出的这样的反应，必然影响社会消费需求的增长。可以预料，在新的社会保障制度建立之前，只要居民收入没有发生大幅度的增长，不太可能出现消费需求的大幅度增长。

再看农村的情况。中国农村本来是一个广大的市场，有着巨大的市场需求潜力。要扩大国内需求，拉动增长，应该把注意力同时放在开拓农村市场上。但是，应该看到，到目前为止，除了社会救助和社会抚恤项目外，我国广大农村基本上还没有建立起现代社会保障制度，农民遇到风险基本是靠家庭提供保障。这种情况必然对农村需求的扩大产生深刻的影响。对于仍然以农业生产为主要收入来源的农民家庭来说，本来收入就不多，除了购买必要的生产资料，还要为子女结婚准备一笔资金，剩余就更少。在社会保障制度没有建立起来的情况下，农民必须考虑储蓄一笔资金，用来抗御各种不可抗拒的风险，如治病、养老等，不会把可支配收入的大部分用来消费，尽管他们事实上有这种需求。对于在乡镇企业就业的农村人口来说，他们已经长期脱离了农业生产，随着农村人口的增加和可耕地面积的不断缩小，他们一旦失业，再回到土地上的困难很大。在社会保障制度没有建立起来的情况下，他们必然把收入中的相当大部分储蓄起来，以抵御各种风险，把本来的需求推迟。正因为以上分析的这些原因，虽然近年来企业和商业部门为开拓农村市场、扩大农民需求做了很大的努力，比如改善服务，送货下乡，针对农村和农民的生产、生活需要设计改进产品生产等，但收效并不大。

综上所述，在当前国际国内经济环境下，为了解决我国的就业问题，保证人民币币值稳定，消除亚洲金融危机对我国经济增长的不利影响，在短期内应该继续实行积极的财政政策，以推动当前需求增长，保证一定的经济增长速度。但这种政策不可长期实行，否则会产生消极效果，以后还要花费力量来治理。在较长的时期内，还是应该采取适度从紧的财政金融政策。为了扩大需求，保持经济长期快速稳定增长，应该采取措施把居民手中持有的货币储蓄变成现实的购买力。财政投入 1000 亿元，加上"乘数效应"，能够增加的需求不过几千亿元，如果把居民手中的现金储蓄的五分之一变成消费需求，数量就是 1 万亿元。要使居民储蓄变成消费需求，就需要尽快建立健全社会保障制度。认识到这一点，目前就要把社会保障制度的建立与扩大需求、推动经济持续快速增长联系起来，加大社会保障制度改革力度，尽快建立新的社会保障制度。为此，国家和社会各个方面，应该把可以支配的经济力量更多地用来建立现代社会保障制度。把可以支配的收入用于直接投资，只是可以换来短期增长，而把这些财力用于社会保障制度的建立健全，则可以保证经济的长期增长。面对选择，我们应该作出理性的判断和决策。

解决就业问题政府应该做什么 [1]

(2002 年 10 月)

在社会主义市场经济条件下，为了实现劳动力资源的优化配置，解决就业问题主要应实行劳动者自主就业、市场引导就业，不应该也不可能由政府包下来。但是，由于就业问题事关改革发展稳定的大局，事关社会公平的实现，又不能只靠市场这只看不见的手发挥作用，政府要有所作为，把解决就业问题作为优先目标，采取有力的政策措施，积极促进就业，避免市场失灵。根据我国当前面临的就业形势，政府应努力做好以下几个方面的工作。

促进发展，扩大就业

失业问题的产生，首先是因为就业需求不足，政府应采取积极的政策措施，保证经济较快增长，创造更多的就业岗位，促进就业问题的解决。今后几年，我国城镇新增劳动力将升至峰值，每年增加近1000 万人；"十五"期间约有 1.5 亿农村劳动力需要转移；随着改革和结构调整的深入，还有职工要下岗分流；从去年开始，在"企业再就业中心"的下岗职工陆续到期，出"中心"进入高峰。这几个因素的共同作用，使我国今后一个时期的就业压力加大。在世界经济发展存在不确定因素，通货紧缩压力依然存在，社会投资还没有真正启动的情况下，为了解决就业问题，中央确定的促进经济发展的政策措施必须坚持，特别是扩大内需的方针不能改变，积极的财政政策短期不能淡出。

---

[1] 本文原载《光明日报》2002 年 10 月 8 日。

调整结构，增加岗位

从今后的发展趋势看，解决就业问题的出路主要是发展第三产业特别是社区服务业、劳动密集型产业、中小企业和非公有制经济。近年来的统计数据表明，我国经济每增长一个百分点，第二产业只能带动 17 万人就业，而第三产业可以带动 85 万人就业。从 1991 年到 2000 年，我国第一产业从业人员减少 2850 万人，第二产业净增 2350 万人，第三产业则净增 7728 万人。从 1996 年到 2001 年，城镇个体私营从业人员增加了近 3000 万人，约占城镇新增就业人员的 75%。全国工业部门 1.5 亿劳动力中，有 1.1 亿在中小企业就业，中小企业提供的城镇新增就业岗位达到 80%。促进新形势下就业问题的解决，应注意调整经济结构，哪些产业吸纳就业能力强，政策引导就要跟上去，以创造更多的就业岗位。

建设市场，连接供求

加强劳动力市场建设，架起沟通劳动力供给与需求之间的桥梁，是政府促进就业的一项重要措施。要按照科学化、规范化、现代化、信息化的要求，加大投入，搞好劳动力市场信息网络的建设，使劳动力市场信息网络覆盖所有街道、社区、职业教育和职业培训机构。在用工信息的采集发布、劳动力供给信息的分析预测上下功夫，把供需双方紧密地联系在一起。同时，要打破地区封锁，为劳动力跨城乡、跨区域就业创造条件。这样做不仅可以促进就业，而且有利于劳动力资源在全国范围内的优化配置；既能增强沿海等经济发达地区的竞争力，也可以促进落后地区经济发展。这方面应尽快完善政策，加强管理，使跨城乡、跨地区劳动就业有序化、规范化。

抓好培训，改进服务

我国城镇部分人员失业，是由于在产业结构调整过程中，知识技能不适应造成的。要解决我国城镇失业问题，就要着力加强就业培训，提高劳动者的技能和再就业能力，并提供全面的就业服务。一是各级财政增加投入，建立就业培训中心和各种培训机构，同时鼓励社会力量参与就业培训，形成公平竞争局面。二是在大型企业普遍建立培训中心，对下岗职工实行转岗培训，更新知识和技能，帮助他们再就业。同时要根据企业发展需要，对职工进行在职培训，预防失业。三是建立就业服务机构，为各类下岗和失业人员求职和自主创业提供全方位、全程式服务。今后的一项重要工作是建立健全就业服务机构，做到有机构、有编制、有人员、有经费，把就业服务覆盖到基层和全社会。

制定政策，帮扶特困

一些下岗失业人员年龄大、文化水平低、技能单一，完全靠市场调节很难实现再就业。对这些人员，在鼓励自主就业的同时，政府要给予特殊的政策支持，帮助他们实现再就业。这是市场经济国家的一般做法，我国一些地方的经验也值得参考。一是对吸收困难人员就业的企业给予一定经济补助。如英国对雇佣长期失业者6个月以上的雇主，给予每周75英镑的工资补贴；韩国政府对雇佣55岁以上老年失业者达到职工人数6%以上的企业，每雇一人补贴9万韩元和工资的三分之一。二是对企业特别是新办企业吸收就业困难人员达到一定比例的，一定时期内给予税收优惠。三是对自谋职业的就业困难人员在一定时间内免收税费。四是对特困人员提供公益性就业岗位。五是对就业困难人员进行就业援助和服务，如上门指导、送岗位、贴近服务、接续社保关系等。

广造舆论，转变观念

应动员新闻、文化、艺术等方面的力量，通过各种途径，采取群众喜闻乐见的形式，广泛开展宣传教育活动，引导广大劳动者充分认识社会主义市场经济体制下就业制度的竞争性、流动性、市场导向的特征，树立新的就业观念，树立自主就业的观念。改变依赖政府安排就业的观念，适应劳动力市场需求，自己主动寻找就业机会或自谋职业、自主创业。摒弃把工作分为贵贱高低的陈旧观念，改变只有在工业部门就业才算就业的观念，主要转向在第三产业和服务业就业。

推进城镇养老保险制度改革 [①]

（2003 年 11 月）

养老保险是指劳动者在达到法定退休年龄后，从政府和社会得到一定的经济补偿、物质帮助和服务的一项社会保险制度。城镇养老保险制度是我国社会保障体系的重要组成部分，继续推进城镇养老保险制度改革，是完善社会保障体系的重要内容。本分报告拟从三个方面对城镇养老保险制度改革问题进行研究。

一、我国城镇养老保险制度改革取得显著进展

（一）现行城镇养老保险制度的基本框架。20 世纪 80 年代中期以前，我国实行企业职工养老金由企业负担的养老保险制度。从 20 世纪 80 年代中期开始，国家对企业职工养老保险进行了一系列改革，目前我国已经形成了比较完备的养老保险制度框架。其基本特点是，适用于城镇各类企业职工和个体劳动者、资金来源多渠道、保障方式多层次、社会统筹与个人账户相结合、权利与义务相对应、管理服务社会化、保障水平与我国社会生产力水平及各方面的承受能力相适应、社会互济与自我保障相结合、公平与效率相结合、政策统一、管理法制化、行政管理与保险基金管理分开。主要内容包括以下几个方面：

1.覆盖范围。由于我国经济发展水平还比较低，且城乡之间经济发展不平衡，现行基本养老保险制度的覆盖范围为城镇所有企业及其

---

① 本文是国家哲学社会科学基金资助课题《加快建立健全社会保障制度研究》的报告之一。

职工。自由职业人员、城镇个体工商户也应参加基本养老保险，但目前尚无统一办法，具体办法由各省、自治区、直辖市人民政府规定。

2. 基本养老保险费筹集。坚持社会统筹和个人账户相结合的基本养老保险制度，基本养老保险费由企业和职工共同负担。企业依法缴纳基本养老保险费，缴费比例一般不得超过企业工资总额的20%，企业缴费目前高于20%的地区可暂时维持不变。企业缴费部分全部纳入社会统筹基金，并以省（自治区、直辖市）为单位进行调剂。养老保险社会统筹基金纳入财政专户，实行收支两条线管理，严禁截留、挤占和挪用。职工个人账户规模为本人缴费工资的8%，由个人缴纳。个人账户存储额的多少，取决于个人缴费额和个人账户基金收益，并由社会保险经办机构定期公布。个人账户基金只用于职工养老，不得提前支取。职工跨统筹范围流动时，个人账户随同转移。个人账户基金由省级社会保险经办机构统一管理，按国家规定存入银行，全部用于购买国债，实现保值增值，收益率要高于银行同期存款利率。

3. 职工领取基本养老金的条件。职工按月领取基本养老金必须具备三个条件：一是达到法定退休年龄，并已办理退休手续；二是所在单位和个人依法参加养老保险并履行了养老保险缴费义务；三是个人缴费至少满15年。

4. 基本养老保险待遇。基本养老金由基础养老金和个人账户养老金组成，总体替代率为60%。职工达到法定退休年龄且个人缴费满15年的，基础养老金月标准为省（自治区、直辖市）或市（地）上年度职工月平均工资的20%。个人缴费满15年继续缴费，以后缴费每满一年增加一定比例的基础养老金，总体水平控制在30%左右。个人缴费不满15年的，不发给基础养老金，个人账户全部储存额一次支付给本人。应发给基础养老金的，基础养老金由社会统筹基金按月支付；个人账户养老金由个人账户基金支付，月发放标准为个人账户储存额除以120。个人账户基金用完后，由社会统筹基金支付。已经离退休的人员，仍按国家原来的规定发给养老金；1997年统一全国职工基本养老保险制度前参加工作的人员，其退休后在发给基础养老金和个人账户养老金的基础上，再发给过渡性养老金。

另外，一些地区少数机关事业单位进行了养老保险缴费改革试点，但仍按原办法计发养老金，费用由统筹基金负担。

（二）我国养老保险制度建设基本情况。党中央、国务院把养老保险制度改革作为整个经济体制改革特别是社会保障制度改革的一项重要任务，一直给予高度重视。经过各方面的多年努力，我国养老保险制度建设取得了明显的进展。

1. 覆盖情况。2002 年底，全国城镇从业人员 24780 万人，离退休人员 4223 万人。其中城镇国有、集体、股份制和外商投资企业职工 9045 万人，离退休人员 3333 万人，城镇私营企业职工 1999 万人，合计为 14377 万人。按现行规定，这些人都应该参加养老保险，已参保人数达到 12423 万人，覆盖率达到 86.4%。此外，机关事业单位有职工和离退休人员合计 4678 万人，一些地方开展了养老保险制度改革试点，参保职工和离退休人员共 1457 万人。

2. 征缴收入与支出。1998—2002 年，养老保险征缴收入由 1352 亿元增加到 2551 亿元，年均增长 17.2%；支出从 1501 亿元增加到 2842 亿元，年均增长 17.3%。其中企业养老保险征缴收入由 1352 亿元增加到 2179 亿元，年均增长 12.7%，支出从 1501 亿元增加到 2503 亿元，年均增长 13.6%。1998 年到 2002 年五年共发放养老金 10588 亿元，其中企业养老金 9838 亿元，基本养老金当期拖欠逐年减少。

3. 基本养老金水平。1998—2002 年，共 3 次统一提高企业离退休人员基本养老金标准，离休人员月人均增加 340 元，退休人员月人均增加 140 元，企业离退休人员月人均基本养老金由 413 元增加到 615 元，增加 205 元，年均增长 10.6%。

4. 辽宁完善社会保障体系试点进展顺利。两年多来，辽宁以做实个人账户、下岗职工基本生活保障向失业保险并轨为主要内容的完善社会保障体系试点工作，主要目标和任务已完成。截止到 2003 年 8 月底，全省已做实个人账户资金 73 亿元，并已全部集中到省社会保障机构统一管理。通过做实个人账户，实现了养老保险基金由现收现付向部分积累式的转变，为完善基本养老保险制度和实现可持续发展奠定了基础，为应对退休高峰积累了资金。在总结完善辽宁试点做法的基础上，中央决定 2004 年将试点范围扩大到吉林、黑龙江两省。

二、我国养老保险制度存在的主要问题

近年来，养老保险覆盖范围不断扩大，征缴收入增长较快，养老金水平稳步提高，中央财政补助增加较多，当期拖欠逐年减少，社会化发放基本实现，对于保障离退休人员基本生活，维护社会稳定，促进企业改革和经济发展发挥了重要作用。但是，我国养老保险制度还很不完善，存在着一些突出问题。主要是：

（一）缺乏资金积累，空账规模越来越大，难以应对人口老龄化。由于过去没有积累，国家也没有支付改革成本，在收支存在较大缺口的情况下，为保当期发放，不得不动用本应留作积累的个人账户资金，制度设计的部分积累模式没有实现，实际上回到了现收现付，没有形成应对人口老龄化高峰的资金良性循环机制，难以实现可持续发展。1997 年企业参保职工普遍建立了个人账户，但有账无钱，到 2002 年底，空账额已达 4800 亿元，以后每年还将以 900 亿元的速度增加。据测算，实行个人帐户制度以前参加工作的"中人"没有建立个人账户期间的权益，即所谓历史空账还有约 2 万亿元。

（二）多数个体工商户和灵活就业人员尚未覆盖进来。2002 年底，我国城镇个体工商户共有 2269 万人，其他从业人员为 7663 万人，已退休人员 16 万人，合计 9948 万人。对这些城镇就业人员的养老保险，全国还没有统一规定，是否参保由各省市自行决定。目前已参保的仅有 855 万人，还不到 8%，是我国养老保险体系的薄弱环节。

（三）多数地区实行市县统筹，调剂能力弱，缺口主要靠中央财政补助。目前，全国只有京津沪和陕西、福建等少数省市实现了省级统筹，有 14 个省市实行市级统筹，其余 12 个省市基本实行县级统筹。从 1998 年，中央财政对地方养老保险给予补助，1998—2003 年共补助了 1760 亿元。实际上，中西部一些省份基本养老保险靠中央财政补贴支撑。

（四）企业年金等补充养老保险没有建立，退休人员完全依靠基本

保险，政府压力越来越大。由于缺少税收优惠等政策，我国企业年金发展缓慢。目前只有 600 多万人参加了企业年金，积累基金不到 300 亿元。由于没有规范的管理办法，部分效益好的企业，以建立年金为名，为少数人谋利益，造成国有资产流失。

（五）机关事业单位养老保险制度尚未改革，与企业退休人员待遇差距大，而且推进改革难度很大。机关事业单位与企业退休人员养老保险差距大，不仅影响人员在企业和机关事业单位之间的合理流动，还引发了很多矛盾。特别是企业科技人员、军转干部、企业办中小学教师和转制事业单位人员等对此反映强烈，群体性事件较多，影响了社会稳定。近年来，一些地区开展了机关事业单位养老保险改革试点，但范围小，参保职工和离退休人员只有 1457 万人。而且由于国家没有出台统一办法，目前处于进退两难的境地。

（六）社会保障基金保值增值还没有找到有效的途径。由于我国资本市场运作不规范，社会保险基金管理运营人员素质不高，国家对社会保障基金的要求是安全第一。目前，只允许存入银行和购买部分国债。但这样管理运作，不但难以实现有效增值，一旦出现通货膨胀，连保值也很困难。

三、推进城镇养老保险制度改革的有关建议

随着市场化改革的不断深入，要求我们继续深化养老保险制度改革，尽快形成完善的养老保险制度。我们认为，推进我国城镇养老保险制度改革应遵循以下基本思路：坚持社会统筹与个人账户相结合的基本制度，重点构建筹资、保值增值、可持续发展的长效机制，充分考虑社会经济发展水平和各方面的承受能力，坚持总体设计，注意搞好衔接，处理好国家、单位与个人以及中央与地方的关系，保持社会稳定。具体说来，要在未来 5—10 年内，通过以下若干方面的改革来完善城镇养老保险制度。

（一）逐步做实个人账户，实现制度转换。做实个人账户，实行制度转轨，需要充分考虑各方面的承受能力，老人、中人、新人分别处

理。已经退休的老人不建立个人账户，通过加强征缴和财政补助保证养老金发放；中人建账以前的历史权益也可以不做实，建账以后的空账由各地视情况而定，但今后的要做实；新人从一开始就要做实。个人账户做实的规模按8%比较适宜。做实的办法有两个：比较理想的是一步做实，但目前国家财力可能难以承受。比较可行的是分步做实，即从2004年1月起到年底做实4%左右，以后每年增加1个百分点，到2008年全部做实。个人账户做实后的基金缺口，由中央财政、地方财政和扩面增收三方共同承担。其中，中央财政对地方的补贴，中西部地区可以多一些，东部地区可以少一些。按中央财政对中西部21省（区）补50%、东7省补25%测算，如果一步做实，2004年可做实680亿元，当年中央需补助244亿元；如分步做实，2004年按4%计算可做实340亿元，当年中央财政需补助122亿元，5年后增加到每年275亿元。个人账户做实后，与统筹基金分别管理、分开运行。统筹基金实行现收现付，用于当期支付；个人账户实行实帐积累，用于支付未来的个人账户养老金。

在做实个人账户的同时，还要多渠道筹集资金。比如通过部分国有资产划拨、享有国有土地投入收益等方式，做大全国社会保障基金，争取在5年内使现有的1200多亿元增加到1万亿元左右，2010年前后"中人"进入退休高峰时，用于解决历史积累的养老金权益；再比如调整地方财政支出结构，增加对养老保险的投入；还有，通过社会保险基金有效运营，提高基金收益，补充养老保险基金；等等。

（二）扩大覆盖面，将个体工商户和灵活就业人员纳入养老保险统筹。我国城镇个体工商户和灵活就业人员将近1亿人，绝大部分还没有参加养老保险。灵活就业已成为吸收城镇劳动力就业的主要形式，应制定相应的养老保险政策予以保障，鼓励劳动者以灵活多样的方式就业。由于我国目前个体工商户的参保缴费办法是由各省市制定的，其他灵活就业人员基本是参照个体工商户的办法执行，缴费比例从16%—21%不等，缴费基数为当地平均工资的60%—300%之间，普遍存在收少于支的问题。据劳动和社会保障部测算，这一群体以职工平均工资100%为缴费基数，缴费比例为18%，与当地企业职工享受大体相当的待遇，需要缴费36年才可达到收支平衡；若缴费比例为20%，也需要缴费满33年才可达到收支平衡。从实现收支平衡的要求考虑，应该统一规定灵活就业人员全部以当地职工平均工资为基数缴费，缴费比例为20%左右。对农村进城务工人员，在企业的执行企业职工的办法，灵活就业的执行灵活就业人员的办法。

（三）调整相关政策，鼓励多工作、多缴费，减少资金支出。第一，要完善养老金计发办法，鼓励职工多工作、多缴费。现行养老金计发办法存在两个突出问题：一是缴费满15年可按月领取基本养老金，本来是基本条件，但在实际工作中遇到一些单位或个人规避继续缴费义务问题，许多人缴满15年就不再缴费了，也有不少人缴费不够15年的补到15年以领取养老金；二是个人账户养老金按储存额的120分之一计发，当时是按退休年龄56岁、平均余命18年测算的，目前的平均退休年龄是53岁、平均余命是24年，个人账户储存额领完后，规定由统筹基金继续支付。这样规定，将来必然出现支付风险。针对这些问题，应从完善基础养老金和个人账户养老金计发两个方面加以完善。完善基础养老金计发办法有两个方案：一是按缴费年限长短计算，每缴费一年发给一定比例的养老金。二是缴费满15年的发给职工平均工资的20%，缴费15年以上的每满一年增加0.6%。完善个人账户养老金计发办法也有两个方案：一是按人口平均预期寿命减去本人退休时的年龄，用实际月数除账户储存额，退休越早绝对额越小；二是确定一个接近退休人员平均余命的月数除个人账户储存额，比如按180、240等。

第二，要规范职工退休办法，防止大量职工提前退休，以减轻养老保险基金的支付压力。我国职工退休年龄为男60岁、女干部55岁、女职工50岁，在世界上是最低的。而且由于我国就业压力大、企业冗员多，提前退休的政策比较多，女职工最多可提前10年即40岁就可以退休。2002年当期退休人数中提前退休的占23%。据测算，一个职工提前5年退休，合计影响养老保险基金收支近5万元。1999年以来，我国提前退休职工为160多万人，因此减少收入、增加支出近400亿元。鉴于企业已没有干部和职工之分，建议先把女干部、女职工的退休年龄统一规定为 55 岁。在此基础上，明确领取养老金的年龄必须达到男 60 岁、女 55 岁，没有达到年龄的按内部退养，由企业发给生活费，并可继续缴纳养老保险费，待达到法定退休年龄时再由社会保障机构发给养老金。

（四）提高统筹层次。目前由于统筹层次低，一些地区基金虽有结余但不能调剂使用，缺口主要靠中央财政补贴。为了改变这种状况，应在今后 5 年内，逐步将统筹层次提高到省级统筹，条件具备时实行基本养老金的基础部分全国统筹。目前实行省级统筹有困难的，也应先实行市级统筹。

（五）鼓励建立企业年金，形成多层次的养老保险体系。建立企业年金是构筑多层次养老保险体系的主要措施之一。为有利于企业吸引人才，减轻基本保险的压力，适当提高企业退休人员的生活水平，缓解与机关事业单位待遇差距大的矛盾，有关部门应加紧制定企业年金办法，明确企业缴费在工资总额 4% 以内部分可以免税的政策，鼓励尽快在经营状况较好的企业建立年金制度。

（六）要拓宽养老保险基金的投资渠道，实现基金保值增值。要明确个人账户做实后，养老保险基金一定要集中到省级社会保障机构统一管理。除了目前实行的部分资金购买国债、银行协议存款等办法外，要探索多种保值增值渠道。可考虑由国家向养老保险基金发行特种国债，利率高于普通国债的利率水平。同时逐步探索购买优质企业债券、金融债、开放式基金或蓝筹股等，对有长期稳定回报的国家重点项目进行直接投资。

（七）改革机关事业单位养老保险制度。"十五"计划纲要已提出，要适时改革机关事业单位职工养老保险制度，中央实施人才战略规划也要求建立机关事业单位社会保险制度。建议按以下思路适时推进机关事业单位养老保险制度改革。一是机关单建公务员的养老保险制度，事业单位实行与企业相同的养老保险制度。公务员可以建立个人账户，实行部分积累并便于向企业流动；也可以不建个人账户，仍实行现收现付，另定流动办法。二是机关和事业单位都实行与企业一样的基本养老保险制度，个人缴费建立账户，基本养老金水平大体相当，通过职业年金体现差别。这项改革迟早要进行，但时机要选择好，以不影响机关工作人员稳定为要。

（八）加快养老保险立法。建立完善的养老保险制度，需要把迄今为止行之有效的制度用法律的形式固定下来，同时制定有关法律推进养老保险改革。目前应加快制定《社会保险法》《基本养老保险条例》《企业年金条例》等法律法规，依法开展养老保险工作。

全社会公平正义保障体系问题研究 [①]

（2006 年 11 月）

　　社会公平正义是社会和谐的基本条件，制度是社会公平正义的根本保证。建立全社会公平正义保障体系，保障人民在政治、经济、文化、社会等方面的权利和利益，使人民共享改革发展的成果，充分调动和发挥人民群众的积极性、主动性和创造性，是构建社会主义和谐社会的重要任务，也是我国社会主义制度的本质要求。目前，我国还存在着教育不公平、人民群众看病难看病贵、收入分配差距过大、社会保障体系不健全等一系列问题。这些问题不解决，将严重影响社会主义和谐社会建设，必须把建立以权利公平、机会公平、规则公平、分配公平为主要内容的社会公平正义保障体系放在更加突出的位置，真正下大力气推进。

　　建立全社会公平正义保障体系，要坚持以下原则：必须始终把发展放在第一位，通过发展为建立全社会公平正义保障体系提供物质基础，同时要着眼于制度建设，进一步解放思想，加快推进各项改革；必须充分认识建立全社会公平正义保障体系的长期性、艰巨性，综合考虑需要和可能，稳步扎实推进，同时要充分利用当前各种有利条件、紧紧抓住有利时机，努力在重点领域制度建设、解决突出问题和矛盾方面取得突破性进展；必须坚持统筹兼顾，利用各种手段，多个方面推进，加快完善民主权利保障制度、法律制度、司法体制机制、努力健全医疗卫生制度、大力促进教育公平、积极完善促进基本公共服务均等化的公共财政制度、促进共同富裕的收入分配制度、逐步建立覆

---

　　① 本文是作者承担的为召开党的十七大所做背景研究的成果。

盖城乡居民的社会保障体系。

在本研究报告中，拟重点研究的问题是：调整国民收入分配格局，逐步解决收入分配中的突出问题以及加快完善城镇职工基本养老保险制度、加快建立城乡社会救助体系、城市居民医疗保险制度和农村新型合作医疗制度的政策思路。

一、关于我国收入分配的几个重点问题

改革开放以来，我国城乡居民收入水平有了较大幅度的提高，但城乡之间、城乡内部、地区之间、行业之间的收入差距日益扩大。必须以科学发展观和构建社会主义和谐社会为指导，通盘研究和部署新形势下的收入分配工作，完善收入分配制度，规范收入分配秩序，调节收入分配差距。

（一）关于不同社会成员的收入差距及建议。国际上通常用基尼系数衡量不同社会成员之间的收入差距。据测算，1988—1990 年我国基尼系数稳定在 0.34 左右，2000 年开始超过 0.4 的国际警戒线，初步估算 2005 年为 0.46 左右。从不同收入组对比看，贫富分化比较严重。2005 年 10% 最高收入户的人均可支配收入为 28773 元，而 10% 的最低收入户的人均可支配收入为 3135 元。二者之比由 2000 年的 5∶1 扩大到 2005 年的 9.2∶1。目前，一些城市已经出现一个吃房租、股息、利息的食利者阶层。与此同时，城镇领取最低生活保障的有 2247 万人，农村还有 2365 万绝对贫困人口和 4067 万低收入人口，生活压力很大。

个人收入差距扩大是发展中、前进中的问题，尚未直接危及经济发展和社会稳定。但是，如果任由这种差距发展下去，将产生十分严重的后果。一是低收入家庭的营养、教育、医疗水平将难以提高，不利于提高人口和劳动力素质；二是国内消费不足的顽疾将难以根本扭转，不利于国民经济可持续发展；三是广大干部群众的幸福感将受到抑制，不利于充分发挥他们的积极性、主动性和创造性。四是现在社会各界对因腐败、违规、垄断等因素产生的"暴富"存在强烈的不满情绪，如果这种不公平、不合理的分配问题长期得不到解决，最终势必影响社会安定。

江泽民同志1995年指出："要在发展经济的基础上，逐步增加城乡居民收入。同时，要把调节个人收入分配、防止两极分化作为全局性的大事来抓。要区分不同情况，采取有针对性的措施，保护合法收入，取缔非法收入，调节过高收入，保障低收入者的基本生活。"这段精辟的论述为完善现阶段收入分配政策指明了方向。

1. 重点提高低收入者的收入。一是千方百计增加农民收入。要提高财政、金融对"三农"的支持力度，帮助农民发展生产，增加收入。二是提高城镇低收入人群的就业能力。强化职业指导和技能训练，完善低收入人群就业援助工作，帮助低文化、低技能和低收入群体增强就业能力。三是大力推进"工资集体协商办法"和"最低工资规定"的贯彻实施工作，完善工资收入的形成和调节机制，加大违反"最低工资规定"行为的处罚力度，维护劳动者合法权益。四是实施有利于低收入人群增加收入的公共政策，如卫生政策、教育政策、就业政策等，保障农村和贫困家庭子女公平享有最基本的健康、教育和工作的权利和机会。

2. 调节不合理的过高收入。一是坚决堵住国企改制、土地划拨、金融运营中的漏洞，严厉打击商业贿赂行为。二是建立个人纳税识别号码制度，建立完善的收入申报和纳税评估体系，完善纳税信息档案，依法打击涉及个人所得税的违法犯罪行为。三是鼓励私人开办慈善机构，建议对公益事业的捐赠款项实行全额税前列支或抵税。四是严格规范国有大中型企业负责人的薪酬制度和职务消费。

3. 取缔非法收入，规范灰色收入。一是严厉打击走私贩私、偷税漏税、倒卖批文、操纵股市、制假贩假、贪污受贿、非法买卖集体土地、权钱交易、骗取贷款或外汇等经济犯罪活动，堵塞违规违法收入渠道，形成公平竞争的市场环境和收入分配秩序。二是推行政务公开与社会监督制度，严禁用乱收费、乱摊派、乱罚款等办法提高部门奖金、福利的做法。三是努力探索垄断所得向全民所有者转移的机制。四是调整和规范职工工资收入结构，将各种渠道发放的、各种形态的收入统一纳入工资管理范围，规范、减少工资外的福利和补贴。

4.加快建立覆盖全部贫困人口的社会救助体系。这是化解矛盾和社会风险有效而可行的途径。一是适当提高城市"低保"标准和补差金额，并将"低保"线以上的贫困人群纳入基本生活消费的定向补助和价格补助范围。二是尽快解决体制转轨遗留的下岗失业人员再就业问题和重组改制、关闭破产企业的职工安置问题。三是加快建立以最低生活保障、定期定量和临时救济相衔接的农村特困群众生活救助制度，努力实现"应救尽救"；把符合"五保"供养条件者全部纳入供养范围，做到"应保尽保"。四是在加快推进新型农村合作医疗制度的同时，率先建立符合人道主义的城乡医疗救助制度。五是把贫困家庭的子女教育问题放在突出位置，防止贫困"代际传递"的出现。

5.完善税收政策体系。一是降低生活必需品的增值税税率。可考虑将农产品、食用油、自来水、燃气等生活必需品的增值税税率由目前的13%降到5%左右。对粮食、中小学生教材建议免征增值税。二是调整消费税结构和征收范围，提高高档消费品和服务品的消费税率。对护肤品、中低档金银饰品、普通烟酒，不宜再征收额外消费税；对高尔夫球、高档餐饮、高档时装等奢侈品的消费和服务应纳入消费税的征收范围。三是完善财产税体系。对城市居民超过一定面积的自有房产开征物业税，开征遗产税与赠予税。

（二）关于城乡收入差距及政策建议。我国城乡收入差距在收入分配差距中最为突出。据世界银行估算，发展中国家平均城乡差距大约在1.5∶1左右，而中国已超过3∶1，几乎达到世界之最。城乡差距过大是我国居民收入差距较大的主要原因，越是经济落后的地区，其城乡差距就越大。据估算，如果将个人收入差距分解为城镇内部、农村内部和城乡之间的收入差距，那么1995年全国居民收入差距的38%来自城乡差距，2002年这一比例上升为43%。在西部地区，居民收入差距有58%来自城乡差距，而东部地区仅为37%。

城乡居民收入差距扩大的成因复杂，有农业生产力水平低下的原因，有工农业产品价格剪刀差的原因，有户籍制度的原因，但归根到底还是农民过多，还是农村经济发展水平滞后。解决城乡差距问题，不能局限于农村，而要从统筹城乡发展的高度着手，在城乡协调发展中逐步加以解决。

1.大幅度增加用于农村发展的财政和信贷资金投入。调整各级财政支出结构，在保持国家财政存量支出结构基本不变的前提之下，将财政支出新增部分主要用于农村发展，特别是用于道路、电力、通讯、电视、沼气、自来水等农村基础设施和公共事业建设，改善农村居民的生产生活条件。建议从现在起到 2020 年，财政新增部分用于农村的比重总体上应超过 50%。同时，必须加快构建功能比较完善的农村金融组织体系，努力扭转农村资金向城镇集聚的趋势。通过深化农村信用社改革、农业银行股份制改革和农业发展银行改革，使其更好地服务于农村建设。积极探索发展小额信贷组织，引导农户发展资金互助组织。深入推进农业保险发展。

2.完善各项惠农政策，保护农民种粮收入。加大对粮农、良种和农机具购置的直接补贴力度，强调各项补贴"落地"到人，务必使农民直接受惠。继续执行完善粮食最低收购价等农产品价格保护制度，同时加强对农业生产资料价格上涨的控制。大力加强农村流通体系建设特别是农资产品的购销网络建设，减少流通中间环节，抑制化肥等重点农资销售中的囤积抬价现象。

3.加快农业剩余劳动力的转移。这是解决城乡差距的根本举措。应从劳动力供求两方面下功夫：一是增强城镇和非农产业对农业剩余劳动力的吸纳能力。进一步调整农业生产结构，加快发展畜牧、园艺和水产养殖业，鼓励主产区发展农产品加工业，推动农业产业化进程；加快工业化、城镇化进程，破除农民进城务工的各种障碍和歧视，拓宽农民务工渠道；继续鼓励劳动密集型产业发展，切实落实支持非公有制经济发展的各项政策。二是控制农业劳动力持续增长。坚定不移地实行计划生育政策，控制人口和劳动力增长速度；落实好农村义务教育和职业教育的各项政策，增加高素质劳动力的供给；切实贯彻《劳动法》，制止企业随意延长工时。

（三）关于地区间收入分配差距及建议。2000 年，上海城镇居民人均可支配收入最高，为 11718 万元，宁夏最低，为 4724 元，两者之比为 2.5∶1；2005 年，上海城镇居民人均收入依然最高，为 18645 元，新疆最低，为 7790 元，二者之比为 2.4∶1。虽然地区差距依然很大，但扩张速度已减缓。如果扣除物价因素，地区间实际收入差距要远远小于名义差距。

由于地理环境和要素禀赋的差异，任何国家都存在一定的地区差距。这种差距在一定程度上是合理的，而且地区发展差距会随着要素的充分流动而趋于缩小。我国地域辽阔，东中西部地区的地理和资源条件千差万别，历史上各地发展就一直是不均衡的。改革开放后，东部地区区域、政策优势凸显，外向型经济和民营经济快速发展，而中西部地区则集中了计划经济时代我国建设的大量国有企业、三线军工企业、重工业基地和资源枯竭城市，历史包袱较重，势必使经济发展水平和居民收入差距逐步拉大。实施西部大开发战略以来，西部地区经济快速发展，地区之间相对收入差距正趋于稳定，但绝对差距依然在扩大。为此，需要采取更加积极、灵活、有效的区域协调发展政策，让中西部地区享受更加开放、更加宽松和更加优惠的经济政策，发展地区特色经济和支柱产业，逐步缩小地区发展差距和人民生活水平的差距。

1. 在财税政策上，建议改变现行以既有地区差距为前提的"基数法"税收返还制度，加大对欠发达地区的转移支付力度；总结东北地区部分行业增值税转型试点经验，在中西部欠发达地区扩大试点；在中西部地区继续实行吸引外资的税收优惠措施。

2. 在金融政策上，建议成立区域发展基金和中西部发展银行，建立长期稳定的开发资金渠道；对欠发达地区，实行贷款贴息和利率优惠。

3. 在价格政策上，应调整资源类产品价格并建立资源开发补偿机制，平衡资源地区与加工地区之间的利益关系。

4. 在人员政策上，应加强人力资源开发和人才对口支援，鼓励大中专毕业生到老少边穷地区定期工作，保证其工作生活待遇和后续发展机会；利用多种手段和方式促使一些生态环境脆弱、不适合人类居住生活的地区的居民逐步移民到发展条件较好的地区。要逐步完善户籍管理制度，鼓励劳动力跨地区流动和定居，在东部地区率先探索建立接纳外省流动劳动力的公共服务和社会保障体系，切实减轻中西部劳动力输出地区的负担。

（四）关于调节垄断行业过高收入的问题。垄断行业凭借其对行政和资源的垄断地位及准入管制，既享受国家的政策扶持，又垄断市场，获取了高额的垄断收益，通过各种形式将其转化为本行业、本企业的高工资和高福利。在新的工资管理体制尚未建立和完善之前，国家有关部门难以对其收入分配进行有效调控，助长了行业收入差距的扩大。目前，电力、电信、金融、保险、烟草、石油、水电气供应、民航、新闻媒体等垄断行业职工平均工资是其他行业平均工资的2—3倍，如果加上工资外收入和各种福利，实际收入约在5—10倍。2005年全国职工平均工资1530元，而垄断行业一般职工月工资高达10000元左右。

垄断行业收入偏高、与竞争性行业收入差距拉大，是长期积累的结果，且有继续扩大的趋势。垄断行业的高收入也是行业收入差距扩大的主要原因，加剧了收入不公，引发群众不满。解决垄断行业高收入问题，缩小行业之间的收入差距，是我国收入分配改革的一项重要任务。

1. 打破垄断是根本举措。对垄断部门原则上应尽量减少行政性垄断，能放开的要打破垄断。对关系国家安全和国民经济命脉的行业，可通过国有企业之间相互持股，构建多元的投资主体和全新的法人治理结构。对一些具有自然垄断的业务，应积极推进投资主体多元化，允许非公有资本以参股等方式进入；对不具备自然垄断性质的竞争性领域，应允许非公有资本以独资、合资、合作、项目融资等方式进入。

2. 健全国有资本经营预算体系。必须正确评估中央企业垄断利润与正常经营利润，建立对垄断行业的垄断利润和正常经营利润的划分标准。加快建立国有资本收益上缴制度，使垄断利益及时、足额上缴中央财政。规范垄断行业的成本核算和价格制定，建立成本信息披露机制，由第三方的中介机构和被服务者对成本和服务质量进行审定和评估。价格制定必须举行专家、消费者代表和企业三方的共同听证，取缔霸王条款。资源价格改革必须配合反垄断措施，避免使更多利益涌向垄断部门，加剧分配不公。

3. 规范垄断行业收入分配制度。应参照劳动力市场价位，完善对垄断行业工资总额和工资水平双重调控政策，即工资总额的确定要剔除非市场因素，对工资水平超出社会平均工资水平 2 倍的要加强调控。对垄断行业采取适度限薪的方式。可明确规定，依靠国家特殊政策获取超额利润的垄断行业企业，原则上不再增长工资或工资增幅不能超过 3%。同时加强对垄断行业工资外收入和福利发放的清理和约束。对由少数几家国有独资企业经营的垄断行业，由于是绝对行政垄断，可借鉴法国的做法，比照执行公务员工资。

（五）正确认识和妥善处理劳动工资偏低的问题。我国职工工资占 GDP 比重偏低，且比重不断下降，是一个不争的事实。近期，社会上要求大幅提高产业工人工资的呼声很高。他们认为，我国劳动成本仍处于低位，工资上涨不会对我国竞争力产生根本影响，同时还有利于扩大消费和转变外贸增长方式。对此，我们做了一些深入的调查研究。调查结果显示，我国制造业企业员工工资大体上比较平均，多数行业普通工人月工资在 800 元以上，熟练技工则可达 2500 元。然而，企业人工成本占总成本的比重在各行业之间则相差较大，有的仅占 1%—5%，有的高达 30%—50%。因此，劳动力成本上升对不同行业和企业的影响有很大不同。其中，对资本和技术密集型产业影响较小，对劳动密集型产业影响比较大；对上游原材料企业影响相对较小，对下游加工制造企业影响大；对使用进口原材料较多的行业影响较小，对国产化程度高的行业影响大；对国有企业和外资企业的影响较小，对中小型民营企业影响很大。

我们认为，现阶段劳动工资持续增长的条件还不充分。主要理由是：（1）从宏观层面看，在农业剩余劳动力大量存在的发展阶段，产业工人特别是农民工的工资是由农民收入和城市生活费用决定的，而不是由经济增长速度决定。只有剩余劳动力消失，劳动力成为相对稀缺的资源，工资才具备持续上涨的条件。目前，我国农业剩余劳动力仍大量存在，决定了普通工人的工资难以大幅提升。如果违背劳动力供求的经济规律，人为大幅提高员工工资，势必导致大量农业劳动力涌入工业部门，不仅会动摇农业发展的基础，而且还会超出现阶段制造业的吸纳能力，使工业化、城市化的进程受阻。（2）从微观层面看，在多数行业产能过剩、利润微薄的情况下，企业并不能完全消化劳动力价格上涨的成本。为应对工资上涨，大企业会采用更加先进的自动化技术，用机器代替人工。对中小企业而言，只能通过加班加点、提高劳动定额标准、不上缴各类保险等办法，变相压低工资，节约人工费用。2006 年 1—8 月，上海市查处支付劳动者工资低于最低工资标准案件 907 件，中小型企业所占比重占 64%。在中西部地区，这种情况更为严重。（3）从政策层面看，在市场经济体制下，工资水平由劳动力市场决定，政府只能通过设定最低工资标准间接干预工资，而不能直接干预。对公务员，政府尚不能统一各地工资标准，对企业特别是民营企业、外资企业、股份制企业等，政府更不宜硬性要求企业涨工资。

我们认为，我国产业工人工资水平偏低且增长较慢，是由我国基本国情和发展阶段决定的。解决这一问题，必须从实际出发，因地制宜、循序渐进、重在治本、防止炒作。在调控目标上，应根据农民收入增长情况和城镇生活费用增长情况，逐步提高最低工资标准，不可奢望工资增速攀比经济发展的速度，以免制约经济增长、加剧就业矛盾、引发通货膨胀。在工作重点上，应千方百计扩大就业，不宜以行政方式要求企业涨工资。在政策手段上，应主要运用经济和法律手段，引导和调节劳动力供求，完善劳动力市场体系，健全社会保障制度，依法维护劳动力市场秩序。为此，提出三点建议：

1. 以落实最低工资标准为重点，切实维护劳动者的合法权益。建议设立劳动监察举报热线，依法及时查处、纠正和处罚违法行为。加快建立健全工资储备金制度、劳动用工登记备案制度、劳动纠纷申诉与仲裁制度、劳动保障守法诚信制度等，保证农民工工资及时、足额发放。

2. 健全劳动力市场体系，为劳动工资合理增长提供制度保障。加快修改《中华人民共和国劳动法》，并及时出台与之配套的法律法规，依法维护劳动力市场秩序。完善现有工会和职工代表大会制度，推动各类企业特别是民营企业建立工资集体协商制度。

3.把解决就业矛盾特别是加快农业剩余劳动力转移作为一项长期的战略任务，从根本上解决工资偏低的问题。

二、加快完善养老保险体系

社会保障体系是调节社会收入分配的重要手段，是促进经济发展、维护社会稳定的"安全网"和"稳定器"。加快建立和完善包括社会保险、社会救济、社会福利、慈善事业等在内的，覆盖城乡的社会保障体系，是以人为本理念的重要体现，是构建和谐社会的重要内容和保证。养老保险是社会保障体系最基本的内容，完善养老保险是当前建立和完善社会保障体系的关键环节，也是我们当前必须切实做好的重要工作。

（一）我国目前的养老保险体系很不完善。经过长期努力，我国社会保险事业有了长足发展，已经初步形成了养老保险体系基本框架，并开始在促进改革、发展和稳定中发挥重要作用。我国养老、医疗、失业、工伤、生育等保险的覆盖范围不断扩大，基金征缴收入大幅度增加。截至 2005 年底，全国基本养老、医疗、失业、工伤和生育保险的参保人数分别达到 17487 万人、13783 万人、10648 万人、8478 万人和 5408 万人。上述 5 项社会保险基金总收入已达 6968 亿元，总支出达 5400 多亿元，支撑能力显著提高。2004 年以来，全国基本养老金保持当期无拖欠的良好势头，无历史拖欠的省份已达到 16 个，仍有历史拖欠的省份也在积极采取措施补发。作为中央财政的战略储备，全国社会保障基金的积累已达 2300 多亿元。国有企业下岗职工基本生活保障向失业保险并轨工作基本完成。国务院在东北三省开展的完善城镇社会保障体系试点取得积极进展，为在全国进一步完善社会保障体系积累了经验。到 2005 年底，全国农村养老保险参保人数达到 5400 多万人，积累基金 300 多亿元。

但是，总体来看，我国的养老保险体系还很不完善，存在一系列亟待解决的问题。主要有：一是覆盖范围窄。截至 2005 年底，城镇基本养老保险参保职工，只占城镇就业人员（不含机关事业单位职工）的 47.9%。城镇非公有制经济单位和灵活就业人员的参保率较低。以湖南为例，个体工商户和灵活就业人员覆盖率仅为 39.53%，外资、私营企业覆盖率只有 14.72%。广大农村居民养老保险还处于探索阶段，大部分地区还是空白。二是部分积累的养老保险模式未能完全实现。我国实行"社会统筹与个人账户相结合"的城镇企业职工养老基本保险制度，其中个人账户全部由个人缴费形成，积累后形成个人账户基金。但目前大部分省市区社会保基金入不敷出，社会统筹基金挪用个人账户资金，个人缴费实际上用于当期发放，造成个人账户空账运行，难以积累到足够的资金。目前参加城镇社会保障体系试点的东北三省和新增的 8 个省市，正在通过财政补贴逐步做实个人账户，但远未完全到位。三是养老保险未来支付压力和风险较大。我国现行的退休年龄是由 20 世纪 50 年代初期制定的，当时的人均寿命是 37 岁，目前已提高到 73 岁，这造成劳动者退休年龄相对较轻，领取退休金时间过长，加之目前大量存在的各种提前退休等因素，使退休人员年轻化的问题更为突出，影响养老保险的长远发展。目前规定的养老保险基金投资渠道较少，主要用于银行存款和购买国债，虽然风险较小，但收益率低，难以实现保值增值。作为国家财政战略储备的全国社会保障基金，目前总规模只有 2300 多亿元，基金数量少，收入来源渠道窄，基金运营管理水平和投资收益率不高，难以充分发挥原定的职责和任务。四是养老保险制度设计不完善。目前养老保险统筹层次过低，多为县市级统筹，这既造成养老保险地区政策差异大，基金调剂和互济功能难以有效发挥，抗风险能力弱，也造成个人养老保险关系跨统筹区流动和衔接困难，参保人员合法权益受到损害，限制了劳动力的跨地区正常流动和地区经济平稳健康发展。现行养老金计发办法不合理，缴费年限过短，缺乏多缴多得的激励机制，也加大了基金支付压力。此外，由于养老保险基金管理不规范，监督不到位，不少地区存在挤占挪用和违规投资现象，影响基金安全。

（二）养老保险体系面对未来的巨大压力和挑战。随着经济发展和改革不断深化，我国社会结构已经并将继续发生巨大而深刻的变化，这种变化将对目前还很不完善的养老保险体系，乃至整个社会保障体系提出新的更高的要求。我国养老保险体系的可持续发展将面临严峻的挑战和考验。

一是人口老龄化的挑战和考验。从 1999 年开始，我国人口已经转变为低出生率、低死亡率、低增长率的新类型，人口结构在经济不发达的情况下出现了老龄化。目前我国老年人口规模大，老龄化速度快，预计到 21 世纪 30 年代，人口老龄化将达到高峰，并将持续二十余年。现在我国的老年人口赡养率仅为 11%，但 2010 年后会逐渐加速上升，2030 年将超过 30%。人口老龄化将对我国养老保险体系产生全面的影响，将出现缴费减少和支出迅速增加的情况，长期平衡压力巨大，解决未来养老保险资金巨额缺口是十分迫切的任务。

二是城镇化的挑战和考验。2005 年我国城镇人口比例已达 43%，在未来 15—20 年，城镇化将进入快速发展阶段，城镇人口比例平均每年约提高 1 个百分点，增加的绝对人数达 1500 万人左右。目有已有 1 亿多农民进城务工，农民工规模还在继续以每年约 500 万人的速度递增。此外，在快速工业化和城镇化进程中，大量土地包括耕地转为城市建设用地，大批农民失去赖以生存和提供基本生活保障的土地，目前我国被征地农民已超过 4000 万，每年还有几百万农民失去土地。满足上述农村转移劳动者的基本养老保险需求，确保他们顺利融入城市新生活；妥善解决大量青壮年农民进城后农村老弱人群的基本生活保障问题，维护社会稳定，是我们面临的重大课题。

三是就业方式多样化的挑战和考验。随着改革的不断深化，就业方式日趋多样化，新经济组织、新社会组织大量出现，越来越多的单位人成为社会人，越来越多的劳动者在非公有制组织中就业，养老保险体系如何适应这种变化，将众多非公有制经济从业人员、灵活就业人员有效纳入养老保险范围，也是一个重大挑战。

（三）加快建立和完善养老保险体系的意见和建议。我们要建立和完善的养老保险体系，必须符合我国的基本国情，养老保险的范围、方式和水平要与经济发展水平相适应，并随经济发展水平提高而逐步调整和完善，使全体社会成员都能够充分享受到经济发展和社会进步的成果。

1. 尽快做实个人账户，实现统账结合的养老保险体系制度设计目标。必须早下决心，采取果断措施，逐步做实个人账户，化解历史债务。从试点情况看，在中央和地方财政的共同努力下，逐步做实个人账户这一重要任务是可以完成的。一是应明确提出加快做实个人账户的要求。一方面，扩大试点地区要按试点方案做实个人账户，逐步提高做实比例；另一方面，要研究部署在全国范围内推广试点经验的工作，力争用5—10年的时间将个人缴费8%全部做实。二是继续完善个人账户基金归集和管理政策。征缴机构直接将个人缴费上解到省级社保经办机构管理，与统筹基金分开，记账到人。三是中央和地方财政补助进入统筹基金，弥补因做实个人账户产生的统筹基金缺口，用于当期发放。中央和地方的财政补助资金都要列入预算，确保按时足额拨付到位。四是进一步规范中央财政补助方式、补助范围和额度，避免补助错位、相互攀比。

2. 以非公经济就业人员的参保缴费为中心环节，加大养老保险扩面征缴工作力度。一是通过立法规范用工制度。要加快制定"社会保险法""基本养老保险条例"等法律法规。同时，切实贯彻《劳动法》，加强用人单位劳动合同管理，采取用工合同备案、工资发放与行政主管部门联网等措施，加强监督检查，促使用人单位严格按规定与职工签订劳动合同并参保缴费。二是努力扩大基本养老保险的覆盖范围。当前及今后一个时期，非公有制企业、城镇个体工商户和灵活就业人员，应当成为扩大养老保险的工作重点。三是加大征缴工作力度。一方面要加强与完善征缴宣传工作，提高企业和职工参保缴费的积极性，另一方面要采取日常巡察、专项监察、定期监察等多种方式，加大对用人单位社会保险申报缴费情况的监察力度。对用人单位不依法参保缴费等行为，应及时严肃查处，并申请法院强制执行。四是提高职工收入。确保职工特别是农民工工资发放，大力清理工资拖欠和防止发生新的拖欠，严格执行最低工资标准制度，研究建立最低工资标准调整机制，保证职工收入随着经济发展和企业发展相应提高，使他们有能力参保。五是鼓励有条件的企业建立企业年金，逐步实现企业年金的市场化运作，加强对企业年金市场的监督，规范管理运营。

3. 完善养老保险关系转移接续办法，维护参保人员合法权益，促进劳动力正常流动。一是加快提高统筹层次。完善基本养老保险正常调整机制，不断提高养老保险统筹层次，尽快实现省级统筹，并积极创造条件逐步过渡到全国统筹。二是尽快完善跨省流动人员养老保险关系转移接续办法。可将企业缴费部分量化到参保人员，与个人账户资金一并转移。同时，对不转移的企业缴费部分，可根据各省的流动就业人员养老保险关系转入转出情况，在中央补助地方养老金缺口分配方案中予以统筹考虑。三是完善养老保险关系转移接续办法，应立足于在现行制度框架内解决问题，避免为以后的改革留下新的制度障碍。

4. 加快充实养老保险基金，提高保值增值能力，逐步化解未来支付压力和风险。一是采取多种方式继续划拨国有资产充实社保基金。应把划转上市公司部分国有股股作为划转国有资产的突破口，社保基金主要享有这部分股份的分红权和处置权，不参与公司日常经营。二是财政要加大对养老保险的支持力度。逐步提高社会保障补助支出占财政支出的比重，是强化政府社会管理职能，消化社会保障基金亏空，弥补历史债务的重要手段。要按照建立公共财政的要求，明确中央和地方的责任，调整财政支出结构，加大对社会保障的资金投入，使社会保障支出与经济发展水平、财政收支水平以及养老保险需要相适应。特别是在目前宏观经济形势较好，财政大量增收的有利条件下，更要优先考虑充实社保基金。三是进一步研究社保基金的支付方式，确保社保基金使用的公平、公正和全民性，确保社会各成员平等享受社会经济发展成果的权利。四是稳步扩大养老保险基金投资渠道。养老保险基金投资运营必须遵循"安全第一，收益第二"的原则，审慎选择投资品种。在目前投资环境下，不宜进行多种形式的风险投资，应主要投资国债，并尝试将少量资金投资国家与地方重点工程企业债券。随着资本市场的发育、基金投资经验的积累、人才素质的提高和投资制度的完善，可逐步拓宽投资渠道，增加投资品种，争取较高回报。

五是允许地方政府在条件成熟时按国家规定自行组织投资运营，科学确定多元投资的比例，保证基金各项投资总收益盈余。六是积极研究提高退休年龄，延长养老保险缴费年限的可行性和操作方案。

5. 加强对社会保险基金运营的监管，保证基金安全。一是抓紧研究制定个人账户基金和全国社保基金投资管理办法，明确指导思想、责任主体、投资方式、运营监管等，规范投资行为，防止投资管理混乱影响基金安全。二是加强监管，控制风险。健全养老保险基金投资运营的法律法规和管理制度，健全基金运营机构内部监督管理制度，完善决策程序，改进监管方式，实现基金投资经营的全过程全方位监管，把风险控制在最低程度。三是加强政府依法监督，发挥新闻媒体的监督作用，及时发现、查处违法违规案件，完善基金预警监测机制，逐步健全行政监督、专门监督、社会监督、内部控制相结合的监督体系。

6. 积极探索农村最低生活保障和养老保险制度问题，进一步体现社会公平正义。一是优先解决农民工养老保险关系在不同统筹地区之间、城乡之间的转移接续问题，抓紧研究低费率、广覆盖、可转移、与现行养老保险制度衔接的农民工养老保险办法。二是完善征地程序、补偿规定等，尽快建立适合被征地农民特点与需求的社会保障制度，或将被征地农民纳入城镇社会保障体系之中；妥善解决被征地农民参保费用问题，做到即征即保，确保其眼前有保障，长远有生计。三是改革失业统计方法，建立覆盖各类失业人员的失业登记制度，为将农民工等灵活就业人员纳入社保体系创造条件。四是探索建立以个人账户为主、保障水平适度、缴费方式灵活的农村社会养老保险制度，坚持个人缴费、集体补助、政府补贴的筹资模式，以农村城镇化进程较快的地方为重点，逐步建立起新型的、有中国特色的农村社会养老保险制度；进一步做好贫困农民的基本生活保障工作，在对特困户救助、农村五保供养、口粮救济等制度整合的基础上，探索建立统一的农村最低生活保障制度。

7. 建立多层次、多元化的养老保险体系，满足社会成员多方面、多层次的养老保险需求。我国社会经济发展不平衡，居民收入差距较大，对养老保险也有不同层次的需求。养老保险体系中既要有国家法定的基本养老保险，也要有企业（单位）补充养老保险和个人储蓄养老保险。国家法定的基本养老保险由政府提供，通过制定全国大体统一而又有地区差别的支付标准、项目和范围，来解决广大居民基本生活需求；其他养老保险需求，则应当由市场提供，通过发展补充保险、商业保险来解决。

三、完善城乡医疗保障制度

改革开放以来，特别是近些年来我国城乡医疗保障体系建设取得了巨大成就。在城镇，基本建立了城镇职工基本医疗保险制度，完成了从公费、劳保医疗等福利性医疗制度到社会医疗保险的转变。在农村，医疗保障体系建设也开始启动，以大病统筹为主的新型农村合作医疗试点稳步推进。到 2005 年底，城镇职工参加基本医疗保险的约有 1.38 亿人，参加新型农村合作医疗制度试点的农民 1.79 亿人，还有数千万人享受公费医疗。城乡社会医疗救助制度初步建立，越来越多的困难人群得到帮助。

目前我国医疗保障体系存在的主要问题：一是公平性不够。现行医疗保障制度城乡分割，不能一视同仁地对待城镇居民和农村居民。二是覆盖面太窄。真正意义上的保障对象不到全体国民的 1/5，与全面建设小康社会、建成和谐社会、实现人人享有基本医疗保障的目标相比，还有很大差距。外资、私营等非公有制经济组织扩面难。小时工、季节工等非全日制职工和个体工商户、自由职业者等灵活就业人员参保政策不够明确。一些困难企业无力参保。尤其是进城农民工尚未被纳入城镇医疗保障体系之中，约 2 亿农民工的健康权益得不到基本保障。三是个人负担偏重。目前不少地方参保人员的实际负担比例达到或超过 40%。个人账户的作用也不如预期的那样理想。医疗费用过快增长。医疗保险基金运行承担着越来越大的支付风险。四是医疗救助体系不完善。很多贫困人口因病致贫和因病返贫。一些地方出台了医疗救助措施，一定程度上缓解了城乡贫困人口的医疗困境，但从全国看，社会医疗救助缺乏稳定、充分的资金支持，医疗救助的受益面较窄、保障程度较低，还不能有效解决问题。此外，由于医疗卫生体制不完善，医疗费用增长过快，医疗服务的效率和质量不能令人满意，在很大程度上影响了医疗保障制度的绩效。

我国医疗保障制度体系建设目标的初步设想为：到 2020 年，建立以覆盖就业人群并附带家属的社会医疗保险制度（即基本医疗保险）为主体制度，以解决低收入和无收入人群的社会医疗救助制度为基础制度，以商业补充保险、互助医疗和用人单位医疗福利项目为补充制度，以及适用特殊人群的免费（公费）医疗制度（福利性保障项目，资金由财政负担。享受对象为公务员、军人、大中小学生、鳏寡孤独等特定人群）等多层次医疗保障制度体系。

对上述目标，按照区分不同人群重点、分阶段、分步骤、梯次推进的战略步骤，具体可分两步走：一是 2010 年前，进一步完善"统账结合"的基本医疗保险制度，逐步扩大覆盖范围，将城镇所有在正规部门和非正规部门就业的人群，包括个体工商户、灵活就业人员、自由职业者和农民工等，都纳入基本医疗保险覆盖范围。探索将基本医疗保险覆盖范围扩大到城镇全体居民，逐步解决职工家属（子女）、失业人员、大学生和城镇其他非就业人员的医疗保障问题。基本建立城乡一体的社会医疗救助制度。基本建立新型农村合作医疗制度，有条件的地方探索建立农村大病医疗保险制度。大力发展各种补充性医疗保障。二是 2010—2020 年，基本医疗保险制度比较完善，并逐步扩展为覆盖城乡绝大多数居民的社会医疗保险制度。在农村新型合作医疗制度和大病医疗保险制度得到比较充分发展的基础上，研究以社会医疗保险为主体制度，适时统一城乡医疗保障制度。在城乡二元经济结构短期内不可能完全消除的背景下，城乡居民可以适用相同的制度模式，但保障政策（如待遇水平）可以不同。社会医疗救助制度比较完善。此外，商业医疗保险、互助医疗、单位医疗福利项目等补充医疗保险的发展日趋成熟。总之，多层次医疗保障体系基本确立。

当前和今后一个时期，要重点抓好以下四项工作：

（一）扩大基本医疗保险覆盖面，逐步建立以大病统筹为主的城市居民基本医疗保险制度。从我国的实际情况来看，经济发展总体水平较低，城乡、区域不平衡性非常明显，不可能用完全统一的制度模式来解决全国所有地区的医疗保障问题，更不可能在短期内实行全民医疗保险制度。但从发展的眼光来看，为了给大多数居民提供最基本的医疗保障和促进人员流动，必须在全国范围内构建一个低水平的医疗保障主体平台。在这个平台的基础上，针对不同地区、不同人群实际情况，可增加保障内容、提高保障待遇。目前我们致力于建立和完善的城镇基本医疗保险，正是这样一个平台。因此，一要逐步扩大基本医疗保险的覆盖范围，先从目前覆盖城镇职工逐步扩大到覆盖所有城镇就业人员，再从覆盖就业人员逐步扩大到覆盖城镇非就业人员。对于非就业人员参保，可借鉴新型农村合作医疗的做法，采取政府补助和个人缴费相结合的做法。筹资水平可从相当于城镇职工基本医疗保险总费率（单位缴费与个人缴费之和）的 1/4 起步，经过若干年逐步达到 1/2。二要重新定位和完善个人账户。可以考虑，对于城镇职工，将个人账户与公共卫生相结合，扩大个人账户对社区基本医疗和预防保健方面的支付功能；对于城镇非就业人员，可以不搞个人账户，只搞大病统筹基金，重点解决住院医疗保障问题。三要进一步完善基本医疗保险制度。合理调整个人负担医疗费用的比例，减轻参保者的经济压力。

（二）加快推进新型农村合作医疗制度。按照国务院部署，到 2008 年基本覆盖全国农村居民。随着经济发展和财政收入的增加，应逐步增加政府补助数额，适当提高农民缴费标准，加大保障力度。可以考虑，现在农民每人每年的新型农村合作医疗的筹资水平可按城镇职工基本医疗保险的 1/6（100 元左右）起步，个人缴纳一部分、政府补贴一部分；经过若干年，使筹资水平达到相当于城镇职工基本医疗保险的 1/4。

（三）完善城乡社会医疗救助制度。大多数国家把保证低收入、无收入以及老年人等弱势人群的医疗保障，作为政府关注的重点，通过资金和法律的手段承担起责任。完善城乡社会医疗救助体系，首先要明确各级财政的投入责任。可考虑由中央、省、市三级财政共同分担救助资金。对于比较发达的地区，可由省市级财政按一定比例分担；对于欠发达地区特别是"老、少、边、穷"地区，中央财政应参与分担。其次要合理确定救助对象。"一切需要最基本的、人道的医疗帮助的人"，这是一条国际通用的标准，但在我国应作为一条普适的且严格掌握的救助"底线"。三要创新社会医疗救助的方式。可分成两种：即现金补助和医疗服务。前者是医疗救助对象通过申请，并获得批准后得到的医疗救助金；后者是由卫生医疗机构向救助对象进行的直接诊断和治疗行为。四要合理确定社会医疗救助的标准。总的原则是，应主要根据医疗救助资金而不是病人的医疗需求，来确定救助标准。在一个自然年度内，享受的优惠标准累计不得超过一定额度。

（四）加快发展商业性医疗保险，构建多层次的医疗保障体系。随着经济社会的发展，就业形式多样化、收入层次拉开是必然的趋势，社会成员的医疗需求也必然存在差异。因此，要加快构建基本医疗保险、补充医疗保险和社会医疗救助制度"三层次"体系。政府要出台税收优惠政策鼓励个人参加商业性医疗保险，可以考虑：用人单位为职工参加商业性养老、医疗保险缴费10%以内（养老、医疗各5%）的部分，实行税前列支；个人参保缴费在个人收入10%以内（养老、医疗各5%）的部分，免征个人所得税。要对补充医疗保险的发展进行调控，促进其充分发展，提供社会成员更多选择，同时逐步将补充医疗保险的定位从基本医疗的补充转到非基本医疗和特需医疗，并最终使补充医疗保险与基本医疗保险相对分离。

四、健全城乡社会救助体系

社会救助是社会保障制度中最基础的部分。我国城乡社会救助制度主要包括城市低保、灾民救助、农村五保、农村特困户救助、城市医疗救助、农村医疗救助、教育救助、住房救助、司法救助以及城市流浪乞讨人员救助等。在城市，由于低保、医疗救助、住房救助、教育救助等制度的普遍实施，基本上保障了困难群众的基本生活。但在农村，社会救助体系建设相对滞后，迫切需要加快完善。到2005年底，全国共有 2232.8 万城市居民、997 万户家庭得到了最低生活保障，平均低保标准达到 155 元，人均补差每月 72 元。全国共有 18 个省、1534 个县（市、区）建立了农村低保制度，776.5 万村民、384.5 万户家庭得到了最低生活保障，平均低保标准为 76 元，平均补差为 33 元。享受定期救助的农村五保户和特困户 1024.3 万人、612.2 万户，其中五保户 260.7 万户，占定期救济户的 42.6%。各省市都已出台了医疗救助办法，51.9 万城市低保对象和 304 万农村困难群众受益。

目前，城乡社会救助体系存在的主要问题：一是社会救助缺乏法律规范，尚未建立起统一的、普适的制度平台。我国目前尚未颁布《中华人民共和国社会救助法》，社会救助所依据的还是各种"条例""决定""通知"和"办法"等。现有的救助项目烦琐零乱，各项制度之间缺乏有效衔接。二是筹资机制不健全，社会救助资金严重不足。近些年来，各级财政的投入逐年递增，2005 年各级财政对城乡社会救助的投入为 282.7 亿元，其中对农村社会救助投入为 89.5 亿元。社会捐助总量很少。总体上看，目前我国城乡社会救助资金占 GDP 的比例不足 0.2%，占财政支出的 0.94%。各层级负担不合理，中央和县级负担比例较高，省市两级负担比例较低。三是覆盖面窄，救助水平低。救助对象往往局限为特定人群，对其他人群带有明显的歧视性，不能体现普遍适用、公平公正、应助尽助等原则。农村贫困人口多，但社会救助覆盖面窄，一部分贫困人口只享受临时救助。初步估算，有 1300 多万贫困人口甚至没有得到任何救助，560 万符合五保条件的农村居民中还有 111 万没有得到救助。同时，救助水平过低，救助对象实际获得的救助资金很少，难以保证基本生活。例如，在救灾方面，2005 年国家用于灾民生活的救济补助资金 40.5 亿元，灾民人均获得救济补助资金很低。社会救助项目比较单一，医疗、住房、教育等专项救助刚刚起步。四是体制不健全，管理水平不高。目前，城乡社会救助管理体制不顺、政出多门，除政府多个部门在搞救助外，有些党务部门、群众团体、民间组织也在以社会救助的名义开展工作。一些地方出现多头救助、重复救助、救助遗漏等无序救助现象。基层社会救助机构不健全，管理服务网络尚未形成，社会救助工作人员少、素质也有待提高。在业务管理方面，缺乏一套规范的家庭收入调查、村民申请、机构审批、救助实施和社会监察等操作规程，容易发生冒名顶替、优亲厚友、滥用职权等问题。

建设社会救助体系，安排好困难群众的基本生活，有利于从源头上解决社会问题和社会矛盾，促进社会公平，维护社会稳定。完善城乡社会救助体系，是贯彻落实科学发展观、构建社会主义和谐社会的必然要求，也是社会保障制度建设十分重要而紧迫的任务。

我国完善城乡社会救助体系的总体目标可以考虑设定为：到2010年，即"十一五"末，在全国基本建立以最低生活保障和灾民救助制度为主体，以医疗、教育、住房、司法等专项救助为辅助，"覆盖城乡、水平适中、制度统一、待遇有别"的城乡社会救助体系，切实保障城乡困难群众的基本生活，促进社会和谐稳定和经济社会协调发展。

为此，需要采取以下措施：

（一）健全以低保为核心的城市综合性救助制度。目前城市低保基本实现了应保尽保，这一保障制度基本能够使低保人群温饱有余。但是由于全国低保人群有快速增加的趋势，主要是随着户籍制度改革，大量农村人口进入城市，其中部分困难群众要享受低保，国有企业下岗职工基本生活保障向失业保险并轨过程中，一些未就业的困难职工家庭将会直接进入低保。即使保持目前的待遇，低保支出的压力将会相当大，而且随着经济发展水平不断提高还要相应提高低保标准。要建立稳定的资金筹措机制，各级财政都必须增加低保预算，将低保资金列入各级政府刚性的财政支出，建立稳定的资金来源渠道，确保城镇困难群体的吃饭问题；确定各级财政合理分担比例，总量上可以考虑中央和省级财政分担60%，市县财政分担40%。建立公平有效的低保资金支出机制，实行"能进能出"。对低保对象按照不同人群和劳动能力实行"差别救助"；对残疾人、病人、老人、未成年人和单亲家庭进行"分类救助"；在教育、医疗、住房等进行"配套救助"，降低低保对象的贫困程度，提高这部分人群的生活质量。

（二）加快建立农村社会救助体系。总的思路是，整合现有救助资源，建立以农村最低生活保障和灾民救助为主体的社会救助体系。就是将现有的农村救灾、低保、特困户补助、医疗救助等制度性救助项目，以及临时帮困、送温暖等各种临时应急性救助项目，适当加以整合归并，使整体制度更加简约和易于操作。可以考虑：继续保留灾民救助项目，但应进一步完善制度和管理，适当提高救助标准；取消农村五保、特困户救助以及各种临时性、应急性救助项目，用统一的最低生活保障制度取而代之；医疗救助单独设立没有必要，不但管理成本高，也不好与其他医疗保障项目衔接，建议纳入农村医疗保障体系，具体地说，就是并入新型农村合作医疗制度。这里，关键的问题是三个：首先是要搞好对遭受自然灾害后的农民进行生活救济。据统计，一般年份全国有灾民1亿人左右，重灾年份则有1.5亿人以上，因而灾民的生活救济就成为农村社会保障的首要任务。其次是在农村普遍推行低保制度的条件是否成熟，说到底是个资金问题。从现在18个省份实行的情况和我国各级财政财力状况看，应该说条件基本是成熟的。而且是在整合现有多头生活救济项目的基础上建立的，并不需要财政增加很多支出。第三，建立农村低保制度要坚持城乡统筹，与城市低保制度合理衔接。从制度模式和管理体制上看，显然没有必要搞城乡两套不同的"低保"制度，那样不但体制不顺，管理成本也太高。可以按照城乡不同生活指数的固定比例确定"低保"待遇，使农村"低保"水平适当低于城市就可以了。从我国的基本国情出发，最低生活保障制度应以省为主体，中央财政给予支持。各省可以设立不同的保障线，发达地区可以高一些，欠发达地区可以低一些。标准应参照当地农村居民维持最低生活所需要的基本支出来确定。

（三）进一步增加财政性救助资金投入。我国社会救助的主要资金来源是财政，部分可以来自政府销售的福利彩票等专项收入以及社会募捐资金等。进一步健全社会救助筹资和资金管理机制十分必要。一是应将原先各部门自行筹措、分散使用的救灾、低保、教育、住房等各类救助资金纳入社会救助资金总盘子，统一筹集，统一管理，统一使用。二是调整财政支出结构，大幅度增加财政性社会救助资金支出占财政支出的比例。要将财政性社会救助资金支出纳入预算，实现资金来源规范化和稳定化，并建立随经济社会发展正常增长的机制。可以考虑，到 2010 年前后，使财政性社会救助资金支出占财政支出的比重达到 2％左右（目前约 1％）。三是强化社会救助资金管理和监督，严格执行专账专户、专款专用制度。杜绝救助资金的跑冒滴漏和贪污、挪用、挤占等现象的发生。

（四）大力发展社会互助和慈善事业。要实行政府救助与社会救助相结合，探索建立多元筹资体制，扩大救助资金的来源渠道。现在，社会对弱势群体的救助意识不强，组织动员社会参与救助的机制不完善，群众参与度不高，部分高收入群体缺乏同情心。我国居民储蓄已达 16 万亿人民币，有几百万个百万富翁，但我国很多城市人均慈善捐助每年不到 1 元人民币，而美国每年人均捐赠 500 多美元。我国大约有 100 个慈善公益组织，而美国豁免税收减免的公益慈善组织有 120 万个。要鼓励支持企业参与社会救助，企业向社会救助捐赠款物，可以实行税前列支。广泛动员社会募捐，不断扩大社会救助的资金和物质，个人对社会救助的捐助可以抵扣个人收入所得税。引导和发挥合法宗教力量，更多地参与医疗、赈灾、扶贫、安老、抚孤等社会公益事业社会救助。扩大社会福利彩票发行规模，调整用途结构，将募集资金使用的重点用于社会救助。进一步开放社会救助通道，大力发展以社会救助为目的的非营利公益性社会救助组织，有选择的吸引国际慈善组织参与国内社会救助。对企业和个人捐助设立的民间救助基金，由基金管理机构自行管理。政府也可以向民间救社会助基金注入一定的资金，共同参与救助基金的管理，确保救助资金规范运作、服务社会。发展义工、志愿者等形式的社会救助，扩大社会救助队伍，在全社会形成互爱互帮互助的良好风气。

五、认真解决特殊人群的社会保障问题

当前，我国工业化、城市化进程加快，出现了农民工和被征地农民两大特殊人群。同时，随着我国结构调整、体制转轨和社会转型的加快发展，对弱势群体特别是鳏寡孤独者的保护，也日益成为突出的社会问题。对于这些特殊群体的社会保障问题，值得党和政府高度重

视并认真解决。

（一）农民工社会保障问题。根据农民工最紧迫的社会保障需求，坚持分类指导、稳步推进，优先解决工伤保险和大病医疗保障问题，逐步解决养老保障问题。研究解决跨省市流动就业农民工养老保险关系的转移接续问题。同时，改革现行户籍制度，对于进城务工就业农民工在稳定就业达到一定年限并有稳定住所的，允许其登记为城镇户口，并享受与之相适应的社会保障等基本权利。

（二）被征地农民社会保障问题。要按照"土地换社保"的原则，将被征地农民纳入社会保障体系。在对被征地农民进行补偿安置时，把解决他们的社会保障问题作为一项必要条件。今后在新征土地时，要按照"谁征地，谁出资"原则，由征地单位承担依法将被征地农民纳入社会保障的经济责任，并努力解决历年被征地农民社会保障遗留问题。

（三）探索建立城镇残（残疾人）遗（遗属）保障制度。在国外，养老保障一般包括对残疾人和遗属的保障，统称老残遗保障。在我国城镇困难群体中，特别引人注目的是残疾人和遗属（鳏寡孤独）两部分人群。他们由于缺乏劳动能力或劳动能力不足，其处境比之下岗职工、失业人员等来说更困难，是困难群体中的弱者。此外，近些年来，由于离异家庭数量增加较快，抚养未成年子女的单亲家庭生活困难问题也日渐突出，日渐成为一个严重的社会问题。特别是对于单身携子女母亲，再嫁一般比较困难，离异也给就业和收入带来很大负面影响，而按照现行的婚姻法规定，来自离异对方的经济分担非常有限（主要是对方的实际收入难以核算），有的甚至不如城镇居民低保的水平，远不足于负担子女的生活和受教育费用。对于残疾人，虽然按照《中华人民共和国残疾人保障法》规定，社会对残疾人康复、受教育、劳动就业、文化生活、福利、社会环境等方面给予优待，但我国还未像西方国家那样建立专门的残疾人社会保障制度，残疾人还没有可靠稳定的收入补贴渠道。对于遗属，则除了或多或少地获得单位的一些帮助外，没有专门的社会保障制度来解决他们的收入不足问题，多是靠亲朋接济过日子。从理论上讲，城镇居民低保制度覆盖了残疾人和遗属，但把这两类人和一般有劳动能力的弱势人群混为一谈是不公正的。因此，建立专门的城镇残遗保障制度，应是政府需加快研究和探索的一项重要工作。残遗保障的具体覆盖范围、资金来源、制度模式等如何设计可以探讨，但待遇水平应高于低保。比如说，可以按照城镇居民恩格尔系数的 2/3 对应的收入水平，来设计城镇残遗保障的待遇水平。就社会负担而言，建立城镇残遗保障无疑会增加财政支出，但相应地由于剔除了残遗人群，城镇居民低保的支出将会有所降低，因建立新的残遗保障制度而给整个社会增加的经济负担，应该是可以承受的。

促进产业结构优化升级要处理好三个关系 [1]

（2012 年 4 月）

近年来，不少国家把加快调整产业结构作为走出危机、促进新一轮经济发展的重要选择。我国也把促进产业结构优化升级作为顺应世界科技革命和国际产业结构调整新趋势、加快转变经济发展方式的重要措施。我们认为，促进我国产业结构调整优化，应当遵循产业结构演变规律，密切结合世界科技发展和产业结构调整趋势，立足我国产业发展实际，科学确定调整方向和重点，制定和实施正确的产业结构调整政策。其中，正确处理三个方面的关系十分重要。

正确处理发展服务业和工业的关系

我国产业结构不合理的一个重要方面，就是服务业发展滞后于工业化进程和整个经济发展。根据中国社会科学院课题组提出的工业化水平评价方法和标准推算，目前我国已处于工业化的后期阶段。但是，2011 年我国服务业增加值占国内生产总值的比重只有 43.1%，低于发达国家工业化中期 45% 的比重。加快发展服务业，提高服务业比重和水平，既是促进我国经济平稳较快发展的重要举措，也是提高经济发展质量的重要途径，应当作为我国产业结构调整的一个重点。

我国服务业发展滞后，除了在管理体制上部门职能交叉、缺乏统筹协调，国家支持服务业发展的政策没有得到很好落实以外，主要原

---

① 本文是作者参加中央党校进修部"世界经济政治格局变化和对策"专题研究研讨班的毕业论文。

因有两个：一是现行财政体制和干部提拔任用机制不完善。地方上一个大的工业项目，可以带来 GDP 和地方财政收入的显著增加，干部就可能得到提拔重用，而服务业大都是中小型企业，不能很快给地方带来 GDP 和财政收入增加，对干部提拔帮助也不大，因此对发展工业高度重视，对发展服务业没有足够动力。第二，目前服务业税费负担过重，抑制了服务业发展。根据有关部门和协会统计，目前我国流通业平均税负在 25% 以上，比房地产业高 4.6 个百分点，比金融保险业高 5.8 个百分点，比信息通信业高 13.1 个百分点。2010 年，我国流通业增加值占国内生产总值的比重为 13.6%，税收占国家总税收的比重却高达 18.8%。我国流通事业费多达 19 项，用电、用水同网不同价问题一直没有得到解决，一些项目收费明显过高。由于服务业营业时间多在用电高峰时段，一些地方实行峰谷差别电价，反而使服务业用电成本增加。促进服务业加快发展，首先必须把国家支持服务业发展的政策落实到位，加强对服务业发展的统筹规划和领导，同时必须下决心改革现行财政体制和干部选拔任用机制，激发地方发展服务业的动力。要抓紧研究完善有利于服务业发展的税收政策，清理对服务业的不合理收费，减轻服务业税费负担。

在重视发展服务业的同时，应当坚定不移地促进工业发展，加快我国由工业大国向工业强国转变进程。不这样做，就会严重脱离中国国情，就会犯历史性错误。对这个问题，可以从以下几个方面认识。第一，加快推进工业化是加快现代化进程的根本要求。工业化是现代化的核心。从某种意义上说，一国的现代化过程就是工业化过程，就是实现经济结构由以传统农业为主向以现代工业为主的转变，实现人口结构由以农村人口占大多数向以城市人口占大多数的转变。我国工业化任务还没有完成，工业仍是国民经济的主体。我们要实现国家的现代化和人民富裕，必须继续加快工业化进程。现在有一种观点认为，似乎我国工业特别是制造业基础比较好、竞争优势比较明显不但不是好事，反而成了发展的负担。这是十分幼稚和错误的。必须明确，正是由于工业连续几十年持续快速发展并带动其他行业发展，使我国综合国力迅速提升，人民生活显著改善，成为世界第二大经济体。我国强大的工业特别是发达的制造业，令美国等发达国家都羡慕不已。这是我国全面建设小康社会和向现代化迈进的坚实基础和有利条件，我们必须把这个优势充分发挥好、利用好。

第二，服务业发展必须以工业发展为基础。一方面，只有加快推进工业化，才能加快推进现代化和城镇化，才能大幅度提高人民收入水平，为服务业发展创造更大的市场需求，促进服务业的大发展。另一方面，工业发展将产生大量研发设计、物流运输等需求，有力地带动生产性服务业发展。

第三，重视发展实体经济是当前国际产业结构调整的新趋势。这次国际金融危机告诫人们，即使是像美国、欧洲某些国家等发达经济体，如果虚拟经济脱离实体经济过度发展，也会带来灾难性后果。事实上，经济危机过后，发达国家政府经过深刻反思，纷纷对经济发展战略作出重大调整，提出重振制造业，强调发展实体经济。对于我国这样一个仍处于工业化过程中的发展中国家，如果忽视实体经济特别是工业的发展，将会造成更加严重的后果。需要指出的是，近年来我国一些地方已经发生了虚拟经济片面发展和实体经济"空心化"的问题。如浙江一些地方全民从事地下金融活动，一些企业虽然注册的是工业企业，实际上并不从事工业生产，而是向银行借钱后转手放贷谋取高利息。发生这样的问题，是由于目前从事实业赚钱太辛苦，从事虚拟经济赚钱则很容易。现在工业平均利润率只有 5.6% 多，有的行业如钢铁、家电、纺织服装等只有 2%—3%，而银行存贷差就高达 2%，大大高于世界银行业平均水平。据报道，2011 年 14 家上市银行实现利润额高达 8415 亿元，同比增加 36.3%，占 2300 多家上市公司实现利润总额的 51%。

正确处理发展战略性新兴产业和传统产业的关系

一部经济危机史表明，世界经济真正从危机中走出来，往往需要实现重大科技突破和新兴支柱产业的兴起，每次危机过后，往往伴随着产业结构的重大调整。国际金融危机爆发以来，发达国家都对科技和产业政策作出了重大调整，配置更多资源，力图实现科学技术重大突破，力求催生新兴支柱产业成长和兴起。顺应这种世界潮流，我国把推动战略性新兴产业发展作为促进产业结构优化升级和加快经济发展方式转变的重要措施，研究制定了一系列政策措施予以支持，各地发展战略性新兴产业的积极性都很高。

但是，我们在重视发展战略性新兴产业的同时，也要高度重视传统产业的升级改造和发展。这是由世界科技和新兴产业发展状况决定的，也是由我国实际决定的。

第一，目前世界重大科技突破和新兴产业发展前景不明朗。战略性新兴产业兴起要靠新的科学技术突破来催生。目前世界科技发展的状况可以用两句话来概括：一句话是世界科技孕育着新的重大突破，第二句话是世界科技重大突破前景不明。美国和欧洲一些国家一方面提出发展战略性新兴产业的宏伟计划，另一方面又提出重振制造业，就是因为对世界科技发展前景看不准，不敢把经济振兴的希望都押在新兴产业的发展上。从国内情况看，近期有望实现重大科技突破、产业前景较好的新兴产业，算来算去有点把握的只有新能源汽车，其他产业短期内都难以成大气候，我们也不能把经济持续快速发展的希望过多寄托在战略性新兴产业发展上，避免出现新技术产业成不了气候、又丢掉了传统产业优势，两头落空的尴尬局面。

第二，充分发挥传统产业优势促进经济发展符合我国实际。经过改革开放以来几十年的发展和积累，我国传统产业特别是制造业拥有着一流的设备、一流的制造技术、一流的工程师和技术工人队伍、完整配套的产业体系，具有明显的竞争优势。这些条件，美国等一些经济虚拟化程度较高的国家是不具备的。比如美国，虽然奥巴马信誓旦旦要振兴制造业，但是一个国家的经济结构一旦形成，短期内真正改变是十分困难的。美国要形成制造业发展的条件和环境，比如工程师队伍、技术工人队伍、产业配套体系等等，没有 10 年时间是不可能的。我国要像重视战略性新兴产业那样重视发展传统产业，要像支持战略性新兴产业那样支持传统产业加快解决技术、工艺等方面的发展瓶颈，提升传统产业发展水平，扩大传统产业竞争优势。要抓住一个时期以来美国等发达国家转向发展虚拟经济给我们腾出的发展空间，尽量延长我国制造业大发展的过程，使我国传统工业有 10 年甚至更长时间的持续快速发展，推动我国经济发展水平再上一个新的台阶。

第三，传统产业仍然有巨大的发展空间。传统产业满足的许多都是刚性需求，这些需求并不会随着新兴产业的兴起而萎缩，传统产业发展仍然有巨大的市场需求，仍然有巨大的发展空间。事实上，只有低水平的产业，不存在"夕阳产业"。只要不断提高传统产业的质量水平，传统产业就仍然具有强大的生命力和广阔的发展前景。

发展战略性新兴产业，必须遵循战略性新兴产业兴起、成长和发展的规律。

第一，要集中力量攻克关键技术，而不能匆忙在中间技术环节上大量投资。目前，许多领域关键技术还没有实现根本性突破，技术路线尚不确定。技术路线决定着新兴产业发展的方向和成败。如 20 世纪 80 年代中期，面对信息技术革命的前景，日本和美国作出了完全不同的判断，从而选择了不同的技术路线。美国确定了电子计算机微型化的技术路线，日本则以电子计算机大型化为技术路线，结果在计算机领域的竞争中，以美国完胜、日本完败而告终。这几年我国不少地方和企业在技术路线尚不确定的情况下，在中间技术环节上盲目投入巨资，实现大规模产业化，这是非常危险的。因为一旦技术路线和最后技术结果与当前的中间技术发展方向不一致，就会造成巨大的浪费。要想在新一轮科技和产业竞争中占据主动地位，我国应该把主要力量用在关键技术研发上，而不是匆忙实现中间技术的产业化。

第二，要创新产业发展模式，而不能再走跟进式发展路子。从重大技术突破到成果转化，再到产业化，这是战略性新兴产业发展的规律，决定了不能采取我国现在的产业发展模式。但是，事实上我国许多新技术产业领域仍然采取的是跟进式发展模式，即引进国外技术、大规模投资、在产业链低端迅速形成生产规模、赚取一点加工费。这几年太阳能"火"了，风电"疯"了，都是采取的这种发展模式。这样做，我国不可能在战略性新兴产业竞争中占有一席之地，只能像传统工业领域一样赚一点加工费，吃一点残羹剩饭。

第三，应当集中力量力争在少数几个领域突破关键技术、形成产业规模、赢得竞争优势，而不是全面开花。世界新技术产业发展的历史表明，当科学技术面临重大突破时，没有哪一个国家能够在所有领域都占据领先位置并催生出新兴产业。即使像美国这样的超级科技大国和经济大国，也只能在有限的几个领域占据先机。我国发布的战略性新兴产业发展规划提出了 7 个产业领域，几乎每个省市区都确定了 5 个以上重点发展的战略性新兴产业，有的省甚至计划发展 8 个新兴产业。这种脱离我国科技和经济发展实际的做法，华而不实，终将一事无成。

我国传统产业发展目标不仅是要做大，更要做强。关键措施是通过加大投入、完善体制机制和政策，鼓励和支持企业进行大规模技术改造。现在中央财政一年 150 亿—200 亿元的技术改造投入，相对于我国巨大的企业数量和庞大的工业规模无疑是杯水车薪，相对于我国一年 10 万亿元的财政收入更是沧海一粟，说明我们对发展传统产业和进行技术改造的重要性认识还很不到位。建议认真总结和采取 20 世纪 90 年代大规模技术改造的经验和做法，中央财政一年至少拿出 500 亿元左右支持技术改造，力争 5 年内使我国传统产业技术、装备和制造工艺来一个脱胎换骨的改变，使生产自动化、信息化、智能化水平得到显著提升，大幅度提高产品技术含量和附加值，大幅度提高产品质量水平，使"中国制造"成为高技术、高质量的象征。

正确处理自主研发和技术引进的关系

产业结构水平不仅取决于不同产业之间的数量比例，而且取决于产业的技术构成和水平高低。我国产业结构水平低不仅表现在一二三产业比例不协调，而且表现在产业技术水平低，在国际产业分工体系中处于价值链的低端。迅速提高各个产业的技术水平，是产业结构优化升级的重要任务。

促进我国产业技术水平提高，要实现自主研发和引进技术相结合。培育发展战略性新兴产业，关键是要突破核心关键技术，要靠自主研发，这类技术是买不到的。传统工业特别是军工行业中的关键核心技术要靠自主研发，发达国家不会把这些技术让渡给我们。实现关键原材料、关键元器件和关键零部件国产化，也需要靠自主研发掌握核心技术，不能希望通过引进技术来解决。但是，作为一个后起的发展中国家，大量的一般技术不需要也不应该依靠自主研发，可能还要继续采取引进、消化吸收、再创新的办法来解决。这是由技术进步的规律决定的。一个国家、一个产业需要的技术是靠自主研发，还是靠从国外引进，取决于与世界先进水平的差距。在与世界先进技术差距较大的时候，引进技术是合算的、经济的。随着与世界先进技术差距的不断缩小，引进技术的合理性、经济性不断降低，直到到了一个临界点，自主研发才是合算的。改革开放几十年来，我国主要依靠引进国外先进技术，迅速缩短了我国与世界先进水平之间的差距，使我国迅速崛起为制造业大国。日本、韩国等工业化国家在经济崛起过程中也是这样做的。近年来，国家提出实施自主创新战略，但是不少国有企业和非国有企业都没有自主研发的积极性。如果说国有企业是由于管理者没有实现职业化、考核指标主要是营业收入增加和利润增长，缺乏自主研发的动力，那么非国有企业应该不存在这样的问题，为什么也没有积极性？除了缺乏严格的知识产权保护，根本原因可能是我国与发达国家之间技术差距仍然足够大，引进技术仍然是经济合理的。

增强我国自主研发能力，除了要加大国家对技术创新的投入和支持，加强基础研究等，更重要的是深化科技体制改革。第一，要真正建立以企业为主体的技术创新体制。目前我国重大科技创新主要靠实施重大科技专项，一方面覆盖面太窄，另一方面确定的项目也难以与经济社会发展要求紧密结合。我们应该重点借鉴美国大力发展风险投资的做法，充分发挥市场机制的作用，让风险投资家去发现有良好产业化前景的项目，让风险投资去支持，形成全社会自主创新行动，才能解决我国科技创新能力不足的问题。第二，对于工业领域关键共性技术研究，要对应用型科研院所转制以来的情况进行认真总结，完善现有体制机制，把共性技术研发力量整合起来，国家给予政策和资金支持，采取合理的考核办法，使科技人员既能紧密结合工业发展需要开展研发活动，又能够集中精力从事科技创新活动，而不是把主要精力用在实用新型发明上，为吃饭问题忙忙碌碌。

在引进技术方面，我们要认真总结改革开放以来的经验教训，完善技术引进的机制和方法。过去几十年，我们采取以市场换技术的办法，的确引进了不少先进技术。但是总的看，我们并没有充分利用好市场这一重要砝码，许多领域开放了市场却没有真正掌握核心关键技术。如汽车市场对外开放已经几十年，中国的道路上跑的还是万国车；前几年在天津落地的空客飞机组装项目，更是典型的"螺丝刀工程"。应当认识到，世界上没有一个国家会无条件地开放市场，总会漫天要价，就地还钱。我们要认真总结和推广钢铁、电力等领域引进消化吸收再创新的经验和做法，以市场开放为砝码，充分发挥政府管理部门和行业协会的作用，涉及重大技术引进，要统一对外谈判，真正把关键核心技术拿过来，通过消化、吸收、再创新，形成专利技术和标准体系，有效地促进我国产业技术水平和竞争力提高。

经济结构优化不等于去工业化 [①]

（2015 年 4 月）

　　转变经济发展方式，提高经济发展质量，必须加快调整优化经济结构。在大力推进经济结构优化调整过程中，也要警惕一种危险倾向：优化经济结构就是去工业化。如果真的这样做，我们就要犯历史性的错误。

　　目前工业发展环境和发展情况很令人担忧。现在的舆论有两种观点：似乎中国工业发展水平已经很高，不需要再发展了；我国现在要做的是消除工业发展的"原罪"，工业不能再发展了。工业特别是制造业利润微薄（近年来工业利润率一直保持在 5% 左右的低水平，今年以来更降低到 5% 以下），而根据上市公司年报统计，近年来十几家上市银行的利润相当于 3000 多家 A 股上市公司利润总额的一半以上。工业、制造业企业只要具备了一定实力，都要涉足金融和房地产，不愿意在实业界长期坚持，走向工业强国必需的工业文化在我国基础十分薄弱。近年来工业投资增速持续减缓，工业增长速度连年下降（今年一季度规模以上工业增加值由去年增长 8% 以上进一步下降到 7% 以下，3 月份甚至只有 5.6%）。

　　判断必须去工业化还是需要继续推进工业化，主要看两个方面：一是中国要实现全面建成小康社会目标和实现社会主义现代化，是否还需要工业继续发展；二是中国工业化是否已经完成或接近完成，不需要再付出巨大努力。

---

　　① 本文是作者参加中央党校进修部"经济建设和改革专题研究"研讨班的毕业论文。

工业是中国经济的问题和矛盾，
也是中国经济的骄傲和脊梁

当前我国经济发展中存在着的发展方式粗放、部分行业产能严重过剩、资源与环境压力加大等问题，在工业领域特别突出。转变发展方式、优化经济结构，重点在工业、难点也在工业。

但是，我们不能只看到工业存在的问题，而看不到工业的作用和贡献。

应当看到，改革开放以来中国经济的崛起，主要是来自于工业的贡献。工业发展天然地与科学技术进步相联系，最能吸收、利用科学技术，因而具有比其他行业更大的发展空间和潜力。20 世纪 90 年代到 2000 年，工业对经济增长的贡献率一直高达 50% 多，进入新世纪以来也一直高于 40%。虽然服务业在国民经济中的比重不断上升，目前工业增加值在国内生产总值中所占比重仍然达到 42.6%，是今后经济发展的骨干力量。

到目前为止，工业仍然是中国的优势，是我国可以与发达国家竞争的领域，也是我国在世界上可以骄傲的资本。中国巨大的工业生产能力和完整的工业体系不仅令发展中国家羡慕，也令发达国家赞赏。2008 年经济危机爆发后，奥巴马希望苹果公司把手机生产转移到美国，以缓解美国严重的失业问题。乔布斯说，你给我 40 万熟练工人和 8 万高水平工程师，我就把苹果手机放在美国生产。对此，奥巴马无言以对。说明中国强大的工业生产能力、完整的工业体系、庞大的技术技能人才队伍是我们宝贵的财富。

工业是一国经济的脊梁。没有强大工业的国家，就要患上经济"软骨病"，经济发展就经不起风吹草动。2008 年全球经济危机爆发，发达国家经济大都遭到重创，只有德国经济表现最好，就是因为德国没有像美国、英国等国家那样一味去工业化，片面发展金融业等服务业，工业特别是制造业仍然很强大。也正因为如此，全球经济危机爆发后，美国提出要实施再工业化战略，德国提出制造业"4.0 计划"，日本也提出工业升级计划。

工业是农业现代化、科技现代化和第三产业发展的基础。只有工业化水平不断提高，才能为农业提供越来越多价格低、性能先进的农药、化肥和农业机器设备，提高我国农业高产优质化、机械化、现代化水平。工业是服务业发展的基础和前提条件。近年来，服务业发展的一个重要趋势是为工业服务的生产性服务业发展迅猛，如第三方物流、工业设计、营销等等，而传统服务业发展出现了颓势。新形势下，只有工业化水平不断提高，才能为服务业发展和经济结构调整优化创造条件。还需要指出的是，工业发展和科技创新活动有着内在的联系，工业发展向科技创新提出要求，也为科技发展提供实验手段等支撑条件。一部科技发展史和工业发展史表明，只有到了近代工业化进程加快进行的大背景下，科技创新活动才变得特别活跃起来，科技创新成果总量以过去不可比拟的速度增加。

中国工业发展中的问题必须抓紧解决，但也要看到工业是中国经济进一步发展的根基，是中国难得的发展优势，绝不能搞什么去工业化。

我国实现工业化还有很长的路要走

从 2012 年起，中国超过日本成为世界第二大经济体。按照中国社会科学院经济学片课题组的一项研究，目前我国整体上已经到了工业化后期阶段，东部地区早就实现了工业化。如何看待这个判断？

人们可以从多种角度研究工业化，关键是看哪一种研究更能反映工业化的本质和真实水平。中国社会科学院课题组的研究主要选取了GDP 总量、工业增加值在 GDP 中的比重、工业劳动力在全部就业人口中的比重、人均收入水平、城镇化水平等指标。这是西方国家研究工业化水平时通常采用的经济指标。其实，衡量一个国家的工业化水平，有一些指标似乎更能说明问题。

从总量指标看，我们现在是用 GDP 衡量每年的经济规模。用这个指标衡量，我国已经稳居世界第二。除了统计 GDP，还可以统计GNP。GDP 依据的是"国土准则"，即在哪里生产的就算这个国家或地区的产出；GNP 依据的是"国民准则"，即由谁生产的就算哪个国家或地区的产出。在经济全球化深入发展的今天和中国工业发展的现阶段，发达国家到中国投资设厂进行生产的较多，而中国企业到国外投资生产工业品的较少，中国的 GDP 规模可能很大，但收入却不一定归属中国，在中国生产的（MADE IN CHINA）大于由中国生产的（MADE BY CHINA），即 GDP 大于 GNP。依我看，对于一个国家来说，更有意义的是通过生产真正获得的收入，GNP 的意义比 GDP 更重要。因此，即使不久的将来我国 GDP 超过美国居于世界第一，实际意义远不如 GNP 居于世界第一重要。2012 年，美国的 GNP 是 18685 多万亿美元，日本是 5984 多万亿美元，英国是 5079 多万亿美元，中国是 4942 多万亿美元。如果按 GNP 统计，我国经济总规模在世界上的位次不是第二，而是第四。

衡量一个国家的经济规模和工业规模，既要看流量，也要看存量。前者是一个国家一年的经济或工业产出规模，后者是一个国家现存的经济或工业财富总量。按流量统计，我国经济和工业规模已经很大；按存量统计，我国经济和工业规模远没有达到工业化后期的水平，而经济存量即一个国家现存的财富拥有量是真正的经济体量。据有的学者研究，2008 年美国财富总量是中国的 5.9 倍，日本的财富总量是中国的 2.8 倍；美国的生产性财富是中国的 3.8 倍，日本的生产性财富是中国的 2.5 倍。如果美、日、中保持当前的生产性财富增长速度，我国至少要到 2035 年才能赶上美国和日本。

再看人均财富拥有量。我国 GDP、GNP 总量的确已经很可观了，但如果被 13 亿多人口一平均，人均水平将长期处于世界中等水平。据世界货币基金组织的统计，2012 年世界人均 GDP 为 10516 美元，其中美国 51248 美元、日本 40442 美元、英国 39567 美元，中国 7485 美元，排在世界第 86 位。

人均生产性财富拥有量，我国与美日等发达国家差距更大。2008 年，美国人均生产性财富拥有量是中国的 16 倍，日本是中国的 25 倍。要消除这个差距，就不是三五十年的事情了。

如果从工业发展的质量来观察，中国工业发展水平与发达国家之间的差距更大。我国工业自主创新能力还不强，拥有自主知识产权的产品少，大多数工业行业还没有站上世界产业技术制高点。即使是一些国际竞争力较强、性价比较高、市场占有率较大的产业，核心元器件、控制技术、关键原材料等均须依赖国外进口。总体上看，中国工业品的精致化、尖端化、可靠性、稳定性等技术性能，与国际先进水平仍有相当大的差距，而要消除这种差距尚需要较长时间的努力。例如数控机床、高端设备、化工材料、飞机制造、造船等许多重要产品，与世界先进技术水平还有几十年的差距。同时，中国工业还没有世界知名品牌。目前，国际上影响比较大的品牌价值评价结果有 Interbrand 公司的"全球最佳品牌百强榜"和美国《福布斯》杂志"全球品牌100 强"。迄今为止，还没有中国企业和产品进入上述两家评定机构的榜单。

总之，中国工业已经取得了历史性成绩和巨大进步，我们完全有理由为此而自豪。同时，如果以为中国工业化已经没有多少事情可做了，那就大错特错了。事实上，我国工业化的实际水平远不如人们想像的那样高，远没有达到工业化后期阶段，实现中国工业化还有一段漫长的路要走，不可盲目自大、盲目乐观。

推动中国工业转型升级的几点建议

以上分析表明，实现建成全面小康目标进而实现社会主义现代化，当前和今后一个时期需要继续大力推进工业化进程。不过，今后推进工业化不能像过去那样简单地扩大工业规模，而应当把加快转型升级作为核心任务。工业企业要围绕这个核心不懈努力，国家也应当围绕这个核心进一步研究实施必要的政策措施。

第一，注意从供给端营造促进工业转型升级的政策环境。过去我们学习西方宏观管理和产业调控的做法，习惯于从需求端研究采取政策措施，以达到宏观调控的目标。近年来我国开始探索实施供给管理政策措施，取得了一定成效，还应当继续加强。除了 20 世纪七八十年代美国里根政府和英国撒切尔政府实行了供给管理的客观经济政策，西方国家很少采取供给管理政策，不是供给管理不管用，很重要的原因是供给管理政策见效慢，而西方国家政党政治的环境，要求政府的经济政策很快见效，使经济发展形势很快发生扭转，以争取选民支持。我国政治稳定，经济政策有较强持续性，应该不受这个因素制约。同时，我国工业出现当前的发展困境，不仅因为市场需求不振，还因为供给方面出了问题。比如工业生产结构与市场需求结构不相适应；工业产品质量不过关，导致需求外溢，比如一些中国游客在日本抢购马桶盖，去国外和港澳大量购买婴幼儿奶粉等；融资成本、流通成本过高、工业生产经营盈利水平过低，导致人们缺乏坚持搞实业的积极性，如此等等。如果我们从供给端研究采取更有力的政策措施，将有利于工业发展和转型升级。比如适当降低银行存贷差，降低工业融资成本，使从事工业能够获得合理利润，使企业家愿意向工业投资，提升工业发展水平；进一步降低流通成本，如果能把目前 18% 的流通成本降低到与发达国家相近的水平（10%以下），就可以大大降低工业成本，提升工业利润率；再比如，实行质量振兴战略，大幅度提高我国工业品质量，就可以大大减少国内市场需求外溢，缓和产能过剩矛盾。

第二，正确处理高新技术产业发展和传统产业改造提升的关系。工业转型升级的一个重要方面，是密切跟踪世界科学技术发展趋势，在新一代信息通信技术、智能制造、新材料、新能源汽车、生物医药等领域力求取得技术突破并加快实现产业化，提升工业内部产业结构水平。高新技术产业发展不能走传统的跟随式发展老路，要聚焦科技研发，力争在新一轮科技革命和产业革命中占得先机，不要再一次被发达国家甩在后面。这方面要借鉴我国发展第三四代移动通信技术的相关做法。要防止在技术路径尚未明朗的情况下，盲目投入大量资金实现中间技术产业化，避免中间技术与最终技术的偏离造成的巨大浪费。同时要认识到，智能化、小批量、个性化制造虽然是今后工业发展的一个重要趋势，但是工业标准化、通用化、批量化的本质不会改变，市场对大规模生产的传统工业品的需求仍然数量巨大，我国传统产业生产能力强、体系完整的比较优势不能轻易丢掉。特别是在世界新技术突破前景不明的形势下，不能眼睛只盯着高新技术产业，而放弃发展传统工业。2008 年金融危机以后，美国等西方国家提出和实施再工业化战略，也不是只发展高新技术产业，就是不敢把经济振兴的希望都押在科学技术的新突破上。我们应当抓紧传统产业的技术创新，提升传统产业的技术档次和产品水平，把发展重点向研发设计高端延伸，使我国精密机床、医疗设备、航空航天装备、电力装备、海洋工程、轨道交通装备等领域尽快赶上或超过国际先进水平，提高行业竞争力，替代进口并争取占领国际市场。

第三，创新工业科技研发体制机制。我国工业转型升级的关键是提高工业科技创新能力，为工业转型升级提供强有力的技术支撑。当前要抓紧解决几个突出问题。一是对应用型科研院所改革后果进行科学评估和反思，调整现有体制机制，整合共性技术研发力量，组织专门力量攻关。可以肯定的是，应用型科研院所同普通企业一样不是靠科研吃饭，而是通过生产销售工业产品获得盈利，肯定不利于共性技术研发。在我国产业集中度比较高的行业如石油石化，共性技术研发机构是企业集团内部的事业单位，使科技人员可以集中力量搞科技研发，共性技术供给情况通常好一点。而那些产业集中度比较低、共性技术研发机构企业化的行业，共性技术研发活动几乎停止了。这应该对我们有所启发。二是工业技术研发仅靠国家实施重大科技专项是不能解决根本问题的。因为国家重大科技专项基本是在军工领域，不能覆盖全部工业领域，许多行业急需的共性技术没有来源。应当学习国外发展风险投资的做法，让市场去发现、实施有科技突破和产业化前景的研究项目，动员全社会科技力量从事工业技术创新。三是完善国有企业业绩考核机制，鼓励国有企业积极推进科技创新。我国科技创新资源高度集中在国有企业。但是由于考核国有企业主要看年度和任期内经济增加值和实现利润情况，注重的是短期效应。而科技创新则关乎企业可持续发展能力，将在较长时期内才能显现，导致国有企业没有科技创新动力。应创新国有企业考核机制，鼓励企业在科技创新方面增加投入、花费力量。四是改革科技成果评价标准，引导高校和科研机构研发工业需要的新技术、新工艺、新材料。据统计，现在高校和专业科研机构科研成果转转化率很低，70% 左右已转化成果是企业研发的。这说明高校和科研机构的研发活动与工业活动严重脱节。主要原因是现在科研评价标准主要是看是否发表了论文，不看能不能转化，是否已经转化。应当调整科研成果评价机制和标准，以科研成果是否转化作为主要标准，改变一方面浪费大量的科研经费，一方面工业急需技术缺乏来源的状况。

第四，在实施"一带一路"过程中带动过剩产能转移。国家实施"一带一路"建设、亚洲新兴开发银行即将创立，将带动沿线国家和地区的基础设施建设，为我国转移过剩产能带来重大机遇。有关部门和企业应当积极跟进，寻求钢铁、水泥等建材出口机会。也可以考虑在国外建立钢厂、水泥厂，直接在所在国生产。同时，我国一些工业制成品技术和质量水平并不低，适合发展中国家消费水平和市场需要，也应该积极配合国家"一带一路"建设，把工厂建到国外去，寻求继续发展机会。

调查研究篇

老企业技术改造的新路子 [①]

——第一汽车制造厂产品换型技术改造调查

（1988 年 7 月）

3 年跨越 30 年——换型改造取得的成就

第一汽车制造厂（以下简称一汽）是我国"一五"期间兴建的 156 项重大工程之一，是新中国第一个汽车工业基地。在传统经济体制下，企业既缺乏进行技术改造的外在压力和内在动力，也没有足够的技术改造资金。因此，建厂近 30 年，一汽虽然也作出了一定努力，搞过三次小规模的改造，但技术水平和产品水平提高的幅度不大，产品"30 年一贯制"的状况没有根本改变。1979 年以后，通过几次出访考察，一汽的领导看到了我国汽车工业与国际先进水平之间的差距，深感如果不加紧技术改造和产品更新换代，这种差距将越来越大。同时，由于国内商品经济的发展，同行业之间展开了市场竞争，尤其是二汽的"东风"E140 型车的投入市场，使"解放"车的销路受到了严重威胁。1980 年，一汽第六次党代会作出了在国家政策支持下，主要靠自己力量进行换型和工厂改造的决定。

从 1980 年底到 1983 年 7 月，一汽用不到 3 年的时间，完成了新产品的设计、试制、试验和定型；1983 年 7 月，产品换型工程正式拉开序幕；到 1987 年 1 月，成功地实现了新车转产，具有 80 年代水平的 CA141 型 5 吨载重车从生产线上源源开出。新生产线投产以后，月

---

① 本文原载《经济管理》1988 年第 7 期。

产量稳定上升，到 6 月份已经超过了年产 6.8 万辆的设计能力。1987年 7 月 15 日，一汽产品换型工程顺利通过了国家验收。

一汽产品换型技术改造工程取得的成就，主要表现在以下几个方面：

1. 推出了一个具有 80 年代水平的汽车新产品。根据反复试验、用户评价、国家鉴定和外国汽车公司测试，结论是：CA141 型 5 吨载重车与老"解放"相比，产品水平向前跨越了 30 年，动力性和燃料经济性均达到国内先进水平，平顺性达到或优于三种日本和一种美国同类汽车水平，安全性也有较大提高，部分主要指标达到了国际标准的要求。在三次国际招标中，击败了日本和国内其他厂家，均获第一名。新车投入市场后，受到用户欢迎，今年计划生产 3 万辆，实际订货已接近 7 万辆。

2. 增强了自我改造、自我开发能力，使一汽进入了产品系列开发的新阶段。在换型改造过程中，共采用新工艺、新技术 74 项，新材料62 种；新增加和更新设备 7631 台，其中有 359 台是从国外引进的先进设备；新建生产线 79 条，改造老生产线 124 条。换型改造的结果，使一汽的工艺水平在国内处于领先地位，具备了自我改造、自我开发的能力。事实上，一汽这次换型改造不仅得到了一种高水平的 CA141型新车，而且开发了一个中吨位汽车的系列产品，并为轿车、轻型车做了一些技术储备。

3. 获得了较好的经济、社会效益。一汽换型改造工程共投资 4.4亿元人民币（外国专家估计需要 20 多亿元）。但是从 1983 年到 1986年换型的 3 年间，共生产老"解放"29.2 万辆，上缴利税和各种基金共 10.3 亿元，相当于前 28 年上交额的 21.19%。预计 1990 年可生产新车 30 万辆，实现产值 90 多亿元，上缴利税和各种基金 50 亿元。与CA15 型"解放"车相比，仅降低油耗、提高车速、延长大修里程三项改进，每年每辆新车还可节约资金 6000—7000 元。

成功的秘密——换型改造的基本经验

（一）以产品为中心开展企业技术改造。产品是企业的生命。一汽在换型改造过程中，始终抓住了产品这个中心，在组织领导、资金、人力配置等方面都服务于开发 CA141 新车。在资金、人力、作业面积有限、时间紧迫的情况下，为了保证新产品的水平和换型的成功，采取的做法是：（1）集中使用资金，把钱花在与产品水平密切相关的关键部件和工序上，而那些原来结构比较合理或与产品水平关系不大的部位，则少花钱或不花钱。（2）对一些非改造不可的设备，也不搞整台设备的更新，而是利用数控、数显等微电子技术，对老化部件进行改造，使设备恢复原来的性能。（3）按照专业化协作原则，把容易制造的零部件扩散到其他厂家生产，本厂则集中力量制造一些大的、复杂的、关键的零部件和总成。这样，本厂节省了资金、人力，腾出了作业面积，保证了换型进度。其他厂家也得到了支持与帮助，技术水平、经济效益得到了提高。以上做法，保证了产品水平，而产品水平的提高，则带动了企业技术水平的提高。

（二）在积极引进国外先进技术的同时，坚持自力更生为主进行企业技术改造。企业在进行技术改造时，应该积极学习国外先进技术，变别人的终点为自己的起点，而不必从头做起。但是，在引进国外先进技术的同时，必须主要依靠自己的力量搞改造，通过消化、吸收国外先进技术，增强我们自力更生的能力。如果按照外国的设计，请外国人帮助改造，大量引进国外设备，一汽换型工程需要投入 23 亿—27 亿元，这是国情、厂力不允许的。一汽在适当引进国外先进技术的同时，注意发挥本厂技术人员的作用和自己的制造能力，凡能引进软件的就不买硬件，凡可以只进口关键设备的，就不成套引进，从而用有限的外汇，达到了技术改造的目的。这次新增和更新的 7631 台设备中，进口设备只有 359 台，占 4.7%。在引进技术的过程中，一汽特别注意引进的自主性，即：摸清国外有关厂家的技术底细、要价高低，选择技术水平最高、要价最低的厂家作为谈判对象；积极采取联合设计方式，使我方技术人员可以了解新技术，从设计、制造到安装全过程消化吸收，为我所用。

（三）实施单轨制垂直转产。汽车产品换型有两种方法：一是双轨制平行转产，即在现有厂房生产老产品，另建厂房生产新产品。随着新产品生产能力的上升，逐渐减少乃至最后停止老产品生产，完全生产新产品。这种办法风险小，进退有余地，但投资大，周期长。另一种办法是单轨制垂直转产，即在同一条生产线上垂直转产，老产品停产与新产品投产之间只有一个短暂的安装调整期。这种方法要求设备安装调试一次成功，风险大，只能进不能退，一旦失败，损失不可估量。但优点是投资省、周期短。一汽决策机构从企业面临的实际出发，决定背水一战，走单轨制垂直转产的路子。为了保证转产成功，采取提前介入，交叉进行的办法，在时序上、空间上合理安排，严格按照换型进度组织技术攻关和新设备的制造，使设备安装调试一次成功率达 99% 以上，顺利实现了转产。换型期间，又一手抓换型，一手抓生产，不仅为国家上缴了 10 亿多利税，还通过生产自筹了 2 亿多技术改造资金，做到了以生产养换型。

（四）坚持产品换型与管理换型同时进行。一汽在换型改造过程中，采取多种措施来提高企业管理及其基础工作水平：推行多种形式的经济责任制，实行换型承包和岗位联产浮动工资制，调动干部、职工的积极性，保证了工程按时、按质、按量完成；用现代信息技术和电子计算机装备管理系统，并用这些手段编制总厂、分厂两级网络图，用系统工程方法对生产、换型两条战线实行有效的指挥、控制，使各项工作有条不紊，互相衔接；加强全面质量管理，深化质量保证体系，在全厂开展全员性的质量教育和工艺普查，重新修订了 14 个质量保证体系，确保新车投产后的质量信誉；重视人才培训，建立从中专到大学的人才培训体系，开展岗位练兵和技术培训活动，采取工余和业余相结合、理论与操作相结合、集中与分散相结合的方法，使职工的技术与文化水平在换型期间得到了提高。通过这些措施，一汽换型工程不仅得到了一个新产品，也使企业管理水平上了一个台阶。

一汽换型改造给人们的几点启示

（一）必须把大型骨干企业的技术改造摆到重要的位置上。多年来重生产、轻改造的做法，造成了我国大多数大型企业设备陈旧、技术落后。而大型骨干企业是国民经济的中坚力量，生产的大都是与国计民生关系重大的产品，其上缴利税是国家财政收入的重要来源。因此，如不尽快进行大企业的技术改造，不但会影响整个国民经济的技术水平，国家财政状况得不到根本改善，而且会影响后十年经济起飞和2000年战略目标的实现。把有限的资金用来搞大企业的技术改造，可以取得较好的社会经济效益：第一，大企业一般技术力量比较强，职工素质比较好，管理水平比较高，因此，投入同样多的资金，成效大，收效快；第二，大企业生产现代化程度高，与许多企业存在协作关系，它们的技术改造必然会带动一批企业进行相应的改造。

搞好大企业的技术改造，需要国家在经济上给予支持。但是最好采取给政策和给贷款两种形式，而不要用财政拨款的办法。这样做，一是可以促使企业眼睛向内，搞好生产经营，挖掘潜力，自筹资金，自力更生搞改造；二是在靠自筹资金和借款进行技术改造的情况下，企业会自觉地节约资金，约束投资规模，争取更好的投资效益。

（二）企业技术改造要以上水平为主，而不应片面追求上能力。目前老企业普遍存在的问题，是产品水平低、质量差，不要说参与国际竞争，就是在国内，市场也在不断缩小，设备闲置的现象比较严重。所以，在老企业的技术改造过程中，必须破除产品经济思想，改变以产值为中心的习惯做法，真正面向市场，通过技术改造，提高产品水平和质量，生产出市场需要的产品。如果技术改造的结果只是扩大了复制古董的能力，这种技术改造就是失败的。在这个问题上，国家应该有具体的政策规定。

（三）企业技术改造应该与实现产品结构和企业规模结构合理化结合起来。企业技术改造首先要有利于产品结构合理化。国家要把技术改造的重点转向短线部门和支柱产业，前者如能源、材料工业等，后者如汽车、电子、建筑部门。技术改造政策还应有利于部门内部产品结构的合理化，把技术改造资金用于发展需求大、有潜在市场的产品。其次，企业技术改造要与企业规模结构的合理化结合起来。我国工业企业规模结构目前存在着小型化的问题，许多企业达不到应有的生产批量，无法获得规模效益。要实现企业规模结构合理化，应当由国家制定产业政策，规定各个部门企业规模的下限，达不到这个规模，不准建厂；已建成的，要实行合并。这是第一种办法。这种做法目前阻力较大，短期内难以实施。第二个办法是，国家通过扶持骨干企业进行技术改造，提高它们的技术水平和经济效益，吸引一批中小企业主动与它们搞联合，形成企业集团，达到合理的经营规模。一汽在换型改造过程中，与其他企业搞联合，形成了一个跨 11 个部门、分布在 21 个省、市、自治区，包括 140 家企业的一汽集团，达到了合理的经营规模，获得了较好的经济效益。比较而言，后一种办法阻力较小，更加切实可行。

新闻纸紧张的症结何在 [①]

（1988 年 8 月）

来自新闻、出版界的呼声：救救报纸和出版社

1987 年之前，我国并未出现过新闻、出版用纸严重短缺的现象。去年以来，新闻、出版业发生严重"纸荒"，一时间，纸张问题成了经常见诸报端和杂志的热门话题。

新闻纸、凸版纸短缺情况确实是严重的。1987 年全国新闻纸需要量为 57 万—60 万吨，当年生产加进口只有 49 万吨左右。凸版纸需要量为 90 万吨，当年只生产了 75 万吨。其中中央级报刊、出版社所需用纸的供货率，新闻纸只有 82.7%，欠交 2 万吨；凸版纸只有 58%，欠交 6 万吨。因此去年包括中央 17 家报纸和一家杂志在内的全国各大报和出版社纸张供应普遍告急，有的报社库存纸只够用几天，有的杂志由于无纸，不能按时开印，导致出刊时间推迟。为了保证重要报纸和刊物的正常发行，已经几次动用国库紧急储备。与此同时，纸价迅速上涨，导致许多报刊亏损。出版社情况更糟，初版书特别是有学术价值的著作亏损面越来越大。为了活下去，许多出版社对有学术价值、但印数少的好书，只好忍痛割爱。科技出版社去年一年以支付 3 万元退稿费为代价，退掉了 70 部列入计划的书稿。

今年以来，情况并无转机。一季度应交新闻出版署新闻纸 3.3 万吨，实交 2.8 万吨，交货率只有 84%；凸版纸应交 3.4 万吨，实交 2.2 万吨，交货率只有 66%。去年纸张紧缺，尚可以用挖库存、搞替代的

---

① 本文原载《求是》1988 年第 1 期。

办法救燃眉之急，今年则已无库存可挖，替代余地不大，如不采取有力措施，有可能出现一些报刊、中小学课本印不出来的局面。

纸荒产生的根源何在？解决纸荒的出路在哪里？围绕这些问题，最近我们走访了轻工业部、林业部、新闻出版署等有关单位，并和全国十几家重点纸厂的领导进行了座谈。

"看不见的手"的作用

要探究新闻纸、凸版纸紧张的原因，无非从供给与需求两个方面着手。新闻纸、凸版纸紧缺是不是因为需求增长过快？不是。自 1985 年以来，我国新闻纸需求量基本上没有增长。与 1985 年相比，1987 年凸版纸需求量还有所下降。与国外相比，我国新闻纸、凸版纸的人均消费量是很小的。美国人均消耗新闻纸 52.4 公斤，世界平均水平为 6 公斤，我国仅为 0.6 公斤；1987 年我国凸版纸人均消耗不足 1 公斤，也大大低于世界平均消耗水平。这说明，新闻、出版用纸紧张并不是因为新闻、出版事业超前发展引起的。

新闻纸、凸版纸紧缺的主要原因，是自 1985 年以来生产逐年减少，供需之间出现了缺口。1985 年我国新闻纸产量为 42.5 万吨，1986 年降为 41.4 万吨，下降了 2.6%；1987 年再降为 34.6 万吨，下降了 16.4%；1988 年计划生产量只有 33.5 万吨。凸版纸 1985 年生产量为 98.7 万吨，1986 年降为 80.3 万吨，下降了 18.6%；1987 年再降为 75.3 万吨，下降了 6%；1988 年计划生产量只有 72.3 万吨。与此形成强烈对比的是，近年来我国整个造纸工业产量却是上升的。1980 年我国纸和纸板生产量为 535 万吨，1985 年上升为 911 万吨，1986 年再上升为 998.57 万吨，1987 年达到 1141 万吨。"七五"期间每年平均增长 10% 左右，其中 1987 年比 1986 年增长 14.3%。

这就提出了一个问题：为什么整个造纸工业生产上升，而新闻纸，凸版纸生产却逐年下降呢？根本原因是这几年原材料（木材、烧碱、液氯）价格直线上升，远远超过新闻纸、凸版纸价格上涨幅度，因而严重挫伤了生产者的积极性。拿新闻纸来说，南方造纸用木材 1984 年

1立方米为97元，1986年上升到200元，1987年涨到332元，1988年一季度已涨到420元，三年多时间涨了3倍多。而南方新闻纸价格，1985年1吨为1100元，1986年为1400元，1987年为1550元，1988年为2050元，上涨了86.3%。北方木材价格1980年1立方米等内白松、等内红松分别为113.36元和99.65元，1987年上涨到224.57元和289.12元，分别上涨了约1倍和2倍，同期新闻纸价格由850元1吨涨到1600元1吨，上涨幅度为88.24%。凸版纸价格及所用木材价格的变化情况也大体相似。木材是新闻纸的主要原材料，占成本的62%，在凸版纸成本中也占很大比重。纸张价格与木材价格之间上涨幅度如此悬殊，是企业无法消化的。其他原材料如烧碱、液氯等由于计划供应量远远不能满足实际需要，企业只好出高价到市场上去购买。目前烧碱计划价为每吨1000元左右，议价高达2000元左右；液氯计划价每吨650元，议价高达900元。新闻纸、凸版纸成本大幅度提高，使企业利润率水平和留利明显下降。去年以来，按计划价格销售凸版纸的企业约有2/3出现亏损，新闻纸厂除了少数厂家情况较好外，大多数厂连5%的利润水平都保不住。广西柳江纸厂是一个年产2.5万吨书刊纸的中型厂，1986年留利为284万元，1987年只有32万元，下降了89%。广州纸厂是我国四大新闻纸厂之一，1986年企业留利为1120万元，1987年降为775万元，下降了30%。

过去，造纸企业的生产由计划下达，材料由计划供应，企业的经济效益与企业和职工利益没有直接联系。现在不同了，通过承包、租赁等形式，企业变成了有相对独立性的商品生产者，企业的经济效益如何，直接关系着企业的生存、发展和职工的物质利益。于是在新闻纸、凸版纸价格低，超产部分又不许加价的情况下，纸厂为了生存与发展，只有改变产品结构，压缩计划内新闻纸、凸版纸生产，改产别的有利可图的产品，或者换个牌子，变相涨价，导致全国新闻纸、凸版纸生产减少。

原材料不但价格猛涨，而且严重短缺。指令性的生产指标，不仅没有指令性的原材料保证，而且工厂就是出高价，也买不到，这是新闻纸、凸版纸减产的又一原因。现在南方大中型纸厂几乎每个厂都是由厂长挂帅，十几个甚至几十个采购员专门跑木材。有的厂长幽默地说："现在是总编跑纸头，厂长跑木头"。从1987年开始，因南方木材供应不足，几家大中型纸厂生产能力严重闲置。广州纸厂因缺木材，5台纸机只开了4台，从去年9月到今年3月，1/3的生产能力闲置，6个月少生产了3万吨新闻纸。江西造纸厂去年7—8月木材供应中断，停产两个月，损失产量4300吨。北方虽然木材供应有计划保证，但烧碱、液氯奇缺，不仅指导性生产任务的碱、氯供应无保证，指令性生产任务的供应同样没有计划保证。齐齐哈尔纸厂今年需烧碱5739吨，计划供应只有1700吨，为需要的30%左右。全年需液氯2465吨，只供应550吨，占需要量的23%左右。看来今年如不设法解决原材料问题，许多重点纸厂的生产都要受到影响，新闻纸、凸版纸紧张局面将更加严重。

揭开流通过程中的奥秘

这几年新闻纸、凸版纸生产少了，产需之间有一定缺口，这是事实。然而，虽然大家都叫纸紧张，您听说几家报纸、杂志和出版社关门了？这也是事实。这说明缺口并不是很大。1987年我国需新闻纸57万—60万吨，国内生产新闻纸34.6万吨，进口15万吨，再加上约10万吨文化纸，缺口约5万吨左右。凸版纸1987年需要量为90万吨，国内生产75.3万吨，再加上5万吨文化纸，共80.3万吨，缺口为10万吨左右。按说不应该发生像目前这样严重的纸荒，起码91种中央级重点报刊用纸不应该成问题。所以，要揭开纸荒之谜，还需要把取景框对准流通领域。

新闻纸、凸版纸的流通状况可以用6个字概括：管不住，环节多。由于纸价与原材料价格之间的比例不合理，纸厂为了保证经济效益，千方百计压缩计划供货任务，先卖议价纸，再完成计划任务，或者把新闻纸、凸版纸换一个名称，叫文化纸高价出售。1987年市场上文化纸销售量至少有15万吨，在新闻纸、凸版纸总销售量中占不小的比重。有相当数量原来由计划调配的纸张，进入市场自由流通，谁出高价，谁与纸厂关系密切就卖给谁。结果，许多重点报纸、刊物、出版社纸张紧张，许多好书无法出版，而一些地方小报、刊物反而不愁用纸。产生这种情况的原因，不外乎两点：第一，纸价与原材料之间价格对比不合理，企业确实有困难。所以企业在完成计划上打折扣，能够得到上级同情。第二，现行纸张管理体制不容易对企业形成有效约束。纸厂的主管部门是轻工部造纸局，造纸局只管行业生产计划完成情况，不管纸张销售。轻工部供销局、中国印刷物资公司负责纸张分配、调配，却不是纸厂的主管部门，对纸厂无权实行有效的约束。

由于相当数量的纸张进入自由流通，经营纸张又有厚利可图，许多与新闻纸、凸版纸有关或无关的单位都来染指纸张经营。据我们调查，现在经营纸张的单位除了原来负责纸张贮存、调配的中央、地方新闻出版管理机构外，还有文化用品公司、纸张加工厂、印刷厂、劳动服务公司等。甚至，连纸盒厂、出版社、纸库、包装厂也纷纷买卖纸张，从中取利，有些个体户也倒买倒卖纸张，真可谓"全民经营纸张"了。

按照商品经济的要求，搞活流通应该起到两个方面的作用：一是缩短商品在流通领域停留的时间，把生产者与消费者更紧密地联系起来，促进生产，方便消费；二是价格的自由浮动应该反映价值规律的要求，调动生产者发展生产的积极性。遗憾的是，新闻纸、凸版纸流通的"搞活"，带来的是相反的后果。首先，纸张在流通领域中停留的时间延长了，从而加剧了新闻纸、凸版纸紧张状况。我国原来不允许集体、个体经营新闻纸、凸版纸，纸张直接由纸厂按计划调往使用单位，是比较节省时间，方便用户的。现在从纸张出厂到进入用户仓库，中间要经过若干中间环节，通过每一个环节都要用一定时间，再加上往返运输，流通时间大大延长了。流通速度放慢，积压在流通中的纸张数量增加，必须生产出更多的纸才能满足需要，加剧了纸张的紧缺。纸张周转速度减慢以及由此引起的纸张供应的更加紧张，迫使用户增加库存，反过来又加剧了紧缺。其次，中间环节层层加价，造成新闻纸、凸版纸市场价格直线上升，而涨价的大部分好处被中间环节得去了。今年以来，新闻纸、凸版纸市场价格几乎以每月每吨100元的速度上涨，如不采取措施，上半年两种纸的价格都可能超过3000元大关。这种上涨幅度，报纸、杂志、出版社已无法承受。但是在今年

4月召开的重点纸厂工作会议上，厂长们仍然反映纸价低。原因在于市场价格虽然很高，但纸张出厂价并不高。南方新闻纸出厂价为2050元1吨，北方为1600元1吨，但市场价已达到2700元1吨。凸版纸出厂价2300元1吨，市场价已涨到2800元1吨。这意味着，涨价的好处被中间环节得去了，许多纸贩子通过倒卖纸张，转让合同，收取"信息"费肥了起来，而生产者并没有得到多大好处。

值得重视的是，上述情况并不是只发生在新闻纸、凸版纸流通过程中，现在许多紧缺原材料的价格扶摇直上和严重短缺，都是或部分是由于流通环节的兴风作浪造成的。这种情况告诉我们，在放开搞活经济的同时，必须实行有效的宏观管理。尤其是在我国市场机制不健全的情况下，简单放开，必然引起混乱。新闻纸、凸版纸流通中出现的问题，还反映出随着改革的深化，价格双轨制对经济发展的消极作用越来越大，必须加快物资体制改革步伐，由两种价格过渡到统一的市场价格。

解决纸荒的出路何在？

怎样解决纸张问题呢？

我国纸张生产能力有1100多万吨。新闻纸与凸版纸需求量加起来不过150万吨。按理说只要按价值规律办事，政策对头，措施得力，保证基本需要是不成问题的。

（一）尊重经济规律，理顺原材料和纸张价格。理顺纸价，首先要稳定木材价格。我国北方的国有林生产经营以指令性计划为主，价格是国家规定的。北方林场大，产材量多，只要北方林场坚决执行指令性计划，按计划生产，按计划价格供应木材，北方纸厂的成本就会稳定下来，这是大头。南方林场，既有国有的，又有集体和个人的，走回头路，重新按老办法管理，再也行不通了。但是，放手不管，任人自由砍伐，让二道贩子自由进山采购，对于保护林业，增加农民收益，有害无利。现在南方林场已加强了管理，经过一段实践，收到了好的效果。人们提出木材必须实行最高限价，看来势在必行。

在价格上，指令性计划用纸和非指令性计划用纸要区别对待。重要报刊和课本用纸，尤其是中央报刊和中小学课本用纸，生产和分配都是列入计划的，造纸企业必须保证按计划生产，按计划交售，按计划价格供货。保证这些报刊和课本用纸，是关系到宣传党的方针政策和培养下一代的大事，纸厂要以完成计划为己任，不应因为利润低就停产或转产。但是，纸厂用高价材料完成计划任务也是难以为继的。物资供应部门应保证按照计划价格供应纸厂原料，否则，纸厂执行计划也会成为一句空话。

指导性计划和计划外部分纸张的价格，应随行就市，适当调整，调价的原则有两条：一是把造纸行业当作生产资料行业对待，让企业通过价格得到行业平均利润，具有自我发展，自我改造能力；二是比照其他纸张价格，使生产新闻纸、凸版纸的经济效益不低于生产其他纸张。纸价上涨必然影响报纸和出版社。鉴于这两个行业的特殊性质，可以采取对部分报纸、书刊实行财政补贴，其他报纸、书刊采取成本加微利的定价办法，实行放开。

（二）建设造纸材料基地，保证造纸原材料供应。木浆是新闻纸、凸版纸的主要原料，占我国造纸工业用浆的 20% 左右。发展造纸工业，必须把发展造纸原料，特别是木材放到重要位置。

近年来，人们在实践中摸索出不少解决造纸原料问题的有效途径。比如，走林纸结合的道路，纸厂向林业投资，林业保证纸厂用木材。我国森林资源缺乏，仅仅依靠原有森林造纸是没有出路的。因此，抓好人工造林，管好用好已有的森林资源，十分重要。

造纸企业广开材源，充分利用碎木片、枝丫材、蔗渣、废纸造纸，也可以缓解木材紧张状况。我国上述资源比较丰富。据计算，每生产 1 立方米木材，可产生 2 吨枝丫材。按年产 2 亿立方米木材计算，可用来造纸的枝丫材是 4 亿吨，这是一个不小的数字。目前我国枝丫材大都当作薪柴烧掉了，或者烂在山上，未得到充分利用，实在可惜。我国每年榨糖排出蔗渣约 900 万吨，目前用来造纸的只有 20%，其余部分也当作燃料烧掉了。提高蔗渣使用率，是节约木材的重要途径。比如，一年如果能生产 20 万吨蔗渣新闻纸，就可节约木材 50 万立方米。

（三）加快技术改造，扩大造纸生产能力。随着经济文化事业的发展，各行各业用纸必将不断增长。造纸行业属于技术密集型行业，投资大，周期长，见效慢，如果现在不着手扩大新闻纸、凸版纸生产能力，供需矛盾会越来越突出。因此，我们应看得远一点，把工作做在前头。我国南方资源丰富，云贵、雷州半岛一带具备发展大型造纸厂的条件，只要重点扶持，生产是能很快上去的。同时，要加强对现有企业的技术改造。我国现有30多个重点造纸厂，大都设备老化、技术落后、消耗高、效率低。北方几个大厂，消耗低的每吨纸耗木材不到5立方米，高的近6立方米；南方消耗低的每吨纸耗木材4.37立方米，消耗高的为6.402立方米，小纸厂消耗更高。必须通过改造，才能迅速扩大生产能力，降低消耗，使我国新闻纸、凸版纸生产跃上一个新的台阶。

（四）调整管理体制，加强行业管理。造纸生产涉及轻工、森林、化工、纺织、机械、外贸等部门。纸张价格与纸张分配又关系到中央与地方的利益，关系不顺，互不协调，矛盾重重，没有一个部门做综合协调工作，使许多本来很好办的事办不成，是造成目前纸张紧张的重要原因。因此，应建立一个综合部门，统管造纸的生产与流通。

对造纸企业要整顿。目前，全国有4000多家造纸厂，大都规模狭小，技术落后，污染严重，布局不合理，应该适当调整。扶持基础好的重点企业，限制没有发展前途的企业，不要再盲目布点，盲目建厂。重点纸厂要进行专业化分工，密切协作。纸厂与原材料生产的协作也需要加强。

加强木材流通管理，减少中间环节，取消不合理的层层加费，严厉打击倒买倒卖活动。木材应由林业部门一家经营，保证木材价格稳定。同时加强纸张流通的管理，取缔投机倒把活动，保证计划的权威性与严肃性，保证重点报纸、书刊的用纸。

山东经济发展快的奥秘 [1]

（1992 年 8 月）

近十几年来，山东省是我国经济发展最快的省份之一。1991 年，全省国民生产总值达到 1568.38 亿元，居全国第二位。按可比价格计算，比 1980 年增长 1.92 倍，年平均增长 10.2%。国民收入达到 1349.63 亿元，居全国第一位，比 1980 年增长 1.91 倍，年平均增长 10.2%。工农业总产值达到 3392.2 亿元，居全国第二位，比 1980 年增长 3.3 倍，年平均增长 14.1%。

山东十几年来经济持续、稳定、高速发展的原因何在？为了寻找问题的答案，6 月中旬至 6 月下旬，我们在山东进行了十几天采访、调查。其间与省委书记姜春云进行了交谈，召开了一系列座谈会，实地考察了泰安、济宁、烟台、威海四个地级市及其下属的一些县、乡、村。通过采访、调查，我们认为山东省经济之所以发展快，与山东资源丰富、经济基础较好固然有关，但主要原因是山东的干部、群众实事求是，真抓实干，创造性地进行工作与劳动，充分发挥了主观能动性。以下所记述的，就是围绕这个问题，我们在山东的所见、所闻、所想。

咬定青山不放松

6 月 13 日晚，省委书记姜春云风尘仆仆从泰安市返回，接受了采访。当我们提出山东经济为什么十几年来一直保持着稳定、高速增长的势头，他不假思索地回答："第一条，就是山东十几年来始终坚持经

---

① 本文原载《求是》1992 年第 15 期。

558

济建设这个中心，任何时候都不动摇。党的十一届三中全会以来，邓小平同志反复指出，贫穷不是社会主义，社会主义的根本任务是发展生产力，搞经济建设。山东历届省委对小平同志这一指导思想认识是一致的。认为小平同志提出把党的工作重心转到经济建设上来，抓住了社会主义时期的主要矛盾，符合广大人民群众的根本利益。社会主义是干出来的，不干，半点马列主义都没有。经济上不去，人民生活没有改善，讲工作做得好是一句空话。'宁要社会主义的草，不要资本主义的苗'，是'四人帮'那样的假马克思主义者加花花公子的逻辑，在我们这里，根本没有市场。十几年来，不论谁当书记、省长，大家都认准一个理：集中精力把经济搞上去。近 10 年来，省委、省政府开得最多的会议是研究经济工作的会议，发得最多的文件是关于经济工作的文件，领导讲得最多的是如何搞好经济工作。省委要求省、地、县各级领导，特别是主要领导的主要精力一定要放在抓经济工作上，要经常想这个中心，议这个中心，紧紧抓住这个中心。在我们这里，已经形成了抓经济建设有功，搞经济建设光荣的舆论环境。"

由于省委指导思想明确，各级党委、政府在实际工作中时时处处体现了以经济建设为中心。第一，不论社会上刮什么风，出现什么波折，都毫不动摇经济建设的中心地位。1989 年春夏之交的政治风波波及山东时，山东的党政机关和厂矿企业也受到了冲击，严重地干扰了正常的生产和工作秩序。在这种严重的情况下，山东省委一方面坚定不移地采取措施，稳定局势；另一方面加强力量，组织领导经济建设。在风波期间，省委、省政府要求各级党委、政府采取一切必要的措施，保证不出现大的影响生产和经济发展的事件。特别是企业党委、厂长要排除一切干扰，稳定职工队伍，生产一分钟也不能停。省、地（市）、县组织了大批干部深入农村，参加"三夏"工作。由于省委态度坚决，措施得力，在那场政治风波期间，山东经济仍然保持着较高的增长速度，4、5、6 三个月工业总产值创历史最好水平。

第二，党、政、工、团、企，方方面面同唱经济工作一台戏。在山东采访期间，我们发现不仅主管经济工作的干部对经济发展情况了如指掌，那些从事意识形态、组织人事工作的干部谈起经济工作来，同样出口成章，有板有眼。当我们就这个现象提问时，他们说：在我们这里，经济工作没有分内、分外之别，大家都在唱经济工作这台戏，只是扮演的角色有所区别罢了。十几年来，山东省委在如何组织党、政、工、团、企方方面面参加经济建设大合唱上，做了不少努力。省委明确要求，省直各部门、各单位必须在经济建设中找准自己的位置，共同为经济建设鸣锣开道，保驾护航。各经济部门要唱好"主角"，提供优质服务；组织人事部门要解放思想，完善制度，选拔懂经济、会管理的人才走上领导岗位，为经济建设提供组织保证；宣传部门要充分发挥舆论导向作用，为经济建设扫清思想障碍；法律、纪检部门要严格执行党和国家的政策、法令，正确区分与处理两类不同性质的矛盾，为经济工作保驾护航；群众团体要充分发挥联系群众广泛的优势，积极组织群众为经济建设献计出力，建功立业。在山东这已经是一种习以为常的现象。

第三，各项工作都围绕经济建设这个中心而展开。比如在农村社会主义教育运动中，山东省委要求把思想教育同脱贫致富、奔小康结合起来，在广大群众中深入宣传党的基本路线，开展奔小康大讨论，制定奔小康规划，这样使社会主义教育同时变成贫困地区脱贫致富，发达地区走向更加富裕的活动。这种做法受到了广大农民的欢迎。再如，在开展文化体育活动时，山东省各级政府注意把文化活动与经济工作联结起来。自1984年举办潍坊国际风筝会以来，全省各地相继举办了曲阜孔子文化节、泰山国际登山节、菏泽牡丹花会、荣成国际渔民节等大型文化体育活动。这些文化体育活动的特点是"文化搭台，经贸唱戏"，吸引了国内外厂家和商人，签了大批合同，大大促进了当地经济的发展。

紧紧牵住改革这个"牛鼻子"

十几年来，山东省委几届领导都注意把改革放在突出的位置，牵住改革这个"牛鼻子"，以解放生产力，推动经济的发展。

山东是孔孟故乡，传统文化源远流长。但是正因为如此，有些干部的封闭保守思想也是根深蒂固的。山东资源丰富，物华天宝，人杰地灵，这固然是经济发展的有利条件，但是与此同时也助长了万事不求人的自然经济思想。针对这种情况，山东省委认为，要推动改革，必须首先解放思想。十一届三中全会以来，历届省委书记、省长几乎每逢重要会议必讲解放思想，破除自给自足，小富即安、"铁饭碗"、"大锅饭"等旧观念，提倡大胆创新，大胆改革。省委负责同志在改革问题上明确地给地、市、县领导以"尚方宝剑"：凡是符合社会主义方向，有利于生产力发展的政策、措施、制度、办法，都允许大胆探索，积极试验。由于山东省委注意培养各级领导的改革意识，鼓励各级领导大胆改革，近年来各地结合自己的实际情况，创造了许多新鲜的改革经验，摸索出了一些有效的体制模式。如诸城市的商品经济大合唱，寿光县的培育市场体系，莱芜市、昌邑县的转变政府职能，九间棚的发扬沂蒙精神等都走出了自己的改革路子，省委、省政府及时推广了这些地方的经验，有力地促进了全省的改革与发展。

山东省委在改革问题上态度坚决，注意保持改革政策的连续性，从不朝令夕改。当改革遇到困难时，省委领导总是主动站出来，保护改革成果和基层改革的积极性。1989年政治风波之后，一些人对农村承包、企业承包、厂长负责制、搞活流通、发展个体经济等重大改革措施提出种种非议，在企业和农村中引起了混乱。面对这种情况，省委、省政府立即召开了全省电话会议，姜春云同志在会上宣布上述各方面的政策不变，凡已下放的权限除中央明令改动的以外，省里一律不收。8月份，省委、省政府又召开了有公、检、法和监察部门负责人参加的紧急会议，省委、省纪委的领导同志到会宣布了肃贪倡廉与搞活企业的几条政策界限，明确提出，凡是过去各级政府制定的搞活企业的一系列政策规定，与现行政策不符的，由各级政府负责；在执行中只要不是中饱私囊，不追究企业和个人责任。这在当时对稳定人心，稳定企业，稳定经济，保护改革起了关键作用，受到了干部群众的拥护。

山东省不仅敢于大胆改革，而且善于改革。前一个时期有些地方实行企业内部三项制度改革，遇到了不小的阻力。但是，山东省经委做的一项调查表明，企业干部职工对三项制度改革的承受力比预想的强，赞成改革的占调查人数的 95% 以上。原因何在？山东省经委的负责同志告诉我们，主要是由于采取了以下做法：第一，在三项制度改革中，先破干部的铁交椅。有的企业的厂长（经理）由上级任命改为由职代会推举；中层干部由厂长任命改为由职代会推荐，而后由厂长任命；打破了干部与工人的界限，由群众推荐，提拔工人甚至合同制工人任中层干部。在改革企业干部制度的同时，政府部门积极实行职能转变和精简机构。如莱芜市从 1987 年开始下放权力，把原来 23 个由条条管理的机构下放给乡镇。昌邑县有 14 个局退出政府序列，每年节省财政支出 240 万元，同时还上缴一笔利税。由于先动了干部的铁交椅，再进行劳动工资制度、用工制度改革，工人服气，减少了改革的阻力。第二，既坚决进行改革，又设身处地替工人着想。对从岗位上精简下来的职工，或安排从事厂办第三产业，或组织学习、培训，合格后再上岗，给一定出路，不简单推向社会。对厂内退养的职工，发给合理的补贴，并安排一定的工作，不使他们的收入下降太多。对那些对企业发展有贡献的老工人合理对待，在确定工资标准时，提高年功工资的比重，按工龄长短实行年功工资累进。这样做，改革对工人来说就不是冰冷一团，使他们感到党和企业没有抛弃自己，因而对改革比较理解，积极支持企业改革，极少出现工人到厂长办公室或家里闹事的恶性事件。

做好把中央精神同本地实际结合这篇大文章

中共山东省委认为，我国是一个幅员辽阔的国家，各个地区在资源条件、经济发展水平、文化历史传统方面都有自己的特点，在执行中央的指示时，一定要结合自己的实际，有所创造。照抄照搬中央的指示，当传声筒、收发室，实际上是党性不强，对党的事业和人民不负责任的表现。十几年来，山东省委在吃透省情的基础上，努力做好把中央的路线、方针、政策同本省实际相结合的文章，善于进行创造性的工作，保证了山东经济的顺利健康发展。

6月15日，在有省各经济部门负责人参加的座谈会上，我们请与会的同志谈谈山东省在1989—1991年这3年里经济增长速度仍保持在10%以上的原因。到会的同志一致认为，这是由于在省委、省政府的领导下做好了"结合"的文章。具体说来有三点：一是山东省近10年来一直注意发展能源、原材料等基础工业以及交通运输等基础设施。因此轻重工业的比例，基础工业与加工工业的比例比较协调。二是山东一直重视乡镇企业的发展，乡镇工业在全省工业中所占比重较大。由于乡镇企业自有资金较多，紧缩银根对乡镇企业生产的制约作用要比对全民企业生产小得多，乡镇企业在"治理整顿"期间仍然以较高的速度发展着，从而保证了全省工业生产的较快发展。三是山东省农业比较发达，省委、省政府抓住农业这个优势，在近几年不断加强对农业的领导，加大对农业的投入，使山东农业连续几年获得大丰收。

在经济发展速度问题上，山东省根据本省实际，既强调尽力而为，不要保守，又注意量力而行。前几年全国经济"过热"时，山东省提出经济发展速度要适当，效益要提高，保持年经济增长15%左右。3年治理整顿期间，山东根据本省资源比较丰富、经济结构比较协调的实际情况，不人为地抑制经济发展，仍保持了较高的增长速度，全省工业平均增长14.1%，农业平均增长6.7%。威海市根据省委、省政府的指示以及本市乡镇企业多、外向型企业多，有国际国内两个市场的实际情况，在1989—1991年的3年间，通过大力发展外向型企业和乡镇企业，在保证经济效益不断提高的前提下，工业生产每年增长30%以上。

山东省委不仅注意做好自己的"结合"文章，而且要求与鼓励各地、各部门从各自的实际出发，各选各的突破口，各做各的"结合"文章。正因为这样，各地党委和政府充分发挥积极性与创造性，走出了有当地特点的经济发展道路。如前边提到的诸城市、莱芜市、寿光县以及九间棚村，都在"结合"上作出了精彩文章。寿光与桓台两个县地界相连，自然条件相似，但却选择了不同的经济发展道路，在山东经济发展大合唱中，奏出两段各有特色的乐章。寿光县以蔬菜生产为突破口，大力发展农村商品经济，成为北方一大蔬菜生产基地和批发市场；桓台则以粮食生产为突破口，通过完善双层经营体制，实行产前、产中、产后一体化服务，提高农业劳动生产率和综合生产能力。1990年，这个县39.4万亩粮田，年平均亩产1020公斤，成为江北有名的吨粮县。

坚持"两手抓""两手硬"

山东省委在集中精力抓经济建设的同时，围绕经济建设这个中心，有效地开展了思想政治工作，加强党的思想建设与组织建设，使党员尤其是党的干部保持昂扬的精神风貌，成为领导和从事经济建设的核心力量，保证了经济建设的顺利进行。同时，他们狠抓法制建设，严厉打击违法犯罪活动，加强社会治安，治理和整顿社会秩序，为经济稳定发展创造了一个良好的社会环境。1991年，全省重大刑事案件发案率为万分之二，比全国低3个万分点。有88.5%的县属以上厂矿企业单位和83%以上的乡村常年不发生重大刑事案件、大的群众纠纷和治安灾害事故。这是山东经济稳定、健康发展的一个重要因素。

在山东各地采访期间，我们与各级干部进行了交谈，发现山东的干部政策水平、理论水平比较高，思想比较解放，思路开阔，这与山东省各级党组织重视干部的理论学习是分不开的。烟台市委宣传部的同志告诉我们，在烟台市，市委、市政府各部门主要领导，所属各县委、县政府一把手每年集中一段时间学习理论已经成为制度。邓小平同志的重要谈话传达以后，烟台市通过进党校学习、办短训班等形式，已经把全市所有科级以上干部轮训一遍。

在与各地干部谈起"两手抓"问题时，他们对此决心很大。蓬莱市委负责同志说："我们在搞改革开放时应该学习资本主义一切有用的东西，但是有几种现象任何时候也不允许在我们这里泛滥。这就是不许吸毒、贩毒，不许嫖娼卖淫，不许赌博，不许搞封建迷信活动，不允许黑社会活动等。"正因为各级领导重视"两手抓"，努力做到"两手硬"，在各地我们都看到了人民安居乐业、五业兴旺的景象。海滨城市威海、烟台、莱州、蓬莱绿树红瓦，碧海蓝天，一尘不染，秩序井然，这里的人民，热爱自己的城市，养成了文明习惯，自觉维护社会秩序，遵守各种法律和法规。

尤其难能可贵的是，山东省的基层干部也非常自觉地把精神文明建设、打击刑事犯罪活动当成大事来抓，使思想政治工作与生产活动结合起来。我们在莱州市丁家村宏祥电器集团总公司参观时，公司经理首先发给了我们一本红色的小册子：《宏祥电器集团总公司职工学习教材》。小册子内容有五部分：一、热爱祖国；二、热爱党；三、热爱社会主义；四、热爱父母；五、热爱师长。公司负责同志告诉我们，这本教材是公司总经理、村党支部书记丁焕相同志主持并亲自动手写的。公司的职工进厂，首先要集中一段时间学习这本书，进行讨论，熟记其内容。违反了，就要做检查、受处分。比如职工如果不孝敬老人或与村里的长者、教师吵闹，就要被停止工作，直到作出深刻检查，保证不再犯这样的错误，并向父母、长者、教师道歉，才能恢复工作。几年来，在这个村根本没有赌博、不赡养老人等现象，邻里之间也很和睦。村民们彬彬有礼，谦谦然有君子之风。参观完这个村子，我们备受鼓舞，看到了中国农民走向富裕、文明的希望，对这个村子里那些普通的共产党基层干部，不禁产生深深的敬意。

邓小平同志的重要谈话传达后，山东省各级领导认真学习，深刻领会，受到了极大鼓舞。省委、省政府为山东今后经济发展规划了更加宏伟的蓝图，提出以深化改革、东西部全面开放为动力，使山东经济发展速度和经济效益水平高于全国平均水平。在今后 10 年，争取经济发展速度达到或高于前 10 年，在 1994 年提前 6 年实现第二个翻番，到 2000 年翻第 3 番，然后再用 10 年时间，在经济总量上赶上一个中等发达国家。

根据我们在山东的所见所闻，我们认为这些目标是可以实现的。在这十几天里，我们看到山东的干部群众憋足了一股劲，准备扎扎实实，甩开膀子大干一场。沿胶济线东行，两旁县办、乡办、村办工厂鳞次栉比，高高的脚手架和塔吊随处可见，一派繁忙的建设景象。我们相信，借改革开放的东风，以山东人民的勤劳智慧，埋头苦干，再加上有大自然赐予的丰富资源，在不久的将来，山东的面貌必将发生令人惊叹的变化。

辽东湾畔创业歌 ①

——营口经济技术开发区调查

（1993 年 2 月）

在美丽的渤海湾畔那一串珍珠般的城市中，营口市似乎远不如青岛、大连、烟台等城市那样璀璨夺目。提起鲅鱼圈，大概只有那些老营口才能说出个所以然来。然而，1992 年 12 月 10 日营口市委、市政府在人民大会堂召开的"营口经济技术开发区新闻发布会"上公布的一系列数字，使中外投资者发现了又一个可以大显身手的投资场所，使新闻界对这个平地里冒出来的"开发区"刮目相看，产生了浓厚的兴趣。

营口出口加工区创立于 1988 年 5 月，国务院于 1992 年 10 月 21 日正式批准设立营口经济技术开发区。在这 4 年多的时间里，创业者们仅仅凭借 1450 多万元的建区费，在全国"开发区"遍地开花，面临激烈竞争的情况下，在 5.6 平方公里的土地上基本上实现了"五通一平"，完成固定资产投资 3.1 亿元。到 1992 年 11 月底，营口经济技术开发区共引进外商投资企业 120 家，投资总额 2 亿美元，其中仅 1992 年一年引进项目就达到 87 个。开发区现有 29 家"三资"企业投入生产，在建项目 15 个，正在筹建的项目 76 个。这些企业全部达产后可形成每年 27 亿美元的生产能力，年创汇额可达 3.5 亿美元。除了引进外资项目外，4 年多来，开发区还引进内联企业 261 家，投资额达 6.1 亿元人民币。目前营口开发区以机械加工、服装加工、橡胶工业、石

---

① 本文原载《求是》1993 年第 3 期。

化产品深加工为支柱产业的产业结构体系正在形成。同时，高技术、高附加价值项目正在日益增加，开发区产品与技术方面的优势对周围地区的辐射作用正在不断加强，有力地推动着当地经济的发展。

当我来到营口经济技术开发区采访时，看到这里厂房鳞次栉比，马路宽阔平坦，新建的学校、医院已投入使用，夜晚各种文化娱乐场所的霓虹灯吸引着人们。在几平方公里的区域内，各种建筑已经摆满，时值隆冬，施工仍在紧张地进行着。4年半的时间，鲅鱼圈已经蛮像一个现代化工业城市的样子了。然而，谁能想到，4年前，这里只不过是一个小小的渔村，放眼望去，除去寂寞的海滩，就是甩手无边的青纱帐？

那么，在这块荒凉的土地上，建设者们靠什么白手起家干起了这么一番大事业呢？

大胆利用市场机制

中共辽宁省委、省政府在决定设立营口出口加工区时，就确立了这样一个指导思想：在其他开发区已经率先起步，竞争激烈，又缺乏足够资金的情况下，要想在鲅鱼圈这块处女地上建设一个以高技术、高附加值产业为主体，产品主要面向国际市场的现代化工业园区，成为辽宁以至整个东北地区对外开放的窗口，带动营口市和辽宁省经济的迅速发展，靠老观念、老体制、老办法是不行的，必须树立新的思想观念，大胆运用市场机制。在这种思想指导下，营口出口加工区从建立那天起，就在劳动人事、收入分配、企业管理等方面进行了大胆的改革与探索，形成了一种高效率的经济运行机制。

在劳动人事制度上引进了竞争机制，打破了"铁饭碗"。在营口出口加工区设立时，承担加工区全部开发任务的开发公司的总经理人选就是通过公开招聘、公开竞争的方式确定的。当时，营口出口加工区在报纸上刊登广告，面向东北三省招聘总经理，参加应聘的有58人。经过1个多月的反复答辩与筛选，最后选中了既有在中央机关工作的经历，又在地方担任过领导职务，经营战略与建设方案均有独到之处的原丹东市人民政府副秘书长、38 岁的孙明。孙明走马上任后，对从总公司副经理到司机、打字员的全部工作人员实行招聘制，招聘后有 3 个月的试用期，期满合格正式聘用。正式聘用后，如不合格，在总公司范围内自找工作，发 70% 工资，一个月找不到工作，自行解聘。在招聘干部时，不管什么级别，什么职务，在开发区干什么工作，给什么待遇。对公司的干部实行定期考核制度，民主评议，能者上，庸者下。由于引进了竞争机制，一是吸引了一大批人才，实现了职工干部队伍的年轻化、知识化、专业化。从营口出口加工区开办到 1988 年底的半年多时间招聘的人员中，45 岁以下的占 86%，总公司本部的干部中，大专以上文化程度的占 76%，有高级职称的占 21%。二是形成了一定的压力，促使干部、职工勤勤恳恳工作。三是调动了干部职工的积极性，使有水平、有能力的人有用武之地。总之，由于在人事制度上引进了竞争机制与市场机制，形成了一支精干的、过硬的队伍，为事业的繁荣提供了可靠保证。

在收入分配制度上，实行收入与工作实绩挂钩，打破了"大锅饭"。总公司负责核定各公司的工资总额，至于各公司如何分配，总公司不干预。各公司的收入分配办法一般是只发一部分固定工资，相当一部分收入要由完成任务情况决定。完成了承包的各项指标，职务补贴、奖金可以发给；超额完成承包指标，奖金增加；完不成承包指标，职务补贴和奖金就要扣除。在营口开发区的各个公司，干部、职工的总收入中，与完成任务情况相联系的收入约占 40% 左右。这种收入分配制度，体现了按劳分配原则。在这里，要想提高收入水平，就必须努力工作，创造出效益。轻轻松松混日子，当一天和尚撞一天钟是行不通的。

在经营管理体制上，真正实行自主经营，自负盈亏。开发区管委会（以前是总公司）制定发展规划、发展重点以及有关政策，对各公司的内部事务不加干预，如干部任免权、经营管理权、投资决策权都交给企业。各公司自己搞开发，创效益，自己养活自己，自己谋求发展。公司经营不善，出现亏损，由企业承担责任与损失。由于企业有了自主权，经营机制灵活，各公司"八仙过海，各显神通"，采取各种方式吸引外资与内资，使来开发区投资的外商和国内企事业单位纷至沓来，各项建设事业日新月异，在 4 年多的时间内，把一个小渔村变成了初具规模的集工业、商业、旅游业为一体的海滨新城。

硬环境条件差软环境补

辽宁省拨给营口出口加工区的资金总额只有 1450 多万元，真正用于生产建设的资金只有 1400 万元。要使鲅鱼圈繁荣起来，这点钱只不过是杯水车薪，主要是靠吸引国内外客商到这里投资办厂，搞建设。然而，在营口出口加工区创办时，全国沿海地区已有十几个经济技术开发区，并且初具规模，形成了较好的投资环境，对国内外企业有了一定的吸引力，办起了一批外资企业，而鲅鱼圈除了有一个正在兴建的港口、紧靠沈大高速公路以外，投资的硬环境是比较差的。当时的鲅鱼圈道路不完善，通信设施水平不高，根本没有像样的宾馆饭店，娱乐场所更谈不上，外商来谈生意，只能住在大连、营口或沈阳。

投资的硬环境短期内上不去，靠什么吸引外商来投资？鲅鱼圈的建设者们提出：硬环境不行，创造好的软环境来弥补，即用加倍努力的工作，提高办事效率；用十二分的真诚提供优质服务；用完善可靠的政策具体加以保证。

为了使项目谈判效率提高，他们创造了一套行之有效的工作方法。一是在谈判开始前做好充分的准备工作。包括对外商所在国经济发展情况、文化风俗的了解，对外商所在公司情况以及投资者经历、性格、工作作风的了解，对谈判中外商会提出什么要求、项目谈判中双方关心的主要问题、谈判中会遇到什么障碍，做到心中有数，力争谈判一开始就进入实质性问题，缩短谈判过程。二是几条战线同时铺开，齐头并进。一方面准备有关材料，拟定洽谈方案，安排外商的接待工作；另一方面派专人办理邀请手续，同时向省、市外经委请示、汇报、沟通信息。三是在谈判期间，各部门一切工作服从于谈判工作，围绕谈判高速运转，争时间，抢速度。外商独资企业营口化妆用具有限公司创办时，白天公司有关负责人与外商谈判一整天，到晚上 8 点双方取得了一致意见，外商回营口市休息，而开发公司从总经理、业务部长到打字员，从拟稿、审稿、打字、校对、复印、装订，整整忙了一个通宵。第二天早上，总经理和谈判小组的同志带着需要签字的全部材料来到外商下榻的宾馆，办理签字手续。为了办理报批手续，总经理、业务部长等经办人员不分白天黑夜，在营口、沈阳、鲅鱼圈之间穿梭往返，三天三夜每人只睡了 6 个小时。由于这种高效率的工作，这家韩国在中国大陆的第一家独资企业从项目洽谈到签约、领到外资企业批准书和营业执照，仅用了 12 天时间。韩国客商金晶璈先生对这种高效率的工作表示敬佩，说："我去过世界许多国家，这样高的办事效率还不多见。"

由于我国经济体制的某些方面不合理，政府部门办事效率低，某些具体政策不符合国际经济惯例，外商到中国投资洽谈有许多不便，许多本来可以谈成的项目最后归于流产。为了避免这种情况的发生，开发总公司组织一批熟悉政策和办事程序的精干人员，对外商投资需要在中国办理的全部手续实行一条龙承包。外商企业建立后，需要与中国政府各有关方面打交道的，手续也由开发总公司代理。在处理这些事务的过程中，有关办事人员本着"耐心、细心、精心、热心"的原则，对外商提出的要求及时给予满足，对外商生产经营中遇到的难题，想方设法给予解决。

精诚所至，金石为开。鲅鱼圈人办事的高效率与服务的热情周到、高质量，吸引了外国投资者。有些外商开始来鲅鱼圈投资只是试探性的，后来改为放心大胆地投资，不断地追加投资。有的外商还回国说服自己的好友来鲅鱼圈投资。如韩国客商崔荣浩创办了宇清公司后，又回国拉来好友创办了大明餐具有限公司。韩国客商金晶璈先生创办了营口化妆用具有限公司，又拉来在日本的朋友创办了三喜公司……就是这样，鲅鱼圈里外资企业迅速发展，到 1992 年末，已达 120 家，投资总额为 2 亿多美元，形成总产值 26.5 亿元人民币的生产规模和年创汇 3.5 亿美元、年实现利润 5.4 亿元人民币的能力。

人是要有一点精神的

在营口经济技术开发区采访时，我发现这里是一个人才荟萃的地方。在开发区管委会与各公司的负责人中，有不少原来是来自省直机关、市直机关以及国有企业的县处级干部。他们在原来的单位都有一定地位与权力，干下去肯定都会有相当不错的"前程"。他们为什么抛弃大城市的舒适生活，来到这个偏僻的小渔村来吃苦呢？是为了到鲅鱼圈"淘金"、发大财吗？不是。管委会主任每月收入也不过500元多一点。那么，他们到鲅鱼圈到底是为了什么？

开发区管委会主任的回答是："中国在历史上失去的机会太多了，使得我们这个有几千年文明史的泱泱大国已经大大落后了。对此，每个有责任感的中国人都会寝食不安。党的改革开放政策给中国提供了空前未有的机遇，但要实现中国的腾飞，靠的不是空谈，而是脚踏实地的苦干。鲅鱼圈虽然条件差，但有发展潜力，在这里可以干一番大事业。"

"创业艰难百战多"。当第一批创业者来到鲅鱼圈时，这里只是一片海滩与尚未长起来的庄稼，既无宿舍，又无办公室，也没有食堂。开发总公司借用别人的一栋小楼，白天当办公室，晚上当宿舍。吃饭就在区政府的食堂里，常常因为饭菜数量不够或因为工作误了开饭时间而吃不上饭。当时鲅鱼圈连一家饭馆也没有，食堂没有饭，只好饿肚子。开始时，甚至连暖瓶也没有，有些年龄较大、身体不好的同志，只好就着生水吃药。为了稳定军心，孙明回到北京，说服爱人辞掉在北京人民广播电台的记者工作，到鲅鱼圈落户。他的这一举动鼓舞了同事们。许多人表示，当初下决心到鲅鱼圈来，就不是来享福的，并陆陆续续把家属从沈阳、营口等地接到鲅鱼圈来落户。

高度的责任感，不甘平庸、不甘落后的强烈事业心，驱使鲅鱼圈的建设者们全身心地忘我地投入工作。在鲅鱼圈，有一个不成文的制度：只要工作需要，没有什么上班与下班的区别。在出口加工区刚创办时，当时规定的工作时间是早8点到晚9点。直到现在，如果人们晚上到管委会大楼去看看，仍然可以看到许多房间灯火通明。不少公司的领导经常在早晨 7 点召开会议，研究企业重大问题，其他时间用来处理具体事务。开发区的建设者们每天的工作量有多大，很难说清楚。也许有一个例子可以给我们一个大体的概念：开发区有一辆伏尔加小汽车，两年跑了 17 万公里的里程，只能报废。这意味着这辆车两年之内跑了其他单位的车辆 10 年左右的里程，也告诉人们，鲅鱼圈的建设者们为了事业的兴旺，流了多少汗水，跑了多少路，花费了多少心血。一分耕耘，一分收获。鲅鱼圈在几年内由一个无名渔村，变成一个有一百多家企业，生活设施、基础设施基本齐全的滨海新城，就是建设者们拼命工作，忘我奉献的结果。

在邓小平同志南方谈话和党的十四大精神的鼓舞下，鲅鱼圈的建设者们为营口经济技术开发区绘制了一幅气魄宏大的远景图：

1995 年以前要建成新的起步区 6 平方公里，引进 300 家外资企业和一大批内联企业，工业生产能力要达到 70 亿元人民币，出口能力达到 7 亿美元，区内人口达到 15 万。到 2000 年，外资企业达到 1000 家，工业产值达到 100 亿元人民币，出口产值达到 15 亿美元，成为有 40 万人口的现代化港口城市，主要经济技术指标达到世界中等发达国家和地区的平均水平，成为东北亚经济区的贸易、服务、金融、工业生产中心。

有党的改革开放政策做保障，有优越的地理环境与交通运输条件，再加上鲅鱼圈聚集着一批雄心勃勃、奋发上进的可贵人才，我们相信这个蓝图是会变成现实的，鲅鱼圈的未来必定是美好灿烂的。

把企业发展和西部大开发结合起来的可贵探索 [1]

——甘肃莫高公司实施农业产业化的调查与思考

（2001 年 2 月）

去年 10 月，我们在甘肃河西走廊就西部农业等问题进行调查时发现，甘肃莫高实业发展股份有限公司（以下简称莫高公司）近几年在实施农业产业化过程中的一些做法，不仅促进了企业发展壮大，而且在帮助农民脱贫致富、改善生态环境等方面也取得了良好效果，很值得重视。

莫高公司是甘肃农垦系统的国有控股企业，前身是甘肃饮马啤酒原料股份有限公司。1995 年甘肃饮马啤酒原料股份有限公司成立，1999 年经过增资扩股，更为现名。1995 年股份公司成立以来，销售收入、经济效益年均增长速度分别达到 44％和 49％，总资产从初建时的 2000 万元增加到 1999 年的 2.7 亿元，农业生产基地扩大到 40 万亩，带动农户 10 余万户，2000 年实现销售收入近 3 亿元，实现利润近 5000 万元。

莫高公司在农业产业化发展过程中，主要采取了以下一些做法：

第一，发挥当地资源优势，以市场需求为导向，坚持以农为主的发展方针，在企业发展的同时，带动了当地农民脱贫致富。公司领导班子认为，莫高公司是国有控股农业企业，通过企业发展，带动当地现代化农业的发展，帮助农民脱贫致富，是国有企业的责任。几年来，

① 本文与王兆斌合作，系国务院研究室送阅件，2001 年 2 月 15 日（15 号）。

他们根据对市场需求形势的分析和河西走廊具有种植优质酿酒葡萄、啤酒原料大麦的气候和土壤条件以及牛羊养殖优势，开发生产了"莫高"牌优质葡萄酒、"西凉"和"五泉"啤酒、啤酒花、"好为尔"乳制品等一系列名牌产品，形成了若干个从种植、加工到销售的主导产业，使企业发展有了经济增长点。这些产品由于质量、价格方面具有优势，在西北地区供不应求，产量不断增加，经济效益良好。为了满足这些产品生产对葡萄和大麦等农产品的需求，他们先后建立了葡萄、啤酒大麦、啤酒花种植基地和牛羊养殖基地，种植规模分别达到 3 万亩、40 万亩、2 万亩，养牛养羊分别为 5 万头和 30 万只。他们向与之合作的农户提供优良品种和技术培训，与农户签订购销合同，负责农产品销售，实现了分散生产和大市场的对接，帮助农民化解了市场风险。目前，与公司建立契约关系的农户已达 10 万户，户均每年增加收入 600 余元。除了满足本企业生产加工的需要，他们还面向国内外市场，组织大规模农业生产，帮助农民把农产品销售到全国及国际市场。如大麦基地生产的大麦不但供应本企业啤酒生产需要，每年还向全国市场销售 10 余万吨，向外地供应啤酒花 0.5 万吨。

第二，把产业化经营和保护生态环境结合起来，促进了当地生态环境的保护和改善。莫高公司在制定企业发展目标时，非常明确地认识到，国有企业不仅要追求经济效益，还要牢记企业的社会责任，追求良好的社会效益和生态效益。在莫高公司的企业发展目标中，把河西走廊建设成一条绿色长廊，就是一个重要目标。几年来，他们坚持把绿色产业作为公司发展的重点，每建一个种植和养殖基地，实际上就是在地处沙漠边缘的河西走廊建立了一处绿色屏障。到了夏秋季节，莫高公司的种植基地满眼绿色，一望无际，蔚为壮观，对改善局部气候条件和生态环境产生了良好效果。近两年，在公司生产经营规模急剧扩大，对农产品需求量不断增长的情况下，公司不与农民争地，把长远发展的视野转向了绿洲的外围，计划利用当地特殊的气候条件，在戈壁荒滩、沙漠边缘筹建百万亩规模的葡萄园；与西北农业大学等科研院所合作，借助西部大开发的政策机遇，在滩涂区域种植几十万亩牧草，建立生态农业种植园区。这类项目的建设实施，将会极大地改善河西走廊地区及西北地区的植被和气候条件，进而改善农业生产条件，实现干旱地区农业的可持续发展。

第三，把农业产业化经营与利用先进科技成果结合起来，走出了一条以高科技促进产业化经营的新路子。近年来，莫高公司之所以能在激烈的市场竞争中不断发展，一个重要的原因是，他们始终把科技创新作为企业的基本发展战略。他们不仅自己建立了农业科研机构，而且还广泛地与省内外科研院所联合，从农作物新品种的引进、改良、培育，到农产品深加工的各个链条，能自主开发的就自主开发，不能自主开发的就向社会招标，使产品的科技含量大大高于市场上的一般产品，实现了优质高价，增强了产品的竞争力。他们与国内外科研机构联合培育的奶牛、肉牛、肉羊新品种，产奶量大，肉质好，很受市场欢迎；从美国引进的高蛋白牧草，每亩可收入2000元。在此前提下，他们大力调整农业生产结构，扩大优质、高效作物的种植面积，拓展优良牧畜的养殖规模，获得了良好效益。与此同时，他们还在农业生产基地建立完善了农业技术推广体系。一项农业新技术、新品种，先由国有农场采用、试验，取得成功后再向广大农户推广，农民容易接受，促进了新技术、新品种推广运用。针对甘肃水资源短缺的现实，他们把发展节水农业作为农业技术的主攻方向，通过开发节水技术，提高水资源的利用率，把节水灌溉面积扩大到10万亩。目前，该公司正在武威市黄羊镇筹建西北农业高新技术示范区，计划建成一个多学科渗透、自动化管理，以现代生物技术、养殖技术、农业工程技术的开发示范为主的重要基地，推动甘肃农业现代化进程。

改变西部广大农村经济落后的局面，除了中央和东部的支持，关键是靠西部发挥自身优势，大干快上，其中企业特别是国有企业责无旁贷。莫高公司的实践告诉我们，在西部大开发过程中，企业只要胸怀全局，找准位置，谋定而动，就一定能够有所作为。

莱钢全面节约资源的做法和推动企业
节约资源工作的几点建议 [①]

（2006 年 4 月）

山东莱芜钢铁集团公司是一家特大型钢铁联合企业。2005 年钢产量达到 1030 万吨，在全国钢铁行业中排名第 6 位。近年来，莱钢坚持以科学发展观为指导，全面推进资源节约，大力发展循环经济，在生产规模迅速扩大，经济效益连续翻番的同时，在节约能源资源方面也取得了显著效果。2005 年，莱钢吨钢综合能耗由 2000 年的 872 千克标准煤下降到 682 千克。吨钢耗新水由 13.58 吨下降到 3.5 吨，为全国同行业第一，达到世界先进水平。与 2000 年相比，去年共节电 12.36 亿千瓦时，节水 3503 万吨，节煤 202 万吨。与 2003 年相比，去年节能综合利用创效益 2.35 亿元。

一、莱钢的主要做法

（一）引入循环经济理念，实现资源再利用。从 2001 年起，莱钢就与科研机构合作，开展了循环经济理论研究与应用，延长企业生产链条，实行资源再利用，努力建立循环经济体系，既提高了经济效益，也减少了对环境的污染。他们推广应用高炉、转炉煤气回收利用技术、高炉煤气余压发电和干熄焦发电等技术，提高了余热余能回收利用水平。莱钢还千方百计实现工业废渣资源化。依托氧化铁皮等钢铁副产品，自主研发新技术，建成了亚洲最大的粉末冶金生产基地，2004 年

---

① 本文与乔尚奎合作，系国务院研究室送阅件，2006 年 4 月 26 日（20 号）。

粉末冶金产量 4 万吨；利用粉煤灰、高炉渣、石灰石尾矿年产水泥 200 万吨；利用焦化副产品建设煤化工项目，目前已有产品 14 种，年产值 2 亿多元；高炉除尘灰、烧结除尘灰、转炉污泥等含铁资源实现了闭路利用。2005 年莱钢固体废物利用率达到 95% 以上。

（二）优化工艺结构，充分发挥设备潜能。就钢铁企业而言，工艺结构不配套是最大的浪费。自 2001 年起，莱钢实施了一系列重大技术措施，企业全流程工艺持续优化，改变了工艺不匹配、工序不紧凑、缺钢少铁的局面，主体设备产能不断实现大的突破。目前，轧机作业率从 50% 左右提高到 80% 以上，轧钢电耗因此降低 28%，燃耗降低 29%。

（三）研发和采用先进关键技术，带动能源资源节约。莱钢实施自主创新舍得花钱，在生产关键环节研发和采用国际一流先进技术，取得了节能降耗的良好效果。他们在国内第一家使用了高炉煤气全干法除气。该技术拥有 6 项自主知识产权，与湿法除尘技术相比，吨铁水耗由 500 千克下降到 2 千克，节地 50% 以上，节省投资 30%，煤气热值提高 6%，高炉煤气余压发电量达 30%。莱钢使用转炉煤气干法除尘技术，节电 80%，节水 60%—80%，节地 50%，吨钢转炉煤气回收量提高 30 立方米，而且杜绝了水污染，便于除尘灰直接利用。他们还采取以大换小、以新换旧，实现了焦炉、烧结、高炉、转炉主体设备的大型化，大大降低了能源消耗。

（四）严格企业管理，挖掘资源节约潜力。目前企业中的资源浪费，许多都是由于管理不严、管理不善造成的。通过严格管理、改善管理，节约资源的潜力巨大。莱钢采用价格为核心的管理体制，提高内部新水价格，并严格定额、考核、监督检查，促使用水单位千方百计减少新水使用量。他们根据工艺特点建设分散污水处理设施，实行按质供水、新水串级利用，已有 9 个生产单位实现了废水零排放，既满足了设备的用水需求，又大幅度降低了新水消耗。他们还对照国际先进水平，在炼铁、炼钢、轧钢和动力四大系统，全面开展经济技术指标提升攻关活动，严格考核和奖惩，深入挖掘企业内部节能降耗潜力，取得了较好效果。

（五）注重集约用地，尽量减少耕地占用。他们利用荒山荒坡建设大型 H 型钢工程，按行业一般标准计算，仅这一项工程就少占用耕地1860 亩。

二、推动企业节约资源工作的几点建议

莱钢全面节约资源、实现快速高效发展的实践说明，全社会特别是企业节约资源的潜力还很大。无论是从当前还是从长远看，进一步推进资源节约工作，是解决我国能源资源供需矛盾的根本出路。我们在调研中还发现，山东省企业节约资源工作成效比较明显，涌现出莱钢、济钢、山东水泥等一批先进典型，重要原因是山东省政府对这项工作高度重视，始终坚持引导和支持企业节约资源，并一直由省经贸委负责抓这项工作，保持了工作的连续性。这说明，加快建设节约型社会，各级政府应该也能够发挥更大的作用。

在与山东省有关政府部门和企业负责同志座谈中，大家普遍反映，进一步推动企业全面节约资源工作，国家有关部门应该按照《国务院关于做好建设节约型社会近期重点工作的通知》的要求，抓紧制定和实施促进资源节约的政策措施，进一步完善体制机制，使企业有动力、有能力开展能源资源节约工作。总结山东和莱钢的经验，根据目前全国工作实际，应该主要研究采取以下措施：

（一）明确有关政府部门在节约资源工作中的责任。过去企业节约资源工作一直由各级经贸委牵头负责。现在一些地方的情况是，许多部门都管又都不负主要责任，"九龙治水，洪水滔天"。应明确国家发改委负责全国的节约资源工作，保留经贸委（经委）的省份，仍由经贸委（经委）牵头，其他部门积极予以配合。

（二）制定主要行业能源资源消耗标准并严格考核。特别应抓紧制定钢铁、有色、煤炭、电力、石油石化、化工、建材等重点耗能行业能耗标准。今后考核政府工作，要把本地区、本部门主要行业资源消耗作为重要内容。要根据行业标准，对企业提出限期达到标准的要求，达不到标准的要令其停产整顿，直至关闭淘汰。要把行业资源消耗标

准作为新上项目和新建企业的准入条件，对不符合要求的不予立项批准，金融机构不予贷款。

（三）建立支持企业节约资源专项资金。从莱钢和其他企业的情况看，加强企业自主创新，采取先进工艺，在关键环节采用先进技术和先进设备，是节约资源的最有效途径。要根据节能法等法律法规的要求，抓紧建立节能专项资金和其他节约资源专项资金，对企业节约资源重大技术创新和技术改造，给予贴息支持。

（四）完善法规和财税政策。抓紧修订节能法等法律法规，开展执法检查，确保有关节约资源的法律法规得到贯彻执行。应制定对企业节约能源资源设备投入免征增值税的政策，制定对企业因节约能源资源增加的利润减免所得税政策。对冶金、水泥等企业利用余热、余气、余压发电，在入网和用电上给予鼓励和政策支持。

（五）建立有利于企业节约资源的有效机制。扩大节能自愿协议试点范围，通过政府和企业签订协议，促进企业降低资源消耗，提高资源利用效率。推广合同能源管理和节能投资担保机制，为企业节能改造提供诊断、设计、融资、改造、运行、管理一条龙服务。可考虑对节能工程公司给予一定期限减免所得税的政策支持。

关于加快有色金属行业企业重组的建议 ^①

（2006 年 4 月）

近年来，我国有色金属工业发展较快。2005 年，10 种有色金属产量达到 1631 万吨，连续 4 年位居世界第一。我国有色金属工业存在的突出问题是大而不强，企业数量多、规模小、产业集中度低。

电解铝：企业 110 多家，比世界其他国家电解铝厂的数量总和还要多，平均规模不到 10 万吨 / 年，而全球电解铝厂的平均规模为 20 万吨 / 年左右。

铜冶炼：企业 190 多家，平均规模 1 万吨 / 年。其中，10 万吨 / 年以上的企业 5 家，最大规模也只有 40 万吨 / 年，绝大多数企业生产规模在 1 万吨 / 年以下。国外年产 20 万吨以上企业就有 20 多家，最大规模为 90 万吨 / 年。

铅锌：企业 800 多家，平均规模 6000 多吨 / 年。其中，年产超过 2 万吨的企业只有 20 多家，绝大多数企业生产规模在万吨以下，而国外企业平均规模为 20 万吨 / 年。

镁：企业 120 多家，产能 30 多万吨 / 年，平均规模 2500 吨 / 年。其中，年产万吨以上的只有 10 多家，大部分企业生产规模只有几千吨。

稀土：企业多达 1000 多家，其中，稀土分离厂 100 多家，稀土冶炼厂 400 多家。

企业规模小、产业集中度低带来的主要问题：

一是短缺资源进口缺少话语权。我国是铜、铅、锌等矿产品国际

① 本文与刘健生合作，系国务院研究室送阅件，2006 年 4 月 26 日（19 号）。

现货市场的大买家，2005 年进口铜矿（实物量）406 万吨，占全球贸易量 1/4 以上，却要被迫接受卖家开出的高价。其原因是，卖家为少数几家国际矿业公司，高度集中，统一对外，而作为买家的我们则是非常分散，在价格谈判中很容易被各个击破。为了解决这个问题，国内几家主要的铜冶炼企业于 2002 年组成联盟，试图协调立场，统一谈判，虽取得一些成效，但因有各自利益，难以用一个声音说话。

二是优势矿产品出口低价竞销。我们在高价买回国内短缺矿产资源的同时，却在国际市场上低价出售优势矿产品。我国是国际市场上钨、锑、稀土等矿产品的主要供应国，出口量占国际市场的 70%—80%，完全具备左右国际市场价格的能力。由于企业众多，多头对外，无序竞争，产品出口价格长期低迷。以稀土为例，目前氧化铈、氧化钕、氧化钇的出口价格每吨分别为 0.9 万元、5 万元和 5 万元，与 2001 年相比，分别下降 80%、50% 和 75%。优势矿产品在国际市场中具有垄断地位，非但没有带来垄断利润，反而出现多卖资源、少收外汇、反遭指控的尴尬情况。

三是海外资源开发实力缺乏。重要资源短缺已成为有色金属工业发展的瓶颈，利用海外矿产资源是解决资源供需矛盾的重要途径。但是，矿产资源开发投资大、周期长、风险高，如建设一个年产 20 万吨的铜精矿项目大约需要 20 亿美元。国内企业规模小、实力弱、抗风险能力差，严重制约海外资源开发的步伐。而实力较强的中铝公司在海外资源开发方面进展相对较快，如澳大利亚昆士兰州铝矾土项目、巴西淡水河谷公司氧化铝项目、越南多农氧化铝项目、蒙古 OT 铜项目、俄罗斯乌多坎铜项目都取得了明显成效。这也说明，只有大企业才具有开发海外资源的实力。

四是国际竞争力不强。我国有色金属企业规模小、成本高，不能实现规模效益。以铜为例，目前矿山采选成本国际上为每吨 900 美元，我国为 1200 美元，高出 33%；冶炼成本国际上为每吨 1480 美元，我国为 1920 美元，高出 30%；能耗和水耗也分别比国外高出 35%—40% 和 50%—60%。

五是重复建设严重。近年来，有色金属行业重复建设屡禁不止，电解铝投资热刚减退，铜、铅锌冶炼投资热又起。目前全国铜冶炼在建、拟建项目 18 个，生产能力 205 万吨，是 2004 年生产能力的 1.3 倍；铅锌冶炼在建项目计划投资 140 亿元，新增产能 480 万吨。企业规模小、行业进入门槛低，不能"以大抑小"是造成重复建设的重要原因。

从国际情况看，作为资源性行业的有色金属工业，其行业集中度都是比较高的。以铜为例，全球铜资源、产能、市场的 75% 以上被 8 家国际铜矿业公司控制。2000 年，世界前 10 家铜矿山企业和铜冶炼企业的产量分别占全球的 56% 和 45%。近年来，国际上铜行业企业重组步伐还在不断加快。全球第二大铜业公司美国菲利普斯—道奇公司收购了美国塞浦路斯公司；全球第三大铜矿企业 BHP 公司与比利顿公司联合；全球主要铜矿业公司墨西哥集团公司收购美国熔炼和精炼公司，成为世界第三大精炼铜生产企业；德国北德精炼公司购买凯泽冶金公司，成为世界第五大精炼铜生产企业。无论是与国际同行业比较，还是与国内石油等其他资源性行业比较，我国有色金属行业企业规模小、产业集中度低的问题都很突出，已成为制约有色金属工业进一步发展的严重障碍。因此，加快我国有色金属行业企业重组步伐，发展具有国际竞争力的大公司大企业集团，进一步增强国有经济的影响力和控制力已刻不容缓。

目前，我国有色金属工业企业重组的时机和条件已基本成熟。一是经过兼并破产、债转股、分离办社会、主辅分离辅业改制等措施，大多数企业摆脱了困境；整个行业处于景气时期，企业效益普遍较好，一些企业具备了重组的实力，而被重组的企业也不会成为"包袱"。二是通过企业重组，实现我国从有色金属大国向有色金属强国的转变已逐步成为各方共识，企业意愿强烈，一些地方政府也很支持。三是企业积累了行业整合的经验。近年来，有色金属行业企业重组步伐明显加快。中国铝业公司通过资产划转、重组并购等形式，陆续整合了陕西有色、兰州铝业、大冶有色、上海有色等企业；中国五矿集团公司、中色建设集团公司在企业重组中也做了一些工作，积累了一定经验。

为了加快推进有色金属行业企业重组，我们建议：

1. 国有企业重组要着眼整个行业。通过企业重组等途径，加快形成一批具有国际竞争力的大公司大企业集团是国有企业改革的重要任务。近年来，国有企业重组力度不断加大，特别是中央企业之间的联合重组步伐加快，企业数量从190多家减少到160多家。但国有企业的重组不应仅限所属企业范围，中央企业与地方企业间的重组也要统一考虑。要着眼整个行业发展，针对不同行业特点和规律，从全局的高度和全国范围，考虑不同行业企业重组问题，特别是资源性行业更应如此。鉴于有色金属行业企业绝大多数是地方企业，国家有关部门应抓紧研究政策措施，加大对中央企业与地方企业之间重组的支持力度，实现整个有色金属行业的资源整合。

2. 制定企业重组规划。有色金属行业涉及面广、情况较为复杂。主要矿产品就有10多种，有些品种具有市场优势，有些品种则相对短缺；有色金属产业链较长，包括资源、开采、冶炼、加工等环节；还涉及中央企业和地方企业。目前有色金属行业企业重组大都是企业基于自身利益的自发行为。建议国家有关部门从有色金属工业发展全局统筹考虑资产整合和企业重组问题，制定战略规划，有计划、分步骤实施。

3. 以行业龙头骨干企业为主体。有色金属行业经过改革和发展，已形成以中国铝业公司为代表的骨干龙头企业。目前，中国铝业公司销售收入、利润总额和资产总额分别达到650亿元、150亿元和1100亿元，与5年前组建时相比，分别增长285%、614%和208%。充分发挥中国铝业公司等行业龙头企业在重组整合中的作用，不仅能够利用龙头企业资金、人才、技术和管理等优势，使企业重组顺利进行，更重要的是，可以做强做大优势国有企业，在有色金属行业中加快形成具有自主知识产权、知名品牌和国际竞争力大公司大企业集团。建议国家有关部门进一步明确中铝等行业龙头骨干企业在有色金属行业企业重组中的主体地位。

4. 综合运用经济手段和必要的行政手段。有色金属行业企业重组要以经济手段为主，尊重企业意愿，通过投资、兼并、收购等市场方式来进行。同时，也要在国家指导下，采取必要的行政手段，通过产权划转等方式进行企业重组。这样做，可以克服地方利益局限，提高重组效率，加快有色金属行业资源整合步伐。中央企业间重组的经验也证明，必要的行政手段是国有企业重组的一种好方式，有色金属行业企业重组可以借鉴这方面做法和经验。无论采取何种方式，都要充分考虑地方和被重组企业利益，实现多方共赢。

深化国有企业改革要解决四个难题[①]

（2006 年 10 月）

最近，我们就国有企业改革问题赴辽宁、上海、湖北、陕西进行调研，分别召开了省市有关部门座谈会和部分企业座谈会。从这几个省市的情况看，近年来普遍加大了改革力度，大部分国有企业已完成了改制，相当一部分国有大型企业初步建立了现代企业制度。通过改革，大部分企业经营机制转换取得进展，活力得到增强，经济效益状况实现好转。但是，国有企业改革任务依然艰巨。主要是国有企业改革遗留的一些问题亟须解决，如下岗职工再就业、解除劳动关系职工的经济补偿、社会保障问题等；一些国有企业改革还很不到位，需要进一步完善公司治理结构、转换经营机制；部分国有企业改革尚未启动，这些企业的改革都是难啃的硬骨头，如净资产为负值的国有企业改革、国有商业企业改革、厂办大集体企业改革、公用事业领域国有企业改革等。根据我们在调研中掌握的情况，下一步深化国有企业改革，有四个难题需要重点解决和突破。

一、跨地区兼并重组难

我们在调研中了解到，辽宁、上海、湖北、陕西等地都加快了企业兼并重组的步伐，如辽宁鞍钢和本钢、湖北武钢和鄂钢等企业实现了兼并重组。但目前企业兼并重组大都局限在本地区内，跨地区的兼并重组进展较慢、难度较大。一些地方政府往往不愿意本地企业被外

---

① 本文与刘健生合作，系国务院研究室送阅件，2006 年 10 月 17 日（79 号）。

地企业兼并重组，失去对本地企业的主导权，特别是本地优势企业被兼并重组时，态度不积极。有的地方政府还采取措施，支持、鼓励本地企业之间进行兼并重组，以防止外地企业兼并重组本地企业，加大了跨地区企业兼并重组的难度。

通过企业重组等途径，加快形成一批具有国际竞争力的大公司大企业集团是国有企业改革的重要任务，同时也是加快结构调整，解决产业集中度过低和部分行业产能过剩的有效途径。目前，钢铁、有色、机械等行业的大部分企业都下放到地方。因此，打破地区界限，积极推进跨地区企业重组意义重大。我们建议：一是国家有关部门要从全局上统筹考虑资产整合和企业重组问题，对重要行业特别是产能过剩行业企业重组作出规划，有计划、分步骤实施。二是明确各行业龙头骨干企业，重点支持以这些企业为主体进行企业重组，做强做大。三是企业重组要按价值规律办事，尊重企业意愿，通过投资、兼并、收购等市场方式来进行。同时，也要在国家指导下，国家以出资人的身份，通过资产划转等方式进行企业重组。

二、改革成本支付难

这次我们调研的四个省市，国有中小企业改制面均达到了90%以上。目前之所以还剩下小部分企业没有实行改制，主要是因为改革成本准备不足，难以进入改制、破产程序。国有企业改制和实施破产所需要支付的成本，主要包括清偿企业欠职工的工资和医疗费、职工身份转变需要支付的经济补偿金、社会养老和医疗保险资金、离退休职工的各种费用等。由于尚未改制的国有企业大多数资产质量比较差，有相当一部分企业净资产为负值，难以通过资产变现筹集改革成本。有的企业资产已被抵押，资产无法变现。显然，仅靠企业自身难以解决改革需要的资金。虽然四省市都拿出一定财力支持国有企业改革，但财政比较困难的几个省都反映改制资金缺口仍比较大。如陕西省实施政策性破产和企业改制安置职工资金缺口为145亿元。另据全总调查，江西、湖南、贵州、云南四省企业改制资金缺口约150亿元。同时，一些已经实行改制或破产的企业没有清偿职工债务和支付经济补偿金，留下了后遗症。辽宁省反映，国有企业欠职工工资、医疗费达58亿元。全总调查的数据显示，截至今年6月，河北、天津、上海、山东、陕西、甘肃、广西、江西、山西、福建、辽宁、四川、湖南、青海14个省区市已完成重组改制、关闭破产程序的国有企业，共拖欠职工工资、医疗费、安置费、经济补偿金46.9亿元。

国有企业改革是绕不过去的关口。越往后拖，难度越大，成本越高，晚改不如早改。参加座谈会的政府部门和企业负责人一致认为，要采取多种办法、多种渠道筹集改革成本，继续推动国有企业改制和资不抵债企业的破产。目前可考虑从两个方面着手：一是降低税费。对国有企业改制过程中因资产置换、资产转让而应缴的契税、营业税、土地增值部分应缴税等，其中地方收入部分可实行先征后返，用于企业支付改革成本。二是设立专项基金。从四个省市的情况看，当前国有企业改制所发生的费用，一半左右需要政府补贴，而各地还没有正常的资金来源。可以考虑通过减持上市公司国有股权、出售有效国有资产、财政增收中划拨一部分、土地收益统一使用等渠道，建立省级政府国企改革专项基金，用来弥补企业改制、破产资金缺口。

三、战略投资者引进难

国有大型企业目前大部分都已经实行了公司制，但不少还是国有独资公司或国有控股公司，企业经营机制转换还不到位。引进战略投资者是实现产权多元化、完善公司治理结构的重要途径。但是，许多国有独资公司和控股公司引进战略投资者并不顺利，主要原因是：第一，一些地方眼睛主要盯着跨国公司，对境外投资者开出的条件优于国内企业，对引进国内企业特别是非公有制企业积极性不高。第二，不少国有企业设备落后，资产质量不高，外商对投资合作没有兴趣。第三，一些国有企业资产被抵押或债务被资产管理公司转让给国内其他企业或境外企业，企业无法进行资产处置，难以与战略投资者商谈合作事宜。第四，境外企业要求苛刻。跨国公司投资一般选择国内行业排头兵企业，并要求控股。同时，一些地方政府对企业引进战略投资者干预过多，或越俎代庖主导谈判；或规定时限，要求所有下属企业必须在限定时间内引进战略投资者，使企业在谈判中处于被动地位，不利于维护国家、企业和职工利益。

为了解决上述问题，建议采取以下措施：一是鼓励国有企业在积极引进境外投资的同时，重视引进国内投资特别是非公企业投资。以有利于企业发展为目标，内外企业一视同仁，不得歧视国内企业。二是政府对企业引进战略投资者给予帮助。有的银行债权可转为国有股权，有的政策性债务可以按政策核销，有的债务可在政府支持下由企业回购，使被冻结的企业资产变为可处置资产。三是全面宣传和执行国家有关政策，努力打消境外投资者的疑虑。对国有经济应该退出的行业，应继续鼓励境外企业对国内企业实施收购和重组。四是要切实发挥企业在改革中的主体作用。政府不应对企业引进战略投资者限定时间，不应代替企业进行谈判，不应强迫企业接受外商或国内投资者的条件。

四、债转股企业股权回购难

实施债转股，对于减轻企业债务负担，改善企业产权结构，推动企业改革和发展发挥了重要作用。但也存在一些问题，影响了改革继续深化。主要是：第一，在事关企业发展重大问题的决策上，资产管理公司和企业目标各异，意见难以统一。作为股东的资产管理公司，其管理目标是资产保值，对企业引进战略投资者等改革措施动力不大，不愿减少发言权和承担改革风险。在董事会讨论企业重大改革事项时，双方很难取得一致意见，导致改革方案搁浅。第二，决策程序复杂，失去改革良机。即使各方董事对企业改革取得了一致意见，资产管理公司还要按照程序报请公司总部审批，战略投资者往往因为久拖不决放弃投资打算。于是，债转股企业常常采取不开董事会、少开董事会，或以党政班子联席会议取代董事会的办法绕开，有的企业3年没有召开过董事会。解决上述问题、促进企业改革，根本办法是尽快完成股权回购。债转股企业和资产管理公司均希望尽快解决债转股股权回购问题，但双方在股权回购比率上难以达成一致，股权回购进展缓慢。2005 年 8 月，有关部门明文规定资产管理公司股权总体回收率要达到70%，单户回收率不低于 60%。企业反映，回购比率太高，难以承受，缺乏回购积极性。辽宁省实施债转股的 47 家企业中，仅有 7 家完成股权回购。

为加快股权回购进度，我们建议：一是适当下调股权回购比率，既要保障资产管理公司利益，也要充分考虑债转股企业的承受能力。二是对一些股权确无法回购的债转股企业，允许股转债，便于资产管理公司按不良债权的政策进行处置。三是对资产管理公司控股和几家资产管理公司联合控股的债转股企业，允许企业通过部分回购股权，达到企业控股状态，使企业经营管理正常运行。

德法两国推进节能的主要做法和启示 ①

（2007 年 8 月）

6 月 25 日至 7 月 6 日，国务院研究室与陕西省、贵州省政府研究室组成考察组，赴德法两国就节约能源问题进行了考察。考察期间先后访问了德法两国能源管理部门和联合国能源署、欧盟能源署、国际能源机构等 13 个部门及部分企业，与有关人员进行了交流座谈，对德法两国推进节能的情况有了比较深入的了解，收获很大。现将考察情况报告如下。

一、两国节能的目标和主要领域

节约能源是德法两国和欧盟各国最为关注的一个问题。这次在德法两国和欧盟考察，一个突出的印象是，有关部门、机构和企业对我们考察的问题非常感兴趣，均安排负责人员出面，准备工作比较充分，介绍情况十分详尽，从一个侧面反映了他们对节能的高度重视。

考察中了解到，近十几年来，德法两国在节能方面采取了许多有效措施，取得了明显成效。如从 1995 年到 2004 年，德国 GDP 增长 16%，单位 GDP 能耗下降了 13.9%。其中商业和餐饮业能耗下降 14%，化工行业下降 6.6%，交通和信息产业下降 5.5%。

随着世界能源价格的不断攀升和全球气候变化，欧盟各国对能源

---

① 本文系国务院研究室研究报告，2007 年 8 月 30 日（34 号）。考察组成员：陕西省政府研究室田忠林、白振中、刘江波、王琪、曹可清、何建军；贵州省政府研究室王礼全；国务院研究室马传景；陕西省延安市政府研究室封向阳。执笔：马传景、白振中。

节约更加重视。今年 3 月份，欧盟委员会提出了今后节能减排的目标，即到 2020 年，能源效率提高 20%，可再生能源占能源供给的比重达到 20%，二氧化碳排放量减少 20%。欧盟委员会的这一行动计划得到了各国的赞同和积极响应。特别是德国政府，除了承诺完成欧盟提出的 3 个 20% 的目标外，还提出到 2020 年建筑能耗下降 20%、单位 GDP 能耗下降 50%。

一个时期以来，德法两国根据各自的能耗结构，采取多种政策措施，重点促进建筑、交通、家庭、生产企业几个领域的节能。两国政府都表示，为了完成欧盟提出的目标，今后的节能也将主要集中在这四大领域：

（一）建筑节能。德法建筑能耗在能耗总量中占 40%，比重最大，一直是两国节能的重点。2002 年，德国颁布了《节省能源法案》、《家庭使用可再生能源补助计划》《住所改造计划》等法规，明确了新建筑建设和老建筑改造后能耗标准和零能耗建筑补助标准等，要求将建筑能耗由 1999 年的每平方米耗电 700 度降低到 2020 年的 70 度。按照这一标准，德国提出并重点实施了全国建筑改造计划。截至 2006 年，已对全国 3700 万户老建筑中的 1500 多万户进行了改造，剩余的 2200 多万户计划在 2020 年前全部完成。为了加大改造力度，德国政府还将老建筑改造补助经费由 14.7 亿欧元追加到 30 亿欧元。对老建筑改造主要是采取使用新型建筑材料，充分利用太阳能、风能、地热能等再生能源，解决建筑内的照明、供热、降温等耗能问题。改造后的建筑，由行业组织或专业机构发给绿色建筑证书，促进低能耗建筑优价上市交易、出租和居民使用。

（二）交通节能。为了解决机动车辆能耗大的问题，两国采取积极发展公共交通，提倡使用小排量轿车、研发低耗油汽车、推广柴油车、征收耗油超标和二氧化碳超排车辆的燃油税及排放税、倡导公民使用自行车等办法，促进交通节能。德国规定从 2007 年起，运输业购买的环境友好型载重汽车，会获得投资补贴和优惠贷款。政府还将采取措施，把家用汽车油耗降低 25%，并逐步把机动车按气缸容积计税改为按油耗计税。慕尼黑市通过发展公共交通，城市中心机动车流量减少

50%。2002 年以来，德国新车耗油量比 1990 年平均减少 20%，超耗超排车辆减少了 20%，交通能耗减少了 5%。

（三）家庭节能。一家一户节能数量不大，但累加起来效果非常可观。两国着力推广使用低耗能家用电器，以建设住户、住宅小区太阳能工程等为示范，全面启动家庭节能计划。为了降低家用电器能耗，从 1999 年起，两国就开始制定家用电器耗能标准和标识。到 2006 年底，已对照明灯具、电冰箱、电磁炉等 22 类家电产品制定了从 A 到 G 级 7 个档次的能耗标识，对购买低能耗家用电器的，政府给予 15%—20% 的补贴。通过 1999 年到 2006 年 7 年时间的努力，家庭能耗降低了 3 个百分点。在德国政府倡议下，2002 年欧盟出台了《家用电器指令》，规定未达到低耗能标准的家用电器不得进入欧盟市场。德国还积极推广家用电器"零状态待机"省电法，鼓励公民对暂时待机的电视、电脑等电器从端口上拔掉电源开关。目前又在组织开展"零状态待机"电源开关自动关闭技术攻关。

（四）生产企业节能。德国是装备制造业大国，十分重视推动生产性企业节能。一是加强立法。2002 年以来，德国先后颁布了《可再生能源市场化促进法方案》《供热供电一体化规划》《未来投资计划》《工业界节能自律协议》等多项法规，依法鼓励、引导、规范企业节能和开发新能源。二是大力实施热电一体化工程。政府投入一定补助资金，支持电力企业实施效能改造，实现电热冷联产。对达到热电一体化标准的优先上网。三是开发节能新技术。德国政府多年来投资 17.4 亿欧元用于科技研发。通过科技攻关，使燃煤热能利用率由 24% 提高到 46%，计划 2020 年提高到 55%。电力企业已普遍使用高压煤尘焚烧技术、煤炭汽化技术。太阳能、风能发电技术比较先进，促进了可再生能源的发展。零排放热电技术已进入中试，2014 年将建成发电。这种新型电厂将采用 700 度干化和 350 个大气压、CO_2 捕捉储存新技术，既可以大大提高发电能效，也可以使温室气体排放接近零。目前还在加紧研发海潮能和生产、生活废料发电等新技术。四是加快发展再生能源。采取资金扶持的办法，鼓励引导中小企业发展风能、太阳能等再生能源发电。到 2006 年，已完成了 10 万栋楼顶太阳能发电计划。

风能发电已占全国电力生产总量的 4%，计划在今后 25 年内，再生能源发电将占全国电力生产总量的 25% 以上。到 2030 年用再生能源替代核电，关闭全国所有的 17 所核电站。

二、两国推进节能的突出特点

总体来看，德法两国在推进节能中，一方面充分发挥市场机制和市场主体的作用，另一方面重视发挥政府的作用，有一套高效的工作机制和政府支持体系，具有鲜明的特点，取得了良好的效果。

（一）重视建立和完善法律法规。坚持依法推进节能，制定详尽具体的法律法规，把节约能源纳入国家制度框架。尤其是德国将"国家应该本着对后代负责的精神，保护自然的生存基础条件"写入《基本法》，并将提高能效作为能源政策的核心。联邦和各州的能源、环境法律法规有 8000 多部，有着世界上最完备、最详细的节能环保法规，同时还实施欧盟约 400 个相关法规。这些法律法规清晰务实、约束性强，规范了各个行业、企业和全社会的节能行为。

（二）充分发挥市场机制在促进节能中的重要作用。尊重经济规律和市场规律，重视通过经济手段和市场机制的作用，调动各方节能积极性。一是价格引导。德国明确规定利用可再生能源或矿井废气发电优先、全额上网，价格高出常规能源电价，激发了生态电业的蓬勃发展。二是税收调节。采取"燃油税"附加的方式收取"生态税"，将使用化石燃料危害气候和环境的治理成本纳入燃料价格，并将大部分生态税收入用于补充职工养老金。三是信贷支持。通过政策性银行为节能环保项目提供优惠、便捷的融资服务，对符合要求的项目给予低息贷款。投入近百亿欧元低息贷款对旧房进行节能改造，每年对旧房改造的赞助资金高达 30 亿欧元。四是排放权交易。积极实施欧盟所倡议的二氧化碳排放权交易制度，即按照温室气体减排目标核定各个企业的排放额度，企业如果超过分配额度，就需要购买排放指标，排放少的企业则可以通过出让排放额度增加收入，以此促进企业提高能效、减少排放。

（三）重视发挥政府在推进节能减排中的主导作用。德法两国政府把节能放在十分突出的位置，建立了一套务实有效的工作机制和保障措施，有力地推动了全社会节能。一是制定市场准入、节能认证、产品标识制度。如明确规定不符合节能环保要求的产品不得进入市场销售，建筑物在建设、出售、出租时必须出示能耗水平证明书。对节能成效突出的企业给予认证，充分调动企业界节能的积极性。对家用电器实行耗能标识制，促使其优胜劣汰。二是督促企业承担社会责任。重视落实企业作为节能减排主体的责任，使其严格遵守节能减排法律法规和标准。德国还设立了专门的警察机构，通过巡逻和遥测手段检查节能环保情况，一旦发现问题，立即要求企业采取措施纠正。三是推动节能环保科技进步。政府每年拿出巨额资金，用于支持和奖励企业在新兴能源领域里的创新计划。企业节能技术的创新有步骤、有重点，有十分明确的阶段性目标。四是积极发挥民间组织和中介组织作用。德国现有上千个节能环保组织，人员达 200 万左右。建立了较完整的节能项目组织和实施体系，社会中介组织在项目咨询、技术论证、融资方案比选等方面发挥了重要作用。

（四）节能宣传教育深入细致、针对性强。重视开展节能宣传，培育全民节能意识，让社会各方都来重视节能，自觉自愿推动节能。通过设立节能知识咨询点、节能减排流动宣传机构、节能知识网站和播放个性化的电视宣传节目等多种形式，广泛深入地对用户和生产商进行宣传、培训，让每个人都知道节约能源的重要意义、最新节能技术的发展情况、如何选择节能产品和节能建筑、如何有效使用节能技术及产品等。还注意从小学抓起，将节能环保教育渗透到学生的日常学习活动之中，从小培养孩子的节能环保意识。

三、对我国推进节能工作的几点建议

近年来，我国节能工作取得了一定成效，但形势依然严峻。应学习借鉴德法两国推进节能的有效做法，采取更加积极的节能政策措施。

（一）拓宽节能降耗领域。我国工业耗能所占比重较大，预计到

2020 年，工业仍将是第一大用能部门。因此，我们把节能减排重点放在电力、钢铁、有色、建材、石油、化工等工业行业是完全正确和必要的。同时，要研究采取相应措施，更加重视建筑、交通、家庭等领域的节能。如我国建筑耗能占全部能耗的比重达到 30% 左右，节能潜力巨大。目前对新建建筑已提出了能耗标准，但对改造现有建筑实现节能，还没有引起足够重视。建议有关部门抓紧研究实施现有建筑节能改造的标准和信贷支持、补贴等方面政策；再如，我国有不少 10 万千瓦以下热电机组，应采取措施，鼓励把部分机组改造成电热联供机组。这不仅可以大大提高能源利用效率，也可以大大减少电力结构调整的阻力。

（二）完善法律法规和政策措施。我国推进节能降耗虽然也有相应的法律法规和政策措施，但从总体上看还不够完善，也缺乏操作性强的激励机制和奖励措施。必须加快建立健全适合我国国情的节能减排法律法规体系，把节能降耗纳入法制轨道。强化煤炭、石油、天然气等能源企业、高耗能企业节能减排的法律约束，制定建筑、交通、电器、家庭耗能和公共设施耗能法律法规。建立节能专项基金，增加节能投入。综合运用财税政策，通过税收减免、价格优惠、资金引导、信贷扶持等政策措施，鼓励支持企业、家庭等各方面节约能源。进一步加大节能降耗执法力度，开展专项执法检查，严厉查处超耗、超排等违法行为。

（三）建立完善节能降耗统计指标和考核体系。国际能源机构建立有 10000 多个节能降耗统计数据，能够及时准确地对一个或地区的能耗情况作出评估。国际社会对我国提出的绿色 GDP 统计指标体系十分关注，希望尽快出台具体实施办法。我们应该抓紧制定和出台覆盖生产领域、消费领域和服务领域的能耗统计指标。进一步健全和完善工业企业节能降耗考核指标体系，加快建立建筑节能、交通节能、家庭节能、可再生能源利用等方面的节能降耗统计指标体系、监测体系和考核体系，以及操作性强的考核办法和实施细则。探索建立经济增长率与能源利用率挂钩的约束机制，将能源利用率作为考核政府或企业的重要指标。落实各级政府和企业节能降耗的责任，对各行业、社会节能降耗进行指标约束，切实解决管理松懈、监督不力等问题。

（四）制定实施行业节能标准和标识。德国把22类家用电器按照能耗水平分成7个等级，要求家电销售必须贴上能耗标签。事实证明，获得节能标签的商品在市场上颇受青睐，也促使电器生产商生产出更节能的产品。我国在一些家用电器方面也有些标准、标识，但不够严格和规范。特别要尽快制定建筑、交通、家用电器行业节能标准，对低能耗产品实行全国统一的节能环保标识，促进生产企业不断生产更加节能降耗的新产品。对购买使用节能产品给予一定的价格补贴，推动节能产品和技术健康发展。

（五）加大节能科研开发投入。节能的最大潜力在于技术进步。德法两国政府和企业都投入巨额资金，在电热冷一体化、洁净煤技术、太阳能技术等方面实施深度开发，力争保持和强化其技术优势，并希望与我国开展节能技术合作。应进一步强化节能降耗科研规划，开发和储备一批新的节能技术。加大研发投入，力争在工业企业、建筑、交通、家庭和第三产业等领域开发一批具有自主知识产权的节能新产品、新技术。在电力、钢铁、有色、化工等重点耗能领域，积极组织实施节能降耗科技专项行动，攻克一批关键性和共性技术，提高能效、降低能耗。加强科技成果转化，采取政策支持、资金扶持等办法，提高能源综合利用效率。

（六）深入扎实开展节能宣传教育。进一步健全节能宣传网络，开设政府节能专业网站，全天候、全方位向公民提供节能技术、节能产品、节能法规咨询服务。大力普及节能知识。坚持节能知识进书本、进课堂，从娃娃抓起。进社区、进企业、进产品，从求实效抓起。培育节能宣传中介机构。采取节能宣传项目向全社会公开招标的办法，由中介组织按各级政府的要求，有目的、有手段、有针对性地向公民和企业宣传节能技术，推广节能产品，颁发绿色节能证书。要通过形式多样、生动活泼和有针对性的宣传教育，提高全社会的节能意识，使节能成为全社会的自觉行动。

我国工业改革发展应重点抓好的几项工作[①]

（2008 年 9 月）

改革开放以来，我国工业快速发展，总体规模和许多重要产品产量跃居世界前列，已经成为工业大国。但工业大而不强，我国总体上还处于工业化的中期阶段，继续完成工业化仍然是现代化建设重要而艰巨的任务。最近两个月来，我们围绕当前和今后一个时期工业改革和发展应该主要抓什么，在北京、上海、黑龙江等地进行了调研，听取了国务院和地方有关部门及部分工业行业协会、企业的意见。现将我们了解到的情况和建议报告如下。

一、大力提升工业自主创新能力

影响我国工业发展的关键制约因素是自主创新能力不强，突出表现在缺乏自主核心技术。我国工业专利申请大都是实用新型专利和外观设计专利，且主要集中在中药、软饮料、食品等少数领域，而具有核心竞争力的发明专利少。近年来，我国主要工业行业的关键设备基本依靠进口，光纤制造设备、集成电路芯片制造设备、石油化工设备、轿车生产设备进口比重分别高达 100%、85%、80% 和 70%。尽快提升工业自主创新能力，提高工业技术水平，是实现由工业大国向工业强国转变的根本措施。重点要抓好两个方面的工作：

一是充分发挥应用型科研院所的作用，加强行业共性技术的研发。

---

① 本文与张军立、张泰、刘健生合作，系国务院研究室研究报告，2008 年 9 月 19 日（16 号）。

我国应用型科研院所企业化改革后，促进了科研成果产业化。但是这些单位过于注重短期经济效益，对于基础研究、共性技术研究积极性不高，投入力度不够，技术储备明显不足，使行业共性技术研发受到了削弱。同时，现行体制下科研成果不能共享，影响了科技成果的推广，也造成了重复研发问题。要进一步完善应用型科研院所体制，抓紧解决工业行业共性技术研究薄弱问题。建议以行业科研院所为基础，组建事业单位、企业化管理性质的行业技术中心，国家向中心注入资本金，委托中心进行共性技术研发并支付部分研发资金，项目研发成功后向中心购买技术，在全行业推广。今年人大会议期间，也有代表在提案中提出了类似建议。也可以考虑由行业首席专家牵头组建项目研发组，国家拨付资金予以启动和支持，技术研发成功后，国家向研发团体购买技术成果。二是切实发挥企业在技术创新中的主体作用。目前企业这方面的作用还没有得到很好发挥。现在我国还没有一家本土企业进入世界研发投入700强，没有一家企业是世界品牌100强。我国大型企业研发投入强度目前只有0.81%（企业研发经费占主营收入的比重），大大低于全社会研发投入占GDP1.49%的比重。应进一步明确政策导向，鼓励企业加大研发投入、组建研发中心，加强新技术、新工艺、新产品开发。要在行业骨干企业特别是国有大型企业建立技术中心，发挥大型企业在自主创新中的作用。同时，对民营工业企业的技术创新活动给予必要的扶持，使之成为我国工业自主创新的重要力量。

二、进一步完善工业管理体制

近十几年来，我国工业管理体制几经调整。这次机构改革新成立了工业与信息化部，这有利于改变部门之间工业管理职能交叉重叠同时又存在管理空白等问题，有利于加强对工业发展的指导和协调。调研中，大家也对加强我国工业的管理提出了一些意见和建议。一是工业管理部门要抓战略性、宏观性、前瞻性问题，不能管微观，不能干预企业正常生产经营活动。要把工作重点放在研究制定新型工业化发展战略和政策，协调解决工业化进程中的重大问题，拟订和组织实施行业规划、产业政策和技术标准，促进产业结构调整和优化，推进自主创新等。二是充分发挥行业协会的作用。要理顺部门与行业协会的关系，充分发挥协会的作用，标准制定等行业管理基础性工作可以由协会来做，政府部门可以通过购买服务的方式，让行业协会提供有偿服务。同时，协会也要深化改革，尽量由企业共同推荐业内龙头企业负责人任会长（从领导岗位退下来的老同志可任名誉会长），真正做到企业家办会。行业协会既要加强行业自律，也要保护企业权益，反映企业诉求，真正成为企业之家。三是理顺中央与地方工业管理体制。目前，地方政府工业管理机构设置和职能划分不统一，有的在发改委，有的在经贸委。现在中央政府已成立专门部门统一履行对工业的指导和管理职能，下一步地方政府工业管理机构应如何调整，应有一个指导性意见。

三、积极推进信息化与工业化融合

党的十七大提出，要大力推进信息化与工业化融合。我国目前工业发展中存在的许多问题，都与信息化水平不高存在密切关系。信息化与工业化融合，既是实现工业化的正确途径，也是发展信息化的正确途径。必须坚持走中国特色新型工业化道路，紧紧抓住当前信息技术兴起和信息化快速发展的有利时机，大力推进信息化与工业化融合，推动工业结构调整，提升工业技术水平和竞争力。推进信息化与工业化融合，关键是选准信息化与工业化融合的结合点和突破口，全面提高工业发展水平。

一是加大在重点工业行业、领域推广应用现代信息设备、信息产品和信息技术的力度，提升产业层次。要用信息技术改造提升轻纺等传统工业，改变产品档次低和经济效益不高的状况；在高耗能、高耗材行业广泛使用自动化、智能化生产设备，降低能源原材料消耗；推进生产制造设备信息化，提高生产的自动化、智能化水平，特别是推动计算机集成制造系统等在装备制造业的应用，形成强大的先进装备制造体系。二是推进工业技术研发信息化和产品数字化，提升产品的科技含量和附加值，促进工业产品的更新换代。三是推进工业生产过程信息化，提高生产效率，降低成本。四是推进企业综合管理信息化，促进企业管理科学化和产业链合理化。五是推进产品流通和市场信息化，建立现代工业流通体系。六是加快完善相关政策措施，创造有利于信息化与工业化融合的环境，特别是要加强信息化立法，加快实行支持信息化与工业化融合的财税、金融和政府采购政策。

四、加大工业企业技术改造力度

技术改造是贯穿工业化全过程的一项重要任务，对于促进工业结构优化升级、提升工业发展质量具有十分重要的作用。多年来，中央和地方制定实施了一系列支持企业技术改造的政策措施，不断加大技术改造力度，着力提高企业自主创新能力和装备水平，促进产品升级换代，取得了显著成就。特别是 1998—2002 年间，国家实行技术改造贴息政策，共运用 355 亿元国债贴息，带动 4354 亿元投资，支持 2222 个技改项目，使一些行业的面貌发生了巨大变化，效果十分显著。由于近年来企业经营情况较好，缺乏技术改造的紧迫感，再加上缺少主管部门专门推动等原因，企业对技术改造的重视程度有所下降，工业技术改造工作整体上有所削弱，投入增长幅度下降，资金来源渠道不多，重点也不突出，高新技术、循环经济、节能减排等方面技术改造项目少，单纯扩大生产规模的一般性项目比较多。

为进一步加强技术改造工作，建议采取以下措施：一是加强企业技术改造的组织领导。建立健全加快推进企业技术改造的体制机制，工业主管部门应有专门机构负责指导协调全国工业技术改造工作，抓紧研究制定企业技术改造的总体规划、目标、任务和重点。二是在指导企业用好进口设备免税、机电产品进口补贴、节能减排国债补助等优惠政策的同时，研究制定相关政策措施，进一步加大支持力度，降低企业投资成本，提高企业进行技术改造的积极性。三是着力拓展企业技改融资渠道。鼓励和支持不同所有制企业之间通过合资、重组、互相持股、技术入股等方式，对技改项目实施投资。支持企业通过上市融资，加快发展租赁、风险投资、发行债券等方式筹集技改资金。加大财政资金支持力度，并充分发挥财政资金作用，引导银行资金和社会资金投入。

五、加快提高工业标准水平

工业标准是支撑工业发展的一项基础技术制度，在促进科技成果转化为生产力、推动产业结构优化升级、增强国际技术和产业竞争能力、提高工业经济增长质量和效益等方面，具有十分重要的作用。改革开放以来，我国工业标准化工作取得重大进展，工业标准数量大幅增加，标准体系不断完善。但总的看，我国工业标准还比较低，不能适应我国走新型工业化道路和促进我国工业由大变强的需要。一是标准制修订周期过长，标准标龄过长，标准更新速度远远滞后于科技发展和市场变化。二是标准体系结构不合理，高新技术、高附加值产品急需的关键技术标准少，满足发展节能减排和资源节约与综合利用标准缺口大。三是部分标准内容不合理，对企业的生产活动和技术创新构成障碍，不利于技术进步。四是标准自主技术含量不高，基于自主创新技术成果制定的标准严重缺乏。五是工业标准管理体制和运行机制有待完善。政府管理过多，企业主体作用发挥不够。标准研制体系与技术创新体系缺乏协调机制，大量的先进制造技术难以转化为标准；缺乏鼓励政策，企业跟踪国际标准和参与国际标准化活动的动力不足；缺乏标准化投入机制和投资利益回报机制，国家财政支持力度不足。

当前，必须采取有力措施，建立与国际接轨、重点突出、结构合理、技术先进、适应市场的工业标准体系。一是提升标准的技术含量。标准在制修订时要加强标准化与科研开发工作的结合，快速吸收科学技术进步的成果，反映科技进步的发展。二是把制定资源节约标准作为完善标准体系工作的重点。在标准体系中增加工业设备能效标准、用能产品能耗限额标准、污水资源化标准、节约材料标准比重。三是坚持国际化原则。要围绕工业产品进出口贸易发展趋势和特点，开展工业与国际标准关联度研究，确定工业采用国际标准战略和目标。四是努力将工业主要行业的标准标龄控制在五年以内。加快完善标准修订快速机制，加大标准修订工作力度，主动适应市场的变化、企业的需要和政府的要求。五是要进一步完善工业标准管理的体制机制。改进政府管理方式，充分发挥企业的主体作用，发挥行业协会的指导协调作用。六是国家要加大对工业标准建设的投入，鼓励企业制定和参与制订标准。现在制定一个标准需要 10 万元，花钱不多，作用很大。财政应拨出专款，支持行业和企业把标准体系建立起来。

六、努力提高工业产业集中度

产业集中度低是我国工业发展中存在的一个突出问题。以钢铁工业为例，2007 年产钢最多的 10 家企业粗钢产量占全国总量的比重为 36.79%，比 10 年前下降了 10 个百分点。年产在 200 万吨以上的 40 多家企业，其钢铁产量只占全国总产量的 75%。而欧盟前 7 家钢铁企业产量占全欧盟成员国钢铁总产量 87% 以上，日本前 4 家占 75%，俄罗斯前 4 家占 69%，美国前 4 家占 55%，韩国前 2 家占 80%。产业集中度低带来许多问题，我国工业存在的布局不合理、自主创新能力不强、规模经济效益不显著、竞争力不强等问题都与产业集中度低有着密切关系。以钢铁工业以例，我国已成为世界钢铁大国，2007 年钢铁产量 4.89 亿吨，钢铁产量占全球钢产量的 37%，进口铁矿石占国际贸易量的 50%，但在国际市场上还没有话语权。近年来，进口铁矿石价格年年飞涨，国外矿山企业不仅大量赚取超额利润，而且还试图改变定价规则获取更大利益。一个重要原因是产业集中度太低，进口企业数量众多，进口市场的优势不能转化为价格谈判的优势，在力拓、必和必拓、淡水河谷三大矿石垄断巨头面前显得势单力薄。

通过联合重组进行行业整合，是提高产业集中度的主要手段。应鼓励和支持行业大型骨干企业对本行业其他企业进行重组，加快提高产业集中度，培育大公司大企业集团，增强行业国际竞争力。目前，工业企业联合重组的重点在于跨地区重组，跨地区重组难点在于地方政府的干预和阻挠。因此，推动联合重组除了依靠市场手段外，还需采取必要行政手段。近年来，我国钢铁工业联合重组步伐加快，就是在遵循市场规律基础上通过行政办法加以推动的。因此，建议国家有关部门加强对工业联合重组的指导，根据不同工业行业的特点，制定实施联合重组的规划和政策。

七、抓紧培育优势工业行业

实现我国工业由大变强，应该选择一些发展潜力大、经济带动性强的行业作为重点，集中力量推动这些行业实现跨越式发展，明显增强这些产业的国际竞争力。可考虑将装备制造业、信息产业、船舶工业、大型飞机研制、高速铁路等作为培育和发展的重点，争取在三五年内有较大突破和发展。装备制造业，重点还是要努力突破核心技术，提高重大技术装备研发设计、核心元器件配套、加工制造和系统集成水平，争取在高档数控机床与基础制造设备、高效清洁发电与输变电等领域走在世界前列。信息产业，要根据数字化、网络化、智能化的总体趋势，大力发展集成电路、软件等核心产业，重点培育数字化音视频、新一代移动通信、高性能计算机级网络设备等信息产业群，尽快实现"三网融合"，实现信息资源共享。船舶行业，主要是加强船舶自主设计能力、船用装备配套能力和大型造船设施建设，重点发展高技术、高附加值的新型船舶和海洋工程设备。大型客机研制要走引进、消化吸收、再创新的路子，整合国内研制力量，确保资金充足到位，坚持不懈地搞下去，不能半途而废。高速铁路今后几年内将进入快速发展阶段，应抓住这个难得机遇，进一步加快铁路系统创新能力建设，真正掌握铁路装备和高速列车的核心关键技术，提高铁路建设、装备制造和运输组织水平，尽快使我国高速铁路业走在世界前列。

重点产业的培育壮大需要产业政策的推动。近几年来，我国制定了不少政策，对重点产业发展起到了重要作用，但也存在政策不完善、落实不到位、缺少保障机制等问题。今后，一方面应着重抓好已有产业政策的落实工作，确保各项政策落到实处；另一方面，要根据产业发展的需要，继续研究完善促进产业发展的相关政策措施。同时，要健全产业政策的制定、实施保障机制，注重各种政策措施间的协调配合。

关于加强企业技术改造的几点建议 ①

（2009 年 10 月）

去年以来，国务院把企业技术改造作为应对国际金融危机、促进工业和国民经济平稳较快发展的一项重要措施，制定和实施了一系列扶持政策。最近，我们对企业技术改造问题进行了专题研究，并到浙江、江西实地调研。调研中各方面普遍反映，中央关于加强企业技术改造的决策是一项切合实际、抓住了我国工业发展牛鼻子的好政策，已经产生明显成效，并对加强和改进企业技术改造工作提出一些意见和建议。

一、加快建立企业技术改造长效机制

企业技术改造是加快科技创新和进步、增强工业和企业整体实力的重要措施，事关整个国家工业技术水平、工业化水准的提升。企业技术改造属于典型的内涵式发展方式，在当前工业产能严重过剩、大而不强的情况下，加强企业技术改造，是优化工业结构、转变工业发展方式、提高工业整体竞争力和抗风险能力的根本之策。地方和企业反映，我国工业能有今天这样的规模和实力，大规模、高强度、持续不断的技术改造功不可没。工业是地方经济的主体，增加财政收入、扩大就业等主要依靠工业企业，而提升工业发展质量，优化工业结构，做强做大工业企业又主要依靠技术改造。近几年，浙江、江西两省技术改造投资占工业投资比重均在 60% 左右，一些地方骨干企业都是通

---

① 本文与刘健生合作，系国务院研究室送阅件，2009 年 10 月。

过技术改造培育和发展壮大起来的。应当明确，企业技术改造不是权宜之计，不能因为经济形势好转而忽视技术改造。必须把企业技术改造作为调整优化结构、转变发展方式的重要抓手，切实保持技改政策的连续性和稳定性，建立长效机制，把这项工作坚持不懈地抓下去。

建议：一是将加强企业技术改造列为明年经济工作的一项重要内容，将企业技术改造资金列入明年中央财政预算，并适当增加资金投入。今年的中央经济工作会议和明年的《政府工作报告》应对这项工作作出部署。二是将企业技术改造工作列入"十二五"规划，提出目标任务和政策措施。三是加快研究制定企业技术改造的法律法规，推动技改工作法律化、制度化。应着手研究企业技术改造立法工作，国务院应尽快制定出台推进企业技术改造的规范性文件，加强对技改工作的宏观指导。四是强化企业技术改造基础性工作，特别是要尽快建立企业技术改造统计指标体系，为政府决策和行业发展提供科学依据。

二、企业技术改造要突出重点

这次中央企业技术改造的大部分专项资金安排"切块"下达地方，由地方根据规划，按程序审批。资金"切块"管理有利于调动地方积极性，但也造成资金使用分散，存在"撒胡椒面"现象。120亿切块给37个地区，每个地区平均还不到3.3亿元。地方在选择项目时要兼顾不同地区和行业项目，存在为搞平衡而分散投资的情况，有限资金难以集中使用在重点产业调整振兴的关键领域，也难以满足工业结构调整的长期需要。我们认为，技术改造是产业政策，而非区域政策，应主要考虑产业发展需要，把技术改造的重点放在支持重点产业和重点企业调整振兴上来。另外，我们在调研中发现，目前，对于技术改造的内涵还不是十分清晰，什么样的项目是技术改造项目并没有明确规定，一些企业异地搬迁、新建或扩建的项目也被列入技改项目加以支持。我们认为，技术改造的核心是通过应用新技术、新设备、新工艺，提升整体技术水平，技术改造应突出"技术"含量，把有限资金用在提升技术水平这个关键环节上。

建议：一是调整技改资金分配方式，集中资金重点支持钢铁、汽车、船舶、石化、纺织、轻工、有色金属、装备制造、电子信息等重点产业的企业技术改造项目。对于中小企业技术改造项目，则可将专项资金"切块"到地方，由地方安排并报国家有关部门备案。二是进一步明确企业技术改造的内涵，并对技改资金用于购置新设备、应用新工艺等提升企业技术水平的环节作出一定比例的规定。三是出台国家和地方层面的技术改造重点产业指导目录，建立技术改造重点项目库。

三、尽快理顺企业技术改造管理体制

目前，中央投资企业技术改造项目由发展改革和工业主管部门两个部门负责。按照规定，地方企业项目由省级或计划单列市发展改革部门与工业主管部门共同组织，联合向国家发改委、工信部上报项目，两部门联合对地方上报的项目申请进行审核。地方政府有关部门反映，由于项目两头管理，协调难度大、工作环节多、管理成本高、效率也较低。为了保证工作进度，一些地方将"切块"资金一分为二，分别由发展改革部门和工业主管部门选择技改项目，一些地方将中小企业技改"切块"资金一分为三，分别由发展改革部门、工业主管部门、中小企业主管部门选择技改项目，这使得有限的资金更为分散。地方企业也反映，项目审查、确定和投资计划下达时间偏长，贴息资金拨付往往滞后于贷款使用进度，希望贴息资金能尽快到位。我们认为，地方工业主管部门长期从事企业技术改造工作，有机构、有人员、有经验，在技术改造投资管理上应充分发挥工业主管部门的作用。同时，国家深化投资管理体制改革也要求更加注重发挥行业主管部门和地方政府的作用。我们建议，进一步完善企业技术改造管理体制，明确技术改造项目选择、审核、确定和管理由工业主管部门负责，下达投资计划时会签投资主管、财政等相关部门。同时，要充分发挥行业协会的作用，在项目选择、技术标准确定等方面，有关行业协会应协助有关部门做好工作。

四、着力完善促进企业技术改造政策体系

调研中大家反映，搞好企业技术改造工作，仅靠财政贴息政策是远远不够的，应尽快建立财政、税收、金融等一揽子政策支持体系，明晰技术改造利益机制，做到"谁改造谁受益""早改造早受益"。目前，支持企业技术改造的政策还不完善，有些政策还在弱化。如今年实施增值税转型后，原设备进口关税和增值税的"两免"政策暂停执行，改为允许企业抵扣新购入设备的增值税。企业反映，部分企业购进设备增值税由免征调整为抵扣，增加了资金占用和财务负担；一些服务类企业没有销项增值税无法抵扣，增加了企业技改成本。

建议：一是对以往支持企业技术改造的政策进行全面梳理、评估和完善，一些行之有效的政策可以继续实施。二是加大技术改造财政投入。今年9080亿元中央政府投资中，技术改造专项资金仅占2.2%，与基础设施建设相比，投入比重明显偏低。应建立技术改造资金增长机制，保证资金逐年稳定增长。三是进一步出台促进企业技术改造的税收、金融等支持政策。如国产设备投资抵免企业所得税、进口免税与出口退税、鼓励金融机构加大对技术改造重点项目的信贷支持、支持企业上市融资资金更多用于技术改造，以及相关土地、环保等政策，加大对企业技术改造的政策支持力度。

一项保增长惠民生的重要举措 ①

——山东省农村住房建设和危房改造工作调查

（2009 年 11 月）

为落实中央扩内需、保增长、调结构、惠民生的战略决策，加快推进城镇化和新农村建设，今年 3 月份山东省开始实施农村住房建设与危房改造工程，目前已取得重要进展。我们在山东调研时，干部群众普遍反映，实施农房建设和危房改造，"农民得实惠、企业得市场、发展得空间、政府得民心"，既是一项扩内需、保增长的重要措施，也是一项惠民生、得民心的德政工程。

一、基本情况

今年 3 月份，山东省政府下发了《关于推进农村住房建设与危房改造的指导意见》，提出从 2009 年起，用 3 年左右时间实施"百万农户建新房"工程，每年新建农房 75 万户，力争达到 100 万户；争取用 5 年时间基本完成全省 80 万户农村危房改造任务，2009 年全省先行改造 5 万户。这项工作启动以来进展顺利，截至 9 月底，全省农村住房建设整村改造在建和完工共 64.33 万户，危房改造完成 11.5 万户。具体做法是：

（一）坚持尊重农民意愿，把好事办好。山东省各级政府坚持农民是农村住房建设与危房改造的主体，不强迫命令，不搞"一刀切"。村

---

① 本文系国务院研究室决策参考，2009 年 11 月 16 日（57 号）。

庄是否重建、迁建和合并及农房建设方案，由村民委员会组织农民集体讨论决定，如果绝大多数农民不同意，坚决不勉强。政府主要通过政策技术支持和建示范村，使农民得到实实在在的好处，引导农民自愿参加农房建设与危房改造。由于充分尊重了农民的意愿，各地没有发生上访等群体性事件。

（二）坚持科学规划，建百年住房。山东省政府要求把农村住房建设与危房改造同城镇化、新农村建设结合起来，立足长远，规划先行，合理制定农房建设标准，使农民居住条件明显改善，建成百年住房。农村住房集中成片建设改造的，必须编制详细规划或总体方案，各市县政府负责编制农房建设与危房改造规划及年度计划，报各设区市政府审批，报省住房建设厅备案。规划必须统筹安排，配套建设村庄道路、供水、排水、污水和垃圾处理、沼气和供气、集中供热及科教文卫等设施，把节地、节能、环保的要求贯穿到农房建设与危房改造工程中。

（三）坚持政策支持引导，市场化运作。山东各级政府对农房建设和危房改造给予了政策和资金支持。在资金支持方面，省财政已筹措资金4.4亿元，各级财政筹措资金14.2亿元。实行"以奖代补、先干后奖"，连续3年下拨，支持农房建设和危房改造，今年已下拨1.4亿元。在政策支持方面，省政府规定，城市规划区内城中村、城边村和建制镇驻地村庄进行统一建设改造、用于安置农村居民的住房，按规定减免有关行政事业性收费；城市规划区外旧村改造、整体迁建和农民自建住房，实行零收费。省经济和信息化委员会等部门制定了钢材、水泥下乡办法，对农房建设和危房改造所需建材实行集中采购，适当降低价格。同时，各地对农房建设不大包大揽，主要由农民自筹资金，自筹资金不足，政府给予补助、贴息，采取市场化方式运作。如城中村、城边村农房建设，或依托房地产开发，或由村集体自行组织，实行整体迁建、整合改造。

（四）坚持改革探索，解决资金瓶颈。山东农房建设和危房改造所需资金，坚持以农民群众自筹为主，同时多渠道筹措资金予以支持，主要包括政府财政资金支持，农房建设腾出土地招拍挂收益，政府担保、建立资金筹措平台、统借统还向银行融资，涉农资金捆绑使用，小额贷款，大企业投资，村集体积累投资，参与企业垫资等方式。如在城中村、城边村、城镇驻地村、经济强村、大企业驻地及周边村农房建设过程中，主要采取集中重建、迁建腾出土地经整理复垦后公开招拍挂取得土地收益，除国家规定用途和扣除政府投入基础设施建设资金，全部返还农民，用于农房建设和危房改造、整村建设改造村庄的基础设施和公共设施建设等。

（五）坚持因地制宜，先易后难。由于经济比较发达地区农民改善居住条件愿望比较强烈，农房建设和危房改造资金问题也比较容易解决，目前山东省农房建设和危房改造主要以城中村、城边村、城镇驻地村、经济强村、大企业驻地及周边村为重点，并根据不同情况采取不同模式，取得了较好的效果。比如，对城中村和城边村，采取撤村建居型，积极进行整体拆迁、整合改造，变集体土地为国有土地，变村民为市民，变村委会为居委会，变农村集体经济为城市混合经济或股份制经济，变村庄为城市社区，实现农民住房改善，城市形象改观，二、三产业协调发展目标；对乡镇驻地村庄，采取小城镇集聚型，按照小城镇建设规划，逐步集中建设改造为城镇社区，并将周边村庄有条件的农户吸纳进来，促进小城镇做大做强；对中心村、经济强村和大企业驻地及周边村，采取农村新型社区建设型，统一组织建设集中居住区，同步配套建设基础设施和公共服务设施，促进城乡基本服务均等化，吸纳周边村庄村民到新型农村社区居住，等等。

从半年多来的实施情况看，山东农房建设和危房改造产生了多种积极效果。一是扩大了国内需求。据测算，一户农民建房成本加上装饰装修、购买家电、家具，至少要花10万元。如果一年启动100万户农房建设，可以拉动需求1000亿元。截止到9月底，山东农房建设共投入713亿元，使用钢材180万吨，水泥1145万吨。同时，山东农房建设劳务支出已达122亿元，相当于增加58.2万人就业。二是节约腾出了大量土地。据有关部门测算，农村平房改二层楼房可节约土地20%—30%，建四、五层楼房可节约土地50%，建小高层可节约土地70%。按今年新建农房75万户计算，山东省可节约土地近30万亩。

这些土地既可以变成新增耕地，增加粮食生产；同时，按规定一部分还可用于建设用地，有利于解决经济社会发展与耕地紧张的矛盾。三是显著改善了农民居住条件。以前农民自建房虽然面积扩大了，房子建得也很漂亮，但不能解决周边居住环境和基础设施不配套问题。从山东各地已建成集中居住点的情况看，城中村、城边村农民的居住条件已经和城市居民完全一样，有的地方还解决了农民的社会保障问题，已经由农民变成了城市居民；在新型农村社区中心，由于农民居住相对集中，政府有能力解决基础设施以及农村医疗、教育、治安等问题，居住条件和生活条件有了根本改善。同时，分散村庄变成农村社区，农村基层组织结构发生了重大变化，家族和宗族势力的影响大大削弱，各种矛盾大大减少，有利于党的方针政策在农村得到贯彻执行。

二、几点建议

山东等地的实践表明（天津、浙江等地也采取了类似措施），推进农房建设和危房改造既是当前扩大内需、确保增长、应对国际金融危机的有效措施，也是保增长和惠民生的结合点，是加快城镇化和新农村建设进程的重要举措，值得认真总结和推广。这里提出以下几点建议。

（一）总结借鉴山东等地做法，在全国范围内分步实施农房建设和危房改造工程。目前我国经济回升的基础还不稳定、不巩固、不平衡，保增长的任务还很艰巨。但除了保持现有政策的稳定性、连续性，出台新的刺激经济增长政策空间不大。农房建设和危房改造拉动需求的效果比较明显，又是重要的民生工程，建议责成有关部门系统总结山东、天津、浙江等地的做法，研究制定政策措施，鼓励各地根据实际情况在一定范围内推进农房建设和危房改造，并作为明年的一项重要工作在中央经济工作会议上作出部署。从山东等地的经验看，可先在经济比较发达、农民改善居住条件要求比较强烈的地区启动，有条件时再逐步推开。

（二）国家给予一定政策和资金支持。以农民作为建房主体，以地方政府作为实施主体，推进农房建设和危房改造工作，国家给予一定财政和金融支持。建议中央财政筹集专项基金，对经济条件比较好的地区采取"以奖代补、先干后补"办法，根据农房建设和危房改造完成工作量给予一定资金补助；对经济比较困难的地区，拨付一定数量启动资金。建议对节约腾空土地的整理复垦给予补助，农田整治改造专项资金也可用来补助腾空土地的整理复垦。建议扩大城市建设用地增加与农村建设用地减少相挂钩试点范围，并对整理复垦土地严格验收，对农房建设和危房改造节约腾出的建设用地指标由现在县（区市）内调剂使用扩大到市内调剂使用，以解决建房资金需求。建议对农房建设和危房改造用地给予支持，占用土地指标由腾空并经整理复垦后的土地弥补。

（三）进一步明确和规范有关政策。为了保护和增加耕地，建议制定具体办法，保证农房建设和危房改造节约腾空土地经整理复垦后尽可能变成农业用地；对城乡建设用地增减挂钩试点地区，节约腾空土地用于城市和农村二、三产业和房地产的要规定一定比例，其他土地要变成农业用地。为了保护农民利益，建议加强监督检查，城中村、城边村以及其他地区腾空土地可转让的，严格实行招拍挂，所得收益除国家规定用途和扣除政府基础设施建设投入外，全部归农民所有，用于农房建设、危房改造等用途，严禁侵犯农民利益。

中国工业技术创新现状和有关政策建议 [①]

——中国工业技术创新问题研究总报告

（2010 年 7 月）

促进中国工业由大变强，提高工业发展质量，关键是要解决工业技术创新中存在的体制机制和政策问题，增强自主创新能力。这是加快推进工业化、现代化的一个战略问题。为此，国务院研究室联合工信部、科技部、中央企业等组成中国工业技术创新问题研究课题组，对关系工业技术创新的主要方面进行了研究，形成了总报告和系列研究成果。

一、我国工业技术创新的主要问题

经过新中国成立以来特别是改革开放以来长期不懈的努力，我国工业技术体系创新能力和核心竞争力明显提高。但是，我国工业整体技术水平相对落后、技术创新能力不足、核心技术与关键技术受制于人等问题日益突出。主要表现在以下几个方面：

（一）自主创新体制机制不协调。一是由于多年来没有专门部门对工业发展进行总体考虑和筹划等原因，我国工业关键技术、共性技术研发缺乏总体规划、统筹组织和政策引导，企业、科研机构、高校、重大科技专项在共性技术研发中各自应该发挥什么作用、相互之间如何分工、如何协调配合，也缺乏有效的统筹协调，难以发挥整体效益，

[①] 本文为国务院研究室课题组研究成果，作者为课题主持人并执笔。

导致共性技术研发缺乏系统性、连续性，影响工业整体技术水平的提高，战略性新兴产业发展中的共性技术问题或难以突破，或尚不成熟，或应用成本过高，影响了新能源、物联网等领域的产业化进程。二是1999年我国实行工业技术创新体制重大改革，原10个国家局所属242个应用型科研院所被推向市场，成为科技型企业或者科技中介服务机构，或并入其他企业等。这些改革虽然有力地强化了应用技术的开发，促进了科技与经济的融合，但也削弱了科研机构的基础技术和共性技术研发意愿，造成行业共性技术缺乏稳定的国内来源。三是制约企业自主创新的考核管理机制、长效投入机制、科技成果的考核评价机制、科研人员的激励约束机制等深层次问题有待解决，企业自主创新意识和紧迫感还不强，部分企业仍然在不具备核心技术优势的条件下一味地上投资、上项目、扩规模，忽视科技创新的驱动作用。技术创新还没有真正成为企业发展的原动力。

（二）自主创新投入力度不够。从政府投入看，近年来，中央和地方都出台了许多支持工业技术创新的政策措施。但调研显示，有些政策缺乏可操作性，有些政策没有配套措施或者配套措施不够具体，有些政策甚至还不为企业知晓，支持技术创新的财税政策难以落实。2008年，我国大中型企业科技活动经费中来自政府资助的比例为3.3%，而国外企业这一比例的一般水平为约10%。中小企业受到来自政府的投入支持更少。以服务广大中小企业自主创新的公共技术服务平台建设为例，到2009年底，国家仅补贴资助了153个中小企业公共技术服务平台建设项目，占各地认定的858个服务平台的17.8%，平均每个项目仅180万元。27个省（区、市）政府也仅支持了1481个平台项目，平均每个项目32万元。从企业投入看，我国企业技术研发投入不足更为突出。目前，我国企业人均研发经费支出仅为美国、日本的1%左右。2008年，我国大中型企业研发经费占销售收入的比例为0.8%，世界500强企业这一比例则在5%—10%。从社会投入看，一方面，我国民间资本在很多领域的投资面临"弹簧门""玻璃门"的现象，另一方面，我国风险投资制度不完善，企业外部融资供应不足，融资环境和配套服务环境差，进一步弱化了企业开发共性技术的能力。

知识产权保护制度不健全、保护力度不够，抑制了企业技术开发的动力。由于工业共性技术研发投入缺乏稳定渠道，投入数量严重不足，导致基础性、战略性、前瞻性技术研究不足，企业缺乏核心技术储备，很多关键技术仍然长期依赖国外引进，自我消化吸收和再创新能力不强，很容易陷入"引进—落后—再引进"的循环。广大中小企业公共服务平台受到人才、技术缺乏等因素的困扰，难以起到应有的作用，严重制约企业长远发展和国际竞争力的提升。

（三）自主创新主体缺位。经过 1999 年研院所转制改革，目前我国工业行业共性技术研发体系主要由企业、科研院所、高校等方面构成，但实际上哪一个方面也没有真正承担起共性技术研发主体责任，共性技术研发主体严重缺位。一方面，企业创新主体地位尚未完全确立。由于我国大部分工业行业产业集中度低，巨型企业较少，单个企业难以从事重大技术研发，企业技术创新能力普遍较弱；同时，在经济高速增长，需求十分旺盛的情况下，企业发展和效益更多地取决于规模扩张而不是技术进步。因此，不少企业优先考虑的是扩大生产规模，提高生产能力，对技术创新在推动企业发展，特别是在增强市场竞争力方面的重要作用认识不到位，开展自主研发技术的内在动力不足，技术来源主要依靠外购。许多企业技术引进的主要目的是替代现有技术，扩大生产规模，而不是消化吸收成为增强企业创新能力的手段。另一方面，应用型科研院所转制为企业，有效地解决了原来科研与生产严重脱节问题，改革以来大多数企业资产和生产经营规模显著扩大，经济效益显著提高，职工收入显著增加，应当说，改革取得了很大的成绩。但是，由于转制后主要目标、考核评价标准发生了根本变化，出于营利动机和迫于竞争压力，这些企业转向主要从事生产经营活动，人财物等要素也集中于生产经营和应用型技术开发，共性技术研发活动受到一定程度的削弱。

（四）工业技术引进、消化吸收、再创新能力不强。一是部分领域存在重复引进问题。重复引进是指多家厂商同时引进类似或相同的技术，造成资源的浪费。比如，目前我国钢厂轧机的主体和关键配件主要依靠进口，近 10 年共引进 11 套热轧带网连轧机，但核心技术尤其是冷热连轧成套设备等高端技术仍未掌握。在汽车行业，我国大多数车企倾向于进口国外生产线和硬件设备，虽然较快提高了加工制造工艺水平，但引进的技术未得到真正的消化吸收，在各厂家间相互扩散困难，汽车核心技术的研究开发被忽视。二是外资企业作为技术引进的重要主体，消化吸收再创新投入的比重明显偏低。目前外资企业技术引进大多属于跨国公司内部技术转移，消化吸收再创新投入比重明显偏低。据统计，2002年超过45%的技术引进属于跨国公司内部的技术转移。电子及通信设备制造业中，大约有90%的技术引进合同是摩托罗拉、诺基亚等跨国公司与其在国内的独资或合资企业之间签订的。2008年，我国大中型工业企业消化吸收经费和技术引进经费的比例为0.242：1，其中，内资企业平均为0.337：1，港澳台商投资企业为0.175：1，外商投资企业仅为0.116：1。三是尚未形成技术引进消化吸收再创新有机衔接的联动体系。我国技术装备的引进方和技术装备制造方常常是不同的主体，由不同部门或同一部门的不同机构分管，导致技术引进和消化吸收严重脱节。引进技术的消化吸收项目很少被纳入到科技攻关、成果推广等科技计划之中，企业消化吸收再创新工作通常得不到有关科研单位的技术和资源支持。政府对引进技术的消化吸收再创新也缺乏强有力的政策引导。2007年，财政部和商务部联合下发《进口贴息资金管理暂行办法》，对鼓励引进的先进技术、鼓励进口的重点装备和鼓励发展的重点行业给予财政贴息，对引进先进技术发挥了显著的积极作用。但在消化吸收再创新环节，目前还没有类似的鼓励措施。

（五）科技资源配置和人才培养环境有待完善。一方面，科技力量分布不合理，从事国家重点科研特别是基础研究和前沿技术研究的科技力量主要集中在大学、研究机构，企业研究开发力量相对薄弱。另一方面，科技资源在企业之间和企业内部配置重复、分散的现象依然存在。很多企业内部研发机构设置重叠、分工不够明确、资源不能有效共享。同类企业之间科技资源低水平重复现象也比较严重，在基础技术、共性技术研发方面，企业间也未能建立和形成广泛的技术创新战略联盟。如何整合企业内部科技资源，积极利用外部资源，促进企业之间的信息交流与合作，构建一个简洁、高效、分工明确的多层次、一体化的技术创新体系，也是当前加强技术创新能力建设中的一个重点、难点问题。与此同时，缺乏宽容、包容的创新文化环境和社会环境，僵化的科技人员管理制度，浮躁、急功近利、弄虚作假等不良学术风气，以及不够完善的创新激励机制，都限制了工业科技创新能力的释放。

二、加强工业技术自主创新的建议

（一）加强统筹规划，促进创新资源集聚和优化配置。一是要在充分肯定市场对工业技术自主创新发挥基础性作用的前提下，注意发挥"看得见的手"的作用，加强政府的宏观指导与协调，真正做到市场机制运行良好，政府补缺恰当到位。应根据国家经济发展战略和中长期发展规划，由工业主管部门会同相关部门、行业协会制定中长期工业技术创新规划，确定重大工业技术攻关项目，研究实施支持工业技术创新的政策措施，落实财政支持资金和技术攻关实施单位，统筹政府、企业、科研院所等科研资源的使用与配置等，集中优势力量，在一个时期攻克一批关键技术、共性技术。二是发挥大部制的优势，加强对共性技术的指导和组织协调。要打破条块分割，加强政府部门、高等院校、科研院所、金融机构和企业之间沟通与全面合作，推动企业、高校、科研院所等组成创新联合体或联盟。三是完善政府主管技术创新部门的管理和服务手段，形成统一、高效、科学的技术创新决策体系，切实提高整合创新资源、组织重大创新活动的能力，建立以产业技术发展需求为导向，产业化与应用开发相结合的技术创新管理体系。制定重点产业技术创新规划，为企业开展技术创新流动提供具体指引。四是加强对中小企业公共技术服务平台的规划指导。中小企业公共技术服务平台是为广大中小企业服务的公共性机构，具有一定的非营利性和公益性的特征，加快中小企业公共技术服务平台建设是政府的一项重要职能。各级政府应该从中小企业发展的战略和全局高度，充分认识这项工作的重要性，加强规划指导，研究制定与区域产业及中小企业发展相适应的公共技术服务平台建设规划。有关部门应该加强沟通、协调配合，建立联合工作机制，完善工作措施，共同推进技术服务平台建设和发展。

（二）加强鼓励引导，促进企业真正成为技术创新的主体。应当明确，完善工业共性技术研发体制，不能走回头路，重新由国家大包大揽，但也必须根据工业共性技术的性质和我国工业发展实际，借鉴国外做法，研究采取必要的措施。一是提升大型企业集团自主创新能力，鼓励企业建立技术中心等研发机构，支持企业推广转化技术创新成果。支持国有企业在共性技术研发中发挥骨干作用。引导大型国有企业把资金等要素更多地投入共性技术研发，充分发挥技术进步排头兵作用。要把引领行业技术进步作为大型国有企业的一项重要任务，把共性技术研发等技术进步指标，列入国有企业考核的重要内容，列入科研型国有企业考核的关键指标，使国有企业从事共性技术研发既有动力，也有压力。二是以转制院所为基础，把共性技术研发人员集中起来，建立行业共性技术开发平台，改革考核办法，使其成为国家产业关键技术、共性技术研发与扩散基地。引导企业通过多种方式与高等院校、科研机构组建紧密合作型技术研究开发联合体，共同投资、共担风险、共享成果、共图发展，逐步实现从产品和技术合作扩展到人才、资本等的长期紧密型合作，促进高校、科研机构的创新资源向企业有序流动。三是鼓励企业围绕核心技术和关键技术攻关组建创新联盟，引导科研机构、大学等的优势科技力量和其他资源向创新联盟集聚。鼓励转制科研院所进一步加大与大企业集团的融合，发展成为大企业集团的技术中心。对企业通过公益性捐赠非关联科研机构和高校的研究开发经费，可给予企业税收优惠。四是鼓励企业兼并收购、吸收利用海外创新资源，鼓励企业在境外培训、建立技术研发中心，对企业并购境外科研机构和拥有核心关键技术的企业，给予一定政策、资金支持。五是推动大企业科技资源的有效整合与优化，进一步完善科技创新链条，明确企业集团本部在整个技术创新体系中扮演的角色及各级研发机构的职能定位和分工，实现企业科研力量的有效协同。

（三）优化技术创新政策，促进技术创新投融资渠道多元化。一是综合利用基金、贴息、担保等方式，促进银行创新金融服务，推出一批有利于促进技术创新和产业化的金融产品，增加对企业创新的金融贷款，拓宽企业自主创新投融资渠道。积极引导风险投资参与自主创新战略的实施，鼓励和支持风险投资机构参与国家科技计划项目的产业化，帮助和推动具有较强自主创新能力的工业企业上市融资。推进科技保险试点，合理分散和降低企业创新风险。二是加大对企业开展技术创新的财政支持力度，进一步提高企业承担政府科技专项的比例。加大对科技型中小企业技术创新的财政支持力度，加快建设为中小企业创新创业服务的公共技术服务平台和中介服务体系。改进政府采购评审办法，建立财政性资金采购制度，给予自主创新产品优先待遇。通过在研发经费列支、税收抵扣、出口信用担保等方面给予扶持和优惠，引导企业研发活动，为企业开展引进技术的消化吸收再创新和"走出去"设立或并购技术研发机构提供支持。三是建立国家工业共性技术研发专项资金。借鉴工业发达国家的通行做法，加大国家对共性技术研发的投入，设立工业共性技术研发专项资金，由工业主管部门负责管理，主要用于重点工业行业关键核心共性技术研发，科研成果实现行业共享。四是完善中央企业考核指标体系，提高自主创新指标在绩效考核中的权重，鼓励企业加大共性技术研发投入。强化科技投入的绩效评价和激励机制，落实好有关研发费用视同利润和鼓励企业进行风险投入的考核政策。同时，积极促进科技中介服务机构发展，提高专业化服务水平，完善技术市场运作模式和管理措施，为技术转移与合作提供良好环境。建立满足经济建设和社会发展需求为基础，以取得经济、社会效益为重要依据的创新成果评价体系。

（四）加大人才培养力度，促进技术创新专业人才的成长和发展。一是牢固树立人才资源是第一资源的观念，努力营造有利于广泛吸引人才、充分发挥人才作用的良好环境，努力创造崇尚创新、鼓励成功、宽容失败的文化氛围和制度保障。二是高度重视科技人才队伍建设，努力搭建有利于引才、育才、用才、成才的环境条件和事业平台。创新人才选拔机制，培养一批高技术领军人才、高技能人才和复合型的科技管理人才。支持中高等职业院校面向市场和产业发展需要，调整和完善相关专业设置。支持高校、科研院所和企业科技人才双向流动，鼓励高校和科研院所的科技人员到企业兼职。注重培养创新型企业家，充分发挥企业家在技术创新中的核心作用。深化企业收入分配制度改革，进一步创新人才激励方式，可考虑探索建立股权激励机制和分红权试点，构建有利于企业自主创新的长效激励机制。研究加大对有突出贡献的科技人员的奖励力度，扩大科技奖励范围。加大培养工业技术创新领域的科学家和工程师的力度。建立企业科技人力资源开发体系，注重对科技人才的各种培训。三是进一步落实引进、培养、使用高端科技人才的各类政策。创新人才的队伍建设，特别是高层次人才的培养和使用，需要进一步加强。在引进国外智力活动中，既要注重引进创新创业领军人才，也要注重引进专业技术人员，解决制约产业发展的技术瓶颈。四是完善对共性技术研发的考核办法，避免急功近利，使科研人员能够专注于关键核心技术和前瞻性技术研究。完善技术创新激励机制，调整企业内部分配结构，保证科技人员能够分享创新成果的经济利益，调动科技人员的积极性。

我国工业共性技术研发状况堪忧亟须加强

——中国工业技术创新问题研究之二

（2010 年 7 月）

工业共性技术是一个行业共同需要、普遍适用的基本技术和关键技术，是工业技术进步的基础。今年以来，我们就工业共性技术研发问题进行了专题调研，先后与部分工程院院士、科技及工业管理部门、工业行业协会、高校、科研院所、工业企业等单位的负责人座谈，并到广东省实地调研。从我们了解到的情况看，目前我国工业共性技术研发十分薄弱，已成为工业技术进步和工业发展质量提高的严重瓶颈，也是培育战略性新兴产业的主要障碍，亟须研究采取政策措施加以解决。

一、我国工业共性技术研发中存在的主要问题

调研中大家反映，1999 年实行应用型科研院所转制改革以来，除了石化、军工等极少数产业集中度较高的行业共性技术研发比较正常，大多数行业共性技术研发状况令人担忧。突出表现在以下几个方面：

（一）共性技术研发缺乏总体规划和统筹组织。目前，我国工业共性技术研发缺乏总体规划，缺乏统筹组织，缺乏系统的政策引导支持。同时，企业、科研机构、高校、重大科技专项在共性技术研发中各自应该发挥什么作用、相互之间如何分工、如何协调配合，也缺乏有效的统筹协调，难以发挥整体效益。

（二）共性技术研发主体严重缺位。1999 年前的一个较长时期内，工业行业共性技术研发任务主要由 240 多家应用型科研院所承担，形成了一套完整、系统的共性技术研发体系和分门别类的研发人才队伍。1999 年改革以后，工业行业共性技术研发体系主要由企业、科研院所、高校等方面构成，但实际上哪一个方面也没有真正承担起共性技术研发主体责任。第一，工业企业特别是由科研院所转制而来的企业共性技术研发功能削弱。应用型科研院所转制为企业，有效地解决了原来科研与生产严重脱节问题，改革以来大多数企业资产和生产经营规模显著扩大，经济效益显著提高，职工收入显著增加。与此同时，由于转制后主要目标、考核评价标准发生了根本变化，出于营利动机和迫于竞争压力，这些企业转向主要从事生产经营活动，人财物等要素也集中于生产经营和应用型技术开发，共性技术研发活动受到严重削弱。有的企业负责人和专家指出，从整体和长远看，科研院所转制为企业后增加的资产和效益，远远不能弥补共性技术研发削弱造成的损失。至于其他企业，或由于现有体制和政策原因，研发不如引进，搞共性技术研发动力不足，不想研发；或由于资金、人才等方面实力不足，不能研发；或因为技术、市场、知识产权保护等风险，信心不足，不敢研发，更谈不上发挥共性技术研发主体作用了。第二，科研院所和高校在共性技术研发中的作用有限。目前科研院所和高校虽然也承担了一些共性技术研发任务，但研究项目覆盖面很窄，而且科研院所和高校的主要任务分别是基础研究和教学，对工业生产的技术要求了解不及时、不准确、不全面，存在科研活动与工业行业、企业技术需要脱节问题，难以满足工业发展对共性技术的需求。

（三）共性技术研发投入缺乏稳定渠道。20 世纪末改革前，我国工业行业共性技术研发具有稳定的经费来源，比如，煤炭行业规定每生产一吨煤可提取一分钱用来进行煤炭共性技术研发。由于工业共性技术的竞争前技术性质，企业缺乏投入的积极性，而国家重大科技专项投入资金不过是杯水车薪，导致工业共性技术研发缺乏经常性、持续性的投入渠道，投入数量严重不足。在缺乏资金投入支撑的情况下，不少行业共性技术研发难以正常进行。

（四）共性技术研发缺乏系统性、连续性。共性技术是基础性技术，需要长期研发积累才能有所突破。目前，共性技术研发的组织形式大多采取项目制，项目完成共性技术研发也就终止，缺乏连续性。企业的共性技术研发活动，基本上是服务于某项产品开发，产品开发投产后，研发活动也就停止了，难以持续下去。

（五）战略性新兴产业发展中的共性技术问题攻关缺乏力度和组织。顺应世界科技和产业发展大趋势，中央提出要大力发展新能源、新材料、信息网络、生物医药和高端制造产业等战略性新兴产业，抢占经济科技制高点。培育战略性新兴产业，必须加快突破一些关键核心共性技术，尽快实现产业化。由于对这些领域的共性技术研发缺乏有效组织，有的关键共性技术还没有突破，有的技术还不成熟，有的技术应用成本过高，影响了新能源、物联网等领域的产业化进程。

由于缺乏强有力的共性技术支撑，严重制约了我国工业发展水平和竞争力的提高，是我国工业有规模缺实力、有数量缺巨人、有速度缺效益、有单机缺成套、有出口缺档次，整体大而不强的根本原因。例如机床行业，由于一系列关系数控机床主要性能的共性技术没有得到解决，产品缺乏稳定性和可靠性，质量难以保证，单台价格只有国外机床的三分之一，大量高端机床还要依赖进口。再如冶金行业，烧结、脱硫、非高炉炼铁等共性技术研发活动早已停止，目前这些关键技术只能靠从国外引进。

二、关于加强工业共性技术研发的几点建议

工业是我国国民经济的主体。加快经济发展方式转变，关键是加快工业发展方式转变。工业共性技术的有力支撑，对我国实现由工业大国向工业强国的转变具有举足轻重的作用，从根本上解决工业共性技术研发滞后状况，关系全局和长远，是一项刻不容缓的任务。加强工业共性技术研发，应充分发挥企业在投入、研发、运用等方面的主体作用，注重发挥政府在规划、协调、组织等方面的主导作用，把更多的科技资源集中于工业和企业，用于提升工业技术水平和发展质量，

努力形成多主体、多方面的资金投入渠道，着力构建多层次、多形式、多元化的研发体系，加快突破关键核心共性技术难题，有力促进我国工业由大变强。为此，我们建议：

（一）应当同时发挥"看不见的手"和"看得见的手"的作用。完善工业共性技术研发体制机制和相关政策，前提是正确认识工业共性技术的性质。不少企业负责人和工程技术专家认为，工业共性技术是竞争前技术，具有准公共产品性质，需要长期投入、长期研究、长期积累才能有所突破，并且失败概率很高，单纯依靠市场机制的自发调节和企业自发的研发活动，不能满足工业行业发展对共性技术的需要。特别是在我国工业产业集中度较低，大多数行业缺乏巨型企业的情况下，更应该注重发挥政府在工业共性技术研发中的作用。这些意见应当引起高度重视，对我国工业共性技术研发体制机制进行认真审视。应当明确，完善工业共性技术研发体制，不能走回头路，重新由国家大包大揽，但也必须根据工业共性技术的性质和我国工业发展实际，借鉴国外做法，研究采取必要的政策措施。

（二）加强对共性技术的指导、规划和组织协调。一是工业管理、发展改革、科学技术等部门，应定期组织行业协会、企业、专家等，研究提出影响工业行业发展的重大共性技术问题，制定5年和更长时间内国家工业行业共性技术发展规划，明确一定时期主要工业行业共性技术发展的目标任务和方向领域，引导行业共性技术研发工作。广东省通过组织科研院所、高校、企业编制"产业技术路线图"的方式，提炼医药、建筑陶瓷、电器、电子、食品、铝加工等行业重大共性技术问题，对这些行业的共性技术研发作出规划，取得了一定效果，具有借鉴意义。二是建立由工业主管部门牵头，有关部门、行业协会、专家、骨干企业等方面组成的协调机构，研究解决共性技术研发的重大问题。

（三）建立国家工业共性技术研发专项资金。为解决工业共性技术研发投入不足问题，应借鉴工业发达国家的通行做法，加大国家对共性技术研发的投入。建议国家设立工业共性技术研发专项资金，由工业主管部门负责管理，主要用于重点工业行业关键核心共性技术研发，科研成果实现行业共享。同时，要采取有效政策措施，鼓励企业加大共性技术研发投入。

（四）抓紧整合利用工业共性技术研发资源。目前大部分工业行业产业集中度较低，企业规模实力有限。解决共性技术研发水平落后问题，需要组建专门科研机构。建议适应工业发展需要并借鉴一些国家和地区的做法，在重点行业组建不以盈利为目的的共性技术研发机构，承担基础性、关键性、前瞻性、长期性共性技术研发任务。在工业发达国家和地区，组建国家级共性技术研发机构，是一种通行和行之有效的做法。如美国的国家标准与技术研究院、日本的产业综合技术研究所、我国台湾的工业技术研究院等。在我国，早在 2007 年十届全国人大一次会议上，部分人大代表就提出了组建国家共性技术研究机构的提案，国家工程院前几年也提出了类似建议。目前，广东、江苏、陕西等省根据当地电子、医药、机械、电器等产业集中的特点，已经陆续组建了一批行业共性技术研究机构，还有一些地方正在酝酿组建类似研发机构。这说明，当前组建行业共性技术研发机构已成为科技界、企业界和工业管理部门的共识。结合我国实际情况，可考虑以行业转制科研院所为基础，将这些科研院所从事共性技术研发的力量独立出来，并将分散在行业内其他单位的共性技术研发人才集中起来，组建关键行业工业技术研发机构。这些研发机构可以仍然归属原转制院所，国家相应调整对转制院所的考核标准，并对共性研发机构给予资金和政策支持。鉴于近年来共性技术研发人才已经和正在迅速流失，这件事情应抓紧办。同时，鼓励支持地方根据当地工业发展要求，组建区域性共性技术研发机构；鼓励支持企业、科研机构自发组成产业技术联盟，开展行业共性技术研发。

（五）支持国有企业在共性技术研发中发挥骨干作用。改革开放以来，国有企业特别是中央企业不断发展壮大，资金技术实力雄厚，在许多重点、骨干行业中处于支柱、领先地位，最应该和可能成为行业共性技术研发的主体。应引导大型国有企业把资金等要素更多地投入共性技术研发，充分发挥技术进步排头兵作用，为我国工业发展作出更大贡献。关键是要创新体制机制，将引领行业技术进步作为大型国有企业的一项重要任务，把共性技术研发等技术进步指标，列入国有企业考核的重要内容，列入科研型国有企业考核的关键指标，使国有企业从事共性技术研发既有动力，也有压力。

（六）加快营造鼓励共性技术研发的体制和政策环境。一是要创新体制机制，出台有关激励政策，支持企业开展共性技术研发活动，形成利益导向，改变研发不如引进、创新不如模仿的状况。在共性技术推广环节，也要制定和实施必要财政和税收政策，鼓励企业使用共性技术研发成果。二是要形成崇尚创新、鼓励成功、宽容失败的文化氛围和制度保障，完善对共性技术研发的考核办法，避免急功近利，使科研人员能够专注于关键核心技术和前瞻性技术研究。三是采取提高科研人员计税工资标准、鼓励技术入股等措施，调动科研人员共性技术研发积极性。

促进农民工融入城镇的有关建议 [①]

（2011 年 9 月）

最近，我们围绕农民工融入城镇问题进行了专题研究。期间赴农民工输出大省四川和农民工输入大省浙江进行了调研，召开了有关部门参加的座谈会，与农民工代表进行了直接交流，并到部分农民工融入城镇情况较好的县（市）区实地了解情况。需要说明的是，我们研究的问题实际上有两种情况：在长三角、珠三角等发达地区是农民工如何融入当地，在其他地方是农民工如何融入城镇，但需要解决的问题大致相同。现将有关情况和分析建议报告如下。

一、应把促进农民工融入城镇作为农民工工作的重点

随着我国经济社会发展和农民工工作的不断推进，农民工工作形势正在发生深刻的变化。农民工已经由打工挣钱向打工进城转变，促进农民工融入城镇应当成为今后一个时期农民工工作的重点。促进农民工融入城镇不仅有利于解决农民工最关心、最现实、最直接的问题，而且对于促进经济发展方式转变和社会和谐意义重大。

（一）农民工状况和诉求已经发生了重大变化。研究表明，近年来农民工外出就业由流动性较大向长期稳定就业转变，由个人外出打工到举家外出转变。目前半数农民工务工在 5 年以上，四分之三农民工是夫妻二人或带小孩、老人在务工地居住。特别是现在新一代农民

---

① 本文与胡成合作，系国务院研究室送阅件，2011 年 9 月 27 日（37 号）。

工已经成为农民工的主体，约占外出农民工总数的60%。与老一代农民工相比，他们从未从事过农业生产，对农村、农业不熟悉，没有感情，在思想观念、生活习惯、行为方式等方面更接近城镇居民，渴望市民身份认同、待遇平等和融入城市，迫切期盼实现"市民梦、创业梦、安居梦"。这些新变化、新情况表明，与过去单纯打工挣钱不同，融入当地生活、融入城镇，成为一些农民工特别是新一代农民工的根本诉求。

（二）促进农民工融入城镇是解决农民工最关心、最直接、最现实问题的关键。我们在调研中了解到，目前农民工最期盼得到解决的问题依次是住房、子女教育、社会保障、就业权益、城镇户口等。由于我国长期实行城乡分割体制，进城工作和居住的农民工不能平等享受附着在城镇居民身份上的各种权益。加快促进农民工融入城镇，实现与城镇居民同等待遇，是保障农民工就业、子女教育、社保、住房等权益，解决他们最关心、最直接、最现实问题的枢纽和关键。

（三）促进农民工融入城镇是加快转变经济发展方式的重要措施。加快城镇化进程，是扩大内需特别是消费需求的重要措施。有关方面研究表明，城镇居民和农村居民消费支出为3∶1。2010年，我国城镇化率为49.7%，其中有相当一部分城镇常住人口是在城镇和农村之间流动的农民工。根据国务院发展中心的研究，考虑到这一因素，我国实际城镇化率还要低10个百分点左右。由于农民工尚未能真正在城镇安家落户，其消费支出大大低于城镇居民。加快促进农民工融入城镇，将创造巨大的消费需求，有力促进经济发展由过度依赖外需向主要依靠内需转变。

（四）农民工融入城镇有利于加强社会管理。由于农民工群体长期不能融入城镇，就业、社会保障等权益难以保障，住房、子女教育等问题难以解决，文化和日常生活与城镇居民相互隔离，导致对城镇缺乏认同感，如果工作生活中遇到困难和挫折，容易行为过激。据浙江省公安厅反映，当地70%以上的治安违法案件来自于流动人口。加快促进农民工融入城镇，使他们安居乐业，有利于加强和改进社会管理，促进社会和谐稳定。

二、促进农民工融入城镇要积极推动、量力而为、分步实施

调研中地方同志反映，要深刻认识农民工融入城镇的长期性、艰巨性和复杂性，坚持从国情出发，充分考虑需要和可能，既要积极推进，也不能操之过急。

（一）提高城镇公共服务承载能力需要一个过程。当前我国城镇尤其是大中城市公共服务承载能力是按城镇居民数量规划和建设的，短期内大规模实现农民工市民化，供水、供气、住房、道路交通、教育、文化等公共服务难以满足需要。比如，温州市近年来每年新增近 2 万名农民工子女入学，相当于每年要新建 17 所 24 个班级规模的学校，当地政府反映难以承受。在推进农民工融入城镇工作中，必须考虑城镇公共服务能力提高是一个过程，避免出现巴西、阿根廷等国家过度城市化产生的贫富差别过大、"贫民窟"遍布等种种严重的社会问题。

（二）农民工收入状况适应城镇支出水平需要一个过程。当前农民工整体文化程度、技能水平偏低。四川省外出务工农民工中，初中文化水平占 35%，高中和中等职业文化占 17%，大专文化仅占 1%，51.1% 的农民工没有接受过任何形式的技能培训。因此，农民工主要在城镇从事收入水平较低的工作，实际收入水平不足以支撑他们及家庭在城镇的生活。2010 年，四川省城镇居民人均可支配收入约 15461元，而在成都务工的农民工家庭人均可支配收入仅有 5218 元，仅为城镇居民的三分之一。农民工融入城镇，首先是要在经济上融入。但是，提高农民工自身素质、逐步增加收入是一个比较长的过程，决定了农民工融入城镇不可能一蹴而就。

（三）城镇居民完全平等接纳农民工需要一个过程。长期存在的城乡二元社会结构，导致"城里人"和"农村人"在收入水平、文化教育、生活习惯、文明程度等方面的明显差别。农民工文化教育水平、收入水平提高到城镇居民的水平，生活习惯适应城镇生活都需要一个过程。同时进城务工农民工大多在商业、建筑、餐饮、制造等行业就业，以体力劳动为主，社会地位不高，再加上城镇居民头脑中传统观

念仍然根深蒂固，完全平等接纳农民工不是一朝一夕的事情。

以上分析表明，促进农民工融入城镇既是一项紧迫的任务，也是一个长期过程。要把农民工融入城镇与我国工业化、现代化、城镇化过程有机衔接，分步推进。有的同志提出，要争取用10年时间解决农民工与城镇居民享受平等权益问题，再用10年时间解决农民工从就业、社保、住房、子女教育到收入水平、文化水平、生活习惯、文明水平等各方面完全融入城镇问题。

三、促进农民工融入城镇的政策建议

农民工融入城镇不仅仅是由农民身份变成城镇居民身份，更重要的是要使农民工和城镇居民享受同等权益，实现在城镇安居乐业，在工作、生活、文化等方面全面融入城镇。党和政府要加强顶层设计，积极清除影响农民工融入城镇的各种制度障碍，为农民工融入城镇打开大门，积极创造条件。同时要充分尊重农民工意愿，视社会经济发展状况和农民工自身素质、收入水平提高，适时推进，不搞包办代替。

具体要采取以下政策措施：

（一）努力促进农民工稳定就业和增加收入。农民工融入城镇的前提，是能够获得与城镇支出水平相适应的稳定收入，要求稳定农民工就业，不断提高收入水平。为此，要切实提高劳动合同签订率和履约质量，加强劳动执法监督，加强对小型微型企业劳动用工的规范和指导。严格执行最低工资标准，完善职工工资集体协商制度，建立健全工资收入正常增长机制。各级政府要加大职业教育和农民工技能培训的投入力度，引导农民工积极学习科学文化技术，参加技能培训，提高劳动者就业技能和收入水平。

（二）着力改善农民工进城居住条件。住房问题是当前农民工最迫切要求解决的问题之一。要建立政府支持、企业主导、市场化运作机制，形成多种形式、多个层次的农民工住房供应体系，逐步解决农民工住房问题。鼓励企业建设农民工公寓或以企业名义统一为农民工租赁住房，政府给予适当补贴等方面的政策支持。通过试点，探索将在城镇稳定工作、居住一定年限、缴纳一定年限社会保险费的农民工纳入城镇住房保障体系。对建设农民工公寓优先提供土地，并适当减免有关税费。新建大企业、工业园区，规划时应预留农民工住房建设用地，规划建设好农民工生活配套设施。对于在城镇中有固定工作的农民工，在坚持自愿原则的前提下，逐步实行住房公积金制度。

（三）研究解决农民工老有所养、病有所医等社会保障权益问题。目前农民工参加社会保险比例还很低。比如由于转移接续不畅、缴费标准过高等原因，参加城镇职工基本养老保险的农民工只有不到20%。要在巩固养老保险省级统筹成果的基础上，研究提出基础养老金全国统筹办法，使农民工不论在哪里养老，都可以自由选择、享受权益。要适当降低城镇企业职工基本养老保险缴费标准，吸引更多农民工参保。

（四）切实保障农民工子女教育权益。农民工子女教育问题也是农民工关心的主要问题。要坚持以输入地政府管理为主、以全日制公办中小学为主，规范、扶持以接收农民工随迁子女为主的民办学校，保障农民工子女平等接受义务教育的权利。要探索学籍管理制度，研究解决农民工子女在输入地接受高中教育、参加高考的问题。要研究实行义务教育经费按实际入学学生数量拨付制度，减轻输入地财政负担，解决义务教育负担不公平问题。

（五）加快推进户籍制度改革。我国目前户籍制度改革已经迈开实质步伐，中小城市和城镇户籍已经基本放开，省会以上大城市仍设立了一定进入门槛，地方反映这基本符合我国实际。为了促进农民工由农村居民变成城镇居民，应明确城镇户籍准入与农民地权、林权等权利分离，或探索农村物权流转办法，引导农民工"带资进城"，在城镇长期工作、生活，有序转为城镇居民。对不愿意把户口迁入输入地和城市，以及暂时不具备落户条件的农民工，可借鉴浙江、广东等地做法，实行流动人口居住证制度，使农民工与城镇居民一样享受在当地工作、子女教育、社会保障、住房等方面的主要权益。

（六）创新有利于农民工融入城镇的社会管理模式。大量农民工进入城镇工作生活，给社会管理带来了新的重大课题。要推动社会管理模式改革创新，不但使农民工在经济上融入当地城镇，而且要在政治、文化生活方面融入当地城镇。浙江省宁波市等地区在农民工集中的社区，由当地居民和农民工共同成立"和谐促进会"等自治组织，对加强社会管理、促进交流融合发挥了积极作用。要大力推广这种模式，鼓励农民工参与社区自治，增强作为社区成员的意识，提高自我管理、自我教育、自我服务的能力。要保障农民工的民主、政治权益，逐步增加农民工在输入地党代会、人代会代表和政协委员的名额，增强农民工的参政议政意识，提高主人翁意识，增强对当地城镇的认同感。

促进稳增长需要实施供给管理①

（2013 年 7 月）

当前我国经济增长势头不足，除了由于国际国内需求增长减缓，也源于供给或生产方面存在的一些问题。为实现经济稳定增长目标，需要继续加强和改善需求管理，也应当拓展宏观管理思路，丰富宏观调控手段，实施供给管理措施。

从供给方面来分析，目前存在着诸多不利于经济增长的问题。

一是生产成本不断提高、效益降低，影响企业生产经营积极性。近年来，除了工资、土地、环保等方面成本快速上升，我国流通成本仍然居高不下，企业财务成本也呈明显上升趋势。现在企业融资成本高达 8%—10%，流通成本占总成本的 18% 以上，比国外高一倍左右。由于成本持续提高，现在一般制造业利润率在 5% 左右，白色家电、服装、玩具等行业利润率只有 2—3 个百分点，人民币略有升值，出口产品往往零利润甚至赔钱。由于利润微薄或没钱可赚，有的企业宁愿停产半停产，一些外贸企业有订单也不愿接。

二是税费负担仍然过重。单就税率而言，我国企业平均负担不算最重，但是加上各种费用，企业负担大大超过世界平均水平。

三是技术供给不足。过去我国与发达国家技术差距较大，产业形态不在一个层次上，我们需要的技术在国外属于成熟技术或即将淘汰的技术，可以很方便地从国外引进。现在我国产业形态与国外越来越接近，我们也在搞先进装备制造业、汽车、飞机制造等，我们需要的技术是国外正在使用的技术，从国外引进先进技术越来越困难。同时

---

① 本文系国务院研究室决策参考，2013 年 7 月 5 日（54 号）。

国内技术创新体系不合理、政策不完善、考核办法不科学，企业技术创新积极性不高，关键核心技术创新成果不多，难以满足经济发展对技术的需要，制约了实体经济的发展。现在一些大企业并不缺钱，而是没有好项目，缺乏新的业务成长点。

四是体制机制和政策环境不完善，影响了社会创业活力和企业发展动力。20世纪八九十年代推进改革所产生的制度红利已经释放差不多了，现行体制机制方面存在的问题，阻碍了社会创业积极性和企业发展活力。近年来高校毕业生择业时对政府机关、国有企业趋之若鹜，自主创业热情降低，以及投资移民数量快速增长，都说明现行体制机制对创业和企业发展激励不够，社会创业环境、企业发展环境亟待改善。

五是实体经济资金供给紧张。我国是世界上居民储蓄率最高的国家，这些年货币供应也一直比较宽松，按说企业不应该缺资金。但事实上实体经济特别是制造业、中小企业融资十分困难，融资成本很高。这主要是因为金融业发展理念、经营方向和经营方式没有真正转到为实体经济服务的轨道上来，以及税收、收入分配等相关政策导向客观上不鼓励、不利于实体经济发展，大量资金沉淀在房地产行业、产能过剩行业，或在金融部门内部空转。另外，地方政府利用融资平台聚拢了大量资金，用来造新城、盖楼堂馆所，建设"面子工程"，也是造成实体经济资金紧张的重要原因。

六是产品质量和安全没有保证，影响了国内产品需求扩大。由于技术水平低、监管不严、标准落后、质量管理有所放松等原因，我国不少工业产品质量不稳定、不过关、不安全，导致大量需求外流。最典型的是婴幼儿奶粉，屡次发生安全事故，消费者对国内产品失去信任，不惜花高价购买进口奶粉，既造成需求外流，也对国际市场造成很大冲击和不良影响。

第二次世界大战以来，为了应对经济衰退，各国宏观政策的基调是需求管理。20世纪90年代以来，我国在经济下行期间实施的宏观调控措施，也主要是通过财政货币手段刺激需求。从理论和实践上看，国家干预经济活动，既可以从需求方面加以调控，也可以从供给方面实施政策影响，还可以从需求、供给两个方面进行干预。单纯进行需求管理，一般可以较快地收到短期效果，但也会带来长期不良影响，总体效果并不十分理想。美国20世纪70年中期出现的经济滞胀和我国2008年危机后采取的刺激需求措施，就是例证。1981年美国里根政府上台后，面对经济滞胀困局，实施了经济复兴计划，采取了诸如大幅度降低个人所得税和公司所得税、加速企业折旧、稳定货币供给量、放松政府对企业的限制和干预等供给管理措施，迅速扭转了滞涨局面，实现了里根以及克林顿任期内较长时期的持续繁荣。无独有偶，撒切尔夫人在任期内也采取了类似措施，比如将最高税率由82%降低到40%，促进了英国经济繁荣。

针对当前我国经济形势和稳增长要求，建议在继续实施需求管理的同时，研究实施以下供给管理措施。

一是适当降低实体经济所得税税率。里根经济政策的核心是减税。减税政策的核心理论根据是"拉弗曲线"，即在一定区间内，适当减税会造成实际税收的增长，过度征税会造成实际税收的减少。在我国当前情况下，适当减税将会激发企业生产经营积极性，增强企业竞争力，促进经济发展和税源增加。同时，从支出的度看，我国降低企业所得税税率是有空间的。目前政府行政开支中浪费现象仍然严重，通过严格贯彻"八条规定"，完全可以大大压缩政府行政开支。通过深入的调查分析，会发现经济、科技、文化、教育等方面财政支出也存在着惊人的浪费和低效率现象。比如近年来各地动辄投入几百亿元用来建设新城，极尽豪华和阔气，对当地经济社会发展并没有多大推动作用；动辄投资几亿甚至几十亿元建设大型文化、体育设施，一年也没有几场演出和比赛；每年全国举行的各种论坛和这样那样的"节"不计其数，多数哗众取宠，劳民伤财。我们完全可以少搞点面子工程，从而少向企业收点税。

二是降低企业生产成本特别是融资成本。我国目前银行存贷差为2—3个点，大大高于其他国家平均1—1.5个点的水平。这两年上市公司年报披露，十几家上市银行净利润占全部上市公司实现利润的一半以上，社会上批评很多。这种不利于实体经济发展的状况应当改变。建议下决心至少把银行存贷差降低一个百分点，使实体经济有利可图，也帮助企业渡过当前的难关。同时，建议在 2012 年国务院文件的基础上，进一步研究采取推进流通业发展、降低流通成本的措施。

三是扩大企业技术来源。一方面，要通过外交努力，努力争取我国完全市场经济地位，督促西方国家放宽对我技术禁运，使企业更多获得国外先进适用技术。另一方面，鼓励企业并购国外具有技术专长的家族式中小企业和研发机构，扩大国外技术来源。第三，要制定具体政策措施，鼓励发展风险投资，大力支持科技型中小企业发展，通过市场发现和支持具有技术先进性和产业化前景的研发项目。第四，要整合工业研发力量，完善对科研型企业的考核办法和税收政策，加强共性技术研发，满足工业发展对关键共性技术的需要。

四是确保企业资金需要。要进一步明确规范银行业的经营方向、经营方式，加强金融监管，使银行真正为实体经济发展服务。要严格控制资金过多流向房地产业和产能过剩行业，严格控制银行理财等表外业务规模，防止大量资金继续在金融机构之间空转。

五是优化创业环境和企业发展环境。要进一步减少政府审批和对企业的限制、干预，加大资金和税收支持，优化创业环境和生产经营环境。党的十六届三中全会通过的《中共中央关于完善社会主义市场经济体制若干问题的决定》，总结了改革开放 30 多年的经验，在理论和实践的结合上有重大突破和创新，围绕需要解决的重要体制机制问题，明确了改革的方向、目标和任务，是一个全面深化经济体制改革的文件。今后要提供良好制度供给，充分释放改革红利，应当继续贯彻落实十六届三中全会的重大决策，并根据新形势、新任务，对深化改革作出决策和部署，使制度创新迈出实质性步伐。

六是提高产品质量和安全水平。应下决心把我国产品质量和安全水平提高一大步，通过增加有效供给，扩大国内产品市场。应加强质量监管，大力推广先进质量管理经验和技术，确保产品质量。要加强标准制定和修订，严格执行国家标准，尽量采取国际标准。要重点加强食品药品监管，严把准入门槛，严格添加标准，严惩不法行为，向消费者提供放心食品和药品。建议国务院择机召开全国质量工作会议，出台有关文件和政策措施，对加强质量工作作出部署。